Rainer Krack
Sri Lanka

„Ich glaube,
es muß der schönste Ort auf Erden sein.
Ich kann mir nicht vorstellen,
daß es einen schöneren gibt.“

Phillips Brooks über Ceylon, 1883

602sr Foto: Ingo Hothan

Impressum

Rainer Krack
Sri Lanka

erschienen im
Reise Know-How Verlag Peter Rump GmbH
Osnabrücker Str. 79
33649 Bielefeld

6. komplett aktualisierte Auflage **September 2000**

Gestaltung
Umschlag: M. Schömann, P. Rump (Layout);
Günter Pawlak (Realisierung)
Inhalt: Günter Pawlak (Layout);
Kordula Röckenhaus (Realisierung)
Fotos: Ingo Hothan, Chaweewan Chuchuay,
Peter Rump (pr), der Autor (rk)
Titelfoto: Peter Rump
Karten: Catherine Raisin, der Verlag

Druck und Bindung
Fuldaer Verlagsagentur

ISBN 3-89416-840-4
Printed in Germany

Dieses Buch ist erhältlich in jeder Buchhandlung
der BRD, Österreichs, der Niederlande und der Schweiz.
Bitte informieren Sie Ihren Buchhändler
über folgende Bezugsadressen:
BRD
Prolit GmbH, Postfach 9, 35461 Fernwald (Annerod)
sowie alle Barsortimente
Schweiz
AVA-buch 2000
Postfach, CH-8910 Affoltern
Österreich
Mohr Morawa Buchvertrieb GmbH
Sulzengasse 2, A-1230 Wien
Niederlande
Nilsson & Lamm BV,
Postbus 195, NL-1380 AD Weesp

Wer im Buchhandel trotzdem kein Glück hat,
bekommt unsere Bücher auch direkt bei:
Rump Direktversand
Heidekampstraße 18, 49809 Lingen (Ems) oder über
den **Büchershop auf der Internet-Homepage**
von Reise Know-How.

Wir freuen uns über Kritik, Kommentare und Verbesserungsvorschläge.

Alle Informationen in diesem Buch sind vom Autor mit größter Sorgfalt gesammelt und vom Lektorat des Verlages gewissenhaft bearbeitet und überprüft worden.

Da inhaltliche und sachliche Fehler nicht ausgeschlossen werden können, erklärt der Verlag, daß alle Angaben im Sinne der Produkthaftung ohne Garantie erfolgen und daß Verlag wie Autor keinerlei Verantwortung und Haftung für inhaltliche und sachliche Fehler übernehmen.

Die Nennung von Firmen und ihren Produkten und ihre Reihenfolge sind als Beispiel ohne Wertung gegenüber anderen anzusehen.

Rainer Krack

Sri Lanka

Reise Know-How im Internet

Aktuelle Reisetips und Neuigkeiten
Ergänzungen nach Redaktionsschluß
Büchershop und Sonderangebote
Weiterführende Links zu über 100 Ländern

http://www.reise-know-how.de/

Der
Reise Know-How Verlag
Peter Rump GmbH
ist Mitglied der Verlagsgruppe
Reise Know-How

Vorwort

Frage: Wie kann man die folgenden Begriffe knapp zusammenfassen? Endlose, traumhafte Strände - stille, wogende Kokoshaine - sattgrüne, sanft gewellte Teeplantagen - geheimnisumwobene alte Königsstädte - erhabene Tempelanlagen - lachende, freundliche Gesichter - Attentate und Bürgerkrieg. Antwort: Sri Lanka.

Sri Lanka gehört wohl zu den wenigen Ländern auf der Welt, die einerseits ein einladendes, ideales Reiseland sind, andererseits aber auch Schauplatz einer der blutigsten ethnischen Konflikte der letzten Jahrzehnte. Trotz der im Norden und Osten der Insel schwelenden Auseinandersetzung zwischen der srilankischen Armee und den „Tamil Tigers" verzeichnet Sri Lanka einen ständigen Touristenstrom. Derzeit bereisen jährlich über 400.000 ausländische Besucher das Land, ein sehr großer Anteil davon aus deutschsprachigen Ländern. Es hat sich scheinbar herumgesprochen, daß man, außer in den umkämpften Gebieten, die etwa ein Drittel der Insel ausmachen, in Sri Lanka völlig sicher ist.

Liest man die alten Reisebeschreibungen der Besucher Sri Lankas in den vergangenen Jahrhunderten, fällt immer wieder auf, wie sehr die Insel sie in ihren Bann schlug - nicht wenige waren davon überzeugt, daß dies der schönste Fleck der Erde sei. Einer alten Legende nach lebte Adam nach der Vertreibung aus dem Paradies in Sri Lanka, weil es der Ort auf Erden war, der seiner alten Heimat am nächsten kam! Heute ist es zwar ein Paradies mit Problemen, aber immerhin.

Für alle, die gerade die Koffer packen oder schon im Landeanflug sind: Viel Glück und gute Reise!

Rainer Krack,
im September 2000

Inhalt

Vor der Reise

603sr Foto: Ingo Hothan

Praktische Reisetips A–Z

Land und Leute

Colombo und Umgebung

Der Süden

Zentrales Bergland

Das Kulturelle Dreieck

Gesundheitstips für Fernreisen

Glossar

Anhang

Kartenatlas

Exkurse

Kartenverzeichnis

Stadtpläne

Inselkarten (röm. Ziffern geben die Seiten im Kartenatlas an)

Hinweise zur Benutzung

Schreibweise und Aussprache

Manchem wird gleich im Lande auffallen, daß die Namen von Orten, Straßen etc. oft ganz anders klingen, als sie geschrieben werden. Das Singhalesisch ist tatsächlich nicht immer leicht in unser Schriftsystem zu transkribieren, und oft müssen linguistische Kompromisse geschlossen werden. Die im Buch gewählten Schreibweisen entsprechen in den meisten Fällen den allgemein gebräuchlichen. Daneben wurden gelegentlich auch unüblichere, aber linguistisch korrektere Versionen benutzt.

Zu beachten ist, daß ein -a am Ende eines Wortes oft wie -e gesprochen wird, z.B. in Städtenamen: *Dehiwale* statt (wie geschrieben) Dehiwala, *Alutgame* statt Alutgama etc. Oft tauchen mehrere Versionen eines Namens auf, so z.B. bei der Stadt Tangalla, die auch oft Tangalle geschrieben wird. Letzteres kommt der Aussprache näher.

Stadtpläne

Offizielle Stadtpläne sind in Sri Lanka nur zu den allerwichtigsten Orten erhältlich. Folglich mußten die meisten im Buch vorhandenen Pläne vom Autor Straße für Straße „erlaufen" werden – mit dem Notizblock in der Hand und der prallen Sonne auf dem Kopf. Daß bei so erstellten Karten die Maß-

Abkürzungen

AC	Air-Conditioning; Klimaanlage
AMEX	American Express
Ave.	Avenue
Bldg.	Building
CMB	Colombo (internationaler Flughafen-Code)
c/o	care of; bei (in Adressen)
CTB	Ceylon Tourist Board
Cts.	Cents
Dorm	dormitory; Schlafsaal
DZ	Doppelzimmer
Einw.	Einwohner
EZ	Einzelzimmer
G.H.	Guest House
G.T.O.	General Telegraph Office
G.P.O.	General Post Office
h. & k.	heißes und kaltes Wasser (Zimmerbeschreibungen)
IATA	International Air Transport Association
IDD	International Direct Dialling; Telefondirektdurchwahl
Jh.	Jahrhundert
Jahrt.	Jahrtausend
MEZ	Mitteleuropäische Zeit
Mt.	Mount; Berg
M.ü.M.	Meter über Meeresspiegel
Mw.	Mawatha; Singhalesisch für „Straße"
P.O.B.	Post Office Box; Postfach
Rd.	Road; Straße
Rs.	Rupee(s); Rupie(n)
SC	Service Charge
St	Steuer (Zimmerbeschreibung)
St.	Street; Straße
T/C	Traveller Cheques; Reiseschecks
YMBA	Young Men's Buddhist Association
YMCA	Young Men's Christian Association
YWCA	Young Women's Christian Association

stäbe nicht immer völlig exakt sein können oder nicht jede Straßenbiegung korrekt wiedergegeben werden kann, liegt auf der Hand. Trotzdem sind solche Karten wohl besser als gar keine.

Historische Jahreszahlen

In den Geschichtskapiteln innerhalb der Ortsbeschreibungen finden sich zahlreiche Jahresangaben - z.B. bezüglich der Regierungszeit von Königen, der Entstehung von Tempeln o.ä. Die Daten scheinen nicht immer unumstritten, und in verschiedenen Nachschlagewerken finden sich oft unterschiedliche Angaben. Soviel nur, falls sich die eine oder andere Jahreszahl in diesem Buch nicht exakt mit denen in anderen Quellen decken sollte.

Kartenverweise

Die Kartenverweise hinter den Überschriften geben die Seite im Kartenatlas am Ende des Buches an, auf der der jeweilige Ort zu finden ist. Die römischen Ziffern bezeichnen dabei die Seitenzahl, die Buchstaben und arabischen Ziffern verweisen auf das Planquadrat der Karte.
Beispiel:
Polonnaruwa **⇗ III/C2**
bedeutet Seite III, Planquadrat C2.

Geographische Bezeichnungen

Duwa	Insel; auch am Ende von Ortsnamen, z.B. Hikkaduwa
Gala	Fels, Berg
Gama	Dorf; am Ende von Ortsnamen, z.B. Alutgama
Ganga	Fluß
Giri	Berg
Kovil	Hinduistischer Tempel
Kulam	Stausee
Mawatha	(Große) Straße
Nuwara	Stadt
Oya	Bach, Fluß
Pura	Stadt; am Ende von Ortsnamen, z.B. Sri Jayawardhanapura
Pitiya	Feld; am Ende von Ortsnamen, z.B. Nawalapitiya
Tota	Fähre; am Ende von Ortsnamen, z.B. Bentota
Vihara	Buddhistischer Tempel
Watte	Garten; am Ende von Ortsnamen, z.B. Wellawatte
Wew	Wassertank

001sr Foto: rk

Vor der Reise

002sr Foto: Chaweewan Chuchuay

003sr Foto: rk

Mönche auf Reisen

Kandy Market

Three-Wheeler

Botschaften und Informationsstellen

Ceylon Tourist Board

Wie in Sri Lanka selbst, unterhält das Ceylon Tourist Board, das srilankische Fremdenverkehrsamt, auch im Ausland eine Reihe von Informationsstellen. Die europäische Hauptstelle der Organisation befindet sich in Frankfurt und ist auch für Anfragen aus Österreich und der Schweiz zuständig. Auf Wunsch werden Broschüren zu den diversen Reisezielen, die neuesten Einreisebestimmungen, Karten oder Prospekte zugesandt (kostenlos).

- **Ceylonesisches Fremdenverkehrsamt** (Ceylon Tourist Board), Allerheiligentor 2-4, 60311 Frankfurt/Main, BRD, Tel. 069-287734, 288216; Tlx. 4170091 CTBF D; Fax 069-288371. Die Hauptstelle des Ceylon Tourist Board in Colombo unterhält eine Web-Site mit Touristeninformationen: http://www.lanka.net/ctb.

Weitere Auskunftsbüros des Ceylon Tourist Board befinden sich in:

- **Australien:** 241 Abercrombie St. Chippendale, NSW 2008
- **Dänemark:** Sollerodgardavej 38, DK 2840 Holte
- **Frankreich:** 19 Rue De Quatre Septembre, 75002 Paris
- **Großbritannien:** 53-54 Haymarket, London SW2 1Y
- **Japan:** Dowa Bldg., 7-2-22, Ginza Chuo-Ku
- **Kanada:** 2 Carlton St., Toronto, Ontario M5B 1K2
- **Thailand:** 1/7, 1/8 Soi 10, Sukhumvit Rd., Bangkok 10110
- **USA:** Suite 308, 609 Fifth Ave., New York, N.Y.10017

In Ländern ohne eigene Informationsstelle wende man sich an die dortige srilankische Botschaft bzw. das Konsulat.

Informationen aus dem Internet

Wer sich über sein Reiseziel im Internet informieren möchte, findet auf der Homepage dieses Verlages Informationen und weiterführende Links: **http://www.reise-know-how.de/**

Informationsdienst des Auswärtigen Amtes

Informationen zur allgemeinen Sicherheitslage und Warnungen vor besonders gefährdeten Gebieten vermittelt das Auswärtige Amt, Werderscher Markt 1, 10117 Berlin. Unter der Telefon-Nummer 01888/17-0 kann man sein Zielgebiet angeben und wird dann an ein (nicht immer ganz aktuelles) Tonband weitergeschaltet, welches die Sicherheitslage erläutert.

Botschaften und Konsulate

Diplomatische Vertretungen Sri Lankas

- **BRD:** Botschaft der Republik Sri Lanka, Niklasstr. 19, 14163 Berlin, Tel. 030-80909749
Generalkonsulat Sri Lanka, Deutschherrenstr. 86, 53111 Bonn, Tel. 0228-696116, Fax 0228-9636592; geöffnet Mo-Fr von 9-13 Uhr

- **Österreich:** Generalkonsulat der Republik Sri Lanka, Rainergasse 1/2/5, A-1010 Wien, Tel. 1-50379880
- **Schweiz:** Mission of Ceylon, 56 Rue de Moillebeau, 5. Eg. CH-1211 Genève 19, Tel. 22-9191250/1
- **Belgien:** 27 Rue Jule-LeJeune, 1040 Brüssel, Tel. 2-3445394, 3445585
- **Frankreich:** 15 Rue d'Astorg, 75008 Paris, Tel. 1-42663501, Fax 1-40070011
- **Indien:** 27 Kautilya Marg, Chanakyapuri, New Dehli 110021
- **Indonesien:** 70 Jalan Diponegoro, Jakarta
- **Singapur:** 51 Newton Rd., Goldhill Plaza
- **Thailand:** 13th Floor, Ocean Tower 2, 75/6-7 Sukhumvit Soi 19, Bangkok 10110, Tel. 2611934
- **USA** 2148 Wyoming Ave., NW, Washington DC 20008

Diplomatische Vertretungen in Colombo

- **Deutschland,** 40 Alfred House Ave., Colombo 3, Tel. 01-580431 bis 4
- **Niederlande,** 25 Torrington Ave., Colombo 7, Tel. 01-589626 bis 8
- **Österreich,** 424 Union Pl., Colombo 2, Tel. 01-691613
- **Schweiz,** 63 Gregory's Rd., Colombo 7, Tel. 695117, 695127, 695148, 695169

Ein- und Ausreisebestimmungen

Staatsbürger der Schweiz, der Bundesrepublik Deutschland, Österreichs, der Niederlande, Belgiens, Dänemarks sowie zahlreicher weiterer Länder erhalten bei der Einreise in Sri Lanka eine **Aufenthaltsgenehmigung** von 30 Tagen. Voraussetzung ist, daß der Reisepaß noch mindestens sechs Monate nach der Ausreise gültig ist, bei der Einreise also noch mindestens sieben Monate. Diese Aufenthaltsgenehmigung wird maximal zweimal innerhalb von drei Monaten erteilt. Verlängerungen sind möglich.

Zur Erteilung **längerfristiger Visa** (z.B. zu geschäftlichen oder Studien-Zwecken) wende man sich an die diplomatische Vertretung Sri Lankas in seinem Heimatland.

Aufenthaltsverlängerungen

Die 30tägigen Aufenthaltsgenehmigungen, die bei der Einreise am Flughafen erteilt werden, können relativ problemlos verlängert werden. Allerdings sind ein paar Stunden Zeit mitzubringen. Die Anlaufstelle für Verlängerungen ist das **Immigration Office** im Tower Building, Station Road, Bambalapitiya, Colombo 4, Tel. 01-597511; geöffnet Mo-Fr von 8.30-12.00 und 13.00-16.15 Uhr, außer an Feiertagen.

Die Verlängerung ist am besten einige Tage vor Ablauf der Aufenthaltsgenehmigung zu beantragen, wenn möglich nicht am allerletzten Tag. Im Immigration Office ist dazu der Reisepaß vorzulegen und ein Formular auszufüllen. Weiterhin wird die Vorlage von **Umtausch-Quittungen** verlangt, die belegen, daß man während seines bisherigen Aufenthalts mindestens 450 US$ (oder den Gegenwert in einer anderen Währung) eingewechselt hat. Möglicherweise muß auch dargelegt werden, daß man für seinen weiteren Aufenthalt über „ausreichende Geldmittel" verfügt. Gemeint sind damit mindestens 15 US$ pro Tag.

Touristen bekommen in der Regel **Verlängerungen von zwei Monaten,** so daß die gesamte Aufenthaltsdauer drei Monate nicht überschreitet (gerechnet vom Tag der Einreise). Dazu wird eine Verlängerungs-Gebühr erhoben, die sich nach der Nationalität des Antragstellers richtet: Deutsche zahlen 725 Rs., Staatsbürger anderer Nationalitäten eventuell andere Summen. Die nach der Herkunft der Reisenden gestaffelten Gebühren sind nicht willkürlich entstanden, sondern sie beruhen auf Gegenseitigkeit, das heißt, sie sind der exakte Rupien-Gegenwert, den die betreffenden Länder srilankischen Staatsbürgern als Visumsgebühr bei der Einreise abverlangen.

Nochmalige Verlängerungen nach einem Aufenthalt von drei Monaten kosten generell 2.500 Rs. Diese Verlängerungen berechtigen zu weiteren drei Monaten Aufenthalt.

Einfuhrbestimmungen

Zollfrei eingeführt werden dürfen bis zu 200 **Zigaretten** bzw. 50 Zigarren oder 375 g Tabak, oder eine ebenbürtige Kombination; dazu 2 Flaschen Wein und 1,5 l **Spirituosen**.

Schmuck, Edelmetalle, Edelsteine, Waffen und ausländische **Bardevisen** im Wert von über 5.000 US$ müssen deklariert werden. An srilankischen Devisen dürfen maximal 250 Rs. eingeführt werden.

Offiziell erlaubt ist die Einfuhr von bis zu 24 **Filmen** und 2 **Kameras** pro Person, in der Praxis werden auch größere Mengen nicht beanstandet. Falls man mehr Filme mit sich führt, sollten die Filme aus ihren Verpakkungen genommen werden, damit es nicht so aussieht, als wolle man sie verkaufen. Eingeführt werden kann zudem eine Film- oder **Videokamera** mit 10 Filmen.

Eau de Toilette sind bis zu 250 ml einführbar, Parfüm in „vernünftigen Mengen für den persönlichen Gebrauch", was immer das sein mag. Es wird nicht so genau genommen.

Gegenstände, die eigentlich verzollt werden müßten, können gegen eine Quittung auch **am Zoll hinterlegt** und bei der Ausreise wieder abgeholt werden. Dieser Service sollte jedoch nur als letzte Möglichkeit in Betracht gezogen werden.

Streng verboten ist die Einfuhr von **Drogen,** pornographischem und staatsgefährdendem Material sowie **pakistanischem und indischem Bargeld.**

Ausfuhrbeschränkungen

Nicht ausgeführt werden dürfen **Edelmetalle** (Gold, Silber, Platin), über 50 Jahre alte **Antiquitäten** (Palmblatt-Manuskripte oder Bücher, historische Objekte o.ä.), es sei denn, es handelt sich um Waren, die man zuvor eingeführt und deklariert hat.

An eine Sondergenehmigung gebunden ist die Ausfuhr von **Elfenbein, Tieren** (tot oder lebend) und einigen **Pflanzen** (z.B. Veask-Orchidee, Batticaloa-Orchidee, Fuchsschwanz-Orchidee, Spaghnum-Moos) sowie von Produkten von wilden Tieren und Reptilien. Eine Ausnahmegenehmigung kann beantragt werden beim Direktor des Department of Wildlife Conservation, 82 Rajamalwatte Rd., Battaramulla (bei Colombo).

Srilankisches Bargeld kann nur bis zu 250 Rs./Person ausgeführt werden. Sonstiges Restgeld kann gegen Vorlage einer Umtauschquittung aber wieder in ausländische Devisen zurückgetauscht werden. In den Geschäften in der Abflughalle wird nur noch ausländisches Geld akzeptiert. Zu kaufen lohnt hier ohnehin nichts, alles ist unverschämt teuer. Tee z.B. kostet 4-5mal soviel wie in der Stadt.

Tee darf zollfrei nur in einer Menge bis zu 3 kg pro Person ausgeführt werden; darüber hinaus wird ein geringer Zoll erhoben. Die maximale Ausfuhrmenge pro Passagier beträgt 7 kg. Im Flughafen befindet sich ein teures „Tea Centre", in dem noch kurz vor dem Abflug Tee eingekauft werden kann. Aber Vorsicht, in Deutschland ist Tee im Wert von bis zu 350 DM zollfrei!

Hin- und Rückflug

Wo bekommt man ein günstiges Flugticket?

Billig-Tickets sind über spezielle **Reisebüros** wie beispielsweise Travel Overland in München zu beziehen. Die Preise für Tickets ein und derselben Airline können in den verschiedenen Büros stark variieren. Ein Vergleich (auch über das **Internet** oder als Anfrage per Telefon) lohnt sich also durchaus.

- **Travel Overland**
  Barer Str. 73, 80799 München
  Tel. 089/27276100; Fax 089/3073039
  Internet: http://www.travel-overland.de

Auch die **Fluggesellschaften** bieten inzwischen nicht nur die full-fare IATA-Tickets (siehe unten) sondern auch Spezialtarife an. Falls man dennoch ein Full-fare-Ticket kauft, kann dieses später auch auf eine andere Airline umgeschrieben werden, die dieselbe Strecke fliegt – schließlich hätte man auch dort denselben (IATA-)Preis gezahlt.

Wieviel kostet ein Ticket?

Der **offizielle,** von der IATA *(International Air Transport Association)* festgesetzte **Preis** für die Route Frankfurt – Colombo liegt bei 5.992 DM. Doch keine Angst, soviel bezahlt kaum jemand.

Die **Preise für Billig-Tickets** nach Colombo liegen in einem Bereich von 1.249 bis 2.169 DM, wobei es natürlich auch zu saisonalen Schwankungen kommt. Die Termine für den Tarifwechsel sind festgelegt; Hauptsaison für Colombo ist zu Weihnachten.

Die Preise für **Flüge ab Amsterdam, Brüssel** oder **Zürich** liegen gelegentlich unter denen ab deutschen Flughäfen, was für Anwohner der Grenzgebiete von Nutzen sein kann.

Wer bei Abflugzeiten und -orten ungebunden ist, kann durchaus auf ein **Last-Minute-Ticket** spekulieren (Preise für ein Ticket nach Colombo bereits ab 969 DM).

Wer dagegen weniger flexibel reagieren kann, was Abflugort, Flugroute,

Datum und Uhrzeit anbelangt, der sollte sein Ticket **eher früher als später kaufen,** da die billigsten Kontingente als erstes verkauft werden.

Ein weiterer preisbestimmender Faktor ist oft die **Gültigkeitsdauer** des Tickets. Einige Tickets sind sehr billig, da sie nur 30 oder 45 Tage gültig sind, und diese taugen dann nicht für Langzeitreisende. Andere Tickets wiederum sind billig, weil die einmal gebuchten Reisetermine nicht mehr geändert werden können.

Wahl der Fluggesellschaft

Die Wahl der Fluggesellschaft fällt bei der Vielzahl der Angebote oft recht schwer. Nach der Fluggesellschaft richtet sich der **Umsteigeflughafen,** denn dieser ist der Heimatflughafen der betreffenden Gesellschaft. Je nach Flugplan kann sogar eine **Übernachtung** im Umsteigeort notwendig werden. Die wichtigsten Fluggesellschaften auf den Strecken von Mitteleuropa nach Colombo sind (Heimatflughafen in Klammern): Air Lanka, Gulf Air (Muscat), Emirate Airlines (Dubai), Kuwait Airways (Kuwait, fliegt 4x pro Woche), Quatar Airways (Doha).

Gültigkeit des Tickets

Es gibt **Gültigkeitsdauern** von 30 oder 45 Tagen, 3, 6 und 12 Monaten. Nach Ablauf der Frist (siehe Gültigkeitsdauer in der Mitte des Tickets über der Flugstreckenangabe) ist keine Verlängerung möglich, das Ticket verfällt dann.

Änderung des Flugtermins

Innerhalb der Geltungsdauer des Tickets kann der Flugtermin theoretisch beliebig oft verschoben werden, wofür aber fast immer Gebühren erhoben werden. Wenn man allerdings zu einem Flugtermin nicht erscheint – sei es, weil man den Flug verpaßt hat, oder aus anderen Gründen – besteht durchaus die Gefahr, daß das Ticket verfällt. Gerade preiswerte Airlines sind außerdem oft auf Wochen ausgebucht, also Vorsicht!

Die Änderungsmöglichkeit gilt nicht für Billig-Tickets, die einen fixen Termin beinhalten.

Die Warteliste

Ist ein Flugtermin ausgebucht, kann man sich auf die Warteliste *(waiting list)* setzen lassen, d.h., man kann noch einen Platz bekommen, falls ein anderer Passagier seine Buchung zurückzieht oder einfach nicht erscheint. Allerdings muß der auf der Warteliste Stehende am Flugplatz warten, ob denn tatsächlich ein Platz frei wird.

Die besseren Airlines geben ihren Warteliste-Kandidaten **Wartenummern,** anhand derer man ablesen kann, wieviele potentielle Passagiere noch vor einem dran sind. Viele Airlines geben diese Nummern nicht aus, was den Verdacht aufkommen läßt, daß in der Reihenfolge der Kandidaten gemauschelt werden kann. In einigen Ländern Asiens z.B. sind **Schmiergeldzahlungen,** um einen Flug zu bekommen, nicht ungewöhnlich.

004sr Foto: Chaweewan Chuchuay

Bei Wartelisten-Tickets, die lange vor dem anvisierten Flugtermin gekauft werden, ist die Chance recht gut, doch noch einen Platz zu bekommen.

Bei Erhalt des Tickets im Reisebüro ist unbedingt darauf zu achten, ob es ein **„OK-Ticket“** ist (mit bestätigtem Platz) oder nur ein **„RQ-Ticket“**, das einen nur auf die Warteliste setzt. (*RQ* bedeutet *request*, also „Wunsch“.) Rechts neben der Flugstreckenangabe auf dem Ticket muß eindeutig verzeichnet sein, um was für ein Ticket es sich handelt. Hat der Reiseunternehmer zuvor eindeutig ein „OK-Ticket“ versprochen und liefert dann nur ein „RQ-Ticket“, sollte man die Annahme verweigern! Einige windige Reisebüros versprechen feste Plätze, auch wenn der Flug längst ausgebucht und die Warteliste eröffnet ist.

Man kann auch einen festen Platz buchen und sich zusätzlich auf die Warteliste für einen früheren Termin setzen lassen. Ein Beispiel: Angenommen, man möchte am 1.1. fliegen, an dem Termin ist jedoch alles voll. Stattdessen läßt man sich auf den nächsten freien Flugtermin setzen, sagen wir, zum 4.1. Damit ist der Platz zu diesem Termin gesichert, man kann sich nun aber noch gleichzeitig auf die Warteliste für den 1.1. setzen lassen. Springen

Mädchen beim Tempelfest

von diesem Flug noch genügend Passagiere ab, hat man die Wahl: 1.1. oder 4.1. Die besseren Airlines telefonieren den Kunden an, wenn sein Wartelistenplatz frei geworden ist und bitten um Festsetzung des endgültigen Reisetermins. Bei weniger guten Airlines muß man selber des öfteren nachhaken.

Bei Spezialtarifen gibt es übrigens **oft keine Wartelisten-Buchung.** Das Kontingent wird zu diesem Tarif nicht mehr freigegeben. Selbst wenn ein Passagier storniert, wird der Platz nur noch zu einem höheren Preis wieder verkauft.

652sr Foto: rk

Rückbestätigung

Kauft man ein Ticket mit schon festgesetzten Terminen, muß der Rückflug dennoch am Zielort bis mindestens 72 Stunden vor dem Abflug rückbestätigt werden. Man muß sich also mit der betreffenden Airline in Verbindung setzen – Telefonanruf genügt – um noch einmal zu bestätigen, daß man wirklich zu dem gebuchten Termin fliegt. Vergißt man diese Rückbestätigung *(reconfirmation)*, kann man im Computer der Airline gestrichen werden, und der Flugtermin ist dahin. Das Ticket verfällt dadurch aber nicht, es sei denn, der Gültigkeitstermin wird überschritten. Bei der Rückbestätigung erfährt man gleichzeitig, ob das Flugzeug wirklich zur geplanten Zeit abfliegt.

Verlust des Tickets

Geht ein Ticket verloren, das schon rückbestätigt wurde, hat man gute Chancen, einen Ersatz dafür zu erhalten. Einige Airlines kassieren aber noch einmal 10 % des Flugpreises, andere 50 %, und bei manchen läuft gar nichts mehr. Wer auf Nummer Sicher gehen will, kann die Rückflugtickets im Büro der Fluggesellschaft deponieren (gegen Quittung) und sie dann kurz vor dem Abflug abholen. Die **Deut-**

Landschaft am Kelani Ganga bei Kitulgala

schen Botschaften bewahren ebenfalls Wertgegenstände auf, was aber Gebühren kostet.

In jedem Fall sollte man **Fotokopien** des Tickets machen, auf denen Ticket-Nummer, BuchungsCode, Name, Flugroute und -datum deutlich zu erkennen sind, und diese getrennt vom Original aufbewahren. Eine Neuausstellung des Tickets ist mit dieser Kopie in der Regel kein Problem mehr. Mit der Rückbestätigung hat diese Neuausstellung nichts zu tun.

Der Rückflug

Bei den meisten internationalen Flügen ist zwei Stunden vor dem Abflug am Schalter der Airline einzuchecken *(check in)*.

Einige billige Airlines neigen zum **Überbuchen,** d.h., sie buchen mehr Passagiere ein, als Sitze im Flugzeug vorhanden sind, und wer zuletzt kommt, hat dann möglicherweise das Nachsehen: Dann steht man trotz „OK-Ticket" vor dem geschlossenen Schalter. Wer früh eincheckt, hat zudem die freie Auswahl bezüglich seines Sitzplatzes. Die bequemsten Plätze sind die am Notausgang *(emergency exit)*, da man dort niemanden vor sich sitzen und somit absolute Beinfreiheit, allerdings meist keine verstellbaren Rückenlehnen hat.

Flughafengebühr

Beim Abflug vom Katunayake-Flughafen bei Colombo ist eine Flughafengebühr *(airport tax)* von 500 Rs. pro Person zu entrichten. Eine Ausnahme besteht nur bei einigen Charterflügen, bei denen die Summe im Pauschalpreis inbegriffen ist und folglich die betreffende Gesellschaft die Zahlung übernimmt.

Die Flughafengebühr wird nach dem Einchecken an einem speziellen Schalter bezahlt. Der Schalter befindet sich gleich vor dem Zugang zur Abflughalle *(departure hall)*. Nach dem Bezahlen wird ein Coupon auf die Bordkarte geklippt, der dann beim Betreten der Abflughalle kontrolliert wird.

Fahrt zum Flughafen

Von der Central Bus Station in Pettah, Colombo, fährt **Bus** Nr. 240 zum Katunayake-Flughafen (35 km). Fahrzeit ca. 1 Std. Die Busse sind jedoch oft überfüllt und für Leute mit viel Gepäck nicht sehr günstig.

Taxis zum Flughafen kosten von Colombo-Mitte ca. 500-600 Rs. Handeln! Etwas teurere, reine **Flughafen-Taxis** (genau genommen sind es komfortable Kleinbusse) lassen sich buchen bei *Airport Express (Private) Ltd.*, Tel. 687037 und 698207 (24 Std.). Die Fahrt kostet 685 Rs./Pers., 800 Rs./2 Pers. und 900 Rs./3 Pers. Es werden u.U. aber noch andere Passagiere von anderen Hotels abgeholt, womit dieser Service weder zeitsparend noch preiswert ist. Die Fünf-Sterne-Hotels in Colombo stellen Limousinen, mit denen die Fahrt zum Flughafen ab 1.000 Rs. kostet.

Auch von weiter entfernten Orten bietet sich das Taxi an: Ab Hikkaduwa z.B. (135 km) werden ca. 2.500 Rs. bis zum Flughafen verlangt, ab Kandy (140 km) etwa genausoviel.

Weniger geeignet sind die **Züge** ab der Fort Station, da täglich nur zwei von dort zum Flughafen fahren.

Röntgen-Kontrolle

Schon beim Betreten des Flughafengebäudes wird das Gepäck durch die Röntgen-Kontrolle geschickt. Die dazu eingesetzten Apparate sind „film-safe", d.h. Filme werden dadurch nicht zerstört. Wer dennoch ganz sicher gehen will, kann die Filme aus dem Gepäck nehmen und sie durch „hand-check" überprüfen lassen. Filme sind um so röntgenempfindlicher je höher ihre ASA-Zahl liegt (siehe auch „Fotografieren"); ein lichtstarker 400-ASA- oder gar 1600-ASA-Film wird somit leichter zerstört als einer mit 50 oder 100 ASA.

Anreise von Asien

Seit die Fährverbindungen von Rameshwaram (Südindien) nach Talaimannar im Norden Sri Lankas aufgrund der Unruhen eingestellt wurden, ist Sri Lanka **nur noch mit dem Flugzeug zu erreichen.** Colombo wird von zahlreichen Flughäfen Asiens direkt angeflogen, so daß sich Sri Lan-

„Flug-Know-How" – ein paar nützliche Hinweise

- Alle Airlines bieten **Sondermahlzeiten,** die aber rechtzeitig vorbestellt werden müssen – je nach Gesellschaft mindestens 1-3 Tage vor dem Flugtermin. Am besten, man meldet den Sonderwunsch gleich bei Buchung des Tickets an. Das Spektrum an Speisen umfaßt die Kategorien vegetarisch (oft noch unterschieden in westlich und indisch/orientalisch/asiatisch), hinduistisch, moslemisch, kosher, salz- oder glutenfrei, Diabetikerkost, kalorienarm u.a. Die Zuverlässigkeit, mit der die Airline den Sonderwunsch erfüllt, zeigt, wie gut sie ist!

Die Buchungen der Sonderspeisen werden wie alle anderen Fluginformationen in den Computer eingegeben, und beim Einchecken zeigt sich oft ein entsprechender Code auf der Bordkarte: „VGML" z.B. bedeutet „Vegetarian Meal". Falls die Airline trotz rechtzeitiger Bestellung nicht das richtige Essen an Bord hat, kann man darauf bestehen, ein entsprechendes Menü aus dem Vorhandenen zu bekommen!

- Falls das Flugzeug mit einer **Verspätung** von mehr als 2-3 Stunden fliegt, servieren die besseren Airlines ihren Passagieren im Flughafenrestaurant eine kostenlose Mahlzeit. Bei den Billig-Linien tut man sich weitaus schwerer damit, und das Essen muß oft eingefordert werden. Bei Verspätungen deshalb beim Bodenpersonal der betreffenden Fluggesellschaft um Essenscoupons bitten. Bargeld gibt es natürlich nicht. Dieser Essens-Service ist kein Gefallen, den die Airline den Passagieren erweist, sondern Vorschrift der IATA, des Dachverbandes der Fluggesellschaften.
- **Fällt der Flug** gar gänzlich **aus,** hat die Gesellschaft die Passagiere in Hotels unterzubringen und dort solange zu verpflegen, bis die Maschine endlich fliegt. Nach 8 Stunden vergeblicher Wartezeit müßte ein Hotelzimmer bereitgestellt werden. Auch hier trennt sich die Spreu vom Weizen, und es zeigt sich oft (nicht immer), daß die billigen Airlines auch die unkooperativsten sind.
- **Rail-and-Fly-Tickets:** Viele Fluggesellschaften geben mehrere Städte in Deutschland als Abflugorte an. Meist handelt es sich dabei jedoch um Orte, von denen aus

ka auch gut im Verlauf einer Asien-Tour besuchen läßt.

Flugverbindungen

Direkte Verbindungen bestehen von allen wichtigen Ländern Asiens:

- Von Indien gibt es Flüge ab **Delhi, Mumbai (Bombay), Chennai (Madras), Trivandrum** und **Tiruchirapalli (Trichy),** jeweils mit Air Lanka oder Indian Airlines.
- Ab **Karachi** (Pakistan) fliegen Air Lanka und PIA.
- Ab **Male** (Malediven) nur Air Lanka.
- Von **Bangkok** (Thailand) bestehen Möglichkeiten mit Thai Airways, Cathay Pacific und Air Lanka oder mit Singapore Airlines (umsteigen in Singapur, längerer Aufenthalt dort möglich).
- Ab **Kuala Lumpur** (Malaysia) mit MAS und Air Lanka.
- Ab **Hongkong** fliegen Air Lanka und Cathay Pacific.
- Von **Singapur** aus besteht die Wahl zwischen Singapore Airlines, Air Lanka und Emirates. Die Flüge ab Singapur liegen zeitlich allerdings recht ungünstig: Abflug nachts, Ankunft in Colombo nachts oder frühmorgens. Keine gute Zeit, ein Hotel zu suchen! Eine Vorbuchung ist in diesem Fall zu empfehlen. Die Rückflüge gehen spätabends oder nachts in Colombo los, Ankunft in Singapur früh am nächsten Morgen. Die reine Flugzeit beläuft sich jeweils auf ca. 3 Std. 50 Min.; die Zeitverschiebung zwischen Singapur und Sri Lanka beträgt zusätzlich 2 Stunden (12 Uhr Singapur = 10 Uhr Sri Lanka).

der eigentliche Abflugort, z.B. Frankfurt, per Bahn erreicht wird. Das dafür benötigte Ticket ist im Flugpreis enthalten. Viele Gesellschaften bieten zusätzliche Ermäßigungen auf die Rail-and-Fly-Tickets an.

- **Fly & Drive:** Hier ist eine Fahrt vom und zum Flughafen mit einem Mietwagen im Ticketpreis inbegriffen.
- **Zubringerflüge:** Flüge einiger Airlines kosten das gleiche, egal, wo man in Europa einsteigt. Man erspart sich also die Anreise per Zug.

Jet Lag – Probleme mit der Zeitverschiebung

Ärzte definieren Jet Lag als „die Summe sämtlicher subjektiver **Befindlichkeitsstörungen,** die durch Zeitverschiebung eintreten", stellen aber auch fest, daß es keine Krankheit ist.

Die **Umstellung der inneren Uhr** dauert einige Tage, und es ist dementsprechend ganz normal, wenn man nach einem langen Flug nicht oder nur schlecht schlafen kann. Die Anpassung der inneren Uhr an die Ortszeit verläuft mit einer Geschwindigkeit von ein bis drei Stunden pro Tag.

Bei der Beachtung einiger Regeln treten die Symptome des Jet Lags nicht so stark auf:

So früh wie möglich an die **Zeit im Zielland** anpassen. Die **Schlafzeiten** in den ersten drei Nächten nach der Zeitumstellung auf etwa 8 Stunden beschränken. Sonst besteht die Gefahr, daß man nach einem „erholsamen" Schlaf von vielleicht 10 oder 12 Stunden in der nächsten Nacht partout nicht einschlafen kann.

Nach der Zeitumstellung in der ersten Woche tagsüber nicht schlafen und möglichst viel im Freien aufhalten, denn **Sonnenlicht** erleichtert das Wachbleiben und die Zeit-Kompensation.

Im Flugzeug wenig oder besser gar keinen **Alkohol** trinken, statt dessen Fruchtsäfte oder Wasser. **Schlaf- und Aufputschmittel** meiden.

Oftmals kommt die **Verdauung** nach einer großen Zeitverschiebung nicht so recht in Gang. Wer im Flugzeug vegetarisches Essen bestellt und im Zielland ballaststoffreiche Kost zu sich nimmt, tut sich da erheblich leichter.

Flugpreise

Return-Tickets von **Chennai** (Madras) nach Colombo kosten derzeit ca. 300 DM, von **Trivandrum** ca. 200 DM, von **Singapur** und **Bangkok** ab 600 DM. Von **Bangkok** gibt es oft noch preiswertere Angebote von Air Lanka, die an die Bedingung gekoppelt sind, daß der Hinflug an einem Montag erfolgt – der Tag, an dem es zu den schlimmsten Verkehrsstaus in Bangkok kommt und niemand fliegen möchte, weil man mit dem Taxi im Extremfall 3 Stunden zum Flughafen braucht!

Rund ums Geld

Die srilankische Währung

Die srilankische Währungseinheit ist die **srilankische Rupie,** die in 100 Cents unterteilt ist. Das Wort „Rupie", auf Englisch *rupee,* stammt vom Sanskrit-Begriff *rupa* für Silber. Das Cent klingt zwar amerikanisch, aber auch diese Währungseinheit hat Sanskrit-Wurzeln: Cent stammt von *shata* (einhundert), aus dem das lateinische centum ebenso wie die thailändische Münzeinheit Satang entstand.

Zur britischen Kolonialzeit war die Rupie in 16 Annas unterteilt, die ihrerseits aus je 4 Paisa bestanden; ein Paisa wiederum war 3 Pai wert. Verständlicherweise verursachte das Herausgeben von Wechselgeld oft qualmende Hirnschalen.

Bei Preisangaben wird *Rupees* meist zu **Rs.** abgekürzt, auf dem Devisenmarkt kommen aber auch die Kurzformen *CRs* (Ceylonese Rupees) oder *SLRs* (Shri Lankan Rupees) vor. Die Abkürzung von „Cents" ist *Cts.*

Bei den **Banknoten** gibt es Stückelungen zu 10, 20, 50, 100, 500 und 1.000 Rupien. Vorsicht ist bei den Hundertern und Fünfhundertern geboten, die sich auf den ersten Blick sehr ähneln! **Münzen** gibt es zu 5, 10, 25 und 50 Cents, sowie zu 1, 2, 5 und 10 Rupien. Die Münzen unter 25 Cents sind aufgrund der hohen Inflation quasi schon aus dem Geldverkehr veschwunden, selbst die 25-Cent-Münze ist nur noch selten zu sehen.

Geldwechsel

Die Rupienkurse sind permanenten Schwankungen unterworfen, deren wichtigster Auslöser der US-Dollar ist: Steigt der Dollar, so fallen die meisten anderen Währungen. Nebenbei existieren zwei geringfügig unterschiedliche Kurse, einer **für Bargeld** und ein anderer **für Schecks**. Letzterer ist etwas günstiger. Dieser leichte Gewinn

kann aber durch die z.T. eklatant hohen **Wechselgebühren** einiger Banken zunichte gemacht werden. Mehr dazu weiter unten.

Gewechselt werden kann in Banken, bei privaten Geldwechslern (in erster Linie in Colombo), in den etwas besseren Hotels und auf dem ominösen „Schwarzmarkt".

Wechselkurse

1 DM	36 Rs.
1 Euro	70 Rs.
1 Schw. Franken	44 Rs.
1 Österr. Schilling	5 Rs.
1 Niederl. Gulden	32 Rs.
1 US-Dollar	73 Rs.
1 Brit. Pfund	115 Rs.

Stand: September 2000

Banken

Beim Einwechseln von Traveller-Schecks ziehen alle Banken eine **Wechselgebühr** ein, deren Höhe irgendwo zwischen bescheiden und unverschämt liegt. Die meisten Banken nehmen pro Wechselvorgang ca. 250-500 Rs., einige Privatbanken aber gar 5% (!) der Wechselsumme. Vor dem Einlösen von Schecks ist unbedingt nach der Höhe der Wechselgebühr zu fragen! Die geringsten Gebühren kassieren die staatlichen People's Bank und Bank of Ceylon, die man deshalb immer als erste ansteuern sollte.

Die **Öffnungszeiten** der Banken sind Mo 9.00-13.00 und Di-Fr 9.00-13.30 Uhr, außer an Feiertagen. Die Bank of Ceylon in der York Street in Fort, Colombo, betreibt eine Wechselstube, die Mo-Fr von 9.00 bis 18.00 Uhr geöffnet ist, Sa-So und an Feiertagen von 9.00 bis 16.00 Uhr.

Private Geldwechsler

Private Geldwechsler *(Money Changers)* sind kaum außerhalb Colombos (Fort) zu finden. Ihre Betreiber sind fast ausnahmslos Moslems, die aufgrund ihrer religiösen Regeln zwar Geld wechseln, aber nicht verleihen dürfen. (Als Geldverleiher springen traditionell die Hindus aus der Chettiar-Kaste in die Bresche.)

In den Wechselstuben wird Bargeld der wichtigsten Währungen eingetauscht (DM, Dollars, Britische Pfund, Schweizer Franken etc.), Traveller-Schecks aber nur, wenn sie in Dollars ausgestellt sind – keine Traveller-Schecks in DM! Eine Wechselgebühr wird üblicherweise nicht erhoben.

Vor dem Tausch sollte man die **Kurse** der diversen Wechsler vergleichen, denn es gibt durchaus Kursdifferenzen. Bei größeren Summen kann man oft um den Kurs feilschen.

Wechseln im Hotel

Das Wechseln von Schecks oder Bargeld an der Hotelrezeption sollte man **nur im Notfall** in Erwägung ziehen, da dort in der Regel sehr magere Kurse gezahlt werden. Oft liegen sie 10% unter den Bankkursen. Die meisten Hotels wechseln außerdem nur für ihre Gäste, nicht aber für Außenstehende.

Falls man unbedingt in einem Hotel wechseln muß, dort aber nicht wohnt, kann man es mit der Begründung versuchen, im Restaurant des Hotels essen zu wollen. Das verspricht Profit, und wahrscheinlich bekommt man sein Geld gewechselt.

Schwarzmarkt

Sri Lanka hat einen bescheidenen Schwarzmarkt für ausländische Devisen, der sich in erster Linie auf Colombo beschränkt. Im Stadtteil Fort zirkulieren einige dubiose Persönlichkeiten, die ausländischen Passanten bessere Kurse als die Banken oder Geldwechsler versprechen. Das Unterfangen **lohnt** jedoch **nicht:** Erstens besteht die Gefahr, daß man übers Ohr gehauen wird, und falls nicht, dann rechtfertigt der minimal bessere Kurs nicht eine solch klammheimliche Untergrund-Aktion.

Reiseschecks oder Bargeld?

Die Frage, was besser mitzunehmen ist, Reiseschecks oder Bargeld, läßt sich leicht beantworten: **sowohl als auch.** Schecks verleihen eine gewisse Sicherheit, da man bei ihrem Verlust die Summe rückerstattet bekommt; zusätzliches Bargeld kann manches Mal aus der Klemme helfen, z.B. wenn die Banken geschlossen sind.

Reiseschecks

Die Reiseschecks sollten die eines **international bekannten Geldinstituts** sein, so z.B. von American Express (AMEX), Bank of America, Citibank etc., um nur die wichtigsten zu nennen. Bei Schecks obskurer Lokalbanken besteht die Gefahr, daß sie vor Ort unbekannt sind und folglich nicht akzeptiert werden.

Als **Ausstellwährung** empfiehlt sich für deutsche Reisende die D-Mark – erstens muß man so sein Geld nicht unter Verlust in eine fremde Währung wechseln, die dann am Urlaubsort noch einmal unter Verlust in Rupien eingetauscht wird; zweitens sind DM überall in Sri Lanka gern gesehen, einige Hotels berechnen sogar ihre Zimmerpreise in DM. Österreicher sollten ebenfalls DM-oder aber Dollar-Schecks mit sich führen. Schweizer können SF-Schecks mitnehmen, die außer in ganz winzigen Ortschaften überall angenommen werden.

In der Schweiz existiert zudem ein Postscheck-Verfahren, bei dem **Postschecks** auch im Ausland eingelöst werden können. Also, in Schweizer Postämtern nachfragen, ob und bei welchen Banken in Sri Lanka diese Schecks akzeptiert werden.

Wer **Kursschwankungen** von DM oder Dollar **umgehen** möchte, kann auch eine Kombination dieser beiden Währungen mit sich führen. Da der DM-Kurs eine Art Gegenpol zum Dollar-Kurs darstellt, gleicht man den Verfall der einen Währung durch Gewinne in der anderen aus. Der kluge Spekulant würde also DM- und Dollars-Schecks im Verhältnis von 50/50 kaufen.

Bezüglich der **Stückelung** ist neben der Mitnahme von großen Schecks (200 DM, 500 DM) auch die kleinerer (50 DM, 100 DM) ratsam, damit so am Ende der Reise schnell noch unerwartete Ausgaben getätigt werden können. Wird dazu ein großer Scheck angebrochen, der dann nicht ganz ausgegeben wird, macht man durch den ungünstigeren Rücktauschkurs am Flughafen warscheinlich ein Verlustgeschäft.

Bei der Ausstellung der Schecks ist 1% über dem Nennwert zu zahlen; dieser Aufschlag ist die Versicherungsgebühr, um bei Verlust der Schecks Ersatz zu bekommen. Die **Quittung** über den Scheckkauf sowie die Liste mit den **Schecknummern** sind **separat** von den Schecks **aufzubewahren**. Im Falle des Scheckverlustes sind u.U. beide vorzulegen, zumindest jedoch die Liste mit den Schecknummern. Von beiden sollten auch Fotokopien angelegt werden, die man zu Hause deponiert.

Euroschecks werden in Sri Lanka nicht mehr eingelöst, weder bei der Deutschen Bank in Colombo, noch bei der Sampath Bank hinterm Bahnhof.

Bargeld

Etwas Bargeld ist unter allen Umständen mitzunehmen, in erster Linie DM und/oder Dollars. Praktisch sind vor allem kleinere Scheine im Werte von 10 DM und 20 DM, bzw. 5, 10 und 20 US$. Damit kann man zur Not auch einmal eine Rechnung im Restaurant oder eine Taxifahrt bezahlen. Wer sich zur Mitnahme von DM entscheidet, sollte sicherheitshalber trotzdem ein paar 5-, 10- oder 20-Dollar-Scheine bei sich haben.

Schweizer können auch Schweizer Franken mitbringen, die weithin angenommen werden. Österreicher sollten ihr Bares in DM oder Dollars eintauschen.

Bei Entgegennahme der Landeswährung ist darauf zu achten, daß keine allzu angeschmuddelten oder **zerfledderten Scheine** dabei sind; diese werden oft nicht angenommen. Ausserdem sollte man sich nicht zu große Scheine geben lassen, die niemand wechseln kann. Ein 500-Rupien-Schein entspricht etwa einem durchschnittlichen Wochengehalt!

Kreditkarten

Kreditkarten der namhaften Geldinstitute wie American Express (AMEX), Visa, MasterCard etc. sind willkommenes Zahlungsmittel in den meisten größeren Hotels, in vielen Top-Restaurants, bei Banken, Fluggesellschaften und in zahlreichen Geschäften. Bargeld erhält man jedoch meist nur in den Hauptstellen des betreffenden Kreditinstituts in Colombo oder in einigen anderen großen Banken.

Vor einer Zahlung mit der Kreditkarte ist zu klären, ob eine **Gebühr** auf den Kaufpreis bzw. auf die Rechnung aufgeschlagen wird.

Aus Sicherheitsgründen sollte die Karte bei der Zahlung nie aus den Augen gelassen werden – Gaunereien mit blitzschnell im Hinterzimmer kopierten Karten sind in Südostasien ein alter Hut, in Sri Lanka aber noch kriminologisches Neuland. Dennoch aufpassen!

Überweisungen

Geldüberweisungen von Europa nach Sri Lanka verlaufen üblicherweise recht zuverlässig, ganz anders als in den anderen Ländern des indischen Subkontinents. **Telex- oder Swift-Überweisungen** sollten nicht mehr als 2 Tage in Anspruch nehmen. Die brieflichen Normalüberweisungen wohl ziemlich indiskutabel, da bis zum Eingang des Geldes Wochen vergehen können.

Als Überweisungsmethode empfehlen sich, wie oben erwähnt, nur Telex- und Swift-Überweisungen. Beide dauern etwa gleich lange (ca. 2 Tage), die Swift-Überweisungen, die über Computer getätigt werden, kosten jedoch weniger als halb so viel: ca. 20-30 DM pro Überweisung, Telex-Überweisungen dagegen 60-70 DM. Das Swift-System ist jedoch noch relativ neu, und es gilt bei seiner Bank herauszufinden, ob diese schon eine Swift-Verbindung nach Sri Lanka unterhält.

Vor der Reise ist es ratsam, sich bei seiner Heimatbank nach deren **Verbindungsbank** in Sri Lanka zu erkundigen. Überweisungen zwischen Verbindungsbanken laufen in der Regel reibungsloser und schneller ab als zwischen „unverbundenen" Geldinstituten. Später kann man sich das Geld zur srilankischen Verbindungsbank schicken lassen und bei Vorlage des Reisepasses abholen.

Falls das **Geld** nach 2 oder spätestens 3 Tagen noch **nicht eingetroffen** sein sollte, ist etwas falsch gelaufen. Eventuell wurde der Eingang des Geldes in der Empfängerbank verschlampt – das kommt vor –, oder aber, auch das ist nicht selten, hält die Bank das Geld noch etwas zurück, um an dessen Zinsen zu verdienen. Es gilt beharrlich nachzuhaken und sowohl unter Namen als auch Vornamen auf der Eingangsliste nachchecken zu lassen – Asiaten können europäische Vor- und Nachnamen oft nicht unterscheiden, was in diesem Falle viel Unannehmlichkeiten einbringen kann. Um bei verzögertem Geldeingang bei der Heimatbank nachfragen zu können, notiere man sich schon zu Hause deren Telefon- und Fax-Nummer.

Hilft alles nicht, so bleibt als allerletzte Möglichkeit der **Gang zur Heimatbotschaft.** Es gab Zeiten, da händigten die Botschaften jedem in Not geratenen Touristen gleich ein Rückflug-Ticket und Überbrückungsgeld aus. Das war einmal. Die Großzügigkeit hat heute der Skepsis Platz gemacht. Erstens wurden es ständig mehr Reisende, die auf Hilfe pochten, und zweitens schnorrten sich bald einige Zeitgenossen ihren Urlaub mit dem Botschaftsgeld zusammen: Es gab einige „Traveller", die grundsätzlich nur mit einem Hinflug-Ticket losflogen, um sich dann zu gegebener Zeit von der Botschaft ausfliegen zu lassen! Traurig, daß durch die Aktivitäten einiger Negativ-Traveller die tatsächlich in Not Geratenen leiden müssen.

Die Hilfe, die die Botschaften heute noch leisten, erschöpft sich zunächst in einem Telefongespräch. Von der Botschaft aus kann man Freunde oder

Verwandte in der Heimat anrufen, die dann die nötigen Finanzmittel überweisen. Das Geld kann in diesem Fall auf ein Konto des Auswärtigen Amtes eingezahlt werden, das daraufhin die Botschaft anweist, die Summe an den Bittsteller auszuzahlen (üblicherweise in der Währung des betreffenden Landes). Diese Überweisungsmethode ist zügig und zuverlässig. Das Telefongespräch ist nachträglich zu zahlen. Nur in Ausnahmefällen strecken die Auslandsvertretungen noch das Rückflug-Ticket oder Geld vor. Auch in diesem Falle müssen alle Auslagen innerhalb einer gesetzten Frist zurückgezahlt werden.

005sr Foto: rk

Auf dem Kandy Market

Preise und Kosten

Das Preisniveau für Waren und Dienstleistungen liegt in Sri Lanka im allgemeinen weit unter dem europäischen Level. Verständlich, bedenkt man, daß das **durchschnittliche Einkommen** in Sri Lanka etwa 1/35 des deutschen Durchschnitts-Gehalts entspricht. Das heißt freilich nicht, daß alles nur 1/35 des deutschen Preises kostet: Am Landeseinkommen gemessen, sind viele Preise sehr hoch oder, anders herum ausgedrückt, der durchschnittliche Srilanker muß länger für eine Ware oder Dienstleistung arbeiten als der durchschnittliche Deutsche.

Wie in fast allen Ländern Asiens sind jedoch viele Preise **Verhandlungssache.** Auf Märkten, an Straßenständen und in den meisten Geschäften darf, nein, *muß* gehandelt werden. Oft läßt sich der zuerst veranschlagte Preis um 30-50% senken. Auch in Hotels läßt sich oft um den Zimmerpreis feilschen, besonders in der touristenarmen Off-Season und bei längeren Aufenthalten. Nicht gehandelt wird in Shopping-Centern, in denen die Waren mit Preisen ausgezeichnet sind, und in Restaurants. In allen Restaurants, die nicht über eine Speisekarte verfügen, sollte man zuvor unbedingt nach den Preisen fragen. Ansonsten zahlt man einen inoffiziellen „Touristen-Aufschlag"!

Schon innnerhalb einer Woche im Lande kann man sich ein halbwegs treffsicheres Gefühl für das Preisniveau erarbeiten. Mit zunehmender Aufenthaltsdauer wird es routinierter. Zur groben Vorstellung hier einige alltägliche **Preisbeispiele:**

Glas Tee	5-15 Rs. (in gehobenen Restaurants teurer)
1 kg Reis	25-40 Rs. (je nach Qualität)
Kokosnuß	10-15 Rs. (Touristen wird oft zuviel abgeknöpft.)
Banane	3-4 Rs. (je nach Größe)
Rice & Curry	25-100 Rs. (je nach Restaurant-Standard)
Mineralwasser	35-50 Rs. (1,5 Liter-Flasche)
Stück Seife	15-40 Rs. (Import-Produkte sind am teuersten.)
Hemd	250-500 Rs. (im Shopping-Center weit teurer als auf dem Markt)
Sarong	250-500 Rs. (das traditionelle Kleidungsstück des Mannes)
10-km-Taxifahrt	etwa 400 Rs. (handeln!)
100-km-Busfahrt	30-60 Rs. (Intercity-Busse sind mehr als doppelt so teuer wie Normalbusse.)

Reisekasse

Wenn Sri Lanka keines der ganz billigen Reiseländer ist, so liegt das einzig und allein an einem Faktor: den Hotelpreisen. Die **Übernachtungskosten** bei halbwegs komfortablen Unterkünften sind für asiatische Verhältnisse recht hoch, alle anderen Preise dagegen sind ausgesprochen niedrig. Bei der Reisekasse machen die Hotelkosten so den größten Einzelposten aus. Sehr häßlich ist dabei die Tatsache, daß die meisten Hotels **zwei Preiskategorien** haben: eine für Einheimische und eine für Ausländer. Letztere ist oft doppelt so hoch. Zwar wird von den Hoteliers argumentiert, daß Ausländer aufgrund der höheren Kaufkraft ihrer Währung mehr zahlen können, dennoch kann man sich nicht des Gefühls erwehren, aufgrund seiner Hautfarbe ausgebeutet zu werden.

Schwer gebeutelt wird man auch, wenn man im Hotel oder im Guest House ißt. In beiden sind die **Essenspreise** weit höher als in den normalen Restaurants, die von Einheimischen aufgesucht werden. Bespiel: Ein typisches Abendessen in einem Guest House kostet 150 Rs. (ca. 4 DM); in einem einfachen Restaurant kann man sich oft schon für 30 Rs. (weniger als 1 DM) satt essen. Diese Billig-Restaurants sind zwar oft nicht die saubersten, aber das muß man halt in Kauf nehmen. Man sollte sich nicht wundern, wenn man „Servietten" gereicht bekommt, die nichts anderes sind als zurechtgeschnittene Zeitungsseiten.

Wo immer möglich, wird in den folgenden Ortsbeschreibungen auf preiswerte Normalrestaurants hingewiesen. Einige Restaurants führen aber ebenfalls zwei Speisekarten mit unterschiedlichen Preisen.

Der folgende Überblick gibt einen groben Eindruck über die **täglichen Ausgaben,** gestaffelt nach drei Ausgabe- oder „Komfort-Stufen". Die Preise gelten für Einzelreisende; bei Zimmern mit Doppelbelegung sinkt der Prokopfpreis etwas, da Doppelzimmer meist weniger als der doppelte Einzelpreis kosten. Zu beachten ist zudem, daß die unten aufgeführten ganz billigen Unterkünfte (5 DM) nur in einigen wenigen Touristenorten zu finden sind. Sicherheitshalber sollte allgemein mit 8-10 DM für die billigsten Unterkünfte gerechnet werden.

Sri Lanka hatte Mitte 2000 eine **Inflationsrate** von offiziell nur 0,3%, diese kann jedoch aufgrund des Krieges gegen die Tamilen-Rebellen und damit verknüpfte Regierungsmaßnahmen (z.B. Steuererhöhungen, vor allem auf Diesel und Benzin) leicht in die Höhe schnellen. Besonders im touristischen Bereich können die Preiserhöhungen sehr kraß ausfallen.

Durchschnittliche Ausgaben pro Tag

unteres Ausgabeniveau	
Unterkunft	5-20 DM
Essen	5-10 DM
Bus/Fahrrad	1-3 DM
zusammen:	11-33 DM
mittleres Ausgabeniveau	
Unterkunft	20-60 DM
Essen	10-30 DM
Taxi	5-20 DM
zusammen:	35-110 DM
hohes Ausgabeniveau	
Unterkunft	60-150 DM
Essen	40-100 DM
Taxi / Hotel-Taxi	10-50 DM
zusammen	110-300 DM

Versicherungen

Am unkompliziertesten ist es, gleich mit der Reisebuchung eines der von den Reiseveranstaltern angebotenen **Versicherungspakete** abzuschließen. Dieses umfaßt Kranken-, Unfall-, Gepäck- und Haftpflicht-Versicherungen. Günstiger ist hingegen der gezielte Abschluß einzelner Policen, z. B. bei Banken oder freien Versicherungsmaklern.

Für Leute, die viel reisen, lohnen sich **Jahresversicherungen.** Notieren sollte man sich die auf den Versicherungsscheinen oder -karten angegebenen Notfall-Rufnummern.

Inwieweit Versicherungen im Einzelfall tatsächlich sinnvoll sind, muß jeder selbst entscheiden. **Unfall und Haftpflicht** können beispielsweise bereits durch bestehende Versicherungen abgedeckt sein; die Deckungssummen sind jedoch zu überprüfen. Als Schadensnachweis ist der Versicherung ggf. ein Polizeiprotokoll vorzulegen.

Gepäckversicherung

Der Abschluß einer Gepäckversicherung lohnt sich nicht immer. Es gibt viele Einschränkungen, z. B. bezüglich Sonderausstattung (Laptop, Kamera, Sportgeräte etc.). Bei Verlust oder Beschädigung von versichertem Gepäck müssen, abgesehen von einer Bestätigung des entsprechenden Beförderungs- oder Beherbergungsunternehmens, eine genaue Auflistung der fehlenden/beschädigten Gegenstände sowie schlimmstenfalls Kaufquittungen vorgelegt werden.

Reiserücktrittskosten-versicherung

Eine Reiserücktrittskosten-Versicherung kann extra vereinbart werden. In Anbetracht der relativ hohen Kosten sind die Bedingungen hierfür genau zu studieren. Nur in speziellen Fällen zahlt die Versicherung bei Nichtantritt einer Reise oder eines unfreiwilligen Abbruchs tatsächlich.

Krankenversicherung

Unverzichtbar ist der Abschluß einer **Auslandsreise-Krankenversicherung.** Im Reisebüro können Krankenversicherungen kurzfristig vor Reiseantritt unkompliziert für unterschiedliche Zeitdauer abgeschlossen werden, meist günstiger sind jedoch die Angebote von Privatversicherern. *Universa* beispielsweise bietet eine Krankenversicherung für beliebig viele Reisen von jeweils maximal zwei Monaten Dauer innerhalb eines Jahres für weniger als 20 DM pro Person an.

Bei Versicherungsabschluß sollte auf **Vollschutz ohne Summenbegrenzung** geachtet werden. Außerdem ist zu überprüfen, ob ein **Rücktransport** im Falle eines Unfalls oder einer schweren Krankheit übernommen wird, bzw. an welche Bedingungen (z. B. Krankenhausaufenthalt) dieser geknüpft ist. **Automatische Verlängerung** der Versicherung im Krankheitsfall ist ein weiterer wichtiger Punkt. Die Leistungspflicht sollte bei verhinderter Rückreise weiter gelten, andernfalls gehen die enormen Behandlungskosten sofort nach Ablauf zu Lasten des Patienten.

Bei Eintreten eines Notfalles sollte die Versicherungsgesellschaft telefonisch verständigt werden. Ausführliche **Quittungen** (mit Datum, Namen, Bericht über Art und Umfang der Behandlung, Betrag) sind Voraussetzung, damit die Auslagen von der Versicherungsgesellschaft erstattet werden.

Sicherungsschein

Jeder, der eine **Pauschalreise** bucht, hat das Recht darauf, sich zu vergewissern, daß sein Reiseveranstalter gegen eine Insolvenz (Pleite) abgesichert ist.

Eine Pauschalreise ist jede Kombination zweier gleichwertiger Reiseleistungen, also beispielsweise bereits die kombinierte Buchung von Flug und Mietwagen.

Spätestens bei der ersten (An-)Zahlung muß der Veranstalter bzw. das Reisebüro dem Kunden deshalb einen Sicherungsschein aushändigen. Wenn ein Veranstalter aus welchen Gründen auch immer diesen Sicherungsschein verweigert, kann man davon ausgehen, daß er gegen eine Pleite nicht versichert ist. Das muß kein Grund sein, die Reise nicht zu buchen, es schließt allerdings das Risiko mit ein, bereits bezahlte Reiseleistungen im Pleitefall nicht zu erhalten – beispielsweise den Rückflug ...

Gesundheitsvorsorge

Impfbelege sind für den Besuch Sri Lankas **nicht notwendig,** es sei denn, man reist aus einem akuten Gelbfieber- oder Choleragebiet ein. Gelbfieber- und Cholera-Epidemien treten gelegentlich in südamerikanischen oder afrikanischen Ländern auf, selten auch - lokal - in Indien.

Sri Lanka ist das sauberste Land Südasiens (die Malediven einmal nicht mitgerechnet), und ernstere Gesundheitsprobleme während der Reise sind unwahrscheinlich. Um ganz sicher zu gehen, sollte man gegen die folgenden Krankheiten **prophylaktische Maßnahmen** ergreifen: Hepatitis, Typhus, Cholera, Malaria und Tetanus. Vor einigen Jahren tauchte in Bangladesch und Indien eine neue und besonders gefährliche Cholera-Variante auf, hervorgerufen durch den Erreger *Vibrio cholerae non 01.* In Einzelfällen kann der Virus in 9 Stunden zum Tode führen.

Sri Lanka hat prozentual eine der höchsten Malaria-Raten der Welt, und eine Prophylaxe ist ratsam.

Ausführliche Informationen zum Thema Gesundheitsvorsorge finden sich im **Kapitel „Gesundheitstips für Fernreisen".**

Ausrüstung

Der Umfang der nach Sri Lanka mitzubringenden Ausrüstung hält sich in sehr engen Grenzen, da man gegebenenfalls fast alles im Lande kaufen kann. Hier dennoch ein paar nützliche „Mitbringsel":

Medizin-Set

Zur Selbstbehandlung leichterer Reiseerkrankungen empfiehlt sich die Mitnahme eines Medizin-Sets, das Mittel gegen die häufigsten Beschwerden beinhalten sollte.

Dabei sein sollte **Verbandszeug** und **Heftpflaster,** letzteres möglichst in verschiedenen Größen und Formaten; **Aspirin, Jodtinktur** und **Desinfektionssalbe** sowie ein **Breitband-Antibiotikum** (z.B. Bactrim, Doxycyclin, Tetracyclin o.ä.), das einen Rundumschlag gegen vielerlei Infektionen austeilt.

Da Antibiotika in Europa nur auf Rezept erhältlich sind, ist fraglich, ob der Hausarzt sie für die Reiseapotheke verschreibt; wenn nicht, kann man sie in Sri Lanka in jeder Apotheke problemlos kaufen. Die Selbstbehandlung mit Antibiotika darf kein Dauerzustand werden, im Notfall kann sie aber lebensrettend sein oder - um es weniger dramatisch auszudrücken - die Zeit bis zum Auffinden eines geeigneten Arztes überbrücken helfen.

Wer nicht auf das teure Mineralwasser angewiesen sein will, kann **Wasserentkeimungstabletten** mitbringen. Diese sind in europäischen Apotheken

Allgemeine Gesundheitstips

- Ein hoher Prozentsatz von Infektionskrankheiten wird durch verschmutzte Hände übertragen. Die einfachste und wichtigste Grundregel des Gesundbleibens lautet also: **Hände waschen,** und das so oft wie möglich! Auf jeden Fall aber immer vor den Mahlzeiten.
- **Rohes Gemüse, Salate und ungeschältes Obst** sind zu meiden, da nur allzu gerne die Fliegen auf ihnen herumtanzen oder – im Falle von Gemüse oder Salat – oft noch Spuren von Naturdünger, sprich Kot, daran haften. Dieses gilt auch für die teuren Restaurants.
- **Wasser** sollte nur getrunken werden, wenn es 20 Minuten lang abgekocht wurde, wobei fraglich ist, wieviele Hotels oder Restaurants diese Vorsichtsmaßnahme auf sich nehmen. Als einfachere Alternative bietet sich das (nicht ganz billige) Mineralwasser an, das überall käuflich zu erwerben ist.
- Sehr empfindliche Personen können auch beim **Zähneputzen** zum Mineralwasser greifen. Normalerweise dürfte auch bei Benutzung von Leitungswasser nichts passieren, da auch im schlimmsten Fall nur minimale Mengen von Wasser geschluckt werden. Ansonsten leisten zu diesem Zweck Wasserentkeimungs-Tabletten gute Dienste: Das damit behandelte Wasser ist aufgrund seines starken Nebengeschmacks zwar nicht gut zum Trinken geeignet, zum Zähneputzen reicht es jedoch allemal.
- Nicht selten kommt es zu Epidemien von Konjuktivitis oder **Bindehautentzündung,** bei der sich die Augen rot färben und stark brennen. Die Krankheit ist an sich harmlos und kann durch Augentropfen schnell behoben werden. Noch besser ist aber die Vorbeugung: Zu infinzierten Personen ist eine gewisse Distanz zu halten, nach Kontakt mit ihnen sollte man sich die Hände waschen und sich unter keinen Umständen damit an die Augen fassen. Wer selber an Konjunktivitis leidet, sollte eine Sonnenbrille aufsetzen, um die Weiterverbreitung möglichst zu unterbinden.
- Relativ häufig sind auch **Infektionen des äußeren Gehörgangs.** Um diese zu verhindern, sollten die Ohren nach dem Schwimmen in Meer oder Swimmingpool sorgfältig getrocknet werden. Herumstochern im Ohr mit Reinigungsstäbchen oder anderem, was Wunden verursachen könnte, ist zu unterlassen.
- Sri Lanka verzeichnet angeblich die weltweit höchste Todesrate durch **Schlangenbisse**! Pro Jahr sterben im Durchschnitt 5,7 Personen pro 100.000 am Biß von Giftschlangen. (Indien ist mit 5,2 Personen/100.000 die Nummer Zwei.) Überträgt man dieses statistische Mittel auf die Zahl der Touristen in Sri Lanka, müßten etwa 20 Touristen/Jahr an Schlangenbiß zugrunde gehen – was wahrscheinlich nicht der Fall ist, da man als Tourist weniger dem Risiko ausgesetzt ist als z.B. ein Feldarbeiter oder jemand, der in einem Dschungeldorf lebt.

  Die giftigste Schlange in Sri Lanka ist die Krait, die hauptsächlich nachts zuschlägt, ganz besonders in ihrer Paarungszeit im September/Oktober. Zum Thema Giftschlangen finden sich ausführliche Hinweise im Kapitel „Gesundheitstips für Fernreisen".
- In Sri Lanka sehr verbreitet ist die **Ayurveda,** eine traditionelle Heilkunde, deren Medikamente auf rein pflanzlichen / mineralischen Bestandteilen beruhen. Darunter sind auch Gold, Silber und sogar (in winzigen Mengen) Quecksilber und Arsen! Die Ayurveda stammt ursprünglich aus Indien, der Name ist Sanskrit für „Wissenschaft

vom langen Leben". Je nach den Fähigkeiten des behandelnden Arztes kann diese entweder sehr hilfreich oder aber völlig nutzlos sein. Gute Ayurveda-Ärzte werden immer seltener. Bei ernsteren Erkrankungen ist es ratsamer, es zuerst mit der Schulmedizin zu versuchen.

• **Prostitution, AIDS, Geschlechtskrankheiten:** Nach offiziellen Schätzungen gibt es in Sri Lanka etwa 30.000 weibliche Prostituierte; die tatsächliche Zahl mag aber noch erheblich darüber liegen. Außerdem verdingen sich zahlreiche Personen männlichen Geschlechts, vor allem bei schwulen Sextouristen. Von Regierungsseite geht man von etwa 10.000 Strichjungen aus, viele davon minderjährig oder gar im Kindesalter. 1993 begann die Regierung zum ersten Male, Maßnahmen gegen die Kinderprostitution zu ergreifen, und mittlerweile sind einige Ausländer wegen Unzucht mit Minderjährigen verurteilt worden. Seltsamerweise blieb das Strafmaß oft unangemessen niedrig – gelegentlich wurden nur Geldstrafen von einigen Hundert Rupien verhängt.

1998 wurde in Sri Lanka eine heftige Diskussion um eine mögliche Legalisierung der Homosexualität geführt. Den Ruf eines Schwulen-Mekka hat sich vor allem Hikkaduwa zugezogen, gefolgt von Negombo.

Die Verseuchung mit Geschlechtskrankheiten ist allgemein hoch. Das gleiche gilt für AIDS, woran offiziell zwar nur ein paar hundert Personen erkrankt sind, aber viele AIDS-Patienten sind gar nicht als solche erfaßt. Dazu dürfte die Zahl derer, die HIV-infiziert sind, bei denen die Krankheit jedoch noch nicht ausgebrochen ist, in die Tausende gehen. Die WHO befürchtet, daß das Land in den nächsten Jahren eine erhebliche Ausbreitung der Krankheit erleben wird. Wer glaubt, er/sie sei in Sri Lanka sicherer vor Ansteckung als daheim, begeht möglicherweise einen fatalen Irrtum.

Die giftige Krait

problemlos erhältlich, eventuell aber müssen sie vorbestellt werden, da so etwas nicht gerade der Verkaufsrenner ist. Mit den Entkeimungstabletten läßt sich das schmutzigste Wasser innerhalb von ca. 10-20 Minuten (siehe Gebrauchsanweisung) unschädlich machen. Leider schmeckt es dann nicht selten wie das Wasser einer öffentlichen Badeanstalt.

Gegen den bei übermäßigem Schwitzen auftretenden Mineralstoff- und Elektrolyt-Verlust helfen **Mineralsalzpräparate,** oder, um sie bei ihrem international üblichen Namen zu nennen, *Oral Rehydration Salts (ORS).* Mangel an den Stoffen kann Abgeschlagenheit oder schwerere Symptome verursachen. ORS gibt es meist als in Portionspäckchen abgepacktes Pulver, dem teils angenehme, teils scheußliche Geschmacks-Nuancen beigemischt sind. Das Pulver wird in Wasser aufgegossen und getrunken. Bei Überdosierung können jedoch Schäden auftreten, deshalb die auf den Packungen angegeben Dosierungsanweisungen einhalten.

ORS leisten auch gute Hilfe bei starkem Durchfall, der den Körper ebenfalls seiner Mineralstoffe und Elektrolyte beraubt. Dazu sollte ein **Durchfallmittel** auf jeden Fall zur Standard-Ausrüstung gehören, da Durchfälle mit die häufigsten Reisebeschwerden darstellen. Wichtig sind vor allem solche Mittel, die im Notfall den Darm schnell verschließen. Dazu eignen sich z.B. Immodium oder das (nur noch in der Schweiz erhältliche) Kaopectate. Innerhalb weniger Stunden machen sie den Darm dicht. Bei ernsteren Darminfektionen ersetzen sie aber nicht die Behandlung durch einen Arzt. Die altbekannten Kohle-Tabletten übrigens, einst das schwarze Gold eines jeden Balkan-Urlaubers, richten bei asiatischen Durchfällen meist gar nichts aus.

Gegen die zahlreichen Moskitos und anderen Insekten hilft eine **Anti-Insekten-Creme,** die nach dem Auftragen einige Stunden lang anhält. Wer zufällig aus Singapur oder Bangkok einfliegt, könnte sich in den dortigen chinesischen Pharmazien kleine Fläschen mit Prawn Oil zulegen. Das Öl wirkt wahre Wunder bei Insektenstichen, nach dem Auftragen gehen Schwellung und Juckreiz sofort zurück. In Sri Lanka werden Moskitos unter anderem mit Zitronella-Öl ferngehalten, das zu diesem Zweck auch in einigen besseren Hotels versprüht wird.

Einige Hotels stellen in den Zimmern elektronische Moskito-Vertreiber auf, in denen eine winzige „Matte" *(Mosquito Mat)* erhitzt wird und einen Anti-Moskito-Duft verbreitet. Für den Menschen ist er „unriechbar". Weiterhin bieten sich die **Moskito-Spiralen** oder *Mosquito Coils* an, die in jedem srilankischen Haushaltswarengeschäft erhältlich sind. Diese Spiralen sind so etwas wie kreisrund gewundene Räucherstäbchen, die 7-8 Stunden brennen und die Moskitos angriffsunfähig machen. Die Stoffe, die das bewirken, sind, im Übermaß genossen, aber auch für den Menschen nicht ganz unschädlich; die Spiralen sollten nachts folglich nicht zu nahe am Bett aufgestellt werden, außerdem muß der Raum gut belüftet sein. Ein Lesertip zur richtigen Benutzung der *Mosquito Coils:* „Fenster zu, Coil an, nach 30 Minuten alle Fenster und Türen öffnen (damit die Moskitos flüchten können) und nach einiger Zeit wieder schließen."

Wem die Anschaffung eines Medizin-Sets in der Heimat zu teuer ist, der kann sich alle Bestandteile in Sri Lanka zulegen. Die dortigen **Apotheken** sind sehr gut bestückt, und unter dem Personal gibt es mindestens eine Fachkraft, die sich tatsächlich in dem Metier auskennt. Zudem sind die Preise ungeheuer niedrig, und die Medikamente lassen sich in beliebigen Mengen kaufen - auch nur eine einzelne Tablette oder ein einziges Heftpflaster, wenn es so sein muß. Zu achten ist allerdings auf das auf der Packung angegebene Verfallsdatum. Am besten kauft man nichts, das sich schon in den letzten sechs Monaten seiner Wirksamkeit befindet. Das tropischfeuchte Klima setzt den Medikamenten über Gebühr zu. Wichtig ist auch die Lagerung, und so sind Apotheken mit Klimaanlage solchen ohne vorzuziehen.

Personen, die auf bestimmte Medikamente angewiesen sind, sollten deren **Beipackzettel** oder Verpakung mit sich führen, auf denen die chemische Zusammensetzung des betreffenden Mittels angegeben ist. Viele Medikamente werden in anderen Ländern unter anderem Namen verkauft, und ein erfahrener Apotheker kann sie an ihrer Zusammensetzung identifizieren.

Weitere Hinweise zum Thema Reiseapotheke finden sich im Kapitel „Gesundheitstips für Fernreisen".

Toilettenartikel

An den üblichen Toiletten- oder **Hygieneartikeln** ist fast alles in Sri Lanka erhältlich, wenn auch die Auswahl längst nicht so groß ist wie zu Hause (z.B. bei Shampoo, Deo, Seife und Rasierschaum). Einheimische Produkte sind in der Regel sehr preiswert, Importware ist oft noch teurer als daheim. Auch **Toilettenpapier,** das nur von der verwestlichten Elite benutzt wird, ist teuer.

Mitzubringen ist unbedingt ein Vorrat an **Sonnenschutz-Creme.** In den wichtigsten Strandorten wird sie zwar angeboten, jedoch zu weit höheren Preisen als in Europa.

Die Creme muß einen relativ hohen **Lichtschutzfaktor** aufweisen, der der intensiven Sonnenstrahlung auf Sri Lanka Paroli bieten kann. Je nach Hauttyp empfiehlt sich mindestens Faktor 10-12.

Weibliche Reisende sollten bei Bedarf **Tampons** mitbringen, da diese in Sri Lanka – wie fast überall in Asien – sehr unpopulär und daher auch nur selten erhältlich sind.

Wem Kleingetier nicht behagt, der könnte noch ein Flasche **Insekten-Spray** einpacken, das unter den gelegentlich vorhandenen Ameisen- oder Kakerlaken-Populationen aufräumt. Zwar gibt es derlei Mittel auch am Ort zu kaufen, möglicherweise enthalten sie jedoch sehr toxische, auch dem Menschen schädliche Substanzen (z.B. DDT).

Die ungeliebten **Kakerlaken** gehen selbst bei den härtesten Sprays erst nach mehrmaligem, langem Ansprühen ein, was auch dem Sprüher nicht gut bekommt. Wer zufällig von Bangkok einfliegt, sollte sich auf den dortigen Märkten ein paar Stäbchen „Kakerlaken-Kreide" zulegen. Mit der Kreide werden auf dem Fußboden Linien gezogen, und Kakerlaken, die sich diesen nähern, strecken alsbald die Füße nach oben. Für den Menschen ist die Kreide unschädlich. In Thailand heißt die Kreide *tschork malängsaab* (*tschork* = englisch *„chalk"*).

Kleidung

So viel wie nötig und so wenig wie möglich, heißt die Devise. In erster Linie ist nur leichte **Sommerkleidung** erforderlich, am besten aus Baumwolle. Je nach Reisezeit und Gebiet (siehe „Klima") kann dazu noch eine **Regenjacke** nötig werden.

Auch nicht schlecht wäre ein **Schirm,** der nebenbei als Sonnenschutz dienen kann. Als Europäer mag man sich etwas albern vorkommen, sich vor der Sonne unter einem Schirm zu verstecken, aber die Einheimischen machen es genauso. Kein Bewohner der Tropen setzt sich freiwillig der prallen Sonne aus. Nicht umsonst pflegte man in der Kolonialzeit zu sagen, daß „nur verrückte Hunde und Engländer in der Sonne herumspazieren"! Schirme kann man auch für ein

006sr Foto: rk

paar Mark im Lande selber bekommen; nach der Ankunft in Colombo sollte man im Marktviertel von Pettah danach Ausschau halten. Alternativ bietet sich eine **Kopfbedeckung** an.

Bei Besuchen der kühleren Bergregionen, vor allem von Nuwara Eliya, ist ein **Pullover** oder eine **Jacke** anzuraten, da es dort morgens und abends empfindlich kalt sein kann. Eine Jacke kann auch gute Dienste in den Restaurants mit Klimaanlage leisten, die oft viel zu unterkühlt sind.

In den Berggebieten sollten statt Sandalen oder ähnlich leichtem Schuhwerk besser **festere Schuhe** (z.B. solide Turnschuhe) getragen werden; diese werden den dortigen Klimaverhältnissen eher gerecht und eignen sich auch besser für Wanderungen in dem hügeligen Terrain. Ein Paar **Badelatschen** eignet sich, um in Unterkünften, die nur ein Gemeinschaftsbad aufweisen, Pilzerkrankungen zu vermeiden. Ab 1 DM kann man derartige *„rubber slippers"* aber auch im Lande selber kaufen, sofern man nicht über Schuhgröße 45 oder mehr verfügt.

Rubber Slippers sind billig – aber nur bis Größe 44 zu haben

Karten

Sehr übersichtlich und detailliert ist die Sri-Lanka-Karte von Berndtson &

Berndtson (Fürstenfeldbruck; Maßstab 1:500.000), sie ist wohl die beste auf dem Markt. Daneben gibt es auch die Karte des Nelles-Verlags, München (Maßstab 1:450.000). Wer eine Karte des gesamten indischen Subkontinents benötigt, ist mit der Karte „Indian Subcontinent" von Bartholomew (Edinburgh) gut bedient (Maßstab 1:4.000.000). Die oben genannten Karten enthalten auch ein paar wichtige Stadtpläne. Zu beziehen sind sie über alle Buchhandlungen, eventuell müssen sie aber vorbestellt werden.

Sollen es speziellere Karten sein, so wende man sich an Därr Expeditionsservice GmbH, Theresienstr. 66, 80333 München, Tel. 089-282032. Hier gibt es von **Flieger-** bis zu **Nautiker-Karten** alles, was der Weltenbummler zur Orientierung benötigt.

Auch in **srilankischen Buchhandlungen** sind zahlreiche Karten und Stadtpläne erhältlich, diese lassen es in vielen Fällen jedoch an Exaktheit mangeln. Nicht kaufen sollte man die Pläne von Straßenhändlern, die sie oft für den doppelten bis dreifachen Ladenpreis verkaufen wollen.

Sonstiges

Eine gute Investition ist eine **Taschenlampe,** da es in den Unterkünften gelegentlich zu Stromausfällen kommt und auch der abendliche Heimweg vielleicht nicht immer der hellste ist.

Einige Bungalow-Unterkünfte an den Stränden werden durch **Vorhängeschloß** abgesperrt, und wer auf Nummer Sicher gehen will, kann sich ein eigenes mitbringen. Gute Dienste leisten auch **Mini-Alarmanlagen** (siehe „Sicherheit").

Ein **Schlafsack** ist in den heißen Küstengebieten völlig überflüssig; in den Bergregionen - vor allen in Nuwara Eliya - könnte er hilfreich sein, in erster Linie bei Übernachtung in den preiswerteren Unterkünften, wo man womöglich nicht so großzügig mit Decken ist. Absolut notwendig ist der Schlafsack aber auch da nicht.

Weiterhin nützlich sind Nähzeug, Taschenmesser, Sonnenbrille, Wasserflasche, Lesestoff und ein Kurzwellen-Radio.

Zeitverschiebung

Zur Sommerzeit (Ende März - Ende Okt.) gehen die Uhren in Sri Lanka der MEZ um 4 Stunden voraus, zur Winterzeit um 5 Stunden. 12 Uhr in Deutschland entspricht somit 16 bzw. 17 Uhr in Sri Lanka. Bis 1996 galt in Sri Lanka dieselbe Zeit wie in Indien, dann aber wurde sie um eine halbe Stunde vorverlegt - wohl um sich vom sehr wenig geliebten nördlichen Nachbarn abzuheben und seine eigene „Zeitidentität" zu schaffen. In Sri Lanka gilt nun somit dieselbe Zeit wie in Bangladesch.

Weitere Zeitdifferenzen: Sri Lanka ist Pakistan um 1 Std. und Nepal um 15 Min. voraus und hinkt Thailand um 1 Std. hinterher, Malaysia und Singapur um 2 Std. Indonesien ist (je nach Region) um 1-2 Std. voraus.

007sr Foto: rk

Praktische Reisetips A–Z

008sr Foto: rk

009sr Foto: rk

Strand an der Südwestküste

Briefkasten am Kandy Lake

Ochsenkarren bei Anuradhapura

Einkaufen

Als Mitbringsel aus Sri Lanka bieten sich vor allem **Handwerksartikel** an, von denen es die größte Auswahl in Colombo gibt. Das muß nicht heißen, daß die Waren dort auch am billigsten sind, manche lassen sich besser am Herstellungsort kaufen, beispielsweise die holzgeschnitzten Masken.

In Colombo lohnt ein Blick in das Laksala, ein staatliches Geschäft, das eine umfassende Auswahl an Handwerksartikeln verkauft (60 York St., Fort, Colombo 1). Hier kann man sich erst einmal einen Eindruck davon schaffen, was es so alles im Lande gibt. Die Qualität im Laksala ist sehr gut, die Preise sind nicht zu hoch. Im Gegensatz zu privat betriebenen Geschäften kann hier nicht gehandelt werden.

Batiken

Zwar sind srilankische Batiken international nicht so bekannt wie die Indonesiens oder Malaysias, dennoch ist ihre Qualität sehr gut, und heute werden sie in allen Touristenorten angeboten. Das Batiken ist eine Einfärbmethode, bei der bestimmte Stoffpartien mit Wachs versiegelt werden. Beim

Kunstvoll gearbeitete Batiktücher

010sr Foto: Ingo Hothan

Eintauchen des Stoffes in ein Farbbad bleiben die gewachsten Stellen ungefärbt. Durch mehrfaches Wiederholen und Variieren des Vorgangs entstehen die typischen Batik-Muster. Viele größere Batik-Geschäfte liegen gleich neben der Batik-Fabrik, wo man in den meisten Fällen die Arbeitsgänge beobachten kann. Der Hintergedanke der Unternehmen ist zwar, daß der Zuschauer, am Ende auch etwas kauft – verpflichtet fühlen sollte man sich dazu jedoch nicht.

Batiken kosten je nach Größe und Qualität von ca. 100 bis mehrere Tausend Rupien.

Edelsteine und Halbedelsteine

Die edlen Funkler sind Sri Lankas drittwichtigstes Exportgut und werden auch in vielen Touristenorten angeboten, sei es als separate Steine oder in Schmuck gefaßt. Nicht gekauft werden sollte von **fliegenden Händlern,** die mit ein paar Steinen in der Hand die Straßen unsicher machen: Das Risiko, minderwertige oder unechte Ware zu bekommen, ist zu hoch.

Auch in den Geschäften geht es nicht immer ganz lauter zu, schließlich ist es ein Kinderspiel, einem Laien Edelsteine zum **Wucherpreis** zu verkaufen. Um das zu vermeiden, gilt es in jedem Fall, kräftig zu handeln. So drückt man die eventuellen Überpreise auf ein angemesseneres Niveau herunter. Hat der Händler gleich einen vernünftigen Preis genannt, bemerkt man das schnell daran, daß auch nach langem, zähen Handeln keine Preisnachlässe mehr drin sind. Vorsicht vor zu verlockenden Angeboten, denn die sind oft nicht das, was sie scheinen!

Zur **Überprüfung der Echtheit** erstandener Steine bietet der staatliche Sri Lanka Gem & Jewellery Exchange (SLGJE), in 310 Galle Road, Colombo 3, einen (für Nicht-Srilanker) kostenlosen Service. Nebenbei werden hier

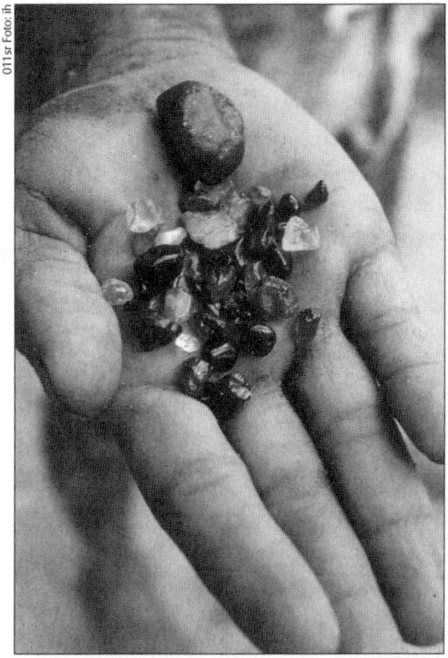

011sr Foto: ih

Rohedelsteine direkt aus der Grube

auch gleich Edelsteine und Schmuck verkauft. Mit dem Echtheits-Test selber ist allerdings noch nicht allzu viel gewonnen, denn echte Steine können sich je nach Qualität im Preis dermaßen unterscheiden, daß man nicht unbedingt einen falschen Stein untergejubelt bekommen muß, um betrogen zu werden. Wertschätzungen werden beim SLGJE nicht vorgenommen.

Vor größeren Edelsteinkäufen lohnt ein Blick in die **Edelsteinmuseen** in Ratnapura, wo man sich zum Thema informieren kann.

Kleidung und Lederwaren

Sri Lanka hat eine dynamische Textilindustrie, und gute und **preiswerte Kleidung** gibt es an jeder Ecke zu kaufen.

Die auf Märkten oder in kleinen Geschäften angebotene Ware ist meist einfacher Qualität mit entsprechend niedrigen Preisen; exklusivere und teurere Kleidung bieten z.B. die in Colombo ansässigen **Shopping-Center** wie Majestic City (Galle Rd., Bambalapitiya) und Liberty Plaza (Ecke Dharmapala Mw./R.A. de Mel Mw.).

Von recht guter Qualität und peiswert sind ebenso **Lederwaren,** darunter insbesondere Umhängetaschen, Schulterbeutel u.ä.

Masken

Die beliebtesten Sri-Lanka-Souvenirs sind wahrscheinlich die so furchterregenden, kunterbunten Masken, die einen originellen Wandschmuck abgeben. Das **Zentrum der Maskenschnitzerei** ist Amabalangoda im Südwesten, es gibt die Masken aber auch überall sonst zu kaufen. Die Masken werden in reiner Handarbeit aus dem weichen, leicht zu bearbeitenden Holz des Kaduru-Baumes geschnitzt.

Je nach Benutzungszweck unterscheidet man sie in Raksha-, Kolam- und Sanni-Masken. **Raksha-Masken** werden bei festlichen Prozessionen verwendet, **Kolam-Masken** zur Aufführung traditioneller Schauspiele und **Sanni-Masken** beim Teufelstanz, der Krankheiten oder böse Geister austreiben soll. Die meisten als Souvenir verkauften Masken sind **Naga- oder Kobra-Masken**, die der Raksha-Kategorie angehören. Die Naga-Masken stellen einen Dämon dar, dessen starren Augen aus dem Kopf zu quellen scheinen, und über dessen Kopf sich die Haube einer Kobra ausbreitet.

Bitte keine Korallen!

Obwohl das Abbrechen von Korallen unter Strafe steht, werden sie vielerorts angeboten – völlig offen, unter den Augen von Polizei und Tourismusbehörde. Kaufen sollte man sie dennoch nicht: Durch das Zerstören der schützenden Korallenriffe kommt es zu einer verstärkten Brandung, und diese führt zu Landerosion; so manch schöner Badestrand könnte dadurch verschwinden. Ein Beispiel für eine derartige Entwicklung ist Candi Dasa auf Bali, wo ältere Reiseführer noch von einem wunderbaren Strand berichten, heute aber schon gar keiner mehr vorhanden ist. Ursache: Zerstörung der Korallenriffe.

012sr Foto: rk

Elektrizität

In Sri Lanka wird Wechselstrom von 230-240 Volt und 50 Hertz benutzt; europäische Elektrogeräte können somit problemlos betrieben werden.

Da einige **Steckdosen** dreipolig sind, empfiehlt sich vorsichtshalber die Mitnahme eines internationalen Adapters, der für wenige DM in heimischen Elektrowarenläden erhältlich ist. Auf normalem Wege können Zweipolstecker nicht in Dreipolsteckdosen benutzt werden. (Das geht nur durch Zurückdrücken des Sicherheitsstiftes im dritten Pol, z.B. mit einem Kugelschreiber. Da das aber unter Umständen gefährlich sein kann, will ich es hier nicht empfehlen!).

Masken kosten je nach Größe und Qualität ca. 100 bis 2.500 Rs. Ein mittelgroßes Exemplar (ca. 40-50 cm hoch) guter Qualität gibt es ab ca. 1.200 Rs. Man braucht vor dem Kauf auch größerer, sperriger Masken nicht zurückzuschrecken, da man sie jeweils in drei Einzelteile zerlegen kann, die man später einfach wieder zusammenschiebt.

Mützenverkäufer in Kandy

Essen und Trinken

Sri Lanka galt lange als die **„Gewürz-Insel"** schlechthin, auf der alles wuchs, was den Rachen in Heißbrand versetzt. Bei dem natürlichen Reichtum an Würzmitteln war es logisch, diese auch großzügig einzusetzen. Das hat sich bis heute nicht geändert, und die srilankische Cuisine präsentiert sich als eine der schärfsten der Welt! In Asien kann ihr wohl nur die südthailändische Küche Paroli bieten, alles andere liegt einige Würzgrade darunter. Wem **scharfes Essen** nicht zusagt, der findet in den Touristenorten aber auch zahllose Restaurants mit westlicher Speisekarte. Es gibt etliche Touristen, die Sri Lanka verlassen, ohne eine einzige einheimische Mahlzeit gegessen zu haben!

Die srilankischen Gerichte ähneln sehr denen Südindiens, auch wenn die Kochkunst hier nicht so weit entwickelt wurde – die Küche Sri Lankas ist nicht unbedingt für Raffinesse oder Variationsreichtum bekannt. Dennoch wartet manch kulinarisches Abenteuer auf den entdeckungsfreudigen Touristen.

Wie wird gegessen?

Traditionell wird **mit der rechten Hand** gegessen, die vor der Mahlzeit gewaschen wird. In allen Restaurants finden sich dazu Waschbecken. Die linke Hand gilt als unrein, da sie zum Säubern von tabuisierten Körperpartien eingesetzt wird. Mit den Fingern werden die verschiedenen Bestandteile der Mahlzeit verknetet und zum Mund geführt. Das sieht für Europäer alles andere als appetitlich aus; viele, die an diese Essensmethode gewöhnt sind, schwören jedoch darauf. Auch die meisten traditionellen Srilanker würden wohl behaupten, daß das Essen so besser schmeckt als mit einem Stück Metall im Mund.

In allen besseren Restaurants wird ausnahmslos **Besteck** ausgehändigt, selbst die Einheimischen essen in diesem Falle damit. Auch in den billigeren Restaurants bekommt man es auf Verlangen; niemand erwartet vom Ausländer, daß er mit seinen Fingern ißt. Tut man das dennoch, trägt es einem ein amüsiertes Lächeln, aber auch ein paar Pluspunkte für den Versuch der „kulturellen Annäherung" ein.

Srilankische Gerichte

Morgens

Das srilankische Standard-Frühstück besteht aus **Hopper,** dünnen Reisteigfladen, die die Form einer kleinen Schüssel haben, und zusammen mit einem Sortiment von Scharfmachern gegessen werden – diverse Kokosnuß- oder Chili-Chutneys sowie Sambol, eine Art würziger Soße. Die Bezeichnung *Hopper* ist eigentlich eine englische Verballhornung des singhalesischen *appa,* aber heute benutzen selbst die meisten Srilanker den anglisierten Namen.

Gelegentlich gibt es die Hopper mit einem Ei darauf, und so erhält man dann **Egg Hopper** *(bithara-appa).* Wird der Teig zu dünnen Fäden geschnetzelt, ergibt das **String Hopper** *(idi-appa),* die etwa so aussehen wie wirre Wollknäuel. Auch diese Hopper werden mit den verschiedenen Chutneys und Sambol gegessen.

In tamilischen Restaurants gibt es morgens **Idli** (gedämpfte, flach-runde Reiskuchen), **Uttapam** (runde Art Teigpfannkuchen), **Thosai** (Teigfladen) oder **Masala Thosai** (Teigfladen mit würziger Gemüsefüllung); dazu werden ebenfalls Chutneys und Sambol gereicht. (*Thosai* sprich etwa: *Dhosé.*)

Aufgepaßt bei der Rechnung! In Restaurants werden auffallend häufig überhöhte Rechnungen präsentiert. Häufig tauchen darauf Mahlzeiten auf, die man gar nicht verzehrt hat, oder aber die Preise der einzelnen Gerichte werden flugs nach oben revidiert. Alle Rechungen überprüfen!

Mittags

Das mittägliche Standard-Gericht in singhalesischen wie auch tamilischen Restaurants ist **Rice-and-Curry:** Das wird auf einem großen runden Messingteller serviert, auf dem sich kleine Schalen mit diversen Gemüse- oder Fleisch-Curries befinden, dazu Reis, Pickles, Joghurt und *Papadam,* eine Art knuspriger „Cracker" aus Linsen- oder Kichererbsenmehl. Die Rice-and-Curry-Teller sind somit eine ausgewogene Mahlzeit, in der von allem etwas dabei ist. Weiterhin spricht für sie ihr niedriger Preis. In den einfachen Restaurants kosten sie ca. 25-40 Rs.

Das Wort *Curry* ist die englische Form von Hindi *karhi* (eine Art Gewürzsoße) oder Tamil *kari* („Soße"). Als Curries werden Gemüse-, Fisch- oder Fleischgerichte bezeichnet, deren Grundlage eine mehr oder minder dickflüssige Soße aus verschiedenen Gewürzen und anderen Zutaten ist. Die Gemeinsamkeit zum Curry-Pulver liegt somit lediglich darin, daß auch dieses eine Mischung diverser Gewürze ist (Hauptbestandteil: Gelbwurz). Curry-Gerichte werden in Sri Lanka seit Jahrhunderten zubereitet und fanden schon in der *Mahavansa* Erwähnung. Dort allerdings werden sie mit dem Pali-Begriff *supa* bezeichnet - ein Wort, das ethymologisch mit unserer „Suppe" verwandt ist!

Die ideale Beilage zu Curries ist der **Reis** *(haal);* beides zusammen wird mit der rechten Hand vermengt und gegessen. Der Reis ist das „tägliche Brot" der Srilanker, so wie der meisten asiatischen Völker. In den billigen Restaurants werden meist Reissorten der untersten Qualität serviert, die auch leider einen etwas unangenehmen Beigeruch aufweisen - als könne man noch den Naturdünger erschnüffeln!

Die schmackhafteste und teuerste Reissorte ist der blumig duftende **Basmati-Reis,** der vor allen in Indien angebaut wird. In Restaurants nur sehr

013sr Foto: rk

Mobiler Kiri- (Joghurt-) Verkäufer

selten zu finden ist der naturbelassene **braune Reis** *(kekulu haal)*, den besonders die Bewohner des Südens vorziehen. In vielen Familien dort wird nur dieser Reis gekocht. Da viele gesundheitsbewußte Touristen nach braunem Reis verlagen, gibt es ihn auch in einigen Restaurants in den größeren Touristenorten.

In vielen Restaurants stehen vegetarische *(vegetarian)* oder nicht-vegetarische *(non-vegetarian)* Rice-and-Curry-Gerichte zur Auswahl. Viele Restaurants, meist tamilische, bieten rein vegetarische Kost.

Abends

Nachmittags und abends servieren die einfacheren Restaurants oft nur **Short Eats,** wie man Snacks in bestem Singhalesisch nennt. Unter diesen Sammelbegriff fallen *Parippu Vadai* (sprich: *Wadé,* vegetarische Linsen-Frikadellen), *Thairu Vadai* (Teigkrapfen in Joghurt; tamil. Gericht), *Thosai* und *Masala Thosai*.

Vegetarische Kost

Vegetarier haben es sehr leicht in Sri Lanka, vegetarisches Essen gibt es fast überall. Gelegentliche Probleme gibt es eventuell in Hotels, die hauptsächlich Tourgruppen beherbergen, bei denen die fleischlose Kost nicht sehr hoch im Kurs zu stehen scheint. Es stehen in der Regel aber genügend einheimische Lokale zur Verfügung, die meist sowohl vegetarische als auch nicht-vegetarische Speisen bieten – oft aber auch nur vegetarische. Besonders die von Tamilen betriebenen Restaurants sind meist rein vegetarisch (es sei denn, es handelt sich um Moslems.

Um nach vegetarischem Essen zu fragen, merke man sich die folgenden Vokabeln: *Ellawallu* ist Singhalesisch sowohl für „Gemüse" als auch „vegetarisch"; auf Tamil heißt dasselbe *saibam*.

Typische Speisen

- **Aluwa** – Süßigkeit aus Milch, Palmzucker *(jaggery)*, Cashew-Nüssen und Gewürzen
- **Ambul Thiyal** – Thunfisch-Curry aus dem Süden des Landes
- **Biriyani** – würziges Reisgericht mit Gemüsen oder Fleisch
- **Kiri** – Joghurt (auch: Milch); in tamilischen Restaurants *Thairu* genannt
- **Kiribath** – Milchreis
- **Lamprai** – in Bananenblatt gedämpfter und zuvor gekochter Reis, dem Fleisch, eine Prawn-Paste, Sambal u.a. beigefügt sind
- **Paratha** – in Öl gebackenes Fladenbrot
- **Parippu, Dal** – würziger Linsenbrei, schmeckt am besten mit Reis oder Roti
- **Pittu** – eine Art ungesüßter, gedämpfter Kuchen in konischer Form, bestehend aus Reis und Kokosflocken
- **Roti** – ungesäuertes Fladenbrot, das oft zusammengerollt und mit einer Füllung aus Gemüse, Fisch, Fleisch oder Kokos/Banane/Palmsirup serviert wird
- **Watalappam** – eine Art Pudding aus Kokosmilch, Palmzucker, Cashew-Nüssen, Eiern und Gewürzen; malaiischen Ursprungs

Obst

Das feucht-heiße tropische Klima bildet die Grundlage für das Wachstum zahlloser Fruchtsorten. Obstfreunde haben in Sri Lanka sicher ihre helle Freude.

Leider wird der Obstkauf oft zu einem frustrierenden Erlebnis, da die

Händler Ausländern in der Regel das Zwei- bis Dreifache des regulären Preises abverlangen - Handeln, und nochmals Handeln!

Ananas (Ananas comosus)

Die Ananas stammt ursprünglich aus Mexiko und Panama und wurde zum ersten Mal von *Christoph Colombus* nach Europa gebracht. Die Portugiesen verbreiteten sie später über Süd- und Südostasien. In Sri Lanka wird sie häufig in kleinen Portionen von Straßenhändlern angeboten.

Avocado (Persea gratissima)

Auch die Avocado stammt wahrscheinlich aus Südamerika und wurde erst Mitte des 18. Jh. in Südasien eingeführt. „Würde sie besser schmecken, wäre sie früher gekommen", war im Jahrhundert darauf der trockene Kommentar eines Briten. Der Mangel an Geschmack trug ihr früher auch den englischen Namen *Alligator-Pear* ein, „Alligator-Birne". Püriert und gut gewürzt schmeckt aber auch sie. Die Avocado wächst in den niedrigeren Hügelgebieten Sri Lankas.

Banane (Musa ssp.)

Von Bananen gibt es zahllose verschiedene Arten (darunter auch rote), und sie sind wohl die alltäglichsten Früchte in Sri Lanka. Bananen eignen

Avocado

014sr Foto: pr

015sr Foto: pr

Nicht jedermanns Sache: die Durian

sich besonders gut zum „Löschen“ nach einer scharfen Mahlzeit. Der Ursprung der Frucht liegt wahrscheinlich in Südostasien, von wo sie arabische Händler nach Afrika gebracht haben.

Durian (Durio zibethinus)

So fanatisch sie von vielen Asiaten geliebt wird, so sehr läßt sie die meisten Westler erschaudern: Die Durian ist eine bis zu 3 kg schwere, dunkelgrüne und mit dicken Stacheln versehene Frucht, die im Inneren hellgelbe, cremige Fruchtsegmente aufweist. Was sie schon von weitem identifizierbar macht, ist ihr **penetrant-fauliger Geruch.** Deshalb darf sie in vielen Ländern Südostasiens nicht in öffentlichen Verkehrsmitteln transportiert werden! Über ihren Geschmack läßt sich streiten, nach mehreren Versuchen kann man ihr sogar etwas abgewinnen. Ein britischer Gouverneur verglich ihn einst mit „Aas in Eier-Creme“. Manche wollen den Geschmack von verfaultem Käse erkennen. Es gibt wohl so viele Geschmacksdeutungen wie Esser bei dieser kontroversen Frucht. Die Durian stammt ursprünglich aus dem malaysischen Raum.

Guave (Psidium guajava)

Die Guave ist eine rundliche bis birnenförmige Frucht mit kräftig grüner

Schale. Darunter findet sich weiße, etwas mehliges und mild süßes Fruchtfleisch mit kleinen Kernen, die sich mit Vorliebe zwischen den Zähnen festsetzen. Aufgrund seines hohen Pektin-Gehalts eignet sich das Fruchtfleisch gut zur Hestellung von Marmeladen und Gelees.

Die Heimat der Guave sind die tropischen Gebiete Mittel- und Südamerikas. Während das Holz des Guave-Baumes als gutes Brennholz gilt, werden den Blättern medizinische Eigenschaften zugeschrieben. In der traditionellen indischen Heilkunde werden die Blätter zur Wund- und Geschwürbehandlung verwendet; der Aufguß der Blätter gilt als Mittel gegen Cholera, Erbrechen und Durchfall.

016sr Foto: pr

Jackfruit

Jackfruit (Artocarpus heterophyllus)

Eigentlich in Indien beheimatet, ist die Jackfruit die größte Frucht der Welt: 10-20 kg Gewicht ist der Durchschnitt, aber auch über 40 kg schwere Exemplare sind schon geerntet worden. Die Jackfruit hat das Ausmaß einer mittelgroßen Bombe, mit einer leicht „pickeligen", grün-braunen Schale. Darunter finden sich gummiartige, gelbliche Fruchtsegmente, deren Geschmack nicht jedermanns Sache ist – leicht süß, ein bißchen faulig, und manchmal etwas bitter. In Sri Lanka wird die Jackfruit auch als „Gemüse" in Curries zubereitet, wobei sie einen fleischartigen Charakter annimmt.

Das Holz des Baumes eignet sich gut zur Möbelherstellung; sein Harz gilt, lokal appliziert, als Mittel gegen Zahnschmerzen.

Mango (Magnifera indica)

Der Name dieser hochgeschätzten süß-sauren Frucht stammt vom tamilischen *man-gay,* das die Portugiesen zu *mango* verkauderwelschten. Die Mango ist im indischen Subkontinent heimisch. Ihr köstliches gelbes bis gelbrotes Fruchtfleisch kann, in Überdosen genossen, zu Darmproblemen führen, was angeblich auch den Soldaten *Alexander des Großen* zu schaffen machte, als sie in Nordindien einge-

017sr Foto: Ingo Hothan

drungen waren und sich mit der Frucht die Bäuche vollgeschlagen hatten. In ihrer unreifen Form werden Mangos eingelegt und zu sauren Pickles verarbeitet. Diese sind eine beliebte, sauer-scharfe Beilage.

Einer der unglaublichsten Zaubertricks indischer Straßengaukler war in früheren Jahrhunderten der „Mango-Trick": Der Zauberer zeigte einen Mango-Stein und ließ daraus innerhalb von wenigen Minuten einen ausgewachsenen Baum mit reifen Früchten entstehen. Westliche Reisende waren stets verblüfft über den Trick und hinterließen zahlreiche Aufzeichnungen darüber. Wie er funktionierte, konnten sie nicht ergründen.

Mangoverkäufer

Mangostine (Garcinia mangostana)

Königin *Victoria von England* war so von der Mangostine angetan, daß sie demjenigen eine Belohnung versprach, der eine Methode ersann, die Frucht im frischen Zustand nach England transportieren zu können. Bis heute erweisen sich aber alle Versuche, Mangostinen zu konservieren nur als Teilerfolg: Der eigenwillige Geschmack der Frucht geht bei der Konservierung meist verloren.

Die Mangostine ist von einer dicken, purpurfarbenen Schale umgeben, unter der sich ein weißes, in Segmente aufgeteiltes Fruchtfleisch verbirgt. Der Geschmack ist vollmundig süß, zudem werden der Mangostine viele gesundheitsfördernde Eigenschaften nachgesagt.

Die Frucht stammt aus dem malaiischen Archipel; ihr Name ist vom malaiischen *manggusta* abgeleitet.

Nelli (Phyllanthus emblica)

Dies ist eine kirschgroße runde und grüne Beere, die oft von Kindern an der Straße verkauft wird. Ihr unscheinbares Äußeres täuscht über ihre geschmackliche Raffinesse hinweg: Auf den ersten Biß schmeckt sie schauerlich sauer und bitter, nach einer Minute jedoch hat man die Empfindung von honigartiger Süße - der Kontrast ist verblüffend!

Die sehr Vitamin-C-reiche Nelli findet in zahlreichen ayurvedischen Heilmitteln gegen die unterschiedlichsten Erkrankungen Verwendung, so z.B. gegen Hepatitis, Diabetes, Fieber, Durchfall.

Papaya (Carica papaya)

Wer in Sri Lanka unter Verstopfung leidet, sollte zur Papaya greifen, die das verdauungsfördernde Enzym Papain enthält. Am besten schmeckt die Papaya mit einem Spritzer Zitronensaft.

Die Papaya ist eine große, längliche Frucht mit dunkelgrüner bzw. gelber Schale (je nachdem ob unreif od. reif). Das Fruchtfleisch ist hellorange bis sattrot, sein Geschmack herb-süß. Bei Europäern stand ihr Geschmack lange Zeit nicht sehr hoch im Kurs: Gemäß dem „Hobson-Jobson" (1903), einem ethymologischen Wörterbuch anglo-indischer Begriffe, wurde sie nur von solchen Europäern verzehrt, die der „asiatischen Lebens- und Denkensart anheim gefallen waren" - mit anderen Worten, an Geschmacksverirrung litten!

Die Papaya stammt aus Südamerika, von wo sie Mitte des 16. Jh. von den Spaniern auf den Philippinen eingeführt wurde. Von dort wurde sie zunächst über Malaysia, dann über ganz Süd- und Südostasien verbreitet.

Rambutan (Nepphelium lappacaeum)

Der Name rührt vom malaiischen *rambut* („Haar"), und in der Tat ist die Rambutan ein haariges Gebilde: Ihre rote, kugelrunde Form wird von dickfaserigen „Haaren" geziert, die ihr das Aussehen eines kleinen Seeigels verlei-

Rambutan

018sr Foto: pr

hen. Das Fruchtfleisch ist geleeartig und zuckrig-süß und wird auch zu Konservenfrüchten verarbeitet. Die Rambutan stammt ursprünglich aus dem malaysischen Raum.

Sapodilla (Achras zapota; Manilkara achras)

Die Sapodilla hat die Form einer kleinen Kartoffel und ist von einer dunkelbraunen Schale umgeben. Das Fruchtfleisch ist ebenfalls dunkelbraun und so übermäßig süß, daß die Sapodilla nur selten für sich alleine verzehrt wird. Untergemischt in Fruchtsalaten kommt ihr Geschmack aber gut zur Geltung. Die Frucht ist in Zentralamerika beheimatet und heißt in Mexico *zapotl*, woraus Sapodilla wurde. Die Spanier führten sie im 16. Jh. zunächst auf den Phillippinen ein, von wo sie sich weiter über Asien ausbreitete.

Gewürze

Wenn Sri Lanka über vier Jahrhunderte fremde Mächte auf seinem Boden hatte dulden müssen, so war das in erster Linien seinen Gewürzen zuzuschreiben: Von A (wie Asfoetida) bis Z (wie Zimt) war hier alles zu finden, was dem faden europäischen Essen etwas Geschmack beizubringen vermochte. Gewürze waren in Europa hoch geschätzt und entsprechend teuer.

Den **Portugiesen** hatte es besonders der **Pfeffer** angetan, den sie zunächst aus Südindien bezogen. Bald schwante ihnen, daß der ceylonesische von noch besserer Qualität war.

Nachdem 1516 der portugiesische Reisende *Duarte de Barbosa* ein Loblied auf den ceylonesischen **Zimt** angestimmt hatte, wurde bald auch dieser seiner südindischen Variante vorgezogen. Unter den **Holländern** war der Zimt das profitträchtigste Exportgut des Landes. So war es auch nicht verwunderlich, daß sie den ceylonesischen Zimthandel unter ihr Monopol stellten. Die Zimtplantagen wurden mit festungsähnlichen Schutzanlagen umgeben, niemand durfte den Zimt schälen, der nicht von den Behörden ausdrücklich dazu ermächtigt worden war, und das willfährige Zerstören von Zimtpflanzen wurde unter Strafe gestellt – Todesstrafe! Erst im Jahre 1832, während der britischen Kolonialperiode, wurde das Zimtmonopol aufgehoben, und private Händler durften ihn nun gegen Zahlung einer Gebühr ausführen.

Heute sind Gewürze ein beliebtes **Urlaubs-Mitbringsel,** fliegende Händler verkaufen sie im zellophanverschlossenen Sammel-Pack.

Chili (Capsicum fructicosum)

Je kleiner, desto schärfer, lautet die Devise beim Chili, egal ob es sich um die grüne oder rote Variante handelt. Wie der Name andeutet, stammt der Chili („Chile-Pfeffer") aus Südamerika und wurde erst im 16. Jh. von den Portugiesen in Indien eingeführt. Später hielten viele holländische Kolonialisten gewohnheitsmäßig Chili-Schoten im Mund, auf denen sie genüßlich herumkauten – was man spaßeshalber einmal versuchen möge.

Gelbwurz (Curcuma longa)

Das Pulver des Gelbwurz *(Kurkuma)* ist sehr mild im Geschmack und wird in erster Linie in Gewürzmischungen verwendet. In Indien, seiner Heimat, genießt es hohes Ansehen als Heilmittel: Mit Rosenwasser wurde es traditionell zu einer Salbe vermengt, die bei Augenkrankheiten auf die Augen aufgetragen wurde. Zusammen mit Zuckerrohrsaft gilt es in Indien noch heute als Hausmittel gegen die Hepatitis, und auch zur Hautpflege wird Gelbwurz-Pulver benutzt. Nach dem Kahlrasieren des Kopfes (z.B. bei hinduistischen Pilgerfahrten oder bei Todesfällen in der Familie) wird Gelbwurz aufgetragen, was Hautinfektionen verhindern soll.

Gewürznelken (ugenia caryophyllus)

Im Deutschen hieß dieses Gewürz früher „Gewürz-Nagel“ aufgrund seiner unverkennbar nagelähnlichen Form. Die Gewürznelken sind die noch ungeöffneten Blüten eines Baumes, der auf den Molukken beheimatet ist. Dort wurde traditionell bei jeder Kindgeburt ein Gewürznelken-Baum gepflanzt, und das Absterben eines Baumes wurde als ein Omen gewertet, daß bald ein Kind sterben würde. Die Holländer versuchten, das Gewürz auf die Molukken zu konzentrieren, die Franzosen aber stahlen einige Pflanzen und schmuggelten sie nach Sri Lanka und auf andere Inseln im Indischen Ozean.

Im alten Indien und Persien wurde den Gewürznelken aphrodisiakische Eigenschaften zugeschrieben; die Indonesier rauchen sie dafür heute noch in ihren Kretek-Zigaretten. Bei Zahnschmerzen wirkt das lokale Applizieren von Gewürznelken oder -öl schmerzstillend.

Ingwer (Zingiber officinale)

Diese so erfrischend scharfe Wurzel hieß im alten Indien auf Sanskrit *sringavera*, „Horn-Pflanze“ aufgrund ihrer Form, die oft an ein Hirschgeweih erinnert. In der traditionellen indischen Heilkunde werden ihr blutreinigende Eigenschaften zugesprochen. Ingwer wächst in Südamerika, Afrika und Asien.

Kardamom (Elletaria cardamomum)

Kardamom ist der aromatische Same einer Pflanze aus der Ingwer-Familie und im indisch-malaiischen Raum beheimatet. Von dort wurde es schon ins alte Rom importiert, wo es die Küche bereicherte. Kardamom schmeckt besonders als Zugabe im Tee (eventuell zusammen mit Ingwer), dem es eine milde Würze verleiht.

Muskat (Myristica fragrans)

Die Holländer hatten versucht, das Wachstum des Muskat-Baumes auf die Insel Amboina in den Molukken zu beschränken, doch vergebens: Tauben, die nichts von Monopol-Wirtschaft verstanden, trugen die Samen davon und verbreiteten sie auch außerhalb der Insel. *Sir Stamford Raffles*, der Gründer Singapurs, ließ Muskat-Plantagen auf Sumatra anlegen.

In Sri Lanka wird Muskat häufig bei der Zubereitung von Süßspeisen benutzt. In den psychedelischen 60er

Genuß in Blutrot – das Betelkauen

Eine Leidenschaft, der noch heute zahlreiche Bewohner Sri Lankas frönen, ist das Kauen von Betel. In früheren Jahrhunderten gab es wohl keinen Ceylonesen, arm oder reich, der nicht regelmäßig zum Betel gegriffen hätte. Folglich war der Handel mit Betel so einträglich, daß sich in Südindien die East India Company das Monopol darauf sicherte. Heute jedoch sind es meist nur noch die älteren Leute, die sich die Betelpackung in den Mund schieben. Der Nebeneffekt des Kauens ist eine starke Rot- oder Rotschwarzfärbung der Zähne, und diese entspricht nicht mehr dem Schönheitsideal. Früher dagegen waren es die naturweißen Zähne, die befremdlich wirkten. Statt in Perlweiß lächelte man in Blutrot.

Eine Betel-Mischung besteht aus dem **Blatt der Betel-Palme** *(Piper betel)*, das zusammen mit den kleingehackten **Samen der Areka-Palme** *(Areca catechu)*, einer **Kalkpaste** sowie anderen, wechselnden Bestandteilen zusammengerollt und gekaut wird. Die Kalkpaste oder *Chunam* wird wahlweise aus Muscheln oder Kalkstein gewonnen. Der Samen der Areka-Palme hat etwa das Ausmaß einer besonders großen Muskat-Nuß und besitzt auch etwa deren Härte; die Farbe ist hellrot-weiß gemasert.

Die weiteren Zutaten der Betelmixtur sind vom persönlichen Geschmack abhängig; oft sind es verschiedene Gewürzpräparate, Süßigkeiten oder auch Kautabak. Die Vermischung von Kalkpaste und der alkaloidhaltigen Areka-Nuß mit dem Kautabak ruft einen chemischen Umwandlungsprozeß hervor, und derartige Mixturen haben eine **leicht berauschende, aufputschende Wirkung.**

Fertige Betelmischungen heißen auf Singhalesich *bulath,* auf Tamil *bida*. Das Betel-Blatt selbst nennt sich auf Tamil *vettele*, und daraus machten die Portugiesen *betre* oder *betle*, das dann als Betel auch in unsere Sprache einging. Wegen der Form des

019sr Foto: rk

Betelverkäuferin

Blattes, das an die Haube einer Kobra erinnert, führt die srilankische Folklore den Ursprung des Betels auf die Kobra zurück.

In früheren Jahrhunderten war das Betelkauen zum Teil ein **soziales Ritual.** Gekaut wurde besonders gern zur Beendigung eines üppigen Mahles oder nach Übereinkünften und Vertragsabschlüssen. Das Kauen von Betel wurde zu einem Symbol der Besiegelung, des freudigen Abschlusses. Ganz in diesem Sinne spricht man noch heute in der indischen Unterwelt vom sogenanten „Betel-Mord" *(supari murder)* oder Mord auf Bestellung. Schließlich wird auch bei diesem etwas „besiegelt".

Der Bedeutung des Betelkauens entsprechend bewahrten die besseren Familien die einzelnen Bestandteile der Mixturen früher nur in den feinsten Gefäßen auf. Die **Betelbehälter** wurden zum Teil zu Prestige-Objekten – so wie bei uns das Meißener Porzellan oder das Silberbesteck. Dorfälteste oder andere höher gestellte Personen des alten Ceylon stellten spezielle Bedienstete an, deren einzige Aufgabe es war, ordentliche Betelmixturen zu kredenzen. Indische Maharajas ließen sich von ihren Leibärzten **teure Spezialmischungen** zusammenstellen. Zu den Bestandteilen gehörten zermahlene Perlen, Gold, Silber und seltene Heilpflanzen – oft waren diese Kombinationen als Wunderwaffe gedacht, die verlorene Potenz seiner Hoheit wieder aufzurichten. Ob die Patienten danach tatsächlich wieder die Kama Sutra rauf- und runterexerzieren konnten – verbrieft ist es nicht.

Potenzfördernd oder nicht, so half der Betel zumindest, einen wohlriechenden Atem zu erzeugen, die Verdauung anzuregen oder die Zähne zu röten. Beim Kauen der Areka-Nuß entsteht der typische **blutrote Saft,** der meist in hohem Bogen auf die Straße gespuckt wird. Bei jahrelangem Betelkonsum verfärben sich die Zähne dauerhaft rotschwarz, und am Ende einer intensiven Kaukarriere steht gar meist der **Gebißverfall.** Zusätzlich droht die Gefahr von Mund- oder Rachenkrebs.

Jeder Genuß – so würde es wohl Buddha erklären – hat eben seinen Preis.

Jahren dieses Jahrhunderts mußte der Muskat oft, in horrenden Überdosen genossen, als Drogenersatz herhalten – was in den meisten Fällen weniger einen Rausch, als einen langanhaltenden Kotz-Trip bescherte.

Pfeffer (Piper nigrum)

Der Pfeffer war das erste Gewürz, das die Köche der Welt zu benutzen wußten, und durch ihn wurden viele Kaufmänner in der alten Welt zu reichen „Pfeffersäcken". Die kleinen Pfefferkörner sind die getrockneten Beeren einer Schlingpflanze, die ursprünglich in Südindien beheimatet war und von dort nach Südostasien verbreitet wurde. Durch Entfernung der schwarzen, würzigen Schale erhält man den milderen weißen Pfeffer.

In Malaysia verwendeten Frauen früher den schwarzen Pfeffer als Abtreibungsmittel. Er wurde zusammen mit Honig und einer bestimmten Ingwer-Art zu Pillen gedreht und vor dem Essen eingenommen. Wer weiß, ob's wirkte?

Vanille (Vanilla fragrans)

Die ursprünglich in Mexiko beheimatete Vanille gehört zur Orchideen-Familie und ist das einzige Familienmitglied, das eine eßbare Frucht hervorbringt. Wie alle Orchideen, so ist auch die Vanille sehr anspruchsvoll bezüglich Boden und Klima, und Versuche, sie über weite Gebiete Asiens zu verbreiten, sind bisher nur mäßig erfolgreich verlaufen. Die Vanille-Frucht ist bohnenähnlich lang (ca. 10-25 cm) und wird vor allem bei der Speiseeis- und Kuchenherstellung verwendet.

020sr Foto: pr

Zimt (Cinnamomum ssp.)

Der strauchartige Zimt-Baum bringt eine süßliche Rinde hervor, die während der Regenzeit abgezogen wird. Sie wird dann von ihrer äußersten Schicht und den daran haftenden Unreinheiten befreit und an der Sonne getrocknet, wobei sie sich leicht kräuselt. Sri Lanka ist der Hauptproduzent von Zimt, der hier zudem auch der weltbeste sein soll. Der indische Zimt hingegen gilt als von minderer Qualität. In Indonesien wird eine eng verwandte Zimt-Gattung, die Padang-Cassia *(Cinnamomum burmanii)*, angebaut.

Vanille

Getränke

Der beste Durstlöscher ist **Wasser,** das allerdings nur dann getrunken werden sollte, wenn man sicher sein kann, daß es abgekocht wurde. In den sehr teuren Hotels ist das meist der Fall (ohne Gewähr!), in allen anderen dagegen äußerst unwahrscheinlich.

Als Alternative bietet sich das relativ teure **Mineralwasser** an, das in Platikflaschen verkauft wird. Man achte darauf, daß der Plastikverschluß intakt ist: Gelegentlich werden leere Flaschen mit Leitungswasser gefüllt und neu an den Mann gebracht.

An jeder Ecke kann man natürlich **Tee** schlürfen, der oft aber nicht so gut ausfällt, wie man in einem Tee-Erzeugerland erwarten möchte. Viele der besten Teesorten werden gegen harte Devisen ins Ausland verkauft, und die minderwertigeren Sorten bleiben im Land. Der Tee wird in den meisten Fällen fertig gemixt serviert, mit Milch (oft gesüßte Kondensmilch) und einer großzügigen Dosis Zucker – für europäische Gaumen oft viel zu süß. Wer keinen Zucker im Tee möchte, kann ihn auf Singhalesisch als *Tschini nätuwa* bestellen, „ohne Zucker", oder als *Kiri-Kahate* („ungesüßter Milchtee"). Auf Tamil heißt dies *Tschini wendam.*

Kaffee ist ebenfalls überall erhältlich, je nach Restaurant in sehr unterschiedlicher Qualität.

Einer der gesündesten Durstlöscher ist die Milch der gelb-roten **King Coconut,** auf Singhalesisch *Thambili.* In Sri Lanka wird sie auch gerne Curries beigegeben, was diesen einen milden, abgerundeten Geschmack verleiht. Ein srilankischer König soll sich mit Kokosmilch sogar seine Lepra kuriert haben! Wahr oder nicht, so ist die Kokosmilch sicher höchst erfrischend und zudem an jeder Ecke erhältlich. Die jungen grünen Kokosnüsse werden als *Kurumba* bezeichnet und stehen nicht ganz so hoch im Kurs wie die King Coconuts.

Daneben gibt es jede Menge importierter oder lokaler Soft Drinks und **Biersorten.** Letztere dürfen, wie alle Alkoholika, an den Poya-Tagen (siehe „Feste und Feiertage") nicht ausgeschenkt werden. Zu den bekannteren einheimischen Biermarken gehören *Lion Pilsner* und *McCallums' Three Coins.*

Eine alkoholische Spezialität ist der **Toddy,** ein weißes, erfrischendes Getränk aus dem Saft von Kokos-, Kittul- oder Palmyra-Blüten. Die Toddyzapfer spannen Seile zwischen den Kronen der Palmen auf, über die sie dann – wie waghalsige Akrobaten – von einer Palme zur anderen spazieren. Der aus den angeschnittenen Blüten austretende Saft wird in Tongefäßen aufgefangen, vergoren, von Unreinheiten befreit und dann an die überall anzutreffenden Arrack-Kneipen verkauft. Toddy (von Hindi *tari*) hat etwa den Alkoholgehalt von Bier und soll sogar sehr vitaminreich sein. Der Palmsaft kann aber auch durch Kochen eingedickt werden, wodurch Palmzucker *(jaggery)* entsteht.

Wird der Toddy destilliert, erhält man den goldgelben **Arrack,** der je nach Destillierungsmethode einen Alkoholgehalt von 30-40% Vol. aufweisen kann. Die Arrack-Herstellung – eine Industrie, die selten Flauten erlebt – ist Regierungsmonopol, dennoch wird reichlich Toddy zur Schwarzbrennerei abgezweigt. Die illegalen Schnäpse werden als **Kassippu** bezeichnet. Das Wort „Arrack" stammt (genau wie das türkische „Raki") vom arabischen *araq* für „Ausdünstung" ab.

Fotografieren

An Fotomotiven mangelt es in Sri Lanka gewiß nicht, und kaum jemand wird die Kamera zu Hause lassen wollen. Das Meer, die Berge, die Teeplantagen und zahllosen Tempel geben äußerst farbenprächtige Urlaubs-Souvenirs ab. Die Kamera hilft auch, mehr vom Land zu sehen: Erfahrungsgemäß sind Reisende mit Kamera aktiver, sie stehen früher auf (Sonnenaufgangs-Fotos!), besuchen mehr Sehenswürdigkeiten und unternehmen ganz allgemein mehr als diejenigen ohne Kamera.

Menschen fotografieren

Gerne fotografieren lassen sich auch die Bewohner des Landes. Sie hegen dabei jedoch oft einen Hintergedanken: Viele bitten um eine Kopie ihres Bildes und geben auch gleich ihre Postadresse an. Westler gelten in Sri Lanka, wie fast überall in Asien, als sehr vertrauenswürdig, und wer ein Bild zu schicken verspricht, sollte das auch tun.

021sr Foto: Chaweewan Chuchuay

Bewohner von Colombo

Vor dem Fotografieren von Personen sollte der Höflichkeit halber um die Erlaubnis dazu gebeten werden; es sei denn, man arbeitet mit sehr langen Brennweiten aus der Entfernung, dann erübrigt sich dies meist. Kaum einer der Gefragten wird sich der Bitte widersetzen. Manche „Opfer" verlangen allerdings Geld fürs Fotografieren, oft sind es die etwas rabaukenhafteren Zeitgenossen. Für solche Fälle empfiehlt sich das Bereithalten von etwas Kleingeld: 5-10 Rupien pro Person sind ausreichend. Kindern sollte man besser etwas zu essen kaufen bzw. Kugelschreiber schenken, die sich großer Beliebtheit erfreuen. Wenn Kinder sich mit Posieren für Fotos Geld verdienten, ginge bald kaum noch jemand zur Schule.

Foto-Erlaubnis

Theoretisch ist zum Fotografieren von historischen Anlagen (z.B. Anuradhapura, Polonnaruwa, Sigiriya etc.) eine **Fotogebühr** zu entrichten, in der Praxis ist diese Gebühr jedoch im Eintrittsgeld enthalten. Bei einigen Stätten wird allerdings neben dem Eintritt eine separate Foto- bzw. (teurere) Videogebühr erhoben (z.B. Zoo, Zahn-Tempel, Elephant Orphanage).

Nicht gestattet ist das **Posieren vor Statuen oder Gemälden des Buddha** oder anderen Bildnissen mit religiösem Bezug. Wie locker diese Regel gehandhabt wird, beweisen immer wieder die Mönche, die sich nur allzu gerne vor solchen Abbildungen in Positur stellen. Als Gast im Lande muß man das jedoch nicht unbedingt nachahmen.

Militärische Anlagen

Sri Lanka ist, auch wenn man nicht viel davon merkt, ein Land, das sich im Krieg befindet. Folglich ist es keine gute Idee, militärische Anlagen, Soldaten, Polizeiwachen o.ä. zu fotografieren. Der Foto-Eifer kann falsch ausgelegt werden, und möglicherweise wird man von Sicherheitskräften (eventuell in Zivil) befragt und/oder selber abgelichtet – für die Akten. So etwas kann

auch in dem sehr „touristischen" Bereich am *Galle Face Green* in Colombo passieren (zwischen dem alten Parlament und dem *Galle Face Hotel*) und ebenso im Stadtteil Fort in Colombo. In beiden Bereichen ist es schon zu Bombenattentaten gekommen.

Filme

Filmmaterial sollte in ausreichenden Mengen von zu Hause mitgebracht werden, da man in Sri Lanka oft nicht den Film seiner Wahl bekommt. Das gilt vor allem für Dia-Filme, von denen zumeist nur Fujichrome Sensia und Ektachrome Elite (beide 100 ASA) erhältlich sind. Beide sind ausgezeichnete Amateur-Filme, aber möglicherweise nicht gut genug für sehr anspruchsvolle (bzw. Profi-) Fotografen. Color-Filme von Fuji, Kodak oder Konica sind fast überall erhältlich, und die Preise ähneln denen in Deutschland. Bei Käufen achte man allerdings aufs Verfallsdatum; außerdem sind klimatisierte Geschäfte unklimatisierten vorzuziehen, da das Material wärmegeschädigt sein könnte. Filme erhält man z.B. in zahlreichen Geschäften entlang der Galle Road in Colombo, in Kandy z.B. im Kodak Pro Center gegenüber dem Paivas Restaurant.

Viele Amateur-Fotografen unterschätzen den Effekt, den das richtige oder falsche Filmmaterial ausübt – ein billiger, schlechter Film kann viele Fotos gleich im Ansatz verderben. Wer Wert auf gute Fotos legt, sollte nicht an den Filmkosten sparen.

Aufgrund der günstigen Lichtverhältnisse in Sri Lanka ist besonders die Benutzung von „langsamen" Filmen anzuraten, die feinkörnige Bilder liefern. Für Aufnahmen bei Tageslicht empfehlen sich **Filme von 50 oder 64 ASA**, gegebenenfalls sogar von nur 25 ASA. Für die lichtärmeren Morgen- oder Abendstunden sowie bei Benutzung von langen Brennweiten oder lichtschwachen Automatik-Kameras können ein paar **100-ASA-** oder **200-ASA-Filme** mitgenommen werden.

„Schnellere" Filme von **400 ASA oder darüber** werden wohl nur in Aus-

Mädchen bei Tempelfest

nahmefällen notwendig sein; so z.B. beim Fotografieren mit sehr langen Brennweiten (über 300 mm) oder bei Nachtaufnahmen und im Inneren von Tempeln. Die Filme von 1.000-1.600 ASA sind zwar in den letzten Jahren erheblich verbessert worden, sind aber trotzdem immer noch recht grobkörnig und für die Normalfotografie nicht sonderlich geeignet. In einigen Fällen (z.B. in Höhlentempeln) können sie aber u.U. das Stativ oder den Blitz ersetzen.

Color-Filme

Unter den Color-Filmen heben sich die kontrastreichen und sehr farbkräftigen Agfacolor Ultra 50 und Konica Impresa *50* heraus (beide 50 ASA); beide erzielen sehr gute Effekte bei klarem, sonnigem Wetter. Ansonsten nehme man die 100-ASA-Filme Kodacolor Gold 100 Plus, Kodak Ektapress Gold 100, Kodak Ektar 100, Konica Super SR 100, Agfacolor XRG 100, Fujicolor Super HG 100 oder den (ausgezeichneten, aber nicht überall erhältlichen) Fujicolor Reala. Für Aufnahmen unter schwächeren Lichtverhältnissen gibt es eine Reihe von 200- oder 400-ASA-Filmen, ebenfalls von Kodak, Fuji, Konica oder Agfa. Bei sehr hellem Sonnenlicht kann man den extrem feinkörnigen 25-ASA-Film Kodak Ektar 25 benutzen.

Dia-Filme

Bei den Dia-Filmen ist die Auswahl beileibe nicht geringer. Einer der Favoriten unter Profi-Fotografen ist der superfeinkörnige, sattleuchtende Farben produzierende Fujichrome Velvia (50 ASA). Die meisten Bilder in diesem Buch wurden damit gemacht. Farblich aber naturgetreuer ist der ebenfalls gestochen scharfe Agfachrome RSX 50 II (50 ASA). Der schon fast klassische Kodachrome 64 (bzw. die Profi-Version 64 P) zeichnet sich durch seine realistische Farbgebung wie auch Feinkörnigkeit aus. Mit 64 ASA ist er zudem etwas „schneller" als die oben genannten Filme.

Die **Profi-Filme** sind bei Kodak durch das Anhängsel P gekennzeichnet, bei Fuji durch D (außer beim Velvia, der an sich schon ein Profi-Film ist). Der Unterschied zu den Normalfilmen besteht in der besseren Haltbarkeit der entwickelten Dias, dafür ist der unentwickelte Film anfälliger und muß möglichst im Kühlschrank aufbewahrt und nach der Belichtung rasch entwickelt werden. Professionelle Filme verfügen zudem über einen engeren Belichtungsspielraum, d.h., es muß möglichst akkurat belichtet werden.

Bei **nichtprofessionellen Filmen** dagegen erhält man bei geringer Fehlbelichtung noch ein recht akzeptables Bild. Den größten Spielraum hat man bei Color-Filmen, bei denen eine Fehlbelichtung von 1–1,5 Blenden bei der Entwicklung noch ausgeglichen werden kann.

Der Kodachrome 64 (bzw. 64 P) muß wie alle Kodachrome-Filme zu speziellen **Kodak-Labors** eingeschickt werden – der Fotohändler an der Ecke kann ihn nicht entwickeln. In den Filmpackungen finden sich Umkehrbeutel, auf denen weltweit alle Kodak-Labors angeben sind. Vorsicht mit dem Labor in Australien, das die Filme oft verhunzt!

Ein weiterer ausgezeichneter Film ist der mit satten, kräftig leuchtenden Farben überraschende Fujichrome 50 bzw. dessen Profi-Variante, der Fujichrome 50 D. Außerdem ist er extrem feinkörnig und gestochen scharf.

Auch sehr brauchbar sind Fujichrome 100 (bzw. Fujichrome 100 D), der noch bessere Fujichrome Provia, Agfachrome RSX 100 II und der besonders feinkörnige und äußerst farbenkräftige Ektachrome E 100 VS; dieser erzeugt wirklich dramatische Farben. Alle diese sind 100-ASA-Filme. Der 1997 auf den Markt gekommene Fujichrome Astia (ebenfalls 100 ASA) ist ein hervorragender Profi-Film, der besonders in Werbung, Mode und der Portrait-Fotografie Verwendung findet und extrem klare und realistische Farben liefert. Aufgrund des höheren ASA-Wertes sind diese zwar schon nicht mehr ganz so scharf wie die 50er-Filme, für den reinen Schnappschuß-Fotografen dürften sie jedoch die Standard-Filme sein.

Werden lichtstärkere Filme benötigt, so greife man entweder zum Kodachrome 200 (bzw. 200 P), der aber wiederum zum Kodak-Labor eingeschickt werden muß, oder zu den hervorragenden neuen Kodak Ektachrome E 200 und Agfachrome RSX 100.

Soll das Material noch schneller sein, greife man zu den 400-ASA-Filmen Fujichrome Provia 400, Kodak Ektachrome S 400 (bzw. SW 400) oder Agfachrome RSX 400. Bei besonderes schlechten Lichtverhältnissen kann man den Agfachrome RSX 1000 (1.000 ASA) oder den Fujichrome Provia 1600 (1.600 ASA) erwägen. Mit diesen Filmen kann man auch noch unter sehr schwachen Lichtverhältnissen arbeiten; der Nachteil ist ihre relative Grobkörnigkeit.

Falls man keinen lichtstarken Film zur Hand hat, kann man sich notfalls auch mit dem „Pushen" eines 100-ASA-Films behelfen: Dazu verstelle man einfach die ASA-Einstellung an der Kamera von 100 auf 200 ASA, womit man seinen Film quasi in einen 200-ASA-Film verwandelt. Bei der Entwicklung ist dies natürlich dem Labor mitzuteilen. Der Ektachrome E 200 läßt sich sogar problemlos um zwei oder zweieinhalb Blenden „pushen" – er wird dann zum 800-ASA- bzw. 1000-ASA-Film. Bei Amateur-Filmen können sich beim Pushen leichte Farbveränderungen ergeben, bei den neueren Profi-Filmen wie dem Ektachrome E 200 merkt man davon aber so gut wie nichts.

Bei sehr hellen Lichtverhältnissen könnte man den Kodachrome 25 bzw. dessen Profi-Version Kodachrome 25 P einsetzen (beide 25 ASA). Diese produzieren gestochen scharfe, farblich saturierte und dennoch realistische Bilder. Dazu zeichnen sie sich, wie alle Kodachrome-Filme, durch einen ausgesprochen geringen Farbverfall aus –bei sachgemäßer Lagerung wirken die Farben auch nach Jahren noch wie frisch entwickelt.

Foto-Ausrüstung

Wieviel man für seine Ausrüstung ausgeben will, hängt natürlich vom Geldbeutel und dem Foto-Interesse ab. Es gibt heute schon sehr gute Automatik-Kameras (sogar mit eingebautem Zoom), die den Profi-Geräten in der Bildqualität nicht viel nachstehen. Wer eine Kamera mit auswechselbarem Objektiv bevorzugt und sich nur ein einziges Objektiv zulegen will, ist gut mit mittelstarken **Zooms** beraten: Objektive mit den Brennweiten 28-85 mm oder 35-105 mm sind vielseitig verwendbar. Dem anspruchsvolleren Hobby-Fotografen, der sich mehrere Objektive zulegen möchte, stehen unendlich viele **Objektiv-Kombinationen** zur Auswahl, je nachdem, was man zu investieren gedenkt. Eine gute Standard-Kombination bestände aus einem 24-mm-Objektiv, einem Zoom von 35-135 mm und dazu vielleicht noch einem Tele-Objektiv von 200 mm.

Mit dabei sein sollte ein **Blitzgerät,** da die sehr hoch stehende Sonne (Äquatornähe!) mittags Schlagschatten auf die Gesichter wirft. Ohne Blitz wird sonst nicht viel vom Gesicht zu sehen sein. Wer kein Blitzgerät dabei hat, sollte sich auf Fotografieren am Morgen (von Sonnenaufgang bis ca. 11 Uhr) und Nachmittag (ca. 15 Uhr bis Sonnenuntergang) beschränken. Diese Tageszeiten bieten ohnehin die besten Lichtverhältnisse; mittags ist das Licht zu grell, und die Bilder wirken meist ausgewaschen.

Ein **Stativ** kann gute Dienste in dunklen Tempeln oder Höhlen leisten. Zwar lassen sich diese auch mit dem Blitz aufhellen, das Blitzlicht wirkt in diesem Falle aber meist sehr unnatürlich. Langzeit-Aufnahmen mit dem Stativ sehen immer besser aus, außerdem erreicht man eine höhere Blende und somit mehr Tiefenschärfe.

Unbedingt anzuraten ist der Gebrauch von **UV-** oder **Skylight-Filtern,** die schädliche Sonnenstrahlen herausfiltern, welche ansonsten für merkwürdige Farbverfälschungen sorgen können. Diese Filter kosten nur ein paar Mark, haben aber den zusätzlichen Vorteil, die Linse vor Kratzern zu schützen.

Ebenfalls empfehlenswert ist die Mitnahme eines **Pol-Filters,** der nichtmetallische Reflektionen ausfiltert und – vielleicht wichtiger noch – an klaren Tagen das Blau des Himmels verstärkt. Ohne Pol-Filter zeigt sich meist der strahlendste Himmel nur als ausgewaschenes Blaßblau, und die Enttäuschung ist groß. Mit Pol-Filter dagegen schafft man einen dramatischen, tiefblauen Tropen-Himmel. Beim Fachhändler ist nachzufragen, ob bei der betreffenden Kamera ein zirkularer oder linearer Pol-Filter zu benutzen ist.

Leute mit Spaß am Experimentieren könnten sich weiterhin noch einige **Effekt-Filter** zulegen, mit denen man alles mögliche aus dem Ärmel zaubern kann: goldene oder lilafarbene Sonnenuntergänge, psychedelisch strahlende Straßenlaternen, weichgezeichnete Gesichter u.v.m. Auch zwecks dieser Filter wende man sich an seinen Fachhändler.

Aufgrund der hohen Luftfeuchtigkeit nicht verzichtbar sind Päckchen mit **Silica-Gel,** die Feuchtigkeit in sich aufsaugen. Die Apparaturen (Kameras oder Objektive) müssen dazu möglichst zusammen mit dem Gel luftdicht abgepackt werden. Besonders wichtig wird das Trockenmittel in der Regenzeit, wenn die Luftfeuchtigkeit über Gebühr ansteigt. Ohne das Mittel droht die Gefahr von Pilzbefall. Eine staubdichte, wenn möglich auch wasserdichte und dazu gut gepolsterte **Fototasche** vervollständigt die Ausrüstung.

Zu guter Letzt sind ausreichend **Batterien** mitzubringen, da einige Typen nicht überall erhältlich sind (z.B. 1,5-Volt-Batterien vom Typ AAA).

Kameraversicherung

Im Normalfall ist die Kameraausrüstung von der Reisegepäckversicherung ausgeschlossen, oder aber bei Verlust werden nur 50% des Wertes ersetzt. Wer einige tausend Mark an Ausrüstung mit sich herumschleppt, sollte besser eine separate Kameraversicherung abschließen. Leider sind derartige Versicherer nicht immer leicht zu finden. Eines der Unternehmen, die Kameraversicherungen anbieten, ist die Firma Gerling in Köln. Deren Policen können auch über diverse Agenten in der BRD abgeschlossen werden. Versicherungen im Wert bis zu 10.000 DM kosten pro Jahr ca. 600 DM. Bei anderen Versicherungssummen und anderen Fristen ergeben sich entsprechend andere Tarife.

Literatur

Ausführliche Hinweise, wie man perfekte Reisefotos macht, enthält das Buch **„Die Welt im Sucher“** von Helmut Hermann (Reise Know-How Verlag Helmut Hermann, ISBN 3-9800975-2-8).

Maße und Gewichte

Die in Sri Lanka üblichen Maß- und Gewichtseinheiten entsprechen den englischen (siehe Umrechnungstabelle nächste Seite):

Längenmaße, Flächenmaße

1 inch	2,54 cm
1 square inch	6,425 cm^2
1 foot	30,48 cm
1 square foot	929,029 cm^2
1 yard	91,44 cm
1 acre	0,4047 ha
1 mile	1,6093 km
1 square mile	2,59 km^2

Hohlmaße

1 pint	0,568 l
1 quart	0,94635 l
1 gallon	4,5459 l
1 barrel	163,71 l

Raummaße, Gewichtsmaße

1 cubic inch	16,387 cm^3
1 ounce	28,35 g
1 cubic foot	0,028332 cm^3
1 pound	453,59 g
1 cubic yard	0,7647 m^3
1 hundredweight	50,8 kg
1 short ton	907,18 kg
1 long ton	1016 kg

Umrechnungstabellen

Entfernung und Geschwindigkeit

Miles to Kilometres

Miles per hour to Kilometres per hour

1	1.60	20	32.18	75	120.7
2	3.21	25	40.23	80	128.7
3	4.82	30	48.27	85	136.8
4	6.43	35	56.32	90	144.8
5	8.04	40	64.37	95	152.9
6	9.65	45	72.41	100	160.9
7	11.26	50	80.46	200	321.9
8	12.87	55	88.51	300	482.8
9	14.48	60	96.55	400	634.7
10	16.09	65	104.6	500	804.7
15	24.13	70	112.7	1000	1609.3

1 mile 1.609344 Kms

1 Kilometre 0.621371 miles

Kilometres to Miles

Kilometres per hour to Miles per hour

1	0.62	20	12.42	75	46.60
2	1.24	25	15.53	80	49.71
3	1.86	30	18.64	85	52.81
4	2.48	35	21.74	90	55.92
5	3.10	40	24.85	95	59.03
6	3.72	45	27.96	100	62.14
7	4.34	50	31.07	200	124.3
8	4.97	55	34.17	300	186.4
9	5.59	60	37.28	400	248.6
10	6.21	65	40.39	500	310.7
15	9.32	70	43.49	1000	621.4

1 yard 91.4 cms 1 foot 30.5 cms

1 inch 2.5 cms

Feet to Metres		Metres to Feet	
1	0.3	1	3.2
2	0.6	2	6.5
3	0.9	3	9.8
4	1.2	4	13.1
5	1.5	5	16.4
6	1.8	6	19.6
7	2.1	7	22.9
8	2.4	8	26.2
9	2.7	9	29.5
10	3.0	10	32.8
15	4.5	15	49.2
20	6.0	20	65.6
50	15.2	50	164.0
100	30.4	100	328.1

Gewicht

Pounds Avoirdupois	kilogrammes	kilogrammes	Pounds Avoirdupois
1	0.45	1	2.20
2	0.91	2	4.41
3	1.36	3	6.61
4	1.81	4	8.82
5	2.27	5	11.02
6	2.72	6	13.23
7	3.18	7	15.43
8	3.63	8	17.64
9	4.08	9	19.84
10	4.54	10	22.05
11	4.99	11	24.25
12	5.44	12	26.46
13	5.90	13	28.66
14	6.35	14	30.86
15	6.80	15	33.07
20	9.07	20	44.09
30	13.61	30	66.14
40	18.14	40	88.18
50	22.68	50	110.23
112	50.80	100	220.46

Hohlmaße

Pints	Litres	Litres	Gallons
0.5	0.28	1	0.22
1	0.57	2	0.44
2	1.14	3	0.66
4	2.27	4	0.88
Gallons	**Litres**	5	1.10
1	4.5	6	1.32
2	9.1	7	1.54
3	13.6	8	1.76
4	18.2	9	1.98
5	22.7	10	2.20
6	27.3	20	4.40
7	31.8	30	6.60
8	36.4	40	8.80
9	40.9	50	11.00
10	45.5	60	13.20
20	90.9	70	15.40
30	136.4	80	17.60
40	181.8	90	19.80
50	227.3	100	22.00

Temperatur

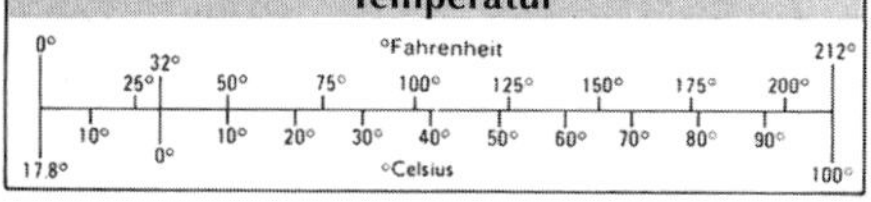

Reifendruck

Pounds per sq. in. to Kgs per sq. cm

16	1.12	26	1.83	40	2.80
18	1.26	28	1.96	50	3.50
20	1.40	30	2.10	55	3.85
22	1.54	32	2.24	60	4.20
24	1.68	36	2.52	65	4.55

Öffnungszeiten

Büros sind in der Regel Mo-Fr 8.30-16.15/16.30 Uhr geöffnet, Pause von 13.00 bis 14.00 Uhr. Einige öffnen zusätzlich Sa von 8.30 bis 13.00 Uhr.

Geschäfte haben keine geregelten Öffnungszeiten, jeder Ladenbesitzer entscheidet nach eigenem Ermessen. Zahlreiche Geschäfte legen Mittagspausen ein (oft 13.00-14.00 Uhr); sonntags bleiben viele Läden geschlossen.

Post und Telefon

Briefe und Postkarten

Die wichtigste Regel beim Verschikken von Briefen oder Postkarten besagt, sie **niemals in den Briefkasten** zu werfen. Wann und ob die Briefkästen gelehrt werden, ist sehr fraglich. Hinzu kommt, daß einige Postler die aufgeklebten Briefmarken ablösen, um sie wieder zu verkaufen - eine Praxis, die in vielen ärmeren Ländern Asiens verbreitet ist. Deshalb: immer selbst zum Postamt gehen, die Briefe bzw. Karten dort abgeben und direkt vor den Augen abstempeln lassen.

Luftpost-Briefe nach Europa kosten bis zu 10 g 20 Rs., je zusätzliche 10 g weitere 9 Rs. **Postkarten** kosten 14 Rs., **Aerogramme** - auf postdeutsch „Luftpostleichtbriefe" - 12 Rs. Die Laufzeit von Colombo nach Europa beträgt ca. 1 Woche, von Provinzorten ist mit 2-3 Tagen mehr zu rechnen.

Inlands-Briefe werden mit 2,50 Rs. frankiert, Postkarten mit 1,50 Rs.

Pakete

Seefrachtpakete nach Europa sind in der Regel ca. zwei Monate unterwegs, gelegentlich können aber über drei daraus werden. **Luftpostpakete** sollten nicht länger als 10 Tage benötigen. Das maximale Gewicht von Paketen beträgt 10 kg. Pakete von 250-500 g kosten 185 Rs., von 251-500 g 385 Rs. Inflationäre Tendenzen sind nicht auszuschließen, und die Preise haben sich schon wieder erhöht.

Unversiegelte Pakete kann man für ein paar Rupien **versichern** lassen, nur ist die Frage, wie man später zu Hause das Geld einklagen soll. Selbst von Sri Lanka aus ist dies meist ein langwieriger Prozeß.

Noch schneller als die normale Luftpost sind **EMS-Sendungen** (EMS = *Express Mail Service),* die aber auch relativ teuer sind. Pakete von 250-500 g kosten 1.100 Rs., von 501-1.000 g 1.400 Rs.

Zudem stehen noch etliche **Kurierdienste** zur Verfügung, die in der Regel sehr schnell und zuverlässig sind (2-3 Tage), dafür aber auch sehr teuer. Eine Dokumentensendung von bis zu 500 g nach Europa kostet ab ca. 2.000 Rs., Warensendungen sind noch etwas teurer. Anfragen bei Ace Cargo (315 Vauxhall St., Colombo 2, Tel. 01-447644, Fax 94-1-445589), DHL Worldwide Express (130 Glennie St., Colombo 2, Tel. 01-541285, Fax 94-1-440686) oder Federal Express (300 Galle Rd., Colombo 3, Tel. 01-577055 bis 60, Fax 94-1-577061).

Postlagersendungen

Postlagersendungen können zu allen Hauptpostämtern geschickt werden. Die günstigste Adresse ist jedoch das **G.P.O. in Colombo:** Mr./Ms./Mrs. XYZ, Poste Restante, G.P.O., Janadhipathi Mawatha, Colombo 1, Sri Lanka.

Falls der Adressat nicht gerade einen sehr häufigen Nachnamen besitzt, braucht man den Vornamen nicht anzugeben, was den Postlern das Einordnen erleichtert: Oft können sie nicht zwischen **Vor- und Nachnamen** unterscheiden, und man wird unter dem Anfangsbuchstaben des Vornamens einsortiert. Beim Abholen von Sendungen deshalb immer unter Vor- und Nachnamen suchen lassen!

Kunden von American Express (Kreditkarten- oder Reisescheck-Besitzer) können sich ihre Post auch in das Büro des Keditinstitutes schicken lassen: Mr./Ms./Mrs. XYZ, American Express, Clients' Mail, 45 Janadhipathi Mawatha, Colombo 1, Sri Lanka. Abgeholt werden kann die Post Mo-Fr von 8.30-16.30 Uhr und Sa von 9.00-12.00 Uhr.

Telefonieren

Seit 1992 der erste Telefonkarten-Automat an der York Street in Colombo aufgestellt wurde, haben sich die Geräte in kürzester Zeit vervielfacht, und Fern- und Ortsgespräche sind heute relativ einfach zu bewerkstelligen. Die Sache wird nur dadurch verkompliziert, daß **verschiedene Telefonsysteme** bestehen, zu denen verschiedene Telefonkarten benutzt werden müssen. Die verbreitesten Systeme sind die privat betriebenen Lanka Pay Phones und Metrocard, sowie die staatliche Sri Lanka Telecom.

023sr Foto: rk

Telefonkarten gibt es zu 250, 500 und 800 Rs. Seit 1998 sind in den Gebühren eine Steuer von 12,5% enthalten; diese wurde eingeführt, den immer teurer werdenden Krieg im Nordosten mit zu finanzieren.

- Bezüglich der Tarife ist das System der **Sri Lanka Telecom** am preiswertesten, dafür hat es aber auch mit Abstand die wenigsten Automaten. Man findet sie fast nur in Postämtern. Außerdem erfordert es bei Auslandsgesprächen viel Geduld, bis die Verbindung überhaupt zustande kommt.
- **Lanka Pay Phones** benutzt denselben (japanischen) Automatentyp, der auch in Singapur in Gebrauch ist. Dieser funktioniert allgemein recht gut, dennoch bedarf es gele-

gentlich auch hier mehrerer Anläufe, bis man durchkommt. Die Tarife sind über 50% höher als die von Sri Lanka Telecom.

- Gespräche können auch von zahlreichen, privat betriebenen **Communication Centres** und **Agency Post Offices** geführt werden; diese bieten, wie die staatlichen Postämter, ein postalisches Rundum-Paket. Die Tarife liegen meist noch unter denen von Lanka Pay Phones, und Auslandsverbindungen kommen recht leicht zustande.
- Bei **Telefongesprächen von Hotels** sollte man sich zuvor genau nach deren Tarifen erkundigen: Hotels erheben oft hohe Servicegebühren auf Telefongespräche – je teurer das Hotel, desto höher oft die Gebühren.
- Falls man geschäftlich viel telefoniert, lohnt sich möglicherweise das **Ausleihen eines Handy.** Einige Gesellschaften betreiben separate Zelltelefonnetze. Zwecks Ausleihen eines Mobiltelefons wende man sich am besten an Celltel Lanka Ltd. neben dem Taj Samudra Hotel (25 Galle Face Centre Rd., Colombo 3, Tel. 01-541541, 541017, 541045, 541048-9; Fax 94-1-541145). Weitere Anbieter: Dialog GSM (502 R.A. de Mel Mw., Colombo 3, Tel. 077-531531); Mobiltel (108 W.A.D. Ramanayake Mw., Colombo 4, Tel. 01-330550); Call Link (175 Bauddhaloka Mw., Colombo 3, Tel. 01-501673).
- Celltel unterhält auch einen Schalter in der Ankunftshalle des Bandaranaike Airport, an dem Handys ausgeliehen werden können (Tel. 01-453131). Der Schalter ist 24 Std. geöffnet. Bei Anruf vor der Ankunft (Flugnummer angeben) wird ein Gerät bereitgehalten. Zur Abgabe der Geräte befindet sich ein Schalter in der Abflughalle.

Vorwahlen

Sri Lanka hat die **Landesvorwahl 0094.** Bei Telefonaten aus dem Ausland nach Sri Lanka entfällt bei den **Ortsvorwahlen** die voranstehende Null. Beispiel: Kandy (08) ist von Europa unter der Vorwahl 0094-8 zu erreichen. Da es in Sri Lanka nur relativ wenige Telefone gibt – auf 35 Einwohner entfällt 1 Telefon, in Deutschland sind es 1,8 Einw./Tel. – kommen oft mehrere Städte mit ein und derselben Vorwahlnummer aus.

Bei internationalen Telefongesprächen wird nach Wählen der Landesvorwahl die gewünschte Stadtvorwahl gewählt, ebenfalls ohne die erste Null.

Telefongebühren

Ortsgespräche: 8.00-18.00 Uhr 3,60 Rs. pro 2 Min.; 18.00-8.00 Uhr 3,60 Rs./3 Min.

Gespräche nach **Deutschland, Österreich** und in die **Schweiz:** Bei Handvermittlung 378 Rs. für die ersten 3 Min., bzw.630 Rs. im Falle von „Person-to-Person-Calls“ – bei diesen kann nach einer bestimmten Person verlangt werden, und ist diese nicht erreichbar, braucht man nichts zu zahlen. Jede weitere Minute kostet bei beiden Anrufarten 126 Rs. Die Mindestsprechdauer beträgt 3 Minuten, auch bei kürzeren Gesprächen werden volle 3 Minuten berechnet.

Bei direkter Durchwahlmöglichkeit (IDD oder „International Direct Dialling“) kostet die Minute 121 Rs., zu den verbilligten Sonderzeiten 97 Rs. (wochentags und samstags 6.00-8.00 und 18.00-22.00 Uhr) bzw. 79 Rs. (wochentags und samstags 0.00-6.00 und 22.00-24.00 Uhr und den gesamten Sonntag).

Telegramme

Im Zeitalter von Fax und E-Mail sind die guten alten Telegramme etwas in Vergessenheit geraten. In Sri Lanka existieren zwei **Telegramm-Kategorien,** „Expreß“ und „Normal“. Expreß-

Vorwahlnummern

• Deutschland	0049
• Schweiz	0041
• Österreich	0043
• Niederlande	0031
• Alutgama	034
• Anuradhapura	025
• Avissawella	036
• Badulla	055
• Bandarawela	057
• Batticaloa	065
• Bentota	034
• Beruwela	034
• Chilaw	032
• Colombo	01
• Ella	057
• Galle	09
• Gampaha	033
• Giritale	027
• Habarana	066
• Hambantota	047
• Haputale	057
• Jaffna	021
• Kalutara	034
• Kandy	08
• Kataragama	047
• Kegalle	035
• Kurunegala	037
• Matale	066
• Matara	041
• Mt. Lavinia	01
• Negombo	031
• Nuwara Eliya	052
• Polonnaruwa	027
• Ratnapura	045
• Sigiriya	066
• Tangalle	047
• Tissamaharama	047
• Trincomalee	026
• Unawatuna	09
• Vavuniya	024
• Weligama	041
• Wellawaya	055

Telegramme kosten ungefähr 20 Rs. pro Wort (Übermittlungsdauer etwa 6 Std.), Normal-Telegramme ca. 10 Rs. pro Wort (Übermittlungsdauer bis zu zwei Tagen!).

Fax

In den letzten Jahren hat sich die Anzahl privater Unternehmen, die Fax-, Telefon- und andere postalische Dienste anbieten, wie überall in Asien auch in Sri Lanka sprunghaft erhöht. Derartige Unternehmen, oft **Communication Centres** genannt, gibt es vor allem in Colombo und in den wichtigsten Touristenorten (Adressen siehe jeweils in den betreffenden Ortsbeschreibungen).

Ein Fax Din-A-4 kostet ca. 200 Rs.

E-Mail

Internet-Center sind noch relativ rar, es ist aber mit rapider Ausbreitung zu rechnen. Eines der besten Internet-Büros ist das café@inter.net in der 491 Galle Rd., Colombo 3 (nahe dem „Barefoot"-Laden). Eine halbe Stunde E-Surfen kostet 95 Rs., jede folgende halbe Stunde kostet 10 Rs. weniger. Weitere E-Mail-Möglichkeiten finden sich nahebei in der 518 Galle Rd., sowie beim Nisalka Agency Post Office im Fort nahe dem World Trade Center.

Die Fünf-Sterne-Hotels in Colombo verfügen über Business-Center, von denen ebenfalls E-Mail verschickt werden kann – zu sehr hohen Preisen allerdings. Eine Stunde Computer-Benutzung kostet ab ca. 500 Rs.

Routenvorschläge

Die geringe Ausdehnung Sri Lankas und dazu die Situation im Norden und Osten des Landes halten die Variationsmöglichkeiten für Rundreisen in relativ engen Grenzen. Trotzdem gibt es außer den unten aufgeführten Routen natürlich noch andere, die man sich je nach Interesse selbst zusammenstellen kann.

Fast jeder Besucher Sri Lankas betritt das Land heute im Katunayake-Flughafen bei Colombo; eine Ausnahme bilden Schiffsreisende, die im Passenger Terminal in Colombo ankommen. Die ehemalige Bootsverbindung von Südindien zum Nordzipfel Sri Lankas wird wohl noch länger eingestellt bleiben, und so ist **Colombo** unweigerlich die erste Station auf einer Sri Lanka-Reise.

Je nach der zur Verfügung stehenden Zeit sollte man 1-2 Tage für die Besichtigungen in Colombo einplanen. Wer es ganz eilig hat, kann sich aber auch in den nächsten Bus oder ins nächste Taxi setzen und gleich weiterdüsen. Die kurzen Entfernungen im Lande lassen es durchaus zu, auch nach einem langen Intercontinental-Flug sofort durchzufahren, ohne dabei vor Müdigkeit umzufallen.

Beispiel: Die Fahrt vom Flughafen in die Innenstadt von Colombo dauert knapp eine Stunde; in 2½ Stunden, also gar nicht so viel mehr, kann man per Taxi Kandy erreichen. Bei der Weiterfahrt mit öffentlichen Verkehrsmitteln sind bis Kandy insgesamt gut 4 Stunden einzuplanen, da man erst vom Flughafen zum Bahnhof oder zur Busstation muß.

Route 1 – die kleine Runde

Colombo – Kandy – Nuwara Eliya – Ella – Tissamaharama / Yala-Park – Tangalle – Unawatuna – Galle – Hikkaduwa – Beruwela – Colombo

Eine kleinere Rundreise führt von Colombo zuerst in die Bergregionen und danach zu den Stränden, nicht ohne Grund: Es zeigt sich immer wieder, daß Leute, die gleich zum Strand fahren, sich dort nur schlecht lösen können, und die vielen Pläne zu Rundreisen sterben den Bequemlichkeitstod. Also: besser zuerst in die Berge und dann an den Strand.

Von **Kandy** aus bieten sich zahllose Besichtigungstouren in die nahe oder ferne Umgebung an, so daß der Aufenthalt dort 2-7 Tage oder auch noch länger dauern kann. Kandy ist in diesem Falle auch der Schnittpunkt, an dem die Entscheidung fallen muß, ob man nun in den Norden zum „Kulturellen Dreieck" fährt oder besser in Richtung Süden und sich damit schneller auf die Strände zubewegt. Nicht jedem sagt die geballte Kultur-Dosis zu, die in Sigiriya, Polonnaruwa, Anuradhapura etc. geboten wird, das macht aber auch nichts: Wenn man sich für die dortigen historischen Bauwerke interessiert, so ist das wunderbar; falls nicht, sollte man sich dadurch nicht zum touristischen Flachdenker abstempeln lassen. Jedem das Seine, auch auf der Reise. Das „Kulturelle Dreieck" kommt in Vorschlag 2 zur Geltung, siehe weiter unten.

Nach Kandy bietet sich **Nuwara Eliya (Nurelia)** als nächste Station an, ein charmanter, britisch geprägter Bergort mit zahllosen Teeplantagen. Hier ergeben sich zahlreiche Wandermöglichkeiten, und es läßt sich gut 2-5 Tage aushalten, je nach zur Verfügung stehender Zeit. Die Auswahl an Unterkünften ist groß, für jedes Budget ist etwas dabei.

Durchweg einfacher sind die Guest Houses in **Ella,** einem der idyllischsten Bergorte des Landes, der nach Nurelia angefahren werden kann. Die herrliche Natur mit Wandermöglichkeiten machen den Mangel an gehobeneren Unterkünften allemal wett. Aufenthaltsdauer: 2-5 Tage.

Von Ella ließe sich der Luftkurort **Bandarawela** ansteuern, von dort aus das auf einem windigen Paß gelegene **Haputale,** dann **Wellawaya** mit den nahegelegenen alten Felsfresken von Buduruvagala. Bei genügender Zeit könnte man diese Orte nacheinander besuchen.

Falls man es eiliger hat, geht es gleich weiter nach **Tissamaharama** und zum **Yala-Nationalpark**. Bei der Busfahrt von Ella muß dazu meist in Wellawaya umgestiegen werden. Tissamaharama ist eine alte Königsstadt mit vielen Dagobas, umgeben von ländlicher Idylle. Der Ort ist auch der Ausgangspunkt für Jeep-Touren durch den Yala-Park, Sri Lankas meistbesuchtem Naturschutzgebiet, mit vielen, relativ leicht zu beobachtenden Tieren. Aufenthaltsdauer insgesamt: ca. 2 Tage. Es bietet sich auch ein Ausflug ins heilige **Kataragama** an, dem wichtigsten Pilgerziel Sri Lankas.

Ab hier führt die Route weiter nach Süden, zu den Stränden. Der erste Küstenort, **Hambantota,** ist kein Muß, es sei denn, man sucht die touristenärmeren Gefilde. Weiter westlich liegt **Tangalle,** das sehr schöne, ruhige Strände bietet.

Von hier breitet sich nun bis Colombo ein 200 km langer Küstenstreifen aus, an dem sich jeder seine Badeorte herauspicken kann. Wenig westlich von Matara findet sich z.B. der sehr ruhige, aber wunderschöne Strand von **Mirissa,** mit relativ wenigen Unterkunfts-Möglichkeiten.

Nicht ausgelassen werden sollte **Unawatuna,** ein winziger Ort mit einem der schönsten Strände der Insel (der aber zunehmend Umweltbelastungen ausgesetzt ist). Gleich westlich daran schließt sich das historische **Galle** an, dessen Fort unbedingt einen Besuch wert ist. Über einige weitere Strandorte erreicht man **Hikkaduwa,** den wohl bekanntesten Badeort des Landes. Dessen Charme leidet heute zwar unter übermäßigem touristischen Ansturm und dessen Folgeproblemen wie Drogen, schwulem Sex-Tourismus und Schleppern, der Strand ist zum Teil dennoch sehr schön, und die touristische Infrastruktur ist ausgezeichnet. Es gibt unzählige gute Unterkünfte und Restaurants, dazu Bars und was sonst noch so alles zu einer Strandstadt gehört.

Von Hikkaduwa bieten sich Ausflüge an, so z.B. nach **Ambalangoda,** dem Zentrum des „Teufels-Tanzes" und der Maskenschnitzerei. Soll es dann noch einmal Strand sein, so eignet sich dazu (unter anderem) **Beruwela,** das allerdings nur eine einzige Low-Budget-Unterkunft besitzt. Ansonsten ist das Preisniveau relativ hoch. Der Strand gehört aber sicher zu den idyllischsten der Westküste. Aufenthalt an den Stränden insgesamt: 1-3 Wochen (oder mehr).

Vor dem Rückflug ließe sich noch ein eintägiger Shopping-Aufenthalt in **Colombo** einlegen; oder man könnte das restliche Geld in einem der ausgezeichneten Restaurants der Fünf-Sterne-Hotels verjubeln. Wer nicht mehr in die Hauptstadt will, kann von seinem letzten Aufenthaltsort mit dem Taxi zum Flughafen fahren. Von Hikkaduwa z.B. (135 km bis zum Flughafen) kostet das ca. 2.500 Rs., zur Zeit also ungefähr 65 DM.

Route 2 – die große Tour

Colombo - Anuradhapura - Polonnaruwa - Sigiriya - Dambulla - Kandy - Nuwara Eliya - Ella - Tissamaharama / Yala-Park -Tangalle - Unawatuna - Galle -Hikkaduwa - Beruwela - Colombo

Dieser Reisevorschlag deckt sich streckenweise mit dem ersten, allerdings wird nach **Colombo** der Besuch des „Kulturellen Dreiecks" eingeschoben.

Von Colombo könnte man per schnellem Intercity-Bus zur alten Hauptstadt Anuradhapura fahren, dann weiter nach Polonnaruwa, Sigiriya und Dambulla. **Anuradhapura** und **Polonnaruwa** bieten zahllose alte Tempel, und wer sich mit deren historischen Hintergrund befaßt, bekommt auch einem ausgezeichneten Einblick in die bewegte Geschichte Sri Lankas. Aufenthaltsdauer in beiden Orten zusammen 2-4 Tage.

Sigiriya ist für seine wunderbaren Felsfresken bekannt, die eine Anreise wert sind. Zur Besichtigung des Felsens ist jedoch ein anstrengender Aufstieg zu absolvieren, der Sitzsportler aus der Puste bringen kann. Aufenthalt in Sigiriya: 1-2 Tage.

Dambulla weist einige hochinteressante Felshöhlen auf, die allerdings auch während eines Tagesausflugs von Kandy aus besichtigt werden können. Das „Kulturelle Dreieck" beinhaltet noch weitere Orte, die aber nicht so bedeutsam sind. Wer auch diese besuchen möchte, sollte reichlich Zeit mitbringen.

Nach Dambulla und Kandy läuft das Programm weiter wie bei Route 1.

Organisierte Touren

Alle Reisebüros in Sri Lanka können Touren organisieren, deren Länge vom Programm und den besuchten Orten abhängt. Offeriert werden Eintagesausflüge in die Umgebung oder länger dauernde Inselrundfahrten. Die größte Auswahl bietet sich in Colombo, wo man die Preise und Angebote der diversen Veranstalter gut vergleichen kann. Die Adressen diverser Tourunternehmen sind den offiziellen Broschüren des Ceylon Tourist Board zu entnehmen.

Eine Leserin machte ausgezeichnete Erfahrungen mit Vista Tours in Unawatuna (Yaddehimulla Rd., Tel. 078-68310, Fax 68513), das ihr eine besonders sachkundige Führung und ein gutes Preis-/Leistungsverhältnis bot.

Sicherheit

Für Touristen ist Sri Lanka kein sonderlich gefährliches Reiseland. Am ehesten sind Diebstähle zu befürchten, aber auch dagegen kann man sich weitgehend schützen.

Unter den Einheimischen selbst bietet sich allerdings ein recht gewalttätiges Bild, denn Sri Lanka weist eine der höchsten Mordraten der Welt auf. Die Morde basieren zumeist auf Neid, Mißgunst, konträren Geschäftsinteressen oder ganz einfach spontanen Temperamentsausbrüchen. Eine bedeutende Rolle spielt das Ehrgefühl, und so mancher, der „sein Gesicht verloren" hat, mag sich in einem blutigen Gemetzel dafür rächen.

Touristen sind normalerweise davon nicht betroffen, solange sie die wichtigsten Spielregeln beachten (siehe auch „Verhaltenstips").

Berittene Polizei in Kandy

024sr Foto: rk

Gefährliche Gebiete

Der Norden und Osten Sri Lankas wird z.Zt. weitgehend von den Tamil Tigers beherrscht, und der Aufenthalt dort könnte lebensgefährlich sein. Zu diesen Gebieten zählen die **Umgebung Jaffnas, Trincomalee, Batticaloa, Arugam Bay, Pottuvil** und die angrenzenden Gebiete. Auch in den **Nationalparks** von **Wilpattu, Gal Oya** und **Yala East** kann die Sicherheit nicht gewährleistet werden.

Im **Yala West National Park,** dem für Touristen wichtigsten Nationalpark des Landes, kam es 1997 zu einem unerklärlichen Brandanschlag auf die dortigen Unterkünfte. Personen kamen nicht zu Schaden, dennoch wurden die Touren durch den Park vorübergehend eingestellt. Wer für die Attakke verantwortlich war, wurde offiziell nicht bekannt (Tamil Tigers? Desertierte Soldaten?), und mittlerweile ist im Park schon wieder alles beim Alten.

Im Zweifelsfalle erkundige man sich beim Ceylon Tourist Board in Colombo oder – besser noch – vor Ort in Tissamaharama über die gegenwärtige Situation. Auch beim Auswärtigen Amt erhält man Informationen über die aktuelle Sicherheitslage: Tel. 01888/17-0.

Jaffna, die tamilische Hochburg im Norden, die den Tamil Tigers lange als „Hauptstadt" diente, wurde zwar von der srilankischen Armee 1995 zurückerobert, im Umfeld leisteten Kommandos der Tamil Tigers aber noch erbitterten Widerstand. Mitte 2000 sah es für einige Wochen sogar so aus, als könnten die Rebellen die Stadt jederzeit wieder neu erobern. Die srilankische Armee konnte dies – bisher – nur unter großen Verlusten verhindern.

Eine reguläre Verkehrsverbindung nach Jaffna existiert z.Zt. nicht. Bis zum Oktober '98 flogen die Airlines Lionair und Monara Air täglich die Strecke Colombo – Jaffna, doch dann drohten die „Tamil Tigers" mit dem Abschuß der Maschinen. Ein paar Tage später stürzte ein Flugzeug der Lionair vor Jaffna ins Meer, und alles deutete darauf hin, daß die Rebellen ihre Drohung wahrgemacht hatten. Die Flüge wurden umgehend eingestellt, und es ist fraglich, ob sie mittlerweile schon wieder aufgenommen worden sind. Ausländer dürfen Jaffna ohnehin nur mit einer Sondergenehmigung des srilankischen Verteidigungsministeriums besuchen, und diese wird nur in den seltensten Fällen genehmigt. Selbst Journalisten wird die Reise zumeist verweigert.

Alle anderen eingangs genannten Gebiete sind theoretisch besuchbar, nur ist zu überdenken, ob ein Besuch tatsächlich eine kluge Entscheidung ist.

Ausflug nach Trincomalee

Am sichersten ist noch die Reise nach Trincomalee und zum benachbarten, wunderschönen Nilaveli Beach; einige abenteuerlustige (oder hartgesottene) Traveller und in Sri Lanka lebende Ausländer machen dort gelegentlich Visite. Von der Fort Station in Colombo fährt z.Zt. ein Zug um 5.15 Uhr nach Trincomalee, Ankunft dort um 13.05 Uhr.

025sr Foto: Ingo Hothan

Trincomalee könnte auch in einem Tagesausflug besucht werden, so z.B. ab Kandy oder gar ab Colombo. Von dort beträgt die Fahrzeit ca. 5 Std. (früh morgens losfahren, um den Berufsverkehr in Colombo zu umgehen!); Kostenpunkt hin und zurück 6.000-7.000 Rs. Tamilische Fahrer sind eher zu der Reise bereit als singhalesische, die sich an der Ostküste sehr unsicher fühlen.

In Nilaveli stehen die folgenden Unterkünfte zur Verfügung:

- **Seven Islands Hotel & Park,** On's Hill, Trincomalee, Tel. 026-22373; 460-750 Rs.
- **Nilaveli Beach Hotel,** Nilaveli Beach, Trincomalee, Tel./Fax 026-22071; 28-60 US$.
- **Shakira Hotel,** Nilaveli Beach, Tel. 026-32224, Fax 94-1-591111; 345-575 Rs.

Aufenthalt in Colombo

In den letzten Jahren kam es zu einer Reihe von Bombenanschlägen in Colombo, zum Teil mit hohen Verlusten an Menschenleben. Die Attentate gehen unzweifelhaft auf das Konto der „Tamil Tigers" zurück, auch wenn diese unweigerlich ihre Unschuld beteuern. Einerseits wurden gezielt Attentate auf prominente Persönlichkeiten begangen (wobei auch Passanten umkamen), andererseits waren die Anschläge darauf angelegt bloßen Terror zu säen (z.B. Bombenanschläge in öffentlichen Bussen).

Das statistische Risiko, einem solchen Anschlag zum Opfer zu fallen ist absolut minimal. Aber das wird sicher nicht jedermann beruhigen. Bisher sind noch keine Ausländer bei Anschlägen umgekommen, was aber eher auf Glück als auf die Rücksicht der „Tamil Tigers" beruht: Bei einer Bombenexplosion auf dem Parkplatz neben dem Galadari Hotel im Jahre 1997 wurden einige ausländische Gäste durch Glassplitter verletzt.

Wem es in Colombo schlichtweg zu mulmig ist, der kann die Stadt umgehen und vom Flughafen gleich in weiter entfernte Ort fahren. Die Entfernungen im Lande sind gering, und die wichtigsten Orte sind in drei oder vier Stunden Fahrt vom Flughafen aus zu erreichen.

Auf absehbare Zeit nicht zu besuchen: der Nallur-Tempel in Jaffna

Aufbewahrung von Wertsachen

Wertsachen und Reiseunterlagen sollte man grundsätzlich nicht offen im Hotelzimmer herumliegen lassen, denn Gelegenheit macht Diebe, nicht nur in Sri Lanka. Die besseren Unterkünfte verfügen über einen **Safe,** in dem Schecks, Reisepaß und Flug-Ticket aufbewahrt werden können. Was immer man dort deponiert: eine Quittung darüber ausstellen lassen! Bei den Schecks sollten die Seriennummern verzeichnet sein, beim Ticket die Ticket-Nummer und beim Paß die Paßnummer.

Bargeld, Paß und Ticket können auch in einem **Brustbeutel** untergebracht werden, der möglichst so getragen wird, daß man ihn nicht sieht – mit Zurschaustellung des Beutels wäre auch schon ein Teil seiner Schutzwirkung dahin. Als Vorsichtsmaßnahme gegen den Schweiß, der z.B. lederne Brustbeutel leicht durchdringen kann, packe man den Inhalt noch einmal in eine Plastikfolie ein.

Noch besser zur Aufbewahrung von Geld eignen sich **Geldgürtel**. Bei genügender Breite lassen sich darin auch die Reiseschecks verstauen, vorausgesetzt, man faltet sie einmal längsseits. Auch Geldgürtel verlieren ihren Effekt, wenn sie als solche erkannt werden; also sollte sich der Reißverschluß in jedem Fall an der Innenseite befinden, größere Ausbuchtungen durch die verstauten Papiere sind zu vermeiden.

Zur Aufbewahrung von größeren Dokumenten oder Wertsachen bietet sich eine **Umhängetasche** an, die mit einem Reißverschluß versehen ist. Alles wichtige darin kann man mit einem Haufen wertlosen Krams umgeben, so daß Taschendieben ihre Arbeit erschwert wird.

Diebstahl

Interessanterweise erhöht sich die Zahl der Diebstähle und Einbrüche jeweils zum Ende einer Saison, wenn einige Dunkelmänner glauben, noch etwas verdienen zu müssen.

In den Unterkünften sind alle Wertsachen so zu verstauen, daß das Personal nicht unnötig in Versuchung gerät. Wenn möglich, sollte man alles Wichtige im Gepäck verschließen. Wohnt man im Erdgeschoß, sind die Fenster nachts zu verschließen (ein anderer Belüftungsweg ist meist vorhanden) und alle Gepäckstücke weit davon entfernt aufzubewahren, denn „Angelaktionen" durch geöffnete Fenster kommen gelegentlich vor.

Koffer oder Taschen sind bei Verlassen des Zimmers immer zu verschließen. Zu deren weiterer Sicherung eigenen sich batteriebetriebene kleine **Alarmanlagen** namens „Super Guard", die im sicherheitstechnischen Fachhandel erhältlich sind. Sobald jemand das Schloß zu öffnen versucht oder den Koffer auch nur anfaßt, erschallt ein heller, lauter Alarmton. Die Apparate können nachts auch von innen an die Türklinke gehängt werden und geben Alarm, wenn jemand von außen an die Klinke faßt. Der Preis des Geräts liegt etwa bei 40 DM. (Falls nicht erhältlich, wende man sich an die Solid Company in Essen, Tel. 0201-516933, Fax 516934, diese hat den Deutschlandvertrieb für den „Super Guard" inne.)

Zur letzten Sicherung sind von den wichtigen Dokumenten mehrere **Fotokopien** anzulegen - vom Reisepaß, dem Ticket, und auch von den Quittungen der Reiseschecks und was sonst noch so anfällt. Damit wird notfalls Vieles erleichtert.

Schlepper und Betrüger

Das gößte Problem, das der Reisende in Sri Lanka zu überstehen hat, sind wahrscheinlich die zahllosen Schlepper, die die Touristenorte unsicher machen. Dieses sind auf den ersten Blick „freundliche", meist gut gekleidete Menschen, die einen auf der Straße ansprechen, in ein Gespräch verwickeln und dem Gast ihre **„Hilfe"** anbieten wollen. Leider läuft das ganze Theater am Ende meist auf reine Geldmacherei heraus, der Ansprecher will sich ein paar Hundert Rupien ergaunern, oder - wenn das nicht klappt - zumindest eine Mahlzeit erschnorren. Wegen der vielen Schlepper traut so mancher Reisende nach ein oder zwei Wochen Aufenthalt niemandem mehr, und verständlicherweise wird dann auch manch ehrlicher Mitmensch brüsk vom Touristen zurückgewiesen. Es dauert einige Zeit, bis man genug Instinkt entwickelt hat, um einen Schlepper von einem wirklich hilfsbereiten Menschen unterscheiden zu können.

Auch auf das Geld unbedarfter Touristen haben es die Betrüger abgesehen, die einen auf fadenscheinige Weise ansprechen und sich z.B. als Lehrer in Blindenschulen o.ä. ausgeben und mit Sammellisten herumlaufen. Einige dieser Schwindler finden sich um das Galle Face Hotel in Colombo herum. Die kassierten **„Spendengelder"** landen mit Sicherheit in der Privattasche der angeblichen Lehrer. Nicht minder übel ist die Tatsache, daß mittlerweile an einigen Tempeln und anderen Sehenswürdigkeiten, zu denen der Zugang kostenlos ist, Betrüger mit **selbstgedruckten Eintrittskarten** herumwedeln und mit forschem Blick das Geld eintreiben wollen (z.B. am Gadaladeniya-Tempel bei Kandy). Eintrittsgelder sollte man nur dann zahlen, wenn ein offizielles Kassenhaus vorhanden ist! Selbstsicheres Auftreten und das Wort „Polizei" veranlassen die Ganoven meist zur Aufgabe ihres Unterfangens.

Verlust des Reisepasses

Beim Verlust des Reisepasses sollte man sofort die nächste **Botschaft verständigen,** am besten per Telefon oder Fax. Danach ist bei erster Gelegenheit eine Fotokopie des Passes vorzulegen, was die Zeit zur Ausstellung eines Ersatzes erheblich verkürzt. Im Normalfall müßte der neue Paß innerhalb von 7-10 Tagen auf dem Botschafts-Tresen liegen. Dabei handelt es sich nur um einen althergebrachten Reisepaß, keinen Europa-Paß (deren Ausstellung dauert ca. 6-8 Wochen).

Zweitpaß

Um derartige paßlose Zeiten von vornherein zu vermeiden, könnte man sich in Deutschland - unter gewissen Voraussetzungen - vor der Reise einen Zweitpaß ausstellen lassen. Die Bedingung dazu ist allerdings ein „triftiger" Grund: Wer aus beruflichen Gründen viel ins Ausland reist, oft seinen Paß bei einer Botschaft zur Visumerteilung abgeben muß und vielleicht gerade in der Zeit schon wieder reisen muß, würde sich z.B. für einen Zweitpaß qualifizieren. Weiterhin Personen, die einen Stempel im Paß tragen (z.B. einen israelischen), der dann die Einreise in ein anderes Land (z.B. arabisches) unmöglich macht. Mit etwas Überlegung finden sich sicher auch noch andere Gründe.

Als Zweitpaß wird normalerweise ein grüner Reisepaß ausgestellt, Gültigkeit 1 Jahr. Verlängerungen sind möglich. Wer berufliche Reisegründe angeben kann (Belege des Arbeitgebers!), bekommt ein Zweitexemplar des Europa-Passes, Gültigkeit beträgt 10 Jahre.

Überfälle

Überfälle sind selten, aber nicht unbekannt. Wie überall sollte man auch in Sri Lanka den gesunden Menschenverstand walten lassen: Nächtliche Spaziergänge in einsamen Gegenden sind zu vermeiden, natürlich auch an menschenleeren Stränden. Als unsicher gelten auch einige Bereiche von Colombo, so in der Innenstadt besonders die Gegend um die **Malay Street.** Hier ist von Besuchen nach Anbruch der Dunkelheit dringend abzuraten, und auch tagsüber sollte man nicht mit praller Umhänge- oder Kameratasche protzen.

Viele der Überfälle im Land werden von desertierten Soldaten begangen (es gibt abertausende!), die über keine andere Einnahmequelle verfügen.

Sexuelle Attacken

Die srilankische Gesellschaft ist sexuell sehr konservativ, vorehelicher Geschlechtsverkehr ist verpönt, und die meisten Ehen werden von den Eltern arrangiert. Vielen männlichen Bewohnern scheint das schlecht zu bekommen, und der lange angestaute Überdruck macht sich gelegentlich in sexuellen Übergriffen luft. Frauen sollten deshalb abseits der Strände keine „provozierende" Kleidung tragen (z.B. Badekleidung, tief ausgeschnittene Blusen etc.), um Sexualattacken nicht herauszufordern.

Westliche Frauen stehen in dem Ruf, alles mit allen zu machen, und wer dieses Vorurteil durch freizügige Kleidung oder auch freizügiges Benehmen nährt, hat möglicherweise das Nachsehen. In den meisten Fällen wird einfach mit den Händen zugelangt, es muß aber nicht immer so glimpflich abgehen. Wird „frau" begrapscht, sollte sie sich dagegen lauthals verwehren. Durch **lautes Beschimpfen** des Angreifers verliert dieser sein Gesicht und wird sich in den meisten Fällen mit eingekniffenem Schwanz, wie es so treffend heißt, zurückziehen. Wenn alles nicht hilft, erzielt in Sri Lanka (wie auch anderswo auf der Welt) eine Ohrfeige gute Wirkung (kann auch ruhig etwas tiefer angesetzt werden).

Äußerst unangenehm ist auch die Tatsache, daß sich an vielen Stränden Männer herumtreiben, die zum Anblick nackter weißer Haut masturbieren, zum Teil sogar mit erstaunlicher Offenheit. Mirissa scheint besonders viele dieser Handgelenk-Romeos anzuziehen, es gibt sie aber auch an allen anderen Stränden. Lautes Beschimpfen und Umhilferufen wird sie zumeist vertreiben.

In den letzten Jahren wurde ein starker Anstieg von **Gewaltdelikten** gegen Frauen verzeichnet, vor allem in Colombo. Dort wurden mehrere Frauen von Three-Wheelern aus gekidnappt, vergewaltigt und in einigen Fällen sogar ermordert. Aufgrund dieser Verbrechen wurde im Jahre 1999 die Todesstrafe wieder eingeführt. Spaziergänge in einsamen oder dubiosen Gegenden sind zu meiden, egal ob alleine oder zu zweit. Als sehr unsicher gelten abends und nachts Colombos Strände!

Giftmischerei

Vorsicht bei flüchtigen Bekanntschaften, die **Getränke oder Imbisse anbieten!** Gelegentlich werden die Samen einer Pflanze aus der Datura-Familie *(Datura fastuosa)*, einem giftigen Nachtschattengewächs, untergemischt. Auf Singhalesisch heißt es *Kalu Attane*. Die Pflanze hat trompetenförmige Blüten und wurde von den Giftmischern früher als „Teufelstrompete" bezeichnet. Die darin enthaltenen Alkaloide lösen bei „richtiger" Dosierung Bewußtlosigkeit aus, bei sehr hohen Dosen kann aber auch der Tod eintreten. Es versteht sich von selbst, daß das Opfer bis auf den letzten Knopf ausgeraubt wird. Alle Essens- oder Trinkangebote, bei denen auch nur der geringste Zweifel besteht, freundlich aber bestimmt ablehnen!

Trinkgeld

Ein „tip" oder Trinkgeld wird in allen **kleineren Restaurants** erwartet, die den Preisen keine „Service Charge" aufschlagen. Die Löhne der Kellner sind so niedrig, daß sie ohne Trinkgelder nicht über die Runden kämen: In Colombo erhält mancher Kellner nur 1.000-1.500 Rs. pro Monat. Ohne diese bescheidenen Gehälter wären auch die Speisen nicht so preiswert, so ist es nur gerecht, ein kleines Trinkgeld zu geben. 5-10% der Rechnung sind ausreichend.

In **gehobeneren Restaurants,** die eine 10prozentige Service Charge auf die Preise erheben, sind Trinkgelder zwar nicht unbedingt notwendig, werden aber dennoch gerne angenommen – versteht sich. Das liegt zum großen Teil daran, daß die Kellner von den 10% wahrscheinlich nur einen Bruchteil bekommen, wenn überhaupt. In diesen Restaurants ist es einem freigestellt, etwas mehr als die Service Charge zu geben oder nicht, am besten nur dann, wenn der Service es wirklich verdient.

In den Restaurants von **Luxushotels** wird neben der Service Charge eine Art Mehrwertsteuer (*GST, Goods and Services Tax*) von 12,5% erhoben.

Taxifahrer erwarten normalerweise kein Trinkgeld. Nach längeren Fahrten - besonders mehrtägigen Insel-Touren - kann man bei Zufriedenheit aber ruhig etwas geben. Bei Fahrtkosten von einigen Tausend Rupien können das 100-500 Rs. sein, je nach Tourdauer.

Unterkunft

Als Land, das einen großen Teil seiner Devisen aus dem Tourismus bezieht, bietet Sri Lanka eine sehr gute touristische Infrastruktur, mit zahllosen Hotels und Guest Houses in allen Preisstufen. Leider aber sind die billigeren Übernachtungsmöglichkeiten in den letzten Jahren zunehmend rarer geworden, und wer besonders preiswert wohnen möchte, muß sich manches Mal lange umsehen. Besonders umfangreich ist dafür die Auswahl bei den Mittelklasse-Hotels. (Bezüglich der zu erwartenden Übernachtungskosten siehe „Vor der Reise: Preise und Kosten".)

Unterkunftsarten

Am untersten Ende des Spektrums finden sich die seltenen **Dorms**; zu gut Deutsch sind das nichts anderes als Schlafsäle (von engl. *dormitory*). Diese Möglichkeit ist so rar, daß sie nur zweimal in diesem Buch auftaucht (in Colombo und Bandarawela).

Schon häufiger finden sich **Privatunterkünfte,** d.h. Zimmer, die Privatpersonen in ihren Häusern vermieten. Diese Möglichkeit ergibt sich vor allem in Colombo und Hikkaduwa (siehe dazu die entsprechenden Kapitel in den Ortsbeschreibungen). Die Privatunterkünfte können sowohl tageweise als auch wochen- oder monatsweise angemietet werden, was einen günstigeren Preis verspricht. Allgemein gehören diese Unterkünfte zu den billigsten (ab ca. 5 DM). Was vielleicht nicht jedermann behagt, ist die Tatsache, daß man sich in vielen Fällen Toilette und Dusche mit der gesamten Familie teilen muß; in den besseren Privatunterkünften ist dem Zimmer ein Bad angeschlossen. Fast alle Zimmer verfügen über einen Ventilator *(fan),* sei es ein Decken- oder Tischventilator, die teureren bieten sogar eine Klimaanlage (in den Unterkunfts-Beschreibungen mit dem engl. Kürzel AC bezeichnet - *air-conditioning*).

In den meisten Touristenorten zu finden sind die **Guest Houses**, einfache kleine Unterkünfte, die oft von Privatpersonen betrieben werden. Die Zimmer sind zumeist recht einfach, dafür aber sehr preiswert. Als Faustregel kann man davon ausgehen, daß Unterkünfte, die sich „Guest House" nennen, durchweg billiger sind als Hotels, aber selbstverständlich gibt es Ausnahmen.

Der Vorteil der Guest Houses sind ihr relativ niedriger Preis (ca. 5-25 DM) aber auch ihre begrenzte

026sr Foto: rk

Galle Face Hotel, Colombo

Größe. Einige haben nur 3 oder 4 Zimmer, was eine gewisse „Intimität" verspricht, im Gegensatz zu der weitgehenden Anonymität in den großen Hotelkästen. In den Guest Houses ist es leicht, andere Traveller kennenzulernen, in den Hotels dagegen bleibt man sich oft fremd wie in einem Apartment-Block.

Viele Guest Houses sind nichts anderes als **Privathäuser**, in denen einige Zimmer an Touristen vermietet werden. Diese „Guest Houses" haben den Vorteil, meist relativ sicher zu sein (vor Diebstahl z.B.). Die Besitzer sind meist nette, ehrliche Leute, die alles daran setzen, keine dubiosen Charaktere in ihre vier Wände zu lassen. Die Zimmer in den Guest Houses sind einfach bis komfortabel, je nach Preislage ist ein dazugehöriges Bad *(attached bath)* oder aber nur ein Gemeinschaftsbad *(common bath)* vorhanden. Fast alle Guest House-Zimmer verfügen über einen Ventilator, und an den Betten befindet sich oft ein Moskitonetz *(mosquito net)*. Falls kein Netz vorhanden ist, kann man die Moskitos durch hohes Aufdrehen des Ventilators fernhalten, denn der starke Wind macht sie flugunfähig. Wenn man

Pech hat, holt man sich dafür aber eine Erkältung!

In der Komfort-Skala höher angesiedelt sind die **Hotels**, deren Standard und Preis untereinander weit auseinanderklaffen kann - wer mehr zahlt, wohnt in der Regel auch komfortabler. Die Preise variieren zwischen 20-200 DM. Die gehobeneren Hotels bieten Klimaanlage (der Ventilator gehört zur Standard-Einrichtung und braucht in den Hotelbeschreibungen gar nicht erst erwähnt zu werden), Telefon und - greift man in die höchste Klasse - TV, hauseigene Videoprogramme, Kühlschrank oder Zimmerbar etc. In den höheren Preislagen ist meist ein Swimming-Pool angeschlossen, in der Luxusklasse außerdem der Tennis- und Badminton-Platz.

Das klingt alles gut, trotzdem sind die **meisten Hotels stark überteuert**. Dieses ist eine Folge von jährlichen Preiserhöhungen, mit denen aber beileibe keine Erhöhung des Standards einhergeht. Viele Hotels sind in den 70er Jahren, währends des ersten Sri-Lanka-Booms, entstanden, und können heutigen Ansprüchen nicht mehr gerecht werden. Es ist oft schon traurig, welch lächerliches Zimmer man für 50 DM bekommt. Die Guest Houses der guten Mittelklasse bieten dafür meist viel Besseres.

Irgendwo zwischen Guest House und Hotel können preislich die an den Stränden befindlichen **Bungalows** oder **Cabanas** eingestuft werden. Von der einfachsten Hütte bis zum Nobel-Strandhaus kann alles unter diesen Namen geführt werden.

Vielerorts finden sich noch die **Rest Houses** oder „Rasthäuser", die von diversen halb-staatlichen Organisationen geführt werden. Diese Häuser enstanden aus den alten „Inspection Bungalows", die die Briten über die Insel verteilten, und in denen reisende Kolonial-Offiziere zu nächtigen pflegten. Ganz in diesem Sinne verstrahlen die Rest Houses oft noch ein gemütliches koloniales Ambiente. Oft haben sie sich auch ihren hervorragenden Standard bewahrt, und zumeist sind sie - das macht sie zusätzlich attraktiv - an den schönsten Stellen erbaut. Da die Rest Houses jeweils die ersten Hotels am Ort waren, hatten sie die freie Wahl des Standortes. In den letzten Jahren zeigt sich allerdings die Tendenz, daß vielerorts die Preise über Gebühr erhöht werden. Rest-House-Zimmer kosten etwa 20-50 DM. Nicht alle der Häuser sind dabei ihr Geld wert. Die Rest Houses werden von drei verschiedenen Institutionen betrieben, wobei speziell die der U.D.A. (Urban Development Authority) oft überteuert sind. Buchungen der Rest-Houses können vorgenommen werden bei Ceylon Hotels Corporation, Travel Bureau, 411 Galle Road, Colombo 4, Tel. 01-503497, 503558, Fax 503504.

In den Rest Houses werden Mahlzeiten serviert, aber auch diese sind in der Regel sehr teuer - zumeist genauso teuer wie in einem Luxushotel! Viele Rest Houses bieten jedoch auch ein Vollpensions-Programm, nach dem man fragen sollte, denn damit kommt man meist viel preiswerter davon.

Zimmersuche – worauf ist zu achten?

● **Moskitonetz/-gitter** – Besonders in den billigeren Unterkünften sind vor dem Fenster angebrachte Moskitogitter nützlich, die zwar Moskitos abhalten, Luft aber hindurchlassen. Falls nicht vorhanden, sollte möglichst ein Moskitonetz am Bett angebracht sein. In den teureren Unterkünften mit AC ist beides weniger notwendig, da sich Moskitos ungern in klimatisierten Räumen aufhalten. In vielen Hotels werden kostenlos elektrisch betriebene „Moskito-Matten" ausgegeben, die die Blutsauger auf Distanz halten.

● **Decken-/Tischventilator** – Funktioniert er oder nicht? Antesten! Deckenventilatoren sind effizienter als Tischventilatoren, die nur einen bestimmten Sektor des Zimmers belüften; auch die sich automatisch drehenden Tischventilatoren bringen da nicht viel.

● **Heißes Wasser** – Antesten, ob das angekündigte „hot water" wirklich hot ist! In den Tieflandgebieten kommt man zwar gut ohne Warmwasser aus, in den kühlen Bergregionen aber kann eine kalte Morgendusche höchst unangenehm sein.

● **Betten** – Viele Hotelbetten sind für Westler zu kurz, was nicht gerade der Nachtruhe förderlich ist. Eine kurze Liegeprobe ist somit angemessen. Außerdem hängen gelegentlich die Matrazen zu stark durch, so daß man sich im Schlaf den Rücken verrenkt.

● **Bettwäsche** – Beim Anschauen des Zimmers auch einen Blick auf die Bettwäsche werfen! Deren Zustand sagt oft einiges über den Reinlichkeitsgrad des Hauses aus.

● **Tresor-Service** –An der Rezeption nachfragen, ob ein Tresor vorhanden ist, in dem man seine Wertsachen deponieren kann!

● **Lärm** – Viele Bungalow-Unterkünfte an den Stränden gruppieren sich um Restaurants, in denen es abends fröhlich-heiter, damit aber auch laut zugehen kann. Am besten solche Zimmer nehmen, die möglichst weit von den Restaurants entfernt sind!

● **Ermäßigungen** – In der Off-Season (Mai–September) bieten die meisten Unterkünfte von sich aus Preisnachlässe an, die bis zu 50% betragen können. Falls nicht, kann man um den Preis feilschen, besonders wenn die betreffende Unterkunft leer ist. Je länger die beabsichtigte Wohndauer, desto besser ist die Verhandlungsbasis.

● **Buchungen** – In den Monaten November bis Februar kann es zu Engpässen bei den Zimmern kommen, und Vorbuchungen sind deshalb von Nutzen. Oft genügt es, ein paar Tage vorher im Hotel seiner Wahl anzurufen. In den allermeisten Fällen werden die Buchungen zuverlässig gehandhabt, und das Zimmer wird bereitgehalten.

● **Preise** – Zunächst einmal zum unangenehmsten: Die Hotels und Guest Houses haben ein zweigleisiges Preissystem, nach dem Touristen mehr zahlen als Einheimische! Mit „Touristen" sind in diesem Fall weißhäutige Westler und die wohlhabenderen Asiaten gemeint (Japaner, Taiwanesen, Singapureaner etc.). Indische Touristen z.B. würden nur den srilankischen Preis zahlen.

Ähnlich wird bei den Eintrittsgebühren zu den Sehenswürdigkeiten verfahren, deren Höhe von offizieller Seite festgesetzt wird. Mit anderen Worten, das System hat staatliche Sanktion. Im Falle der in Regierungsbesitz befindlichen Sehenswürdigkeiten zahlt aber jeder Ausländer mehr als die Einheimischen, so daß auch die indischen Beispiel-Touristen nicht verschont blieben.

Viele Hotels geben ihren Zimmerpreis in US$-an, der dann nach dem aktuellen Kurs in Rupien umgerechnet wird; einige wenige Unterkünfte rechnen sogar in DM, da sie vornehmlich deutsche Gäste beherbergen. Die Zimmerrechnungen können so in baren US$ bzw. DM bezahlt werden, oder aber in der äquivalenten Rupien-Summe. An der Hotelrezeption erfragen, welcher

Umrechnungkurs zugrunde gelegt wird. In den Unterkunftsbeschreibungen in diesem Buch ist bei den Zimmerpreisen jeweils die Währung genannt, die auch die betreffende Unterkunft angibt – US$, DM oder Rupien.

• **Service Charge (SC) und Steuer (St.)** – Die allermeisten Unterkünfte kassieren auf ihren Zimmerpreis eine zehnprozentige Service Charge oder „Bedienungsgebühr". In den Hotel-Restaurants wird diese auch auf die Essenspreise erhoben. Die Service Charge ist in den Hotelbeschreibungen separat vom Zimmerpreis angegeben. Dieser Zuschlag ist nichts weiter als der Versuch, die Preise weiter nach oben zu schrauben, denn das Personal, dem das Geld eigentlich zusteht, sieht kaum etwas davon. So wird oft erwartet, daß der Gast (z.B. im Hotel-Restaurant) auch auf diese Gebühr noch ein Trinkgeld gibt – was eigentlich nicht mehr nötig sein sollte. Die Service Charge wird meist nach einem hierarchischen Schlüssel unter den Angestellten verteilt, durch den der Manager den Löwenanteil daran erhält, die ihn Untergebenen aber umso weniger, desto „niedriger" ihre Arbeit ist.

Gelegentlich läßt sich die Service Charge, die auf dem Zimmerpreis erhoben wird, „hinwegfeilschen"; nicht aber diejenige auf den Essenspreisen.

Viele der gehobeneren Hotels kassieren auf den Zimmerpreis zusätzlich eine fünf- bis 12,5prozentige Steuer, die an den srilankischen Fiskus abgeführt werden muß. Auch diese Steuer ist in den Preisangaben in diesem Buch separat angegeben, genau wie die betreffenden Unterkünfte es handhaben. Eine Zimmerpreisangabe könnte demnach wie folgt aussehen: „25 US$, plus 10% SC (Service Charge) und 5% St (Steuer)". Macht insgesamt 28,75 US$.

In den **Restaurants von Luxushotels** werden neben der zehnprozentigen Service Charge) neuerdings auch Steuern von zehn Prozent erhoben – macht einen stolzen Aufpreis von 20%!

Vorsicht, Schlepper!

In den meisten Touristenorten treiben Schlepper ihr Unwesen, die den Neuankömmlingen Unterkünfte vermitteln wollen. Oft nennen sie sich euphemistisch **„tourist guides".** Wer von den Schleppern zu einem Hotel/Guest House gebracht wird, hat dort automatisch einen höheren Preis zu zahlen als derjenige, der ohne Schlepper kommt. Der Mehrpreis macht 20-30% aus, eventuell sogar noch mehr. Einige Unterkünfte arbeiten prinzipiell nicht mit Schleppern zusammen, was ihnen dafür den Boykott der gesamten Schlepper-Zunft einträgt – über diese Guest Houses wird dann allerlei negativer Unfug erzählt. Schlepper empfehlen nicht die wirklich guten Unterkünfte, sondern die, die ihnen die höchste **Kommission** zahlen – und diese Kommission berappt am Ende natürlich der Tourist selber.

Am besten, die Schlepper gänzlich ignorieren und gar kein Gespräch mit ihnen beginnen! Ansonsten hängen sie sich einem an die Fersen, verfolgen einen bis zur Unterkunft und behaupten dann bei deren Besitzer, sie hätten den Gast „vermittelt". Somit ist der Ärger vorprogrammiert. Die meisten Unterkünfte sehen es ohnehin viel lieber, wenn man ohne Schlepper kommt, da sie sich dann nicht mit deren Geldforderungen herumplagen müssen.

Oft verdingen sich auch die **Three-Wheeler-Fahrer** als Schlepper. Fährt man zu einer Unterkunft, sollte man nie den Fahrer nachfragen lassen, ob ein Zimmer frei ist: Wahrscheinlich wird er mit der Rezeption ein paar Worte wechseln (auf Singhalesisch natürlich) und dann eventuell behaupten, es sei kein Zimmer frei. Motiv Eigeninteresse, sprich Kommission in irgendeiner anderen Unterkunft. Immer persönlich nach einem Zimmer fragen.

Verhaltenstips

Lächeln

Beobachtet man die Bewohner Sri Lankas, so scheint vor allem eine Verhaltensregel zu gelten: lächeln! Allerorts begegnen einem breit lächelnde oder lachende Gesichter. Daraus aber zu folgern, daß in Sri Lanka eine paradiesische Unbeschwertheit herrscht, wäre falsch. Das Lächeln soll oft nur eine harmonische Atmosphäre erzeugen, die ein hohes Ideal des Buddhismus darstellt, und es ist somit häufig eine verinnerlichte Handlung, die vollautomatisiert abläuft. Das Lächeln hilft aber, alltägliche Dinge reibungsloser zu erledigen, und in diesem Sinne darf auch der Reisende mitlächeln: Auf Ämtern, in Banken, bei Beschwerden im Hotel etc. geht alles leichter, wenn man statt finsterer Mine ein freundliches Gesicht und ein Lächeln aufsetzt.

Gestik

Srilanker legen eine sehr expressive Gestik und Mimik an den Tag, Augen und Hände und manchmal auch der ganze Körper reden mit. Die Geste, die Westler permanent mißverstehen, ist die, mit der die Srilanker **„ja"** sagen: Der Kopf wird mehrere Male seitlich hin- und hergeschlenkert, als wolle man mit den Ohren die jeweilige Schulter erreichen. Das ganze sieht sehr nach unserem Kopfschütteln aus.

Nur die wenigsten Srilanker schütteln zum **Gruß** die Hände – höchstens die Mitglieder der verwestlichten Elite, die möglicherweise im Ausland studiert haben. Zum traditionellen srilankischen Gruß werden die Handflächen vor der Brust aneinandergelegt, und dabei sagt man „Ayubowan".

027sr Foto: Ingo Hothan

„Ayubowan!" (singhalesisch: „Guten Tag")

Wörtlich bedeutet das etwa „Ich wünsche ein langes Leben"; benutzt wird es als „Guten Morgen", „Guten Tag" und „Auf Wiedersehen".

„Gesichtsverlust"

Eine der größten Peinlichkeiten, die einem Srilanker zustoßen kann, ist der Verlust des „Gesichts". Wir würden das wohl eher **Blamage** nennen. Sein Gesicht verlieren kann man auf mannigfaltige Weise, sei es durch öffentliche Bloßstellung oder Beleidigung, durch üble Gerüchte oder durch eigene Fehler in Beruf oder Privatleben. Wenn die Amtsgänge auf srilankischen Behörden oft so unendlich lange dauern, liegt das zum großen Teil an der Angst vor Gesichtsverlust bei den Beamten: Niemand möchte eine Entscheidung treffen, die sich später womöglich als falsch entpuppt, und für die man zur Rechenschaft gezogen werden könnte. Folglich werden Entscheidungen mit allen Mitteln umgangen oder aufgeschoben oder – besser – auf jemand anderen abgewälzt!

Der Verlust des „Gesichts" kann im Betroffenen Rachegefühle hervorrufen, da er sich nicht anders gegen seinen **Ehrverlust** zu helfen weiß. Ein hoher Anteil der Gewalttaten im Lande ist auf Personen mit „verlorenem Gesicht" zurückzuführen!

Es gilt also, niemanden in seiner Würde zu verletzen – im Klartext: niemanden zu beleidigen, zu erniedrigen, oder für ein Fehlverhalten öffentlich zu schelten. Kritik sollte am besten unter vier Augen geäußert werden, und dazu nur in ruhigem, wohlmeinendem Ton.

Ein Gesichtsverlust ist es auch, wenn Srilanker eine ihnen gestellte Frage nicht beantworten können. Wenn man z.B. nach dem Weg zu einem Hotel fragt, wird man oft in alle möglichen Himmelsrichtungen geschickt, nur nicht in die richtige. Selbst Polizisten haben oft keine Ahnung. Es gilt, alle Antworten zunächst mit Vorsicht zu genießen und besser drei oder vier verschiedene Leute zu fragen. Wer bei der Antwort am glaubwürdigsten wirkt, weiß womöglich wirklich, wo's langgeht.

Politische Äußerungen

Sri Lanka leidet unter einer Vielzahl von Problemen, und zwangsläufig wird man bisweilen in politische Gespräche verwickelt – meist vielleicht im Taxi oder in Privatwohnungen; nicht aber in der Öffentlichkeit, wo zu viele Leute mithören. Als Fremder kann man viel bei den Gesprächen lernen, z.B. wie Tamilen und Singhalesen zueinander stehen, wie es um die Korruption im Lande bestellt ist etc. Andererseits sollte man nicht versuchen, großmäulige politische Kommentare oder Lösungsvorschläge an den Mann bringen zu wollen – als Außenstehender hat man leicht reden. Zudem denken die meisten Srilanker in ethnischen Schubladen, d.h., ein Singhalese wird kaum jemals einen tamilischen Standpunkt verstehen wollen und umgekehrt. Das Denken wird von der eigenen Klassen- und Volkszugehörigkeit bestimmt. Dagegen andiskutieren zu wollen ist auf keinen Fall zu empfehlen. Am besten: sich alle Meinungen gut anhören, sich seine eigene bilden und auf Kommentare verzichten.

Speise-Tabus

Bei Einladungen, die man selbst ausspricht, ist den religiösen Speisegeboten Ihres srilankischen Gastes Rechnung zu tragen. **Hindus** z.B. ist der Verzehr der „heiligen" Kuh strikt untersagt. Im Hinduismus ist die Kuh unter besonderem Schutz gestellt, was zweifellos auf der vielseitigen Verwendbarkeit des Tieres und seiner Produkte beruht. Viele Hindus sind sogar reine Vegetarier.

Für die **Moslems** ist das Schwein *haram*, „unrein", und sie dürfen folglich kein Schweinefleisch essen. Alle anderen Fleischsorten haben *halal* zu sein, d.h. die Tiere müssen nach moslemischen Vorschriften geschlachtet sein – das geschieht in diesem Falle durch allmähliches Ausbluten und nicht etwa durch einen Bolzenschuß oder „Enthauptung". Beim Schlachten sind zudem religiöse Formeln zu rezitieren.

Einem Moslem Schweinefleisch anzubieten, kann als bewußte Beleidigung ausgelegt werden! Die bevorzugten Fleischarten sind Huhn und Ziege. Bei Einladung in ein Restaurant ist festzustellen, ob das angebotene Fleisch *halal* ist. Am sichersten fühlt sich ein Moslem diesbezüglich in den speziellen „Moslem-Restaurants". Alkohol ist ebenfalls *haram*.

Kaum Probleme ergeben sich bei den **Buddhisten,** die an keine Speise-Tabus gebunden sind. Doch gibt es auch solche, die Rindfleisch ablehnen oder die vegetarisch essen.

Sitzweise

Beim Sitzen ist darauf zu achten, daß die **Füße** nicht auf Mönche, hochgestellte oder ältere Personen oder auf Schreine/Tempel zeigen. Das Vorzeigen der Füße, vor allem der Fußsohlen, gilt als Beleidigung. Die Füße sollten zum eigenen Körper herangezogen werden.

Tempelbesuche

Beim Betreten sind die **Schuhe,** die als unrein gelten, vor der Schwelle zu lassen. Kopfbedeckungen sind abzunehmen, nackte Schultern (bei Frauen) sind zu bedecken. Ganz allgemein ist eine dezente Kleidung zu tragen; in Shorts oder Badekleidung in einen Tempel zu latschen kommt einer Mißachtung der Religion gleich.

Noch schlimmer ist es, sich auf **Buddhastatuen** zu setzen, was auch gelegentlich vorkommt. Wegen einer Besucherin, die sich auf einer Statue im Höhlentempel von Dambulla hat ablichten lassen, ist das Fotografieren dort nun gänzlich verboten. Ähnliches leistete sich 1995 ein BBC-Korrespondent in Sri Lanka, der es doch besser wissen müßte: Nachdem er sich in Matara mit einem Kollegen gegenseitig auf einem Buddha posierend fotografiert hatte, wurde er von zornigen Augenzeugen festgehalten und der Polizei übergeben.

Mönche und Frauen

Frauen sollten Mönche nicht anfassen, um sie nicht zu „verunreinigen". Zwar berühren einige Mönche gelegentlich Touristinnen (Händeschütteln o.ä.), bei einheimischen Frauen täten sie das jedoch nicht. Es empfiehlt sich für Frauen eine freundliche, aber distanzierte Haltung; kumpelhaftes Verhalten ist fehl am Platz.

... aber nicht draufsetzen:
mit Buddhastatuen ist nicht zu spaßen!

Bettler

Geben oder nicht? Dieses Dilemma tut sich den meisten Westlern in Dritte-Welt-Ländern auf. Die geballte Konfrontation mit Armut, oder mit dem, was man dafür hält, läßt Manchen tief in die Kleingeldtasche greifen. Wahlloses Geldverteilen schafft möglicherweise aber mehr Probleme, als es löst. Unter keinen Umständen sollte man Kindern etwas geben, da das nur weitere Bettelei heraufbeschwört. Auch unter Erwachsenen gibt es viele, die betteln der Arbeit vorziehen, denn nicht selten „verdienen" Bettler mehr als einfache Arbeitskräfte. Am sichersten ist es, nur den Personen etwas zu geben, die nicht arbeitsfähig sind: also Kranken, Krüppeln und Alten.

Sexual-Tabus

Das öffentliche Küssen oder Umarmen unter Paaren ist verpönt. Bestenfalls ruft man damit peinlich-berührtes Kichern hervor, schlimmstenfalls einen moralischen Schock. Frauen, die sich allzu freizügig geben, d.h. in Strandkleidung durch Orte spazieren, Männer „freundschaftlich" auf die Schulter klopfen, anderweitig anfassen oder über sexuelle Themen reden, werden als Freiwild betrachtet. Eine srilankische Frau, die sich so gibt, wird wahrscheinlich als „Professionelle" eingestuft werden.

Händchenhalten zwischen Personen gleichen Geschlechts, wie man es oft beobachtet, ist nicht als Zeichen von Homosexualität zu werten, sondern als Geste der Freundschaft.

Verkehrsmittel

Sri Lanka verfügt über ein gut ausgebautes Verkehrssystem, ein Erbstück aus britischen Zeiten. Dieses, sowie die relativ geringen Entfernungen, machen das Reisen recht einfach.

Bus

Jede noch so winzige Ortschaft besitzt einen Busbahnhof, vom dem Busse in alle möglichen Richtungen fahren. Das Busnetz wird teils von den staatlichen **CTB-Bussen** aufrecht erhalten (CTB = *Ceylon Transport Board*), teils von privaten Busgesellschaften, die in erster Linie **Minibusse** betreiben. Die Minibusse können bei gleicher Strecke gelegentlich etwas teurer sein als die CTB-Busse. Diese werden staatlich subventioniert, was ihre Preise extrem niedrig hält. Die CTB erhält im Jahr etwa 400 Mio. Rs. Zuschüsse, ohne die sie ihren Betrieb einstellen müßte. Die Preise sind so lächerlich gering, daß in den „Anreise"-Kapiteln in diesem Buch auf deren Erwähnung verzichtet wird. Beispiel: Die Strecke Colombo – Hikkaduwa (99 km) kostet 25 Rs., also ca. 65 Pfennige! Colombo – Kandy (116 km) kostet 32 Rs., 80 Pfennige! Im ganzen Land gibt es wohl kaum eine Strecke, die (im Normalbus) mehr als 2,50 DM kostet.

Ziemlich genau doppelt so teuer wie die o.g. Busse sind die privat betriebenen, mit Klimaanlage ausgestatteten **Intercity-Busse,** die bisher jedoch nur die wichtigsten Strecken verbinden. Diese Busse nehmen entlang der Strecke keine Passagiere auf, man kann aber zwischendurch aussteigen. Die Intercity-Busse sind zwei- bis dreimal so teuer wie die Normalbusse.

Preisbeispiele:
Colombo – Kandy 72 Rs.,
Colombo – Anuradhapura 90 Rs.,
Colombo – Polonnaruwa 60 Rs.,
Colombo – Trincomalee 100 Rs.,
Colombo – Galle 50 Rs.,
Colombo – Tangalle 75 Rs.,
Colombo – Ratnapura 40 Rs.,
Colombo – Kataragama 100 Rs.

Daneben gibt es noch die relativ neuen (gelben) **Expreß-Busse,** die anders als als die Intercity-Busse zwischendurch anhalten, aber dennoch sehr schnell und bequem sind.

Um **überhöhte Buspreise** zu vermeiden, sollte man sich vor Fahrtantritt an der Busstation nach dem aktuellen Preis erkundigen. Viele Schaffner neigen zu Gaunereien. Ebenfalls sollte möglichst Kleingeld bereitgehalten werden, da die Schaffner sonst die Rückgabe des Wechselgeldes „vergessen".

Sind die Preise auch sehr verlokkend, so haben die Busse doch ihre Nachteile: Zumeist sind sie schrecklich überfüllt, und manchmal ergattert man nur einen Stehplatz. Bei längeren Strekken sind an den Busbahnhöfen aber oft **Vorbuchungen** möglich, womit man in diesem Fall das Problem umgehen kann. Leider ist das aber nicht immer möglich, und nicht immer hat man genügend Zeit zum Vorbuchen.

Äußerst unangenehm ist der Kamikaze-Stil vieler Fahrer, die oft dermaßen rasen, daß selbst Atheisten zu beten beginnen. Bei extrem irrwitziger Fahrweise sollte man aussteigen, auf den nächsten Bus warten und dann auf das Beste hoffen!

Möglichst zu meiden sind die **hintersten Sitzplätze,** bei denen man kräftig durchgeschüttelt wird. Einige Sitzplätze hinter dem Fahrer sind oft für Mönche reserviert, sie sind bei Bedarf freizumachen.

Zug

Die srilankischen Eisenbahnen befahren ein Streckennetz von ca. 1.500 km. Die Züge sind langsamer als die Busse, aber sicherer und (außer in der unbequemen 3. Klasse) auch etwas teurer. Unterschieden wird in **drei Klassen,** deren Preise etwa im Verhältnis 1 : 2,5 : 4,5 gestaffelt sind. Anders ausgedrückt: Die erste Klasse kostet fast das Doppelte der zweiten oder etwa viereinhalb- bis fünfmal soviel wie die dritte Klasse.

Preisbeispiele: Die Strecke Colombo – Hikkaduwa kostet in der 1./2./3. Klasse derzeit 78,75/45,25/16,50 Rs.; Colombo – Kandy 99,25/57/20,75 Rs., Colombo – Anuradhapura 168,25/96,50/35 Rs., Colombo – Nanu Oya 170,75/98/35,50 Rs.

Die meisten Züge verfügen nur über die 2. und 3. Klasse. Im Gegensatz zu den zumeist ungepolsterten Sitzen in der **3. Klasse,** haben die **2.-Klasse-Waggons** Polstersitze, nicht aber separate Abteile; diese gibt es nur in der **1. Klasse.** Dort existieren zudem verschiedene Waggontypen: mit oder ohne AC oder als „Aussichtswagen", das ist der letzte Waggon im Zug, mit rückwärtigem, großem Glasfenster.

Neben den normalen Sitzreservierungen sind auch **Reservierungen** von Liegesitzen *(reclining seats)* oder – bei Nachtzügen – von Schlafplätzen *(sleeping berths)* möglich. Deren Gebühren richten sich nach der gebuchten Wagenklasse und Wagentyp. Ein Schlafplatz in der 1. Klasse kostet 50, in der 2. Klasse 30 Rs. Bei Reisen über 80 km ist eine **Unterbrechung** entlang der Strecke bis zu 24 Std. möglich (beliebige Station). Eventuelle Reservierungen für die Weiterfahrt sind dabei aber erneut zu machen.

Informationen zu Gruppenreisen, z.B. organisierten Bahn-Rundreisen, die gelegentlich angeboten werden, erhält man in der Fort Station in Colombo, Tel. 435838, 434215. Nur selten erhältlich sind dort **Fahrpläne,** die zufällig immer gerade „out of stock" sind. Auch bei den Telefonnumern durchzukommen, ist ein Glücksspiel.

Eisenbahn-Freaks haben möglicherweise Freude am *Viceroy Special,* einem nostalgischen **Dampfzug.** Dieser fährt einmal pro Woche von Alutgama nach Kandy und einmal von Colombo nach Kandy. Dabei wird ein Halt in Rambukkana eingelegt, von wo aus die nahe Elephant Orphanage (siehe dort) in Pinnawela besucht wird. Während des Aufenthaltes in Rambukanna wird eine zweite Dampflok vor den Zug gespannt, da sonst die darauf folgende Steigung zwischen Rambukkana und Kadugannawa (400 m Höhenunterschied auf einer Strecke von 2 km) nicht zu schaffen wäre. Buchungen für den Viceroy Special (AC-Wagen) bei J.F. Tours, 189 Bullers Road, Colombo 4, Tel. 01-587996; Fax 94-1-580507.

Die wichtigsten Eisenbahnlinien

Colombo ist der Dreh- und Angelpunkt der srilankischen Eisenbahn. Von hier aus führen Linien in Richtung Vavuniya (über Anuradhapura), Badulla, Batticaloa (über Polonnaruwa), Matara (einige Züge auf dieser Strecke enden in Galle) und Trincomalee. Die Linie nach Vavuniya führt eigentlich noch weiter in Richtung Norden nach Jaffna; wegen der explosiven Lage im Norden enden die Züge z.Zt. aber in Vavuniya oder schon in Anuradhapura.

Die meisten Züge von Colombo fahren ab der **Fort Station.** Einige spezielle Pendlerzüge, die nur freitags und samstags eingesetzt werden, starten in der **Maradana Station** in Colombo 10 und fahren dann weiter über Colombo Fort.

Die Bahnlinie Colombo – Matara soll in naher Zukunft ausgebaut werden und irgendwann einmal bis in die Pilgerstadt Kataragama führen.

Flugverbindungen

Derzeit sind wohl alle zivilen Inlandsflüge über Sri Lanka verboten. Bis Oktober '98 flogen die Fluggesellschaften Lionair und Monara Air auf der Strecke Colombo – Jaffna, die Flüge wurden aber nach dem Abschuß einer vollbesetzten Antonov 24 der Lionair durch die „Tamil Tigers" eingestellt. Falls es die Sicherheitssituation des Landes erlaubt, sollen wieder diverse Ziele innerhalb des Landes angeflogen werden. Informationen zum letzten Stand der Dinge sind bei der Touristen-Information in Colombo oder in srilankischen Reisebüros einzuholen.

Taxi

In den meisten größeren Orten stehen Taxis zur Verfügung, die jedoch fast nie als solche zu erkennen sind: Mit Ausnahme der Wagen von zwei in Colombo ansässigen Funktaxi-Unternehmen gibt es kein „Taxi"-Schild auf dem Dach, keine einheitliche Farbgebung und auch kein Taxameter. Die Taxis sind somit eher so etwas wie Mietwagen mit Chauffeur. (Bezüglich der Funktaxis siehe unter „Colombo, Verkehrsmittel".)

Die Taxis/Mietwagen stehen oft an bestimmten **Haltepunkten** in den Innenstädten, so an der Busstation, dem Bahnhof etc. Ihre **Preise** sind jeweils Verhandlungssache, wobei man entweder einen Kilometerpreis festlegt, oder aber eine Pauschale für die zurückzulegende Strecke ausmacht. Auch diese Pauschale sollte auf einem angemessenen Kilometerpreis basieren. Als Faustregel kann ein Preis von 12-15 Rs./km vorausgesetzt werden, jedenfalls solange Benzin etwa 60 Rs./l und Diesel 17 Rs./l kostet. Erhöhen sich die Spritpreise, steigen zwangsläufig auch die Taxipreise, etwa zu demselben Prozentsatz.

Ausnahmen von dieser Faustregel gibt es jedoch reichlich: So bekommt man mit Diesel betriebene Wagen in der Regel für 10-12 Rs./km, andererseits können brandneue, mit AC ausgestattete Benzin-Autos auch 17 Rs./km oder mehr kosten. Besonders teuer sind die von Luxushotels betriebenen Taxis, die oft um 25 Rs./km kosten. Der Preis richtet sich auch nach der Länge der Strecke – je länger, desto niedriger der Kilometerpreis.

Ein weiteres Kriterium für die Fahrpreise sind die Besitzverhältnisse des Fahrzeugs: Gehört der Wagen dem Fahrer selber – was relativ selten der Fall ist – fällt der Preis oft niedriger aus, da der Fahrer niemandem eine Wagenmiete zahlen muß; gehört der Wagen aber einem Mietwagen-Unternehmer, und der Fahrer hat eine tägliche Miete dafür zu entrichten, wird es meist teurer. Manche Unternehmer kassieren keine Miete, sie zahlen ihren Fahrern magere Tagesgehälter von 100 Rs., alle darüber hinausgehenden Einnahmen sind ausschließlich der Gewinn des Unternehmers.

Bei Tagesausflügen, bei denen am Fahrziel Besichtigungen absolviert werden, müssen auch die **Wartezeiten** zwischen Hin- und Rückfahrt bezahlt werden. Diese können pro Stunde bei 50-100 Rs. liegen; auch hier gilt: Je mehr, desto billiger.

Mehrtägige Fahrten

Die Wagen können auch für ganze **Insel-Rundfahrten** gemietet werden, was bei den niedrigen Kilometerpreisen eine durchaus erschwingliche und zudem bequeme Reisemethode ist. Vorab sind jedoch einige Dinge zu klären: Zunächst einmal sollte man keinen Fahrer nehmen, mit dem man nicht schon vorher eine kurze Tour unternommen hat. Mancher Fahrer hat seine Mucken (zu rasanter Fahrstil, Grantigkeit etc.), und bei einer mehrere Tage dauernden Rundfahrt sollte man nicht „die Katze im Sack kaufen". Ein guter, freundlicher und kenntnisreicher Fahrer kann einem eine wunderbare Tour bescheren, ein schlechter kann alles vermiesen.

Weiterhin ist vorher zu klären, wer die Essenskosten für den Fahrer übernimmt. Normalerweise haben die Fahrer diese selbst zu tragen, gesponsorte Mahlzeiten sind dennoch willkommen. Viele Mietwagen-Unternehmer halten ihre Fahrer bewußt knapp, in der Annahme, daß die mitleidigen Fahrgäste ihnen schon reichlich spendieren werden!

In den Hotels, in denen man absteigt, werden die Fahrer oft vom Management beköstigt, entweder kostenlos oder aber zu einem sehr geringen Preis. Alle Hotels verfügen über mehr oder weniger adäquate *„driver rooms"*, in denen die Fahrer kostenlos übernachten können. Die tatsächliche Qualität eines Hotels zeigt sich oft daran, wie gut oder schlecht es – hinter seiner glänzenden Fassade – die Fahrer versorgt!

Three-Wheeler

Diese Gefährte werden in verschiedenen Ländern Asiens mit unterschiedlichen Namen bezeichnet: In Indien heißen sie **Auto-Rikshas** oder Motor-Rikshas, in Bangladesch **Baby-Taxis** und in Thailand **Tuk-Tuks** nach dem tuckernden Geräusch, das sie verursachen. Gemeint sind die kleinen dreirädrigen Vehikel – meist Made in India –, die so etwas wie das Taxi des kleinen Mannes sind. In Sri Lanka nennt man sie passenderweise Three-Wheeler, oft auch, wie in Thailand, Tuk-Tuk.

Wie die meisten Taxis so haben auch sie kein Taxameter, und der **Preis** muß im voraus ausgehandelt werden. Meistens sind die Three-Wheeler nur unerheblich billiger als Taxis, manchmal nicht einmal das. In Colombo kostet eine Fahrt von 1 km ca. 20-30 Rs., jeder Kilometer danach sollte jeweils mit ca. 10 Rs. berechnet werden. In den kleineren Orten sind die Three-Wheeler etwa um 25% billiger – bzw. sollte es so zumindest sein: Die Fahrer neigen zu Wucherpreisen, wenn sie weiße Haut erspähen, und der Umgang mit ihnen wird nach kürzester Zeit zur Tortur. Nach ein paar Tagen im Lande hat mancher Reisende einen unversöhnlichen Haß auf alles, was sich auf drei Rädern bewegt.

Verhandlungstechnisch am besten ist, nie nach dem Preis zu einem Zielort zu fragen, sondern **immer gleich selber einen Preis zu nennen.** Damit kommt man besser weg, da die Fahrer sonst weit überzogene Preise nennen, und diese dann aus Gründen eines drohenden „Gesichtsverlusts" nicht mehr zurücknehmen.

Three-Wheeler in Colombo

029sr Foto: rk

Fahrräder und Motorräder

Fahrräder gibt es in vielen Touristenorten zu mieten, zu Preisen von ca. 10 Rs. pro Std. oder aber 50 Rs. pro Tag. Vor dem Anmieten empfiehlt sich eine kurze Sitz- und Fahrprobe - oft sind die Räder alles andere als hinterteilfreundlich. Unbedingt anzutesten sind die Klingel (funktioniert oft nicht) und vor allem die Bremse (ist gelegentlich gar nicht vorhanden!). Falls kein Schloß vorhanden ist, sollte man sich selber eins zulegen, um Diebstahl zu vermeiden. Zudem ist der Allgemeinzustand zu überprüfen, da später entdeckte Schäden sonst dem Mieter angelastet werden.

In den wichtigsten Touristenorten werden auch **Leih-Motorräder** angeboten (z.B. Hikkaduwa und Negombo), Kostenpunkt ab ca. 300 Rs./Tag. Bei längerer Mietdauer kann der Preis auch sinken, in diesem Falle also handeln! Sehr wichtig ist eine im Mietpreis inbegriffene Rundum-Versicherung, die Unfallschäden und Diebstahl abdeckt.

Offiziell besteht **Helmpflicht**, und die Helme sollten vom Vermieter gestellt werden. Auch die Motorräder sollten bei Fahrtantritt so gut wie möglich auf irgendwelche Schäden überprüft werden.

Selbstfahren

Mietwagen zum Selbstfahren sind in Sri Lanka eine Rarität (siehe die wenigen Adressen dazu unter „Colombo, Verkehrsmittel“). Aus finanziellen Gründen lohnt das Selbstfahren nicht, denn Wagen mit Chauffeur sind meist weit preiswerter zu haben. Zudem ist das Verkehrsverhalten in Sri Lanka äußerst eigenwillig - um es gelinde auszudrücken -, und so manchem europäischen Fahrer wird angst und bange werden.

Bei **Unfällen,** in denen Einheimische zu Schaden gekommen sind, besteht die Gefahr, von einer aufgebrachten Menschenmenge zur Rechenschaft gezogen zu werden, sei es finanzieller oder noch schmerzhafterer Art. Zur eigenen Sicherheit wird in einer derartigen, brenzlig wirkenden Situation die „Fahrerflucht“ empfohlen: durchfahren bis zur nächsten Polzeiwache und sich dort stellen! Das gilt vor allem im Süden des Landes, dessen Einwohnern ein besonders hitziges Temperament nachgesagt wird.

Wer selbst fahren möchte, muß sich gegen Vorlage seines internationalen Führerscheines eine temporäre **srilankische Fahrerlaubnis** ausstellen lassen. Die zuständige Behörde ist das Department of Motor Traffic in Colombo. Weitere Informationen erhält man bei den Autovermietungen.

Achtung! Wie in allen ehemals britischen Kolonien herrscht auch in Sri Lanka **Linksverkehr!**

Die **Geschwindigkeitsbegrenzung** beträgt 56 km/h in geschlossenen Ortschaften, außerhalb 72 km/h. Es gelten die international gebräuchlichen Verkehrszeichen.

030sr Foto: rk

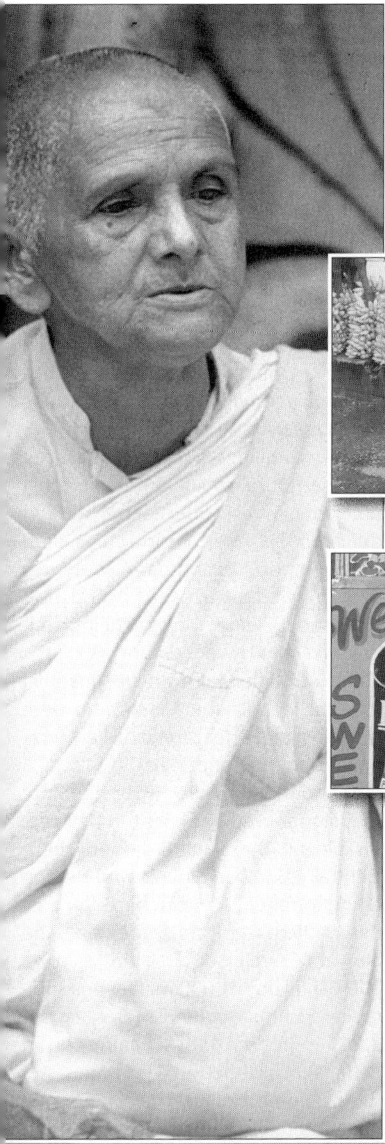

Land und Leute

031sr Foto: rk

032sr Foto: rk

Nonnen

Bananenverkäufer in Nawalapitiya

Betelverkäufer in Colombo

Geographie

Die Insel Sri Lanka liegt zwischen 5° 55′ und 9° 50′ nördlicher Breite und 79° 42′ und 81 ° 53′ östlicher Länge. Ihre maximale **Ausdehnung** beträgt von Nord nach Süd 435 km, von Ost nach West 225 km. Bei einer **Fläche von 65.610 km²** entspricht ihre Größe etwa der von Bayern oder von Holland und Belgien zusammen.

Sri Lanka befindet sich südlich unter dem Südzipfel von Indien und wirkt von der **Form** her wie ein Diamant oder aber eine Träne, die von Indien herabfällt – beides sind vielzitierte Vergleiche, und beide entbehren nicht einer gewissen Symbolik: Sri Lanka ist sowohl ein Land immenser Naturschätze als auch der Schauplatz manch menschlicher und politischer Tragödie.

Die Entfernung vom **nördlichsten Punkt der Insel,** Point Pedro (vom portugiesischen *Punta des Pedros,* „Felsen-Kap"), nach Indien beträgt nur 48 km. Zwischen Talaimannar im Nordwesten und Rameshwaram in Südindien erstreckt sich die **Palk Straits,** eine Meerenge, die von der sogenannten **Adam's Bridge** unterbrochen wird – eine Reihe von Riffen, Sandbänken und kleinen Felsinseln, über die man riesigen Schrittes das Meer überschreiten könnte. Die Legende schreibt die Entstehung der Adam's Bridge dem Affengott Hanuman zu, der Sita, die nach Sri Lanka entführte Frau des Gottes Rama, zu befreien suchte. Hanuman und seine Truppen setzten die Felsen ins Wasser, auf denen sie wie auf Sprungbrettern die Meerenge überqueren konnten. Der Name Adam's Bridge rührt von einer anderen Legende her, wonach der Adam diese nach der Vertreibung aus dem Paradies benutzt haben soll, um nach Sri Lanka zu gelangen und sich auf dem Adam's Peak, Sri Lankas heiligstem Berg, niederzulassen. Von wissenschaftlicher Seite wird spekuliert, daß die Adam's Bridge die Reste einer einstigen Landverbindung zwischen dem heutigen Sri Lanka und Indien darstellt. Unterstützt wird diese These durch die Ähnlichkeit der beiderseits der Wasserstraße anzutreffenden Tiere, Pflanzen und Gesteine. Anderen Theorien zufolge lag Sri Lanka einst unter der Meeresoberfläche, stieg in der Mäsozoischen Periode aus dem Meer empor, begann dann Mitte des Tertiärs wieder abzusinken und hob sich erneut – eine, wie es scheint, geologisch sehr schwere Geburt!

Der **südlichste Punkt** der Insel ist Dondra Head nahe Matara, an dem sich einst einer der prunkvollsten Tempel der Insel befunden hat.

Befinden sich die Küstengebiete mehr oder weniger leicht über Meeresspiegelhöhe, so wird die südlichere Zentralregion von Hügeln und Bergen eingenommen. Der **höchste Berg** ist mit 2.425 m der **Pidurutalagala** nahe Nuwara Eliya. Insgesamt gibt es etwa 150 Gipfel über 1.000 m. Der aus spiritueller Sicht bedeutendste Berg ist der 2.245 m hohe **Adam's Peak** oder Sri Pada, der vierthöchste des Landes. Auf dem Gipfel befindet sich ein sogenannter „Fußabdruck des Buddha", und der Berg ist ein wichtiges Pilgerziel.

Aus den Bergen ergießen sich zahlreiche **Flüsse,** die man schon früh zu nutzen wußte. Die alten Könige ließen ausgeklügelte Kanal- und Tanksysteme anlegen, die für eine ausgezeichnete Bewässerung sorgten. Durch diese schuf sich Sri Lanka den Ruf einer „Kornkammer des Ostens".

Der längste Fluß ist mit 330 km der **Mahaweli Ganga,** „Der große sandige Fluß". Er entspringt in den Hügelregionen zwischen Hatton und Nawalapitiya, passiert Kandy und fließt von dort aus nach Nordosten, um südlich von Trincomalee im Meer zu münden. Der zweitlängste Fluß ist der Malwatte Oya (170 km), gefolgt von Kelani Ganga (145 km) und Kalu Ganga (114 km).

Sri Lanka, Ceylon oder was? Land der tausend Namen!

Der im alten Hindu-Epos Ramayana zitierte Name der Insel ist **Lanka** oder **Sri Lanka.** Die Bedeutung von Lanka ist umstritten, wahrscheinlich bedeutet es so viel wie „strahlend" oder „leuchtend". Sri ist ein geläufiges Präfix, das etwa mit „edel" oder „erhaben" zu übersetzen wäre; Sri Lanka ist also die „Edle Leuchtende". Einer anderen Auslegung nach bedeutet Lanka „Land der Dämonen", doch diese stößt im Land verständlicherweise auf wenig Zustimmung. Man stelle sich nur einmal eine Nationalhymne vor, die da tönt „Oh du stolzes Land der Dämonen ..." – nicht sehr erhebend!

Als die Vorfahren der heutigen Srilanker, aus Indien kommend, an der Nordostküste landeten, nannten sie die Insel zunächst **Tambapanni,** die „Kupferfarbene", nach der Farbe des Bodens, den sie dort vorfanden. Die alten Griechen konnten diesen Namen nicht aussprechen und machten daraus **Taprobane.**

Bald glaubten die Bewohner des Landes, einen heroischeren Namen verdient zu haben und nannten sich selber Sinhala, „die Löwenhaften", und ihre Insel **Sinhala-Dwipa,** „Insel der Löwenhaften" (von Sanskrit *sinha* = „Löwe", *dwipa* = „Insel"). Dieser sollte die Grundlage für eine ganze Reihe von Namensversionen werden: In Sri Lanka selbst wurde es zu **Salike** korrumpiert, und die alten Seefahrer machten daraus **Selediba, Serendiva** oder **Serendib.** Aus letzterem entstand die englische Vokabel *„serendipity"*, die einen wohligen Zustand von Ruhe und himmlischer Zufriedenheit umschreibt. Sri Lanka wurde somit schon früh zum Sinnbild einer Trauminsel.

Andere Namen spielten auf seine natürlichen Reichtümer an, so **Ratna-Dwipa** („Edelstein-Insel") oder **Jazirat-al-yakut** („Insel der Rubine"), letztere eine Bezeichnung, die ihr ein arabischer Historiker des 9. Jh. verliehen hat. Die Kolonialmächte, die sich an den Schätzen Sri Lankas schadlos zu halten gedachten und das Land nacheinander für sich vereinnahmten, griffen das „Sinhala" des alten Namens auf und formten es jeweils nach dem eigenen Zungenschlag um: Die Portugiesen kauderwelschten etwas von **Ceilao,** die Holländer von **Ceylan** und **Zeiland,** und die Engländer verwandelten es in das bekannte **Ceylon.** Bis 1972 war Ceylon der offizielle Name des Landes, der dann – im Zuge einer patriotischen Rückbesinnung – zu **Sri Lanka** revidiert wurde. 1993 wurde daraus schließlich **Shri Lanka.**

Offiziell bezeichnet sich das Land heute als „Demokratische Sozialistische Republik Sri Lanka" – oder, um es in Landessprache und einfacher zu sagen, als **Shri Lanka Prajatantrika Samajawadi Janarajaya.**

Einer der attraktivsten geographischen Aspekte Sri Lankas sind seine **Strände,** die der Hauptgrund für die Touristenströme im Land sind. Insgesamt ist der **Küstenstreifen** mit zahllosen Buchten, Stränden und Kokoshainen 1.600 km lang. Die schönsten Strände befinden sich an der West-, Südwest-, Süd- und Ostküste. Dieser Strandgürtel beginnt nördlich von Negombo, verläuft dann in Richtung Süden über Bentota, Hikkaduwa und andere Strandorte, dann entlang der gesamten Südküste und im Osten hinauf bis nördlich von Trincomalee.

Je nach Niederschlagsmenge wird das Land in eine **Feuchtzone** *(Wet Zone)* und eine **Trockenzone** *(Dry Zone)* aufgeteilt; letztere nimmt etwa 3/4 der Insel ein. Die Feuchtzone beinhaltet den Südwesten und die südlichen, westlichen und zentralen Gebirgsregionen; die Trockenzone wird vom Südosten, Osten und Norden gebildet. Ganz so trocken, wie der Name vermuten ließe, ist sie nach unserem Verständnis dennoch nicht – sie ist halt nur deutlich regenärmer als die andere Zone, die im Monsun wahre Sintfluten an Regen erleben kann.

Das regenärmste Gebiet ist der nordwestliche Küstenstreifen, der Teile des Mannar- und des Jaffna-Distrikts umfaßt. Diese Region, mit sandigem, unfruchtbarem Boden, ist zwar Teil der Trockenzone, wird aber noch einmal separat als **Dörrzone** *(Arid Zone)* bezeichnet.

Flora und Fauna

Flora

Als Sri Lanka mit Erlangung der Unabhängigkeit eine neue Nationalflagge bekam, hätte man getrost eine grüne Grundfarbe wählen können: Grün ist die dominierende Farbe im Land, die **Reisfelder, Teeplantagen, Wälder, Palmenhaine** und selbst die **Grassteppen** bedecken es mit einem fast lückenlosen Teppich von Vegetation. Das meiste ist aber vom Menschen angelegt: Der Anteil ursprünglichen Waldes an der Landesfläche beträgt bestenfalls noch 25%.

Die kärgste Vegetation findet sich verständlicherweise in der relativ niederschlagsarmen **Trockenzone** im Norden, Nordwesten und Osten, in der eine Savanne aus Gräsern, Sträuchern, rotem Rhododendron und vereinzelten Bäumen wie dem Satinholz-Baum *(Chloroxylon Swie- tenia)* vorherrscht. Die Trockenheit dieser **Grassteppen** oder Patanas machte von je her eine künstliche Bewässerung nötig, und die Herrscher der frühen Königreiche ließen ausgeklügelte Kanal- und Wassertanksysteme anlegen. Heute nimmt deren Platz das Anfang der 70er Jahre begonnene Mahaweli-Projekt ein (siehe Victoria Dam), das weite Landesteile mit Wasser versorgt.

Die **Feuchtzone** ist – wie der Name andeutet – mit hohen Niederschlagsmengen gesegnet und so von einer immergrünen tropischen Vegetation bedeckt. **Unberührten Regenwald** gibt es noch im Südwesten der Insel

033sr Foto: Ingo Hothan

(Singharaja Rain Forest Reserve) und auch nördlich von Kandy (Hunasgiriya Mountains). Im Dschungel von Singharaja, zwischen Ratnapura und Matara gelegen, finden sich neben zahllosen anderen Pflanzen noch 100 verschiedene Orchideenarten, darunter die seltene und unter Naturschutz stehende Vesak-Orchidee *(Dendrobium macarthiae),* die nur hier zu finden ist. Ihr Name stammt daher, daß ihre Blütezeit jeweils im Monat Vesak (April/ Mai) beginnt.

Zum großen Teil aber mußten die Wälder den **Teeplantagen** weichen: Im 19. Jh. wurden riesige Areale gerodet, um darauf diverse Palm-, Kautschuk- oder Teeplantagen anzulegen. Der grüne Teppich, den man heute

Spektakuläre Reisterrassen in der Umgebung von Haputale und Bandarawela aus der Luft sieht, ist somit zum großen Teil kein natürlicher. Die Einrichtung der Teeplantagen wird als das „wahrscheinlich größte landschaftsarchitektonische Unterfangen der Welt" bezeichnet.

Wird das Hochland heute vom Tee dominiert, so sind es im Tiefland die Palmen, wovon es in Sri Lanka 15 verschiedene Arten gibt. Ihre Nutzungsmöglichkeiten und Produkte sind so zahlreich, daß ihr Schöpfer einen Nobel-Preis für Pflanzen-Genetik verdient hätte: Die **Kokospalmen** *(Cocos nucifera)* liefern Kokosnüsse und -milch, ihre getrockneten Nußschalen ergeben ein ausgezeichnetes Brennmittel, aus den Kokosfasern werden Seile gesponnen oder Säcke hergestellt; die Palmwedel können als Dach- oder anderes Baumaterial verwendet oder zu Matten und Körben verflochten werden; der getrocknete Kokoskern, das Kopra, ist eine wichtige Zutat in der srilankischen Küche, es wird aber auch Viehfutter daraus hergestellt. Aus dem Palmstamm schließlich werden Möbel gefertigt. Palme der unbegrenzten Möglichkeiten!

Ganz ähnlich sieht es mit der **Palmyra** *(Borassus flabelliformis)* aus, einer Fächerpalme, der ein altes tamilisches Sprichwort „801 Nutzungsarten" zu-

Teeplantagen

034sr Foto: rk

schreibt. Das Holz ist sehr hart und eignet sich besonders für den Hausbau und zur Möbelherstellung, da es ausnahmsweise nicht von den Weißen Ameisen angegriffen wird. Die Palmyra bringt eine Frucht hervor, die so groß ist „wie eine zwölfpfündige Kanonenkugel", um einen alten Briten zu zitieren. In der Frucht befinden sich bis zu drei kleine Nüsse.

Die **Kittul-Palme** *(Caryota urens)* dient heute in erster Linie der Produktion des Toddy, eines vergorenen, alkoholischen Palmsaftes (siehe „Essen und Trinken"). Dieser kann aber auch aus der Kokos- oder Palmyra-Palme gewonnen werden. Aus den Blüten der Palme wird der *Feni* hergestellt, ein wohlschmeckender, herber Sirup, der oft auch als „Honey" bezeichnet wird.

Die Blätter der bis zu 30 m hohen **Talipot-Palme** *(Corypha umbraculifera)* bildeten früher das Grundmaterial für die Herstellung der Olas oder Palmblatt-Manuskripte und natürlich auch von Fächern, Schirmen und Hausdächern.

Daneben gedeiht eine Vielzahl von Bäumen. Dazu gehört der Na oder **Eisenholz-Baum** *(Mesua ferrea),* dessen dunkelrotes, hartes Holz beim Brückenbau benutzt wird. Der Baum bringt auch große weiße und aromatisch duftende Blüten hervor, die gern in Opferzeremonien verwendet werden; aus diesem Grund ist der *Na* auch zum **„National-Baum"** erhoben worden.

Ein ähnlich hartes Holz liefert der *Tekka* oder **Tamarind-Baum** *(Tamarindus indica),* dessen Früchte, die Tamarinden, eine beliebte fruchtig-saure Zutat zu vielerlei Speisen ist.

Andere weit verbreitete Bäume sind die **Ceylon-Eiche** *(Schleichera oleosa),* der **Goldene Mohur** *(Poinciana regia),* der **Suriya-Baum** *(Thespesia populnea),* der **Kumbuk** *(Terminalia arjuna),* der **Muruta** oder „Königsblumenbaum" *(Lagerstroemia spesiosa),* der **Baumwollbaum** *(Cochlospermum Religiosum),* der häufig an Tempeln angepflanzt wird und der **Attuna** *(Heritiera littoralis),* eine Mangrovenart.

Kittul-Palme

Religiöse Verehrung genießen der Bo- oder **Bodhi-Baum** (*Ficus religiosa*; siehe Exkurs im Kap. Anuradhapura) und der **Banyan-Baum** (*Ficus bengalensis*) aus der Gattung der Feigenbäume, dessen weitverzweigte Wurzeln sich über so weite Flächen ausbreiten können, daß er gar nicht mehr wie ein einzelner Baum wirkt, eher wie ein kleiner Wald. Der Banyan-Baum ist ein Parasit, der sich auf den Stämmen anderer Bäume niederläßt und sie mit fortschreitendem Wachstum allmählich stranguliert - ein „Gangster der Pflanzenwelt", wie der britische Autor *J.E. Tennent* 1859 strafend urteilte. Vielleicht ist dies der Grund, warum einer hinduistischen Überlieferung gemäß nach dem Untergang der Erde lediglich ein Banyan-Baum übrigbleiben wird.

Ein Strauß von Lotusblüten

035sr Foto: Ingo Hothan

Von Sri Lankas zahllosen **Blumenarten** nimmt der **Lotus** (*Nelumbium nucifera*) eine besonders erlauchte Stellung ein. Die Lotusblume, deren Wurzeln im Schlamm von Teichen stecken und deren Blüten erhaben auf dem Wasser schwimmen, gilt seit Jahrtausenden als Sinnbild von Schönheit und Reinheit und wird gerne zu religiöser Symbolik herangezogen. Nach seiner Geburt soll Buddha ein paar Schritte in jede Himmelsrichtung getan haben, wonach aus seinen Fußstapfen Lotusblüten entsprangen. Die srilankische **„National-Blume"** ist die Manel-Blume (*Nymphaea stellata*).

Fauna

Die interessanteren Tiergattungen leben heute in erster Linie in den Naturschutzgebieten Sri Lankas, die etwa 10% der Landesfläche ausmachen. Die Schaffung weitläufiger landwirtschaftlicher Nutzflächen hat den natürlichen Lebensraum der Tiere stark eingeschränkt.

Der König einer jeden Fotosafari ist immer noch der **Elefant,** *Elephans maximus,* das größte der 86 in Sri Lanka beheimateten Säugetiere. Derzeit gibt es noch 3.500-4.000 Elefanten in Sri Lanka, davon über 2.000 in freier Wildbahn. Anfang des 20. Jh. zählte man noch 12.000 Dickhäuter. Die Wilderei an Elefanten ist heutzutage ein

036sr Foto: pr

ernstes Problem. Die meisten Tiere werden ihrer Stoßzähne wegen erlegt, die auf dem Schwarzmarkt etwa 72 US$ pro Kilogramm einbringen. Fast 100 Geschäfte in Sri Lanka bieten illegalerweise Elefenbeinprodukte an, einige weitere belassen es bei Elfenbeinimitationen. Die Gesamtzahl der noch in Südasien lebenden Elefanten wird auf 30.000-35.000 geschätzt, etwa 20.000 davon finden sich in Indien (Anfang des 20. Jh. waren es dort ca. 100.000).

Das Erlegen von Elefanten ist aber keine Erfindung des 20. Jahrhunderts. Die Jagd-Exzesse von Major *Thomas William Rogers* im 19. Jh. sind wohl der beste Beweis. Der Major, Mitte des 19. Jh. als britischer Kommandant in Badulla stationiert, prahlte, er hätte „nach 1.300 erlegten Elefanten aufgehört zu zählen." Rogers schoß sich durch Elefantenherden, als seien es Tontauben. Eines seiner Opfer aber war ein zahmer und besonders prächtiger Elefant, der zum Kataragama-Tempel gehörte – eine Tat, die nicht mehr ungestraft bleiben konnte. Bald wurde ihm prophezeit, er würde

Sambarhirsch

„durch einen Feuerstrahl aus dem Himmel" sterben. Und so geschah es: Major Rogers wurde eines Tages vom Blitz getroffen und fiel tot um wie einer der getöteten Elefanten.

Schon humaner als das pure Abschießen war das Treiben der Tiere in Kraals oder Gehege, sei es aus rein sportlichen Zwecken oder um Arbeitselefanten zu gewinnen. Bei einem Kraal-Treiben 1902 wurde mit über 100 eingefangenen Elefanten der srilankische Rekord aufgestellt.

Vielen Buddhisten gilt der Elefant als heiliges Tier, und als einer der Dickhäuter auf einer Straße in Colombo vor Erschöpfung zusammenbrach, eilten gleich Mönche und Ärzte herbei, um ihm eine Glukose-Transfusion zu verabreichen! Elefanten mit majestätisch-stolzem Gang werden als „Königs-Elefanten" bezeichnet und genießen besonderes Ansehen.

Wilde Elefanten sind noch in den Nationalparks von Yala, Uda Walawe, Gal Oya und Lahugala zu sehen. Weitere Bewohner der Wildnis sind **Bären, Krokodile, Büffel, Schakale, Wildschweine, Hirsche, Pfauen** und diverse **Affenarten,** darunter Makkaken und Languren.

Leoparden sind ebenfalls noch vorhanden, und früher hat schon mancher Menschenfresser unter ihnen für Angst und Schrecken gesorgt. So z.B. der „Kataragama Man-Eater", der Anfang dieses Jahrhunderts Geschmack an den Pilgern im heiligen Kataragama gefunden hatte.

Sehr zahlreich sind die **Sambar-Hirsche,** die man besonders gut in den Horton Plains beobachten kann. Wie Urviecher aus grauer Vorzeit wirken die bis zu 2 m langen **Warane,** die überall auf Feld und Flur anzutreffen sind und bei menschlicher Annäherung scheu entschwinden. Seltener sind die **Schuppentiere,** die sich an Ameisen und Termiten schadlos halten.

Nur mäßiger Beliebtheit bei Touristen erfreuen sich die 95 **Schlangenarten** des Landes, von denen aber nur ein halbes Dutzend giftig ist, darunter die Kobra, einige Vipern-Gattungen und zwei verschiedene Arten von Kraits. Jedes Jahr sterben über 1.000 Einwohner Sri Lankas an Schlangenbissen, was prozentual gesehen die höchste Todesrate der Welt ist! (Indien, in der Pro-Kopf-Rate die Nummer Zwei, verzeichnet pro Jahr ca. 45.000 Schlangenbißtote.)

Daneben gibt es **Skorpione** sowie giftige oder ungiftige **Tausendfüßler,** die man auch häufig in Häusern vorfindet. Häufige Hausgäste sind auch die **Kakerlaken,** die sich mit Vorliebe in feuchten Ritzen aufhalten, und die **Geckos,** die Jagd auf Insekten machen und somit gern gesehen sind.

Während und nach der Regenzeit wimmeln die Wälder von **Blutegeln,** die erst dann von ihrem Opfer ablassen, wenn sie sich vollgesogen haben. (Gegenmittel: Salz oder glühende Zigarettenasche darauf streuen – der Egel fällt sofort ab; vorbeugend empfiehlt sich, die exponierten Körperteile mit Tabak einzureiben, was die Parasiten auf Distanz hält.)

Auf der angenehmeren Seite zählt Sri Lanka 450 **Vogelarten,** darunter

In den Händen der Touristen –

die Panzer von Sri Lankas Schildkröten

Nicht gerade gut steht es um die **Meeresschildkröten,** von denen es fünf verschiedene Arten in Sri Lanka gibt (*Leatherback, Hawksbill, Olive Ridley, Green Turtle* und *Loggerhead*). Ihre Panzer werden zu Souvenirs, Schmuckstücken, Brillengestellen, Haarspangen, Kämmen u.ä. verarbeitet. Obwohl der Handel mit solchen Produkten seit 1970 verboten ist, geht er ungehindert weiter. Offiziell steht auf dem Töten einer Meeresschildkröte eine Geldstrafe von bis zu 30.000 Rs. und/oder eine Gefängnisstrafe von 2-5 Jahren; der Export von Schildkrötenprodukten kann bis zu 10 Jahre Gefängis und/oder eine Geldstrafe von bis zu 50.000 Rs. einbringen. Dennoch existiert z.B. in Galle eine ganze Reihe von Werkstätten, die Schildkrötenpanzer verarbeiten. Die Endprodukte landen häufig in den Souvenir-Läden von Fünf-Sterne-Hotels, den Läden in den Strandorten, oder gar in den *Laksalas*, den staatlichen Handwerksartikel-Geschäften. Die Nachfrage scheint groß genug zu sein, denn zusätzliche Schildkrötenpanzer werden von den Malediven importiert. Die Eier der Meeresschildkröten gelten in den Küstenregionen Sri Lankas als Delikatesse.

Wenig hilfreich zum Überleben der Spezies sind auch die zahlreichen **Schildkröten-Brutstätten** *(Turtle hatcheries),* die sich zwischen Chilaw und Koggala an der Westküste befinden und in erster Linie auf die Geldbörsen der Touristen abzielen. Es ist alles ein dummes Spektakel: Sammler verkaufen Schildkröteneier an die Brutstätten, die Jungen schlüpfen aus und werden dann in Tanks gehalten und können nicht ins Meer wandern, wie es ihnen ihr Instinkt anzeigt. Stattdessen werden sie ein paar Tage später von leichtgläubigen Touristen freigelassen, die glauben am Naturschutz teilzuhaben und dafür auch noch zahlen (ca. 100-150 Rs. pro freigelassener Schildkröte). Da die Schildkrötenjungen nach mehreren Tagen im Wassertank hungrig sind, machen sie sich sofort an Land auf Nahrungssuche, anstatt in ihr Element, das Meer, einzutauchen. Bei der Nahrungssuche fallen sie häufig Raubvögeln zu Opfer. Richtig wäre es, die Tiere nachts oder am frühen Morgen auszusetzen, wenn die Gefahr durch Raubvögel am geringsten ist – nur liegen dann die Touristen im Tiefschlaf. Die allermeisten Schildkröten-Brutstätten sind somit rein touristischer Hokuspokus, Naturschutzpotential gleich Null. Gemäß dem Turtle Conservation Project (TCP), einer Organisation, die sich dem Schutz der Tiere verschrieben hat, arbeiten bestenfalls fünf der derzeit sechszehn Brutstätten „einigermaßen" naturschutzfreundlich.

Hawksbill

Green Turtle

auch zahlreiche Zugvögel. Darunter befinden sich Flamingos, Störche, Pelikane, Reiher, Entenarten und andere Wasservögel. Die Zugvögel halten sich von August bis April in Sri Lanka auf, wo man sie dann zu Tausenden an Wassertanks, Weihern und Lagunen sehen kann. Der vielleicht ungeliebteste Vogel ist der Ulama oder „Devil Bird", eine Eulenart, dessen schauerlicher Schrei als böses Omen gilt.

In Sri Lankas Flüssen und Binnenseen leben 54 **Fischarten,** wovon einige aber aufgrund von Umweltschäden schon vom Aussterben bedroht sind. Ein exotischer Import ist die Forelle, die 1882 von den Engländern eingeführt worden ist - wohl eher als tragende Ingredienz zum „Salmon Sandwich" als aus Naturliebe. Das Meer um Sri Lanka ist die Heimat zahlloser weiterer Fischgattungen, darunter Haie, Delphine, Barrakudas, Thunfische und viele kleinere, aber auch buntere Vertreter. Um viele davon in ihrem Element zu erleben, braucht man nicht mehr als Tauchermaske und Schnorchel.

Leider ist es um die **Delphine** aber nicht sehr gut bestellt, mindestens 5.000 von ihnen werden jedes Jahr gefangen und als teure Delikatesse verspeist. Nach inoffiziellen Schätzungen von Umweltschützern sind es sogar bis zu 50.000 pro Jahr. Ein großer Teil des Fleisches wird nach Japan exportiert, um den dortigen relativ neuen Hunger nach dieser exotischen Speise zu stillen. Aber auch in der srilankischen Oberschicht erfreuen sich Delphin-Barbecues großer Beliebtheit.

Nationalparks und Wildreservate

Insgesamt sind etwa **100 Gebiete unter Naturschutz** gestellt, zehn Prozent der Landesfläche, womit Sri Lanka in dieser Beziehung wohl zu den vorbildlicheren Ländern gehört. Naturschutz ist hier nichts Neues: Ende des 12. Jh. verkündete König *Kirti Nissanka Malla*, daß im Umkreis von 7 Gos (wahrscheinlich ca. 25 km) von Polonnaruwa keine Tiere getötet werden durften.

Aufgrund der gespannten Lage im Norden und Osten können einige der folgenden Gebiete z.Zt. nicht besucht werden, so Gal Oya, Lahugala und Wilpattu.

Bundala Bird Sanctuary

Ein kleines Vogelschutzgebiet zwischen Hambantota und Kataragama, mit vielen Flamingos, Pelikanen, Störchen und anderen Zugvögeln (August-April).

Gal Oya National Park

Ca. 312 km von Colombo entfernt, nördlich von Yala und südwestlich von Amparai. Inmitten des 256 km² großen Parks findet sich der aus dem Gal Oya gespeiste Senanayake Samudra, ein Stausee (90 km²). Zu sehen sind vor allem Elefanten und zahlreiche Wasservögel.

Horton Plains Nature Reserve

Ca. 185 km von Colombo entfernt, im südwestlichen Bergland. Das steppenähnliche Gelände eignet sich sehr

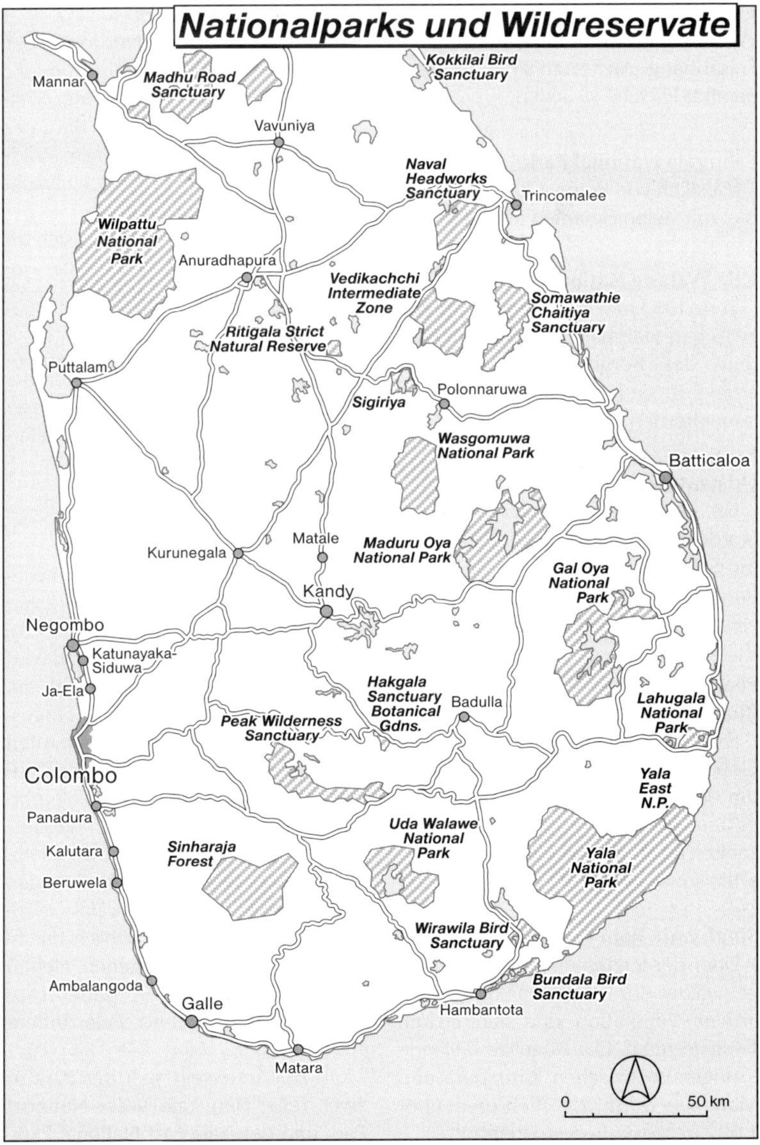
Nationalparks und Wildreservate
Mannar
Madhu Road Sanctuary
Kokkilai Bird Sanctuary
Vavuniya
Naval Headworks Sanctuary
Trincomalee
Wilpattu National Park
Anuradhapura
Vedikachchi Intermediate Zone
Somawathie Chaitiya Sanctuary
Ritigala Strict Natural Reserve
Puttalam
Polonnaruwa
Sigiriya
Wasgomuwa National Park
Batticaloa
Matale
Maduru Oya National Park
Kurunegala
Gal Oya National Park
Kandy
Negombo
Katunayaka-Siduwa
Ja-Ela
Hakgala Sanctuary Botanical Gdns.
Badulla
Lahugala National Park
Peak Wilderness Sanctuary
Colombo
Yala East N.P.
Panadura
Uda Walawe National Park
Kalutara
Sinharaja Forest
Yala National Park
Beruwela
Wirawila Bird Sanctuary
Ambalangoda
Bundala Bird Sanctuary
Galle
Hambantota
Matara
0
50 km

gut für Wanderungen, so z.B. zum World's End, einem spektakulären Felsabhang. An Tieren sind vor allem Sambar-Hirsche zu sehen.

Lahugala National Park

Westlich von Pottuvil gelegenes Gebiet mit vielen Elefanten und Vögeln.

Uda Walawe National Park

Etwa 185 km von Colombo entfernt, zwischen Hambantota und dem Südrand des Berglandes. Die Hauptattraktion sind die relativ großen Elefantenherden.

Udawattakele Wildlife Sanctuary

Ein kleines Naturschutzgebiet am Nordostrand von Kandy. Gut geeignet für Spaziergänge und zur Beobachtung von Affen, Hirschen und anderen kleineren Wildarten.

Peak Wilderness Man and Biosphere Reserve

Dieses so etwas abgehoben betitelte Gebiet ist nichts anderes als der Wald um den Adam's Peak, Sri Lankas heiligstem Berg. Darin beheimatet sind zahlreiche Vogel- und Schmetterlingsarten sowie Wild.

Singharaja Rain Forest Reserve

Einer der letzten ursprünglichen Regenwälder des Landes, mit dschungelartiger Vegetation und zahlreichen Tiergattungen. Das hügelige Gelände – ungefähr zwischen Ratnapura und Matara – wird von mehreren über 1.000 m hohen Bergen überragt.

Wilpattu National Park

Der Wilpattu-Park im Nordosten der Insel (180 km von Colombo) umfaßt über 1.300 km^2 und bietet einer Vielzahl von Tieren Lebensraum, darunter Leoparden, Bären, Wildbüffeln, Wildschweinen, Elefanten, diversen Hirsch-, Vogel- und Affenarten u.v.m. Die besten Beobachtungen ergeben sich an den *„villu"* oder Seen, wo sich die Tiere zum Trinken einfinden.

Wirawila Bird Sanctuary

Ein kleines Vogelschutzgebiet bei Tissamaharama; an seinen Wassertanks lassen sich zahlreiche Vogelarten beobachten, auch Zugvögel.

Yala National Park (Ruhuna National Park)

Der Yala-Park ist das bekannteste Schutzgebiet des Landes und wird von entsprechend vielen Leuten besucht. Es liegt im Südosten der Insel und wird von Tissamaharama aus angefahren. Der Park kann auch gut in Tagesausflügen von etwas weiter entfernten Orten besucht werden, z.B. von Tangalle, Galle, Hikkaduwa o.a. Colombo ist mit fast 300 km für einen Tagesausflug schon zu weit entfernt, vor allem, weil sich die besten Tierbeobachtungen morgens ganz früh ergeben. Das Gelände ist felsig und savannenähnlich, durchsetzt mit zahlreichen Lagunen. Neben Elefanten gibt es Bären, Büffel, Leoparden, Krokodile und viele andere Tiere zu sehen.

Offiziell unterteilt sich der Park in zwei Teile, den Yala West National Park und den Yala East National Park.

Der östliche Teil ist nur über die umkämpften Ostregionen des Landes zu erreichen und kommt damit z.Zt. als Besuchsort kaum in Frage.

Unterkünfte in den Nationalparks

Das **Department of Wildlife Conservation** unterhält in einigen Naturschutzgebieten Bungalow-Unterkünfte, so im Yala West und Yala East National Park, in Wilpattu und den Horton Plains. Diese sind allerdings vorzubuchen.

Die Bungalows können jeweils bis zu 8 oder 10 Personen aufnehmen, Mindestbuchung aber 5 Personen. Der Preis liegt bei ca. 100 Rs. pro Person. In den Unterkünften wird zwar Eß- und Kochgeschirr als auch ein Koch zur Verfügung gestellt, die Lebensmittel sind aber selber zu beschaffen. Bettzeug muß ebenfalls selber mitgebracht werden.

- **Department of Wildlife Conservation,** 8 Gregory's Rd., Colombo 8, Tel. 01-694241.

Naturschutz-Organisationen

- **The Wildlife & Nature Protection Society,** Chaitiya Rd., Colombo 1
- **Bird Watching / Ornithology Ceylon Bird Club,** P.O.11, Colombo
- **The Field Ornithology Group,** Department of Zoology, University of Colombo
- **Conservation & Research Department of Wildlife Conservation,** Zoological Gardens, Dehiwala
- **Sri Lanka Natural History Society & Young Zoologists Association,** Zoological Gardens, Dehiwala
- **The Soil Conservation Society,** Charles Drive, Colombo 3
- **The Tree Society of Sri Lanka (Ruk Rakhaganno),** c/o S.L.A.A.S. Vidiya Mandiraya, Vidiya Mw., Colombo 7
- **Environment Protection Society,** 105 Hampden Lane, Colombo 6

Klima und Reisezeit

Als tropisches Land verzeichnet Sri Lanka weitenteils sehr hohe Temperaturen und eine hohe Luftfeuchtigkeit. Die **Höchsttemperaturen** können im Flachland bei 35 oder 36 °C liegen, im Nordosten und der Gegend um Anuradhapura und Polonnaruwa oft sogar bei 38 °C. Die heißeste Zeit sind die Monate März und April, die kühlsten November bis Januar – aber auch in diesen steigen die Tagestemperaturen im Flachland vielerorts noch über die 30-Grad-Marke.

Ein anderes Bild bietet sich in den Berggebieten, die immer einige Grade kühler sind. Dort kann es nach Sonnenuntergang sogar richtig kalt werden, mit Nachttemperaturen von knapp über dem Gefrierpunkt.

Wie alle Länder der Region fällt Sri Lanka unter den Einfluß des Monsuns, oder genauer gesagt, zweier verschiedener Monsunströme: Von Mai bis August herrscht der **Südwest-Monsun,** der – wie der Name andeutet, Regenwolken von Südwesten heranträgt und diese über der West-, Südwest- und Südküste wie auch den angrenzenden Teilen der Bergregion abregnen läßt.

Maximale Tagestemperaturen in °C

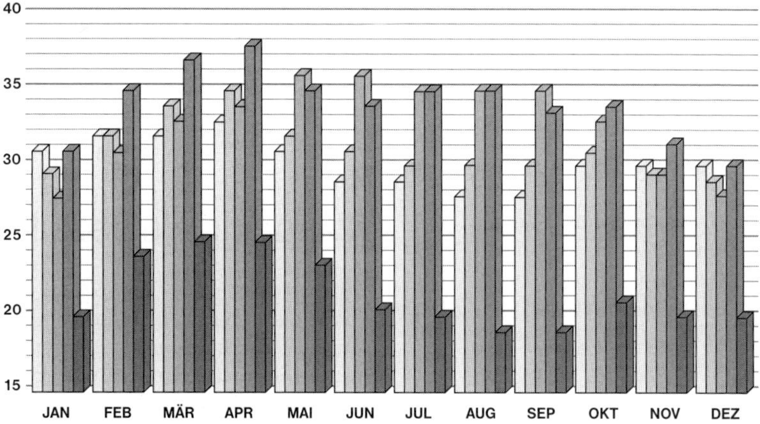

Monatlicher Niederschlag in mm

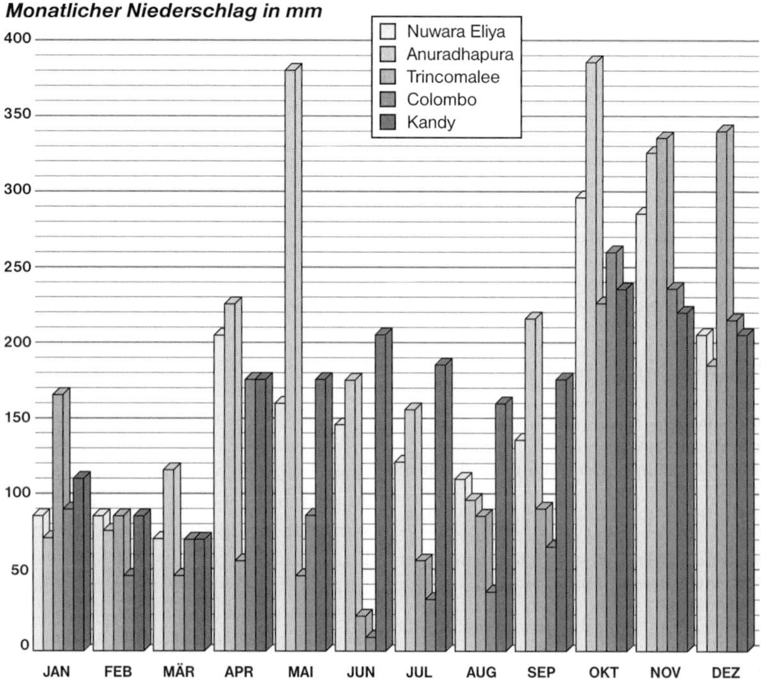

Von Oktober bis Januar weht der **Nordost-Monsun,** der sich über die Nordost- und Ostküste ergießt. Die südwestlichen Gebiete, etwa ein Viertel der Insel, profitieren sowohl von Südwest- als auch Nordostmonsun. Beide Monsunströme können derartig heftige Regengüsse hervorrufen, daß als Folge mehr oder minder verheerende Überschwemmungen auftreten.

Der Begriff Monsun stammt vom arabischen *mausim* oder *mausam* für „Jahreszeit" ab. Die arabischen Händler waren unter den ersten, die sich die Monsunwinde zur Schiffahrt nutzbar zu machen wußten: Auf ihren Handelsreisen ließen sie sich vom Südwest-Monsun nach Osten treiben, um dann nach erledigten Geschäften mit dem Nordost-Monsun wieder zurück gen Westen zu fahren. Im Englischen gibt es daher für die Monsunströme die poetische Umschreibung *„trade winds"*, „Winde des Handels".

Ein interessantes Phänomen, das sich im Anschluß an den Südwest-Monsun abspielt, ist der heiße **Kachchan-Wind.** Am Ende der Regenzeit, wenn sich die Wolken ausgeregnet haben, bläst er zum Teil mit Sturmgewalt über die Landschaft und erschöpft dabei Natur und Mensch. In der Regel beginnt der Kachchan am späten Morgen, steigert dann allmählich seine Hitze als auch Intensität, bis es mittags dann wirkt, als ob jemand mit einem überdimensionalen, heißgelaufenen Fön das Land bebläst. Erst am frühen Abend kommt der Kachchan zur Ruhe. Die erbarmungslose Hitze des Windes läßt weite Flächen verdörrter

037sr Foto: rk

Landschaft zurück. Zu ähnlichen Heißluftwinden kommt es in Nordafrika *(Scirocco)*, Ägypten *(Khansim)* und Nordindien *(Lu)*.

Die beste Reisezeit

Früher konnte die Touristenbehörde stolz verkünden, daß in Sri Lanka das ganze Jahr hindurch Hochsaison sei. Das war richtig, konnte man doch zu jeder Jahreszeit ein trockenes, sonnenbeschienenes Plätzchen finden. Heute, da im Norden und an der Ostküste bürgerkriegsähnliche Zustände

Von Januar bis März kann der Regenschirm zu Hause bleiben

herrschen, hat man nicht mehr die freie Platzwahl von einst (siehe Vorschläge für Reiserouten").

Die beste Reisezeit für die West- und Südküste sind die Monate **November bis März,** eventuell bis April, aber da kann es schon zu heiß sein. Am trockensten sind allgemein die Monate Januar bis März. Auch im November kann es zu Regenfällen kommen.

Im Nordosten und an der Ostküste sind die Monate **März bis November** am günstigsten. In den Bergen Sri Lankas muß man in jeder Jahreszeit auf Niederschläge gefaßt sein, wobei die südlichen, westlichen und zentralen Bergregionen mehr vom Südwest-Monsun erfaßt werden, die anderen vom Nordost-Monsun.

Bevölkerung

Im Jahr 2000 hatte Sri Lanka **19,1 Mio. Einwohner,** mit einer jährlichen Zuwachsrate von derzeit 1,4 %. Etwa 1,5 Mio. Srilanker leben im Ausland, davon eine halbe Million als Flüchtlinge des Bürgerkriegs, vor allen in Tamil Nadu (Südindien) und Europa. Die übrige Million sind im Ausland lebende Arbeiter oder Akademiker (siehe auch „Wirtschaft").

Statistik

Der Anteil der **Stadtbewohner** an der Bevölkerung Sri Lankas beträgt knapp 30%. Die durchschnittliche **Einwohnerdichte** liegt bei ca. 280 Personen pro km^2 (zum Vergleich: BRD 215 pro km^2).

Dank eines relativ guten Hygiene-Standards und guter Nahrungsmittelversorgung wird ein für Dritte-Welt-Länder sehr hohes **Durchschnittsalter** erreicht; für Männer liegt es bei 70 Jahren, für Frauen bei 75 Jahren (BRD: 72/78 Jahre). Ein srilankischer Arzt hat im Durchschnitt 3.935 Patienten zu versorgen (BRD 286, USA 387, Pakistan 2.000, Indien 2.165, Bangladesh 12.500, Nepal 12.612). Die **Säuglingssterblichkeit** beträgt 14 pro Tausend (BRD 5, USA 7, Pakistan 88, Indien 71, Nepal 52, Bangladesh 75, Afghanistan 164).

Die Volksgruppen

Sri Lanka ist die Heimat eines bunten Völkergemischs, an dem die **Singhalesen** mit 74% die Mehrheit stellen. Die nächste Gruppe mit 18% sind **Tamilen,** 7% „Moors" oder **Mauren** kommen noch dazu, der Rest setzt sich aus diversen anderen Volksgruppen zusammen (s.u.).

Die Insel als einen „Schmelztiegel" zu bezeichnen, wie es bei ethnisch gemischten Ländern so gerne getan wird, entspräche aber kaum den Tatsachen: Im Verständnis der meisten ethnischen Singhalesen gebührt ihrer Volksgruppe die unangefochtene Herrschaft über das Land, ein Anspruch, der sich aus dem altüberlieferten Glauben herleitet, Buddha haben ihnen Sri Lanka zugewiesen, um darauf den Buddhismus in seiner

038sr Foto: rk

reinen Form zu erhalten. Die Singhalesen betrachteten sich folglich von jeher als „Auserwählte". Der **singhalesische Chauvinismus** bildete die Grundlage für den Tamilen-Konflikt. Also Schmelztiegel, nein. Wie jemand einmal treffend sagte, hat sich beim Erhitzen des Tiegels dessen Inhalt leider nicht vermischt – der Tiegel selber ist geschmolzen!

Schulfest in Colombo

Singhalesen

Die Singhalesen leiten ihre Herkunft vom Prinzen *Vijaya* (wörtl. „Sieg") und seinen Gefolgsleuten ab, die im 6. Jh. v. Chr., von Nordindien kommend, in Sri Lanka landeten. Vijayas Vater König *Sinhabahu* („Löwenarm"), der angeblich aus einer Verbindung zwischen einem Löwen *(sinha)* und einer Prinzessin vom Volk hervorgegangen war, hatte Vijaya als Strafe für dessen Rüpelhaftigkeit aus seinem Reich verbannt. Die Nachkommen von Vijayas Anhängern verbreiteten sich über die Insel und nannten sich *Sinhala* oder *Singhala*, „die Löwenhaften". Fraglich ist dabei, inwieweit sich die indo-arischen Singhalesen mit den dravidischen Völkern Südindiens ver-

038sr Foto: Ingo Hothan

mischtens oder gar mit den als „Dämonen" gebrandmarkten Ureinwohnern Sri Lankas – ein Thema, das die meisten Singhalesen scheuen.

Die große Mehrheit der Singhalesen bekennt sich zum Buddhismus, einige sind Christen.

Tamilen

Die Tamilen unterteilen sich in die sogenannten **Ceylon-Tamilen** (auch Jaffna-Tamilen) und die Indischen Tamilen, die zahlenmäßig etwa im Verhältnis 2:1 stehen. Die Ceylon-Tamilen leiten ihre Herkunft von den in Südindien beheimateten tamilischen Kriegern ab, die schon vor 2.000 Jahren in Sri Lanka eindrangen und die singhalesischen Königreiche immer wieder in Bedrängnis brachten. Heute leben sie vor allem um Jaffna und an der Ostküste.

Die **Indischen Tamilen** wurden im 19. und frühen 20. Jahrhundert von den Engländern in Südindien angeworben, um in den Teeplantagen zu arbeiten – eine harte Arbeit, bei der sich die Tamilen bestens bewährten. Aufgrund der Tatsache, daß sie durchweg nur den untersten Kasten angehören, sehen viele der höherkastigen Ceylon-Tamilen heute noch auf sie herab.

Tamilische Arbeiter in Jaffna

Die Tamilen sind in der Mehrheit Hindus, etwa 20% bekennen sich zum Christentum und einige weitere sind Moslems.

Mauren

Als Mauren oder *Moors* werden hauptsächlich die **Nachfahren der arabischen Händler** bezeichnet, die sich ab dem 8. Jh. in Sri Lanka niederließen. Einer Überlieferung nach stammten sie aus dem arabischen Volk der Hasheme und wurden aufgrund ihrer blamablen Leistung in einer Schlacht vom Propheten Mohammed des Landes verwiesen. Darauf wanderten sie in mehreren Schüben in die südindischen Küstengebiete aus, von wo aus einige später nach Sri Lanka übersiedelten.

Ein geringerer Teil der Mauren ist **malaiischer Abstammung,** dieser konzentriert sich um das Gebiet um Hambantota. Sie stammen von ma-

Gift gegen die Verdrossenheit –

eine Nation begeht Selbstmord

Der makaberste Aspekt srilankischer Bevölkerungsstatistiken ist die enorm hohe Selbstmordrate, die das Land zu verzeichnen hat: Pro Jahr nehmen sich durchschnittlich 47 von 100.000 Einwohnern das Leben, also fast 9.000 Personen. In den letzten Jahren stand Sri Lanka meist an der Spitze der Selbstmordratenstatistik der ganzen Welt und 1997 ordnete Präsidentin *Kumaratunga* eine Untersuchung der Suizid-Welle an. Auch im Ausland scheinen Srilanker depressive Tendenzen aufzuweisen: Unter den ausländischen Arbeitern in Kuwait z.B. haben die Srilanker die höchste Selbstmordrate. Die BRD liegt mit 18,5 Selbstmorden pro 100.000 Einw./Jahr im Mittelfeld.

Schlägt man eine srilankische Tageszeitung auf, wird es nicht lange dauern, bis man auf Selbstmordmeldungen stößt: Ein junges Mädchen bringt sich um, weil ihre Eltern den Freund nicht mögen; ein 4jähriger nimmt Gift, weil ihn sein Vater wegen Wasserverschwendung gescholten hatte; ein Schüler bringt sich wegen verpatzter Prüfung um; jemand anderes ist seiner Arbeitslosigkeit überdrüssig – die Motive sind mannigfaltig, wiederholen sich aber stetig.

Seltsam ist dabei, daß das alles in einem Lande geschieht, das auf den ersten Blick wie ein tropisches Eden erscheint. Der oberflächliche Eindruck täuscht: Es herrschen starke soziale Zwänge, und wer sie nicht erfüllen kann, erleidet einen „Gesichtsverlust". Geld wird immer wichtiger, und mancher, der zu wenig hat, z.B. um eine Familie zu gründen, die Kinder auf eine höhere Schule zu schicken, oder um mit den wohlhabenderen Nachbarn mithalten zu können, fällt möglicherweise Untergangsstimmungen anheim.

In Sri Lanka ist die Selbstmordrate in den letzten Jahrzehnten beständig gestiegen – von 6,5/100.000 im Jahre 1950 bis auf die traurige Rekordhöhe von heute. Fast scheint es, als sei Sri Lanka ein Land von Todessehnsüchtigen, das sich in Selbstmord, Mord und ethnischem Konflikt auszurotten gedenkt. Welcome to paradise.

Die meisten **Selbstmörder** stellt die Altersgruppe von 14-30 Jahren. In der Mehrheit der Fälle wird Insektengift geschluckt, das überall frei erhältlich ist, das aber einen langsamen und qualvollen Tod herbeiführt. Wie in anderen Ländern auch vermuten Soziologen bei diesen Selbstmordversuchen einen Hilferuf, der erhört werden will – aus der eigentlich erhofften Rettung wird nur meist nichts, da die Landhospitäler oder -ärzte nicht qualifiziert genug sind, die geeigneten Rettungsmaßnahmen zu ergreifen.

laiischen Seefahrern, aber auch von Soldaten aus den malaiischen Regimentern ab, die die Holländer in Hambantota angesiedelt hatten. Die Mauren sind Moslems.

Weitere Volksgruppen

Neben den o.g. Völkern leben noch zahlreiche ethnische Splittergruppen im Land. Darunter befinden sich die **Parsen,** die ursprünglich aus Persien stammenden Anhänger Zarathustras, **Sindhis** aus der pakistanischen Provinz Sind, andere **Einwanderer aus Indien und Pakistan,** dazu eine Anzahl **Chinesen.** Letztere leben vor allem in Colombo und sind als Geschäftsleute tätig.

Die **Kaffirs** oder Kafiren sind die Nachfahren von Mozambikanern oder anderen Afrikanern, die von den Portugiesen als Söldner angeworben worden waren. Die ersten von ihnen kamen etwa um 1630 aus der portugiesischen Kolonie Goa nach Sri Lanka. Anfang des 18. Jh. erhoben sich die Kaffirs von Colombo, die in sklavenähnlichen Arbeitsverhältnissen standen, zu einem blutigen Aufstand, den die Holländer schließlich niederschlugen. Daraufhin wurden Lager errichtet, in denen die Kaffirs nach verrichtetem Tagewerk zu übernachten hatten. Der betreffende Stadtteil wird noch heute Slave Island genannt. Das arabische Wort *kafir* bezeichnete ursprünglich afrikanische „Heiden" bzw. Nicht-Moslems, wurde später aber auf alle Nicht-Moslems ausgedehnt.

Vor allem in Colombo konzentriert sind die **Burgher,** Eurasier von gemischt srilankisch-portugiesischer oder srilankisch-holländischer Abstammung. Ihre Zahl beträgt ca. 50.000, und sie unterscheiden sich untereinander durch eine Art inoffizielles Kastensystem, in dem derjenige am höchsten steht, der einen möglichst europäischen Stammbaum wie auch europäisches Aussehen vorweisen kann! Bis Mitte der 50er Jahre waren die Burgher eine der wohlhabenderen, privilegierten Klassen des Landes; als 1956 jedoch Singhalesisch zur alleinigen Nationalsprache erklärt wurde, waren sie mit ihrer Muttersprache Englisch plötzlich isoliert und verloren an Einfluß. In der Folgezeit wanderten viele Burgher in westliche Länder aus, vor allem nach Australien und in die USA. Heute noch trauern viele ältere Burgher den guten alten Zeiten nach, die sie in der britischen Kolonialzeit genossen. Diese Generation stirbt jedoch allmählich aus, und die Zeitungen sind voll mit ihren Todesanzeigen, die so wundervoll schrullige Briten-Vornamen aufweisen: Angus, Cyril oder Lambert, Dulcie, Rosie oder Edwina. Die Burgher sind in der Mehrzahl Christen.

Am unteren Ende der sozialen Skala stehen die **Gipsies** oder Zigeuner. Diese stammen ursprünglich aus der Gegend von Andhra Pradesh in Indien (sprechen daher auch das dort geläufige Telugu) und verdingen sich oft als umherziehende Affendompteure, Schlangenbeschwörer oder Wahrsager.

Die Gipsies ziehen traditionell in Gruppenverbänden von 15-25 Personen übers Land, die jeweils aus Mitgliedern verschiedener Familien bestehen. Als Transportmittel dienen Esel, auf denen der gesamte Hausrat befördert wird. Jedes Jahr vor Beginn der neuen Wandersaison setzen sich die Familien-Clans aus dem ganzen Land zusammen und entscheiden, wer auf Wanderschaft zu gehen hat. Die junge Generation löst sich jedoch allmählich von der althergebrachten Lebensweise, und so werden es Jahr für Jahr weniger, die über die Lande ziehen.

Die scheuesten und am seltensten zu sehenden Bewohner Sri Lankas sind seine Ureinwohner, die **Veddas.** Das nicht ohne Grund: In der *Mahavansa* und der *Culavansa,* den alten Chroniken, die ab dem 6. Jh. die Geschichte der Singhalesen niederlegten, wurden sie durchweg als *Yakkhas* („Dämonen") oder *Nagas* („Schlangengeister") bezeichnet. Die Gründe ihrer Dämonisierung waren ihr wildes Aussehen, ihr ebenso wilder Lebensstil als Jäger und Sammler und ihr animistischer Glaube. Der Name „Vedda" stammt von Tamil *vedu* („jagen") und bedeutet folglich „Jäger".

Die permanente Degradierung zu Untermenschen bildete nicht gerade die Basis für eine harmonische Beziehung zwischen ihnen und den Singhalesen. Mit dem Anwachsen der singhalesischen wie auch der tamilischen Bevölkerung und der Rodung ausgedehnter Waldflächen verloren sie im wahrsten Sinne des Wortes an Boden und mußten ihren althergebrachten Lebensstil weitgehend aufgeben.

040sr Foto: rk

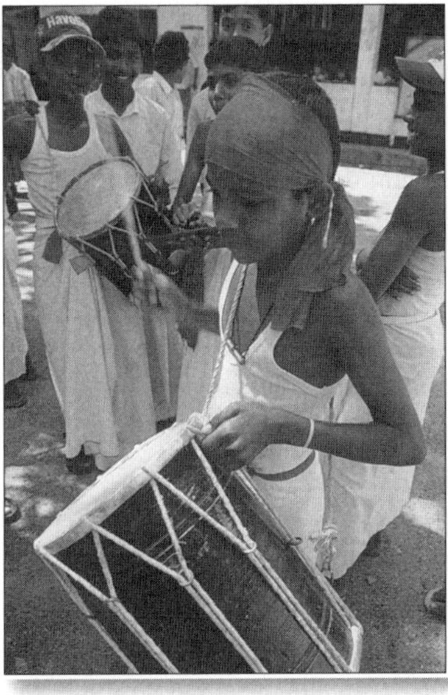

Die heutige Zahl der Veddas ist umstritten; bei einem Zensus im Jahre 1963 zählte man lediglich 400, mancher Wissenschaftler will aber 5-6.000 entdeckt haben. Die Wahrheit mag irgendwo dazwischen liegen. Die meisten Veddas arbeiten heute als Bauern, mehr oder weniger von der singhalesischen Gesellschaft assimiliert. Viele von ihnen aber wirken entwurzelt und deprimiert, der Verlust ihrer angestammten Lebensweise hat sie zu geduckten Schattenwesen gemacht.

Schulfest bei Colombo

Ihr Schicksal ähnelt damit dem der australischen Aborigines, mit denen sie ethnisch sogar verwandt sind. Nur eine sehr geringe Zahl lebt noch nach alter Weise im Dschungel, einige davon in der Gegend um Dambana bei Mahiyangana, andere am Nilagala, einem dschungelbedeckten Berg bei Bibile (Provinz Uva). Außer mit den Aborigines besteht eine ethnische Verwandtschaft mit den Bewohnern der Andamanen und den afrikanischen Pygmäen.

Sprachen

„Sprachen und Politik" könnte dieses Kapitel auch überschrieben sein, denn beide Begriffe waren in Sri Lanka lange eng verknüpft. Die **Amtssprachen** sind heute Singhalesisch, Tamil und Englisch.

Das war aber nicht immer so: 1956 hatte die Regierung im Zuge des erstarkenden singhalesischen „National"gefühls und dem Ruf nach *Swabhasha* folgend, der „Muttersprache", **Singhalesisch** zur alleinigen Amtssprache erhoben. Das sollte das Land von der englischen Kolonialsprache befreien, aber auch die Tamilen auf ihren Platz verweisen. Aufgrund der Tatsache, daß Singhalesisch alleinige Nationalsprache war, sowie eines ausgetüftelten Bonus-Systems, das Singhalesen den Zugang zu den Universitäten erleichterte (ab 1972), sank der Anteil der tamilischen Hochschulabsolventen drastisch. Gleichzeitig nahm die Zahl der im öffentlichen Dienst beschäftigten Tamilen ab, da in den Amtsstuben nur noch Singhalesisch gesprochen werden durfte, nicht mehr das einst allverbindende Englisch.

Im Zuge des Indo-Srilankischen Friedensabkommens *(Indo-Srilankan Peace Accord)* von 1987 wurden auch **Tamil** und **Englisch** als Landessprachen an-

041sr Foto: rk

Schildersalat in Kandy – an öffentlichen Gebäuden sind Hinweise meist mehrsprachig

erkannt. Mit Blick auf sein eigenes tamilisches Wählerpotential in Südindien hatte *Rajiv Gandhi* der srilankischen Regierung diese Konzession abgerungen. In Gebieten mit tamilischer Mehrheit ist das Lehrmedium an den Schulen heute Tamil.

Nach der Statistik sprechen 66% der Einwohner Sri Lankas Singhalesisch, 33% Tamil und 1% „andere" Sprachen. Daß sich diese Zahlen nicht mit den Prozentzahlen der ethnischen Gruppen decken (siehe „Bevölkerung"), hat gute Gründe: So gibt es zahlreiche Singhalesen, deren Muttersprache Tamil ist (z.B. in der Gegend von Negombo), ebenso viele Moslems, die Tamil sprechen (vor allem im Norden und Osten); dazu kommt eine große Zahl von „Upper-Class"-Srilankern, die mit Englisch aufgewachsen sind. Sprache und ethnische Zugehörigkeit sind also nicht immer ein und dasselbe.

Das **Singhalesisch** ist in seinem Kern eine indo-arische Sprache, die aber auch dravidische Elemente in sich aufgenommen hat. Die Singhalesen stammen schließlich aus Nordindien, das unter dem Einfluß der Sanskrit-verwandten indo-arischen Sprachen steht; die lange Nachbarschaft zu dravidischen Völkern aber mußte auch unweigerlich zu einer Beeinflussung führen. Das Singhalesisch ist somit ein indo-arisch-dravidischer Sprach-Cocktail.

Zu den indo-arischen Sprachen gehören in Indien Hindi, Bengali, Marathi, Gujerati, Panjabi u.v.a. Auch das Deutsche ist ein Ableger der indo-arischen Sprachfamilie, und es zeigen sich darin noch zahlreiche Sanskrit-Einflüsse (dem Fachmann zumindest). Diese weit enfernte und sehr vage Verwandtschaft nützt einem beim Erlernen des Singhalesischen jedoch nichts.

Das **Tamil** ist eine dravidische Sprache und als solche mit den Sprachen Südindiens verwandt, so z.B. mit Malayalam, Kannada, Telugu und Tulu. Starke Dialekt-Unterschiede bestehen zwischen der Sprache der sogenannten Jaffna-Tamilen und den in Zentral-Sri-Lanka ansässigen Tamilen. Zum Singhalesischen bestehen jeweils kaum Ähnlichkeiten. Um einen Vergleich zu wählen: Singhalesich und Tamil sind sich etwa so fremd wie Deutsch und Französisch. Beide benutzen zudem unterschiedliche Schriftsysteme.

Englisch dient weithin als Geschäfts- sowie Verbindungssprache, mit der z.B. Tamilen und Singhalesen kommunizieren können. Zwar sprechen viele Tamilen ausreichend gut Singhalesisch, aber nur sehr wenige Singhalesen können sich in Tamil verständlich machen.

Zu den „anderen" Sprachen zählen das **Malaiisch** der malaiischen Mauren, das **Urdu** der moslemischen Inder oder Pakistani, das **Farsi** der Parsen, die diversen **chinesischen Dialekte** der Chinesen, das **Telugu** der „Gipsies" und die **Sprache der Veddas.**

Die Moslems lernen oft **Arabisch,** da der Koran darin verfaßt ist; als Kommunikationsmittel wird es aber nicht benutzt.

Die heiligen Schriften der Buddhisten sind in **Pali** niedergeschrieben, einer altindischen Sprache, die direkt vom Sanskrit herrührt, heute aber ebenso „tot" ist wie bei uns das Latein. Die buddhistischen Mönche erlernen es in der Gegenwart aber immer noch zum Verständnis ihrer religiösen Texte – wenn auch oft nur rudimentär.

Die hinduistischen Priester ihrerseits eignen sich Kenntnisse des **Sanskrit** zum Studium der Hindu-Schriften an. Als Kommunikationssprache fungieren heute aber weder Pali noch Sanskrit.

Eine Frage der Höflichkeit: Anredeformen auf singhalesisch

Die singhalesische Gesellschaft ist sehr klassen- und standesbewußt, und das drückt sich auch in ihrer Sprache aus. Besonders auffällig ist dieses linguistische Klassensystem bei den Anreden. Je nach Stand des Angesprochenen oder nach der Beziehung zwischen ihm und dem Sprecher werden unterschiedlich höfliche Anredeformen benutzt:

- *Thamunnaanse* – Sehr respektvolle Anrede für hochgestellte Persönlichkeiten; dazu zählen auch die Mönche.
- *Numbe* – Formelle Anrede unter Gleichgestellten.
- *Thamuse* – Eine etwas rauhe Anrede, mit provokantem oder abschätzigem Unterton.
- *Oya* – Formlose Anrede unter Freunden.
- *Umba* – Die Anrede für Hausdiener, niedere Arbeitskräfte, aber auch die eigenen Kinder; in letzterem Fall drückt die Anrede Intimität aus.
- *Tho* – Sehr abfällige Anrede, die nur bei ausgesprochen niedriggestellten Personen gebraucht wird oder aber, um jemanden bewußt zu beleidigen.

Staat und Verwaltung

Staatsform

Seit seiner Unabhängigkeit von Großbritannien im Jahre 1948 besitzt Sri Lanka eine demokratische Staatsform mit Parlamentswahlen im Abstand von 5 Jahren. 1974 wurde es zu einer **Republik** *(Democratic Socialist Republic of Shri Lanka)*, und 1978 wurde die Verfassung geändert, um das **Präsidialsystem** einzuführen, in dem der Präsident sowohl Staatsoberhaupt als auch die höchste Exekutive und gar Oberster Heeresführer ist. So sollte eine starke zentralisierte Macht geschaffen werden, die in der Lage war, den Staat vor der Bedrohung durch Terror- und Separatistenorganisationen zu schützen. Was dabei aber herauskam, war ein Präsidentenposten, der weit mehr Macht in sich vereinte als in anderen Ländern mit Präsidialsytem. Der Präsident wird alle sechs Jahre vom Volk gewählt; er ist befugt, den Premierminister, das Ministerkabinett und die Parlamentsabgeordneten zu bestimmen bzw. zu entlassen und auch das Parlament aufzulösen. Außerdem ernennt er die Richter des Obersten Gerichtshofes.

In Krisensituationen stehen dem Staatsoberhaupt zusätzliche Machtmittel zur Verfügung. Im Dezember 1982 machte sich Präsident *Jayawardhene* diese zunutze, als er unter fadenscheinigen Vorwänden die anstehenden allgemeinen Wahlen absagte und die Legislaturperiode des Parlaments kurzerhand um sechs Jahre verlängerte. Nachträglich ließ er sich diese Entscheidung in einem (knapp gewonnenen) Volksentscheid bestätigen. Im Anschluß nötigte er allen Abgeordneten seiner Partei (UNP) ein Rücktritts"gesuch" ab und besetzte darauf deren Sitze mit treu ergebenen Schergen. Parlamentsabgeordnete, die sich kritisch zu seinen Entscheidungen äußerten, wurden sofort entlassen.

Die übermächtige Stellung des Präsidenten ist häufig Zielscheibe von Kritik aus den Reihen der Opposition. Erwogen wird eine Verfassungsänderung, die die Machtmittel des Präsidenten einschränken soll.

Regionale Verwaltung

Auf regionaler Ebene werden die 9 Provinzen des Landes von **Provinzräten** (*Province Councils*) verwaltet, die vom Volk gewählt werden. Die Gouverneure dieser Räte werden jedoch vom Präsidenten ernannt und stammen nicht aus den Reihen der gewählten Ratsmitglieder. Die Provinzminister werden von den Räten bestimmt.

Städte und Gemeinden werden von eigenen **Stadtversammlungen** verwaltet, die aus separaten Wahlen hervorgehen.

Bündnispolitisch zählt sich Sri Lanka zu den **Blockfreien Staaten**. Trotzdem gehört es der SAARC (South Asian Association for Regional Cooperation) an, einem Verband der südasiatischen Staaten zur wirtschaftlichen Entwicklung der Region. Die anderen Mitglieder sind Bangladesch, Burma, Bhutan, Indien, die Malediven, Nepal und Pakistan.

Politische Parteien

Derzeit gibt es 15 politische Parteien in Sri Lanka, von denen die folgenden die wichtigsten sind:

- **All Ceylon Tamil Congress (TC)** – In den 40er Jahren gegründete Tamilen-Partei, die sogleich eine Art Sammelbecken für die Interessenvertreter der tamilischen Minderheit wurde.
- **Democratic United National Front (DUNF)** – 1991 vom ehemaligen UNP-Mitglied und Minister für innere Sicherheit, *Lalith Athulathmudali*, gegründete Partei. (Athulathmudali kam 1993 durch ein Attentat der „Tamil Tigers" um; siehe „Geschichte".) Die DUNF verstand sich ursprünglich als Opposition zur UNP, die vor allem die übermächtige Position des Präsidenten kritisierte. 1993 versprach die UNP, die Rechte des Premiers durch eine Verfassungsänderung einzuschränken; dadurch lief die DUNF Gefahr, ihre Daseinsberechtigung zu verlieren und schlug sich nun auf die Seite der Regierungspartei.
- **Janata Vimukti Peramuna (JVP)** – Seit 1983 verbotene Partei, die 1967 von *Rohana Wijeweera* gegründet wurde und in der sich marxistische, faschistische und singhalesisch-nationalistische Elemente zu einer mörderischen, undurchsichtigen Terror-Philosphie verbanden. Wijeweera schwante eine apokalyptische „Ein-Tages-Revolution" vor, in der die JVP sich die Macht aneignete – was glücklicherweise nie geschah.

Viele der JVP-Mitglieder waren junge Arbeitslose oder andere Personen, die glaubten, eine Rechnung mit den Machthabenden begleichen zu müssen. Nach blutigen Aufständen im Jahre 1971 erreichte die JVP

1988-90 ihren mordlüsternen Höhepunkt: In einer Kampagne, die erschrekkend an die der Roten Khmer erinnerte, ermordeten sie Abertausende von Intellektuellen, Mönchen und vor allem Regierungsvertretern. Allein 6.000 Mitglieder der UNP wurden umgebracht. Durch einen nicht minder brutalen Gegenterror der Regierung wurde der Aufstand schließlich niedergeschlagen. Rohana Wijeweera wurde unter zweifelhaften Umständen erschossen. Viele JVP-Mitglieder befinden sich noch in Haft.

- **Lanka Sama Samaja Party (LSSP) –** 1935 gegründete Partei, die maßgeblich am Kampf für die Unabhängigkeit des Landes mitwirkte. In den 60ern war die LSSP zeitweise an einer Koalitionsregierung beteiligt.
- **Liberation Tigers of Tamil Eelam (LTTE)–** Die einflußreichste, aber militante und verbotene Tamilen-Gruppierung, die häufig durch spektakuläre Terroranschläge auf sich aufmerksam gemacht hat. Einer davon war der Mord an *Rajiv Gandhi* 1991, der allen Erkenntnissen nach der LTTE zuzuschreiben ist. Das Ziel der sogenannten „Tamil Tigers", ein unabhängiger tamilischer Staat im Norden und Nordosten Sri Lankas, genannt *Tamil Eelam* („Tamil-Land"), wird mit brutaler Waffengewalt verfochten. Einige extreme Elemente streben gar die Vereinigung der tamilischen Gebiete Sri Lankas mit dem indischen Bundesstaat Tamil Nadu an.

Die LTTE wird von *Vellupillai Prabhakaran* (geb. 1954) angeführt, der sich 1975 durch die tollkühne Ermordung des Bürgermeisters von Jaffna seine ersten Guerilla-Lorbeeren verdiente. Unter seinem Kommando stehen Tausende hochmotivierte Kämpfer, deren „Markenzeichen" eine Halskette mit Zyankali-Kapsel ist – zu schlucken bei drohender Gefangennahme.

- **Sri Lanka Freedom Party (SLFP) –** 1951 von *S.W.R.D. Bandaranaike* gegründet, der aus der UNP austrat, um sich der Opposition anzuschließen. Nach der unerwartet erfolgreichen Wahl von 1956, aus der Bandaranaike als Premierminister hervorging, tendierte die Partei in den 60er Jahren stark nach links, ging gar eine Koalition mit einer Trotzkisten-Partei ein und verlor weitgehend den Rückhalt in der Bevölkerung.
- **Sri Lanka Mahajana Party (SLMP) –** Eine Splitterpartei aus Abtrünnigen der SLFP.
- **Sri Lanka Muslim Congress (SLMC) –** Eine kleine moslemische Partei, die sich den Interessen der Moslems in den östlichen Landesteilen verschrieben hat.
- **Tamil United Liberation Front (TULF) –** Gemäßigte Tamilen-Partei und Kontrahent der LTTE. Nach den Rassenunruhen von 1983 verloren 16 TULF-Abgeordnete ihre Parlamentssitze, weil sie einem neuen Gesetz nicht zugestimmt hatten, das das Ablehnen eines Loyalitätseides auf einen „ungeteilten Staat" unter Strafe stellte. So ihrer politischen Stimme beraubt, wandten sich viele Tamilen militanten Gruppierungen zu.
- **United National Party (UNP) –** Die langjährige Regierungspartei (1977-94) wurde 1946 gegründet und stellte mit *D.S. Senanayake* den ersten Regierungschef des unabhängigen Sri Lanka. 1952 übernahm sein Sohn, *Dudley Senanayake*, den Posten. Unter der Regierung von Präsident *J.R. Jayawardhene* (1977-1988) zeigte die Partei zunehmend autoritäre Züge und verstrickte sich in Korruption, Cliquenwirtschaft und dubiosen Allianzen mit der kriminellen Unterwelt. Nicht umsonst wurde Jayawardhene von allen „J.R." genannt, ganz wie der Unmensch aus der Seifenoper „Dallas" !

Der 1993 ermordete Präsident *Ranasinghe Premadasa* gehörte ebenfalls der UNP an und war das erste srilankische Staatsoberhaupt aus der Unterschicht: Er entstammte der Kaste der Dhobi oder Wäscher. Nach seiner Vereidigung im Jahre 1988 drohte der als eitel bekannte Premadasa jedem ausländischen Journalisten, der seine Kastenzugehörigkeit erwähnte, mit der „Ausweisung innerhalb von 24 Stunden" – mindestens zwei Korrespondenten, die sich nicht an die Order hielten, wurden daraufhin tatsächlich des Landes verwiesen. Damit war von Anfang an ein feindseliges Verhältnis zwischen Premadasa und der Presse geschaffen, und das änderte sich auch während seiner gesamten fünfjährigen Regierungszeit nicht. Premadasa – der Name bedeutet „Sklave der Liebe" – gab prinzipiell keine Interviews. In weiten Teilen der Bevölkerung war er genauso unbeliebt wie bei den Journalisten, was großenteils in seinem autoritären, oft rücksichtslosen und großsprecherischen Führungsstil begründet lag. Wenige Monate vor seiner Ermordung hatte er die tollkühne Prognose abgegeben, daß die srilankische Rupie in „wenigen Jahren zum amerikanischen Dollar im Verhältnis 1:1 stehen" werde. Darauf dürften sich selbst die optimistischsten Ökonomen der UNP nur ein Lächeln abgerungen haben.

Nationalflagge

Mit Erlangung der Unabhängigkeit wählte Sri Lanka eine Nationalflagge, die ihren wichtigsten Teil aus der alten Standarte des Königs von Kandy übernahm: ein rechteckiges, safrangelbes Feld, mit einem **schwertschwingenden Löwen** darin, der die „löwenhaften" Singhalesen repräsentiert. In den vier Ecken dieses Feldes ist jeweils ein Blatt des heiligen **Bodhi-Baumes** abgebildet.

An der Seite des Feldes befinden sich zwei gleich breite, vertikale Streifen, ein grüner und ein orangefarbener. Grün ist die Farbe des Islams, und der grüne Streifen symbolisiert so die islamische Minderheit; Orange ist die Farbe des Hinduismus (auch des Buddhismus) und repräsentiert die Tamilen.

Staatswappen

Das Zentrum des Staatswappens wird von einem schwertschwingenden, safrangelben Löwen auf rotem Grund eingenommen. Darum herum windet sich ein Kranz aus Lotusblättern. Oben schließt eine Darstellung der Krone des letzten singhalesischen Königs das Wappen ab. Unten steht der Staatsname in den drei Landessprachen, daneben Symbole von Sonne und Mond.

Nationalhymne

Die srilankische Nationalhymne trägt den Titel **Sri Lanka Matha** („Mutter Sri Lanka") und ist eine Danksagung an das „Mutterland", das seine Kinder mit den Gaben der Natur überhäuft. Der Text lautet in freier Übersetzung:

„Mutter Sri Lanka,
wir verehren dich, wir verehren dich,
oh Mutter;
Mutter Sri Lanka, du bist wunderschön,
gesegnet, farbenfroh und himmlisch
Sri Lanka,
siegreiches und bezauberndes Land;
Korn, Blumen, Früchte
und andere Schätze im Überfluß;
du, oh lebensspendende Mutter,
gibst uns Gesundheit und Glück,
so segensreich;
bitte nimm an unser demütiges Gebet;
wir verehren dich, wir verehren dich,
oh Mutter."

Nationalfeiertag

Der Nationalfeiertag ist der **Independance Day,** der an die Erlangung der Unabhängigkeit am 4.2.1948 erinnert und demgemäß jeweils am 4. Februar begangen wird.

Geschichte

• Frühzeit – Funde von Steinwerkzeugen aus dem Mittleren Paläolithikum deuten darauf hin, daß Sri Lanka möglicherweise schon vor 500.000 Jahren besiedelt war. Töpfereiwaren aus der Eisenzeit ähneln denen Indiens, was auf frühe Kontakte schließen läßt.

• 6. Jh. v. Chr. – Der nordindische Prinz *Vijaya,* der von seinem Vater wegen Aufsässigkeit aus seinem Reich verbannt worden war, landet mit 700 Gefolgsleuten in Sri Lanka. Die Einwanderer nennen sich Singhalesen, die „Löwenhaften", in Anspielung auf Vijayas Vater, der aus der Beziehung eines Löwen mit einer Prinzessin hervorgegangen sein soll. Auf der Insel leben bisher nur die Yakkhas, wie sie von der singhalesischen Geschichtsschreibung bezeichnet werden, die „Dämonen". Das sind die Veddas, die als Jäger und Sammler die Wälder durchstreiften.

Aufgrund von einigen übernatürlichen Ereignissen während der Seereise und der Annahme, daß der Todestag des Buddha angeblich exakt mit der Ankunft der Singhalesen auf Sri Lanka übereinstimmt, leiten sie später daraus den Anspruch ab, die Hüter des Buddhismus zu sein.

Die Geschichte der Singhalesen wird in zwei Geschichtschroniken niedergeschrieben, der Mahavansa (ab 6. Jh. v. Chr.) und später der Culavansa (ab 13. Jh.). Die Mahavansa behauptet, Buddha habe den König der Götter angewiesen, Sri Lanka als den Hort des reinen Buddhismus zu beschützen.

• 437 v. Chr. – *Panduk-Abhaya,* der Sohn von Prinzessin *Chitta,* begründet Anuradhapura, die erste Hauptstadt der Singhalesen und erhebt sich nach der Ermordung einiger unliebsamer Verwandter zum König – genau wie es zuvor in einer Weissagung prophezeit wurde. Anuradhapura wird zu einer prächtigen Stadt, in der in der Folgezeit zahllose Tempelanlagen errichtet werden.

• 248 v. Chr. – *Mahinda,* wahrscheinlich der Sohn des indischen Kaisers *Ashoka Maurya,* kommt als buddhistischer Mönch nach Sri Lanka und trifft auf einem Hügel bei Anuradhapura auf König *Devanampiya Tissa,* der sich auf der Hirschjagd befindet. Mahinda verwickelt den König in einen brillanten Dialog und überzeugt ihn vom Buddhismus, der sich von nun an über die Insel verbreitet. Der Ort des Zusammentreffens, bald Mihintale genannt, „Plateau des Mahinda", geht als Wiege des srilankischen Buddhismus in die Geschichte ein.

• 244 v. Chr. – König *Devanampiya Tissa* läßt einen Zweig des Bodhi-Baumes aus Indien herbeischaffen, unter dem Buddha die Erleuchtung erlangt hatte. Überbracht wird er von der Nonne *Sanghamitta,* einer Schwester Mahindas. Der Sprößling wird in einer prachtvollen Zeremonie in Anuradhapura eingepflanzt und gilt von nun an als eines der heiligsten Symbole des srilankischen Buddhismus. Die gute Pflege, die ihm zuteil wird, läßt den Baum die folgenden zwei Jahrtausende schadlos überdauern. Heute, über 2.200 Jahre später, lebt er noch immer.

Historische Karte von Sri Lanka

•237 v. Chr. – Das florierende Anuradhapura zieht zum ersten Mal einen Überfall der südindischen Tamilen auf sich, und die Tamilen beherrschen nun 22 Jahre lang den Norden der Insel.

•161 v. Chr. – Der indische Eindringling *Elara*, der 44 Jahre in Anuradhapura geherrscht hatte, wird von einem singhalesischen Prinzen aus Ruhuna, *Duttha Gamini* (Dutugemunu), in einem dramatischen Zweikampf besiegt. Duttha Gamini erobert Anuradhapura zurück und vereint Sri Lanka zum ersten Male unter einer einzigen Krone. Die nächsten neun Jahrhunderte lang bleibt Anuradhapura die Hauptstadt, auch wenn die andauernden Tamilen-Überfälle zeitweilig das Ausweichen auf andere Orte notwendig machen.

•1. Jh. v. Chr. – Im Felskloster Alu Vihare bei Matale werden die bisher mündlich überlieferten buddhistischen Texte zum ersten Mal niedergeschrieben.

•Ende des 3. Jh. – Unter König *Mahasena* kehrt Unruhe in Anuradhapura ein: Mahasena neigt statt dem vorherrschenden Hinayana- dem Mahayana-Buddhismus zu und läßt Hunderte von Tempeln und Gebäuden niederreißen, um dann neue zu bauen, die er den Mahayana-Mönchen überläßt.

•5. Jh. – Prinz *Kashyapa* bringt aus Habgier seinen eigenen Vater, König *Dhatusena von Anuradhapura*, um und schreibt so eines der schwärzesten Kapitel srilankischer Familiengeschichte. Aus Angst vor der Rache seines Bruders *Moggallana* versteckt er sich in der Felsfestung Sigiriya. Als eines Tages der lang erwartete Angriff des Bruders bevorsteht, schneidet sich Kashyapa in aussichtsloser Lage selbst die Kehle durch.

•8. Jh.-11. Jh. – Die stetigen Überfälle der Tamilen lassen die Könige im 8. Jh. einen Wechsel der Hauptstadt von Anuradhapura nach Polonnaruwa erwägen. Polonnaruwa dient über längere Perioden als eine Art Ersatz-Hauptstadt, in die man sich vor den Tamilen zurückziehen kann. Im Jahre 1071 zerstören die indischen Cholas Anuradhapura und machen Polonnaruwa zu ihrer Hauptstadt. Der letzte König von Anuradhapura, *Mahinda 5.*, wird gefangengenommen und in Südindien eingekerkert, wo er bald auch verstirbt. Das einst so glanzvolle Anuradhapura verfällt und wird von dichtem Dschungel überwuchert.

•1153-1186 – Durch König *Parakrama Bahu 1. von Polonnaruwa* wird die gesamte Insel unter singhalesischer Herrschaft vereint. Er läßt weitverzweigte Kanal- und Tanksysteme anlegen, dazu zahlreiche Tempel und andere Bauten, und Polonnaruwa erstrahlt im selben Glanz wie zuvor Anuradhapura.

•1187-1236 – Unter der Herrschaft von König *Nissanka Malla* (1187-1196), der zahlreiche architektonische Meisterwerke errichten läßt, erlebt Polonnaruwa den Höhepunkt seiner Entwicklung. Das Ende kommt jedoch mit dem Tod des Königs: Die Streitigkeiten um die Nachfolge lassen eine unstabile Lage entstehen, die sich die indischen Cholas und Pandyas zunutze machen und wiederholt die Stadt plündern. Gekrönt wird das Chaos durch einen Wüstling namens *Magha* aus dem südindischen Königreich Kalinga, der sich zum König aufschwingt und von 1215 bis 1236 die Insel tyrannisiert.

•1288 – Nach der Vertreibung *Maghas* wird mehrere Male der Versuch unternommen, Polonnaruwa erneut als Hauptstadt aufleben zu lassen. Ohne Erfolg. 1288 wird es aufgegeben, und bald verschluckt es der Dschungel, genau wie es zuvor Anuradhapura ergangen war.

•Ende 13.-Ende 16. Jh. – Die durch permanente Tamilen-Einfälle hervorgerufene, ständig wechselnde Lage läßt in schneller Folge meist nur kurzzeitige Hauptstädte entstehen: Dambadeniya, Yapahuwa, Panduwas Nuwara, Kurunegala, Gampola, Kotte und Sitavaka. Es währt Kotte am längsten (1412-1581). 1592 wird Kandy Hauptstadt.

•Ab 1505 – Eine portugiesische Flotte unter *Lorenzo d'Almeida* geht in Colombo an Land, und man knüpft freundschaftliche Bande zum König von Kotte, der den Portugiesen das Monopol auf den Gewürzhandel überläßt. Jenen geht es zunächst nur um den Handel, nicht um die Inbeschlagnahme von Territorium. Zum Schutz ihrer Handelsinteressen verstricken sie sich jedoch in lokaler Politik und beherrschen bald weite Teile des Tieflandes. Sri Lanka wird zum erstenmal von einer Kolonialmacht beherrscht. Neben dem Handel sind die Portugiesen auf Seelenfang aus, und es gelingt ihnen, König *Dharmapala* von Kotte und einige der führenden Familien zum Katholizismus zu bekehren.

● **17. Jh.** – Mitte des 17. Jh. besetzen die Portugiesen die Häfen von Batticaloa und Trincomalee, die dem König von Kandy unterstehen. Daraufhin verbündet sich dieser mit den Holländern. Die Holländer jagen den Portugiesen die Häfen ab und unterstellen sie wieder Kandy; gleichzeitig entreißen sie den Portugiesen aber auch Galle und Colombo, die sie für sich behalten (1656). Zwei Jahre später nehmen sie Jaffna ein und vertreiben die letzten Portugiesen von der Insel. Sri Lanka hat so neue Kolonialherren, die im Gegensatz zu den vorangegangenen nur wenig von der Propagierung des Christentums motiviert sind, sondern auf Handel aus sind.

● **1795-1796** – Im Zuge der Kriege in Europa verliert Holland seine Flotte an die Engländer, die per Vereinbarung auch die holländischen Besitztümer in Sri Lanka übernehmen sollen. Im August 1795 tauchen britische Truppen am Fort von Trincomalee auf, um es zu übernehmen. Die Holländer widersetzen sich, hissen aber nach einigen Gefechten die weiße Flagge. Im Februar 1796 landen britische Kriegsschiffe bei Negombo und Colombo, die beide ohne nennenswerten Widerstand in ihren Besitz übergehen. Der Aufwand zahlt sich sogleich aus: In den Lagerhäusern von Colombo finden die Truppen Zimt im Wert von 180.000 Pfund, damals eine schwindelerregende Summe. Sie verkaufen ihn sogleich an die britische East India Company.

● **1796-1815** – Mit den holländischen Besitztümern nicht zufrieden, machen sich die Briten daran, auch das Königreich von Kandy einzunehmen, das bis dahin noch nie von einer fremden Macht gehalten worden war. Die gesamte Insel soll der britischen Krone unterstehen. Geschickt nutzen sie Unstimmigkeiten am Königshof aus und säen Intrigen und Verrat. „Divide and Rule" heißt die alte Devise – zersplittere deinen Gegner, dann hast du leichtes Regieren. Anfang des 19. Jh. führen britische Truppen mehrere verlustreiche Feldzüge gegen Kandy, bis sie die Stadt 1815 schließlich einnehmen. König *Vikrama Rajasinha*, der letzte König Sri Lankas, wird nach Südindien verfrachtet, wo er in der Haft stirbt.

● **1817-1818** – In der sogenannten „Uva-Rebellion" sehen sich die Briten dem heftigsten Aufstand gegenüber, den die Kolonialmacht je verzeichnen muß. Die Rebellion wird blutig niedergeschlagen; Dörfer oder Städte, die sich weigern, eine Loyalitätserklärung abzulegen, werden eingeäschert.

● **1830-1921** – Die Kolonialmacht führt 1830 den Kaffee ein, der den einst so profitablen Zimt ersetzen soll. Das Geschäft läuft zunächst gut, bis 1843 die Kaffee-Laus Lecanium coffea auftaucht, die sich bald vermehrt und erheblichen Schaden anrichtet. 1868 dann macht die sogenannte Kaffee-Pest, eine vom Pilz Hemilea vastatrix hervorgerufene Blatterkrankung, die Ernte zunichte. Die Pflanzer personifizieren die Seuche mit britischem Sarkasmus als „Devastating Emily", die „Verheerende Emily".

1840 waren versuchsweise 200 Teepflanzen aus Indien eingeführt worden, und mit Blick auf das Kaffee-Desaster wird nun vermehrt Tee angepflanzt – 1867 sind erst 4 Hektar mit Teepflanzen bedeckt, 1875 1.080 Hektar und 1921 gar 418.000 Hektar. Da sich die lokale Bevölkerung dagegen sträubt, in den Plantagen zu arbeiten, werden Tamilen aus Südindien angeworben. Die Werber, die Kanganis, locken mit Geldvorschüssen und vollmundigen Versprechungen. Zunächst kommen fast ausschließlich Männer ins gelobte Tee-Land, ab den 80er Jahren des 19. Jh. schließen sich vermehrt Frauen und ganze Familien an. Anfang der 20er Jahre dieses Jahrhunderts beschäftigen die Teeplantagen ca. 500.000 Personen.

● **1915** – Die Erinnerung an die Einnahme von Kandy vor genau 100 Jahren löst heftige Emotionen bei der singhalesischen Bevölkerung aus, unter der sich ein erstarkendes Nationalgefühl breitmacht. Der Zorn richtet sich überraschenderweise nicht gegen die britischen Kolonialherren, sondern gegen die Moslems, die der Respektlosigkeit dem Buddhismus gegenüber beschuldigt werden. Die Unruhen werden von den Briten niedergeschlagen, die Anführer wandern ins Gefängnis. Darunter befindet sich auch *S.D. Senanayake*, der spätere Premierminister.

● **1919** – Der *Ceylon National Congress* wird gegründet, in dem alle auf die Unabhängig-

042sr Foto: rk

National Museum in Colombo: srilankische Geschichte und Kultur von prähistorischen Funden bis zu Zeugnissen der Gegenwart

keit hinarbeitenden Kräfte vereint werden sollen. Die Zusammenarbeit scheitert aber bald am Alleinanspruchs-Denken der Singhalesen, die nicht bereit sind, den Tamilen eine proportionale Repräsentation und Minderheitenschutz zukommen zu lassen. Die übermächtigen Singhalesen fühlen sich von der Minderheit an die Wand gedrückt. Zum vielleicht ersten Mal zeigt sich deutlich, daß die Singhalesen eine „Mehrheit mit einem Minderheits-Komplex" sind - wie es später einmal treffend formuliert werden wird.

Ein Jahr nach seiner Gründung verlassen die Tamilen den Ceylon National Congress und gründen die Tamil Mahajana Sabha („Tamilische Volksversammlung"), eine ethnisch ausgerichtete Interessenvertretung.

● **1929-1936 –** Die Donoughmore-Kommission unter dem Vorsitz des *Earl of Donoughmore* ist eingesetzt, die Verfassung auf Mängel zu überprüfen. Sie empfiehlt die Bildung einer „halb-zuständigen Regierung" aus srilankischen Politikern. Der Vorschlag führt zu den Wahlen von 1931, in denen alle Srilanker über 21 Jahre, Männer und Frauen, stimmberechtigt sind. In England erhielten Frauen erst zwei Jahre zuvor das Wahlrecht. Eine Verfassungsänderung zu Gunsten der Singhalesen wirkt sich jedoch bei den Wahlen 1936 aus, aus denen ein rein singhalesischer Ministerrat hervorgeht.

● **1939-1945 –** Der 2. Weltkrieg platzt in eine Welle nationalistischer Agitationen herein, die auf die Unabhängigkeit abzielen. Colombo und Trincomalee werden wichtige Versorgungshäfen für die alliierte Marine. Im April 1942 greifen die Japaner Sri Lanka an, die unter Tausenden von Opfern, Srilanker wie Alliierte, zurückgeschlagen werden.

● **1948 –** Die Unabhängigkeitsbewegung ist nach Kriegsende weiter aktiv, am 4. Feb. 1948 ist das Ziel erreicht: Unabhängigkeit!

● **1948-1956 –** In den ersten Jahren nach Erlangung der Unabhängigkeit dominiert die UNP (United National Party) die politische Szene. Der erste Premierminister wird 1948 *D.S. Senanayake,* der gelobt, daß im unabhängigen Ceylon keine Minderheit benachteiligt werden wird. Das entpuppt sich aber schon ein Jahr später als Phrasendrescherei. Durch ein vertracktes, geschickt manipuliertes Staatsbürgerschaftsgesetz (1949) verlieren 1 Mio. indische Tamilen Staatsbürgerschaft und Wahlrecht.

Nach Senanayakes Tod im Jahre 1952 wird sein Sohn, *Dudley Senanayake*, neuer Premier. Nach anderthalb Jahren tritt er aus gesundheitlichen Gründen zurück, und der Posten fällt an seinen Onkel, *Sir John Kotewala,* der ihn bis zur Wahlniederlage der UNP im Jahre 1956 innehält.

● **1956-1959 –** 1956 wird als das 2.500ste Jahr nach Buddhas Tod gefeiert. Das Jubiläum löst eine Welle von singhalesischem Nationalgefühl aus, die Singhalesen fühlen sich als Unterdrückte in ihrem eigenen Land. Geschürt werden die Emotionen noch vom buddhistischen Klerus, der mit dem wachsenden singhalesischen Chauvinismus auch seinen Einfluß auszuweiten hofft.

Die erstarkte Ethnozentrik hebt bei den Wahlen *S.R.W.D. Bandaranaike* von der SLFP auf den Premiers-Posten. Dessen Regierung verkündet die Politik des „Singhalese Only", Singhalesisch wird zur alleinigen Amtssprache. Damit sind die Tamilen praktisch zu Fremden im eigenen Land erklärt.

Bandaranaike erweist sich als schwache Führungspersönlichkeit, interne Spannungen in seinem Kabinett schwächen die Regierung. 1959 wird er vom Mönch *Somarama* erschossen. Der Drahtzieher des Attentats ist ein wohlhabender Geschäftsmann, der zuvor einer von Bandaranaikes größten Förderern war. Als er keine finanziellen Vorteile aus der Beziehung zu Bandaranaike schlagen kann, läßt er den Premier unter dem Deckmantel einer religiös-motivierten Intrige ermorden. Zwischenzeitlich sitzt wieder Dudley Senanayake auf dem Premier-Sessel.

● **1960-1965** – Die Witwe von S.R.W.D. Bandaranaike, *Srimavo Bandaranaike*, führt die SLFP zum Wahlsieg und wird die erste Premierministerin der Welt. Sie betreibt eine stark sozialistische Politik, führt zahlreiche Verstaatlichungen durch und kassiert sogar – diplomatische Krise! – die amerikanischen Ölfirmen ein. 525.000 indische Tamilen, die aufgrund des kontroversen Staatsbürgerschafts-Gesetzes von 1949 nicht als ceylonesische Staatsbürger anerkannt werden, sollen nach Indien repatriiert werden. 300.000 können bleiben. Die Repatriierung verläuft sehr schleppend, Tausende von Auszuweisenden verstecken sich vor den Behörden. Am Ende verbleiben eine halbe Million Tamilen im Land, die staatenlos sind.

Die ceylonesischen Tamilen im Norden und Osten sträuben sich gegen eine aufoktroyierten Besiedlung ihrer Regionen durch Singhalesen, die die Mehrheitsverhältnisse dort umzuwerfen droht.

Premierministerin Bandaranaike versucht, den kontinuierlichen ethnischen Auseinandersetzungen mit Notstandsgesetzen beizukommen. Sie entkommt einem Mordanschlag, verliert aber bei den Wahlen 1965 gegen Dudley Senanayake von der UNP, der zum dritten Mal Premierminister wird.

● **1970** – *Srimavo Bandaranaike* kehrt als Premierministerin zurück und führt eine Koalitionsregierung, die sogenannte United Front, die eine Zweidrittel-Mehrheit im Parlament innehat. Sie setzt ihr vormaliges sozialistisches Verstaatlichungs-Programm fort, und bis zum Jahre 1975 sind alle Plantagen in Staatsbesitz. Der Lebensstandard der ärmeren Bevölkerungsschichten verbessert sich dadurch jedoch nicht.

● **1971** – Im April erheben sich die Mitglieder der JVP (Janata Vimukti Peramuna) zu einem bewaffneten Aufstand, Polizeistationen werden angegriffen, und einige Landstriche werden eine Zeit lang von den Aufständischen beherrscht. Bis zum Juli ist die Rebellion niedergeschlagen, der zuvor erklärte Ausnahmezustand wird aber erst im Jahre 1977 aufgehoben.

● **1972** – Das so kolonial klingende Ceylon wird offiziell in Sri Lanka umbenannt.

Ein Bonus-System verschafft den Singhalesen bevorzugten Zugang zu den Universitäten – zum Nachteil der Tamilen.

● **1974** – Sri Lanka wird Republik und nennt sich nun „Democratic Socialist Republic of Sri Lanka".

Aufgrund der andauernden, massiven singhalesischen Machtpolitik schließen sich mehrere tamilische Organisationen zur Tamil United Liberation Front (TULF) zusammen, die bald einen radikalen Kurs ansteuert.

● **1978** – Nach einer Änderung der Verfassung wird das Präsidialsystem eingeführt, in dem der Präsident gleichzeitig Staatsoberhaupt als die höchste Exekutive ist. Das System soll eine starke zentrale Macht schaffen, die bei der Bekämpfung terroristischer Bewegungen freie Hand hat.

● **1983** – Ein Attentat von tamilischen Separatisten auf eine Militär-Patrouille – ein Racheakt für den Tod eines militanten Tamilen – löst blutige, eine Woche andauernde Rassenunruhen in ganz Sri Lanka aus. Später spricht man vom „Schwarzen Juli 1983". Singhalesen machen Jagd auf Tamilen, die erschossen, gehängt, zerhackt oder bei lebendigem Leibe verbrannt werden. Etwa 3.000 Tamilen kommen um, 60% der Tamilen von Colombo sind auf der Flucht. Nach dieser Woche des Grauens wird Sri Lanka nie wieder, was es einmal war. Die Tamilen fühlen sich nun als Verfolgte, und der Ruf nach einem *„Tamil Eelam"*, einem separaten tamilischen Staat, wird umso lauter. In den von Tamilen dominierten Nord- und Ostregionen beginnt ein blutiger Guerilla-Krieg gegen die Armee und die Regierung.

● **1977-1988** – Regierungszeit von Präsident *Junius Richard Jayawardhene* von der UNP (siehe Kapitel „Die politischen Parteien")

● **1983-1990** – Im Norden und Osten des Landes wütet der Krieg der „Tamil Tigers" gegen die srilankische Armee, unter dem allzuoft auch Unbeteiligte leiden. Massaker an Zivilisten werden von beiden Seiten begangen. 1987 unterzeichnet Indien, das die Tamilen bis dahin mit Waffenlieferungen unterstützt hat, mit Sri Lanka und einigen Separatistengruppen den „Indo-Srilankan Peace Accord", der die umkämpften Nord- und Ostregionen befrieden soll. Die „Tamil Tigers" erkennen den Vertrag nicht an und weigern sich, die Waffen niederzulegen. Indien entsendet über 50.000 Soldaten nach Sri Lanka, die sich recht euphemistisch, „Indian Peace Keeping Force" (IPKF) nennen und die Separatisten entwaffnen sollen. Die IPKF-Soldaten machen sich aufgrund der von ihnen begangenen Massaker, Plündereien und Vergewaltigungen verhaßt. Ohnehin hatte sich in der Bevölkerung Widerstand gegen die Stationierung der Inder auf srilankischem Boden geregt, nur Ausgangssperren und vorsorgliche Verhaftungen verhindern drohende Massenunruhen. Aus Indien, das wissen die Srilanker aus ihrer Geschichte, kam immer nur Unheil ins Land.

Die Übergriffe der Inder gehen so weit, daß sich die srilankische Regierung klammheimlich entscheidet, Waffen an die „Tamil Tigers" zu liefern, um damit die sogenannte Peace Keeping Force zu vertreiben! 1990 ziehen sich die ungeliebten Inder erfolglos aus Sri Lanka zurück, die „Tamil Tigers" aber kämpfen weiter für ihr „Tamil Eelam".

● **1988-1990** – Als hätte Sri Lanka nicht Probleme genug, erhebt sich die JVP 1988 in einer mörderischen Terror-Kampagne, die vor allem auf Intellektuelle, Mönche und Regierungsvertreter abzielt. Tausende werden von JVP-Kadern umgebracht, davon allein 6.000 Mitglieder der Regierungspartei UNP. Der Mordrausch soll unter anderem die im September anstehenden Präsidentenwahlen verhindern. Die Regierung antwortet mit Gegenterror und entsendet Killer-Kommandos, um vermeintliche JVP-Mitglieder zu liquidieren. Von den schätzungsweise 30.000 Opfern, die dabei auf das Konto der Regierung gehen, gehören längst nicht alle der JVP an; und längst nicht alle sterben einen leichten Tod: In den Flüssen schwimmen enthauptete Leichen, auf Feldern finden sich verkohlte Körper mit Autoreifen um den Hals, die mit Benzin übergossen und angezündet worden waren, etc. In aller Eile verabschiedet die Regierung ein Gesetz, daß sofortiges Beseitigen von Leichen ermöglicht und somit Autopsien verhindert. Ein anderes Gesetz nimmt alle Mitglieder der staatlichen Todesschwadronen von juristischer Verfolgung aus, sofern sie ihre Taten „in bestem Gewissen" begingen. Sri Lankas eklatante Verstöße gegen die Menschenrechte gefährden die Zahlung dringend benötigter Wirtschaftshilfe. Anfang 1990 ist die JVP so gut wie zerschlagen; ihr Anführer, *Rohana Wijeweera*, wird bald nach seiner Festnahme erschossen.

● **1992** – Unter Präsident *Ranasinghe Premadasa*, im Amt seit 1988, erlebt Sri Lankas Wirtschaft einen beachtlichen Aufschwung. Besonders die sprunghaft gestiegenen Textil-Exporte steigern das Bruttosozialprodukt. Mit 550 US$ ist das durchschnittliche Jahreseinkommen in Sri Lanka das höchste in Südasien. Doch herrscht in weiten Teilen der Bevölkerung Unzufriedenheit, man wirft der Regierung vor, viel für das Großkapital, aber zu wenig für die Unterschichten zu tun.

Den „Tamil Tigers" gelingen mehrere spektakuläre Bombenanschläge, bei denen der Vize-Admiral und Marinebefehlshaber, *Clancy Fernando*, sowie zahlreiche führende Militärs umkommen. Darunter ist der hoch angesehene Generalleutnant *Denzil Kobbekaduwa*, bei dessen Begräbnis – vor 300.000 Trauernden – es zu gewalttätigen Ausschreitungen kommt. Die Rückschläge, die die Armee hinnehmen muß, schwächen die Moral der Truppe, und allein in diesem Jahr werden 6.000 Desertationen verzeichnet. Bei einem Massaker in einem Dorf im Norden bringen vermeintliche Tamil-Separatisten fast 200 Moslems um – weitere Opfer in einem Bürgerkrieg, der in den letzten 10 Jahren über 25.000 Menschen das Leben gekostet und eine halbe Million zu Flüchtlingen gemacht hat. Magerer Trost: Im Gegensatz zu anderen Ländern mit internen Konflikten ist noch kein einziger Tourist zu Schaden gekommen.

Die Militärausgaben betragen 235 Mio US$. 1980, in der Zeit vor dem Bürgerkrieg, lag der Verteidigungsetat bei 18 Mio US$.

● **1993** – Wieder ein blutiges Jahr für Sri Lanka. Am 23. April wird Oppositionsführer *Lalith Athulathmudali* bei einer politischen Versammlung von einem Tamilen mit fünf Schüssen niedergestreckt. Die Opposition bezichtigt die Regierungspartei UNP, hinter der Tat zu stehen. Kaum hat sich das Land beruhigt, steht ihm ein noch größerer Schock bevor: Bei einer Ersten-Mai-Prozession in Colombo, der Präsident *Premadasa* voranmarschiert, drängt sich ein vermeintliches Mitglied der LTTE auf einem Fahrrad zum Präsidenten vor. Dann zündet er eine um den Leib geschnürte Bombe – eine Selbstmordaktion, die auffallend an das Attentat auf Rajiv Gandhi zwei Jahre zuvor in Tamil Nadu erinnert. Außer Präsident Premadasa kommen auch der Attentäter und 23 weitere Personen um.

Eine sofort verhängte nächtliche Ausgangssperre sowie strikteste Sicherheitsvorkehrungen bei der Kremation Premadasas verhindern die erwarteten Ausschreitungen. In einigen Kreisen bietet der Tod Premadasas sogar Anlaß zur Freude; in manchen Stadtteilen Colombos feiern Anhänger der Opposition das Ereignis mit Feuerwerkskörpern.

Das Parlament ernennt den Premierminister *Dingiri Banda Wijetunga* von der UNP zum neuen Präsidenten. Den Premiersposten übernimmt *Ranil Wickramasinghe*.

Bei Wahlen zu den Provinzversammlungen knapp 3 Wochen nach Premadasas Tod muß die UNP schwere Verluste hinnehmen, die Western Province fällt an die Opposition.

Im November muß die srilankische Armee ihre bis dahin größte Niederlage gegen die Separatisten einstecken. Etwa 2.000 Mitglieder der LTTE überfallen ein Armeelager bei Pooneryn im Norden und nehmen es zeitweise ein. Mindestens 750 Armeesoldaten – viele davon frische Rekruten – und 450 „Tamil Tigers" kommen um. Nach ein paar Tagen kann die Armee das Lager zwar zurückerobern, die Tamilen aber frohlocken über die Erbeutung von Waffen im Wert von über 300 Mio. Rupien. Darunter sind auch schwere Geschütze mit einer Reichweite von 6 km!

● **1994** – LTTE-Chef *Prabhakaran*, dessen Führungsposition aufgrund innerer Querelen nicht mehr unumstritten ist, erklärt sich im März zu Friedensgesprächen bereit, falls die Regierung die Blockade gegen Jaffna aufhebt. Jaffna ist eine ausgehungerte Stadt, viele Bewohner halten den tamilischen Unabhängigkeitskampf längst für verloren.

Passenderweise geht aus den Wahlen vom August die Oppostionskoalition *People's Alliance* – unter der Führung der SLFP – als Wahlsieger hervor. Die machtbessene UNP hat es sich nach 17 Jahren Regierungszeit gründlich bei der Bevölkerung verscherzt. Die nun zur Ministerpräsidentin ernannte *Chandrika Kumaratunga,* Tochter von *Srimavo Bandaranaike,* erklärt sich sofort zu Friedensgesprächen mit der LTTE bereit. Beide Seiten einigen sich auf einen Waffenstillstand. Die Blockade gegen Jaffna wird zum Teil aufgehoben, einige lebenswichtige Güter dürfen wieder dorthin geliefert werden.

Bei den Präsidentschaftswahlen im Oktober obsiegt ebenfalls *Chandrika Kumaratunga,* allerdings erst nachdem der UNP-Kandidat, *Gamini Dissanayake*, von einem weiblichen Selbstmordkommando, vermutlich ein Mitglied der LTTE, in die Luft gejagt wird.

Chandrika Kumaratunga, deren Ehemann, der Schauspieler und Politiker *Vijaya Kumaratunga*, 1988 einem Attentat durch JVP-Mitglieder erlegen war, vereint nun die zwei höchsten Posten des Landes auf sich. Sie tritt darauf den Premierposten an ihre Mutter ab. *Srimavo Bandaranaike*, 78 Jahre alt, wird somit zum dritten Mal Premierministerin.

● **1995:** Nach einem schwer errungenen Waffenstillstand zwischen LTTE und Armee bricht die LTTE dreieinhalb Monate später das Abkommen; im Hafen von Trincomalee versenkt sie zwei Marine-Boote. Ohnehin hatte die Regierung den Verdacht gehegt, daß die Gruppe den Frieden nur nutzen würde, um ihr Arsenal neu aufzustocken.

Im Oktober beginnt die Armee eine Großoffensive („Operation Rivisera") gegen die

Tamil Tigers und nimmt ihre Hochburg Jaffna ein. Bei den Kämpfen kommen 1.400 Mitglieder der LTTE um, und der Verlust von Jaffna, der traditionellen Hauptstadt der Tamilen, ist auch psychologisch ein schwerer Schlag.

● **1996:** Drei Monate später beweist die LTTE jedoch, daß sie noch lange nicht geschlagen ist. Ein Kommando der Tamil Tigers rammt mit einem Lastwagen das Gebäude der srilankischen Zentralbank im Stadtteil Fort in Colombo, wobei die Bank wie auch die umliegenden Gebäude zerstört werden. 240 Menschen kommen ums Leben, Hunderte werden verletzt. Das blutige Attentat hat große Wirkung auf die Wirtschaft des Landes: Die Zahl der Touristen wie auch ausländischen Investoren im Land sinkt dramatisch. Im Juli stürmt die LTTE ein Militärlager in Mullaitivu auf der Jaffna-Halbinsel, tötet über 1.000 Soldaten und raubt zahlreiche Waffen, darunter auch ein Dutzend Panzer.

● **1997:** Das zähe Ringen im Norden des Landes geht trotz des Falls von Jaffna unvermindert weiter. Erschwert wird die Lage der srilankischen Armee dadurch, daß etwa 2/3 der srilankischen Armee auf der Halbinsel von Jaffna gebunden sind, die unter allen Umständen gehalten werden soll. Der Landweg von Vavuniya nach Jaffna ist aber noch ungesichert, und damit auch die Überland-Nachschubroute der Armee. Der Nachschub kommt derweil aus der Luft, doch die LTTE besitzt Luftabwehrraketen und hat schon einige Militärflugzeuge abgeschossen. Im Juli wird ein Schiff, das der Armee 32.400 Mörsergrananten aus Zimbabwe anliefern soll, vermutlich von der LTTE aufgebracht und die Fracht geraubt.

● **1998:** In der neuen Großoffensive „Jaya Sikiura" („Sicherer Sieg") versucht die srilankische Armee endgültig den Landweg nach Jaffna unter ihre Kontrolle zu bringen. Dieses gelingt zumindest bis Oktober nicht, stattdessen verliert die Armee die wichtige Stadt Kilinochchi an die LTTE und verzeichnet in den Gefechten über tausend Tote. Aber auch die „Tamil Tigers" bluten allmählich aus. Da ihre Kader erheblich geschwächt sind, zwingen sie auch Kinder in den Kriegsdienst – darunter auch Mädchen –, die oft nicht älter als 12 oder 13 Jahre sind.

Im Oktober stürzt ein Linienflugzeug der Fluggesellsschaft Lionair auf dem Flug von Jaffna nach Colombo ab – vermutlich ein Abschuß durch die LTTE. Die Rebellen hatten die Airline zuvor aufgefordert, den Flugverkehr nach Jaffna einzustellen. Die 48 ums Leben gekommenen Passagiere sind allesamt Tamilen (dazu eine russische und singhalesische Crew von sechs Personen), eine Tatsache, die die LTTE skrupellos in Kauf nimmt.

● **1999 – Mitte 2000:** Im Jahre 1999 gelingt es den Regierungstruppen, in verlustreichen Kämpfen weite Teile des von „Tamil Tigers" besetzten Gebiets zurückzuerobern. Doch die Siegeseuphorie ist nur von kurzer Dauer: Ende des Jahres erobern die Rebellen innerhalb von wenigen Tagen das zurück, was sie in monatelangen Kämpfen verloren hatten. Die verheerenden Frontnachrichten drohen, sich auf die Präsidentschaftswahlen im Dezember auszuwirken, vor allem mit negativem Einfluß auf das Abschneiden der Regierungspartei. Drei Tage vor den Wahlen, am 18.12.1999, verüben Selbstmordkommandos der „Tamil Tigers" Bombenattentate auf Wahlversammlungen von Präsidentin *Chandrika Kumaratunga,* als auch der Opposition; 34 Menschen werden dabei getötet, die Präsidentin kommt wie durch ein Wunder mit Splitterverletzungen davon; ihr rechtes Auge ist aber möglicherweise dauerhaft zerstört. *Kumaratunga* kann sich trösten, das erste Staatsoberhaupt des Landes zu sein, das einen Anschlag überlebt. Das Attentat verleiht Präsidentin *Kumaratunga* einen Sympathie-Bonus und sie wird wiedergewählt, wenn auch mit geringerer Mehrheit als zuvor.

Im Mai 2000 überrennen die „Tamil Tigers" einige Armeestellungen und drohen, wieder Jaffna unter ihre Kontrolle zu bekommen. Zuerst sieht es ganz nach einer katastrophalen Niederlage der Armee aus. Fieberhafte diplomatische Aktivität der srilankischen Regierung – darunter die Neuaufnahme diplomatischer Beziehungen mit Israel – resultiert im Kauf hochmoderner neuer Waffen. Mit deren Hilfe kann die Armee den drohenden Fall Jaffnas vorerst abwenden.

Mittlerweile verschlingt der Bürgerkrieg täglich 2 Mio. US-Dollar.

Religionen

Mit einem Anteil von 69% stellen die Buddhisten die große Mehrheit der Bevölkerung. 15% sind Hindus, 8% Moslems und 7% Christen; hinzu kommen einige winzige Minderheiten, so z.B. Animisten und Parsen.

Buddhismus

Der Buddhismus wurde im Jahre 249 v. Chr. von dem Mönch *Mahinda*, wahrscheinlich ein Sohn des indischen Kaisers *Ashoka*, in Sri Lanka eingeführt. Durch eine glückliche Fügung traf Mahinda auf den König von Anuradhapura, den er in einem Streitgespräch vom buddhistischen Glauben überzeugen konnte (siehe Ortsbeschreibung Mahintale). Einer Legende nach hatte Buddha schon Jahrhunderte zuvor die Götter angewiesen, Sri Lanka und die dorthin ausgewanderten Singhalesen zu beschützen, da diese dort die reine Lehre am Leben erhalten sollten.

Der Buddhismus beruht auf den Lehren des Buddha oder „Erleuchteten", der nach srilankischer Überlieferung im Jahre 624 v. Chr. in Lumbini (heute Süd-Nepal) unter dem Namen **Siddharta Gautama** zur Welt kam. 544 v. Chr. gilt als sein Todesjahr, wobei der Tod je nach Übersetzung der alten Schriften entweder durch verdor-

Buddha im Asgiriya Vihara, Kandy

043sr Foto: rk

benes Wildschweinfleisch oder durch Pilzvergiftung eingetreten sein soll.

So umstritten wie die Todesursache sind auch alle wichtigen Daten im Leben des Buddha. Nach Auffassung vieler Historiker ist eine Geburt um 563/543 v. Chr. wahrscheinlicher. Buddhas Tod wurde von dem bekannten Indologen *Max Müller* auf 477 v. Chr. datiert, was aber auch nicht einhellig akzeptiert wird. Gemäß der srilankischen Mythologie soll Buddha dreimal Sri Lanka besucht haben, wofür jedoch keinerlei historische Beweise vorliegen. Gläubige Buddhisten entschuldigen dies dadurch, daß es sich angeblich um „astrale Reisen" gehandelt hatte – freischwebend durch die Lüfte –, womit sich natürlich jegliche Beweissuche erübrigt.

Auch schon kurz nach Buddhas Geburt soll sich Wunderbares an ihm vollzogen haben: Kaum hatte seine Mutter, Königin *Maya Devi*, ihm das Leben geschenkt, stampfte er einige Schritte in alle vier Himmelsrichtungen, und aus seinen Fußabdrücken sprossen Lotusblumen – ein Zeichen seiner göttlichen Geburt.

Buddha war in die Königsfamilie von Kapilavastu aus dem Shakya-Clan hineingeboren worden. Seine ersten Jahre genoß er in der Abgeschiedenheit des Palastes. Der Überlieferung nach wollte sein Vater, König *Suddhodhana*, ihn vor den Leiden der Welt abschirmen, um ihn nicht die vergängliche Natur alles Materiellen erkennen zu lassen. Doch die Vorsehung wollte es anders.

Siddharta unternahm einige heimliche Ausflüge in die Stadt, wo er zum ersten Mal mit den Schattenseiten der menschlichen Existenz konfrontiert wurde – Armut und Krankeit, Elend und Tod, Leid schlechthin. Überwältigt von den Eindrücken, beschloß er, nach den Ursachen des Leids zu forschen. Eines Tages machte er sich auf, den Palast für immer zu verlassen und in Meditation und Askese die Antworten auf seine Fragen zu suchen. Zurück ließ er seine Frau und seinen gerade geborenen Sohn – ein Zeichen, wie ernst ihm sein Anliegen war.

Nach einigen Jahren, in denen er sich den unterschiedlichsten Formen der Askese unterworfen hatte, wurde ihm im Alter von 29 Jahren, unter einem Pipal-Baum meditierend, die **Erleuchtung** zuteil. So geschehen in einem Ort in Nordindien, der fortan den Namen *Bodh Gaya* tragen sollte, wörtlich: „Wurde erleuchtet". Der Pipal-Baum wurde nun Bo- oder Bodhi-Baum genannt, „Baum der Erleuchtung".

Siddharta Gautama war ein Buddha oder „Erleuchteter" geworden, und zum Wohle der leidenden Menschheit faßte er seine Erkenntnisse in den **Vier Edlen Wahrheiten** zusammen:

1. Alles Leben ist Leiden *(Dukkha)*.
2. Alles Leiden wird durch Begierden hervorgerufen *(Samudaya)*.
3. Das Leid kann durch die Auslöschung der Begierden an der Wurzel vernichtet werden *(Nirodha)*.
4. Die Begierden können durch einen „Achtfachen Pfad" ausgelöscht werden und damit auch das Leid *(Magga)*.

Der **Achtfache Pfad** war ein von Buddha entwickeltes, von strenger

Selbstdisziplin geprägtes System aus Meditation und rechtem Handeln, das niemanden verletzt. Das Endziel des Pfades sollte das Nirvana sein, ein reiner, körperloser Zustand, der auch das Ende der Kette der Wiedergeburten bedeutet. Solange aber auch noch die geringsten Überreste von Begierden vorhanden waren, so besagt die Lehre, mußte der Mensch in neuen Körpern wiedergeboren werden, bis er endlich das erlösende Ziel, das Nirvana, erlangte.

Einer der einflußreichsten Anhänger des Buddhismus wurde der indische Kaiser *Ashoka*, der 249 v. Chr. Buddhas Geburtsort aufsuchte und ihm zu Ehren dort eine Gedenksäule errichten ließ. Diese hat die Jahrtausende überdauert und steht dort noch immer; auch wenn sie zwischenzeitlich durch einen Blitzeinschlag umgefallen war. *Ashoka* beließ es jedoch nicht bei Pilgerreisen, sondern schickte Missionare in alle Himmelsrichtungen aus, die Buddhas Lehre verkünden sollten. Einer davon war sein Sohn *Mahinda*, der heute als Begründer des srilankischen Buddhismus gilt. Bald gelangten auch weite Teile Südostasiens unter buddhistischen Einfluß.

Im 1. Jh. n. Chr. spaltete sich der Buddhismus jedoch in zwei Zweige, den Hinayana („Kleines Fahrzeug") und den Mahayana („Großes Fahrzeug"). Der **Hinayana** war die ursprüngliche Form, deren Ziel die Erlangung des persönlichen Nirvana war; da dies die ältere Form war, wurde sie auch Theravada genannt, der „Weg der Älteren". Der **Mahayana** hingegen propagierte das liebende Mitgefühl mit allen Kreaturen und fand sein Idealbild in den Boddhisattvas, erleuchteten Wesen, die noch nicht ins endgültige Nirvana einziehen, um anderen auf ihrem Weg dorthin zu helfen.

In Sri Lanka, das schon vor der Glaubensspaltung buddhistisch geworden war, hängt man dem Hinayana an. Im 13. Jh. besuchten srilankische Mönche die thailändische Hauptstadt Sukhothai, worauf der dortige König den in Sri Lanka praktizierten Buddhismus

044sr Foto: rk

Mönch beim Gebet am Bodhi-Baum in Anuradhapura

zur Staatsreligion erhob. Die enge Religionsbeziehung der beiden Länder bewirkte eine Art gegenseitiger Befruchtung: 1753 berief der König von Kandy thailändische Mönche aus Ayutthaya zu sich, die Mönchsanwärter aus den zwei höchsten singhalesischen Kasten in einer höheren Weihe ordinieren sollten. Eine derartige Mönchsweihe hatte in Sri Lanka bis dahin noch nicht stattgefunden, das „Know-How" dazu mußte aus Thailand – damals noch Siam geheißen – importiert werden. Bald reiste ein gewisser Phra („Mönch") *Ubali* aus der siamesischen Hauptstadt Ayutthaya mit seinem Mönchsgefolge an. In Kandy nahm er die ersten höheren Mönchsweihen vor und legte somit den Grundstein zu einem elitären srilankischen Mönchsorden. Dieser nennt sich noch heute **Siyam Nikaya** oder „Siamesischer Orden".

Als Antwort auf diesen gründeten im Jahre 1803 einige niedrigkastige Singhalesen, die sich in Amarapura (Burma) hatten ordinieren lassen, den sogenannten **Amarapura Nikaya.** In diesen werden auch heute Mitglieder aller Kasten aufgenommen. 1835 schließlich rief ein Mönch den **Ramanya Nikaya** ins Leben, da ihm die anderen beiden Orden zu sehr vom Materialismus unterwandert schienen. Bis heute differenzieren sich die Mönche der drei Orden sowohl in ihren Ritualen als auch äußerlich: Die Siyam-Nikaya-Mönche tragen eine Robe, die nur eine Schulter bedeckt und dazu einen Schirm; die des Amarapura Nikaya tragen gleichermaßen einen Schirm, bedecken aber beide Schultern; die des Ramanya Nikaya tragen traditionelle Palmblatt-Fächer und bedecken ebenfalls beide Schultern.

Buddhistisches Kastensystem

Im Zusammenhang mit den Mönchsorden ist schon ein Thema angeschnitten worden, das bei Europäern immer wieder Fragen aufwirft – das Kastensystem. Obwohl Buddha ein strikter Gegner des Kastensystems war, hat es sich unter den Singhalesen bis auf den heutigen Tag bewahrt. Der Grund: erstens wirkte von jeher der starke Einfluß des Hinduismus, der ja das Kastensytem bis ins kleinste Detail perfektioniert hatte; und zweitens fallen Religionen nie ganz so aus, wie ihre Stifter es planen!

Im Vergleich zum hinduistischen Kastensystem, das aus 4 Haupt- und etwa 3.000 Unterkasten besteht (siehe weiter unten „Hinduismus"), ist das buddhistische sehr simplifiziert. Die singhalesische Gesellschaft spaltet sich in 14 Kasten, die noch einmal Unterschiede aufweisen, je nachdem, ob es sich um Tiefland-Singhalesen oder Hochland-Singhalesen handelt. Zwischen beiden bestehen kulturelle Differenzen, da die Bewohner des Tieflandes lange fremden Einflüssen ausgesetzt waren, die Hochland-Bewohner sich jedoch bis Anfang des 19. Jh. ihre kulturelle Unversehrtheit bewahren konnten. Die höchste Kaste ist die der **Goyigamas,** Bauern oder so etwas wie Landadel.

Die „Unberührbaren" sind die **Rodiyas,** deren Name von *rodda* stammt,

„Schmutz“ oder „Abschaum“. Der Legende nach sind sie die Nachfahren von Veddas, die einem König, den sie üblicherweise mit Wildbret zu versorgen pflegten, einst Menschenfleisch aufgetischt hatten. Historisch gesehen stammen sie aber wohl von den Chandalas ab, der niederen indischen Kaste der Straßenreiniger und Fäkalienbeseitiger, von denen sich einige vor 2.000 Jahren in Sri Lanka ansiedelten. Früher konnte selbst der auf Wasser fallende Schatten eines Rodiya dieses verunreinigen; das Wasser mußte erst wieder durch Sonnenlicht spirituell „gereingt“ werden. Ging der Rodiya durch die Straßen, hatte er die „besseren“ Leute durch lautes Rufen vor sich selbst zu warnen. Den Rodiyas war es untersagt, ihren Körper unterhalb des Knies oder oberhalb der Hüfte zu bedekken, und bei den Tempeln hatten sie draußen vor der Tür zu bleiben. Sogar ihr Vieh blieb von der Brandmarkung nicht verschont, es mußte durch am Hals hängende Kokosnußschalen kenntlich gemacht sein. Die Trommeln der Rodiyas durften nicht, wie sonst üblich, an beiden Seiten mit Fell bespannt sein, sondern nur an einer. Unter den Briten, die das Kastensystem auszulöschen trachteten, verbesserte sich der Status der Unberührbaren leicht.

Zwar spielt die Kastenzugehörigkeit heute offiziell keine Rolle mehr, wichtig wird sie aber bei der Eheschließung: Geheiratet wird meist innerhalb der eigenen Kaste. Außerdem bestimmt die Kaste zum großen Teil noch den Status, den eine Person genießt; zu Hochkastigen wird automatisch als „Hochwohlgeboren“ aufgeschaut, während Personen von niederer Geburt oft mit einem etwas rauheren Umgangston rechnen müssen. Die Singhalesen erkennen die Kastenzugehörigkeit jeweils am Namen.

Meditationskurse

- **Buddhist Information Centre,** 50 Green Path (Ananada Kumaraswamy Mawatha), Colombo 7, Tel. 01-23079
- **Buddhist Publication Society,** Sangharaja Mawatha., Kandy, Tel.08-23679
- **Nilambe Meditation Centre,** 1,5 km von Nilambe Bungalow Junction, bei Galaha (Bus ab Kandy, dann ausgeschilderter Fußweg durch Teeplantagen)
- **Rockhill Hermitage,** Wegirikande, Hondiyadeniya (Busline 645 ab Kandy, über Gampola), Tel. 08-52593
- **Siyane Vipassana Meditation Centre,** Kanduboda, Delgoda (Bus ab Colombo)
- **Sri Jamieson Hermitage**, Samadhi Mawatha, Ampitiya (Bus ab Kandy)
- **Sri Subodharama Sasana Buddhist Centre,** Peradeniya, Kandy, Tel. 08-88088
- **The Bhikku Training Centre,** Gangaramaya, 61 Sri Jinaratna Rd., Colombo 2

Hinduismus

Der Hinduismus entstand im 2. Jahrtausend vor unserer Zeitrechnung aus der vedischen Religion der Arier, die ab ca. 2000 v.Chr. aus Zentralasien nach Indien eindrangen, durch die Vermischung mit den dravidischen Kulten der alteingesessenen Einwohner Indiens. Die vedische Religion beruhte auf den vier **Veden,** heiligen Schriften aus der Zeit vor 1000 v.Chr., die magische Rituale enthielten. *„Veda“* ist Sanskrit für „Wissen“ oder „Wissenschaft“.

045sr Foto: rk

Mit der Weiterentwicklung des Hinduismus kamen andere religiöse oder philosophische Schriften dazu, so die Upanishaden, Puranas, die Epen **Ramayana** und **Mahabharata.** Die Mahabharata besteht aus über 100.000 Versen und gilt als das längste jemals erstellte Werk der Literatur. Ihr Kernstück ist die **Bhagavad Gita** („Das Göttliche Lied"), in der Gott Krishna seinen Schüler Arjuna während der Schlacht um Kurukshetra (Nordindien) in die Mysterien des Universums einweiht. Die Bhagavad Gita, die als eine Art philosophische und spirituelle Lebenshilfe verstanden werden kann, ist die wichtigste aller Hindu-Schriften.

Ramayana und Mahabharata sind dafür die bedeutendsten religiösen Werke auf der Volksebene. Beide bieten einen unerschöpflichen Fundus an Legenden, Mythen, Erzählungen und Episoden, die bis heute von den Müttern an die Kinder weitergegeben werden wie bei uns einst die Märchen. Genau wie diese vermitteln auch Ramayana und Mahabharata moralische Botschaften. Das Gute siegt immer über das Böse, Licht über die Finsternis.

Die Vielzahl der Schriften macht die Beantwortung der Frage, was der Hinduismus nun tatsächlich lehrt, nicht

Bereit zum Glockengeläut im Kataragama-Tempel

gerade leichter. Viele Hindus würden sagen, daß der Hinduismus weniger eine Religion ist als ein „way of life", eine spezielle Lebensart. Tatsächlich bedeutet **das Wort Hindu** im Grunde lediglich „Inder": Für die Perser begann Indien am Fluß Sindhu, dem Indus, den sie aber nur wie „Hindu" aussprechen konnten. Der Begriff Hindu wurde zur Bezeichnung für einen Bewohner des Indus-Landes, also Indiens.

Die hinduistische Lebensart, die sich herausbildete, war von fast grenzenloser **religiöser Toleranz** geprägt, so daß ein jeder geduldet war, der zu einer der vielen Formen Gottes betete. Schließlich verfügte der Hinduismus selber über Tausende von Gottheiten, die alle friedlich koexistierten. Im Gegensatz zu den meisten anderen Weltreligionen hegte der Hinduismus nie einen Alleinanspruch auf die Wahrheit, sondern sah alle Religionen als verschiedene Wege zum selben Ziel. Bezeichnenderweise griff der Hinduismus oft Gottgestalten anderer Religionen auf und machte sie zu den eigenen: So wird Buddha als eine Inkarnation des Gottes Vishnu betrachtet, und auch Gottheiten der Veddas wurden in den Glauben aufgenommen und „hinduisiert", so Kataragama und Valli Amma. In manchen Hindu-Schreinen hängen Bilder von Christus gleichberechtigt neben denen von Shiva oder verehrten Yogis. Wenn es heutzutage oft nicht mehr so gut um die Toleranz bestellt ist, ist das in erster Linie machtversessenen, skrupellosen Politikern zuzuschreiben, die sich die entstandenen Spannungen zwischen einigen Konfessionen zur Selbstprofilierung zunutze machen.

Doch woran genau glaubt der Hindu? Der Grundpfeiler des Hinduismus ist das Konzept der **Reinkarnation,** d.h. der Wiedergeburt der unsterblichen Seele in einem neuen Körper. Jede Seele hat Hunderttausende von Wiedergeburten zu durchleben, bis sie **Moksha,** die Erlösung aus dem Geburtenkreislauf, erlangen kann. Jedes einzelne der Leben wird dabei vom Karma bestimmt, d.h. der Summe der vorangegangenen guten oder schlechten Taten. Karma bedeutet „das Getane". Ein günstiges Schicksal ist Hinweis auf gute Taten in den früheren Leben, ein schlechtes Schicksal ist Strafe für Missetaten.

Zum Erlangen der Erlösung steht dem Hindu eine Reihe von Methoden zur Verfügung: So gibt es Dutzende Arten der Meditation *(Dhyan)*, die Technik der vollkommenen Hingabe an einen Lieblingsgott *(Bhakti)* oder des selbstlosen Verrichtens guter Taten *(Karma Yoga)* und viele mehr – alle Systeme, so verschieden sie sind, führen zum selben Ziel.

Auch beim Gebet, der *Puja*, hat der Hindu eine schier unendliche Auswahl: Er kann wählen zwischen **Abertausenden von Göttern** – einigen Versionen nach gibt es sogar 300 Millionen! –, die jeweils mit diversen göttlichen Eigenschaften ausgestattet sind. Diese Eigenschaften werden auch in entsprechenden Notlagen angerufen. So ist beispielsweise der dickbäuchige Elefantengott Ganesh der Beseitiger von Hindernissen und ganz allgemein

ein Glücksbringer; für das finanzielle Glück ist die Göttin Lakshmi zuständig, und demzufolge ist „Lakshmi" in Indien auch eine umgangssprachliche Bezeichnung für „Geld". Saraswati ist die Göttin des Lernens und die Schutzpatronin von Sprache, Musik und Künsten, Indra ist der Gott des Regens und der Fülle, etc., etc. - es gibt wohl ebensoviele Götter wie Eigenschaften.

Die herausragenden Götter des Pantheons sind jedoch die der hinduistischen „Dreifaltigkeit" *(Trimurti)*, d.h. **Brahma, Vishnu** und **Shiva.** Brahma ist der Schöpfer des Universums, Vishnu der Erhalter und Shiva der Zerstörer und Erneuerer. Die drei können auch in einer gemeinsamen Form auftauchen, die Dattatreya („Dreiergott") genannt wird. Aus dem Götter-Trio werden in der Praxis nur Vishnu und Shiva verehrt; die Brahma-Verehrung ist sehr selten, und ihm geweihte Tempel gibt es auf dem indischen Subkontinent vielleicht gerade ein halbes Dutzend. Als Grund wird häufig angegeben, daß Brahma seine eigene Tochter Saraswati geheiratet und sich dadurch der Inzucht schuldig gemacht habe.

Verwirrenderweise kommen zu all diesen Göttern zahllose verschiedene **Manifestationen,** in denen die Götter erscheinen können. Vishnu beispielsweise kann als Narayan, Krishna, Rama und in Hunderten anderen Varianten auftauchen; Kataragama wird gleichzeitig auch unter den Namen Skanda, Subramaniam, Murugan, Kathiresan u.a verehrt; die Göttin Kali ist eine Manifestation von Durga und Bhawani etc. Das gleiche gilt auch für alle anderen Gottheiten, was dem Laien die Identifizierung nicht gerade erleichtert. All die Götter können aber auch - und das wäre vielleicht der Idealfall - als verschiedene Aspekte des *einen* Gottes betrachtet werden, der sich in vielen Formen auszudrücken vermag.

Die Götter und Göttinnen haben übrigens auch himmlische Ehepartner, so daß ganze **Götterfamilien** entstehen. Die Frau von Krishna ist Radha, die von Rama Sita, und Shiva ehelichte Parvati und zeugte mit ihr den elefantenköpfigen Ganesh.

Hinduistisches Kastensystem

Ein weiterer und enorm wichtiger Bestandteil des Hinduismus ist das Kastensystem. Dem Kastenwesen liegt die Vorstellung zugrunde, daß jedem Wesen der durch sein Karma zubestimmte Platz zugedacht sei. Dieser Platz ist unveränderlich und durch Geburt vorbestimmt. Ein Auf-oder Absteigen im Kastensystem ist unmöglich, selbst heiraten kann man nur innerhalb der eigenen Kaste.

Die Hindu-Gesellschaft unterteilt sich traditionell in vier **Hauptkasten,** die sich wiederum in ca. 3.000 Unterkasten aufsplittern. Die oberste Kaste ist die der Brahmanen (Priester oder Schriftgelehrte), die gern als der „Kopf" der Gesellschaft bezeichnet werden. Es folgen die Kshatriya (Krieger, Soldaten), dann die Vaishya (Kaufleute, Bauern) und schließlich die Shudra (Arbeiter).

Völlig außerhalb des Kastensystem stehen die sogenannten **Kastenlosen** oder „Unberührbaren", die ursprünglich zu einem Schattendasein ohne jegliche Rechte verurteilt waren. Ihnen standen nur „unreine" Arbeiten zu, da sie ohnehin nicht mehr verunreinigt werden konnten. Zu diesen gehörte das Bearbeiten von Tierfellen, Leichenverbrennen, Straßen- und Toilettenreinigung etc. Das Leben eines Kastenlosen war weit weniger wert als das einer heiligen Kuh, und selbst sein Schatten konnte einen Höherkastigen verunreinigen, so daß sich dieser komplizierten Reinigungsritualen zu unterwerfen hatte – nicht zu reden von den Strafen, die den „Frevler" erwarteten.

In Sri Lanka hat sich das hinduistische Kastensystem etwas anders entwickelt als im indischen Mutterland. Als oberste Kaste gilt hier die der **Vellalas,** der Bauern und Grundbesitzer, aus denen sich traditionell auch die Priester rekrutieren. Darunter stehen die Handwerker-Kasten wie die der Goldschmiede, Eisenschmiede und Zimmerleute. Den Bodensatz bilden die niederen Kasten der Fischer, Friseure, Toddy-Zapfer, Trommelschläger etc. Die Brahmanen bilden eine verschwindend kleine Gruppe und spielen keine nennenswerte Rolle.

Ein weiterer wichtiger Bestandteil der Hindu-Lebensart sind die zahlreichen **Hindu-Feste** oder **Pilgerfahrten,** die nach dem hinduistischen Mondkalender ausgerichtet sind. Die Teilnehmer werden oft von ganz alltäglichen Motiven bewegt, sie bitten um die Erfüllung von Wünschen oder bedanken sich für vorangegangene glückliche Ereignisse; auf lange Sicht aber soll die Teilnahme den Gläubigen der Moksha näherbringen, der so fernen, aber dennoch nicht aus den Augen zu verlierenden Erlösung.

Islam

Die arabischen Einwanderer (siehe „Bevölkerung") waren die ersten, die den Islam nach Sri Lanka brachten, nur etwa ein Jahrhundert nach seiner Begründung in Arabien. Später gesellten sich übergetretene Buddhisten und Hindus zu ihnen, ebenso moslemische Einwanderer aus den Küstengebieten Südindiens, die den untoleranten Portugiesen entflohen.

Der Islam (wörtl. „Unterwerfung") wurde zwischen 610 und 632 vom **Propheten Mohammed** gestiftet und verehrt nur einen einzigen Gott. Dieser ist **Allah,** der nach dem jüngsten Gericht die guten oder bösen Taten mit Paradies oder Hölle vergilt.

Den Anhängern des Glaubens wird die Einhaltung von fünf Geboten abverlangt, den sogenannten **„Fünf Säulen" des Islam:**

1. Das Bekenntnis zur Einheit Gottes und der Prophetenschaft Mohammeds.
2. Das fünfmalige tägliche Gebet.
3. Das Geben von Almosen.
4. Das Fasten im Fastenmonat Ramadan *(Ramazan).*
5. Die Pilgerreise *(Haj)* nach Mekka.

Wie den meisten anderen Religionen blieb auch dem Islam nicht die Spaltung in unterschiedliche Glaubensrichtungen erspart. Bald nach Mo-

046sr Foto: rk

Zweige gipfelte nicht selten in Kriegen. Die meisten Moslems in Sri Lanka gehören der gemäßigteren Sunni-Richtung an.

Der **heilige Tag** der Moslems ist der **Freitag**, an dem sich besonders viele Gläubige zum Gebet, dem *Namaz*, in den Moscheen versammeln. Zu diesem Anlaß finden Lesungen aus dem **Koran** statt, der heiligen Schrift des Islam, die auf der göttlichen Eingebung Mohammeds beruht. Das tägliche Leben der Moslems wird durch einen strikten **Moral-Codex** geregelt, der z.B. das Nehmen von Schuldzins, Glücksspiel, Alkoholgenuß, den Verzehr von Schweinefleisch und auch unstattgemäße geschlechtliche Beziehungen (z.B. außerehelichen Geschlechtsverkehr) streng untersagt.

hammeds Tod bildeten Nachfolge-Streitigkeiten die Grundlage zur Spaltung des Islams in die **Sekten** der **Shia** („Die Abspalter-Sekte") und der **Sunni** („Der traditionelle Pfad"). Während die Anhänger der Sunni, die Sunniten, glauben, daß Mohammed keinen Nachfolger ernannt hatte, halten die Anhänger der Shia, die Shiiten, Mohammeds Cousin und Schwiegersohn Ali für seinen rechtmäßigen Nachfolger. Der Glaubensstreit der beiden

Die Jami-ul-Affar-Moschee
in Colombos Stadtteil Pettah

Christentum

Das Christentum wurde ab dem Anfang des 16. Jh. von den **Portugiesen** in Sri Lanka verbreitet, die hier, wie in allen ihren überseeischen Besitztümern, einen ungesunden missionarischen Eifer an den Tag legten. Trotz ihrer frömmelnden Engelszungen zeichneten sie sich durch barbarische Grausamkeit gegenüber den Einheimischen aus.

Mitte des 16. Jh. trat **König Dharmapala** von Kotte zum Katholizismus über, worauf ihm einige hochkastige Familien folgten. *Dharmapala* - der Name bedeutet paradoxerweise „Hüter des Glaubens" - wurde fortan von den Portugiesen *Don Juan Dharmapala* genannt.

047sr Foto: rk

Als die Holländer die Insel erobert hatten, versuchten sie den Einfluß des Katholizismus zu schmälern und der **Holländischen Reformierten Kirche** Zulauf zu verschaffen. Allerdings übten sie ihre Missionierungsarbeit weit zurückhaltender aus als die vom Kreuz geblendeten Portugiesen.

Weitere **protestantische Glaubensrichtungen** verbreiteten sich unter der folgenden Herrschaft der Briten. Heute sind neben Katholiken auch Anglikaner, Methodisten, Baptisten und Presbyter vertreten.

Christlicher Schrein in Negombo

Feste und Feiertage

Anders als bei uns sind die meisten Feiertage vom Mondkalender abhängig und somit variabel. Dazu gehören auch die **Poya-** oder **Vollmondtage,** die jeweils als buddhistische Feiertage begangen werden. An diesen darf kein Alkohol ausgeschenkt werden, einige Hotels oder Restaurants machen bei Ausländern aber klammheimliche Ausnahmen. Alle Tempel verzeichnen zu den Poya-Tagen besonders großen Zulauf.

Die sogenannten **„Bank Holidays"**, ein urbritischer Begriff, sind offizielle Feiertage, an denen alle Banken und Regierungsämter geschlossen bleiben.

Januar

- Zu Vollmond wird in Kelani bei Colombo mit einer *Perahera* (Prozession) die **Duruthu Poya** begangen, die an Buddhas ersten Besuch auf Sri Lanka erinnert. Dieser soll neun Monate nach seiner Erleuchtung stattgefunden haben.
- Am 14. des Monats feiern die Tamilen **Thai Pongal,** eine Art Erntedankfest, zu dem Reis aus der frischen Ernte zusammen mit Milch in neuen, geschmückten Gefäßen gekocht wird (*pongal* = Kochen; *thai* = tamilischer Monat; Jan./Feb.). Dazu läßt man den Reis überkochen, wobei die Art seines Überquellens der Familie als Omen für das kommende Jahr gilt.

Februar

- Die **Navam Poya** wird mit einer Perahera in Colombo begangen und gedenkt dabei vier wichtiger Ereignisse im Buddhismus: die Mönchsweihe von *Sariputta* und *Mahamoggellana,* zwei der bedeutendsten Schüler Buddhas; die Zusammenkunft des ersten buddhistischen Rates; die Schaffung eines Regelkatalogs für den Mönchsorden und die Prophezeiung Buddhas, daß er in drei Monaten sterben werde.
- Am 4. des Monats ist **Independance Day,** der an die Erlangung der Unabhängigkeit im Jahre 1848 erinnert.

Februar/März

- Die Hindus feiern Gott Shiva in **Mahashivarathri,** der „Großen Nacht des Shiva". Tagsüber wird gefastet, worauf die Nacht im Tempel verbracht wird, wo der Priester die zahlreichen verschiedenen Namen Shivas – über 1.000! – rezitiert. Bei der Verlesung jedes einzelnen davon werfen die Gläubigen Blätter des heiligen Bel-Baumes *(Aegle marmelos)* auf einen Shivalingam oder Lingam, das phallus-ähnliche Symbol des Gottes. Das verspricht den Einzug in den Himmel. Das Ritual geht auf ein Ereignis zurück, das in der alten Schrift „Skanda Purana" beschrieben wird: Ein Jäger hatte sich während der Jagd im Wald verirrt, und als die Nacht nahte, stieg er aus Angst vor wilden Tieren auf einen Bel-Baum. Unter diesem befand sich zufällig ein Shivalingam. Dadurch, daß sich der Jäger des öfteren auf dem Baum bewegte, fielen Blätter auf den Lingam. Die Nacht verging, ein paar Tage später aber starb der Jäger in einem Streit. Danach führte ihn Yama, der Totengott, sogleich in den Himmel, da „er vor seinem Tode gefastet und die Blätter des Bel-Baumes auf den Lingam gestreut und sich dadurch von allen Sünden reingewaschen" habe.
- Zu **Milad-un-Nabi** gedenken die Moslems der Geburt des Propheten Mohammed. In den Moscheen werden Gebete gelesen, in den Familien werden Festessen abgehalten, und an die Armen werden Speisen ausgeschenkt.

März

- Die **Medin Poya** zelebriert Buddhas Rückkehr zu seiner Familie, um sie von seinen Erkenntnissen zu überzeugen.

März/April

- Die Christen feiern Karfreitag, **Good Friday,** und Ostern, **Easter.** In und um Negombo werden Passionsspiele aufgeführt.

April

- Auf den 13. oder 14. des Monats fällt sowohl das **tamilische** als auch das **singhalesische Neujahr** *(New Year).* Die Häuser werden gesäubert, alle Feuer müssen gelöscht werden, man fastet und vollführt religiöse Rituale, die Glück für das kommende Jahr garantieren sollen. Zu einem astrologisch berechneten Zeitpunkt werden die Feuer wieder entfacht, und in neuen Töpfen wird ein Festmahl bereitet. Nach dem Essen überreichen die Kinder ihren Eltern Betel und bitten sie ob der im vorangegangenen Jahr begangenen Sünden um Vergebung. Die ärmeren Leute bieten den wohlhabenderen ebenfalls Betel an, worauf letztere sich durch Geld revanchieren, das in Betelblättern eingerollt ist. Zwei oder drei Tage später findet in den Familien eine Feier statt, in der das Familienoberhaupt die Angehörigen durch das Auftragen eines geheiligten Öles segnet.

Weniger salbungsvoll geht es auf den Straßen zu: Zu den astrologisch berechneten, glückverheißenden Uhrzeiten werden Feuerwerkskörper abgebrannt, und weite Teile der männlichen Bevölkerung sprechen dem Alkohol zu. Die Folge sind oft Unfälle und Streitereien. Jedes Jahr sind zahlreiche Todesfälle zu beklagen.

Das Neujahrsfest ist das **wichtigste Ereignis im srilankischen Kalender** und dauert als solches drei Tage. Während dieser Zeit sind alle Banken und Ämter, fast alle Geschäfte, und auch viele Restaurants geschlossen. Manchmal wird es schwer, etwas Eßbares aufzutreiben. Da auch die Bäckereien geschlossen sind, gibt es meist schon nach zwei Tagen landesweit kein Brot mehr.

- Die **Bak Poya** erinnert an Buddhas zweiten Aufenthalt in Sri Lanka, der fünf Jahre nach seiner Erleuchtung stattgefunden haben soll.

Mai

- Wie wohl fast überall ist der 1. des Monats **May Day,** der „Tag der Arbeit". Auf der Galle Face Green in Colombo werden Versammlungen abgehalten, und es gibt Umzüge durch die Stadt.

Da es bei den Aufmärschen schon zu Attentaten durch die *Tamil Tigers* gekommen ist, werden starke Sicherheitsvorkehrungen getroffen. Schon einige Tage vor den Termin führen Armee und Polizei vermehrt Straßenkontrollen durch.

- Die **Adi-Wesak Poya** ist der Vollmondtag im buddhistischen Monat Adi-Wesak, der jedoch nur alle drei Jahre eingeschoben wird: Da das buddhistische Jahr ca. 11 Tage kürzer ist als der römische Kalender, wurde dieser Zusatzmonat geschaffen, um diejenigen Feiertage, die vom Mondkalender abhängen, so jedes Jahr halbwegs zum gleichen Datum stattfinden zu lassen.
- Die zweitägige **Wesak Poya** ist von besonderer Bedeutung, da auf diesen Tag Buddhas Geburt, seine Erleuchtung und sein Todestag fallen sollen. Die Tempel werden feierlich geschmückt, und man findet sich dort zu Gebeten ein. Zahlreiche Gläubige unternehmen Pilgerfahrten. Da halb Sri Lanka unterwegs ist, um Verwandte zu besuchen oder nach Hause zu fahren, werden an den Straßen von Privatpersonen Stände aufgestellt, an denen es kostenlose Getränke oder kleine Imbisse gibt.
- Am 22. ist **National Heroes' Day** oder **Republic Day,** der Nationalfeiertag.
- Der 30. ist ein spezieller **Bank Holiday.**

Juni

- In der Poson Poya wird dem Mönch *Mahinda* gedacht, der im 3. Jh.v.Chr. als erster den Buddhismus in Sri Lanka predigte und gleich den König von Anuradhapura davon überzeugen konnte. Mihintale bei Anuradhapura, wo das denkwürdige Ereignis stattfand, ist an diesem Tag das Ziel Tausender Pilger.

Juli

- Die Hindus feiern das **Vel-Festival,** das der Zusammenkunft des Kriegsgottes Skanda mit seiner Gemahlin Valli Amma gedenkt. *Vel* bedeutet „Speer" und ist die Lieblingswaffe Skandas. In Colombo findet eine Prozession statt, in der vom Stadtteil Pettah aus eine Skanda-Figur auf einem Prunkwagen gefahren wird; jedes Jahr abwechselnd ist das Ziel ein Tempel in Bambalapitiya oder ein anderer in Wellawatte. Dort wird Skanda jeweils mit Valli Amma vereint.
- Die **Esala Poya** erinnert an Buddhas erste Predigt nach seiner Erleuchtung, in der er seine Erkenntnisse von den 4 Edlen Wahrheiten und dem Achtfachen Pfad darlegte.

Juli/August

- An einem astrologisch bestimmten, „glücksverheißenden" Tag beginnt auch die elftägige **Kandy Perahera,** die aufgrund ihrer Länge auch noch bis in den August dauern kann. Diese Perahera ist Sri Lankas spektakulärstes Fest, eines mit Hunderten von Musikern, Tänzern, Akrobaten und nicht zuletzt Dutzenden von prunkvoll geschmückten Elefanten. Schon Wochen vorher kann man überall im Lande die Elefanten sehen, die sich auf dem Marsch nach Kandy befinden. Dabei sein ist alles! Zu all ihrer Farbenpracht findet die Perahera auch noch nachts statt – unter dem Schein zahlloser Fackeln -, was den Zauber noch erhöht. Die Uhrzeit des Festbeginns wird von Astrologen bestimmt.

048sr Foto: rk

Feierlichkeiten an einem Tempel

Genau betrachtet, besteht die Perahera aus zwei separaten Teilen. Die Umzüge in den ersten sechs Tagen, genannt Kumbal Perahera, finden zu Ehren von vier Hindu-Gottheiten statt: Kataragama, Vishnu, der Göttin Pattini und Natha, dem Schutzpatron Kandys, der oft auch als der zukünftige Buddha betrachtet wird, der Maitreya. Als 1753 siamesische Mönche Kandy besuchten, waren diese nicht sehr von dem hinduistischen Charakter der Perahera angetan. Deshalb veranlaßten sie den König, eine weitere Perahera abzuhalten, in der die Zahn-Reliquie des Buddha (siehe unter Kandy, „Dalada Maligawa") zu Ehren kommen sollte. Seither folgen auf die ersten sechs Tage fünf weitere Festtage, die sogenannte *Randoli Perahera* oder „Prozession der goldenen Sänfte". In dieser trägt ein „Tusker", ein besonders prächtiger Elefant mit großen Stoßzähnen, eine Nachbildung der Zahn-Reliquie. Früher wurde die echte Reliquie herumprozessiert, was heute aber als zu unsicher und auch wenig glückverheißend gilt. Dem stolzen „Tusker" folgen hundert Elefanten oder mehr, alle festlich herausgeputzt. Die Prozession endet am letzten Tag am Asgiriya-Tempel, wo die Zahn-Nachbildung bis zum Morgengrauen aufbewahrt wird. Am Mittag desselben Tages findet eine weitere Prozession statt, die einzige, die tagsüber abgehalten wird.

August

- Die **Nikini Poya** ist in erster Linie ein Feiertag der buddhistischen Mönche und kann den Beginn einer dreimonatigen Zeit in Meditation und Abgeschiedenheit markieren.

September

- Die **Binara Poya** gedenkt dem Tag, als Buddha in den Himmel aufstieg, um dort seiner Mutter Maya Devi und den himmlischen Wesen zu predigen.

Oktober

- Die **Wap Poya** ist der wichtigste Poya-Tag. Es werden zwei Ereignisse im Dasein des Buddha gefeiert: die Aufgabe seines Laien-Daseins und - nach Erlangung der Erleuchtung - die Rückkehr aus dem Himmel, wo er seiner Mutter gepredigt hatte (s.o.). Besonders viele einheimische Pilger fahren an diesem Tag nach Anuradhapura, um am Bodhi-Baum und in den Tempeln der Stadt zu beten.

Oktober/November

- Die Hindus begehen ihr „Lichterfest" **Deepavali** (sprich *Dipawali*), das den Sieg des Guten über das Böse symbolisiert. Während des Festes werden mehrere Gottheiten geehrt, die sich als Bezwinger des Bösen hervorgetan haben, so Vishnu oder Krishna. Beide töteten Dämonen, die die Welt lange gepeinigt hatten - Vishnu den schrecklichen Nagasuran, Krishna den Finsterling Naraka, der 16.000 junge Maiden als seine Gefangenen gehalten hatte. (*Naraka* bedeutet passenderweise „Hölle"!) Deepavali feiert den Sieg des Lichts über die Finsternis, und dazu werden überall Öllampen aufgestellt. Deepavali stammt von Sanskrit *dipa-alika,* „Lichterreihe".

November

- Die **Il Poya** zelebriert die Vorhersage des Bodhisattva Maitreya, daß Buddha die Erleuchtung zuteil werden würde, und das Aussenden von 60 Schülern durch Buddha, um seine Lehren zu verbreiten.

November/Dezember

- Das moslemische **Haji Festival** wird durch Festessen und Verwandtenbesuche gefeiert. Wer es sich leisten kann, bricht zur *Haj,* der Pilgerreise nach Mekka, auf.

Dezember

- Die **Unduwap Poya** erinnert an das Überbringen des heiligen Bo-Baumes von Indien nach Anuradhapura und wird vor allem am Ort selber begangen. Dort steht der Baum noch immer, gut 2.200 Jahre alt.
- Am 25. feiern die Christen **Weihnachten,** das auf britische Weise begangen wird, feucht-fröhlich und mit Feuerwerkskörpern.
- Der 31. ist als letzter Tag des Jahres ein **Bank Holiday.**

Kunst und Kultur

Architektur

Der Begriff Architektur meint in Asien meist „religiöse Architektur", denn die prächtigsten Bauten waren jeweils den Göttern zugedacht. Sri Lanka bildet da keine Ausnahme.

Die auffälligsten Bestandteile buddhistischer Architektur in Sri Lanka sind die **Dagobas,** in anderen buddhistischen Ländern Stupas genannt. Diese hatten ihren **Ursprung** in Begräbnishügeln, wurden später aber zu größeren Gebilden, die den mystischen Berg Meru, das Zentrum der Welt, symbolisierten. In ihnen wurden Reliquien des Buddhas oder buddhistischer Heiliger eingemauert, die der Dagoba und dem daran gelegenen Tempel ihre besondere Heiligkeit verliehen.

Die ersten historisch verbrieften Dagobas waren die Thuparama Dagoba in Anuradhapura und die Pathama Chetiya, wovon letztere bis heute nicht aufgefunden ist. Beide wurden im 3. Jh. v. Chr. unter König *Devanampiya Tissa* gebaut. Der Standort der Dagobas wurde entweder durch religiös-historische Ereignisse bestimmt, die an der Stelle stattgefunden hatten, gelegentlich aber durch eine Art Orakel: Prächtig geschmückte Elefanten, Pferde oder Ochsen wurden laufengelassen, und die Stelle, an der sie sich niederließen, wurde zum Bauort erkoren.

Die **Konstruktion** von Dagobas war gewissen Regeln unterworfen, die um 500 n.Chr. in einer Art Kanon niedergeschrieben wurden. Darin werden z.B. detaillierte Anweisungen zu den Proportionen der einzelnen Bestandteile untereinander gegeben. Insgesamt wurde in sechs verschiedene **Formen** von Dagobas unterschieden: die glockenförmigen, blasenförmigen, Lotus-förmigen, Nelli-förmigen (*Nelli* siehe „Essen und Trinken, Obst"), Reishaufen-förmigen und Chatty-förmigen. Ein Chatty ist ein bauchiges Tongefäß.

Auch die **Einzelelemente** der Dagoba, die jeweils eine symbolische Botschaft vermittelten, wurden abgehandelt, darunter der *Kota* („Turm"), *Sat* („Schirm"), *Hataraes Kotuwa* („Quadratische Umkleidung"), *Devata Kotuwa* („Umschließung der Götter"), *Tun-Mal Pesawa* („die dreistöckigen Ornamente") u.a.

Die Gläubigen **umrunden** die Dagoba und die darin befindliche Reliquie **im Uhrzeigersinn,** ein Ritus namens *Pradakshina,* der die Bewegung der Himmelskörper umeinander symbolisiert.

Kleinere Dagobas wurden gelegentlich von runden, erhöhten Plattformen mit zahlreichen Steinsäulen und Steintreppen an den markanten Punkten umgeben. Diese Bauten nennen sich **Vatadage** oder „Rundes Reliquienhaus". Relativ selten waren die **Gedige,** Tempel aus massiven Steinwänden, die von einem gewölbten Dach abgeschlossen wurden und die Buddha-Bildnisse beherbergten.

049sr Foto: Ingo Hothan

Ein häufiger Bestandteil von Tempelanlagen ist der **Mondstein,** ein halbkreisförmiger, flacher Stein, der als eine Art Schutzstein vor Treppenaufgängen oder Schwellen plaziert ist. Die Mondsteine sind mit zahlreichen Ornamenten geschmückt, die alle eine symbolische Bedeutung haben: In der Mitte befindet sich eine Lotusblume, das Symbol des Buddha; um diese herum winden sich Reihen mit verschie-

Der berühmte Mondstein an der Dagoba von Polonnaruwa

denen Motiven wie Elefanten, Wildgänse, Pferde, Löwen, Ochsen, Schlingpflanzen, Feuerzungen o.a. Die Elefanten, Ochsen, Löwen und Pferde stellen die „Vier Gefahren des Lebens" dar, nämlich Geburt (Elefant), Verfall (Ochse), Krankheit (Löwe) und Tod (Pferd). Die Wildgänse oder *Hansa* symbolisieren das Unterscheiden von Gut und Böse, da sie es mit ihren Schnäbeln zustande bringen, den Rahm von der Milch abzuschöpfen. So behauptet es zumindest eine religiöse Parabel.

Kunsthandwerk

Bei Sri Lankas Überfluß an natürlichen Rohmaterialien ist es nicht verwunderlich, wenn sich zahlreiche Handwerke entwickelt haben, die sich derer bedienen. Früher waren die Könige die Mäzene der Handwerkskünste und beriefen die besten Handwerker zu Arbeiten an den königlichen Hof oder beauftragten sie mit der Filigranarbeit an den religiösen Bauten.

Heute zehren viele Handwerker von ihren Verkäufen an König Tourist. Das ist aber nicht unbedingt so profan, wie es klingt, denn ohne den **Tourismus** würde manche Handwerkskunst möglicherweise aussterben. Der heimische Absatzmarkt für Kunsthandwerk ist sehr begrenzt.

Töpferei

Tongefäße gehören noch zum Alltagsbild in Sri Lanka, beispielsweise die großen flachen Töpfe, in denen auf Märkten der Joghurt verkauft wird. Diese sind von einer schlichten und groben Machart, es gibt aber auch Ansehnlicheres. Viele Gefäße werden mit dekorativen Mustern versehen, die in den noch weichen Ton eingeritzt oder eingedrückt werden. Die so entstehenden Rillen oder Mulden werden manchmal mit einem andersfarbigen Ton gefüllt, um einen bunten Kontrast zu erreichen. Einige Stücke werden nach dem Brennen bemalt.

Batikarbeiten

Die Batik-Technik stammt ursprünglich aus Indonesien, im letzten Jahrzehnt ist aber auch in Sri Lanka eine beachtliche Batik-Industrie herangewachsen. Deren Abnehmer sind fast ausschließlich die Touristen.

Batik ist eine Stoffärbe-Methode, bei der Stoff in verschiedenen Arbeitsgängen in Farbbäder getaucht wird, wobei bestimmte Stellen durch das vorherige Aufdrücken von Wachsstempeln aber farbfrei gehalten werden. Durch gezieltes, mehrmaliges Durchführen dieses Vorgangs, bei dem immer wieder andere Farben verwendet und andere Stellen uneingefärbt bleiben, entstehen die typischen Batik-Muster. Der Arbeitsvorgang kann in vielen Batik-Fabriken beobachtet werden, denen meistens auch Verkaufsräume angeschlossen sind. Die dort erhältlichen Batik-Produkte sind Hemden, Kleider, Wandgemälde, Bettzeug u.ä.

Geklöppelte Spitze

Spitzen-Arbeiten *(lace)* sind eine Spezialität von Galle, wo sie von den

050sr Foto: Ingo Hothan

Portugiesen eingeführt wurden. Hergestellt werden vornehmlich Tischdecken, verkauft werden sie von fliegenden Händlern in oder um das Dutch Fort in Galle.

Korb- und Mattenflechterei

Aus Naturmaterialien geflochtene Körbe und Matten gehören noch zu jedem Haushalt. Ein Zentrum der Flechterei ist Kalutara, wo aus dem Blatt der Indi-Palme Matten, Hüte oder Körbe hergestellt werden. Die sogenannten Dumbara-Matten stammen aus dem Distrikt Dumbara bei Kandy und sind unter Einheimischen die beliebtesten Matten. Diese werden auf einfachen Webstühlen aus den Fasern einer Hanfart hergestellt. Aus den stabileren Materialien Bambus und Rattan werden solide Körbe oder Korbmöbel geflochten.

Holzschnitzerei

In der Holzschnitzerei werden heute noch die Masken zu den diversen Tanz- und Drama-Gattungen produziert (s.o.), ebenso aber auch Figuren von Elefanten, Buddhas, Göttern oder anderen mythischen Gestalten, wovon ein großer Teil in den Souvenir-Läden für die Touristen landet. Die verwendeten Holzarten sind Kaduru (bei den

Traditioneller „Brennofen" für Tonwaren

Masken), Ebenholz, Teak, Sandelholz, Mahagoni, Tamarinde und diverse Palmarten.

Lackmalerei

Die Lackmalerei, beheimatet in der Gegend um Kandy, verschönt hölzerne Schachteln, Aschenbecher, Buchhüllen etc. Der **Lack** (von Sanskrit *laksha*) ist der verkrustete Harz bestimmter Baumarten, die von sogenannten „Lack-Insekten" *(Coccus lacca)* angebohrt wurden. Dieser Lack wird gesammelt, gefärbt und dann zu dünnen Fäden verarbeitet.

Das **Auftragen** wird entweder mit dem Fingernagel bewerkstelligt, diese Technik heißt *Niyapotuwada* oder „Nagelarbeit". In der Technik des *Biraluwada* („Spularbeit") wird ein Stäbchen aus Lack gegen das zu verzierende Objekt gedrückt, das sich auf einer drehenden Töpferscheibe befindet; beim Andrücken des Stäbchens schmilzt der Lack und dringt in das Holz ein.

Metall-, Silber- und Goldarbeiten

Schmuckstücke oder Zierobjekte aus diesen obigen Materialien wurden schon vor mindestens 2.000 Jahren in Sri Lanka hergestellt, wobei die Kundschaft den höheren Gesellschaftsschichten entstammten. Heute nennt fast jede Frau ein paar Gold- oder Silberschmuckstücke ihr eigen, denn Schmuck hat einen hohen Statuswert, besonders solcher aus Gold. **Goldschmuck** gilt auch als krisenfeste Anlage und kann in Notzeiten veräußert werden.

Die Schmuck-Designs sind nach europäischem Geschmack oft sehr kitschig, es gibt aber auch Dezentes.

Eine häufig angewandte Verarbeitungstechnik ist die des **Repoussé,** in der Metall, Kupfer oder Silber, von seiner Rückseite her mit einer Art Meißel beschlagen wird; dabei entstehen auf der Vorderseite Wölbungen in Form von dekorativen Mustern oder Figuren.

In der Technik des **Cire Perdue** („verlorene Form") werden aus Ton Figuren modelliert, die dann mit einer Schicht Bienenwachs bedeckt werden; darüber wird wieder eine Schicht Ton aufgetragen. Das Ganze wird dann erhitzt, wobei der Wachs aus einer vorgegebenen Öffnung ausfließt und so eine Gußform zurückbleibt. In den so entstandenen Hohlraum wird flüssiges Metall gegossen. Nach dem Erkalten des Metalls wird die Tonform zerschlagen. Auf diese Art werden Figuren jeder Art und Größe hergestellt, allerdings pro Form nur eine.

Musik

Der srilankische Schriftsteller *Michael Ondaatje* (siehe „Literatur"), immer eine gute Quelle für Zitate, verglich die singhalesische Sangeskunst einmal mit einem Geräusch, „wie wenn ein Skorpion durch eine Glasröhre gequetscht wird, oder wie wenn jemand auf einen Pfau trampelt" – was einen ja direkt neugierig macht!

Gesang ist in Sri Lanka häufig zu hören, oft sitzt man im Freundeskreis zusammen und stimmt irgendein altbekanntes Lied an. Gelegentlich wer-

051sr Foto: rk

Junger Musiker

den sogar Ausländer darum gebeten, ein Lied aus ihrer Heimat zu singen, was diese dann allerdings gar nicht nachvollziehen können. In einem Land aber, in dem CD-Player und Walkman noch nicht zur Standard-Ausrüstung gehören, ist das Singen noch eine beliebte Freizeitbeschäftigung.

Eine gute Gelegenheit zum Gesang ist die Arbeit auf dem Reisfeld. Dort werden die Liedformen **Nelun** oder **Goyan Gi** angestimmt, die das Pflanzen der Setzlinge, das Unkrautjäten oder das Ernten untermalen. Während der Chena oder Brandrodung werden die **Pelkavi** gesungen, wörtlich „Hütten-Verse". Um sich die Zeit zu vertreiben, sitzen die Bauern in ihren behelfsmäßig errichteten Hütten und singen Lieder mit religiösen, amourösen oder sonstigen Themen. **Virudu** und **Raban Gi** sind im Aussterben begriffene Liedformen, die von Sängergruppen auf Volksfesten aufgeführt werden, begleitet vom **Rabana,** einer Art Tamburin.

Wie alle anderen Künste auch wird die Musik oft zu religiösen Zwecken eingesetzt; Tempelfeste und Gebetszeremonien werden durch sie untermalt. Die **Shabda Puja** („Klang-Gebet") z.B. ist eine traditionelle, streng festgelegte Musikbegleitung zu religiösen Ritualen, die sich über viele Jahrhunderte erhalten hat. Die Hauptakteure dabei sind Trommler mit ihren **Thamathamas,** so etwas wie kleine Bongos, die in fest vorgeschriebenen Rhythmen getrommelt werden.

Überhaupt gehören Trommeln zu den wichtigsten Instrumenten in der traditionellen Musik, und dementsprechend gibt es viele verschiedene Varianten: Da ist die längliche **Geta Bera,** die auf der einen Seite mit Kuhfell, auf der anderen mit Affenfell bespannt ist; dazu kommen die kleinen und uhrglasförmigen **Udekkiya,** ihre größere Variante, die **Dakkiya,** die über die Schulter zu schlingende **Yak Bera**, die zum Teufels-Tanz (s.u.) benutzt wird, sowie verschiedene Arten der **Dawula,** die mit einem Schlagstock, dem Kadippu, bearbeitet werden. Der Rhythmus macht die Musik!

Über dem „Beat" der zahllosen Trommeln tragen die Blasinstrumente die Melodie. Bei allen Prozessionen mit dabei ist die **Kombu,** ein geschwungenes, mächtig dröhnendes Metall-Horn, das früher auch zur Schlacht blies. Die **Bata Nalawa** ist eine einfache Bambusflöte, die **Naga Sinnam** eine Bambusflöte mit einem Zusatzrohr, das einen festgelegten, mitschwingenden Unterton erzeugt. Die **Horanewa** ist ein Holzinstrument mit Metall-Mundstück und einem darin befindlichen Stück aus dem Palmyra-Blatt, das in Schwingung versetzt wird. In Tempeln werden die Pujas oft vom sonoren, langgezogenen Klang der heiligen **Conch-** oder **Chank-Muschel** *(Turbinella rapa)* untermalt.

Die beste Gelegenheit, die meisten der obigen Instrumente gleichzeitig zu erleben, ergibt sich bei den Peraheras oder Prozessionen, allen voran bei der Kandy Perahera. Wer mehr E-Gitarre mag, findet in den Top-Hotels von Colombo und anderswo zahlreiche einheimische Pop-Bands.

Tanz und Schauspiel

Tanzformen

Der srilankische Tanz ist entfernt mit den **südindischen Tanzformen** des Bharata Natyam und Kathakali verwandt, zeichnet sich aber im Gegensatz zu diesen durch seine Dynamik aus. Anders als der Bharata Natyam, der meist von Tänzerinnen aufgeführt wird, ist der srilankische Tanz mit seiner oft ungestümen, akrobatischen Wildheit fast ausschließlich Männersache. Passend dazu besteht die Musikbegleitung fast nur aus Trommeln, die treibende, energische Rhythmen vorgeben.

Der klassische indische Tanz basiert auf der „Natya Shastra" („Lehrbuch von Tanz und Drama") des Weisen *Bharata* (ca. 2. Jh.). Angeblich hatte er 100 Söhne, die die ersten Schauspieler Indiens wurden. Das Sanskrit-Wort *natya* kann sowohl „Tanz" als auch „Drama" bedeuten.

In dem Lehrbuch werden drei Tanzformen unterschieden: der reine Tanz *(nritta),* der expressive Tanz *(nritya)* und das Tanzdrama *(natya).* Gemäß dieser Klassifizierung gehört der srilankische Tanz zur Form des *nritta.*

In Sri Lanka haben sich daraus zwei gänzlich unterschiedliche Tanz-Stile entwickelt, der Hochland-oder **Kandy-Tanz** und der Tiefland-oder auch **Teufels-Tanz.** Letzterer, auf singhalesisch *Sanni Yakuma,* bekam seinen Namen aufgrund seines exorzistischen Charakters; sein Zweck ist die Austreibung von Dämonen aus Besessenen oder die Heilung von durch Dämonen verursachten Krankheiten. Die Tänzer tragen Masken und stellen die verschiedenen Dämonen dar, die vom Priester aufgefordert werden, von ihrem Opfer abzulassen – mal im sanftmütigen, bittenden Ton, mal forsch und befehlend. Zum Abschluß des aus mehreren Phasen bestehenden Tanzes muß der Tanzort spirituell gereinigt werden, da die Anwesenheit der Dämonen ihn verunreinigt hat. Zu diesem Zweck tritt ein Tänzer auf, der zwei Fackeln in seinem Mund trägt,

052sr Foto: rk

damit alle dämonischen Einflüsse aufnimmt und sie fortträgt. Die Heimat des Teufels-Tanzes sind die südwestlichen und südlichen Küstengebiete, wo er auch häufig für Touristen aufgeführt wird - dabei aber ohne jeglichen spirituellen Hintergrund.

Die Kandy-Tänze haben ihren Ursprung im Kult um den Gott Kohomba, zu dessen Beschwichtigung früher nächtelange Opferzeremonien durchgeführt wurden. Dazu gehörte auch ein akrobatischer, fast halsbrecherischer Tanz, den die Tänzer vor dem Altar des Gottes aufführten.

Aus diesen religiösen Tänzen entwickelte sich die Tanzform des **Vannama,** rein weltliche Unterhaltungstänze, die die Bewegungen von Tieren nachahmen. Insgesamt gibt es 18 Vannamas, die sich solche Tiere wie Elefanten, Pferde oder Vögel zum Vorbild nehmen. Dabei geben die Bewegungen der Tiere den Tänzern aber nur den Rahmen vor, von dem sie sich mit fortschreitendem Tanz lösen und darum herum improvisieren können. Im Gegensatz zu den anderen Tänzen werden die Vannamas auch oft von Frauen aufgeführt.

Traditioneller Tanz

Zur Kategorie der Tanzdramen gehört der im Südwesten beheimatete **Kolam,** ein getanztes Maskenschauspiel, das alltägliche oder mythische Begebenheiten nacherzählt. Seine Entstehung geht der Legende nach auf eine Königin zurück, die während ihrer Schwangerschaft plötzlich von dem brennenden Wunsch heimgesucht wurde, Maskentänze zu sehen. Da niemand in der Lage war, solche aufzuführen, litt die Königin von Tag zu Tag mehr unter dem Unterhaltungsmangel. Bald erbarmten sich die Götter ihrer, und Vishnukarma, der Schutzpatron der Künstler und Handwerker, schuf die notwendigen Masken und Verse, die er eines Nachts im königlichen Garten deponierte. Der König befahl das Einstudieren der Verse, und bald wurde der erste Maskentanz aufgeführt.

Noch heute wird die in den Spielen auftretende Königin als schwanger dargestellt. Andere dargestellte Personen sind Niederkastige wie der Wäscher *(Dhobi)* und Trommler *(Berawaya)*, aber auch Soldaten, die Königswache und Würdenträger wie der Dorf- oder Distriktvorsteher. Gespielt werden alltägliche, humorvolle Possen, und nicht selten verulkt man die Eigenarten von bestimmten Personen. In der Kolonialzeit mußten abwechselnd die Portugiesen, Holländer und Briten als Zielscheibe des Spottes herhalten.

Der **Sokari** ist eine Dramaform, die aus Ritualen entstand, die früher zur Sicherstellung einer reichen Ernte aufgeführt wurden.

Masken

Von tragender Bedeutung sind bei allen Tanz- oder Dramaformen die Masken. Je nach ihrer Verwendungsart werden sie in Raksha-, Sanni- oder Kolam-Masken klassifiziert. Die **Raksha-Masken** werden oft bei Prozessionen und Festen getragen. Je nach dargestelltem Wesen werden sie noch einmal in Naga- („Kobra"), Garuda- („Vogel") und Maru- („Dämon") Masken unterschieden.

Von den **Sanni-Masken** gibt es 18 verschiedene, genau so viele wie es Dämonen gibt. Jedem Dämon werden bestimmte Krankheiten zugeschrieben, und je nach Situation wird so beim Teufels-Tanz die entsprechende Maske getragen. Eine 19. Maske stellt die böse Macht dar, die die 18 Dämonen beherrscht, den Ober-Dämonen Prinz Mahakola. Dieser trug der Überlieferung nach Schlangen in seiner Krone, denen er ihr tödliches Gift entzog. Aus diesem Gift entstand die Krankheit im allgemeinen, die dann 18 verschiedene Formen annahm. Diese wurden jeweils einem Dämon als Schutzpatron unterstellt.

Die beim **Kolam** benutzten **Masken** stellen den Charakter der zu spielenden Person dar, wenn auch oft in karikaturhafter Überzeichnung.

Hergestellt werden die Masken aus dem weichen Holz des Kaduru-Baumes *(Nux vomica)*, das in reiner Handarbeit geschnitzt wird. Danach wird die rohe Maske an einer Feuerstelle getrocknet und dann mit verschiedenen, je nach Bedarf mehr oder minder feinen Materialien geschmirgelt.

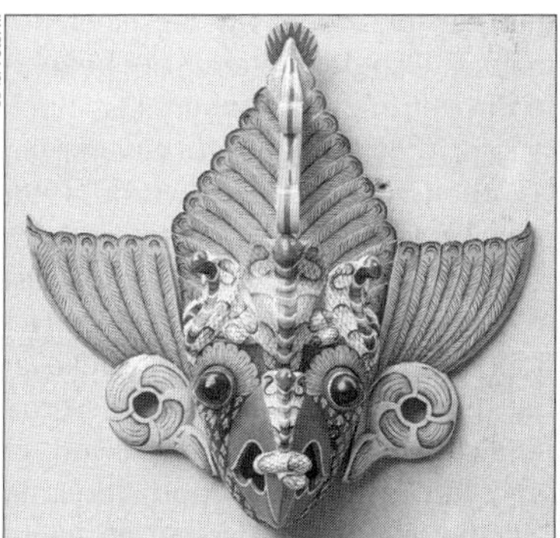

Teufelsmasken im Mask Museum, Ambalangoda

Früher benutzte man dazu die Haut von Rochen oder Schwertfischen oder – zu den feineren Arbeiten – die Blätter des Mota-Deliya-Strauches und Blütendeckblätter des Brotfruchtbaumes. Die danach aufzutragende Bemalung bestand früher aus Erd- und Pflanzenfarben, heute werden aber meist die greller leuchtenden Kunstfarben verwendet. Zur Konservierung der Farben dient ein Gemisch aus Harzpulver und Baumöl.

Das **Zentrum der Maskenschnitzerei** ist Ambalangoda an der Südwestküste, wo man bei der Fertigung zusehen und Masken kaufen kann. Die meisten Masken werden heutzutage für die Touristen hergestellt.

Literatur

Die klassische singhalesische Literatur beginnt praktisch mit der Ankunft der Singhalesen auf Sri Lanka, als die Geschichtschronik **Mahavansa** („Grosse Chronik") angefangen wurde. Diese, wie auch die im 13. Jh. daran anknüpfende **Culavansa** („Kleine Chronik"), liefern ein lückenloses historisches Bild der Insel.

Alle Texte waren auf **Olas** geschrieben, Manuskripten aus den Blättern der Talipot-Palme. Die Blätter wurden zu länglich-schmalen Büchern zusammengebunden, die Buchstaben wurden mit einem spitzen Metallstift eingraviert; die schwarze Farbe der Buchstaben bestand aus einem Gemisch aus Ruß und Baumharz. Die Olas waren haltbarer als die meisten Bücher des 20. Jh., und viele sind noch heute im allerbesten Zustand. Viele buddhistische Tempel verfügen über grössere Sammlungen von Olas, die die Mönche gerne vorzeigen.

Mit der Ausbreitung des Buddhismus wurde die Literatur zum Medium der religiösen Unterweisung. So wurden z.B. die populären **Jataka-Geschichten** nacherzählt.

Infolge der Tamilen-Eroberungen kamen etwa ab dem 10./11. Jh. auch **tamilische Gelehrte** ins Land, die vor allem religiöse Schriften verfaßten, aber auch Gedichte und Erzählungen.

Die singhalesische Literatur erlebte eine ihrer Blütezeiten nach dem 13. Jh., als die Architektur gerade im Niedergang begriffen war. In dieser Periode entstanden zahlreiche säkulare Texte, darunter auch die Gedichtform der **Sandeshas** („Botschaften"). Diese Gedichte waren vom Kern her zwar eine Art Anrufung der Gottheiten, spiegelten auf einer anderen Ebene aber auch die Lebensweise der damaligen Bevölkerung wider. Die bekanntesten Sandeshas sind nach Tieren benannt, siehe Tisara-Sandesha („Botschaft des Schwanes"), Mayura-Sandesha („Botschaft des Pfaus"), Paravi-Sandesha („Botschaft der Taube") und Salalihini-Sandesha („Botschaft des Mynah"). Die beiden letztgenannten stammen von dem Mönch *Sri Rahula* (15. Jh.), der als der kompetenteste Autor in dieser Literaturform gilt.

Diese Periode brachte weiterhin **Abhandlungen zu Architektur, Medizin, Astrologie und** der **Rechtswissenschaft** hervor, geschrieben in Pali, Sanskrit oder Tamil. Als großmütige Literatur-Mäzene erwiesen sich die Könige von Jaffna, denen viele Dichter und Schriftsteller ihre Werke in Dankbarkeit widmeten.

Mit den Portugiesen kam im 16. Jh. auch die **Bibel** ins Land, von der um 1610 auszugsweise singhalesische und tamilische Übersetzungen vorlagen. Mitte des 17. Jh. erstellten holländische Gelehrte die erste komplette singhalesische Version des Neuen Testaments.

Die Verbreitung der englischen Sprache während der brit. Kolonialzeit zog erstaunlicherweise kaum **englischsprachige Publikationen** nach sich. Erst nach Erlangung der Unabhängigkeit wandten sich srilankische Autoren vermehrt der englischen Sprache zu.

Von den srilankischen Schriftstellern der Gegenwart ist der erfolgreichste der in Kanada lebende **Michael Ondaatje.** 1992 wurde ihm für seinen Roman „The English Patient" der begehrte Booker Prizer verliehen. Das Buch wurde in Hollywood zu einem Film verarbeitet, und dieser wurde 1996 mit mehreren „Oscars" ausgezeichet.

Seit 1955 in Sri Lanka ansässig ist der bekannte britische Science-Fiction-Autor **Arthur C. Clarke.** Dieser hat einige Dutzend Bücher veröffentlicht, das bekannteste davon ist wohl das von Hollywood verfilmte „2001 – A Space Odyssey". Im Jahre 2000 benannte die *European Telecommunications Satellite Organisation* (Eutelsat) einen Satelliten nach Clarke, um ihn damit für seine in seinen Büchern gemachten technischen Prognosen zu ehren, die oft mit erstaunlicher Genauigkeit eintrafen.

Medien

Kino

Wie in allen Ländern des indischen Subkontinents spielt der Kinofilm auch in Sri Lanka noch eine wichtige Rolle. Die „Helden" und „Heldinnen" der oft episch ausartenden Streifen werden fast verehrt wie Götter – nicht umsonst hängen die Bilder der Stars oft gleich neben religiösen Abbildungen. Wer von Colombo zum Katunayake Airport fährt, sieht einige Kilometer südlich des Flughafen an der rechten Straßenseite ein lebensgroßes Denkmal der legendären singhalesischen Schauspielerin **Rukmini Devi,** die 1975 genau an der Stelle mit ihrem Auto tödlich verunglückte. **Gamini Fonseka,** der smarte Star zahlloser singhalesischer Schmachtstreifen, ist heute Gouverneur der Nordost-Provinz. Daß eine Schauspieler-Karriere das Sprungbrett in die Politik sein kann, wird am besten in Indien vorexerziert, wo bisher ein halbes Dutzend ehemaliger Schauspieler/-innen Provinzminister oder Abgeordnete wurden.

In srilankischen Kinos sind in erster Linie **singhalesische und tamilische Filme** zu bewundern, schwülstige, emotionsgeladene Dramen mit zahlreichen Gesangseinlagen. Die singhalesischen Filme sind allesamt Eigenproduktionen, die tamilischen können aber auch aus dem indischen Bundesstaat Tamil Nadu importiert sein. Bei der Produktion von Tamil-Filmen ergeben sich bisweilen unvorhergesehene Probleme. Als vor einigen Jahren ein solcher in Dodanduwa bei Hikkaduwa gefilmt werden sollte, spielte die dortige, ausschließlich singhalesische Bevölkerung auf ungewollte Weise mit: Erbost darüber, daß in „ihrem" Ort ein tamilisches Kulissendorf errichtet worden war, rissen sie es kurzerhand nieder und setzten alles in Brand. Damit war gleich die letzte Klappe des Filmes gefallen.

In geringerem Maße werden auch **amerikanische Filme** gezeigt sowie in Bombay produzierte **Hindi-Filme.** Beides gibt es vor allem in Colombo zu sehen. Die indische Filmindustrie ist die größte der Welt, mit einem Ausstoß von jährlich 800-900 Filmen. Etwa ein Sechstel davon wird in Hindi produziert, der Rest in Lokalsprachen wie Kannada, Telugu, Tamil und Malayalam.

Hindi-Filme werden derzeit immer populärer und sind auch häufig im srilankischen Fernsehen zu sehen. Z.B. freitags ab ca. 22 Uhr auf TNL. Die Filme sind unsynchronisiert, haben jedoch singhalesische Untertitel. Der singhalesische Film kann mit der Konkurrenz nicht mithalten, und um Zuschauer zurückzugewinnen, kopieren die einheimischen Filmemacher oft die Plots von Hindi-Filmen. Was macht es da schon, wenn die Hindi-Filme ihrerseits oft nur Plagiate von südindischen Filmen sind!?

Presse

Dem srilankischen Leser steht eine große Auswahl an englischsprachigen, singhalesischen oder tamilischen Publikationen zur Auswahl. Theoretisch ist die **Pressefreiheit** durch die Verfassung geschützt, in der Praxis kann sie jedoch einschneidend beschränkt werden: Nachrichten über Regierungsangelegenheiten werden von einen Presserat überwacht, und bei unliebsamer Berichterstattung kann der 1979 ins Leben gerufene *Prevention of Terrorism Act* („Gesetz zur Bekämpfung von Terrorismus"), kurz *PTA*, angewendet werden. So können z.B. Interviews mit militanten Gruppen oder andere Artikel, die aus der Sicht der Gegenseite berichten, mit Gefängnis bestraft werden. Aufgrund dieser **De-Facto-Zensur** fungierte die Presse während der JVP-UNP-Konfrontation nur noch als Sprachrohr der Regierung. 1993 wurde die singhalesische Tageszeitung Lakdiva von den Behörden geschlossen, offiziell mit der Begründung, das Blatt habe „die Steuern nicht bezahlt". Lakdiva hatte zuvor wiederholt Kritik an der Regierung geübt. Im Jahre 2000 unterlagen zeitweise alle Berichte aus Sri Lanka der Zensur, darunter auch die der ausländischer Presseagenturen oder Sender. Präsidentin *Kumaratunga* rechtfertigte die Maßnahme als eine Unterstützung der nationalen Sicherheit.

Die verbreitetsten **englischsprachigen Tageszeitungen** sind The Island, Daily News, The Sun und der nachmittags erscheinende Observer. Die Daily News gehört dem regierungseigenen Lake-House-Konzern, Sri Lankas einflußreichstem Pressehaus. The Island versteht sich eher als Oppositions-Blatt. Das angesehenste Monatsmagazin ist der Lanka Guardian. Alle Blätter zaudern mit regierungsunfreundlichen Meldungen, allzu viel journalistischer Biß ist nicht zu erwarten.

Sonntags erscheinen die Zeitungen als spezielle **Sonntagsblätter,** mit Namen Sunday Island, Sunday Times und Sunday Observer. Sehr gut und kritisch ist der mittwochs erscheinende Midweek Mirror.

Viele Zeitungen verfügen auch über eine Website:

- **Daily News:**
http://www2.lanka.net/lakehouse
- **The Island:**
http://www.upali.lk.island
- **The Sunday Times:**
http://www.lacnet.org/suntimes
- **Midweek Mirror:**
http://www.lanka.net/midweekmirror

Ausländische Magazine wie Time, Newsweek, Asiaweek etc. sind in einigen Buchläden in Colombo und Kandy erhältlich.

Im Greenlands Hotel und Shanti Vihar Restaurant in Colombo (siehe „Unterkunft" bzw. „Essen") werden **indische Zeitschriften** und **Tageszeitungen** (englischsprachig) verkauft. Besonders informativ sind die zweiwöchentlich erscheinenden Magazine India Today, Outlook und Frontline sowie das Wochenmagazin Sunday.

In Marawila wird die **deutschsprachige Wochenzeitung Heute** herausgegeben, die in Buchläden und besseren Hotels erhältlich ist. Die mittwochs erscheinende Zeitung (100 Rs.) informiert vor allem über Ereignisse in

Deutschland - darunter viel Sportgeschehen - und bietet sogar die letzten Ergebnisse der Bundesliga-Spiele und die Lottozahlen. Die Redaktion ist zu erreichen unter Tel. 032-54888, Fax 078-60555, E-Mail: sport@slt.lk.

Radio

Alle Radiostationen unterstehen der regierungseigenen **Sri Lanka Broadcasting Corporation.** Gesendet wird auf UKW, Mittel- und Kurzwelle, in Englisch, Singhalesisch, Tamil und (auf Kurzwelle) in Hindi, Nepali und in anderen indischen Lokalsprachen.

Englischsprachige Programme - mit viel Popmusik und Nachrichten - werden von einigen UKW-Stationen gesendet, hauptsächlich in Colombo: von **FM 99** (99 MHz), **TNL** (90 + 101,7 MHz) und **Yes FM** (in Colombo 89,5 MHz, Kandy 88,2 MHz, sonst 101 MHz).

Wer Nachrichten aus der Heimat hören möchte, sollte einen Kurzwellen-Empfänger mitbringen und ein kostenloses Programm- und Frequenzheft der **Deutschen Welle** anfordern: Deutsche Welle, Abteilung Hörerpost, 50588 Köln. Die Deutsche Welle sendet in Asien über einen Sender in Trincomalee an der srilankischen Ostküste, was sich nicht gerade als der günstigste Standort entpuppte: Auch der Sender bzw. dessen Techniker blieben von Anschlägen nicht verschont. Der Sender-Standort in Sri Lanka bedeutet auch nicht, daß der Empfang im Lande besonders gut sein muß, im Gegenteil. Zum klaren Kurzwellenempfang ist eine nahe Lage zum Sender nicht sehr günstig, was mit der spezifischen Ausbreitungsart der kurzen Wellen zu tun hat. Die Deutsche Welle ist in Sri Lanka somit auf Kurzwelle nur mäßig zu empfangen. Morgens ist der Empfang am besten auf 9.750 und 11.820 MHz, nachmittags und abends auf 9.655, 12.055, 15.415 oder 15.490 MHz. Abends kommt die Deutsche Welle auch gut auf Mittelwelle (1548 KHz) herüber. Die nachmittäglichen und abendlichen Sendungen auf dieser Frequenz sind in Deutsch, dann folgen Sendungen in Urdu, Hindi und Englisch.

Meist recht klar zu empfangen ist die **BBC**, die von Singapur aus sendet. Informationen zu deren Programm - das weltweit wohl beste auf der Kurzwelle - bei BBC World Service, Bush House. London WC2 B4HP, Großbritannien.

Zu empfangen sind auch **Voice of America, Radio Österreich,** der **Schweizer Kurzwellendienst** und die guten (englischsprachigen) Sendungen von **Radio Holland.**

Fernsehen

Das Fernsehen hielt 1979 seinen Einzug in Sri Lanka, und heute besitzt jeder Haushalt, der etwas auf sich hält, ein TV-Gerät. Auf 28 Bewohner Srilankas kommt statistisch gesehen 1 Fernseher (BRD: 1 Fernseher pro 2,5 Pers.).

In den letzten Jahren sind zu den ursprünglichen staatlichen Sendern einige private hinzugekommen. Derzeit sind acht Stationen im Lande zu empfangen: **ETV** („Extra Terrestial TV") übernimmt vor allem die Programme des britischen Nachrichtensenders Sky News, dessen Sendungen einen eindeutig anglo-zentrischen Einschlag aufweisen. **ITN** bringt singhalesische Programme und Hindi-Filme, **TNL** sendet ebenfalls auf Singhalesisch, übernimmt aber auch einige Programme des in Singapur stationierten Musiksenders MTV. **Rupavahini** sendet ebenfalls vornehmlich singhalesische Programme, überträgt aber auch ausländische Sendungen - z.B. „Sesame Street" und englischsprachige Dokumentarfilme. **Dynavision** übernimmt in erster Linie die Programme des amerikanischen Nachrichtensenders CNN, und **MTV** („Maharaja Televison", keine Verwandschaft mit Musiksender MTV) bietet tamilische Programme und übernimmt viele Sendungen der BBC. **Sirasa TV** und **Swarnavahini** strahlen zumeist singhalesische und tamilische Programme aus, es werden aber auch einige Programme der BBC oder die Filmmmusik-Sendungen der indischen Stationen Sony TV und ATN übernommen.

Wer in Colombo in einem Fünf-Sterne-Hotel wohnt, kann außer den o.g. möglicherweise noch **CNN** und **BBC,** das indische Staatsfernsehen **Durdarshan,** die indischen Satellitenprogramme **Zee TV** und **Jain TV,** die Musiksender **Channel [V]** und **MTV** oder die diversen Kanäle von **Star TV** empfangen (Star Plus, Star Movies, Prime Sports etc.). Wer an den Tuner-Knöpfen herumdreht, mit denen die Stationstasten vorprogrammiert sind, findet wohl noch mehr Sender. Südasien wird derzeit mit Satelliten-Kanälen überflutet. Die meisten der etwa 10 Sender zielen auf Indien ab, das eine 250 Millionen Menschen starke, konsumfreudige Mittelschicht hat. Alle diese Sender werden, falls die Satelliten-Schüssel darauf ausgerichtet ist, in Sri Lanka empfangen.

Das Fernsehprogramm der **Deutschen Welle,** kurz DW, ist ebenfalls zu empfangen. DW sendet Nachrichten und Features, alle zwei Stunden abwechselnd in Deutsch und Englisch. Das Programm ist in einigen teureren Hotels zu sehen, so im *Lanka Oberoi,* Colombo, *Mount Lavinia Hotel,* Mt. Lavinia, *Triton Hotel,* Ahungalle, *Lanka Princess Hotel,* Alutgama, *Hotel Blue Note,* Hikkaduwa, *Comfort Lodge,* Kandy und eventuell noch einigen anderen.

Wirtschaft

Als Sri Lanka 1948 die Unabhängigkeit erlangte, war es fast ausschließlich ein Agrarland; weniger als 5% des Bruttosozialprodukts wurden in der Industrie erzeugt. Heute sind ca. 28% der Arbeitskräfte in der Industrie beschäftigt, ein Anteil, den die Regierung ausbauen will. 49% sind im Dienstleistungsgewerbe, 23% in der Landwirtschaft tätig.

Die größte Industrie ist die **Textilherstellung,** die derzeit auch mit Abstand wichtigster Devisenbringer ist. Über die Hälfte des gesamten Exportes wird durch Textilien eingebracht.

055sr Foto: Ingo Hothan

Reis ist wichtiges Exportgut

Die „traditionellen" (nicht-industriellen) Produkte wie Tee, Kautschuk, Kokosnüsse, Tabak, Holz, Papier, Leder und Meeresfrüchte machen weniger als 30% des gesamten Exportvolumens aus.

Um die Textil-Industrie forciert auszubauen, wurden Anfang der 90er Jahre 300 **Bekleidungs-Fabriken** aus dem Boden gestampft, und es verging kaum ein Tag, an dem die Tageszeitungen nicht einen freudestrahlenden Präsidenten *Premadasa* ablichteten, der wieder einmal ein neues Textil-Werk einweihte. Nach den Richtlinien der Regierung hatte jede darin beschäftigte Arbeiterin ein monatliches Mindestgehalt von 2.000 Rs. sowie ein kostenloses Frühstück zu erhalten. Kritiker aus den Reihen der Opposition sahen in dem Plan jedoch nur ein Selbsterhaltungsprogramm der UNP, die sich so Hunderttausende von Wählerstimmen zu sichern hoffte – die der über 150.000 Angestellten als auch ihrer wahlberechtigten Familienmitglieder. Nach den Wahlen, so viele zynische Stimmen, würden viele der Werke wieder schließen.

Weitaus kleinere Industrien spezialisieren sich auf die Nahrungsmittel-, Chemikalien-, Elektronik-, Zement-, Leder- und Keramik-Produktion.

Die nach den Textilien wichtigsten Devisenbringer sind (in der Reihenfolge ihrer Bedeutung) Tee, Edelsteine und Schmuck, Kokosnüsse, Kautschuk und Petroleum-Produkte.

Als Sorgenkind darunter entpuppte sich in den letzten Jahren zum Teil der **Tee,** der zuvor lange das bedeutendste Exportgut gewesen war; heute liegt er nur noch weit abgeschlagen auf Platz zwei. In den letzten Jahren sanken die Produktionsmengen und Exportumsätze, was auf einer vetrackten Kombination von Ursachen beruhte: Mißmanagement, zu hohe Arbeitsintensität, niedrige Hektar-Erträge, die Konkurrenz durch billigere und qualitativ bessere Erzeugerländer und zum Teil auch auf anhaltender Dürre. Ab Mitte der 90er Jahre wurden dann wieder 240 Mio. Kilogramm Tee geerntet, eine Menge wie in den besten Zeiten. Um dem Wirtschaftszweig unter die Arme zu greifen, hob die Regierung die früher auf den Tee erhobenen Exportzölle auf. Die Exporteinnahmen durch Tee betragen zur Zeit etwa 20 Mrd. Rupien pro Jahr (ca. 500 Mio. DM).

Das drittwichtigste Exportgut sind **Edelsteine,** die vor allem in der Gegend von Ratnapura („Stadt der Edelsteine") gefunden werden. Darunter sind Saphire, Rubine, Topase, Zirkone und Turmaline. Die jährlichen Exporterträge (einschl. Schmuck) belaufen sich auf ca. 11 Mrd. Rupien (ca. 300 Mio. DM).

Kokosnüsse und Kautschuk tragen pro Jahr je 3 Mrd. Rs ein, Meeresfrüchte 6 Mrd. Rs. Weitere **Agrarprodukte** sind Reis, Milch, Kartoffeln, Mais, Kaffee, Tabak und Fleisch.

Auch die **Fischerei** spielt eine Rolle, der Fang deckt aber nicht einmal den einheimischen Bedarf. Mit dem Einsatz einer effizienten Fischereiflotte könnte eine exportstarke Industrie daraus werden. Derzeit besitzen aber nicht einmal 40% der vom Fischfang lebenden Familien eigene Boote. Die Fischerei ist berüchtigt für den Einsatz von Kindern als billige Arbeitskräfte, und Tausende davon schuften bis zu 17 Stunden täglich auf den Booten. Ein Teil der Fischerei wird in Form des Treibnetz-Fischens bewerkstelligt, bei der riesige Netze treiben gelassen und dann von einer an Land befindlichen Mannschaft im lauten Hauruck eingeholt werden.

Um ausländische Investoren ins Land zu locken, wurde 1978 die Gründung von **Free Trade Zones** (FTZ) oder **Investment Promotion Zones** (IPZ) beschlossen. Eine davon befindet sich heute in der Nähe des Katunayake-Flughafens und umfaßt auf über 300 km^2 65 Unternehmen mit 70.000 Beschäftigten.

Daß es bei dem gegenwärtigen politischen Klima in Sri Lanka nicht einfach ist, ausländische Geldgeber zu Investitionen zu überreden, liegt auf der Hand. Jede Nachricht von einer Bombenexplosion verschreckt die internationale Investorengemeinde. Das Land benötigt sie aber dringend, um die nach offiziellen Angaben 15prozentige Arbeitslosenzahl zu reduzieren. (Die tatsächliche Zahl liegt wahrscheinlich erheblich darüber.) Schließlich schafft die **Arbeitslosigkeit** ein ungeheures Unruhepotential – auch die JVP hatte sich größtenteils aus arbeitslosen Jugendlichen rekrutiert, mit den bekannten katastrophalen Folgen.

Das geistige Grundkapital für Investitionen ist durchaus vorhanden: Mit 90% weist Sri Lanka die achthöchste **Alphabetisierungsrate** in Asien auf (darüber liegen Singapur, die Malediven, Taiwan, Thailand, die Mongolei, Südkorea und Japan). Der allgemein **hohe Bildungsstand** ist ein Vermächtnis der britischen Kolonialmacht, die ein ausgezeichnetes Schulsystem hinterließ. Um so frustrierender ist es für viele gut ausgebildete Schul- oder Universitätsabsolventen, keinen angemessenen Arbeitsplatz zu finden.

Der Mangel an Arbeitsplätzen (wie auch der Bürgerkrieg) treibt viele Srilanker ins Ausland, wo etwa 1,5 Mill. von ihnen leben. Die Einwanderungs-Statistiken von Neuseeland belegen, daß Einwanderer aus Srilanka im Durchschnitt den höchsten Bildungsstand aller Einwanderer dort haben. Viele der **Auslands-Srilanker** sind Akademiker oder gut bezahlte Fachkräfte, so in England oder den USA; die meisten sind jedoch als Arbeiter oder Hausangestellte im Mittleren Osten beschäftigt (ca. 60%) oder in Singapur. Pro Jahr schicken die Emigranten über 1 Mrd. DM in ihre Heimat und stellen damit einen wichtigen Wirtschaftsfaktor dar.

Das srilankische **Wirtschaftswachstum** beträgt z. Zt. ca. 5 %, wobei der Export-Boom in der Textilindustrie den Hauptmotor des Wachstums bildet. Im Jahre 2000 belief sich die **Inflation** auf ca. 0,3 %.

Das **durchschnittliche Jahreseinkommen** liegt bei 827 US$ und ist damit das höchste des indischen Subkontinents. Zum Vergleich: Nepal 225 US$, Bangladesch 290 US$, Indien 436 US$, Pakistan 492 US$, Deutschland 25.910 US$, USA 31.395 US$, Japan 30.340 US$ und die Schweiz 37.145 US$.

Tourismus

Die Entwicklung des Tourismus in Sri Lanka spiegelt über weite Strecken die politische Situation des Landes wider. Nachdem die Touristenzahlen **in den 70er Jahren** kontinuierlich gestiegen waren, versetzten die Rassenmassaker des Jahres 1983 dem Geschäft einen harten Schlag, die Einreisen gingen rapide zurück. 1982 war mit ca. 400.000 Touristen ein bisheriger Rekord verzeichnet worden. Der Fremdenverkehr hatte sich damit zu einem der einträglichsten Devisenbringer etabliert.

Gerade als sich die Tourismusindustrie wieder langsam zu erholen begann, trat **Ende der 80er Jahre** die JVP auf den Plan und vertrieb mit ihren Terroraktivitäten – vor allem im Süden des Landes – alle außer die hartgesottensten Katastrophen-Touristen. Im Oktober 1988 bewegte sich die Lage auf den Siedepunkt zu: Die JVP „befahl", alle touristischen Einrichtungen im Süden zu schließen; sich zu widersetzen bedeutete mit ziemlicher Gewißheit die Liquidierung des Besit-

056sr Foto: Ingo Hothan

zers und wahrscheinlich noch seiner Familie. Kurz darauf forderte die Regierung die Touristen auf, aus Sicherheitsgründen das Land zu verlassen – als hätte es noch eines Hinweises bedurft.

Die tropischen Palmenstrände sind Sri Lankas Hauptattraktion für Touristen

Den Schwarzen Peter für die explosive Situation bekam die JVP zugesteckt. Was die Regierung jedoch verschwieg, war ihre nicht minder brutale Gegenreaktion: Die Regierungspartei UNP schickte Todesschwadrone aus – offiziell wurden sie als „Leibwächter" der Parlamentsabgeordneten bezeichnet –, die vermeintliche Mitglieder der JVP ohne viel Aufhebens exekutierten. Von den mindestens 30.000 Todesopfern gehörten die wenigsten tatsächlich der JVP an; 14.000 weitere Verdächtige wurden in Zwangslager gesteckt. Eine der täglichen Lagerpflichten: buddhistische Meditation! Das radikale Vorgehen der Staatsorgane resultierte in der fast vollständigen Auslöschung der JVP, so daß *Amnesty International* und andere Menschenrechts-Organisationen nur noch verzweifelt die Hände ringen konnten.

Anfang der 90er Jahre hatte sich die Lage beruhigt. Zu der „Befriedung" der touristisch wichtigen Südgebiete kam unter den Urlaubern die Erkenntnis, daß der Tamilen-Konflikt vielleicht noch lange andauern, sich dabei jedoch auf die Nord- und Nordostregionen beschränken lassen würde. Somit stieg die Touristenkurve wieder steil an.

Gegenwärtig herrscht die makabere Situation, daß in einem Drittel des Landes der Krieg wütet, im restlichen Sri Lanka jedoch fröhlich die Sonnenöl-Flaschen zirkulieren. Wer faul an irgendeinem der wunderschönen Strände liegt, kann sich kaum ausmalen, mit welcher mörderischen Verbissenheit 150 km Luftlinie entfernt gekämpft wird.

Trotz der in den letzten Jahren verschärften Lage liegen die **Touristenzahlen** derzeit so hoch wie nie zuvor.

1999 besuchten 436.440 Reisende das Land; 93% davon waren Touristen, der Rest Geschäftsleute oder Auslands-Srilanker auf Verwandtenbesuch. Die Zahl bedeutete einen Zuwachs von 14,5% gegenüber dem Vorjahr.

Mit Einnahmen aus dem Tourismus von 274 Mio. US$ war der Tourismus 1999 der viert wichtigste Devisenverdiener des Landes (nach dem Export von Textilien, Tee und Edelsteinen/ Schmuck); der Zuwachs im Vergleich zum Vorjahr betrug 29,7%. Zur Relativierung: Der Krieg im Nordosten des Landes verschlingt derzeit über 700 Mio. US$ pro Jahr, also mehr als zweieinhalb Mal soviel.

Direkt oder indirekt sind 87.600 im Tourismus beschäftigt, der somit auch einer der wichtigsten Arbeitgeber ist.

1999 verbrachte der durchschnittliche Reisende 10,3 Tage in Sri Lanka und gab dabei 44.194 Rs. aus. Die Deutschen waren mit durchschnittlich 14 Tagen die am längsten verweilende Reisegruppe. In der Rangliste der Nationalitäten liegen die Deutschen nach den Briten an zweiter Stelle; bis 1996 stellten deutsche Touristen jeweils die größte Gruppe dar.

Derzeit verfügt das Land über 12.928 registrierte Hotelzimmer, wobei die Zimmer der Guest Houses zumeist nicht inbegriffen sind. 1999 lag die durchschnittliche Belegrate der Hotels bei 57,6%, der höchsten, die das Land bisher verzeichnen konnte.

057sr Foto: rk

Colombo und Umgebung

058sr Foto: rk

059sr Foto: rk

Am Uhrturm von Pettah in Colombo

Millers Department Store

Schilder in Pettah

Colombo

„Die Stadt Colombo bietet nur wenig, was auf einen Fremden anziehend wirken könnte", schrieb im Jahre 1859 der Brite *Sir J.E. Tennent* und lag damit wohl nicht so falsch. Ein englischsprachiger Reiseführer von 1924 führte als Colombos wichtigste Sehenswürdigkeit den Hafen an - nun ja. Der Hafen war es möglicherweise, der der Stadt seinen **Namen** verlieh: Nach einer umstrittenen Deutung stammt er vom singhalesischen *Kalamba* („Hafen") ab; die Portugiesen machten daraus Colombo, in Anlehnung an **Christoph Colombus.** (Mehr zur Geschichte der Stadt siehe Stadtteil „Fort".)

Heute wie damals ist Colombo **keine sehr aufregende Stadt,** weltbewegende Sehenswürdigkeiten sind nicht zu erwarten, ebensowenig das aben-

060sr Foto: rk

Three-Wheeler

teuerlich-exotische Flair, das so viele andere Metropolen des indischen Subkontinents auszeichnet. Wenn Bombay oder Kalkutta den Besucher mit ihrem unbändigen Lebensrhythmus schier überrumpeln, kommt Colombo daher wie eine laue, milde Brise. Die meisten Reisenden verbringen ein, zwei Tage in der Stadt, um sich dann den Stränden oder den anderen Attraktionen des Landes zu widmen. Mit Entdeckergeist kann man den Aufenthalt auf drei, vier Tage ausdehnen.

Auf der positiven Seite macht Colombo auf Anhieb einen weitaus saubereren und **geordneteren Eindruck** als oben genannte Städte. Die Regierung plant gar, Colombo in den nächsten Jahren zu einem „zweiten Singapur" aufzuwienern – wobei man den Mund vielleicht doch etwas zu voll genommen hat.

Colombo beherbergt gut 2 Mio. Einwohner und ist damit die weitaus grösste Stadt des Landes. Die **Bevölkerung** setzt sich aus so vielen Volks- und religiösen Gruppen zusammen, daß sich deren Aufzählung liest wie ein Abriß des ethnologischen Lexikons: Es leben hier, in alphabetischer Reihenfolge: Bohras, Burgher, Chinesen, Inder, Khojas, Mauren, Pakistani, Parsen, Singhalesen, Tamilen und wer-weiß-noch-wer. Das Zusammenleben geht im allgemeinen reibungslos vonstatten, aber leider nicht immer, wie vor allem die Ereignisse des Jahres 1983 bewiesen. Als wichtigstes Handelszentrum der Insel registriert Colombo einen starken Zustrom von Arbeitssuchenden aus den ländlichen Gebieten.

Neben diesem Bevölkerungszustrom hat die Stadt einen rapiden Zuwachs an motorisierten Fahrzeugen zu verzeichnen, und nervenzehrende **Verkehrsstaus** – besonders in der Galle Road – gehören heute zum Alltagsbild. Somit hat die Luftverschmutzung in vielen Stadtteilen ein bedrohliches Ausmaß angenommen.

Ankunft und Orientierung

Bandaranaike Airport

Im Flugzeug wird vor der Landung eine Landungskarte *(Immigration Landing Card)* und ein Zollformular ausgehändigt, die auszufüllen sind. An der **Paßkontrolle** im Bandaranaike Airport, die in der Regel recht zügig vonstatten geht, ist die Landungskarte einzureichen. Dabei behält der zuständige Beamte einen abtrennbaren Teil ein, den anderen verwahrt der Einreisende, bis er ihn bei der Ausreise wieder abgibt.

Auf die Paßkontrolle folgt die **Gepäckkontrolle.** Personen ohne zollpflichtige Waren (siehe „Einfuhrbestimmungen") können den grün ausgeschilderten Schalter passieren, ansonsten müssen am rot ausgeschilderten die betreffenden Waren vorgelegt werden. Touristen, die durch Grün gehen, werden im allgemeinen nur oberflächlich kontrolliert, die Kontrolle ist in wenigen Minuten beendet – wenn sie überhaupt so lange dauert.

Hinter den Zollschaltern finden sich etwas weiter links **Wechselschalter.** Hier können Reiseschecks oder Bargeld getauscht werden. Die Kurse sind i.d.R. dieselben, die man bei den Banken in der Innenstadt erhält. Unter Umständen lohnt es sich, die Wechselkurse zu vergleichen, aber auch immer gleich nach der Wechselgebühr fragen! Auf Bargeldtausch werden keine Gebühren erhoben, aber auch hier sollten die Kurse verglichen werden.

Geht man weiter in Richtung Ausgang, passiert man zwei Schalter, an denen **Taxis** gebucht werden können. Nahebei befindet sich auch ein **Informationsschalter** der Tourismusbehörde. Die Preise für die Fahrten sind fix, dennoch kommt es gelegentlich vor, daß der eine oder andere unlautere Angestellte noch etwas darüber hinaus abkassieren will. Quittung mit dem Preis darauf verlangen!

Derzeit kosten Fahrten ins Zentrum von Colombo 670 Rs., in die etwas außerhalb gelegenen Stadtteile über 700 Rs. Fahrten ins nahe Negombo kosten 303 Rs., nach Kandy 1.976 Rs. Bei der Abfahrt wird an einem Polizeiposten die Nummer des Taxis registriert, um später eventuell auftretenden Beschwerden nachgehen zu können. Der Standard der Wagen ist sehr unterschiedlich und liegt irgendwo zwischen sehr gut und halb fahruntüchtig. Manchmal handelt es sich um Lieferwagen! Die Fahrt in die Innenstadt von Colombo (35 km) dauert knapp eine Stunde.

Mit Vorsicht sind andere, unregistrierte Taxis zu genießen, deren Fahrer ihre Dienste im Bereich des Flughafens anbieten. Diebesaktionen könnten vorkommen. Ein alter Trick, wohlerprobt zwischen Bangkok und Bombay, ist das Vortäuschen eines Motorschadens, wobei die Passagiere gebeten werden, anzuschieben. Bye-bye Gepäck!

Klimatisierte **Airport-Busse** fahren von einem Haltepunkt vor dem Flughafen (s36; nach Verlassen des Gebäudes rechts eine Straße überqueren, dann Hinweisschilder beachten) zur Bastian Mawatha Station im Stadtteil Pettah. Die Fahrten kosten 20 Rs., und die Busse verkehren halbstündlich von 4.30 bis 23 Uhr. Von der bei Pettah gelegenen Fort Station, Colombos Hauptbahnhof, gelangt man mit zahlreichen Bussen in die lang gestreckte Galle Road, an der sich zahlreiche Unterkünfte befinden (z.B. die Busse Nr. 100, 101, 102, 106, 133, 134).

Aus Ausgang des Flughafens treiben sich zahlreiche Schlepper herum, die die Touristen oft unter falschen Vorwänden zu Touren oder Aufenthalten in „ihrem" Hotel überreden wollen. Oft wird behauptet, eine Bombe sei in Colombo explodiert, und das eigentlich gewünschte Hotel befinde sich in einem Sperrgebiet o.ä. Das ist mit großer Wahrscheinlichkeit erlogen und kann sehr nerven; am besten, man läßt die Schlepper gänzlich außer acht. Auffallenderweise sprechen die Schlepper nie Srilanker an, was ja wohl einiges über den Wahrheitsgehalt ihrer Behauptungen aussagt.

Am Flughafen befindet sich eine Bahnstation, von der aber täglich nur zwei **Züge** zur Fort Station in Colombo fahren. Als Transportmittel zur Innenstadt kommen sie somit nur selten in Frage. Abfahrt jeweils früh morgens und abends; die aktuellen Fahrpläne sind vor Ort zu erfragen (am besten am Bahnhof selber, da die Tourist-Info im Flughafen die Zeiten nicht immer parat hat). Fahrtkosten je nach Klasse 7,25/16/28 Rs.

Unterkünfte nahe dem Flughafen

Falls aus irgendeinem Grund in Flughafennähe übernachtet werden muß, stehen dort mehrere Unterkünfte zur Auswahl:

- **Hotel Goodwood Plaza,** Canada Friendship Road, Katunayake (1 km vom Flughafen), Tel. 01-452561 bis 3, 453008, Tlx. 22514 ORIENT CE, Fax 94-1-453847; Zimmer ab 46 US$.
- **Orient Pearl Hotel,** Canada Friendship Road (1 km vom Flughafen), Tel. 01-452 561-3, 453008, 452356; Tlx. 22514 ORIENT CE; Fax 94-1-452562, 453847; Zi. ab 40 US$.
- **Airport Garden Hotel**, 234/238 Negombo Road, Seeduwa (1 km vom Flughafen), Tel. 01-342950, Tlx. 22430 AIRGAR CE, Fax 94-1-452953; Zimmer von 80-210 US$.
- **The Tamarind Tree,** Yatyana, Miniwangoda (4 km vom Flughafen), Tel. 01-253802, Fax 94-1-345729, E-Mail: jethot@sri.lanka.net, Website: www.jetwing.net; Einzel und Doppel zu jeweils 45 US$.
- **Palm Village Hotel,** Uswetakiyawa (Strandlange, auf halber Strecke nach Colombo), Tel. 074-795114-7, Fax 94-1-446383, E-Mail: ashmres@lanka.ccom.lk; Zimmer zu 50-75 US$.
- **Pegasus Reef Hotel,** Santa Maria Mw., Hendala, Wattala (auf zwei Drittel der Strekke nach Colombo, ca. 24 km vom Flughafen, in Strandlage), Tel. 01-930205-9, Fax 94-1-930254); Zimmer zu 55 und 65 US$.
- Weiterhin zahlreiche **Unterkünfte in Negombo** (6 km vom Flughafen, siehe Ortsbeschreibung Negombo).

Doppelte Straßennamen

Viele Straßen tauchen heute mit einem alten, aus der Kolonialzeit stammenden und einem neuen, srilankischen Namen auf. Das sorgt gelegentlich für Verwirrung. Die wichtigsten Namenszwitter sind:

Queen's Street	Janadhipathi Mawatha
Prince Street	Sir Baron Jayatillake Mawatha
Baillie Street	Mudalige Mawatha
Duplication Road	R.A. de Mel Mawatha
Green Path	Ananada Kumaraswamy Mawatha
Greenlands Av.	Isipathana Mawatha
Norris Road	Olcott Mawatha
Turret Road	Dharmapala Mawatha
Alexandra Place	C.W.W. Kanangara Mawatha
Buller's Road	Bauddhaloka Mawatha

Orientierung

Colombo liegt geographisch gesehen auf 6°55′ nördlicher Breite und 79°50′ östlicher Länge, an der Westküste Sri Lankas und südlich der Mündung des Kelani Ganga (oder Kelani River) in den Indischen Ozean. Die Entfernung ab Frankfurt beträgt (Luftlinie) 8.075 km, ab Zürich 8.035, ab Wien 7.485, ab Delhi 2.430, ab Bombay 1.535, ab Madras 690, ab Male 770, ab Bangkok 2.340 und ab Singapur 2.730 km.

Administrativ und postalisch ist Colombo in **15 Stadtbezirke** unterteilt:

- **Fort** (Colombo 1)
- **Slave Island** (Colombo 2)
- **Kollupitiya** (Colombo 3)
- **Bambalapitiya** (Colombo 4)
- **Havelock Town** (Colombo 5)
- **Wellawatte** (Colombo 6)

- **Cinnamon Gardens** (Colombo 7)
- **Borella** (Colombo 8)
- **Dematagoda** (Colombo 9)
- **Maradana** (Colombo 10)
- **Pettah** (Colombo 11)
- **Hulftsdorf** (Colombo 12)
- **Kotahena** (Colombo 13)
- **Grandpass** (Colombo 14)
- **Modera** (Colombo 15)

Die für Touristen **wichtigsten Stadtteile** sind die Bezirke 1-7 und 11, in denen sich die meisten Sehenswürdigkeiten und Unterkünfte befinden. **Fort** ist das alte, historische Kernstück der Stadt, **Pettah** bietet den lebhaftesten Markt, und in den übrigen Vierteln finden sich viele touristische Einrichtungen. Letzteres gilt vor allem für die Stadtbereiche entlang der **Galle Road;** diese durchkreuzt die Ortsteile Kollupitiya, Bambalapitiya und Wellawatte, in denen eine große Auswahl an o.g. Einrichtungen herrscht. Zu beachten ist, daß die Hausnummern an der Galle Road innerhalb eines jeden Stadtteils neu beginnen – mit einer Adressenangabe wie z.B. „326 Galle Road" alleine ist nichts anzufangen; wichtig ist die dazugehörige Stadtteilnummer. Die Adresse „326 Galle Road, Colombo 6" dagegen weist darauf hin, daß sich das gesuchte Haus im Stadtteil Wellawatte (Colombo 6) befindet, Hausnummer 326.

Entlang der Galle Road zieht sich Colombo enorm in die Länge, und die Frage nach dem eigentlichen Stadtzentrum ist nicht leicht zu beantworten. Das **Zentrum** befindet sich – grob gesagt – um den Fort-Bahnhof herum, also in den Stadtteilen **Fort, Pettah** und **Slave Island.** Wegen der zahlreichen Geschäfte, Hotels und Restaurants entlang der Galle Road aber ist auch dieser Bereich von „zentraler" Bedeutung. Hier befinden sich außerdem die Wohngebiete der Besserverdienenden, allen voran **Cinnamon Gardens** (Colombo 7), das als das „Reiche-Leute-Viertel" von Colombo gilt. Ebenfalls zu den gehobeneren Stadtteilen gehören **Kollupitiya** (Colombo 3) und **Bambalapitiya** (Colombo 4). Der Ortsteil **Wellawatte** (Colombo 6) ist hauptsächlich von Tamilen bewohnt, und aus diesem Grunde finden sich hier auch einige Hindu-Tempel.

Um Slave Island erstreckt sich der **Beira Lake,** ein verschmutzter, kaum idyllisch zu nennender See, der wahrscheinlich aus dem Kelani Ganga entstanden ist, der in grauer Vorzeit hier ins Meer mündete. Der Name Slave Island – genau genommen ist es keine Insel, sondern nur eine Landzunge – stammt von den Lagern für die sklavenähnlich gehaltenen Kaffirs ab (s. „Bevölkerung"), die die Holländer dort angelegt hatten. Damit die Gefangenen nicht davonschwimmen konnten, wurden im See Krokodile ausgesetzt. Slave Island heißt heute offiziell Kompanna Vidiya („Kompanie-Straße"), nach den malaiischen Regimentern, die zur britischen Zeit dort stationiert waren. Der Stadtteil ist wegen einiger alter Kolonialbauten recht interessant, es treibt sich hier aber viel dubioses Volk herum (vor allem in Malay Street und Umgebung). Vorsicht ist angebracht. Von Besuchen nach Anbruch der Dunkelheit ist in jedem Fall abzuraten.

Südlich von Wellawatte schließt sich nahtlos **Dehiwala** („Ort der Zitronen") an, das offiziell als eigenständige Stadt gilt (ca. 200.000 Einwohner). In der Praxis ist Dehiwala jedoch zu einem Vorort Colombos geworden. Dasselbe gilt für den noch weiter südlich angrenzenden Ort Mount Lavinia.

Tourist-Information

In der Hauptstelle des **Ceylon Tourist Board** wird großzügig Informationsmaterial zu den diversen Reisezielen ausgehändigt: farbige Broschüren und Karten sowie ein „Accomodation Guide", eine Zusammenstellung von Unterkünften, die sich beim Tourist Board eingetragen haben. Der Guide erscheint halbjährlich mit den mehr oder weniger aktuellen Saison-Preisen. Oft hinken die Preise der Realität hinterher, aber vor diesem Problem steht ja nicht nur das Touristenbüro.

Neben Druckwaren wird aber auch eine recht gute persönliche Beratung geboten. Die Angestellten bemühen sich, die Fragen zu den Zielorten oder Sehenswürdigkeiten gewissenhaft zu beantworten.

- **Ceylon Tourist Board,**
78 Steuart Place, Kollupitiya, Colombo 3; gegenüber dem Lanka Oberoi Hotel.
Tel. 01-437059, 437060, Fax 94-1-440001,
E-Mail: ctb_ch@sri.lanka.net.
Geöffnet Mo-Fr 8.30-16.15 Uhr,
Sa 8.30-12.30 Uhr.
- Eine **Außenstelle** dieses Büros ist im Flughafen untergebracht, Tel. 01-452411.
- Ein weiteres Informationsbüro befindet sich in **JF Tours** in der Fort Station. Siehe auch Colombo „Weiterreise".

Touristenpolizei

Die für die Klagen von Touristen zuständige **Tourist Police** ist in der Fort Police Station untergebracht. Addresse: Bank of Ceylon Mw., Colombo 1, Tel. 01-421111, Extension (Anschluß) 365.

Stadtverkehr

Busse

Colombo verfügt über ein ausgedehntes und extrem preiswertes Busnetz. Für ein paar Pfennige kann man sich quer durch die Stadt transportieren lassen. Es gibt **private Minibusse** wie auch **staatliche Busse,** wobei die Minibusse gelegentlich minimal teurer sind. Die Busse fahren tagsüber in kurzen Abständen, aber ohne Fahrplan; abends verkehren sie seltener, und gegen 22 oder 23 Uhr stellen die Linien den Verkehr ein.

Der größte Nachteil der Busse ist jedoch die unzumutbare **Überlastung** mit oft zwei- bis dreimal soviel Passagieren wie vorgesehen. Da bleibt kaum Platz zum Atmen. Unter die Fahrgäste mischen sich nicht selten Taschendiebe, und ein wachsames Verhalten ist deshalb angesagt. Insgesamt können die Busse nur Leuten empfohlen werden, die absolut auf den Pfennig achten müssen – ansonsten besser auf Three-Wheeler oder Taxi umsteigen!

Three-Wheeler

Eine gute und immer noch preiswerte Alternative zu den Bussen sind die Three-Wheeler, die überall in der Stadt zu finden sind. Diese Vehikel – meist

061sr Foto: Ingo Hothan

in recht unansehnlichem Beige gestrichen – haben keine Fahrpreisanzeige, und der Preis muß im voraus ausgehandelt werden. Vorsicht, beim Anblick eines weißen Fahrgastes schrauben viele Fahrer den Preis auf das Doppelte oder Dreifache hinauf. Eine Strecke von 1 km sollte ca. 20-30 Rs. kosten, jeder weitere Kilometer zusätzliche 10-15 Rs. Man halte reichlich Kleingeld bereit, da die Fahrer auf größere Scheine oft nicht herausgeben können, oder dieses zumindest vorgeben.

Straßenjunge

Taxis

Im Gegensatz zu den Three-Wheelern sind Taxis relativ rar. Die allermeisten sind zudem durch nichts von normalen Privatwagen zu unterscheiden – **kein „Taxi"-Schild** auf dem Dach und kein Taxameter.

Die „Taxis" sind zumeist geräumige Lieferwagen (teilweise mit AC), die ganze Familien-Clans befördern können. Häufig parken sie an festen Haltepunkten, z.B. in der Sea Street in Pettah, wo sich besonders viele Wagen finden, am Galadari Hotel in Fort, am Galle Face Hotel und ein paar auch am Greenlands Hotel im Stadtteil Bambalapitiya. Am preiswertesten sind die Wagen an der Sea Street, denn die große Auswahl hält die Preise auf Niedrigst-Level. Dafür sind die Wagen im Inneren gelegentlich nicht ganz adrett und sauber, da sie oft Farmer und ihre Landwirtschaftserzeugnisse befördern. Am besten vorher einen Blick ins Wageninnere werfen. Die Fahrer machen Touristen meist durch Fahrangebote auf sich aufmerksam, so daß man die Taxis nicht verpassen kann.

Die **Preise** sind im Voraus auszuhandeln. Als Faustregel sollte ein Preis von ca. 12-15 Rs./km gelten, es geht aber auch billiger. Am preiswertesten fährt man mit Diesel-betriebenen Wagen, da Diesel weniger als ein Drittel des Benzinpreises kostet. Bei Touren innerhalb der Stadt, bei denen oft angehalten wird, um Besichtigungen zu absolvieren, läßt sich oft auch ein Stundenpreis aushandeln: ca. 200-250 Rs./Std. sind angemessen.

Relativ preiswerte **Fahrzeuge mit Fahrer** stellt Lanka Vacations (43 Anthony's Mawatha, Colombo 3, Tel. 01-01-576668, 576330, Fax 576282, 576330, 732992; E-Mail: lankavac@slt.lk; geöffnet Mo-Sa 8.00-18.00 Uhr, So 8.00-11.00 Uhr).

Relativ neu sind die „Radio Cabs" oder **Funktaxis,** die von mehreren Firmen betrieben werden: Ace Radio Cabs (Tel. 01-501 502 bis 4, 501653), Quick Radio Cab (Tel. 01-502888), GNTC (Tel. 01-688688) und Savoy Comfort (Tel. 01-595595). Alle Taxis sind mit Klimaanlage, Taxameter und Funk ausgestatt. Die Fahrzeuge von Ace Radio Cabs sind relativ klein und unkomfortabel. Die Wagen kosten in der Regel 34 Rs./km und bei längeren Return-Trips (ab ca. 60 km) werden Reduktionen gewährt. Diese können bei einem Drittel oder vierzig Prozent liegen; bei der entsprechenden Gesellschaft anfragen.

Da die Gesellschaften nur 50-80 Wagen haben, sind gelegentlich längere Wartezeiten in Kauf zu nehmen, insbesondere an Wochenenden und abends. Beteuerungen, daß der Wagen „in zehn Minuten" da ist, sind nicht unbedingt ernst zu nehmen.

Größere Limousinen gibt's bei City Circle (Tel. 01-577577); Three-Wheeler mit Taxameter und Funkgeräten bei Budget Taxi (Tel. 01-826633).

Wer in einem der Fünf-Sterne-Hotels wohnt, findet dort **hoteleigene Taxis oder Limousinen.** Diese sind bei kurzen Fahrten zwar sehr teuer, bei längeren Touren aber einigermaßen erschwinglich. Die Preise der unterschiedlichen Hotels variieren etwas, der Kilometerpreis liegt um die 40 Rs. Der Übereifer, mit dem oft die Türsteher in den Fünf-Sterne-Hotels Gäste zu Taxifahrten zu überreden wollen, läßt den Verdacht aufkommen, daß sie eine Kommission erhalten. Auch bei den Hotel-Limousinen sinken die Kilometerpreise bei Langstrecken.

Mietfahrzeuge

Nachdem sich Hertz aus Sri Lanka zurückgezogen hat (was sich möglicherweise wieder ändert), verbleibt mit **Avis** eine einzige internationale Verleihfirma für Self-Drive-Wagen. Diese betreibt nur eine Filiale im Lande, im Haus von Mackinnons Travel Ltd., 4 Leyden Bastion, Fort, Colombo 1, P.O.B. 945; Tel. 01-329887-8,

449632; Fax 94-1-447603, Tlx. 21124, 21936. Geöffnet Mo-Fr 8.30-16.30 Uhr, Sa 9.00-12.00 Uhr.

Die Tagesrate beträgt 1.600 Rs. bei einer Strecke bis zu 80 km. Jeder weitere Kilometer über 80 km kostet 20 Rs., was nicht unerheblich ist: Bei einer Fahrt von Colombo nach Kandy z.B. (115 km), sind so 700 Rs. extra zu zahlen. Gemäß der Statuten der Firma - sowie alle anderen Verleihfirmen - dürfen die Wagen nicht in Nationalparks, Naturschutz- oder Dschungelgebieten benutzt oder auf unasphaltierten Straßen eingesetzt werden.

Quickshaws Ltd. (8 York St., Fort, Colombo 1, Tel. 01-328411-3) hat ähnliche Konditionen, zudem ist das Alter der Fahrer auf 25-65 begrenzt. Die Wagen kosten 1.125 Rs./Tag.

Eine weitere, kleinere Verleihfirma ist **Ranil Tours** in 33 Queen's Street, Kollupitiya, Colombo 3, Tel. tagsüber 01-422183, abends 01-588065. Die meisten anderen Agenturen verleihen nur mit Fahrer.

Weitere Firmen:

- **Air Concern Travel International,**
  13 M/1 Sir Baron Jayatillake Mw.,
  Colombo 1, Tel. 01-335054/5, 423934
- **Abans Tours,**
  498 Galle Rd., Colombo 3, Tel. 01-575662
- **Sudans Int. Travel & Tours,**
  63 1/10 Chatham St., Colombo 1,
  Tel. 01-431176, 431865, 423216
- **Auto Crafts,** 506 Galle Rd., Colombo 6,
  Tel. 01-585089, 592510
- **Lion Enterprises**, 113B, Hunupitiya Rd.,
  Colombo 2, Tel. 01-342858, 342848
- **Lino Rent-a-Car,** 32 2/7, Plaza Complex
  Bldg., Colombo 6, Tel. 01-508232
- Weitere Adressen siehe in den gelben Seiten des Telefonbuches von Colombo, Stichwort *Motorcar Renting.*

Motorräder:

- Zu mieten bei **Gold Wing Motors,** 346 Deans Rd., Colombo 10, Tel. 01-685750; Fax 94-1-698787. Tages-, Wochen- oder Monatsmiete. Als Pfand muß eine Geldsumme sowie das Flugticket hinterlegt werden, dazu wird die Nummer des Reisepasses notiert.

Die interessantesten Stadtteile

Fort

Der Stadtteil, der sich heute Fort nennt, ist das ursprüngliche Kernstück Colombos, das die jeweiligen Kolonialmächte zu einer Festung ausbauten. Wegen seiner **historischen Bedeutung** wird er postalisch auch als Colombo 1 bezeichnet. Schon im 8. Jh. hatten sich hier arabische Händler in einer Siedlung zusammengefunden, und nachdem 1517 die Portugiesen die Stadt vereinnahmt hatten, begannen sie 1520 mit den Bau leichter Befestigungsanlagen. Diese wurden verstärkt, 1524 aber auf Order aus Lissabon hin wieder abgerissen - statt einem militärischen Stützpunkt war nur ein Handelsposten gefragt -, bald wurden jedoch wieder neue Anlagen gebaut.

Die Holländer, die 1656 die Portugiesen ablösten, erweiterten die vorhandenen Befestigungen und besetzten sie mit 200 Kanonen. Nun lebten innerhalb der Stadtmauern etwa 2.500 Familien, die meisten davon aus der Zunft der Händler. 1796 übernahmen die Briten das koloniale Kommando.

1872 rissen sie die alten holländischen Anlagen nieder, um so der eng gewordenen Stadt mehr Platz zu verschaffen. Der Stadtteil Fort, so wie er sich heute präsentiert, spiegelt architektonisch nur noch die britische Epoche wider.

Bombenanschläge in Fort

Im Januar 1996 legte ein Kommando der LTTE eine Bombe, die das Gebäude der **Zentralbank** wie auch die Bürogebäude auf der gegenüberliegenden Seite des Janadhipathi Mawatha zerstörte. Es waren 240 Tote zu beklagen. Die zerstörten Gebäude sind derzeit noch im Wiederaufbau begriffen.

Im Oktober 1997 dann detonierte eine Lastwagen-Bombe auf dem Parkplatz zwischen dem **Galadari Hotel** und dem **World Trade Center.** Seither finden sich in dem Stadtteil an jeder Ecke Polizei- oder Armeeposten, und wer zuviele Fotos „schießt", macht sich verdächtig.

Auf keinen Fall Fotos von den Wachposten machen!

In den Jahren 1999 und 2000 kam es zu einigen weiteren „kleineren" Bombenanschlägen in anderen Stadtteilen.

Uhrturm

Unübersehbar im Viertel ist der 32 m hohe Uhrturm – eigentlich ein **Leuchtturm** –, mitten auf der Kreuzung von Chatham Street mit Janadhipathi Mawatha. Der Turm wurde 1837 errichtet, und 1914 bekam er seine Uhr dazu, die bis heute noch ziemlich genau die Zeit anzeigt. Seine Lage auf dieser belebten Kreuzung trug ihm zwar den Ruhm ein, der wohl einzig im Landesinnern befindliche Leuchtturm der Welt zu sein – schon in den 20er Jahren mehrten sich aber die Klagen der Autofahrer und Kutschenlenker, die in dem Wahrzeichen lediglich ein Verkehrshindernis sahen. Geplant war, den Turm an eine angemessenere Stelle direkt am Ufer zu verlegen, was jedoch nie geschah. In den 50er Jahren wurde das Navigationsfeuer des Turmes abgeschaltet, und ein neuer Leuchtturm, am Nordende des Marine Drive, nahm seinen Dienst auf. Der alte Leuchtturm ist – auch wenn er heute als gewöhnlicher Uhrturm herhalten muß – so etwas wie das inoffizielle Wahrzeichen dieses Stadtteils.

President's House

Etwas weiter nördlich am Janadhipathi Mawatha steht das strahlendweiße, baumumringte President's House (Janadhipathi Medura), der Amtssitz des Präsidenten. Früher verwalteten von diesem Gebäude aus die britischen Gouverneure die Insel, und es wurde für festliche Empfänge und andere offizielle Anlässe genutzt. Damals nannte es sich **Queen's House** (bzw. davor King's House, als England von einem König regiert wurde); die daran vorbeiführende Straße hieß übereinstimmend Queen's Street (bzw. King's Street) und wurde erst nach der Unabhängigkeit des Landes mit einem lokalen Namen versehen. Unter den Holländern hatte die Straße Heeren Straat geheißen. Vor dem President's House steht eine Statue des britischen Gouverneurs *Sir Edward Barnes*, der Anfang des 19. Jh. die Geschicke der Insel leitete.

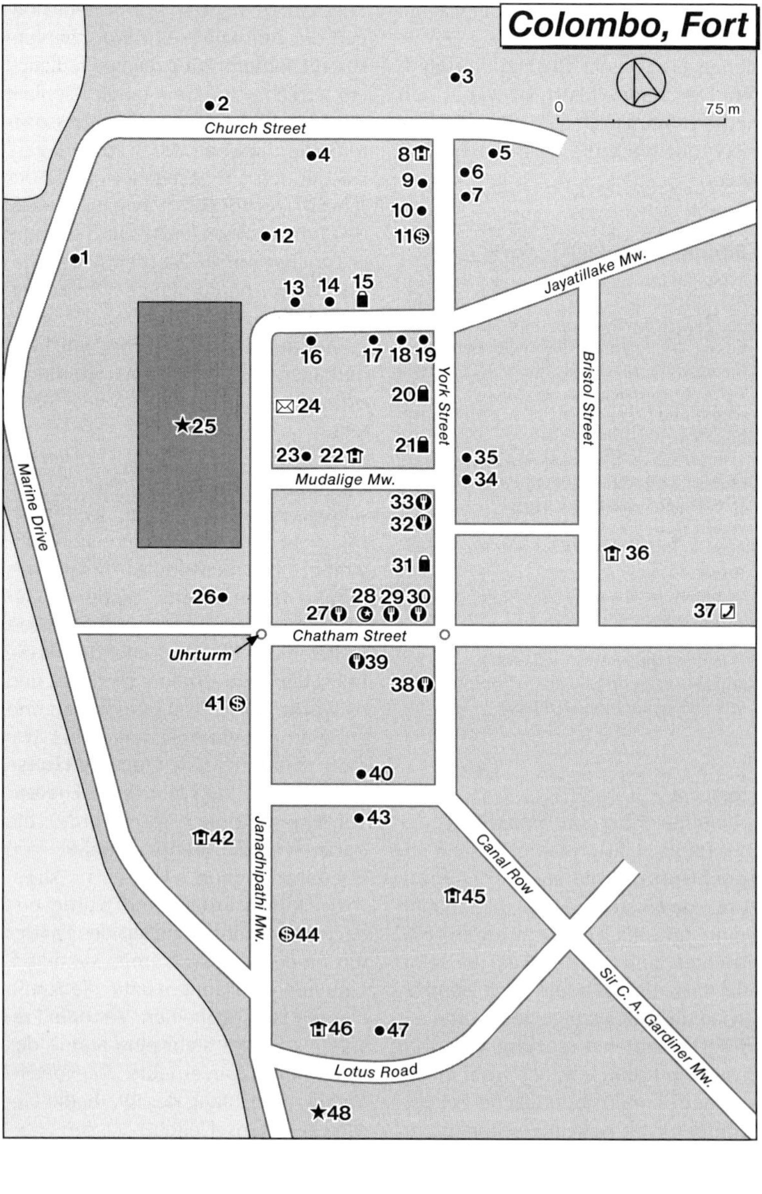
Colombo, Fort
0
75 m
Church Street
Jayatillake Mw.
York Street
Bristol Street
Mudalige Mw.
Marine Drive
Chatham Street
Uhrturm
Janadhipathi Mw.
Canal Row
Sir C. A. Gardiner Mw.
Lotus Road
1
2
3
4
5
6
7
8
9
10
11
12
13
14
15
16
17
18
19
20
21
22
23
24
25
26
27
28
29
30
31
32
33
34
35
36
37
38
39
40
41
42
43
44
45
46
47
48

•	1	Immigration
•	2	Customs House
•	3	Passenger Terminal
•	4	Polizei-Hauptquartier
•	5	Avis
•	6	LTU
•	7	Gulf Air
H	8	Grand Oriental Hotel
•	9	Bangladesh Biman Airlines
•	10	Bulgarian Airlines
$	11	Bank of Ceylon (Internat. Branch)
•	12	Verteidigungsministerium
•	13	TUI
•	14	Thomas Cook
■	15	Sathosa (Dep. Store)
•	16	Air Lanka
•	17	Silk Air
•	18	Finnair
•	19	Kuwait Airways
■	20	Cargill's (Dep. Store)
■	21	Miller's (Dep. Store)
H	22	Globe Hotel
•	23	Golden Nugget Casino
✉	24	General Post Office
★	25	President's House
•	26	SAS
ⓡ	27	Great Wall Restaurant
☪	28	Moschee
ⓡ	29	Taj Restaurant
ⓡ	30	Pagoda Restaurant
■	31	Laksala
ⓡ	32	Crown Restaurant
ⓡ	33	Taj Restaurant
•	34	Malaysian Airlines
•	35	Air Maldives
H	36	YMCA
☎	37	Central Telegraph Office
ⓡ	38	New Woodlands Restaurant
ⓡ	39	The Orchid Restaurant
•	40	Fort Police Station/Tourist Police
$	41	Zentralbank
H	42	Ceylon Intercontinental Hotel
•	43	World Trade Center
$	44	Hatton National Bank
H	45	Hilton Hotel
H	46	Galadari Hotel, JAL, Emirates
•	47	Singapore Airlines
★	48	Altes Parlament

Vor dem Präsidentensitz sind mehrere grimmig dreinblickende, wie versteinert wirkende **Wachen** in operettenhaften Uniformen postiert; alle 80 Minuten ist Wachablösung, die mit militärisch-zackigem, britisch geprägtem Zeremoniell vonstatten geht.

Gegenüber dem President's House findet sich das nicht minder viktorianisch anmutende **General Post Office** oder G.P.O., von dem aus sich das Ritual gut beobachten läßt. An der Stelle des Postamtes hatten sich vor dessen Bau Militärbaracken befunden.

York Street

Geht man neben dem G.P.O. die Mudalige Mawatha – ehemals Baillie Street – bis zu ihrem Ende durch, gelangt man an der Ecke zur York Street zu einem der alten, traditionsreichen Kaufhäuser Colombos, **Miller's,** ein ziegelroter Bau im viktorianischen Stil. Gleich daneben, ebenfalls an der York Street, buhlt **Cargill's** um die Gunst der Kunden, das 1844 errichtete, älteste Department Store Sri Lankas. Dieses unterhält auch in einigen anderen Orten Filialen, deren Entstehung ähnlich lange zurückreicht.

Etwas weiter südlich an der Straße, in Hausnummer 60, befindet sich das staatliche **Laksala,** ein „Emporium", das auf mehreren Etagen eine große Auswahl an traditionellen srilankischen Handwerksartikeln anbietet. Die Qualität ist super, die Preise annehmbar.

An der Stelle der heutigen York Street übrigens hatte sich zur holländischen Kolonialzeit ein Kanal befunden. Wo immer sich die Holländer niederließen, buddelten sie sich halt ihre Grachten! Der Kanal nahm seinen Augangspunkt am damals sehr bescheidenen Hafen – etwa dort, wo heute der Passenger Terminal zu finden ist – und führte bis zur Baillie Street, der heutigen Mudalige Mawatha. Über die Wasserstraße wurden Waren vom Hafen zu einem an der Baillie Street gelegenen Lagerhaus transportiert.

Man könnte nun noch weiter durch Fort spazieren, unter den typischen, säulengesäumten und überdachten **„five foot walkways"** – so hießen die Bürgersteige, die Briten in ihren Kolonien anlegen ließen: Sie sollten ausreichend Platz für zwei nebeneinander gehende Personen bieten – zumindest „fünf Fuß" oder etwa anderthalb Meter. Zudem hatten sie überdacht zu sein, um so vor der gleißenden Sonne und dem Monsunregen zu schützen. Bei der heutigen Einwohnerzahl von Colombo wären 25-Fuß-Gehwege allerdings angebrachter.

Chatham Street

Entlang der alten Bürgersteige passiert man zahllose **Banken** und die **Büros von Fluggesellschaften,** dazu, vor allem in der Chatham Street, die Läden der moslemischen **Geldwechsler** *(Money Changers)*. Fort ist eines der wichtigsten Geschäftsviertel Colombos, das an Wochentagen vor Menschen zu platzen scheint. An Wochenden oder Feiertagen wirkt es verschlafen; die Geschäftigkeit macht einer gähnenden Leere Platz.

Beim Spaziergang durch die Chatham Street sollte man vielleicht einer tragischen Figur gedenken, einem Portugiesen namens **Gaspar de Figuera.** Dieser hatte sich Mitte des 17. Jh. erboten, den Holländern, die gerade die Portugiesen aus Colombo zu verdrängen versuchten, die ungeschütztesten Stellen im Befestigungswerk der Portugiesen zu verraten – gegen ein solides Entgeld, versteht sich. Der holländische Kommandant akzeptierte den Vorschlag, und kurz darauf nahmen die Holländer mit Hilfe der Angaben de Figueras das Fort ein. Bald darauf aber ließ der holländische Kommandant den Verräter festnehmen, mit der Begründung, daß ein Verrat an den eigenen Truppen ein so gravierendes Vergehen sei, das unter keinen Umständen ungesühnt bleiben könne. Die Strafe: de Figuera sollte bei ledendigem Leibe eingemauert werden. Und so geschah es. Der Verräter wurde auf das Dach des holländischen Pulverhauses gebracht, das sich nahe dem Ostende der heutigen Chatham Street befand. Dort wurde er Stein um Stein zugemauert, zusammen mit einem Laib Brot und einer Flasche Wein. Als die Briten später die holländischen Anlagen abrissen, verschonten sie zunächst dieses Pulverhaus – aus Respekt vor dem unglücksseligen Gaspar de Figuera.

Church Street

Zurück zur Tour durch Fort. Einen Blick wert ist noch die große **Stupa,** die auf geschwungenen, nach oben aufeinander zulaufenden Betonpfeilern hoch über die Kreuzung Church Street/Marine Drive gebaut ist. Bei dem Fußweg durch die Church Street dorthin sieht man rechterhand das verschroben wirkende, alte **Customs House,** das Zollamt. Die Stupa ist schon von weitem vom Meer aus zu sehen und soll wohl so etwas sein wie ein „spiritueller Leuchtturm", der von der vorherrschenden Religion des Landes kündet. Der reguläre Leuchtturm, der auf ganz profane Weise den Weg in den Hafen weist, steht wenige Meter daneben.

Galle Face Green

An seiner Südseite geht der Stadtteil Fort in Galle Face über – dies ist genaugenommen kein Stadtviertel, sondern nur ein weitläufiger, offener Platz, der im Westen vom Meer und einer Uferpromenade flankiert wird. Der Name stammt vom holländischen *Galle-Fosse* („Galle-Graben"). Dies bezeichnete den Graben, der sich vor den südlichen Befestigungsanlagen – in Richtung Galle blickend – befand. Das Areal wurde bewußt unbebaut belassen, um bei feindlichen Angriffen aus Richtung Süden vom Fort aus freies Schußfeld zu haben. Noch heute sind am nördlichen Meerufer einige alte Kanonen zu sehen, in deren Schatten sich gerne junge Paare oder andere Spaziergänger niederlassen.

Zu Beginn der britischen Epoche war **Galle Face Green** ein militärischer Exerzier- und auch Hinrichtungsplatz; alte Aufzeichnungen berichten von mindestens vier Exekutionen britischer Soldaten, die sich der Insubordination schuldig gemacht hatten und hier

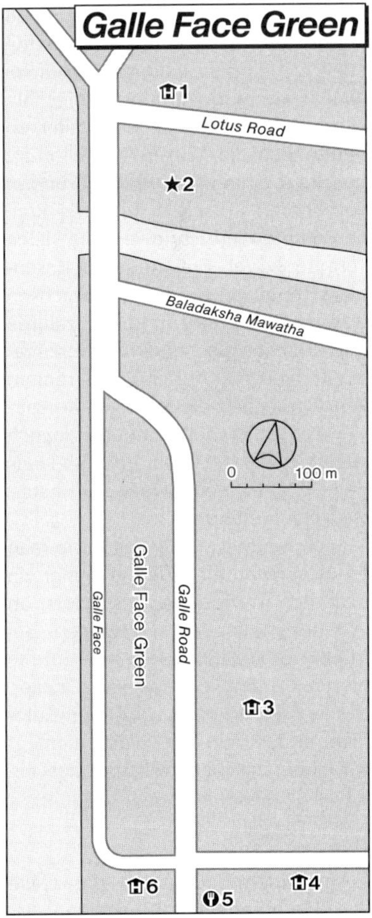

- 1 Galadari Hotel
- ★ 2 Altes Parlament
- 3 Taj Samudra Hotel
- 4 Holiday Inn
- 5 German Restaurant
- 6 Galle Face Hotel

dafür gehenkt wurden. Etwa ab 1828 wurde der Platz zum gesellschaftlichen Mittelpunkt Colombos. Auf Initiative von Gouverneur *Barnes* hin wurden Pferderennen veranstaltet, zu denen sich die bessere Gesellschaft der Stadt einfand, auf Sänften und in vornehmen Kutschen. Vor den Rennen mußten jedoch jeweils die vielen Termitenhügel, die auf dem Rasenplatz (engl. *green*) herangewachsen waren, eingeebnet, und die zahlreichen Löcher der Sandkrabben zugestopft werden. Außer Pferderennen genoß man hier die markigen Konzerte von Militärkapellen, ebenso manch hitziges Cricket-Match. Im Club-Haus des Cricket-Vereins wurden Theaterstücke aufgeführt.

Auch heute ist Galle Face, wie man es kurz nennt, für viele Bewohner ein beliebter Treffpunkt, besonders an Wochenenden oder Feiertagen. Bei frischer Brise läßt es sich hier gut flanieren. Jugendliche spielen Cricket, das in allen ehemals britischen Kolonien mit fast religiösem Eifer gepflegt wird, der restlichen Welt aber stets ein Rätsel geblieben ist.

Galle Face Hotel

Am Südende begrenzt das Galle Face Hotel (errichtet 1864) den Platz. In seinen jüngeren Tagen galt es als das **luxuriöseste Hotel Asiens** (siehe auch „Unterkunft"). Später wurde es von anderen Nobelherbergen eingeholt, so vom Strand in Rangoon, dem Raffles in Singapur und dem Oriental in Bangkok. Das Hotel markierte seinerzeit auch das Nordende des als mondän geltenden Viertels Kollupitiya, in dem sich viele betuchte Herrschaften prächtige Villen hatten errichten lassen.

Altes Parlament und Taj Samudra Hotel

Nördlich von Galle Face steht das alte Parlament, das seit der Verlegung des Regierungssitzes nach Sriwardhanapura nur noch Denkmals-Charakter hat. An der Ostseite von Galle Face erhebt sich das Fünf-Sterne-Hotel Taj Samudra, das den Platz und das Meer überblickt.

Schräg gegenüber dem Hotel kam es im November 1992 zu einem tragischen Ereignis: Ein vermeintliches Mitglied der LTTE rammte mit seinem Motorrad den Wagen des Vize-Admirals *Clancy Fernando,* und dabei detonierte eine Bombe. Sowohl Fernando als auch sein Fahrer und der Attentäter kamen dabei ums Leben – just als die neuseeländische Cricket-Mannschaft im Taj zu Frühstück saß. Neben einer politischen Tragödie wurde Sri Lanka so fast noch eine sportliche beschert, denn unter dem Eindruck des Anschlags drohte die Mannschaft, ihre Spiele abzusagen. Doch sie fanden statt.

Der Bereich zwischen dem alten Parlament und dem Taj Samudra Hotel gilt heute als **Hochsicherheitszone,** und wer sich hier auffallend lange aufhält oder allzu viele Fotos macht, wird möglicherweise von einem nervösen Polizisten zum Weitergehen aufgefordert. Außerdem ist das Fotografieren in diesem Bereich der

Galle Road nicht gestattet (das behaupten zumindest die dort wachhabenden Polizisten; entsprechende Verbotsschilder gibt es bisher nicht). Erlaubt ist es lediglich unmittelbar an der Seeseite von Galle Face.

Pettah

Der sehenswerteste Stadtteil Colombos ist zweifellos Pettah (Colombo 11), ein hektisches, hyperaktives **Basarviertel,** östlich des Stadtteils Fort gelegen. Zu kaufen gibt es hier wahrhaft alles: Kleidung, Stoffe, Batik, Schuhe, Haushaltswaren, Kleinkram, Gold, Schmuck, Obst u.v.m. Früher war Pettah das Viertel der holländischen Burgher von Colombo. Während der holländischen Epoche wurde auch der Name des Viertels geprägt, der von der Tamil-Vokabel *pettai* und Sanskrit *petaka* abstammt. Die Bedeutung lautet etwa „außerhalb des Forts". Interessanterweise waren oft aber auch die „Pettahs" vieler Garnisonsstädte noch einmal gesondert mit Befestigungen umgeben.

In der Pettah von Colombo drängt sich heute Geschäft an Geschäft; es werden wohl Tausende sein, und der Stadtteil ist somit ein ausgezeichnetes Beispiel für ein typisches Marktviertel des Indischen Subkontinents, wie man es auch in Bombay, Delhi oder Karachi antreffen kann – Gewusel kreuz und quer wie im Ameisenhaufen! Oder, um es in den Worten eines Reiseführers aus dem Jahre 1924 zu sagen: „Gegen Pettah war Babel ein Hort des Schweigens und ist (der Markt von) Covent Garden eine Stätte der Ruhe."

Das hautenge Marktgewimmel ist leider auch ein geeignetes Betätigungsfeld für **Taschendiebe,** also auf die Wertsachen aufpassen! Außerdem heften sich gerne Betrunkene, die es in Pettah zu allen Tageszeiten reichlich gibt, an die Fersen von Ausländern – teils aus alkoholseliger Kontaktfreudigkeit, teils auch aus finanziellen Gründen. Distanz halten!

062sr Foto: rk

Kirche in Pettah

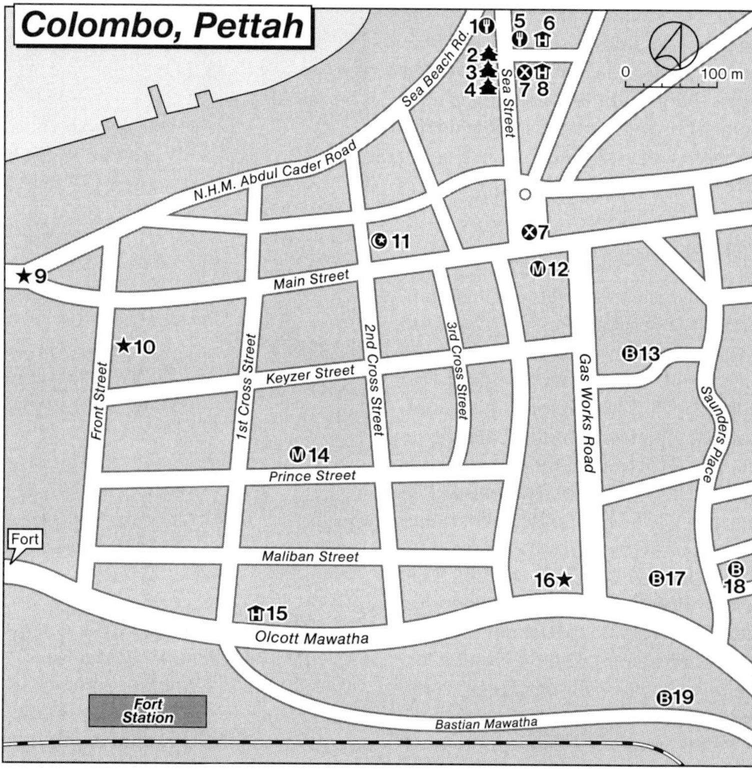

- 1 Chettinad Restaurant
- 2 Old-Kathiresan-Tempel
- 3 New-Kathiresan-Tempel
- 4 Ganeshan-Tempel
- 5 Saraswati Café
- 6 Marimalar Lodge
- 7 Taxis
- 8 Island Lodge
- 9 Uhrturm
- 10 Alter holländischer Friedhof
- 11 Jami-ul-Affar-Moschee
- 12 Municipal Museum
- 13 Minibusstation
- 14 Dutch Period Museum
- 15 Ajantha Hotel
- 16 Bodhi-Baum
- 17 CTB-Busstation
- 18 Busse zum Flughafen
- 19 Bastian Mawatha Bus Station

Dutch Period Museum

Auch wenn der Marktbetrieb an sich schon eine große Attraktion darstellt, so findet man in Pettah auch andere Sehenswürdigkeiten. Z.B. Das Dutch Period Museum in 95 Prince St. (Eintritt 55 Rs.,Kinder 30 Rs., Fotografieren 135 Rs.; geöffnet Sa-Do 9-17 Uhr). Es ist im ehemaligen holländischen Gouverneurssitz untergebracht, ein stolzes weißes Gebäude aus dem Jahre 1658. Darin ist heute eine faszinierende Sammlung von **Objekten der holländischen Epoche** auf Sri Lanka ausgestellt: Schwerter, Gewehre, Münzen, Landkarten und Dokumente, sowie eine beachtliche Kollektion von wertvollen, bestens erhaltenen Möbeln. Man lasse sich von einem Angestellten die Schränke und Geheimfächer öffnen! Da staunt man nur über das Können der damaligen Schreiner.

Jami-ul-Affar-Moschee

Verläßt man das Museum, erblickt man die rot-weiße Jami-ul-Affar-Moschee in der 2nd Cross St. Das 1908 erbaute Gebäude ist eine der wichtigsten Moscheen der Stadt. Freitag Mittag füllt sie sich mit Gläubigen (ca. 13 Uhr). Der Freitag ist den Moslems heilig.

Im Dutch Period Museum

064sr Foto: rk

Glockenturm

Entlang der relativ breiten **Main Street** gelangt man, vorbei an zahllosen Textilläden, in östlicher Richtung zu einem Glockenturm, den die Holländer an diese Stelle versetzt hatten. Zuvor war er ein Teil des ehemaligen holländischen Kaymans Gate oder „Krokodils-Tores“ gewesen. Davor soll der Turm an einer portugiesischen Kirche in Kotte gestanden haben, von wo ihn die Holländer verpflanzten und in ihre Verteidigungsanlagen integrierten. Die jeweiligen Kolonialmächte Sri Lankas waren bemüht, die Bauwerke ihrer Vorgänger zu zerstören.

Municipal Museum

Weiter östlich des Glockenturmes gelangt man zu einem Kreisverkehr. An dessen Südseite steht das Municipal Museum (Sa-Do 9-17 Uhr; Eintritt frei). Das Gebäude war 1873 als Sitz der Stadtverwaltung gebaut worden. Nachdem diese jedoch 1928 verlegt wurde, geriet es in Vergessenheit. 1984 wurde es restauriert und zum **„Stadtverwaltungs-Museum“** erkoren.

Der interessanteste Aspekt des Museums eröffnet sich im 1. Stock: Dort ist durch lebensgroße Puppen eine Sitzung der Stadtverwaltung vom Ende des 19. Jh. nachgestellt. Das Ganze wirkt recht naturgetreu, und man kann sich die Debatten, die hier stattfanden, lebhaft ausmalen. Gegen ein Trinkgeld legen die Angestellten des Museums auch gerne ein paar Protokollbücher aus jenen Tagen vor. Sonst sind noch ein paar alte Schreibmaschinen und andere Bürogegenstände zu sehen.

Rechts, in einem offenen Anbau, sind einige alte Dampfmaschinen und andere Straßenbaugeräte ausgestellt; in einem Anbau links befindet sich ein wunderbar kolonial anmutendes Restaurant, das **People's Hotel,** und in einem weiteren Anbau sind Marktstände untergebracht.

Sea Street

Vom Kreisverkehr vor dem Museum aus kann man nun die Sea Street entlang in nördlicher Richtung gehen. Diese Straße führt durch ein Spalier von goldblinkenden **Schmuckgeschäften,** die hier auf wohlbetuchte Kundschaft warten. Traditionell konzentrieren sich die Läden und Werkstätten der diversen Zünfte jeweils in ein und derselben Straße, und die Sea Street ist bis heute die Straße der Schmuck-und Goldhändler. In der nahen Gabo Lane reihen sich viele Läden mit ayurvedischer Medizin aneinander.

Hindu-Tempel

Ein paar Schritte weiter nördlich führt die Sea Street an drei der bedeutendsten Hindu-Tempel Colombos vorbei, dem **Ganeshan Temple,** dem **New Kathiresan Temple** und dem **Old Kathiresan Temple.** Die traditionell unter der Verwaltung von Priestern der Chettiar- oder Geldverleiherkaste stehenden Tempel zeichnen sich durch farbenprächtige, mit zahllosen Götterfiguren besetzte Gopurams (Eingangstürme) aus. Sie sind der Ausgangspunkt des im Juli/August stattfindenden Vel-Festivals, das der Hochzeit Shivas mit der Göttin Valli Amma gedenkt. Dabei wird eine Figur Skandas von den Kathiresan-Tempeln auf einem Festwagen jedes Jahr abwechselnd zu einem Tempel in Bambalapitiya oder in Wellawatte gebracht, wo sie mit der Göttin Valli Amma vereint wird.

St. Anthony's Church

Folgt man der Sea Street weiter, läßt die Hektik des Marktes hinter den Tempeln merklich nach, und man gelangt am Nordende der Straße in die Sea Beach Street. Dort sieht man von weitem die St. Anthony's Church, schon gelegen im **Stadtteil Kochikade.** Der in der Kirche errichteten Statue des Heiligen Antonius werden wundertätige Kräfte nachgesagt. Östlich der Kirche schließt sich das von vielen Tamilen und Moslems bewohnte, geschäftige Viertel Jatupitiya an.

Bodhi-Baum

Wenn man sich nun noch einmal durch ganz Pettah zurückdrängeln möchte, kann man über den Kreisverkehr am Municipal Museum geradewegs zu einem heiligen Bodhi-Baum gelangen (Ecke Olcott Mw. / Gas Works St.). Dieser ist umgeben von einem **Gebetsschrein** und soll von einem Ableger des verehrten Baumes von Anuradhapura abstammen (siehe dort), er zieht tagtäglich Tausende von Gläubigen an. Diese sprechen hier ein kurzes Gebet, opfern einige Lotusblumen und tauchen dann wieder im Trubel von Pettah unter, um ihren Alltagsgeschäften nachzugehen.

Wolfendahl Church

An der Ostseite von Pettah, in der Ratnajothi Saravana Mawatha (vormals Wolfendahl Street), steht die bedeutendste **holländische Kirche,** die Wolfendahl Church (Wolfendahlsche Kerk), deren Grundstein im Jahre 1749 vom holländischen Gouverneur *Gollenesse* gelegt wurde. Vollendet wurde der Bau 1756. Die Kirche bezog ihren Namen von der Bezeichnung, die die Portugiesen diesem Ortsbereich zuvor gegeben hatten: *Agoa de Luphe* oder „Tal der Wölfe". Im Holländischen wurde Wolfendahl daraus. Die ganze Namensgebung beruht allerdings auf einem zoologischen Irrtum: Wölfe hat es in dieser Gegend nie gegeben, wohl aber Hyänen, die Nacht für Nacht ihr Geheul anstimmten.

Die Kirche ist heute eine von nur noch vier holländischen Kirchen auf Sri Lanka (die anderen befinden sich in Galle, Matara und Jaffna). Sie hat einen kreuzförmigen Grundriß; die Innenarchitektur ist recht imposant, mit einem gewölbtem, hohen Dach, von dem ein glitzernder Kronleuchter herabhängt. Der Gebetsraum, mit Platz für bis zu 1.000 Personen, ruft ein dröhnendes Echo hervor, und so beschwerte sich im Jahre 1834 der *Ceylon Gazetteer*, daß „die Worte des Predigers kaum zu verstehen sind". Noch erhalten sind in der Kirche alle Heirats- und Taufurkunden der holländischen Bürger Colombos nach 1743; viele sind freilich vom Termitenfraß gezeichnet. Neben der Kirche sind prominente holländische Persönlichkeiten begraben, darunter auch General *Hulft*, der Namenspatron des Stadtteils Hulftsdorf.

St. Lucia's Cathedral

Etwas weiter nordöstlich reckt sich die St. Lucia's Cathedral in den Himmel, mit Platz für 6.000 Personen die größte Kirche Colombos und traditionell der **Sitz des katholischen Erzbischofs.** Sie wurde nach 34jähriger Bauzeit 1910 fertiggestellt.

Cinnamon Gardens

Wegen des günstigen Sandbodens hatten die Holländer im Südosten der Stadt Mitte des 18. Jh. eine 20 km^2 große **Zimtplantage** angelegt. Den Zimt gibt es schon lange nicht mehr, der Name aber blieb bestehen. Cinnamon Gardens, meist Colombo 7 genannt, ist heute das Wohnviertel der gehobenen Gesellschaft und entbehrt als solches auch den Trubel und die Hektik, die in vielen anderen Stadtteilen herrschen.

Viharamahadevi Park

Im Herzen des Viertels erstreckt sich das weite Grün des Viharamahadevi Park, der bis 1958 unter seinem kolonialen Namen *Victoria Park* bekannt war. Der neue Name stammt von der legendären Königin *Viharamahadevi* von Ruhuna, der ältesten Tochter von König *Devanampiya Tissa*, an die hier auch eine Statue erinnert. (Mehr zu der Königin findet sich unter dem Abschnitt „Kelani Temple" und der Ortsbeschreibung zu Kirinda – alles verwebt sich zu einer abenteuerlichen Legende.)

Der Park ist mit unzähligen Bäumen und Blumenbeeten bepflanzt und eignet sich hervorragend für erholsame Spaziergänge. Für die Gehfaulen tuckert aber auch ein **Mini-Zug** durch das Gelände. Man beachte die Fruchtfledermäuse, die hier zu Tausenden ausschwärmen.

Das weiße Gebäude an der Nordseite des Parks, das aussieht wie das „Capitol" in Washington, ist die **Town Hall,** das Rathaus. Dieses wurde 1928 erbaut, und die Ähnlichkeit zu seinem amerikanischen Ebenbild ist natürlich kein Zufall. Von der anderen Straßenseite blickt ein **sitzender Buddha** in Richtung des Gebäudes, wohl um die dort tätigen Beamten an die hehren Ideale des Buddhismus zu erinnern. Weiter östlich steht die attraktive, über hundert Jahre alte **Devatagaha-Moschee.**

National Museum

Die Südseite des Parks wird durch das National Museum gebildet, ein stolzes, weißes Gebäude aus dem Jahre 1877, das seinerseits von parkähnlichem Gelände umgeben ist. Das Museum, an der Albert Crescent gelegen, beherbergt eine solche Vielzahl von Ausstellungsstücken über die **srilankische Geschichte und Kultur,** daß dessen Besuch nicht ausgelassen werden sollte. Der Bogen spannt sich von prähistorischen Objekten bis hin zu den Insignien des letzten Königs des Landes und einer Sammlung von Staatsgeschenken an den ehemaligen Premierminister *Bandaranaike*.

Außerdem sind Antiquitäten aus vielen anderen Ländern Asiens zu sehen,

dazu Ausstellungsstücke zur portugiesischen, holländischen und britischen Kolonialgeschichte. Unter demselben Dach befindet sich auch die **Museumsbücherei,** in der über eine halbe Million Bücher über Sri Lanka aufbewahrt werden, darunter auch einige tausend Palmblatt-Manuskripte. Museum und Bücherei sind geöffnet Sa-Do, 9-17 Uhr; Eintritt 55 Rs., Kinder bis 12 Jahre 30 Rs. Im Innenraum ist fotografieren verboten.

Buddha im Viharamahadevi Park

Sehenswürdigkeiten in anderen Stadtteilen

Zoological Gardens

Sri Lankas einziger Zoo befindet sich in der Allan Avenue in **Dehiwala.** Die Entfernung ab Colombo-Mitte beträgt ca. 10 km.

Beim Bau dieses Zoos wurde so weit wie möglich versucht, auf Zäune und Mauern zu verzichten, um relativ naturgetreue Tierhabitate zu schaffen. Das Ergebnis kann sich sehenlassen, der Zoo ist einer der schönsten ganz Asiens, ausgestattet mit sehr viel Vegetation und einigen Teichen. Zu sehen sind über 2.000 tropische Tiere, darunter Leoparden, Löwen, Tiger, Panther, Bären, Krokodile, Schlangen, eine besonders große Anzahl von Elefanten u.v.m. Täglich um 17 Uhr treten die Elefanten in einem „Elefanten-Zirkus" auf, ein eindrucksvolles Spektakel.

● Der Zoo ist täglich 8.30-18 Uhr geöffnet, Eintritt 100 Rs., Kinder 50 Rs.; die Benutzung einer Video-Kamera kostet 100 Rs. Zur Anfahrt nehme man den Bus Nr. 118 ab der Fort Station.

Kelani Temple (Kelaniya Raja Maha Vihara)

Dieses ist der mit Abstand wichtigste Tempel Colombos. Wer ihn dennoch nicht besuchen kann, braucht vielleicht nur in den Notenstapel vom letzten Geldwechsel zu schauen: Abbildungen davon befinden sich auf den neueren Ausgaben der Zehner- und Fünfziger-Scheine. Ein sicheres Zeichen für seine Bedeutung!

Der Tempel befindet sich 13 km östlich der Stadt, nahe dem Kelani Ganga, dem Fluß gleichen Namens. Die Dagoba des Tempels ist an der Stelle errichtet worden, an der Buddha neun Monate nach seiner Erleuchtung mit König *Nagaraja* zusammengetroffen sein soll. Die Mahavansa, Sri Lankas alte Geschichtschronik, behauptet, daß der Tempel schon bald nach dem Treffen errichtet wurde (ca. Mitte des 6. Jh. v. Chr.). Im 3. Jh. v. Chr. soll die ursprüngliche Dagoba vergrößert worden sein. In ihrer heutigen Form stammt sie aus der Zeit zwischen 1240 und 1267, im Jahre 1301 wurden dann noch einige Veränderungen vorgenommen.

Der Tempel wird jedoch nicht nur eng mit Buddha verknüpft, sondern auch mit einer Naturkatastrophe: König *Devanampiya Tissa* (auch: *Kelani Tissa*; 3. Jh. v. Chr.) verdächtigte den Abt des Tempels, als Mittler in einer Liebesaffäre der Königin zu fungieren. Kurzerhand ließ er den Mönch in einem Faß mit siedendem Öl sotten!

Die Strafe dafür blieb jedoch nicht lange aus. Bald kam eine Sintflut über die Insel, das Meer trat kilometerweit über die Ufer und raubte dem König einen 25 km breiten Küstenstreifen aus seinem Reich. Hunderte von Dörfern wurden zerstört. Um die Götter zu beschwichtigen, setzte der König seine Tochter *Viharamahadevi* auf ei-

065sr Foto: rk

Buddhastatue im Kelani-Tempel

nem Boot aus Gold auf dem Meer aus (warum eigentlich nicht sich selber?), als eine Art Menschenopfer für das tosende Wasser.

Einen weiteren ungewollten Beweis seiner Bedeutung erhielt der Tempel im Jahre 1692, als die Holländer jeglichen Gottesdienst dort untersagten und alle Mönche davonjagten.

Der Tempelkomplex besteht aus der alten, aber renovierten Dagoba, die in der traditionellen Form eines Reishaufens gebaut ist; nahebei steht ein eingezäunter heiliger **Bodhi-Baum** und ein Gebäude mit mehreren Gebetsräumen. Einer der Räume enthält einen großen **liegenden Buddha,** vor dem die Gläubigen zum Gebet niederknien und Blumen ablegen; der Nebenraum enthält einige Holzfiguren historischer Persönlichkeiten und ist mit zahllosen Wandgemälden geschmückt. Diese stellen Ereignisse aus dem Leben Buddhas dar und rekapitulieren die Geschichte des srilankischen Buddhismus.

Jedes Jahr im Januar findet am Tempel die **Duruthu Perahera** statt, ein Fest, das von Tausenden von Pilgern besucht wird.

Nonne beim Gebet

• Der Eintritt zum Tempel ist kostenlos. Ab der Central Bus Station in Pettah fährt Bus Nr. 235 dorthin, ab der Kollupitiya Station Bus Nr. 199. Taxis für die Hin-und Rückfahrt kosten ca. 500 Rs.

067sr Foto: rk

Blumen als Opfergabe

Weitere Tempel

Zu den bedeutenderen Tempeln Colombos gehört der buddhistische **Ashoka Ramaya Vihara** (erbaut 1910) in der Timbiri Gasyaye Road, Colombo 5. In seinem Zentrum beherbergt er einen riesigen sitzenden Buddha, der von zahllosen bunten Wandgemälden und Figuren umgeben ist. Die Figuren stellen religiöse oder historische Persönlichkeiten dar. Dieses Kerngebäude wird von kleineren Schreinen umringt, die ebenfalls Statuen und Figuren aufweisen. Diese Schreine sind jeweils einem Thema gewidmet: So erzählt einer davon die Geschichte von *Mahindra,* dem Mönch, der den Buddhismus auf Sri Lanka verbreitete (siehe auch Ortsbeschreibung Mihintale), ein anderer zeigt eine Nachbildung des heiligen Berges Sri Pada oder Adam's Peak. Die Schreine sind meist verschlossen, der Tempelwärter, der beim Nahen von Touristen sofort auftaucht, öffnet sie jedoch gerne – gegen ein kleines Trinkgeld, versteht sich.

Ebenfalls in Colombo 5, etwas abseits der McCallum Road, steht der hinduistische **Sri Balasena Vinayagar Moorthi Kovil,** der von einem hohen Gopuram mit zahlreichen bunten Götterfiguren überragt wird. 1992/93 wurde daneben ein weiterer, noch höherer Gopuram errichtet.

Ein weiterer vielbesuchter Tempel ist der buddhistische **Jetavanarama Vi-**

hara an der Kandy Road in Colombo 10. Dieser weist auf zwei Etagen zahlreiche farbenprächtige Wandgemälde auf. Auf seinem Hof findet sich eine kleine weiße Dagoba.

Bandaranaike Memorial International Conference Hall

1971 stiftete die chinesische Regierung dieses **Kongreß-Zentrum** am Bauddhaloka Mawatha, das dem Gedenken an den 1959 ermordeten Premierminister *Bandaranaike* gewidmet ist. Die Halle mit Platz für 1.500 Personen gilt als eines der besten Konferenz-Zentren Asiens. Angeschlossen ist ein kleines Museum, das über Leben und Werk des ehemaligen Premierministers Auskunft gibt. Geöffnet Di-So, 9.00-16.00 Uhr; an Poya-Tagen geschlossen.

Genau gegenüber dem Zentrum, auf der anderen Straßenseite, steht eine **Kopie** des berühmten **Buddhas von Aukana** (siehe Ortsbeschreibung Aukana). Wem der Weg nach Aukana zu lang ist, der kann sich mit dieser Nachbildung begnügen.

Regierungssitz

Sri Jayawardhanapura (Kotte), 11 km südöstlich von Zentral-Colombo gelegen, ist seit 1982 die **offizielle Landeshauptstadt.** In der Praxis ist sie ein Vorort von Colombo. Hier, umgeben von einem See, der vom Diyawanna Oya („Fluß des goldenen Wassers") gebildet wird, stehen das elegante **neue Parlament** Sri Lankas sowie zahlreiche andere Regierungsgebäude. Das Parlament ist von einem Teich umgeben, in dem als Schutz gegen Terroristen Krokodile ausgesetzt worden sind. Einfach aber effizient!

Im **Gramodaya Folk Arts Centre** stellen Handwerker Töpferwaren, Textilien, Korbwaren, Schmuck und andere traditionelle Objekte her. Angeschlossen sind ein Verkaufsraum, ein Aquarium, ein Restaurant und ein Stand mit Kräutergetränken.

Mit all seinen Neubauten, die von gepflegten Parkanlagen umgeben sind, macht Sri Jayawardhanapura einen Eindruck, als wäre es soeben aus dem Boden gestampft – doch das täuscht: Unter dem Namen Kotte („Festung") wurde die Stadt Mitte des 14. Jh. schon einmal Hauptstadt. 1412 benannte König *Parakrama Bahu 6.* sie in Sri Jayawardhanapura („Siegreiche Stadt") um. In der 52jährigen Regierungszeit des Königs florierten hier Künste und Literatur, zahlreiche Mönche verfaßten Gedichte oder andere Texte. Auch die Architektur kam nicht zu kurz; es wurden eifrig Tempel und öffentliche Gebäude errichtet, und der König ließ sich einen fünfstöckigen, diamantenbesetzten Palast bauen, der oben mit einem Turm aus purem Gold verziert wurde. Auch das Zahnrelikt, das heute in Kandy verehrt wird (siehe dort unter „Dalada Maligawa"), war einst in der Stadt untergebracht, in einem prachtvollen dreistöckigen Gebäude. Von alledem ist heute allerdings kaum etwas übrig, Ausgrabungen brachten nur einige kümmerliche Reste von den ehemaligen Palast- und Befestigungsanlagen sowie einige Steininschriften zum Vorschein.

Praktische Tips

Unterkunft

Hotels, die ein gutes Preis-/Leistungsverhältnis bieten, sind leider sehr rar in Colombo, und in den **unteren Preisklassen** ist die Auswahl sogar sehr gering. Die Stadt wirkt somit auf Low-Budget-Traveller nicht sehr gastfreundlich. Kein Wunder, wenn viele die Stadt meiden und gleich vom Flughafen zu einem Strandort weiterfahren. Auf der anderen Seite sind die **Fünf-Sterne-Hotels,** so man sie sich leisten mag, im internationalen Vergleich sehr preisgünstig (selbst im Vergleich zu Indien z.B.).

Bei **Buchung über Reisebüros** in Colombo lassen sich bei diesen Hotels oft noch Reduktionen von bis zu 30% herausschlagen. Eine dieser Agenturen ist die sehr zuverlässige *Lanka Vacations*, 43 Anthony's Mawatha, Colombo 3, Tel. 01-576668, 576 330; Fax 576282, 732992; E-Mail: lankavac @slt.lk. Tlx. 23311 LANVAC CE.

Die meisten **preiswerteren Unterkünfte** befinden sich entlang der Galle Road oder in deren Seitenstraßen, also in den südlichen Ausläufern der Stadt. Ein paar ganz billige, schmuddelige und vom Gunstgewerbe durchsetzte Absteigen gibt es noch in Pettah. Diese sollten aber nur dann angesteuert werden, wenn man gerade den allerletzen 50-Mark-Schein angebrochen hat. Zu empfehlen sind sie nicht.

Ansonsten lassen sich preiswerte **Zimmer in Privathäusern** mieten. Diese eignen sich besonders für Langzeitreisende, es kann aber auch ein Kurzaufenthalt sein.

Im **Accomodation Guide,** der kostenlos beim Ceylon Tourist Board erhältlich ist, sind die Privatunterkünfte aufgelistet. Einige sind im folgenden beschrieben.

Wer nichts geeignetes in Colombo findet, hat wahrscheinlich mehr Glück im sich südlich anschließenden Mt. Lavinia. Siehe dazu die entsprechende Ortsbeschreibung.

In Colombo-Mitte

- Eine der preiswertesten Unterkünfte im Bereich Fort ist das **YMCA** (39 Bristol St., Colombo 1, Tel. 01-325252 bis 3). Hier gibt es einen eng gepackten Schlafsaal mit Betten zu 230 Rs. (nur für Männer), sowie Einzelzimmer ohne eig. Bad zu 400 Rs. und Doppelzimmer mit Bad zu 760 Rs. Auf die Preise wird keine SC aufgeschlagen, pro Tag und Person wird aber eine temporäre Mitgliedsgebühr von 5 Rs. erhoben.

Dem Haus ist auch ein gutes und außergewöhnlich preiswertes Restaurant angeschlossen, das **YMCA Restaurant,** das von zahlreichen im Fort arbeitenden Angestellten besucht wird. Geöffnet Mo-Fr 6.30-19.00 Uhr und Sa von 6.30 bis 15.00 Uhr; So geschlossen.

- Das wenige Meter weiter nördlich gelegene **Sri Lankan Ex-Servicemen's Institute** (29 Bristol St., Tel. 01-422650, Colombo 1) hat Schlafsaalbetten zu je 165 Rs. und einfache EZ und DZ (Gemeinschaftsbad) zu 280/730 Rs. letztere mit eigenem Bad. Im Schlafsaal stehen zwar verschließbare Spinde zur Verfügung, die Schlösser dazu sind aber selber mitzubringen.
- Das **Globe Hotel** am Mudalige Mawatha war bis vor kurzem das einzige reguläre Low-Budget-Hotel in Fort, mit Zimmern zu ca. 420 Baht. Da seine Lizenz nicht erneuert wurde, ist es derzeit geschlossen, was aber vielleicht nicht von Dauer ist. Wer länger in Colombo zu wohnen gedenkt, könnte nachsehen, ob es schon wieder geöffnet ist.

● Das altehrwürdige **Grand Oriental Hotel** (York St.,Colombo 1, Tel. 01-320391 bis 3; Tlx. 21557 TAPRO CE; Fax 94-1-447640) steht genau gegenüber dem Passenger Terminal, dem Abfertigungsgebäude, das ankommende Schiffspassagiere zu passieren haben. Früher zechten hier die Kapitäne, bis ihnen das Läuten einer Glocke die Abfahrt ihres Schiffes verkündete. Vom Restaurant namens „Harbour Room" läßt sich noch heute das Hafengeschehen überblicken. Das Grand Oriental ist eines der ältesten Hotels der Stadt und paßt sich von seinem Stil nahtlos in den kolonial geprägten Stadtteil Fort ein. Die Zimmer (großes, sauberes Bad, h/k Wasser, AC) haben fast Wohnungsgröße, sind sehr gemütlich und sauber. Aufgrund der Größe der Zimmer haben die etwas altertümlichen Klimaanlagen aber Probleme, die Räume kühl zu halten. EZ kosten 40 US$, DZ 50 US$, Deluxe-Räume (mit TV) 58/68 US$; jeweils inklusive Frühstück. Zu allem 10% SC und 5% St.

● Alle weiteren Hotels hier sind teure Vier- und Fünf-Sterne-Herbergen: **Ceylon Intercontinental** (48 Janadhipathi Mw., Colombo 1, Tel. 01-421221; Fax 94-1-447326, E-Mail: colombo@interconti.com), **Trans Asia Hotel** (115 Sir Chittampalam A. Gardiner Mw., Colombo 2, Tel. 01-544200; Fax 94-1-449184), **Taj Samudra** (25 Galle Face Rd., Colombo 2, Tel. 01-446622; Fax 94-1-546348, E-Mail: taj@sri.lanka.net), **Holiday Inn** (Sir Mohammed Macan Markar Mw., Colombo 3, Tel. 01-422001-9; Fax 94-1-447977, E-Mail: holiday@sri.lanka.net), **Galadari Hotel** (64 Lotus Rd., Colombo 1, Tel. 01-544544; Fax 94-1-449875); **Colombo Hilton** (Lotus Rd., Echelon Sq., Colombo 1, Tel. 01-544644; Fax 94-1-544657 bis 8).

Am preiswertesten von diesen ist das mit vier Sternen ausgezeichnete Holiday Inn, mit Zimmern zu offiziell ab 70 US$. Bei Buchung über Lanka Vacations (s.o.) kommt man auf ca. 45 US$. Den gleichen Preis erhält man, wenn man das Hotel an seinem Schalter am Bandaranaike-Flughafen bucht. Der Schalter liegt direkt hinter dem Ausgang der Ankunftshalle. Die anderen Hotels beginnen bei ca. 90 US$. Mit den Preisreduktionen ist das Holiday Inn eine gute Alternative zu den dünn gesäten Hotels der oberen Mittelklasse (ca. 40-50 US$).

Entlang der Galle Road

An der Galle Road oder in den Seitenstrassen finden sich zahlreiche Hotels, und die ebenfalls vorhandenen unzähligen Restaurants, Geschäfte und Shopping-Center machen den Aufenthalt hier recht attraktiv. Die Stadtviertel entlang der Galle Road sind die modernsten Colombos. Von Nachteil sind die starke Verkehrsdichte, die damit verbundene Umweltverschmutzung und der Lärm – Zimmer nach vorn hinaus sind zu meiden.

● Das erste Hotel, auf das man entlang der Straße stößt, ist das wunderbare **Galle Face Hotel** (Galle Face, Colombo 3, Tel. 01-541010 bis 16, Fax 94-1-541072, E-Mail: gfhrsn@itmin.com). Dieses 1864 erbaute Haus bildet den Südrand des Galle Face und steht als einziges Top-Hotel Colombos direkt am Meer. Um einen weiteren Superlativ aufzustellen, streitet es sich mit dem Grand Oriental darum, das älteste Hotel der Stadt zu sein.

Das koloniale Ambiente ist bis heute die Hauptattraktion des Hauses, in dem man umhegt wird wie King George. Die normalen Zimmer sind allerdings nichts Besonderes, wer es sich leisten kann, sollte in einer der großartigen Suiten absteigen. Diese haben Wohnungsgröße und sind mit wunderbaren Kolonial-Möbeln ausgestattet und herrlich komfortabel. Normale Zimmer (Bad) kosten 45, 55 und 65 US$, die Suiten (AC; TV) 100-170 US$; dazu je 10% SC und 5% St.

● Etwas weiter südlich entlang der Galle Road findet sich das Fünf-Sterne-Hotel **Lanka Oberoi** (77 Steuart Pl., Colombo 3, Tel. 01-437437, 421171; Tlx. 21369 OBEROI CE; Fax 94-1-449280, E-Mail: lkoberoi.bc@netgate.mega.lk). EZ zu 105 US$, DZ 125 US$ und noch teurere Suiten. Sehr gut ist das im Parterre gelegene Restaurant *„Ran Malu"* („Goldener Fisch"), das srilankische, chinesische und indische Küche bietet; Kostenpunkt ab ca. 1.000 Rs. für 2 Personen. Der Coffee Shop des Hotels ist bekannt für seine reichhaltigen und preiswerten Buffets.

● Die Privatunterkunft von **Mrs. Padmini Nanayakkara,** nahe dem Shopping-Palast Liberty Plaza gelegen (20 Chelsea Gardens, Colombo 3, Tel. 01-573095) ist von einem hübschen Garten umgeben. Es stehen nur zwei Zimmer zur Verfügung (eines im Unter- und ein weiteres im Obergeschoß); diese haben Bad und Ventilator und kosten 750 bzw. 850 Rs. Die Zimmer sind meistens belegt und eine Vorbuchung ist ratsam.

● Ordentliche Zimmer im **YWCA National Headquarters** (7 Rotunda Gardens, Colombo 3, Tel. 01-32398), mit Garten und kleinem Restaurant, und Zimmer mit Bad zu 600 RS. (EZ) und 1.000 Rs. (DZ); Frühstück inklusive. Männer sind nur in Damenbegleitung erlaubt.

● Etwas abseits der Galle Road findet sich das gute **Hotel Empress** (383 Duplication Rd., oder mit neuem Namen R.A. De Mel Mw. Colombo 3, Tel. 01-574930; Fax 94-1-574931). Die Zimmer (AC; h/k Wasser, TV) sind recht wohnlich, Kostenpunkt EZ 28 US$ DZ 30 US$, dazu 10% SC.

● Sehr komfortabel ist das mit 3 Sternen ausgezeichnete **Hotel Renuka** und dessen daneben gelegener, 1995 eröffneter Ableger **Renuka City Hotel** (328 Galle Rd., Colombo 3, Tel. 01-573598 bis 9, 573600 bis 2; Tlx. 22082, 22291 X POINT CE; Fax 94-1-574137). Beide sind durch eine überdachte Brücke verbunden. Die Zimmer (Bad, AC, TV, Minibar) sind sehr sauber und komfortabel - besonders die im neuen Block -, könnten aber etwas größer sein. Vorhanden ist ein Swimmingpool, der sich allerdings 100 m außerhalb des Hotels befindet, sowie ein sehr gutes srilankisches Restaurant *(Palmyrah Restaurant).* Dies ist vielleicht Colombos bestes Hotel der oberen Mittelklasse. EZ 40 US$, DZ 45 US$, die Luxuszimmer 55/60 US$. Dazu jeweils 5% St und 10% SC.

● Nicht schlecht ist das preiswertere **Hotel Atlantic** (237 Galle Rd., Bambalapitiya, Colombo 4, Tel. 01-508487; Fax 94-1-449436); Zimmer ohne eigenes Bad zu 440 Rs., solche mit Bad 550/605 bzw. 800 Rs. (letztere mit AC). 10% SC. Zum Haus gehört das rechts vom Eingang gelegene, ausgezeichnete aber auch teure Thai-Restaurant *Sawasdee.* Ein Essen für zwei Personen, inklusive Getränke, kann leicht die 1.000-Rupien-Marke überschreiten.

● In einer Gasse schräg gegenüber befindet sich das sehr gute, ruhig gelegene **Greenlands Hotel** (3 A, Shrubbery Gardens, off Galle Rd., Bambalapitiya, Colombo 4, Tel. 01-585592, 581986). Die Zimmer sind sauber und ordentlich, und im Erdgeschoß gibt es ein ausgezeichnetes vegetarisches Restaurant. Das Hotel ist bei einheimischen und indischen Touristen sehr beliebt und dementsprechend oft ausgebucht. Wenn möglich voranmelden! Zimmer (Bad) zu 600 Rs., solche mit AC zu 700 Rs. Rechts am Eingang befindet sich übrigens ein Stand, der indische Zeitungen und Magazine verkauft (in Tamil als auch Englisch).

● Eine sehr gute Privatunterkunft bietet sich ca. 100 m weiter die Gasse hinein, im Haus von **Joe & Marie Sethupathy** (23/2 Shrubbery Gardens, Tel. 01-587964; Fax 94-1-502080; Tlx. 23015 JBSHIP CE). Das Haus liegt etwas zurückversetzt, hinter der kleinen *Church of Christ.* Die Lage ist wunderbar ruhig, und die 5 Zimmer sind sehr sauber und wohnlich. Alle haben eigenes Bad. EZ kosten 700, DZ 750 Rs., jeweils mit reichhaltigem Frühstück. Den Gästen steht eine kleine Küche zur Verfügung, und es gibt einen Ferngesprächs- und Fax-Service. Auf einer kleinen Veranda läßt sich gut entspannen.

● Wenige Schritte entfernt vom Lokalbahnhof Wellawatte und nur ca. 50 m von einem recht schönen Strand liegt das **Ottery Tourist Inn** (29 Melbourne Avenue, Colombo 4, Tel. 01-583727). Das ruhige und geräumige Haus bietet gemütliche EZ (Bad) zu günstigen 250 Rs., DZ zu 500 Rs.; zuzüglich 10% SC und 5% St.

● Ein einziges, aber recht gutes Zimmer (Bad) wird im Privathaus von **Mrs. D. Bandara** angeboten (24 Castle Lane, Colombo 4, Tel. 01-582646). Das Haus befindet sich in einer ruhigen Seitenstraße der Galle Road, ca. 100 m vom Meer entfernt. Das Zimmer kostet bei Einzelbelegung 350 Rs., bei Doppelbelegung 400 Rs.; es kann auch mit einer daneben gelegenen Küche zu einer Art Apartment kombiniert werden, Preis dann 500/550 Rs.

● Ebenfalls in einer Seitengasse der Galle Road, im Stadtteil Wellawatte, findet sich das angenehme und preiswerte **Hotel Chanuka** (29 Frances Rd., Colombo 6, Tel. 01-585883,

502983), auch gleich am Meer. Zimmer mit Bad zu 480 (EZ) und 650 Rs. (DZ).

• Das **Hotel Sapphire** (371 Galle Road, Colombo 6, Tel. 01-583306; Tlx. 23261 LINK CE; Fax 94-1-503575) liegt ebenfalls im Stadtteil Wellawatte; die Zimmer sind ungewöhnlich groß, sauber und für den Preis sehr gut. Zimmer mit AC kosten EZ/DZ/Dreier 40/48/55 US$, dazu je 10% SC.

• Im selben Stadtteil findet sich das sehr preiswerte **Hotel Ranwan Lanka** (382 Galle Rd., Colombo 6, Tel. 01-583143). Die Zimmer (mit Bad) sind einfach, aber ausreichend, EZ 600, DZ 750 Rs., plus 10% SC. Nach hinten raus bietet sich Meerblick.

• Das **Hotel Omega Inn** (324 Galle Rd., Colombo 6, Tel. 01-582277, 585604) hat große und ordentliche Zimmer (Bad); EZ und DZ gleichermaßen zu 585 bzw. 750 Rs.(AC); Dreier zu 675 bzw. 875 Rs. (AC).

• Die Zimmer (mit Bad) des **Hotel Orchid Inn** (571/6 Galle Rd., Colombo 6, Tel. 01-583916) sind sehr groß aber etwas düster, ein kleiner Balkon ist vorhanden. Bei einem Preis von 315/395/495 Rs. (inkl. SC) für EZ/DZ/Dreier nicht allzu übel.

• Das **Concord Guest House** (139,141 Galle Rd., Dehiwala, Tel. 071-7727) befindet sich in Dehiwala, das eigentlich nicht mehr zu Colombo gehört, daher die andere Vorwahlnummer. Es ist praktisch jedoch ein Vorort der Metropole, und die Verkehrsverbindungen in die Innenstadt sind sehr gut. Die Zimmer (Bad) im Concord sind recht ordentlich, bei einem Preis von 345 Rs. bzw. 460 Rs. (AC) gibt es nichts zu meckern. SC ist schon inbegriffen.

In anderen Stadtteilen

• Etwas südlich des Stadtkerns, aber noch immer recht zentral liegt das sehr gute **Galaxy Hotel** (388 Union Place, Colombo 2, Tel. 01-699320, 696372 bis 3; Tlx. 22325 GALAXY CE). Die Zimmer (AC, h.& k. Wasser) sind recht sauber und haben TV mit den srilankischen Programmen, BBC und dem indischen *Durdarshan*, dazu hauseigene Videoprogramme. Zu beachten ist nur, daß die zur Straße hinausgelegenen Zimmer zu laut sind; außerdem gibt es erhebliche Unterschiede in der Zimmergröße bei jedoch gleichem Preis. Zimmer ansehen! Im 5. Stock, auf dem Dach, befindet sich ein Dach-Swimmingpool! Als Bonus gibt es im 1. Stock ein ausgezeichnetes, wenn auch etwas teures Restaurant, Spezialität indische Küche. Ein Essen für zwei Personen dürfte ab 300 Rs. kosten. Die Zimmer schlagen mit 37,50 US$ (EZ/DZ) zu Buche, dazu 10% SC und 5% St.

• **A Wayfarer's Inn** (77 Rosmead Pl., Colombo 7, Tel. 01-693936, E-Mail: wayfarer@slt.lk) ist ein unausgeschildertes Privathaus, das äußerlich durch nichts verrät, daß hier Zimmer zu vermieten sind. Das einzige, was man am Eingang sieht, ist die Hausnummer 77. Die Lage im vornehmen Stadtteil Colombo 7 ist ausgezeichnet, sehr ruhig und fast idyllisch. Die insgesamt nur 4 Zimmer (Bad) in dem etwas älteren Haus sind einfach, aber sehr groß – für den Preis von 14 US$ bzw. 18 US$ (AC) inklusive Frühstück recht gut.

• Etwas weiter östlich an derselben Straße liegt das kleine, gemütliche und sehr saubere **Parisare** (97/1 Rosmead Place, Tel. 01-694749). Die zwei Zimmer (Bad) im Untergeschoß kosten 500 und 1.000 Rs., die im Obergeschoß 400 und 800 Rs.

• **Mrs. D. Peiris** (62, 1/4 Park Street, Tel. 328350) vermietet in ihrer Privatwohnung zwei ordentliche Zimmer zu (EZ) 400 und (DZ) 500 Rs., inklusive Frühstück. Die Lage des Hauses ist ruhig, es liegt in einem der besseren Wohnviertel der Stadt, aber dennoch nicht weit vom Zentrum entfernt.

• Ruhig gelegen ist das **Hotel Janaki** (43 Fife Road, Colombo 5, Tel. 01-502169, 581524, 585336), das bei länger verweilenden Geschäftsleuten beliebt zu sein scheint. Die Zimmer (Bad; AC) kosten EZ/DZ 25,50 US$ und Dreierzimmer 31 US$; zuzüglich 10% SC und 5% St. Die meisten der Räume sind für den Preis recht wohnlich und angenehm (auch mit Balkon) einige aber sind doch klein, muffig und schmuddelig und dürften nicht zum selben Preis vermietet werden. Vorher das Zimmer ansehen! Swimmingpool vorhanden.

• Mit zwei schlichten aber sauberen Zimmer (Bad) wartet **Mrs. A. Jayawardhana** auf (42 Kuruppu Rd., Colombo 8, Tel. 01-693820); Kostenpunkt 300 und 350 Rs. Essen ist im

068sr Foto: rk

Haus erhältlich und auf Anruf hin wird man vom Bahnhof oder der Busstation abgeholt.

- Drei gut ausgestattete, sehr saubere Zimmer bietet **Mrs. Chitranga de Fonseka** (7 Karlsruhe Gardens, Colombo 10, Tel. 01-697919). Dazu gibt es einen hübschen kleinen Garten, sowie eine Küche, die von den Gästen benutzt werden kann. Zimmer mit Bad und TV zu 40 US$. Essen ist im Haus erhältlich.

Essen

Im Stadtzentrum

Eine große Auswahl an Restaurants bietet sich im Fort; diese bieten für ihre niedrigen Preise meist gute Qualität und sind dementsprechend zu Mittag von Angestellten auf „lunch break" überlaufen.

Im Viertel um die Malay Street

- Ganz hervorragend ist das **Great Wall Chinese Restaurant** in der Chatham Street, trotz seines unübersehbaren Fast-Food-Ambientes. Für 80,25 Rs. gibt es einen Lunch-Teller, bestehend aus Reis und leckeren chinesischen Curries nach eigener Wahl (Gemüse, Fisch, Prawns u.a.). Das Restaurant ist nur Mo-Sa von 11.00-15.00 Uhr geöffnet, wer hier aber auf den Geschmack gekommen ist, kann dessen Hauptstelle aufsuchen, gelegen in 491 Galle Road, Colombo 3. Dieses ist möglicherweise Colombos bestes chinesische Restaurant. Eine weitere Filiale findet sich im *Food Court* von *Majestic City* (Shopping Centre), Shop Nr. 8. Die Chef-Köche der *Great Wall-Restaurants* sind Chinesen aus Malaysia.
- Wenige Meter weiter östlich an der Chatham Street findet sich das moslemische, gute **Taj Restaurant** mit würzigen Fleisch-Curries und Reisgerichten wie Biryani u.ä. Eine neuere und größere Zweigstelle befindet sich neben dem Crown Restaurant, an der Ecke York Street/Mudalige Mawatha. Die Reis&Curry-Gerichte (ab 30 Rs.) sind nicht sehr reichhaltig, aber recht gut. Ganz ausgezeichnet ist der Joghurt (Singal. *kiri,* Tamil *thairu*). Im Obergeschoß wird chinesisches Essen serviert (Mo-Sa).
- Neben dem Taj Restaurant in der Chatham Street schließt sich das chinesische **Pagoda Tea Rooms** an, das brauchbare chinesische und srilankische Kost zu mäßigen Preisen serviert.
- Vegetarische Speisen bietet das zu Paterre gelegene **Crown Restaurant** in der York Street, nahe der Ecke Mudalige Mawatha. Das Restaurant ist aufgrund seiner fensterlosen Kellerlage mit unangenehmem Neonlicht beleuchtet und macht vom Ambiente auch sonst keinen großartigen Eindruck, das Essen dagegen ist gut und preiswert. Interessanterweise werden hier viele Gerichte aus braunem Reis *(kekulu haal)*, zubereitet, beispielsweise die Masala Thosai oder die String Hoppers. Ausgezeichnet ist auch das aus dicken Knoblauch-Zehen kredenzte Garlic Curry. Mittags gibt es Rice&Curry-Teller zu 30 Rs.
- Das **New Woodlands Restaurant** in 108 York Street ist nach eigenen (falschen) Angaben ein Ableger des legendären Woodlands

Hotel in Madras. Letzteres hat aber erst 1998 eine Zweigstelle in Colombo eröffnet (s.u.) Trotz der schamlosen Abstammungslüge ist das Essen hier aber gar nicht übel. Es gibt Rice&Curry-Platten zu 135 Rs. sowie einige schmackhafte nordindische Curries. Darunter ist auch das *Curry Pakora* (Klöße aus Linsen und einem Wurzelgemüse in scharfer Soße), ein Gericht aus dem Punjab, das auf der Speisekarte interessanterweise als „Pagoda Curry" erscheint. Ein Schild am Eingang besagt „Vegetarian Food", es werden aber auch einige Fischgerichte geboten.

- Eine Reihe sehr einfacher preiswerter Restaurants findet sich gleich gegenüber der Fort Station. Das vielleicht beste davon ist das tamilische **Luckshmi Bhavan.** Dies wirkt nicht immer wie ein Hort der Hygiene, das Essen schmeckt jedoch ausgesprochen gut. Es gibt hervorragende Masala Thosai, Nudelgerichte, Soja-Curry u.v.m.
- Die besten Restaurants im Stadtteil Pettah sind das **Chettinad Restaurant** in der Sea Street (ca. 100 m nördlich der drei Hindu-Tempel) sowie das **Saraswati Café** (direkt gegenüber den Tempeln). Beide kredenzen ausgezeichnete, preiswerte südindische Gerichte, das Chettinad bietet zudem in seinem Obergeschoß (etwas teurere) nordindische wie auch chinesische Gerichte; Fruchtsäfte und indische Süßigkeiten sind ebenfalls erhältlich. Freitags von 11-15 Uhr gibt es im Chettinad vegetarische Buffets zu 100 Rs. Insgesamt sind beide Restaurants bestens für eine Mahlzeit nach der Besichtigung von Pettah geeignet.
- Zu einer völlig anderen (Preis-)Klasse gehört das **Navaratna Restaurant** im Erdgeschoß des Hotel Taj Samudra (Galle Face Rd.). Dieses streitet sich mit dem Alhambra Restaurant im Holiday Inn darum, das beste indische Restaurant Sri Lankas zu sein. Derzeit ist der Standard des *Navratna* etwas gesunken, was hoffentlich eine zeitweilige Erscheinung ist. Die Preise sind hoch, ein Essen für zwei Personen kostet ab ca. 1.500 Rs. Geboten werden sehr gute Fleisch-, Fisch- und Gemüsegerichte. Man versuche einmal das Paneer Bhurjiya, eine köstliche Mischung aus indischem Käse, Pilzen und Gemüse, oder die Malai Kofta, Gemüsebälle in cremiger Curry-Soße. Neben dem guten Essen gibt es einen aufmerksamen, aber nicht aufdringlichen Service; Do-So um 19.30 Uhr spielt ein kleines Orchester traditionelle indische Musik.
- Ein wenig preiswerter als das *Navratna* ist das **Alhambra Restaurant** im Erdgeschoß des Holiday Inn. Das Speisenprogramm ähnelt dem des *Navratna*. Besonders gut ist das *Vegetable Biriyani* (Saffranreis mit untergemischten Gemüsen, Cashew-Nüssen, Rosinen u.a.), der auch in Riesenportionen serviert wird. Ebenso empfehlenswert das *Dum Aloo Kashmiri,* Kartoffeln mit raffinierter Füllung in scharf-saurer Soße, und *Paneer Jalwa,* würzige Käsenbrocken in Salat. Unbedingt zu meiden sind allerdings die Suppen. Das Dekor des Alhambra ist nordindischer Moghul-Stil, und fast könnte man sich in ein gediegenes Restaurant in Rajasthan versetzt fühlen. Gestört wird das Ambiente nur durch die abendlichen Gitarrenspieler (ab 20.00 Uhr), die sich als Mexikaner verkleiden und Stücke spielen wie die Filmmusik von „Der dritte Mann"! Da kommt Heiterkeit auf. Auf derartige „Mexikaner"-Bands trifft man leider auch in anderen Hotels. Sie sind wohl ein Überbleibsel der Package-Touren der siebziger Jahre, deren Teilnehmer „exotisch" unterhalten werden wollten.
- Zwecks gehobener srilankischer Küche wende man sich an das **Spice Market** im Erdgeschoß des *Galadari Hotels*. Es werden diverse Fisch- und Fleischspezialitäten geboten, sowie die allgegenwärtigen Rice&Curry-Gedecke. Hier kosten sie, einem Fünf-Sterne-Hotel angemessen, 250 Rs. plus SC und St. Ein volles Essen für zwei Personen schlägt auch hier mit mindestens 1.500 Rs. zu Buche. Vom **California Grill** im Obergeschoß des Hotels (westliche Küche) hat man einen guten Panorama-Blick auf Colombo (falls schon wieder geöffnet ist). Beide Restaurants sind von 19-23 Uhr geöffnet.
- An die biltzeblanken Food-Center von Singapur erinnert der **Deli Market** im 3.Stock des *World Trade Center* (Echelon Square). Dieser besteht aus mehreren Essenständen, die in einem modernen Großraum-Restaurant untergebracht sind. Dies ist wohl Colombos smarteste Speisestätte und folglich findet

sich viel wohlbetuchtes „Yuppie"-Publikum ein. Die verschiedenen Stände bieten sehr gute und ansprechend hergerichtete chin. und srilank. Gerichte, dazu Eis-Creme, Kuchen und andere Backwaren, sowie zahlreiche Salate. Ein komplettes Essen für zwei Personen kostet ab 300 oder 400 Rs. Geöffnet Mo-Do 8-23 Uhr, Fr und Sa 8-24 Uhr, So und feiertags 11-24 Uhr.

In anderen Stadtteilen

In der Vororten herrscht beileibe kein Mangel an Essensmöglichkeiten, ganz im Gegenteil: Die Galle Road zum Beispiel wird im Bereich von Kollupitiya bis Wellawatte von Hunderten von Restaurants flankiert, und wer sich durch alle durchessen wollte, bräuchte einige Monate dazu. Zur Auswahl stehen zahlreiche diverse Küchen, selbst deutsche, malaiische und thailändische Kost ist dabei. Der Stadtteil Wellawatte ist der günstigste für Vegetarier, denn hier wohnen hauptsächlich Tamilen, die fleischlose Kost bevorzugen. Vegetarische Restaurants mit tamilischen Gerichten finden sich hier alle paar Meter.

- Eines der beliebtesten Restaurants in den Außenbezirken ist das vegetarische **Shanti Vihar** (3 Havelock Rd.), das vor allem nord- und südindische Speisen bietet, einige italienisch beeinflußte Nudelspeisen sind aber auch dabei. Insgesamt weist die Speisekarte über 100 Gerichte auf. Alles ist von hoher Qualität, die Preise sind mäßig. Ein vollständiges Essen für zwei Personen kostet 150-250 Rs. Zu den Poya-Tagen und an allen Freitagen gibt es mittags (11-15 Uhr) und abends (19-22.30) reichhaltige Buffets zu 160 Rs. Das Restaurant unterhält außerdem einen Liefer-Service, bei dem die gewünschten Speisen nach telefonischer Bestellung (Tel. 01-580224) an den Adressaten geliefert werden. Aufpreis pro Bestellung 50 Rs. Dem Restaurant ist ein winziger Laden angeschlossen, in dem indische Magazine und Zeitungen verkauft werden (Tamil und Englisch).
- In derselben Straße befindet sich das **Restaurante Italiano „da Guido"** (62 Havelock Rd., Colombo 5), mit sehr guter italienischer Küche zu gehobenen Preisen.
- Das 1998 eröffnete **Mathura Madras Woodlands Restaurant** in 185 Havelock Road ist der echte Ableger des großartigen Woodlands Hotel in Madras (*nicht* das Woodlands Restaurant in Fort, s.o.), das u.a. auch Filialien in Großbritannien, Australien, Singapur und Malaysia betreibt. Das Mathura befindet sich etwa 2 km nördlich des Shanti Vihar, an derselben Straße. Geboten wird eine reichhaltige Auswahl an exzellenten, südindischen vegetarischen Gerichten. Three-Wheeler ab Fort dürften ca. 100 Rs. kosten.
- Ähnliche Küche wie das Shanti Vihar oder Woodlands, wenn auch nicht ganz so gut, kredenzt das **Palms Restaurant** in Wellawatte (40 Galle Rd., Colombo 6). Es gibt leckere nordindische und srilankische Gerichte zu moderaten Preisen.
- Ebenfalls in Wellawatte befindet sich das preiswerte und saubere **Green Leaf Restaurant** (290 Galle Rd., Colombo 6), das eine gute Auswahl an Fisch-, Fleisch-, Reis- und Nudelgerichten parathält. Das Ambiente ist nüchtern und Fast-Food-like, die Preise beginnen bei ca. 15 Rs.
- Am anderen Ende der Preisskala liegt das ausgezeichnete **Siam House** (438 R.A. De Mel Wawatha, Colombo 4), das originale Thai-Speisen bietet. Die Speisekarte ist äusserst umfangreich und alles ist von höchster Qualität. Die Gerichte kosten je 200-300 Rs. und zwei Personen kommen leicht auf 1.200 Rs. oder mehr. Das Restaurant ist tägl. 11-23 Uhr geöffnet, samstags oder sonntags abends könnten Vorbuchungen nötig sein (Tel. 573770).
- Auch in Colombo 4 bietet sich das preiswerte und gute **New Ambbal Restaurant** an (256 Galle Rd., Colombo 4), mit tamilischen und srilankischen Snacks, Nudelgerichten und Rice&Curry-Platten. Noch besser ist aber das im gleichen Stadtteil gelegene Restaurant des **Greenlands Hotel** (s. „Unterkunft"), das ein ähnliche Speisen serviert. Rice&Curry-Gedecke kosten hier 45 Rs. Morgens gibt es sehr leckere *String Hoppers* aus braunem Reis.
- Das sehr saubere **Amaravathi Restaurant** an der Milepost Avenue in Colombo 3 (die Seitenstraße gegenüber dem *Renuka Hotel*) serviert gute südindische vegetarische, als

auch Fleisch- und Fischgerichte. Die Preise sind höher als in den o.g. Restaurants, aber noch erträglich: Ein Essen für zwei Personen dürfte ab ca. 300 Rs. kosten. Keinen allzu guten Gegenwert bieten die mit 100 Rs. (plus SC) dotierten Rice&Curry-Gedecke.

- Das **Beach Wadiya** am Ende der Station Road in Wellawatte, nahe dem Strand, ist ein lokaler Geheimtip für allerbeste Seafood. An Wochenenden ist oft alles voll und Vorbuchungen sind ratsam; Tel. 077-514477. Gehobene Preislage, ab ca. 1.000 Rs. für zwei Personen.

Shanti Vihar Restaurant

- Hervorragende srilankische Curries, vor allem Fleisch und Fisch, bietet das **Banana Leaf Restaurant** (86 Galle Road, Colombo 4), ca. 100 m südlich der Polizeiwache von Bambalapitiya. Das Restaurant hat auch einen Take-Away-Service, und meist sieht man Dutzende von Einheimischen, die sich in dem kleinen Verkaufsraum drängen. Das Essen wird traditionell auf Bananenblättern serviert. Zwei Personen kommen ab ca. 150 Rs. zu einem vollen Magen.
- Sehr beliebt bei den Einheimischen ist auch das vegetarische **Indo-Ceylon Café** (284 Galle Rd., Colombo 3). Serviert wird die srilankische Standard-Kost aus *String Hoppers*, diversen Curries (ein sehr leckeres Soya-Curry), Nudelgerichten und Rice&Curry-Gedecken. Alles preiswert und gut.
- Sehr beliebt für seine Meeresfrüchte und chinesischen Gerichte ist das **Chinese Park View Lodge** (70 Park St., Colombo 2), das seinem Namen zum trotz keine Lodge („Unterkunft") sondern einfach ein ausgezeichnetes Restaurant ist. Viele Einheimische schwö-

ren auf die hier gebotenen Prawn- und sonstigen Seafood-Gerichte. Telefonische Voranmeldung ist unbedingt anzuraten (Tel. 01-326255). Gehobene Preislage.

● Mit solider teutonischer Hausmannskost wartet das **German Restaurant** auf (Galle Face Court, gegenüber Galle Face Hotel, Colombo 3, Tel. 01-421572). Sonntags nur am Abend geöffnet, an Poya-Tagen geschlossen.

● Ausgezeichnete Schweizer Küche bietet das **Chesa Swiss** in 3 Deal Place, Colombo 3. Die Preislage ist allerdings sehr hoch und zwei Personen kommen leicht auf 1.500 Rs. oder mehr. Montags geschlossen.

● Gediegene europäische Küche, kredenzt von einem französischen Chefkoch, dazu sehr gute Backwaren, serviert das in einem wunderschönen alten Haus untergebrachte **Le Palace,** am Ostende der Gregory Road, nahe der Kreuzung mit der Kinsey Road (7 Gregory's Rd., Colombo 8). Französische Weine sind ebenfalls erhältlich. Ab ca. 1.200 Rs./2 Pers., ohne Getränke.

● In 489 Galle Road, Kollupitiya, ein paar Meter südlich des Renuka Hotel, ist Ende 1998 das erste **McDonald's** des Landes eröffnet worden, und weitere Filialen sollen folgen. Im Jahre 2000 wurde der Laden – als wolle man vollends amerikanische Großstadtmanieren einführen – zum ersten Male ausgeraubt. Das Angebot ist das gleiche wie überall auf der Welt – amerikanische Schnellküche, ausgehändigt von fast religiös-enthusiastischem Personal –, und wer als Neuankömmling absolut nicht mit der einheimischen Kost zurechtkommt, findet hier vielleicht einen vertrauten Hafen.

● Auch **Pizza Hut** ist mittlerweile mit von der Partie (323 Union Place, Colombo 3). Für 350-600 Rs. gibt es diverse Pizzen, zum Verzehr an Ort und Stelle oder zum Mitnehmen.

Weitere Restaurants

● **Chinesisch:** Singapore Chinese Restaurant (106 Galle Rd., Colombo 3), Jade Gardens Restaurant (162 Havelock Rd., Colombo 5), ZhanShi Palace (253 Duplication Rd., Colombo 3).

● **Indisch:** Saras Szechuan (auch einige chin. Gerichte; 450 R.A. De Mel Mw.), The Khyber Pass (526 Galle Rd., Colombo 3).

● **Italienisch:** Il Ponte Ristorante (Colombo Hilton), Pizzeria/Tharanga Terrace (Intercontinental Hotel).

● **Französisch:** The Rendezvous (Taj Samudra Hotel).

● **Japanisch:** Hakata (110 Havelock Rd., Colombo 5), Sakura (14 Rheinland Place, Colombo 3), Ginza Hoshen (Colombo Hilton), Restaurant Minami (Sri Dharmapala Rd., Mt. Lavinia), Japan Doll (32B Mohammed Macan Markar Rd., Colombo 3).

● **Koreanisch:** Kolio (Hotel Empress, 383 R.A. De Mel Mw., Colombo 3).

● **Malaiisch:** Rasa Sayang Malay Restaurant (774 Galle Rd., Colombo 4).

● **Mexikanisch:** Santa-Fé (46B Galle Rd., Colombo 3).

● **Pakistanisch:** Kebabish Restaurant (526 Galle Rd., Colombo 3).

● **Schweizerisch:** Chesa Swiss Restaurant (3 Deal Place A, Colombo 3).

Nützliche Adressen

Airlines

● **Air India,** 108 YMBA Bldg., Fort, Colombo 1, Tel. 01-325832, 422249.

● **Air Lanka,** 37 York St., Tel. 073-5555 u. 14 Sir Baron Jayatillake Mw., Colombo 1, Rückbestätigung Tel. 01-4211 61; Fluginformation 073-2677; Fax (Hauptstelle) 94-73-5122.

● **Air Mauritius,** GSA Ceylinco Universal Ltd., 30-34 Sir Baron Jayatillake Mw., Tel. 430,523, 338458.

● **Alitalia,** Hotel Taj Samudra, 25 Galle Face Road, Colombo 3, Tel. 01-447257.

● **Bangladesh Biman,** 4 Mile Post Ave., Colombo 3, Tel. 01-5653914.

● **British Airways,** Trans Asia Hotel, Colombo 1, 115 Sir C.A. Gardiner Mw., Tel. 01-320231.

● **Cathay Pacific,** 186 Vauxhall St., Colombo 1, Tel. 01-334145 bis 7.

● **Condor,** c/o GSA-VIP Tours, 57A Dharmapala Mw., Colombo 7, Tel. 01-448167, 329804, 324532.

● **Gulf Air,** 11 York St., Colombo 1, Tel. 01-434662.

- **Indian Airlines,** 4 Bristol St., Colombo 3, Tel. 01-326844.
- **Kuwait Airways,** 30 Sir Baron Jayatillake Mw., Colombo 1, Tel. 01-447828.
- **Lauda Air,** Jetwing House, 46/26 Navam Mw., Colombo 2, Tel. 074-715730, 345724.
- **Lufthansa,** Colombo Hilton, Lotus Rd., Colombo 1, Tel. 01-300501.
- **LTU,** c/o Walkers Tours Ltd., 11 York Street, Colombo 1, Tel. 01-424485, Fax 440861.
- **PIA,** 432 Galle Rd., Colombo 3, Tel. 01-574445.
- **Quantas,** Baur's Bldg., 5 Upper Chatham St., Colombo 1, Tel. 01-435406, 449523.
- **Royal Nepal Airlines,** c/o Grandmet Travel and Tours Ltd., 2 York St., Colombo 1, Tel. 439319-21.
- **SAS,** 16 Janadhipathi Mw., Colombo 1, Tel. 01-326424, 440931.
- **Singapore Airlines,** 315 Vauxhall St., Colombo 2, Tel. 01-300757.
- **Swissair,** Taj Samudra Shopping Arcade, 25 Galle Face Green, Colombo 3, Tel. 435403 bis 4.
- **Thai Airways,** Ceylon Inter. Hotel, Janadhipathi Mw., Colombo 1, Tel. 01-438050-3.

Botschaften / Konsulate

- **Australien,** 3 Cambridge Pl., Colombo 3, Tel. 01-698767 bis 9;
- **Bangladesch,** 47/1 Ernest de Silva Mw., Colombo 7, Tel. 01-681310 bis 2;
- **Belgien,** 22 Palm Grove, Colombo 3, Tel. 01-575123, 57166 bis 7;
- **China,** 191 Bauddaloka Mw., Colombo 7, Tel. 01-694491;
- **Dänemark,** 264 Grandpass Rd., Colombo 14, Tel. 01-547806;
- **Deutschland,** 40 Alfred House Ave., Colombo 3, Tel. 01-580431 bis 4;
- **Indien,** 36-38 Galle Rd., Colombo 3, Tel. 01-421605;
- **Japan,** 20 Gregory's Rd., Colombo 7, Tel. 01-693831;
- **Malediven,** 23 Kaviratne Pl., Colombo 6, Tel. 01-586762, 500943;
- **Myanmar,** 65 Ward Pl., Colombo 7, Tel. 01-696672;
- **Nepal,** 153 Kinsey Rd., Colombo 8, Tel. 01-689656 bis 6;
- **Niederlande,** 25 Torrington Ave., Colombo 7, Tel. 01-589626 bis 8;
- **Österreich,** 424 Union Pl., Colombo 2, Tel. 01-691613;
- **Pakistan,** 211 De Saram Pl., Colombo 10, Tel. 01-696301 bis 2;
- **Philippinen,** 10 Gregory's Rd., Colombo 10, Tel. 01-696861;
- **Schweiz,** 63 Gregory's Rd., Colombo 7, Tel. 695117, 695127, 695148, 695169;
- **Thailand,** 43 Dr. C.W.W. Kanangara Mw., Colombo 7, Tel. 01-697406.

Krankenhäuser

- **Colombo South Hospital,** Kalubowila, Dehiwala, Tel. 071-2261;
- **General Hospital,** Regent St., Colombo 8, Tel. 01-691111, 693510, Ambulanz Tel. 01-422222;
- **Nawaloka Hospitals Ltd.** (privat), 23 Sri Saugathodaya Mw., Colombo 2, Tel. 01- 546258, 544444 bis 8;
- **Ratnam's Private Nursing Home** (privat), Union Pl., Colombo 2, Tel. 01-327788;
- **Sri Jayawardenepura Hospital**, Talapathpitiya, Nugegoda, Tel. 01-863610 bis 9;
- **The Central Hospital** (privat), Horton Pl., Colombo 3, Tel. 01-575206.

Zahnarzt

- **Dr. J.N. Chinniah**, 84 St. Anthony's Mw., Colombo 3, Tel. 01-573728.

Banken

- **Algemene Bank Nederlands**, 41 Sir Baron Jayatillake Mw., Colombo 1, Tel. 01-423627 bis 8;
- **ANZ Grindley's Bank,** 37 York St., Colombo 1, Tel. 01-546150 bis 7, 432286 bis 90;
- **Bank of America,** 324 Galle Rd., Colombo 3, Tel. 01-575076 bis 80;
- **Bank of Ceylon,** Bank of Ceylon Bldg., York St., Colombo 1, Tel. 01-446790;
- **Citibank,** 67 Dharmapala Mw., Colombo 7, Tel. 01-447316 bis 8;

Wichtige Telefonnummern

(Vorwahl jeweils 01)

• **Polizei**	433333, 540435
• **Tourist Police**	433342
• **Feuerwehr/Krankenwagen**	422222
• **Unfalldienst**	693184-5
• **Colombo General Hospital**	691111
• **Poison Centre**	686143
(im General Hospital)	691111
Anschluß (extension)	306
• **Children's Hospital**	693711
• **Eye Hospital**	693911
• **Rotes Kreuz** (24 Std.)	691095, 695434
• **Air Lanka,**	
Flug-Information	073-2377,
(Bandaranaike Airport)	2677
• **Central Bus Stand**	238081
• **Fort Railway Station**	435838, 434215
• **G.P.O.** (General Post Office)	28301, 28306
• **Postlager-Schalter** (G.P.O.)	326203
• **Immigration Office** (Visa-Angelegenheiten)	597511
• **Telefon-Auskunft,** Inland	161
international	141
• **Telegrafen-Amt**	431407

• **Deutsche Bank,** 86 Galle Rd., Colombo 3, Tel. 01-447062 bis 6;
• **Hatton National Bank,** 10 R.A. de Mel Mw., Colombo 3, Tel. 01-421885 bis 7;
• **Hongkong & Shanghai Bank,** 24 Sir Baron Jayatillake Mw., Colombo 1, Tel. 01-325435 bis 8;
• **People's Bank,** 75 Sir Chittampalam Mw., Colombo 2, Tel. 01-327841 bis 9;
• **Standard Chartered Bank,** 17 Janadhipathi Mw., Colombo 1, Tel. 01-26671 bis 4, 432522, 433302.

Geldwechsel

• Zahlreiche **private Geldwechsel-Büros** finden sich im Fort, meist in der Chatham St. Auf die Schilder „Money Changer" achten. Diese Wechsler akzeptieren nur Bargeld (alle bedeutenden Währungen) oder Traveller Cheques, die in Dollars ausgestellt sind. DM-Reiseschecks werden nicht angenommen.
• Falls in einer Bank gewechselt werden soll, empfehlen sich die Filialen der staatlichen **Bank of Ceylon** und **People's Bank,** die die geringsten Bearbeitungsgebühren einziehen.

Die Filiale der Bank of Ceylon in der York Street, wenige Meter links vom Grand Oriental Hotel, unterhält eine Wechselstube (separater Eingang) mit besonders langen Öffnungszeiten: Mo-Fr von 9.00-18.00; an Wochenenden und Feiertagen 9.00-16.00 Uhr.

Travellers Cheques

• **American Express,** Dharmapala Mw., Colombo 7, Tel. 01-682787 bis 8;
• **Bank of America,** siehe „Banken";
• **Citibank,** siehe „Banken";
• **Thomas Cook,** 13 Sir Baron Jayatillake Mw., Colombo 1, Tel. 01-448098.

Postalische Dieste

• **General Post Office:** Das Hauptpostamt oder G.P.O. am Janadhipathi Mawatha in Colombo Fort steht täglich 24 Std. für den Verkauf von Briefmarken und für Inlandsgespräche zur Verfügung. Der Postlagerschalter (Tel. 01-326203) ist nur 7.00-18.00 Uhr geöffnet. Ferngespräche können täglich 7.00-21.00 Uhr geführt werden.
• **Briefmarken:** Dem **G.P.O.** ist eine philatelistische Abteilung angeschlossen, in der (Sonder-)Marken erstanden werden können, Tel. 325588, 326183, 326177.
• **Fax, Telex, Telegramm, Ferngespräche:** Central Telegraph Office (C.T.O.) an der Ecke Chatham St./Lotus Rd. (Fort); geöffnet 24 Std. täglich, Tel. 01-326267.

Ebenfalls rund um die Uhr arbeitet das privat betriebene Salaka Communication Centre im Untergeschoß des Salaka Shopping Complex (Union Place, Colombo 2; ca. 100 m südlich des Galaxy Hotel).

Bücher und Karten

• Die beste Auswahl hat **Lake House Bookshop** (100 Sir Chittampalam A. Gardiner

Mw., Colombo 1). Es gibt zahlreiche Sachbücher über Sri Lanka und Romane, dazu Magazine wie Time, Newsweek, Asiaweek. Viele der angebotenen Bücher über Sri Lanka sind allerdings in Indien gedruckt, wo man sie etwa für die Hälfte des Preises bekommt.

- Ansonsten gibt es: **KVGS,** kurz für **K.V.G. De Silva & Sons,** mit zwei Filialen (44/9 YM BA Bldg., Fort, Colombo 1 und 415 Galle Rd., Bambalapitiya, Colombo 4), **Vijitha Yapa Bookshop** und **Taprobane Book Shop** (720 Galle Rd., Kollupitiya, Colombo 3).
- **Biblomania** (32 Hospital St., Colombo 1) bietet interessante, oft schwer aufzufindende Gebraucht-Bücher. Der **Barefoot Bookshop** in der 704 Galle Road, Colombo 3, ist dem „Barefoot"-Geschäft angeschlossen (siehe folgenden Abschnitt) und hat ein umfangreiches Angebot an Büchern über Sri Lanka, Kultur, Kunst, Reise, Architektur etc.

Spielcasino

- Bücher über den Buddhismus sind erhältlich beim **Buddhist Cultural Centre,** 125 Anderson Rd., Nedimala, Dehiwala, Tel. 0-714256, Fax 94-1-7126737; Informationen zum Hinduismus (und möglicherweise auch Bücher) bei der **Ramakrishna Mission,** Ramakrishna Rd., Colombo 6, Tel. 01-584029.
- Landkarten, Stadtpläne etc. werden im **Map Sales Centre,** York St., Fort, Colombo 1, verkauft; ebenfalls beim **Survey Department,** Map Sales Branch, Kirula Rd., Narahenpita.

Sonstiges

- **American Center,** 39 Sir Ernest De Silva Mw., Colombo 7, Tel. 01-691461, 694662);
- **Alliance Francaise,** 11 Barnes Pl., Colombo 3, Tel. 01-694162;
- **British Council,** 49 Alfred House Gardens, Colombo 3, Tel. 01-580301;
- **German Cultural Institute,** 39 Gregory's Rd., Colombo 7, Tel. 01-694562, 693351.
- **Lionel Wendt Gallery & Theatre:** Hier werden zahlreiche kulturelle Veranstanltungen geboten, darunter Ausstellungen und Tanz- oder Theatervorstellungen. Einige werden vom Goethe-Institut gesponsort. Guildfort Crescent, Colombo 7, Tel. 01-695794.
- Eine riesige und sehr originelle Auswahl an **handgewebten Stoffen, Decken, Kissen** u.ä. gibt es im „Barefoot", das vielleicht beste Geschäft für derlei Artikel: 704 Galle Rd., Kollupitiya, Colombo 3. Eine Filiale befindet sich im *Ceylon Intercontinental Hotel.*
- **Spielcasinos:** Bis 1991 florierten zahlreiche Spielcasinos in Colombo, dann wurden sie verboten. Derzeit sind sie offiziell nur für Ausländer zugänglich, aber an der Eingangstür werden auch die meisten Einheimischen spontan zu Ehrenausländern erklärt. Eines der Casinos ist der Star Club, 77 Chatham Street, Tel. 330952. Gespielt wird Blackjack, Baccarat, Roulette etc. Geöffnet tägl. 19.00-4.00 Uhr, mit Buffet von 21.00-1.00 Uhr. Ähnliches bietet das Golden Nugget (Mudalige Mw., Fort, Colombo 1), der Gaylord Club (Hotel Golden Topaz, 502/1 Galle Rd., Colombo 3) und der MGM Grand Club (772 Galle Rd., Colombo 4).
- **Gepäckaufbewahrung:** In der Fort Station, geöffnet täglich 5-20 Uhr, und im Flughafen.

Weiterreise

Mit dem Bus

Die Busstationen für die staatlichen wie auch privaten Busse befinden sich alle in unmittelbarer Nähe des Fort-Bahnhofs, im so wunderbar chaotischen Stadtteil Pettah. Je nach Busart und Zielort fahren die Busse von verschiedenen Stationen ab.

● Die **CTB-Busstation** (**Central Bus Station**) liegt am Olcott Mawatha, ca. 200 m nordöstlich der Fort Station. Hier fahren die Busse zu den meisten Zielorten ab, so nach Kandy (Bus Nr. 01), Galle (02), Ratnapura (03), Kataragama, über Ratnapura (03), Anuradhapura (04), Karunegala (05, 06), Matara, Tangalle und Hambantota (32), Sigiriya (49), Nuwara Eliya (79), Bandaranaike Airport (187), Negombo (240) etc. Leider sind die Busse nur in Singhalesisch ausgeschildert, und Durchfragen ist oft nicht einfach. Anfragen unter Tel. 01-328081.

● **Minibusse** fahren ab der Nordseite der CTB-Station (Saunders Place) nach Negombo, Anuradhapura, Polonnaruwa, Kurunegala, Badulla, Haputale u.a.

● Ein weiterer Busbahnhof ist die hektische **Bastion Mawatha Station** in Bastion Mawatha, ca. 300 m östlich der Fort Station. Von hier fahren private Busse nach Kandy, Nuwara Eliya, Hikkaduwa, Galle, Matara, Tangalle, Hambantota, Kataragama u.a.

Mit dem Zug

Alle Züge in die nähere oder weitere Umgebung fahren ab der **Fort Station** am Olcott Mawatha, einem Kopfbahnhof. Dieser weist das übliche Bahnhofs-Gewimmel auf, und es gilt, Taschendieben ihr Geschäft so schwer wie möglich zu machen.

Außerdem treiben sich gelegentlich **Schlepper** herum, die Reisende gleich nach Hikkaduwa, Kandy oder sonst wo hin begleiten wollen, um ihnen dort „ihre" Unterkunft aufzuschwatzen. Wie immer bei Schleppern ist völliges Ignorieren angesagt. Vorsicht auch bei den am Bahnhof arbeitenden Trägern, die Reisenden gerne ihr Gepäck aus der Hand reißen, um es ungebetenerweise für sie zu tragen; meist werden viel zu hohe Summen dafür verlangt. Falls man das Gepäck tragen läßt, im vorab den Preis dafür ausmachen (20 Rs. pro Stück sollten reichen).

Das im Bahnhof befindliche **Tourist Information Office** (betrieben von JF Tours) bietet Informationen bezüglich des Fahrplans, Buchungen etc. Geöffnet Mo-Sa 9.00-16.30 Uhr.

Bezüglich der **Abfahrtszeiten** der Züge ab Colombo siehe jeweils in den Ortsbeschreibungen unter der Rubrik „Anreise".

Nicht sehr hilfreich sind die **Züge zum Bandaranaike Airport,** denn es gibt nur zwei am Tag: Abfahrt Colombo Fort derzeit um 8.00 und 16.25 Uhr. An der Fort Station (Tel. 01-435838, 435215) nach den aktuellen Zeiten fragen!

Mit dem Taxi

● Siehe „Stadtverkehr".

Mit dem Hubschrauber / Flugzeug

● Die **Inlandsflüge** – sofern sie wieder zugelassen sind – starten vom Ratmalana Airport, südwestlich von Mt. Lavinia. Um dorthin zu gelangen, nehme man von der Galle Road in Colombo Bus Nr. 100, 101, 102, 117, 133, 134, 155, 197 oder 255; von der Abzweigung der New Airport Road an der Galle Road muß in einen weiteren Bus in Richtung Flughafen (ca. 1,5 km) umgestiegen werden. (Siehe auch „Praktische Reisetips/Verkehrsmittel.)

Umgebung von Colombo

Marawila

↗ X/A1

Der Küstenstreifen zwischen Negombo und Chilaw ist so etwas wie der „Christen-Gürtel" von Sri Lanka. In manchen Ortschaften sind bis zu 40% der Bevölkerung Christen, und das drückt sich auch in den zahllosen Kirchen der Gegend aus. Mit ihrem portugiesischen Stil wecken sie Erinnerungen an Goa.

Daneben ist die Region zwischen Negombo, Puttalam und Kurunegala als „Kokos-Dreieck" bekannt: Hier wachsen die angeblich besten Kokosnüsse des Landes. Kokosplantagen bedecken weite Areale, und ihre Besitzer gehören zu den wohlhabendsten Leuten der Gegend.

Touristisch interessanter ist wohl, daß Marawila, 60 km nördlich von Colombo und 20 km nördlich von Negombo gelegen, einen **herrlichen, fast unberührten Strand** aufweist – eine echte Alternative zu Negombo! Jahreszeitlich bedingt kann es aber auch hier zu Verschmutzungen kommen.

Außerdem ist der Flughafen nur 28 km entfernt, und man kann hier gut die letzten Tage vor dem Abflug verbringen. Mit all seinen Vorzügen wäre es ein Wunder, wenn Marawila in den nächsten Jahren keinen Tourismus-Boom erleben würde.

Unterkunft/Essen

Von der Marawila Junction führt eine Straße in Richtung Strand, an der sich nach ca. 1,5 km eine weitere Kreuzung auftut. An dieser Stelle weisen Schilder nach links zum Mario Beach Hotel und nach rechts zum Aquarius Beach Club und zum Sanmali Beach Hotel. Three-Wheeler ab Ortsmitte kosten 30 Rs.

•Das **Mario Beach Hotel** (Beach Rd., Tel./Fax 032-54552) hat z.T. reichlich angeschmuddelte, z.T. ordentliche Zimmer (Bad) zu 18 US$ (1-2 Pers.), bzw. 23 US$ mit zusätzlicher Klimaanlage. Dazu gibt es noch einige sehr einfache Zimmer (Bad) in einem Reihenbungalow zu 6 US$. Vorhanden ist ein recht guter Swimmingpool.

•Das **Palm Haven** (Beach Rd., Tel. 071-22905) hat Zimmer (Bad, AC) in einem sehr gepflegten Reihen-Bungalow; daran befindet sich ein sehr kleiner Swimmingpool in einem Garten. Die Zimmer verteilen sich auf einen älteren und einen neuen Block. Die Zimmer im neuen scheinen etwas hellhörig, besitzen dafür einen ca. 1 m² großen, separaten Mini-Garten, der durch eine Lichtöffnung im Dach beschienen wird. Kostenpunkt 25 US$ plus 10% SC und 6% St.

•Einem Duisburger und seiner singhalesischen Ehefrau gehört der freundliche **Aquarius Beach Club** (Beach Rd.), gleich rechts neben dem *Palm Haven* gelegen. Der direkt angrenzende Strand ist sehr attraktiv, sauber und absolut ruhig. Die Anlage besteht aus zwei nebeneinander gelegenen Bungalow-Siedlungen, die etwas unterschiedliche Unterkünfte bieten. In der älteren Abteilung gibt es gemütliche, kleinere Zimmer (Bad), die mit viel Bast und Holz eingerichtet sind, in der neueren stehen saubere, funktionell eingerichtete Bungalows. Die Preise sind jeweils gleich: EZ/DZ 24 US$ und Dreier 31 US$; mit AC je 7 US$ mehr. Inklusive Frühstück kosten EZ 28 US$, DZ 32 US$ und Dreier 43 US$; mit AC jeweils 7 US$ mehr. Es gibt auch Halb- und Vollpension.

Das angeschlosse Restaurant bietet deutsche Hausmannskost, und es steht ein Biergarten zur Verfügung. Ansonsten gibt es einen Swimmingpool und Massageräume (u.a. zur Physiotherapie und Schmerzbehandlung). Zahlreiche Sportmöglichkeiten werden geboten. Weiterhin gibt es einen Mountainbike-Verleih, und Boots- und Angeltouren können organisiert werden. Ein ausgezeichneter Ort für sportlich Aktive!

Anfragen unter Tel. 032-54888, Fax 94-78-60555, E-Mail: aquarius@sri.lanka.net. Informationen auch auf der hauseigenen Web-Site: http://www.sportreise.de.

•Etwas weiter nördlich an der Beach Road befindet sich das oft gelobte **Sanmali Beach Hotel** (Tel. 032-54766; Fax 94-32-54768). Auch dieses bietet vor seiner Haustür einen makellosen Strand und ist von einen netten Palmengarten umgeben. Die Zimmer (Bad) sind sehr ordentlich und haben Meerblick; Kostenpunkt EZ 10 US$, DZ 12 US$; mit AC 17/19 US$. Zu allem 10% SC und 5% St.

•Falls aus irgendeinem Grunde im Ort selber übernachtet werden soll, findet sich etwas südlich der Marawila Junction, an der Straße nach Negombo, noch ein preiswertes **Rest House.** Der Strand ist von dort jedoch gut 1,5 km entfernt. Das Rest House ist ansonsten die einzige Möglichkeit am Ort, außerhalb der Hotels an eine akzeptable Mahlzeit zu kommen. Es gibt die üblichen Rice&Curry-Gedecke.

Anreise

•Ab Busstation, Negombo fahren regelmäßig **Busse** in Richt. Chilaw, die in Marawila halten. Von Colombo (Pettah) fahren alle halbe Stunde Busse (Linie 4) in Richt. Marawila und Chilaw, dazu zahlreiche **Minibusse.**

•**Taxis** ab Negombo-Mitte (22 km) sollten für die einf. Strecke 500-600 Rs. kosten; ab Bandaranaike Airport (28 km) ca. 750 Rs.; ab Colombo-Mitte (58 km) ca. 1.500 Rs.

•**Züge** sind zur Anreise nicht sonderlich zu empfehlen, da sie in Nattaudiya halten, einige Kilometer von Marawila entfernt. Dort muß man **in einen Bus umsteigen.**

Negombo

↗ X/A1

Seine Nähe zum Bandaranaike-Flughafen (6 km) und zu Colombo (40 km) machte Negombo mit seinen 65.000 Einwohnern schon in den 70er Jahren zu einem der **bedeutendsten Touristenzentren** des Landes. Im Kielwasser des Devisen-Booms siedelten sich entlang des Strandes zahllose touristische Einrichtungen an, und auch heute präsentiert sich Negombo als touristisch wohlgesättigt, zum großen Teil mit Pauschalreisenden. Bis vor einigen Jahren war Negombo ein unrühmliches Zentrum der Prostitution, durch örtliche Gegenwehr, zum Teil unter Führung des Klerus, ist das Problem mittlerweile jedoch reduziert.

Die Flughafennähe macht den Ort für Leute attraktiv, deren Abflug bald bevorsteht und die nicht in Colombo wohnen möchten. Der **Strand** ist allerdings nicht sehr einladend, über weite Stellen ist er gar **sehr verschmutzt.** Das gleiche gilt für das Wasser. Strand-Freaks werden enttäuscht sein. Vor der Küste ergeben sich aber ausgezeichnete **Tauchmöglichkeiten,** in bunten Korallenriffs und exotischen Fischwelten.

Wer vom touristischen Trubel wegkommen möchte, findet in der Innenstadt ein reges kleinstädtisches Alltagsgeschehen mit vielen Geschäften, zahlreichen kleinen Restaurants und

Am Strand von Negombo

071sr Foto: Ingo Hothan

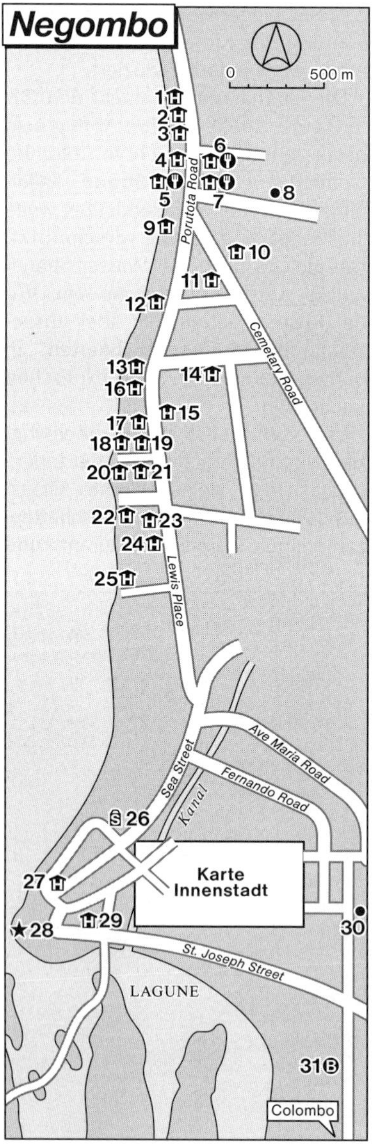

einem netten, fotografierenswerten **Fischmarkt**. Auf letzterem sind die Hauptattraktionen oft nicht die zum Kauf angebotenen Meeresfrüchte, sondern die Marktfrauen selber: Viele von ihnen qualmen dicke Zigarren, was offenbar eine besondere Eigenart der Fischerfrauen von Negombo ist. Viele der Frauen schleudern furchterregende Zoten und Flüche unter das kauflustige Volk – eine Praxis, die allerdings auf allen Fischmärkten des Lan-

1 Blue Oceanic Beach Hotel
2 Hotel Sea Garden
3 Beach View G.H.
4 Topaz Beach Hotel
5 Halcyon Rest. &. G.H.
6 Four Seasons Beach Rest. &. G.H.
7 Silva's Beach Rest. &. G.H.
8 Tourist Police
9 Browns Beach Hotel
10 Nilwala G.H.
11 Blue Horizon G.H.
12 Sunflower Beach Hotel
13 Silver Sands Hotel
14 Traveller's Halt
15 Ocean View G.H.
16 De-Phani G.H.
17 Star Beach G.H.
18 Aquarius Beach Hotel
19 Golden Star Beach Hotel
20 Interline Beach Hotel
21 Rainbow G.H.
22 Beach Villa
23 Ice Bear Inn
24 Ceylonica Beach Hotel
25 Sunshine G.H.
26 Fischmarkt
27 New Rest House
28 Fort
29 Lagoon View Rest House
30 Bahnhof
31 Busstation

des zu beobachten ist und deren Geräuschkulisse wohltönend abrundet.

Der in einer Lagune gelegene **Fischereihafen** von Negombo ist der bedeutendste Sri Lankas und versorgt die Insel mit einer Vielzahl von Fischsorten sowie mit besonders begehrten Prawns und Shrimps. Zum Teil wird noch vom traditionellen *Oruwa* aus gefischt, einer Art schmalen Katamaran, dem man eine derartige Seetüchtigkeit kaum zutraut

Sehenswert ist noch das an der Lagune gelegene alte **holländische Fort,** von dem aber nur noch ein Glockenturm und ein paar Ruinen übrig sind. Im Zentrum des Forts befindet sich heute ein Gefängnis, und dieser Bereich ist nicht zugänglich. Am Fort befindet sich ein **alter holländischer Friedhof,** auf dem sich aber auch das Grab eines Briten namens *Thomas Heatherington* befindet. Er war der erste Brite, der nach Inbesitznahme Sri Lankas durch das Königreich dort unter die Erde befördert worden ist – nach „six foot under", wie es seine Landsleute so treffend ausdrücken.

Jedes Jahr im Juli findet in der St. Mary's Church das **Fishermen's Festival** statt, ein christliches Pilgerfest, das Tausende von Gläubigen aus Nah und Fern anlockt. Zu Ostern werden gar Passionsspiele abgehalten, zum Teil auf improvisierten Straßenbühnen. Über die Hälfte der Einwohner von Negombo bekennt sich zum Christentum, ein Erfolg der alten portugiesischen Priester, die sich hier völlig enthemmt dem Missionierungsrausch hingegeben hatten. Interessanterweise wird im Ort weitgehend Tamil gesprochen, auch von den Singhalesen.

Der **Name Negombo** rührt verschiedenen Interpretationen zufolge vom tamilischen *Nir-Kolombu* („Colombo des Wassers"), vom singhalesischen *Mi-Gama* („Dorf der Bienen") oder von Sanskrit *Naga-Bhu* („Land der Schlangen") her.

Geschichte

Als das **Anbaugebiet des „besten Zimts der Welt"** (so 1726 der holländische Chronist *Valentjin*) zog Negombo schon vor fast tausend Jahren die handelseifrigen Mauren an, die das Gewürz von dort aus vertrieben. Die Portugiesen, die mit der besseren Kriegstechnik ausgestattet waren, verdrängten sie um 1600 und errichteten leichte Befestigungen. Diese waren weniger zur militärischen Verteidigung als zur Überwachung der angrenzenden Zimtplantagen gedacht. Das Fort war lediglich mit einer Handvoll Soldaten, fünf Kanonen und – nicht minder wichtig – zwei Priestern bemannt. Diese portugiesischen Kirchenmänner widmeten sich mit leidenschaftlichem Eifer der Missionierung –mit durchgreifendem Erfolg, wie die zahlreichen katholischen Kirchen in Negombo beweisen. Die vielen Gotteshäuser trugen der Stadt zeitweilig die scherzhafte Bezeichnung „Klein-Rom" ein. Noch heute finden sich so kreuzfromme Straßennamen wie Ave Maria Road oder St. Joseph Street – da scheint der Vatikan in der Tat nicht weit.

Die meisten Konvertanten zum Christentum fanden sich unter den Fischern der Gegend, den **Karavas.** Diese waren ursprünglich Mitglieder einer Kriegerkaste aus Nordwest-Indien, die sich im Laufe der Zeit der Seefahrerei und Fischerei zugewandt hatten.

1644 rissen die Holländer die Stadt an sich. Von 1678-1720 bauten sie die Befestigungen zu einem wehrhaften Fort aus; sie legten einen **Kanal** an, der im Norden bis Puttalam, im Süden bis Colombo reichte und den Warentransport erleichtern sollte. In der

072sr Foto: rk

Glockenturm des Forts von Negombo

Main Street, im Zentrum von Negombo, überquert man diesen Kanal heute auf einer schmalen Auto- und Fußgängerbrücke.

Aufgrund der wachsenden britischen Vorherrschaft zogen sich die Holländer 1796 zurück. Die Briten übernahmen das Fort, rissen einen Großteil nieder und bauten ein neues, das die Form eines unregelmäßigen Fünfecks hatte. Darin wurde auch ein Gefängnis angelegt. 1843 gaben die Briten Negombo als militärischen Stützpunkt auf, zu einer Zeit, als die Zimterzeugung in der Umgebung stark zurückgegangen und von der Kokosnuß-Produktion überflügelt worden war.

Unterkunft

Vorsicht – Negombo ist voll von windigen Typen, viele davon Drogensüchtige, die sich mit freudigen Begrüßungen anbiedern wie „Hallo, erinnerst du dich noch an mich ...?", etc., etc. Je weniger Worte man auf die Antwort verschwendet, desto besser.

Die meisten Unterkünfte liegen an oder nahe der parallel zum Strand verlaufenden langen Straße, die mißverständlicherweise Lewis Place genannt wird. Die Auswahl ist groß.

Unter den Wohnmöglichkeiten finden sich mehrere große und teure Hotels, die oft jedoch nicht das halten, was die hohen Preise versprechen. Klagen über den mangelhaften oder unfreundlichen Service der Luxusklötze sind an der Tagesordnung, und viele Gäste ziehen alsbald in preiswertere und sympathischere Guest Houses um.

- Das **Ceylonica Beach Hotel** (47 Lewis Pl., Tel. 031-2976) ist vom Strand nur durch eine Mauer getrennt. Zimmer (Bad) im neueren Flügel, mit Strandblick, kosten 330 Rs., sonst 220 Rs. AC-Räume zu 440 Rs.; SC inkl.
- Das von einem Deutsch-Schweizer geleitete **The Icebear** (103/2 Lewis Pl., Fax 94-31-33862) ist von einem netten Garten umgeben; 6 Zimmer zu 650, 800, 1.000 und 1.200 Rs. Die preiswerteren Zimmer befinden sich in einer Art Bungalow und zwei Zimmer teilen sich ein Bad; die teureren haben ein eigenes Bad, AC und TV. Laut Gästebuch: „... the best hotel in town", und das schließt das im Haus gebotene Essen ein. Buchungen in der Schweiz unter Tel. (Basel) 0041-61-3325214.
- Das angenehme **Rainbow Guest House** (3 Carron Rd., off Lewis Pl., Tel. 031-22082) ist von viel Grün umgeben und liegt wenige Meter vom Strand entfernt. Bequeme, große Zimmer (Bad) zu 250/350 Rs. plus 10% SC.
- Gegenüber befindet sich das **Aquarius Beach Hotel** (Carron Rd., off Lewis Pl., kein Tel.), ebenfalls mit einfachen Zimmern (Bad) zu 350 Rs., plus 10% SC.
- Das **Golden Star Beach Hotel** (Lewis Pl., Tel. 031-33564 bis 5; Fax 94-31-38266) ist ei-

ne gute Mittelklasse-Anlage, nett von Kokospalmen umgeben und mit Swimmingpool ausgestattet. Die Zimmer (Bad; z.T. AC) sind jedoch recht unterschiedlich, obwohl für sie der gleiche Preis verlangt wird. Die größeren Zimmer sind ihr Geld wert, die anderen weniger. EZ 30 US$, DZ 35 US$, Dreier 38 US$, + jeweils 10% SC und 7% St.

- Das **Star Beach Restaurant & Guest House** (198/12 Lewis Pl., Tel. 031-22606) befindet sich seiner Adressenangabe zum Trotz in einer Seitengasse des Lewis Place, gleich am Strand. Es hat recht gute Zimmer (Bad) zu 400 (Untergeschoß) und 600 Rs. (Obergeschoß), sowie AC-Räume zu jeweils 200 Rs. zusätzlich; Familienzimmer (bis 4 Pers.) zu 750 Rs. Plus jeweils 10% SC und 5% St.
- Über einen kleinen Liegegarten verfügt das **De-Phani Guest House** (198/15 Lewis Pl., Tel. 031-3551), gleich am Strand Zimmer (Bad) zu 500 Rs. plus 10% Tax.
- Eine gehobenere Unterkunft ist das **Catamaran Beach Hotel** (89 Lewis Pl., Tel. 031-32568; Fax 94-75-310046), das sich um einen etwas engen Garten schmiegt. Swimmingpool vorhanden. Die Zimmer sind bequem, aber nicht umwerfend, in der Saison dafür etwas überteuert: 1.400 Rs. für normale, 1.600 Rs. für AC-Zimmer. 10% SC und 10% St. In der Off-Season gibt es Ermäßigungen, und dann lohnen sich die Zimmer. Links daneben befindet sich die zum Haus gehörende, preiswertere, aber z.T. laute **Catamaran Beach Villa** (700 Rs.).
- Recht gut ist das auf der dem Strand abgewandten Seite stehende **Windmill Hotel** (Ethukala, Tel. 031-22572, Fax 94-31-38363). Komfortable Zimmer (Bad) mit Balkon zu 10 (EZ) und 12 US$ (DZ); 10% SC und 5% St.
- Negombos älteste Nobelherberge ist das zumeist von Tourgruppen belegte **Browns Beach Hotel** (175 Lewis Pl., Tel. 031-22031 bis 2; Fax 94-31-433755; E-Mail: ashmres@lanka.ccom.lk; Tlx. 21778 AIR ACE). Vorhanden sind Swimmingpool, Health Club, Tennis-, Tischtennis- und Badminton-Möglichkeiten, mehrere Restaurants, Geschäfte etc. Kostenpunkt einschließlich SC und St. 54 US$ (EZ), 67 US$ (DZ) und 75 US$ (Dreier). Möglich sind auch Buchungen inklusive Frühstück oder mit Halb- oder Vollpension. Mit Frühstück z.B. kostet's pro Person 7 US$ (oder ca. 420 Rs.) mehr – damit kann man sich in einem einheimischen Restaurant zwei Tage lang satt essen.
- Das **Royal Oceanic Beach Hotel** neben dem *Blue Oceanic Hotel* (Porutota Rd., Tel. 031-22377, 33099, 24306-7; Fax 94-31-38277) hat komfortable Zimmer mit Bad, AC und Sitzecke, Balkon und Terrasse zum Meer. EZ 45 US$/DZ 50 US$, dazu 10% SC und 11% St. Angeschlossen sind ein Swimmingpool, ein ayurvedisches Center, Tennis- und Squash-Plätze, und Spielmöglichkeiten für Kinder. Hier schlägt das Essen sehr teuer zu Buche: Ein Dinner z.B. kostet 10 US$, also ca. 600 Rs.! Günstiger ist es vielleicht, gleich Halbpension zu buchen (70 US$ ++) bzw. Vollpension (86 US$ ++).
- Das **Coconut Primitive Guest House & Restaurant** (11 Porutota Rd.) hat nur drei einfache aber saubere Zimmer (Bad) zu 550 Rs., dazu ein sehr gutes, preisgünstiges Restaurant mit vielseitiger Speisekarte.
- Etwas abseits liegt das **New Rest House** (Circular Rd., Tel. 031-2299), das einen von Fischerbooten übersäten Strand überblickt. Das Haus ist ein altes Gebäude im Kolonial-Stil; die mäßigen Zimmer (Bad) kosten 575 Rs. ohne AC, 690 Rs. mit AC.
- An einer Lagune auf der anderen Seite des Forts befindet sich das **Lagoon View Rest House** (Customs Rd., Tel.031-22199), mit Ausblick auf die Fischerboote. Vier einfache Zimmer (Bad) zu 350 Rs., dazu 10% SC.

Essen

Entlang der Strandstraße bieten sich zahllose Restaurants an, die meisten davon in den Guest Houses oder Hotels. Geboten wird westliche oder modifizierte einheimische Kost, darunter sehr viel Seafood. Die Preise sind, wie in einem Touristenort nicht anders zu erwarten, relativ hoch. Wer authentische und preiswerte Küche sucht, ist besser in der Innenstadt aufgehoben.

- Das bei den Einheimischen vielleicht beliebteste Restaurant ist das sehr saubere **Coronation Hotel & Bakery** am Rajapaksa Mawatha; es gibt gute Curries, Snacks und

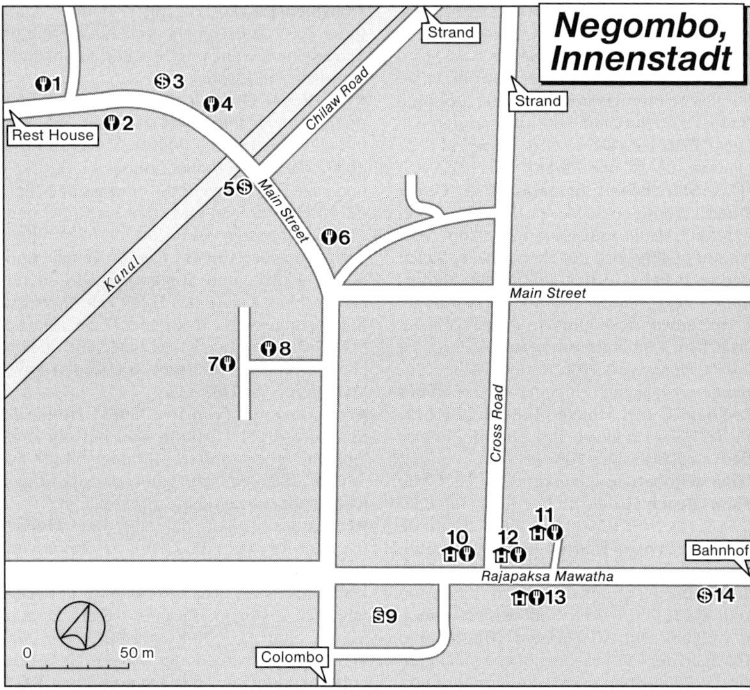

1 Bagawath Villas
2 Kavitha Restaurant
3 Bank of Ceylon
4 Bavani Villas
5 Geldwechsel
6 Thoufeek Restaurant
7 Chinhai Chinese Restaurant
8 Peking Cab Restaurant
9 Municipal Fair (Kleidermarkt)
10 Mugil Villas Hotel
11 John's Hotel
12 Lion House Hotel
13 Coronation Hotel & Bakery
14 People's Bank

Backwaren, in einfachem, aber angenehmem und sauberem Ambiente.

● In einer Gasse schräg gegenüber liegt, etwas versteckt, das für seine exzellente Seafood bekannte **John's Hotel.** Spezialität: Prawn-Gerichte. Das Restaurant ist absolut schlicht eingerichtet, sieht eher aus wie eine Fischerspelunke, und außerdem ist schon die dahin führende Gasse beängstigend fliegenumschwärmt. Die Gerichte sind allerdings erste Klasse – ein Feinschmeckertreff im Slum-Format!

● Zahlreiche kleine Restaurants finden sich in der Main Street. Eine der empfehlenswertesten Möglichkeiten hier ist das moslemische **Thoufeek Restaurant**. Es serviert einfache, aber sehr leckere Rice&Curry-Gerichte (mit Fleisch oder ohne) und Snacks.

- Auch recht gut für derlei Speisen ist das unscheinbare **Lion House Hotel.** Es gibt einfache, aber leckere Gemüse als auch Fleisch- und Fisch-Curries.
- Backwaren, darunter auch ein halbwegs akzeptables braunes Brot sowie Fried Rice und Curries gibt's im **Coronation Hotel.**
- Leser empfehlen: das gepflegte **Sherry Land Restaurant,** (74 Porutota Rd., Ethukala), das gute einheimische und westliche Küche bietet, und das **Honky Tonky** (neben Sunflower Beach Hotel, Lewis Place), Mixed Rice 90 Rp., veg. Fried Rice 45 Rp. – „Hier hat einfach alles gepaßt!"

Anreise

- Die günstigste Anreisemöglichkeit bieten die **Busse der CTB** (Linie 240 und 273), alle 20 Min. ab der Central Bus Station in Pettah.
- Private **Minibusse** fahren von der Fort Station am Olcott Mawatha ab. Alle Busse passieren den Flughafen (bzw. die wenig davor gelegene Hauptstraße), so daß sich auch hier eine Zusteigemöglichkeit ergibt.
- **Busse** ab dem **Bandaranaike-Flughafen** (6 km) fahren ca. alle 15-30 Min.
- **Taxis** ab Colombo sollten für die einfache Fahrt ca. 1.100 Rs. kosten; Hin- und Rückfahrt mit mehrstündigem Aufenthalt ab 1.400 Rs.
- **Züge** ab der Fort Station kosten in der 3. Kl. preiswerte 11 Rs., benötigen aber zwei Stunden. Es gibt am Tag nur wenige Abfahrten.

Fahrt zum Flughafen

- **Three-Wheeler** verlangen teure 250-300 Rs. bis zum Flughafen. Mit Handeln kommt man eventuell auf 200 Rs. Eine Alternative bieten die **Busse** ab der Busstation in Negombo.

Henaratgoda Botanical Gardens

↗ X/A2

Etwa 30 km nordöstlich von Colombo und 1,5 km nördlich Gampaha ist dieser Botanische Garten angelegt, der am nächsten bei Colombo gelegene. Wer später auf der Reise den Peradeniya-Garten bei Kandy oder den Hakgala-Garten bei Nurelia besuchen wird, kann ihn getrost auslassen: Die beiden anderen haben weit mehr zu bieten. Aber man könnte ihn für einen Tagesausflug von Colombo in Erwägung ziehen.

Der Botanische Garten war das erste Anbaugebiet von **Kautschukbäumen** in Sri Lanka, nachdem 1867 über 70.000 Kautschuk-Samen aus Brasilien herausgeschmuggelt worden waren. Damals wurden 2.000 Setzlinge gepflanzt, die zum Teil bis heute überdauert haben.

Weiterhin gibt es einen **Rosengarten,** einen kleinen Garten mit ayurvedischen Heilpflanzen, eine „Talipot-Palmen-Allee" und viele exotische Pflanzen und Bäume, die sich zu einem idyllischen, waldartigen Gelände verbinden. An Wochenenden oder Feiertagen finden sich noch relativ zahlreich Einheimische ein, ansonsten geht es sehr ruhig zu.

- Der Garten ist täglich von 7.30-17.00 Uhr geöffnet, der Eintritt für ausländische Touristen beträgt unglaubliche 815 Rs.! Einheimische und im Lande ansässige Ausländer zahlen nur 112,50 Rs.

Anreise

- Mit **Zug** oder **Bus** bis Gampaha, von wo es zu Fuß oder per Three-Wheeler (ca. 50 Rs.) weitergeht.
- **Taxis** ab Colombo oder Negombo sollten hin und zurück ca. 1.000-1.200 Rs. kosten, samt 1-2 Std. Aufenthalt.

Biyagama und Hanwella

↗ X/A2-B2

Entlang des **Kelani River,** östlich von Colombo, findet sich manch malerische Szenerie, und viele Einwohner von Colombo unternehmen Wochenendausflüge in diese Gegend. Ausländische Touristen sind jedoch eine Seltenheit.

Der erste interessante Ort von Colombo aus kommend ist das winzige **Biyagama** (27 km ab Colombo-Mitte), gelegen am Kelani River und nur ein paar hundert Meter entfernt vom größeren Ort **Kaduwela.**

12 km weiter östlich liegt **Hanwella,** ein sehr erholsamer, angenehmer Ort. Da die Entfernung zum Bandaranaike-Flughafen nur 60 km beträgt (Colombo wird umfahren), ist Hanwella für Leute zu erwägen, die bald abfliegen, aber nicht unbedingt in Colombo wohnen möchten.

Biyagama und Hanwella liegen an einer der beiden Routen, die von Colombo nach Avissawella führen. Die betreffende Route (die nördlichere von den beiden) führt unmittelbar am Fluß entlang und gilt als „Low Level Road" - mit anderen Worten, die Straße liegt so tief, daß sie in der Regenzeit oft überschwemmt wird.

Hanwella könnte die erste Station auf einer sehr lohnenswerten Fahrt von Colombo nach Nuwara Eliya sein. Von Hanwella fahre man weiter über Avissawella nach Kitulgala (56 km), einem der schönsten Orte der Zentralregion. Von dort geht es über Hatton/Dikoya weiter ins beliebte Nuwara Eliya. Die Route an sich ist zwar vielbefahren, kaum ein Tourist nimmt sich jedoch die Zeit zum Erforschen der daran gelegenen kleineren Orte - wie z.B. Hanwella und Kitulgala -, die oft von herrlicher Natur umgeben sind.

Unterkunft

- Direkt am nördlichen Flußufer in Biyagama steht das **Hotel Biyagama Village** (130 Biyagama, Tel. 01-571509), mit 75 recht ordentlichen Zimmern (Bad), von denen die meisten einen guten Ausblick auf den Fluß bieten. Das Haus ist aber auch ein Stundenhotel. Die Zimmer kosten 750 Rs. (1-2 Pers.) für „24 Std.", wie der Manager betont. Dazu kommen 10% SC und 5% St.

  Gleich östlich neben dem Hotel, ebenfalls gleich am Fluß, befindet sich Sri Lankas Coca-Cola-Fabrik. Da läßt sich erahnen, woher das Wasser in den Colas herkommt!
- Beschaulicher als das Biyagama Village ist das in Hanwella gelegene **Hanwella Rest House** (ca. 100 m vom Busbahnhof Hanwella, Tel. 036-5042). Auch dieses steht direkt am Fluß - allerdings am südlichen Ufer -, und bietet ebenfalls sehr gute Ausblicke darauf. Als Bonus hat das Haus ein leicht kolonial-verschrobenes Ambiente und ist von einem hübschen, ruhigen Garten umgeben. Der große Jackfruit-Baum darin, Umfang über vier Meter, wurde 1875 von *Edward 7.*, dem damaligen Prinzen von Wales gepflanzt. Zu Ehren seines Besuches wurde auch gleich eine steinerne Sitzbank eingeweiht, die noch heute neben dem Baum steht. Eine fast unle-

serliche Inschrift darin erinnert an das denkwürdige Ereignis.

Das Hanwella Rest House hat sieben Zimmer (Bad) zu 6,60 US$ (EZ), 7,70 US$ (DZ) und 13,20 US$ (Dreier); dazu 10% St. und 10% SC. Buchungen bei Ceylon Hotels Corporation, Travel Bureau, 411 Galle Rd., Colombo 4, Tel. 01-503497, 503558, Fax 94-1-503504. Wie bei den meisten Rest Houses sind die Essenspreise sehr hoch (Dinner z.B. 8 US$ plus Zuschläge!), es werden aber auch Vollpensions-Preise geboten (Zimmer plus drei Mahlzeiten), und damit kommt man weitaus günstiger davon.

- Schräg gegenüber dem Rest House, am anderen Flußufer, steht noch das **Hanwella Holiday Resort** (Tel. 036-5135), das dem gleichen Unternehmer gehört wie das Hotel Biyagama Village.

Anreise

- Ab dem Busbahnhof in Pettah, Colombo, fahren die **Busse** Nr. 224, 226, 227, 228 und wahrscheinlich noch einige andere nach Hanwella und Kaduwela. Von Kaduwela, auf der südlichen Seite des Flusses gelegen, fahren **Three-Wheeler** für 20 Rs. über die Brücke zum Hotel Biyagama Village (von der Brücke aus schon sichtbar). Von Touristen werden aber oft höhere Preise verlangt, handeln! Aufgrund des oben erwähnten Stundenverkehrs in dem Hotel verdient sich manch Three-Wheeler-Lenker ohnehin eine goldene Nase: Nach eigenen Aussagen kutschieren sie oft fünfzig mal am Tag Paare zum Hotel bzw. zurück – macht eine stolze Tageseinnahme von 1.000 Rs.

Wer in Hanwella aussteigt, kann auch jeden beliebigen Bus auf der Strecke Colombo – Avissawella – Ratnapura oder Colombo – Avissawella – Hatton/Dikoya – Nuwara Eliya nehmen.

- **Taxis** von Colombo nach Biyagama sollten ca. 800 Rs. kosten, nach Hanwella etwa 1.000 Rs.

Weiterreise

Zur Weiterfahrt nach Kitulgala nehme man jeden beliebigen Bus in Richtung Hatton/Dikoya oder Nuwara Eliya.

Mount Lavinia

↗ X/A2-3

Mount Lavinia schließt sich übergangslos an Dehiwala an, das seinerseits mit Colombo zusammengewachsen ist; bei der Fahrt von Colombo merkt man nicht im geringsten, daß man mehrere Stadtgrenzen passiert. Die Entfernung ab der Innenstadt von Colombo beträgt ca. 14 km.

Der **Strand** von Mt. Lavinia hat einen starken touristischen Zulauf zu verzeichnen, was allerdings nicht zu überhöhten Erwartungen führen sollte: Ein tropisches Idyll ist hier nicht zu finden, der Sand ist zum Teil schmutzig, das Wasser auch nicht allzu sauber. Hier zu übernachten lohnt sich aber dennoch, vor allem, wenn man in Reichweite der Hauptstadt, aber in etwas weniger urbaner Umgebung zu verweilen gedenkt. In den kleinen Straßen vor dem Strand läßt es sich ganz gut aushalten. An Wochenenden und Feiertagen wird Mt. Lavinia von zahlreichen Colombo-Bewohnern besucht, die hier ein wenig Entspannung suchen.

Der **Name Mt. Lavinia** stammt wahrscheinlich vom singhalesischen *Lihinya Kande*, „Mövenberg". Es existiert aber noch eine zweite Deutung, die zwar romantischer klingt, höchstwahrscheinlich aber auf purer Phantasie beruht: Anfang des letzten Jahrhunderts soll sich ein britischer Gouverneur in ein einheimisches Mädchen namens Lovena verliebt haben. 1806 baute er ihm auf einem Hügel im Ort, damals ein unbedeutendes Fischerdorf, eine vornehme Residenz. Der Name Lovena wurde bald zu Lavinia, und aufgrund des Hügels nannte man das Liebesnest nun Mount („Hügel") Lavinia - soweit die Legende. Die Gouverneurs-Residenz existierte allerdings tatsächlich; aus dem Gebäude wurde später ein Rest House, und dann, nach vielen Veränderungen, das heutige Mount Lavinia Beach Hotel.

Unterkunft/Essen

Mt. Lavinia hat ein Vielzahl von preiswerten Unterkünften. Das große Angebot hält die Preise niedrig. Zu beachten ist, daß sich in einigen der Häuser auch gunstgewerbliche Aktivitäten abspielen. In den großen Hotels macht das vielleicht nichts aus, in den kleinen aber könnte es störend wirken.

●Sehr ruhig, da von der Straße zurückversetzt, ist das freundliche **Blue Seas Tourist Guest House** (9/6 De Saram Rd., Tel. 01-716298). Die ordentlichen Zimmer (Bad) kosten 496 Rs. (EZ), 603 Rs. (DZ); dazu jeweils 10% SC und 5% St., Frühstück inkl. Bei drei der zwölf Zimmer befindet sich die Toilette außerhalb, sie gehört aber jeweils exklusiv zu dem betreffenden Zimmer. Einige Zimmer haben einen Balkon. Das Haus ist von einem kleinen Garten umgeben (u.a. mit Orchideen), der sich als Liegegarten anbietet.

●Das nahe gelegene **Hotel Sea Breeze** (22/5 De Saram Rd., Tel. 01-714017) hat recht gute Zimmer (Bad) zu 690 Rs. (EZ/DZ) und 972 Rs. (Dreier), Zuschläge inbegriffen.

●Das Guest House von **Mr. & Mrs. Shanti Perera** liegt etwas abseits der Beach Road (3 De Saram Rd., Tel. 01-716272) und hat saubere EZ zu 11 US$, DZ zu 15 US$.

●Recht gut ist das **Ivory Inn** (21 Barnes Ave., Tel. 071- 5006), Zimmer (Bad) zu 575 Rs. (EZ) und 720 Rs. (DZ); jeweils 10% SC.

●Gleich am Strand steht das **Ocean View Tour Inn** (34/4 De Saram Rd., Tel. 01-717200), mit etwas überteuerten Zimmern (Bad) zu 600 Rs., zuzüglich 10% St. und 10% SC. Einige Zimmer haben einen Balkon mit Aussicht auf das Meer. Dazu gibt es noch zwei größere Apartments zu 1.000 Rs., plus obige Zuschläge.

●Einen ausgezeichneten Gegenwert bietet das **Super Tour Inn** (34/9 De Saram Rd., Tel. 078-76622). Die Zimmer (Bad) sind sehr sauber und gepflegt und kosten EZ preiswerte 250 Rs. (nur ein EZ vorhanden), DZ 350 Rs.; Zuschläge schon inbegriffen.

Zwischen dem Super Tour Inn und dem Ocean View Tour Inn befindet sich der beliebte **Frankfurt Lavinia Beer Garden,** Spezialität deutsche Küche. Das Lokal wird oft von den Angestellten der deutschen Botschaft besucht.

●Im Haus von **Mrs. D.M. Senaviratne** (53 Hotel Rd., Tel. 01-714232), links neben dem nicht empfehlenswerten YMCA, befindet sich eine sehr nette Privatunterkunft: Ordentliche Zimmer (Bad) unterschiedlicher Größe zu 400 und 450 Rs.

●Das **Ozean Blick Hotel** (38 Station Rd., Tel. 01-724249) macht von außen nicht viel her, die Zimmer (Bad) sind aber recht groß und auch ansonsten recht in Ordnung; dazu haben sie Balkon mit „Ozean-Blick". Zimmer ohne AC zu 522 Rs., mit AC zu 580 Rs., Aufschläge inbegriffen.

●Mt. Lavinias Vorzeige-Hotel ist das noble **Mount Lavinia Beach Hotel** (Tel. 01-715221-7; Fax 94-1-715228; Tlx. 21294 MCCALUM CE; E-Mail: lavin@sri.lanka.net.). Es gibt jeden erdenklichen Luxus, von Swimmingpool, Tennisplatz, Volleyball-Spielen, Beauty&Shopping-Center, und Nacht-Club. EZ je nach Zimmerart, Lage und Ausblick 35/70/90 US$, DZ 45/80/100 US$ und Suiten zu 125 US$, dazu jeweils 10% SC und 10% St. Vorsicht vor den überteuerten Restaurants (es gibt 4 Restaurants, 3 Snack-Bars, 1 Cocktail-Bar und 1 Nacht-Club). Ein Frühstück zum Beispiel kostet 9,60 US$, ein Dinner 13,20 US$. Auch bei à-la-Carte-Gerichten wird ordentlich zugelangt.

●Privatunterkunft u.a. in **Sunray Beach Villa** (3 De Saram Rd., Tel. 01-716272), 11-22 US$; **Cottage Gardens** (42-48 College Ave., Tel. 01-713059), 715-825 Rs.; **Mount Lavinia Holiday Inn** (17 De Saram Rd., Tel. 01-717187, 712861), 495-660 Rs.; **Ranveli Beach Resort** (56/9 De Saram Rd., Tel. 01-717385), 11-13,20 US$; **Sea Spray Beach Resort** (45 Vihara Rd., Tel. 01-730532); **Palm Beach Hotel** (52 De Saram Rd., Tel. 01-717484, 725937; Tel./Fax 94-1-

712713), ab 35 US$; **Berjaya Mount Royal Beach Hotel** (36 College Ave., Tel. 01-714001 bis 3; Fax 94-1-733030), ab 55 US$.

Anreise

- Von Colombo-Pettah und Colombo-Fort fahren den ganzen Tag über zahllose **Busse** bzw. **Minibusse** nach Mt. Lavinia (Nr. 100, 101, 102, 105, 106, 133, 134, 147, 155, 197, 233, 255, 256).; Zusteigemöglichkeiten ergeben sich auch überall entlang der Galle Road. Die Fahrzeit hängt von der Verkehrssituation in der Galle Road ab; zu rechnen ist im Durchschnitt mit ca. 50–80 Min.
- Als **Züge** kommen in erster Linie die Vorortzüge in Frage, da die meisten anderen hier ohne Halt durchfahren. Regelmäßige Abfahrten ab der Fort Station den ganzen Tag über, Fahrzeit ca. 0,5 Std.
- **Taxis** ab Colombo neigen bei Fahrten hierher zu überhöhten Preisen von 400 oder 500 Rs.; Hin- und Rückfahrt samt ein- bis zweistündigem Aufenthalt zu 500 Rs. sind in Ordnung.

Moratuwa

↗ X/A3

Hier hat man als Tourist nichts verloren, es sei denn, man braucht eine neue Wohnungseinrichtung: Moratuwa (ca. 110.000 Einw.) ist für seine **Möbelfabriken** bekannt, die sich entlang der Galle Road aufreihen. Überall wird getischlert und gedrechselt.

Der südliche Teil der Stadt wird von einem kilometerlangen Slum eingenommen, der sich entlang der Bahnschienen angesiedelt hat.

Hier finden sich schon die ersten größeren Kokoshaine, die darauf hinweisen, daß man das urbane Sri Lanka allmählich verläßt und sich den Strandidyllen nähert.

Unterkunft

- **Aqua Pearl Lake Resort,** 201 Galkanuwa Rd., Gorakana
- **Gem Rose Tourist Guest House,** 566 Galle Rd., Katubedde
- **Hotel Blue Horizon,** 6 Lady de Soysa Drive
- **Ranmal Holiday Resort,** 346/5 Galle Rd., Gorakana
- **Seaside Terrace Hotel,** 22/2 Holy Cross Ave.
- **Swan Inn Tourist Guest House,** 111 Angulana Station Rd.

Anreise

- **Busse** und **Züge** von Colombo zu den Strandorten im Süden passieren den Ort.

Panadura

↗ X/A3

Auch Panadura ist kein Muß; auf dem Weg in den Süden passiert man den Ort aber zwangsläufig. Einen Besuch wert ist eventuell die **Batikfabrik** „Bandula Fernando Batiks" (289/5 Noel Mendis Mw.), in der man den Batik-Vorgang beobachten kann. Angeschlossen ist ein Ausstellungsraum, und es versteht sich von selbst, daß die Besucher in erster Linie zum Kaufen kommen sollen, weniger zum Fotografieren der batikenden Arbeiterinnen. Die im Haus angebotenen Waren sind von hoher Qualität, wenn auch nicht gerade billig. Es gibt Batik-Kleidung, Batik-Stoffe wie auch die traditionellen holzgeschnitzten Masken. Besonders schön sind die im Hauptraum ausgestellten Batik-Bilder mit modernen oder klassischen Motiven.

Unterkunft

Für die Übernachtung, so sie denn sein muß, gibt es die folgenden Unterkünfte:

● **Palm Breeze Tourist Inn,** 188/25 Palm Garden Grove, Walana
● **The Paradise,** Kiberiya Estate, Kiberiya

Wadduwa ⇗ X/A3

Wadduwa ist ein ziemlich unbedeutender Ort, ca. 30 km südlich von Colombo und 9 km nördlich von Kalutara gelegen, der aber schon einen recht ansehnlichen und dazu auch **ruhigen Strand** aufweist. Besonders dessen Nordseite ist fast menschenleer. Wahrscheinlich sieht man nur einige Fischer, die unter lautem Hau-Ruck ihre langen Driftnetze an Land ziehen. Die Strandbereiche südlich der Ortsmitte sind noch idyllischer, außer dem unmittelbaren Bereich um das große Ocean View Resort.

Für einen Strand-Abstecher von Colombo ist Wadduwa empfehlenswerter als das überbewertete Mt. Lavinia. Doch es gibt auch hier gelegentlich Beschwerden über Strand- und Wasserverschmutzung.

Unterkunft/Essen

● Etwa 1 km nördlich des Bahnhofs von Wadduwa, etwa 150 m vom Strand entfernt, findet sich das Privathaus von **Mr. M.N.S. Cooray** (Talpitiya South, Wadduwa, Tel. 01-654419). Hier stehen vier einfache aber saubere Zimmer mit Bad zur Verfügung. Kostenpunkt 500 Rs. plus 10% SC. Nebenan soll demnächst ein Anbau mit weiteren Zimmern entstehen.

073sr Foto: Ingo Hothan

●Fünfzig Meter weiter seewärts liegt das **New Wadduwa Beach Resort** (Talpitiya South, Wadduwa, Tel. 01-653368). Es gibt 10 einfache Zimmer (Bad) zu 500 Rs. (EZ/DZ), dazu 10% SC. Ein Restaurant ist angeschlossen, es gibt aber Klagen über gemogelte Rechnungen. Nachrechnen und immer sofort alle Rechnungen begleichen!

●Eine Klasse darüber liegt das **Wadduwa Holiday Resort** (Talpitiya, Wadduwa, Tel. 01-652815). Es befindet sich ca. 1 km nördlich des Wadduwa Beach Resort oder 2 km nördlich des Bahnhofs, ebenfalls direkt am Strand. Die insgesamt 22 Bungalows (Bad) sind über eine größere, etwas kahle Anlage verstreut, dazu gesellt sich ein kleiner Swimmingpool. Kostenpunkt 800 Rs. (EZ/ DZ), plus 10% SC. Ein Restaurant ist vorhanden.

●Etwa 2 km südlich des Bahnhofs von Wadduwa findet sich das **Shalimar Tourist Inn** (Pothupitiya, Wadduwa, Tel. 034-34913). Wer per (Bummel-) Zug hierhin anreisen möchte, sollte in der Station Pothupitiya aussteigen, von wo das Shalimar nur ca. 0,5 km entfernt ist. Die Zimmer (EZ/DZ; Bad)) kosten 12 US$, Dreier 18 US$. Zu allen Preisen je 10% SC und 5% St.

●Die luxuriöseste Unterkunft in Wadduwa (nahe dem winzigen Ort Pothupitiya) ist das großzügig ausgebaute, ebenfalls direkt am Strand gelegene **Villa Ocean View Resort** (Molligodawatte, Wadduwa, Tel. 034-32463, Fax 94-1-449548). Es gibt Swimmingpool, Badminton- und Tennisplatz, sowie eine Dachterrasse mit gutem Ausblick auf den Strand. Es gibt 151 sehr komfortable und saubere Zimmer mit Bad und AC. 84 Zimmer davon befinden sich im alten Flügel (drei Sterne), 67 mit TV und Minibar im neuen Flügel (vier Sterne). Die Preise inklusive Frühstück: EZ im alten Flügel 48 US$, DZ 59 und Dreier 82 US$; EZ im neuen Flügel 68 US$, DZ 82 US$ und Dreier 115 US$. Besonders die Dreierzimmer sind sehr groß und verfügen zudem über einen Balkon. Halbpension kostet pro Person jeweils 3 US$ mehr. Alle Preise beinhalten SC und St.

●Hochluxuriös ist auch **The Blue Water** (Tel. 034-35067/8, Fax 94-74-713434, E-Mail: jethot@sri.lanka.net), dessen EZ/DZ 100 US$ und Dreierzimmer 108 US$ kosten; dazu je 10% SC und 12,5% St. Es gibt Swimmingpool, Squash- und Tennismöglichkeiten, Sportraum, Health Club, Restaurant, 24-Std.-Coffee-Shop, Bar etc.

Anreise

●Von der CTB- und Minibus-Station in Colombo fahren alle paar Minuten **Busse** in Richtung Kalutara oder einen der weiter südlich davon gelegenen Orte. Die Unterkünfte sind an der Straße ausgeschildert, so daß man den Schaffner bitten kann, dort anzuhalten.

●Ab der Fort Station in Colombo fahren täglich mehrere (Bummel-) **Züge** in Richtung Kalutara, die in der kleinen Station von Wadduwa und auch dem südlich davon gelegenen Bahnhof von Pothupitiya haltmachen. Expreßzüge halten hier nicht.

●**Taxis** ab Colombo sollten einfach ca. 600 Rs. kosten, hin und zurück samt einem Aufenthalt ca. 800-850 Rs.

Mahawaskaduwa

↗ X/A3

Ein kleiner Ort zwischen Wadduwa und Kalutara, ebenfalls mit einem akzeptablen Strand. Anfahrt per Bus oder Taxi wie Wadduwa. Als Unterkunft steht das fast nur von Pauschalurlaubern belegte **Hotel Mermaid** (Mahawaskaduwa, Tel. 034-22613, Fax 94-34-28572) zur Verfügung. Die häß-

An der Westküste gibt es noch zahlreiche ruhige Palmenstrände liche Außenarchitektur des Baus läßt zu wünschen übrig, die Zimmer sind aber ganz passabel. Swimmingpool, Restaurant etc. vorhanden. Zimmer ab 35 US$ in der Saison, ansonsten etwas darunter.

Kalutara

↗ X/A3

Kalutara (ca. 35.000 Einwohnere) liegt an der Mündung des **Kalu Ganga** („Schwarzer Fluß"), der dem Ort auch seinen Namen verliehen hat: Kalutara bedeutet nämlich „Schwarzer Strom". Der mächtige, weite Fluß schneidet die Stadt in zwei Teile: in North Kalutara, nördlich des Flusses, und South Kalutara, südlich davon. Von der Brücke, die beide Stadtteile verbindet, ergibt sich früh morgens oft freie Sicht bis zum Adam's Peak. Dazu finden sich in beiden Ortshälften **Strände,** die zwar nicht atemberaubend schön, dafür aber ruhig und touristisch fast unberührt sind. Die relative Nähe zu Colombo (40 km) ermöglicht auch Tagesausflüge von dort aus.

Der Süden ist der mit Abstand schönste Teil des Ortes, umgeben von Kokospalmen und sonstiger tropischer Vegetation. Da sich das Ortszentrum südlich der Flußmündung befindet, zählt es offiziell zwar schon zu Kalutara South; es ergibt sich hier jedoch ein völlig anderes (Stadt-)Bild als an den Stränden von Kalutara South.

Kalutara war früher für seine Gewürze bekannt, heute jedoch sind die **Mangostinen,** die in der Umgebung geerntet werden, und auch der **Kautschuk** von größerer Bedeutung. Ausserdem ist Kalutara ein Zentrum des **Flechthandwerks.** Aus den Blättern der Indi-Palme oder anderen Materialien werden hier Körbe, Hüte und Matten hergestellt.

Aufgrund der reichlich vorhandenen Kokospalmen ist Kalutara auch eine wichtige Produktionsstätte von **Toddy** und **Arrack** – man sieht zahlreiche Arrack-Brenner, die ihre Destillate auf holpernden Ochsenkarren übers Land transportieren. Kalutara ist ungefähr das nördliche Ende des feucht-fröhlichen „Arrack-Gürtels", der sich von hier bis in den Süden nach Galle erstreckt.

Geschichte

Die erste gesicherte historische Erwähnung verdiente sich Kalutara im Jahre 1042, als der südindische Eindringling *Vikrama Pandya* mit seinen Gefolgsleuten weite Teile der Insel überrannte und Kalutara zu seiner **Hauptstadt** machte. Damals hieß sie Velapura, was nach einer von mehreren möglichen Interpretationen „Stadt der Bel-Bäume" bedeuten könnte. Im Jahr darauf wurde *Vikrama Pandya* von einem nordindischen Rivalen ermordet, und damit war auch Kalutaras Zeit als Hauptstadt beendet.

Im 16. Jh. errichteten die **Portugiesen** an der strategisch bedeutenden Flußmündung ein Fort. Der Kalu Ganga war eine wichtige Wasserstraße, über die vom Inland her Reis, Betelnüsse und andere Güter herbeigeschafft wurden. Am Standort des Forts hatte sich zuvor ein buddhistischer Tempel befunden, mit dem die Portugiesen, wie immer bei nichtchristlichen Heiligtümern, kurzen Prozeß machten. 1655 fiel Kalutara an die **Holländer,** die das Fort erweiterten; 1796 nisteten sich die **Briten** dort ein. Nach der Einnahme

074sr Foto: Ingo Hothan

von Kandy im Jahre 1815 gab die britische Kolonialmacht das Fort als militärischen Stützpunkt auf, und in der Folgezeit diente es als Landsitz eines Offiziers.

Seit dem ersten Quartal des 19. Jh. fanden sich zahlreiche erholungssuchende Kolonialbeamte in Kalutara ein, die das dortige Klima für das gesundeste der ganzen Insel hielten. Ganz in diesem Sinne besagte ein Sprichwort, daß es nichts Besseres gäbe, als in Kalutara geboren und in Matara zur Schule gegangen zu sein (Matara gilt als das intellektuelle Zentrum des Landes). Kalutara wurde bald, wie stolz vermerkt wurde, „ein beliebter Erholungsort für Invaliden".

Sehenswertes

Kalutaras weithin sichtbarer Mittelpunkt ist der **Gangatilaka Vihara,** der in jüngerer Vergangenheit an die Stelle des Forts gebaut wurde. Damit wurde das alte Unrecht, das die Portugiesen mit der Zerstörung des ursprünglichen Tempels begangen hatten, so gut wie möglich revidiert. Der Gangatilaka Vihara zeichnet sich durch seine 40 m hohe, weithin sichtbare Dagoba aus, die im Gegensatz zu anderen Dagobas auch innen betreten werden kann. Um einen zentralen Schrein darin sind einige Buddha-Figuren plaziert, auf die von den ringsum angebrachten Fenstern das Tageslicht fällt. Aus einigen der Fenster ergibt sich ein guter Ausblick auf den Kalu Ganga. Auf der anderen Straßenseite der Dagoba sind um einen heiligen Banyan-Baum weitere Schreine und Tempelgebäude angelegt.

Der Gangatilaka Vihara wird tagtäglich von zahlreichen Gläubigen aufgesucht, und ganz besonders zu den Poya-Tagen, wenn es vor lauter Pilgern zu Verkehrsstaus kommt. Auch an jedem beliebigen Alltag aber halten alle (buddhistischen) Autofahrer hier kurz an, um eine Münze in den Sammelkasten zu werfen und ein kurzes Gebet zu sprechen. Dies ist eine Art spirituelle Lebensversicherung, und das weitere Verkehrsglück ist nun gesichert. Beobachtet man den Kamikaze-Stil der Minibusse, die die Galle Road entlangdüsen, könnte man fast an diese Methode glauben.

Unterkunft/Essen

In Kalutara North

- Ausgesprochen gelungen ist die Luxus-Anlage des **Tangerine Beach Hotel** (Kalutara North, Tel. 034-22295, 22982; E-Mail: tange rinetours@eureka.lk), mit optisch angenehmer Architektur, dazu umrahmt von vielen Kokospalmen. Neben Restaurant und Coffee Shop gibt es einen großen Swimmingpool, zwei Tennisplätze, einen Squash-Platz, Volleyball-, Badminton- und Tischtennis-Möglichkeiten. EZ 77 US$, DZ 80 US$, Dreier 85 US$, dazu 10% SC und 5% St.
- Weiter nördlich steht das etwas einfachere, aber immer moch recht komfortable **Hibiscus Beach Hotel** (Kalutara North, Tel. 034-22704 bis 6; Fax 034-22705, E-Mail: ashm res.@lanka.ccom.lk). Swimmingpool, Restaurant etc. vorhanden. EZ 34 US$, DZ 37 US$, Dreier 41 US$, dazu 10% SC und 5%St.
- Das **Royal Palms Hotel** (De Abrew Rd., Tel. 034-28113 bis 7, Fax 94-3428112, E-Mail: tangerinetours@eureka.lk) ist ein großartiges, neueres Luxushotel mit einem fantastischen Garten. Die Zimmer mit allem Komfort kosten ab 100 US$.
- Das **Garden Beach Hotel** (62/9 Sri Sumangala Rd., Tel. 034-22380) hat recht ordentliche Zimmer (Bad) zu 400 Rs., inklusive Bad mit heißem Wasser zu 425 Rs. und mit AC zu 600 Rs., je 10% SC und 5% St.
- Das Besitzer-Ehepaar des **Dugong Beach Hotel** (208 Sea Beach Rd., kein Tel.) ist ausgesprochen nett und freundlich, bei ihren insgesamt 5 Zimmern (Bad) stört nur die etwas schummerige Beleuchtung. Kostenpunkt 350/400 Rs., plus 10% SC. Im Preis inbegriffen ist kostenloser Tee, so oft und viel, wie man trinken kann. Essen ist ebenfalls erhältlich; die Frau des Besitzers ist im Ort für ihre leckeren Kuchen bekannt, so daß man auch in dieser Beziehung auf seine Kosten kommt. Der Bruder des Besitzers ist Maskenschnitzer, und so bietet sich eine preiswerte Einkaufsmöglickeit für die als Souvenir beliebten Masken.
- Das **Sun Shine Beach Hotel** (Arabrew Rd., Tel. 034-22575) hat 5 schlichte Zimmer (Bad), Kostenpunkt 400 Rs., plus 10% SC.
- **Harry's Beach Hotel** (154 Sea Beach Rd., Tel. 034-22739) hat mäßige Zimmer (Bad) zu 400 Rs. (EZ), bzw. 450 und 500 Rs. (DZ). Dazu jeweils 10% SC und 5% St. Vor dem Haus gibt es einen kleinen Swimmingpool.

In der Ortsmitte

- Die einzige Unterkunft hier ist das gleich an Busstation und Markt gelegene **Rest House** der U.D.A. oder Urban Development Authority (Station Rd., Tel. 034-22299, 22165). Die Zimmer (Bad) kosten überzogene 690 Rs. (EZ) und 1.380 (DZ), inklusive SC und St. Da rettet auch das im Preis inbegriffene Frühstück nichts.

In Kalutara South

● Einer Österreicherin und ihrem srilankischen Mann gehört das angenehm gestaltete **Aprima Tourist Hotel** (173 St. Sebastian's Rd., Katukurunda, Tel. 034-22127), das dementsprechend auch eine große Auswahl an österreichischen Speisen sowie Seafood bietet. Ein kleiner, von Kokospalmen umgebener Swimmingpool rundet das Bild ab. Die Zimmer (Bad) kosten EZ/DZ 40 DM, inkl. Frühstück; dazu 10% SC. Das Aprima ist ein Vertragshotel mehrerer deutscher Reiseveranstalter.

● Kalutaras Luxusherberge ist das auf einer Halbinsel gelegene **LTI Sindbad,** zuvor *Sindbad Hotel*, (St. Sebastian's Rd., Katukurunda, Tel. 034-22537 bis 9; Fax 034-22530), das sich, wie der Name schon andeutet, ein betont morgenländisches Flair gibt. Man beachte nur die Schnabelschuhe des Türstehers! Auch die Zimmer haben einen unübersehbaren Ali-Baba-Touch, trotzdem hat man es irgendwie geschafft, daß sie kalt und unpersönlich wirken. Vorhanden sind ein Swimmingpool, zwei Tennisplätze, Volleyball-, Minigolf-, Tischtennis-, Badminton-, Billard-, Surf-, Speedboat- und Segelmöglichkeiten etc. EZ 60 US$, DZ 70 US$, Dreier 80 US$, plus 10% SC. Erhebliche Reduktionen in der Off-Season.

● Zwei Kilometer landeinwärts vom Strand, am Ufer des Flusses, befindet sich das aus nur drei Zimmern bestehende **Bandu River Inn** (Riverside Rd., Palatota, Tel. 034-25149). Dieses wird von einer netten Familie geleitetet. Das Essen ist sehr gut (es wird sogar am Fluß serviert); man kann Paddel-Touren unternehmen. Die Zimmer (Bad) kosten EZ 350 Rs., DZ 400 Rs., plus 10% SC. Frühstück/Mittagessen/Abendessen pro Person für 75/150/200 Rs.

Anreise

● Etwa jede halbe Stunde fahren **Busse** ab Colombo-Pettah, bzw. **Minibusse** ab Colombo-Fort nach Kalutara. Alle Busse, die weiter an die Südküste fahren, passieren den Ort und halten am Gangatilaka Vihara als auch an der Busstation. Wer sich aus den obigen Unterkünften eine ausgewählt hat, sollte je nach Lage schon vor dem Tempel, also nördlich davon, oder entsprechend später aussteigen. Da die Unterkünfte alle rechts (aus Colombo kommend) an der Straße liegen, wäre ein rechtsseitiger Fensterplatz nicht schlecht, da man dann die jeweiligen Hinweisschilder der Unterkünfte sehen und den Bus dort anhalten lassen kann.

● Ab Colombos Fort Station fahren täglich etwa ein Dutzend **Züge** nach Hikkaduwa, Galle oder Matara, alle mit Haltepunkt in Kalutara. Einige der Züge starten in Kandy bzw. Anuradhapura und legen in Colombo einen Zwischenstopp ein.

Abfahrt von Colombo um 6.30, 8.30 Uhr (dieser Zug startet um 5.30 Uhr in Kandy), 10.15, 13.30, 14.05 Uhr (fährt um 5.05 in Anuradhapura ab), 14.50, 15.40, 15.45, 16.45, 17.20 und 17.22 Uhr. Ein spezieller Pendlerzug, der die Südküstenbewohner nach Hause befördert, fährt freitags um 12.45 Uhr von der Fort Station nach Matara.

Einige weitere Zugverbindungen bestehen ab der *Maradana Station* in Colombo 10. Diese Züge fahren von Maradana nach Colombo Fort und weiter in Richtung Süden. Züge fahren täglich um 7.05 und 15.20 Uhr über Kalutara, Alutgama und Hikkaduwa nach Matara; freitags fährt ein Pendlerzug von Colombo-Maradana (über Colombo Fort) über Kalutara, Alutgama und Hikkaduwa nach Galle; Abfahrt Colombo Maradana 14.45 Uhr. Ein anderer Pendlerzug fährt nur samstags, Abfahrt Colombo-Maradana 13.35 Uhr.

Die gleiche Anzahl Züge ab Matara fährt auch zurück in Richtung Kalutara. Die o.g. Pendlerzüge fahren jeweils einen Tag nach ihrer Ankunft in Matara bzw. Galle zurück über Kalutara nach Colombo (Maradana bzw. Fort Station). Zusteigemöglichkeiten in Hikkaduwa und Alutgama.

● **Taxis** ab Colombo sollten einfach ab ca. 1.100 Rs. kosten. Kalutara kann von dort auch gut in einem Tagesausflug besichtigt werden: Hin- und Rückfahrt samt drei- bis vierstündigem Aufenthalt, der genügend Zeit zur Besichtigung des Gangatilaka-Tempels und der Strände läßt, kosten ca. 1.500 Rs.

075sr Foto: Ingo Hothan

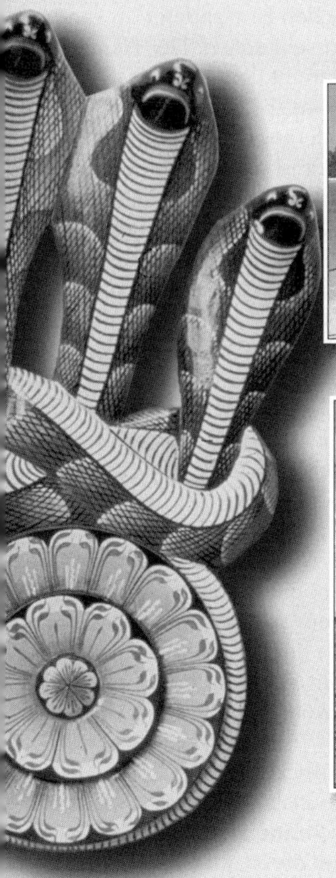

Der Süden

076sr Foto: rk

077sr Foto: rk

Teufelsmaske

Am Strand von Unawatuna

Stelzenfischer in Koggala

Überblick

Die Südwest- und Südküste bietet eine unendliche Folge von malerischen Stränden, Buchten und Palmenhainen, und kein Wunder, wenn hier der Tourismus zu Hause ist - stellenweise sogar der Massentourismus. Glücklicherweise gibt es neben den überlaufenen Strandorten wie Bentota oder Hikkaduwa auch noch zahlreiche ruhige und nicht minder schöne, wie z.B. in Unawatuna, Mirissa oder Tangalle. Für jeden Geschmack und Geldbeutel ist etwas dabei. Ziemlich genau am Südwestzipfel liegt Galle, die historisch interessanteste Stadt der Insel, in der man sich mit der Kolonialgeschichte Sri Lankas auseinandersetzen kann.

Das südliche Sri Lanka ist auch die Heimat der Maskenschnitzerei und des Teufelstanzes.

Das Reisen von Strand zu Strand wird durch die an der Küste entlang verlaufende Galle Road vereinfacht, neben der Colombo-Kandy Road die wichtigste Straße des Landes. Die Galle Road führt von Colombo bis nach Galle, wo sie dann ihren Namen wechselt und so unter anderer Flagge weiter bis Hambantota führt. An dieser Küstenstraße sind die Strandorte aufgereiht wie Perlen auf einer Kette, aus der man sich dann die geeignetste heraussucht.

Beruwela

↗ VIII/A2

Beruwela, früher auch *Barbaryn* genannt, ist der Ort, an dem die ersten maurischen Einwanderer an Land gegangen sein sollen. Der Name Beruwela stammt vom singhalesischen *Baeruala,* was soviel wie „Ort, wo das Segel niedergelassen wurde" bedeutet. Die Stadt ist auch Standort des wichtigsten moslemischen Heiligtums des Landes, der **Kachchimalai-Moschee** (Kachchimalai Dargah Masjid), die von einem Felsen aus das Meer überblickt. Die Moschee wurde über das über 1.000 Jahre alte Grab des Heiligen Sultan *Sheikh Ashraf Velliulah* gebaut, eines Nachfahren des Propheten Mohammed. Der steinerne Sarg des Heiligen soll auf wundersame Weise über das Meer herangetrieben sein.

Zum Ausklang des moslemischen Fastenmonats Ramadan finden an der Moschee ausgiebige Feierlichkeiten statt. Bis heute ist Beruwela vornehmlich von Moslems bevölkert, etliche davon wohlhabende Edelsteinhändler, die sich hier prächtige Wohnhäuser haben errichten lassen.

Für Touristen aber dürfte in erster Linie der **Strand** des Ortes von Interesse sein, und der ist ausgesprochen schön: Er ist weiß und sauber, das Hinterland ist mit wogenden Kokospalmen gesäumt. Außerdem bieten sich aufgrund eines vorgelagerten Korallenriffs ausgezeichnete Schwimmöglichkeiten. Direkt vor der Küste findet sich eine kleine Insel samt einem Leuchtturm darauf, diese kann in Bootsausflügen

Bei Beruwela

besucht werden. Am Fischereihafen an der Nordseite von Beruwela, gegenüber dem Rest House, lassen sich die ein-und auslaufenden Fischerboote beobachten.

Insgesamt betrachtet ist Beruwela ein sehr lohnenswertes Reiseziel. Der einzige Nachteil ist vielleicht, daß es in erster Linie auf Pauschaltouristen eingestellt ist, und wie an allen derartigen Orten ist das Preisniveau relativ hoch.

Unterkunft

Die schon an anderer Stelle ausgesprochene Warnung gilt hier ebenso, wie an vielen noch folgenden Orten: Die teuersten Unterkünfte sind nicht immer die besten, oft nervt deren schlechter oder arroganter Service, für den man dann aber annähernd europäische Preise zu berappen hat. Die Hotels der Mittel- oder unteren Mittelklasse bieten oft ein weitaus günstigeres Preis-Leistungsverhältnis.

- Das **Berlin Bear Inn** (Moragalla, Tel. 034-76525), das sich an der Nordseite des Strandes befindet, ist mit 550 Rs. für ein EZ/DZ eine der preiswerteren Unterkunft am Ort. Dreierzimmer kosten 750 Rs.
- Das an derselben Straße, etwas weiter südlich gelegene **Panorama Restaurant & Guest House** (Moragalle, Tel. 034-76013) hat einfache aber ordentliche Zimmer (Bad) zu 500 Rs. (EZ) und 600 Rs. (DZ); dazu 10% SC und 5% St.
- An einem sehr schönen, aber schmalen Strandabschnitt liegt das sehr gute **Ypsilon Hotel** (Moragalla, Tel. 034-76132, Fax 94-34-76334; Vermittlung in der BRD: Tel./Fax 030-7448913; E-Mail: ypsilon@slk.lk. Internet: www.intelnet.de/-ypsylon/). Die Zimmer (Bad; h/k Wasser; AC geplant) kosten inkl. Frühstück EZ 1.150 Rs., DZ 1.310 Rs. Es werden auch Tauchkurse angeboten, der Tauchlehrer ist Deutscher.
- Für die gebotene Qualität recht gut und preisgünstig ist **Villa Riviera** (Moragalla, Tel./Fax 034-76245; Tlx. 21151 INTRASA CE). Das Haus ist eine große Liegewiese mit Swimmingpool erbaut; die Zimmer (Bad) sind gemütlich eingerichtet, Kostenpunkt (Frühstück inkl.) EZ 20 US$, DZ 25 US$, Dreier 30 US$, dazu 10% SC.
- Die Zimmer (Bad) des so anheimelnd betitelten **Wienerwald** (Moragalla, Tel. 034-75047) befinden sich etwas vom Strand zurückversetzt und sollten nur in der billigeren Off-Season in Anspruch genommen werden – in der Hauptsaison kosten sie inklusive Frühstück und Abendessen überzogene 30 DM (EZ) und 60 DM (DZ), zuzüglich 10% SC und 5% St. Zu teuer.
- Ähnliches wie oben gilt auch für das **Sagarika Holiday Bungalow** (Moragalla, Tel./Fax 034-76074). Die Saisonpreise sind mit 25 US$

plus 10% SC etwas überhöht – da hilft auch das im Preis inbegriffene Breakfast nichts.

● Das Ende 1997 eröffnete **Lanka Princess Hotel** (Tel./Fax 034-76323) gehört einem Deutschen und bietet ein gesundes Gesamtkonzept: Es werden ayurvedische Behandlungen verabreicht, dazu Massagen aller Art, Kräuterdampfbäder, Gesichtsbehandlungen, Akupunktur u.v.m. EZ kosten 110 DM, DZ 180 DM, eingeschlossen sind alle Mahlzeiten, inklusive importierten alkoholischen Getränken (andere Hotels offerieren bei derlei Rundumangeboten nur einheimische Alkoholika). Die obigen Behandlungen müssen separat bezahlt werden.

● Eine der besten Unterkünfte am Ort ist das **Pearl Beach Hotel** (Beruwela, Tel. 034-760 23, 76026; Tlx. 21788 AIR ACE CE; Fax 94-34-76023). Dieses besteht aus 40 sehr geräumigen Cabanas (Bad), die sich in einer hübschen Gartenanlage verteilen. EZ/DZ 21 US$, plus 10% SC u. 10% St. Sehr zu empfehlen.

● Ebenfalls sehr gut ist das **Tropical Villas** (Moragalla, Tel. 034-76157, Fax 94-1-3457 29); komfortable Chalets mit Liegewiese und Swimmingpool, dazu ein empfehlenswertes Restaurant. Um zum Strand zu gelangen muß man allerdings die Anlagen des *Palm Garden* und *Riverina* durchlaufen. Zimmer (Bad, h/k Wasser) zu 40 US$ plus 10% SC.

● Wer abseits der großen Sonnenölflecken wohnen möchte, dem sei das kleine **Rest House** empfohlen (Customs Rd., kein Tel.). Dieses liegt gleich gegenüber dem Fischereihafen und bietet Ausblick auf die Moschee. Zu schöneren Strandabschnitten ist es allerdings ein mehrminütiger Fußweg. Zimmer (Bad) inklusive Frühstück zu 350 Rs., zuzüglich 10% SC.

● Recht gut ist das von einem Garten umgebene **Hotel Swanee** (Moragalla, Tel. 034-76007 bis 9; Fax 94-1-439046). Zimmer (Bad; h.&k. Wasser; AC) zu 35 US$ (EZ/DZ) und 40 US$ (Dreier), dazu 10% SC.

● Mit jeglichem Luxus lockt das **Bayroo Hotel** (Moragalla, Tel. 034-75297; Fax 94-1-547087): Swimmingpool, Tennis- und Badminton-Platz, Schönheits-Salon etc. Alle Zimmer (Bad; h.&k. Wasser; AC) mit Meerblick; EZ 85 US$, DZ 90 US$, Dreier 100 US$, dazu 10% SC und 10% St.

● An weiteren Luxusherbergen besteht kein Mangel, z. B. **Neptune Hotel** (Tel. 034-76031 bis 3; Fax 94-34-76033), **Confifi Beach Hotel** (Tel. 034-75217; Fax 94-34-76314), **Barberyn Reef Hotel** (Tel. 034-76039, Fax 034-77582) **Club Palm Garden** (Tel. 034-76036; Fax 94-1-698130), **Wornels's Reef Hotel** (Tel./Fax 034-76041), **Riverina Hotel** (Tel. 034-76044 bis 9; Fax 94-34-76047) u.a.; Preise von 40-100 US$.

Essen

Um die Busstation herum gruppieren sich einige kleine Rice-&-Curry-Läden, von denen sich keines groß hervorhebt. Ansonsten stehen die teureren Restaurants in den Hotels zur Verfügung.

Anreise

● Alle **Busse** und **Minibusse** auf der Strecke Colombo-Alutgama, Colombo-Hikkaduwa, Colombo-Galle etc. passieren Beruwela. Die meisten Unterkünfte liegen etwas weiter südlich der Busstation, aus Richtung Süden kommend also vor der Busstation. Ein Fensterplatz an der zum Strand gewandten Seite ist hilfreich, da man dann auf die Hinweisschilder der diversen Unterkünfte achten und Haltewunsch signalisieren kann. Fahrzeit ab Colombo (56 km) ca. 1,25 Std.

● Bei der Anreise per **Zug** empfiehlt sich die Fahrt bis zum nahen Alutgama (siehe unten), wo alle Züge halten. Von dort geht's mit dem Three-Wheeler weiter (ca. 50 Rs.).

● **Taxis** von Colombo ab ca. 1.200 Rs., von Hikkaduwa ab ca. 1.000 Rs.

Alutgama

↗ VIII/A2

Dieser sympathische kleine Strandort befindet sich zwischen den bekannteren Beruwela (5 km) und Bentota (ca. 2 km ab Alutgama-Mitte) und bietet eine preiswerte und **ruhigere Wohnalternative** zu diesen beiden. Das

Südende von Alutgama („Neues Dorf“) stößt an den breiten Bentota River, und gleich auf der anderen Flußseite finden sich schon die ersten Unterkünfte von Bentota. Lukullisch ist Alutgama für seine schmackhaften **Austern** bekannt.

Unterkunft/Essen

- Angenehme Zimmer (Bad) hat die von einer Österreicherin geleitete **Terrena Lodge** (River Rd., Tel. 034-75001), zu 1.100 Rs. (EZ) und 1.200 Rs. (DZ) plus 10% SC und 10% St. Frühstück inbegriffen. Hinter dem Haus befindet sich ein winziges Bootspier, von dem aus die Gäste morgens kostenlos nach Bentota befördert werden; Rückfahrt abends. Besonderes Lob verdient auch die schmackhafte Küche der Lodge.
- Das **Hemadan Tourist Guest House** (River Rd., Tel. 034-75320) bietet sehr gute Zimmer (Bad; h.& k. Wasser), die z.T. auch über einen kleinen Balkon mit Flußblick verfügen. EZ ohne Balkon zu 1.100 Rs, DZ 1.250 Rs., etwas mehr, wenn's mit Balkon sein soll.
- Das daneben gelegene **Waterfall Garden Hotel & Restaurant** (45 River Rd., Tel. 078-668654, Kontaktaddresse in Deutschland Tel./Fax 07621-140519) wird von einem deutschen Ehepaar geleitet und hat fünf saubere Zimmer (Bad), die als besonderen Clou ein Wasserbett ausweisen. An der Anlage befindet sich ein netter kleiner Garten, und am hauseigenen Bootspier ankert ein Boot, mit dem die Gäste auf die andere Flußseite befördert werden können. Die Zimmer solltens mindestens drei Tage im Voraus gebucht werden; Wochenrate für EZ 14.000 Rs., DZ 24.000 Rs., inkl. Halbpension. Die Preise bei kürzeren oder längeren Aufenthalten sind auszuhandeln.
- Einer Deutschen gehört das ein wenig weiter westwärts gelegene **Hotel German-Lanka** (5 River Rd., Tel. 034-75520). Die Zimmer (Bad) sind sehr sauber, wohnlich und komfortabel eingerichtet. Preis 125 DM pro Woche/Person, einschließlich Frühstück. Miete auf Tagesbasis zu 1.000 Rs.
- Ebenfalls einer Deutschen gehört das **Little Villa Tourist Inn** (Galle Rd., Kaluwamodera, Tel./Fax 94-34-75460). Auch dieses liegt gleich am Bentota-Fluß. Die Zimmer (Bad) sind sauber und ordentlich, Kostenpunkt: EZ 300 DM/Woche bei Einzelbelegung und 420 DM/Woche bei Doppelbelegung; alle Preise gelten für Halbpension, d.h. Frühstück und Abendessen sind inbegriffen. Plus 10% SC.
- Zimmer mit Bad zu 700 Rs. (EZ) und 800 Rs. (DZ) im **Blue Lagoon Guest House** (Galle Rd., Moragalle, Tel./Fax 034-76062).
- Das **Mutumuni Lagoon Resort** (Galle Rd., Moragalle, Tel. 034-76766, Fax 94-1-76072) umfaßt eine ayurvedische Klinik. EZ ab 20 US$, DZ ab 25 US$.
- Weiterhin: **Dilmini Tourist Guest House** (304 Welipanna Rd., Tel. 034-75052), 15 US$; **Queen River Inn** (28 Galle Rd., Kaluwamodera, Tel. 034-75460), 22-40 US$; **Hotel Nilwala** (Galle Rd., Kalumawodera, Tel./Fax 034-75017), 20-40 US$. Auf alle Preise noch 10% SC und 5% St.

Anreise

- Mit jedem beliebigen **Bus** oder **Minibus** auf der Strecke Colombo-Galle, Colombo-Hikkaduwa etc. oder mit einem der Busse, die in Alutgama enden. Fahrzeit ab Colombo (61 km) ca. 1,5 Std.
- Als einen der wichtigsten Bahnhöfe an der Colombo-Galle-Linie halten alle **Züge** in Alutgama. Abfahrt Colombo Fort um 6.30, 8.30, 10.15, 13.30, 14.05 14.50, 15.40, 15.45, 16.45, 17.20 und 17.22 Uhr.

Tägliche Direktverbindungen bestehen auch ab Kandy (Abfahrt Kandy 5.30 Uhr; Colombo 8.30 Uhr) und Anuradhapura (Abfahrt Anruradhapura 5.05; Colombo 14.05 Uhr).

Weitere Züge fahren ab Colombo Maradana (über Colombo Fort), Abfahrt 7.05 und 15.20 Uhr. An Wochenenden verkehren weiterhin einige spezielle Pendlerzüge, siehe diesbezüglich unter Anreise, Kalutara.

Der Endpunkt aller Züge ist Galle bzw. Matara. Aus Richtung Süden kommend ergeben sich somit auch Zusteigemöglichkeiten in Hikkaduwa und Ambalangoda.

- **Taxis** von Colombo ca. 1.200-1.300 Rs., von Hikkaduwa ab ca. 900 Rs.

Bentota

↗ VIII/A2

Wer die Stadt Bentota sucht, wird möglicherweise überrascht sein: Mit Ausnahme von touristischen Einrichtungen existiert hier kaum ein Bentota, der Ort besteht fast ausschließlich aus dem 40 ha großen **Tourist Complex,** der seinen Anfang in den 70er Jahren nahm. Der Komplex umfaßt zahlreiche gehobene Hotels, Restaurants, Shopping-Center u.ä. Das Ambiente ist leider vom Pauschaltourismus geprägt.

Abgesehen davon ist der Strand sehr schön, die **Schwimm-, Surf-** und **Segelmöglichkeiten** sind hervorragend. Seafood-Freunde können sich zudem an einer großen Auswahl von frischen Meeresfrüchten laben – Schellfisch, Prawns, Krabben, Lobster und Austern, um nur einige zu nennen.

Bentota beherbergt einen bedeutenden Tempel, den **Galapatha Raja Maha Vihara.** Gegründet worden soll er schon unter König *Duttha Gamini* (auch: Dutugemunu; 2. Jh.v.Chr.); zur Regierungszeit von König *Parakrama Bahu I.* (1153-1186) wurde dort ein Zahn von Kashyapa, einem der Schüler Buddhas eingemauert, was den Tempel in der Folgezeit zu einem wichtigen Pilgerziel machte. Nebenbei entwickelte er sich zu einer der acht angesehensten buddhistischen Lehrstätten des Landes. Gemäß einer Legende ist das Heiligtum durch unterirdische Gänge mit allen wichtigen Tempeln der Umgebung verbunden.

Um das Zahnrelikt des Kashyapa hatte früher jedes Jahr ein einwöchiges Fest stattgefunden. Unter den Portugiesen kam die Tradition zum Erliegen und wurde erst 1976 wieder aufgegriffen. So begeht die Stadt zur Unduwap-Poya (Vollmond im Nov./Dez.) wieder die farbenprächtige **Bentota Dalada Perahera,** zu der sich neben Tausenden von Gläubigen auch viele schaulustige Touristen einfinden.

10 km landeinwärts, in Kalawila, gibt es einen empfehlenswerten botanischen Garten, den **Brief Garden.** Der Eintritt kostet 125 Rs. mit Führung.

Unterkunft/Essen

- Das **Susantha Guest House** (Resort Rd., Tel. 034-22613) ist eines der preiswertesten Häuser am Ort und entsprechend beliebt. Zi. mit Bad zu 500 Rs. (EZ) und 550 Rs. (DZ).
- Das **Susantha Palms Guest House** (Tel. 034-75324) nahe dem Bahnhof ist eines der besten Häuser in der mittleren Preislage, mit sehr komfortablen Zimmern (Bad) und einem beliebten Restaurant. EZ 20 US$, DZ 25 US$; AC-Räume zu 35 US$. 10% SC.
- **Club Villa** (138/15 Galle Rd., Tel./Fax 034-75312) stammt noch vom Ende des 19. Jh. und ist im holländischen Kolonialstil erbaut; später wurde es umgebaut. Das Ambiente ist altertümlich-charmant, dies ist wohl die originellste Unterkunft am Ort. Es gibt 6 komfortable, gemütliche Zimmer (Bad), Kostenpunkt 30 US$ (EZ), 40 US$ (DZ), 50 US$ (Dreier); 10% SC. Das Haus ist von einem Palmengarten umgeben.
- Das daneben gelegene **Villa Mohotti Malauwa** (138/18 Galle Rd., Tel. 034-75311, Fax 94-72269187, E-Mail: thevilla@sri.lanka.net) stammt ursrünglich aus dem 19. Jh., ist jedoch modernisiert worden und bietet nun komfortable und saubere Zimmer mit allem Komfort; Kostenpunkt 95 US$. Dazu gibt es noch Suiten zu 140 US$.
- An einem ausgesprochen schönen Strandabschnitt steht der unter Verwendung von viel Holz und rotem Backstein gebaute **Robinson Club** (Tel. 034-75167, Fax 94-24-75172, E-Mail: robinsonbentota@compuser-

ve.com, Paradise Island). Optisch hebt er sich von vielen Hotelklötzen ab, seine Zimmer (Bad) sind sehr komfortabel und praktisch eingerichtet, wenn auch nicht gerade allzu groß. Angeschlossen sind Tennisplatz, Disco und ein Massage-Raum, in dem unter anderem Dampfbäder verabreicht werden, bei denen man ayurvedische Heilpflanzen verwendet. Wassersport-Möglichkeiten sind vorhanden. EZ mit Vollpension 110, DZ 125 US$.

- Weiterhin: **Bentota Beach Hotel** (Tel. 034-75248; Fax 94-1-447087, 439046), ab 75 US$; **Hotel Serendib** (Tel. 034-75248, 75353, 75249; Fax 94-34-75313), ab 60 US$; **Lihiniya Surf Hotel** (Tel. 034-75126-7; Fax 94-34-75486), ab 86 US$; u.v.a. In der Neben-Saison gibt's meist erhebliche Preisnachlässe.

Anreise

- Mit jedem beliebigen **Bus** oder **Minibus** auf der Strecke Colombo-Hikkaduwa, Colombo – Galle, Colombo – Tangalle etc. Fahrzeit ab Colombo (64 km) ca. 1,5 Std.
- Bei Anfahrt per **Zug** am besten per Expreß bis Alutgama und von dort mit dem Three-Wheeler weiter (ca. 40 Rs.). In Bentota selber halten nicht alle Züge.
- **Taxis** von Colombo kosten ab 1.500 Rs., von Hikkaduwa 900 Rs.

Induruwa

↗ VIII/A2

Das ruhige Induruwa, 4 km südlich von Bentota, ist eine gute Alternative zum überlaufenen Nachbarort und per Bus oder Bahn zu erreichen.

Unterkunft

- Im kleinen **Long Beach Cottage** (495/550 Rs. plus 10% SC), das von einer Deutschen und ihrem srilankischen Mann geleitet wird. Tel./Fax 034-75773 und Tel. (Mo-Fr) 01-727602. Das Resort liegt ca. 250 m nördl. des Bahnhofs. Um die Schlepper zu umgehen, wird man auf Anruf vom Bahnhof in Alutgama oder Bentota abgeholt.
- Ebenfalls einem srilankische-deutschen Ehepaar gehören die **Little Rock Cabanas,** die aus nur zwei Holz-Cabanas bestehen (235 Galle Rd., Yalagama, Tel./Fax 034-70184). Die Cabanas haben Bad und Balkon. Bei Einzelbelegung kosten sie 450 Rs., bei Doppelbelegung 650 Rs.; Ermäßigungen bei Langzeitaufenthalten sind möglich. Eine Kochmöglichkeit ist vorhanden.
- 500 m südlich des Bahnhofs liegt das etwas teurere **Little Dream Cottage.**
- Weitere Unterkünfte sind das **Hotel Whispering Palms, Venus Tourist Beach Resort, Emerald Bay Hotel** und das **Induruwa Beach Resort.**
- Etwa 8 km südlich von Bentota befindet sich das **Lassana Tourist Inn** (43 Rd. Mile, Galle Rd., Tel. 09-77988, 77300), mit Zimmern zu 700 Rs. (Halbpension).

Kosgoda

↗ VIII/A2

Ein weiterer Strandort, 4 km südlich von Induruwa gelegen. Hier stehen die hochluxuriösen Bungalows des **Kosgoda Beach Resort,** umgeben von einer weitläufigen, gepflegten Gartenanlage (P.O.B. 1, Nupe, Kosgoda, Tel. 09-64017; Fax 94-9-64018; Tlx. 21788 AIRACE CE). Swimmingpool und Tennisplatz sind vorhanden. EZ kosten 51 US$, DZ 72US$; Deluxe-Bungalows ab 80 US$. Zu allem 10% SC und 5% St. Anfahrt mit Bus oder Bahn.

Ahungalle

↗ VIII/A2

Als gäbe es nicht schon ansehnliche Strände genug, findet sich hier – zwischen Kosgoda und Ambalangoda – ein weiterer. Der Strand ist ausgesprochen breit.

Unterkunft

- Als Unterkunft steht das luxuriöse **Triton Hotel** zur Verfügung (Ahungalle, Tel. 09-64041 bis 4; Fax 94-1-433755; E-Mail: ashmres@lanka.ccom.lk, Webseite: www.aitkenspence.com/triton). Das *Triton* sieht zwar nicht mehr ganz taufrisch aus, ist aber eines der teuersten Hotels Sri Lankas. Vorhanden sind ein Swimmingpool (der gleich bis in die Lobby reicht), ein Tennisplatz, Schönheits-Salon, Shopping-Arkaden, mehrere Restaurants etc. Die Zimmer (Bad, AC, TV, Mini-Bar) kosten stolze 100 US$ (EZ), 126 US$ (DZ) und 135 US$ (Dreier). Dazu jeweils noch 10% SC und 5% St.

Ambalangoda ↗ VIII/A2

An Ambalangoda fahren die großen Touristenströme vorbei, der Ort liegt zu nahe an Hikkaduwa (14 km), mit dessen Stränden es den Wettstreit nicht aufnehmen kann. Leider ist die Stadt selber nicht sonderlich attraktiv, vielerorts wirkt sie schmutzig und schäbig. Auch von der Atmosphäre her scheint die Stadt etwas finsteres, aggressives auszustrahlen.

Dennoch zieht es genügend Leute hierher, die die untouristische Seite Sri Lankas suchen. Immerhin gibt es auch Positives zu vermelden, nämlich stille Strände, einen kleinen Fischereihafen, ein geschäftiges Ortszentrum und ansonsten viel solide Kleinstadtatmosphäre.

Nördlich von Ambalangoda, an der Green Lagoon in Balapitiya, lassen sich **Boote** zu zweistündigen Touren anmieten (ca. 350 Rs./Pers.), bei denen man viele Vögel, Affen und Warane beobachten kann. Es empfiehlt sich frühes Aufstehen, denn gegen 10 Uhr werden zahlreiche Pauschaltouristen in Bussen angekarrt, und die Tiere suchen das weite.

In der Umgebung von Ambalangoda wird **Zimt** angebaut, der von besonders hoher Qualität sein soll.

Maskenherstellung

Auf der kulturellen Seite ist die Stadt das **Zentrum des Teufelstanzes** und der Maskenherstellung – Traditionen, die anderswo im Erlahmen begriffen sind, hier aber noch rege gepflegt werden. Letzteres ist nicht zuletzt *Ariyapala Gurunnanse* zu verdanken, dem 1901 geborenen „Guru" der Maskenschnitzkunst. Er stammte aus einer Handwerkerfamilie, den *Wijesooriyas*, die das Metier seit Generationen ausübt. 1995 legte der hochbetagte Meister das Schnitzmesser für immer aus der Hand. Bis zuletzt hatte er den Fortbestand seines Familienunternehmens *„Aryapala & Sons"* überwacht. Das Unternehmen besteht noch immer (426 Patibendimulla, Tel. 092-7373). In dessen Werkstatt werden täglich Dutzende farbenprächtige Masken hergestellt.

Masken-Museum

Gleich neben den Arbeitsräumen befindet sich das kleine Masken-Museum, das sehenswerte, zum Teil sehr filigrane Masken und Figuren präsentiert. Es wurde 1987 unter Förderung des Deutschen Auswärtigen Amtes, des Linden-Museums in Stuttgart und des Museums für Völkerkunde in Berlin begründet.

079sr Foto: rk Chaweewan Chuchuay

Im Obergeschoß des Gebäudes befindet sich ein Verkaufsraum, in dem Masken und Figuren zu erstehen sind. Die Waren werden jedoch laut einer Leserzuschrift zu überhöhten Preisen angeboten, eine gute Adresse soll das *Masks Centre* in der Main Road sein.

Am Eingang wird eine interessante kleine Broschüre verkauft (wahlweise englisch oder deutsch), die weiteren Aufschluß über die Maskenschnitzerei und auch die traditionelle Verwendung der Masken gibt. Geöffnet täglich 7.30-17.45 Uhr, Eintritt kostenlos.

Nachgestellte Dorfszene im Masken-Museum

Unterkunft

- Links neben dem derzeit geschlossenen Rest House befindet sich das recht ordentliche **Blue Horizon Tourist Inn** (129 Main St., Hirawatte; Tel. 09-58475), mit Zimmern (Bad) zu 400 Rs., plus 10% SC und 5% St.
- Sehr beliebt bei Travellern ist das **Sea View No. 14** (14 Devale Rd., Hirawatte, kein Tel.), ein Privathaus, das von einer freundlichen und hilfsbereiten singhalesischen Familie betrieben wird. Tee gibt es kostenlos, und das Essen im Haus ist ausgesprochen gut. Es stehen 3 einfache Zimmer zur Verfügung (Gemeinschaftsbad), EZ 150 Rs., DZ 250 Rs.; dazu 10% SC.
- Ungeheuer nett ist das Besitzer-Ehepaar des nahe bei *Aryapala & Sons* gelegenen, sehr empfehlenswerten **Sumudu Guest House** (418 Main St., Patabendimulla, Tel. 09-58832). Ordentliche Zimmer (Bad) zu 350 Rs. (EZ) und 400 Rs. (DZ). Für 500/ 1.000 Rs. gibt's ein Zimmer samt Frühstück und Abendessen; Tee ist kostenlos, man be-

080sr Foto: rk

kommt soviel man will. Schlepper gehen hier leer aus, folglich wird allerlei Unsinn über das Haus erzählt. Einige Schlepper karren ihre Opfer gar zu einem anderen, unausgeschilderten Guest House, und geben vor, dieses sei das *Sumudu*.

● An der Sea Beach Road befindet sich die sehr komfortable Privatunterkunft der Familie Akuretiya, das **Shangrela** (Tel. 09-58342), die von einem Garten umgeben ist. Die Zimmer (Bad) kosten EZ / DZ 495 und 595 Rs.; dazu 10% SC. Eine Tochter des Hauses ist in Deutschland verheiratet, Auskünfte somit auch unter Tel. 089-175020 (Shanti Schulz).

● Das **Hotel Lalanika** ist, wie so viele Küstenhotels in deutsch-srilankischem Besitz, und befindet sich am Nordrand von Ambalangoda (786 Galle Rd., Ramdombe, Tel./Fax 092-58317). Die Anlage ist von Kokospalmen umgeben, hat einen Swimmingpool und liegt direkt an einem schönen Strandabschnitt. Die Zimmer (Bad) kosten 750 Rs. (EZ/DZ) und 950 Rs. (Dreier), plus 10% SC und 10% St. Im Vergleich zu den Hotels in Hikkaduwa besteht hier ein sehr gutes Preis-/Leistungsverhältnis. Allerdings wird das Haus von srilankischen Paaren auch als Stundenhotel genutzt.

● In Akurala, zwischen Ambalangoda und Hikkaduwa, befindet sich das freundliche, im Kolonialstil angelegte **Piya Nivasa Guest House & Restaurant** (Tel. 09-58146). Die Zimmer kosten EZ 250 Rs., DZ 300 Rs. Im Haus gibt es sehr gutes Essen, und die nette Besitzer-Familie organisiert auf Wunsch mehrtägige Touren über die Insel.

● Das **Rest House** (Main St., Tel. 09-58299) überblickt eine kleine Bucht mit Fischerbooten, von der aber ein nicht ganz angenehmer Geruch ausgeht. Zudem ist das Rest House nicht im allerbesten Zustand, die Zimmer sind aber für 500 Rs. (EZ/DZ) gar nicht übel.

Maskenherstellung

Essen

● Sehr gute Curry- und chinesische Gerichte bietet das saubere **Chinese Hotel** in der

Main Street. Ansonsten zahlreiche kleine Restaurants in der Innenstadt mit Snacks und den üblichen Rice&Curry-Gerichten.

Anreise

- Per **Bus, Minibus** und **Zug** auf der Strecke Colombo - Galle oder Colombo - Hikkaduwa. Die meisten Expreßzüge halten hier. Leider werden die Ankömmlinge gleich von einer Horde rüpelhafter Schlepper umringt. Das beste ist, sich höflich an ihnen vorbeizuzwängen, sie ansonsten wie Luft zu behandeln, und sich nicht von seiner Unterkunftswahl abbringen zu lassen.
- **Taxis** ab Colombo (85 km) kosten günstigstenfalls 1.800 Rs., ab Hikkaduwa (14 km) ca. 300-350 Rs. Von Hikkaduwa kann der Ort gut in einem Tagesausflug besucht werden; Hin- und Rückfahrt samt zwei- bis dreistündigem Aufenthalt ab ca. 500 Rs.

Umgebung von Ambalangoda

Mondstein-Mine

Meetiyagoda, 12 km südöstlich von Ambalangoda, ist ein Fundort für den Mondstein *(moon stone)*, der hier aus bis zu 30 m tiefen Schächten zu Tage gefördert wird. Am Boden dieser Gruben werden oft noch Seitenschächte in die Erde getrieben, in denen die Arbeit alles andere als leicht vonstatten geht. Tödliche Unfälle aufgrund zusammenstürzender Schächte sind Berufsrisiko.

In der Mine von Meetiyagoda kann man den **Abbau** dieses Halbedelsteines beobachten. Aus den Schächten werden Körbe voll steinigem Schlamm nach oben gefördert, der dann in Sieben durchgespült und nach dem rohen Stein abgesucht wird. Gelegentlich kommen faustgroße Exemplare ans Licht.

Nahe der Mine befindet sich ein **Verkaufsraum,** in dem bearbeitete Mondsteine und Schmuckstücke angeboten werden. Man sei sich bewußt, daß beim Besuch der Mine gleich Verkaufspersonal auftaucht, das seine Geschäfte machen will, und das nicht immer auf sehr subtile Weise. Auch die Minenarbeiter versuchen, den Besuchern ein paar abgezweigte Rohsteine aufzuschwatzen.

- **Moon Stone Mine,** Domanwila, Meetiyagoda. Der Verkaufsraum ist tägl. 7-19 Uhr geöffnet. Eintritt zur Mine kostenlos.
- **Anfahrt:** Mit dem **Bus/Minibus** in Richtung Hikkaduwa und dann in Kahawa (8 km südlich von Ambalangoda) in einen Bus Richtung Meetiyagoda-Domanwila oder Batapola umsteigen. Im Bereich von Domanwila befindet sich an der Straße ein Schild, das auf die Mine hinweist. Von dort sind es noch 500 m. Ab Kahawa beträgt die Entfernung 4,5 km. Bei der Anfahrt aus Hikkaduwa nehme man einen beliebigen Bus in Richtung Ambalangoda und steige in Kahawa aus (6 km); von dort weiter wie oben.

Taxis ab Ambalangoda oder Hikkaduwa sollten ca. 300 Rs. retour kosten.

Kahawa

Der winzige Ort Kahawa zwischen Ambalangoda und Hikkaduwa verfügt über einen sehr schönen und ruhigen **Strand,** an dem sich Touristen so gut wie nie sehen lassen. Ein lohnenswertes Ausflugsziel, wo es auch Unterkünfte gibt: das Sun Island Village und die Green Cabins.

- **Anfahrt:** Mit jedem beliebigen **Bus** oder **Minibus** auf den Strecken Colombo-Hikkaduwa, Colombo-Galle, Ambalangoda-Galle etc. **Taxis** ab Hikkaduwa sollten für die einfache Strecke ca. 150-200 Rs. kosten.

Hikkaduwa

↗ VIII/A3

Hier, 99 km südlich von Colombo, befindet sich das **touristische Zentrum** der Süd- und Südwestküste. Einst war Hikkaduwa ein reines Hippie- und Traveller-Paradies, es dauerte jedoch nicht lange, bis sich die großen Reisegesellschaften und Pauschaltouristen an die Fersen der Erstankömmlinge hefteten. Heute beherbergt der Ort eine kunterbunte Mischung von Touristen –vom wohlsituierten Pensionär auf Überwinterungsurlaub bis zum Low-Budget-Freak auf schlauchendem Asien-Trip ist jede Spezies vorhanden.

Hikkaduwa ist eine gut 3 km in die Länge gezogene Strandstadt mit unzähligen Hotels, Restaurants, Bars, Schleppern und „Beach Boys" – zu den Aktivitäten letzterer später mehr. Trotz des ungezügelten Wachstums, das der vormals winzige Fischerort in den letzten Jahrzehnten verzeichnen mußte, hat er sich einen beachtlichen Teil seines alten Charms bewahrt: Das Hinterland ist immer noch satt bewachsen, still und malerisch, und die Strände sind, zumindest an der Südseite des Ortes, sehr attraktiv und **gut zum Schwimmen und Surfen geeignet**. Wer sich allerdings die große Ruhe und Einkehr verspricht, ist völlig fehl am Platze – es gibt hier Hunderte, wenn nicht gar Tausende von Leuten, die genau dasselbe suchen!

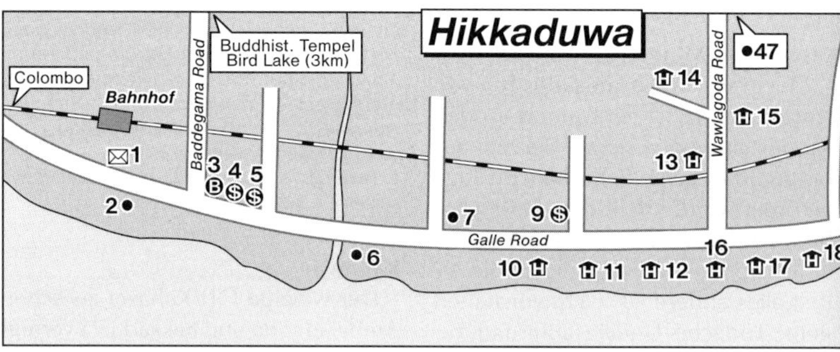

- ✉ 1 Dimasha Post Office
- • 2 Kilometerstein 98 (km ab Colombo)
- Ⓑ 3 Busstation
- $ 4 Commercial Bank
- $ 5 Bank of Ceylon
- • 6 Poseidon Diving Center
- • 7 Polizei
- $ 9 People's Bank
- 🏨 10 Starfish Inn
- 🏨 11 Coral Sands Hotel
- 🏨 12 Hotel Blue Corals
- 🏨 13 Abba's Rest
- 🏨 14 Hotel Säntis
- 🏨 15 Siri Medura G.H.
- 🏨 16 Coral Reef Hotel
- 🏨 17 Coral Rock Hotel
- 🏨 18 Coral Seas Hotel
- ▲ 19 Buddh. Tempel
- 🍴 20 Cool Spot
- 🏨 21 Coral Gardens Resort
- 🍴 22 Curry Bowl
- 🍴 23 Farm House
- 🏨 24 Ozone Tourist Rest
- 🏨 25 Hotel Supercorals

Bei der immensen Magnetwirkung Hikkaduwas wäre es verwunderlich, wenn nicht auch zweifelhaftere Zeitgenossen den Weg hierhin fänden. So gibt es eine Reihe von tourismusbedingten Problemen: Eines davon sind die **Drogen,** die sich gleich mit den ersten Travellern eingeschlichen haben, und die mittlerweile auch eine große Zahl von einheimischen Jugendlichen in ihren Sog gerissen haben. Zwar hat die Polizei in den letzten Jahren in dieser Beziehung etwas aufgeräumt, ausgemerzt ist das Problem jedoch nicht.

Eine weitere Plage sind die **„Beach Boys"** - keine Gesangsgruppe, sondern aalglatte Strichjungs, die nicht selten beiderlei Geschlecht bedienen. Hikkaduwa hat sich den Ruf eines Mekkas für Homosexuelle zugezogen, und so schwärmen Scharen von schwulen Sextouristen ein. Einige Schwule haben sich dauerhaft angesiedelt und betreiben touristische Einrichtungen, von denen die eine oder andere den Einheimischen Grund zum Klatsch liefert. Nach außen hin tolerieren die Hikkaduwer das Geschehen – schließlich bringt jeder Tourist Devisen –, bei näherem Hinhören aber zeigt sich Unmut.

In den Monaten Mai bis September zieht sich Hikkaduwa zum **Monsunschlaf** zurück, es gibt nur wenige Touristen, und viele Restaurants und Geschäfte machen Pause. In dieser Zeit

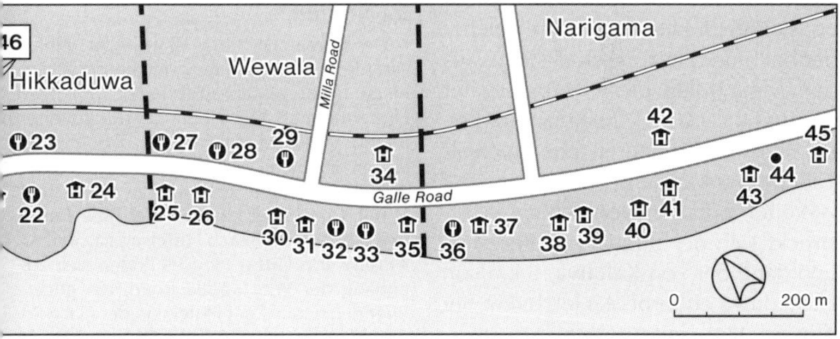

- 26 Hotel Reefcomber
- 27 New Moonbeach Rest.
- 28 Francis Restaurant
- 29 Blue Fox Restaurant
- 30 Nippon Villa
- 31 Hotel Blue Note
- 32 Budde's Beach Restaurant
- 33 Blues Brothers Beach Rest.
- 34 Tandem G.H.
- 35 Surfing Beach G.H.
- 36 Ranjith's Beach Hut
- 37 Casalanka
- 38 Golden Sand Beach Hotel
- 39 Sunbeach Hotel
- 40 Rita's G.H.
- 41 Seethani G.H.
- 42 Sea Lion G.H.
- 43 International Beach Hotel
- • 44 Tourist Library
- 45 Hotel Harmony
- 46 Ranmal Holiday Inn
- • 47 Sakura Batikstudio

lassen sich bei den Unterkünften große Rabatte herausschlagen.

Schwimmen während des Monsuns ist absolut lebensgefährlich; selbst außerhalb des Monsuns sind hier starke Strömungen, und wer zu weit hinaus schwimmt, kommt möglicherweise nie mehr zurück.

Strände

Einige lohnenswerte und sehr ruhige Strände schließen sich nördlich an Hikkaduwa an: Drei Kilometer nördlich findet man das Dorf **Sinigama** („Zuckerdorf"), mit einem recht schönen Strand, dem eine kleine Felsinsel samt Tempel (Sinigama Devale) vorgelagert ist (Bootsfahrten dorthin zu 60 Rs./Pers.). Hier kann man Taucher beobachten, die dicke Kalksteine aus dem Meer holen; diese werden später zu einer Kalkpaste *(Chunam)* verarbeitet, die in Betelmixturen, aber auch als Tünche, Verwendung findet.

Weiter nördlich von Sinigama erstreckt sich der Strand von **Pereliya,** und dann der von **Kahawa,** 6 km von Hikkaduwa entfernt. An letzterem finden sich Unterkünfte.

Unterkunft

Entsprechend seinem gemischten Publikum verfügt Hikkaduwa auch über ein enormes Spektrum an Unterkünften – obwohl es am unteren Ende der Preisskala zunehmend enger wird. Zudem sind die Mittelklasse-Hotels in den allermeisten Fällen arg überteuert.

Zu beachten ist, daß die im folgenden genannten Preise jeweils für die Hochsaison gelten, die in der Nebensaison (Mai-Oktober) oft erheblich sinken.

Langzeitgäste können in der dörflichen Umgebung des Ortes, in den schmalen Seitenwegen abseits der Galle Road, auf Unterkunftssuche gehen: Hier, in den Ortsbereichen Wewala, Narigama und Thiranagama, vermieten zahlreiche Familien preiswerte Zimmer oder gleich ganze Häuser. Diese sind oft die idyllischsten Unterkünfte, mit Kokoshainen, Gärten und viel ländlicher Idylle. Die Anbieter wechseln ständig, und so ist es das beste, sich auf das Fahrrad zu schwingen und die Gegend abzuradeln.

Im Norden

Der Norden des Ortes ist wohl der uninteressanteste Teil, hier haben sich hauptsächlich einige große Hotels angesiedelt, vor deren Hintertür man nur einen handtuchbreiten Strand vorfindet. Das große Tropenglück lächelt hier nicht.

- Zu diesen Hotels gehören das **Coral Rock Hotel, Coral Reef Hotel, Hotel Blue Corals** und **Hikkaduwa Beach Hotel**; ab ca. 30 US$.
- Preiswerte Guest Houses finden sich z.B. entlang der Wawlagoda Road, die gegenüber dem Coral Reef Hotel von der Galle Road abzweigt: siehe **White House, No. 36 Guest House, Siri Medura Guest House, Hotel Säntis** u.a. Letzteres gehört einem Schweizer und seinem srilankischen Geschäftspartner und ist eine der besten Unterkünfte in dieser Gegend. Es hat saubere Zimmer (Bad) zu 500 Rs. Adresse: 22 Wawlagoda Cross Street, Fax 94-9-57251.

Wer jedoch in wirklich schöner Umgebung wohnen möchte, sollte einige Kilometer weiter hinaus fahren:

- Das sehr zu empfehlende **Bird Lake** befindet sich ca. 3,5 km vom nördlichen Hikkaduwa entfernt – man fahre die Baddegama Road, die von der Busstation Hikkaduwa in östliche Richtung führt, ca. 2,5 km entlang, bis links ein Schild des Guest Houses auftaucht. Dort biege man links ein, von wo es noch ca. 1 km weiterzufahren gilt. Anfahrt per Three-Wheeler (ca. 50 Rs. ab der Busstation) oder Bus in Richtung Baddegama, dann an der Abzweigung zum Bird Lake aussteigen und zu Fuß den restlichen Kilometer weiter.

Das Bird Lake (Baddegama Rd., Hikkaduwa-Patana, Tel. 09-77018) liegt am Ufer des Hikkaduwa Lake, eingerahmt von herrlicher Natur und absolut einsam und ruhig. Eine wunderbare Unterkunft für Naturliebhaber! Die großen Zimmer (Bad) haben Balkon mit Aussicht auf den See. Die Zimmer kosten 16 US$ inklusive Frühstück, dazu kommen 10% SC.

● Etwa 1 km weiter in Richtung Baddegama findet sich rechts an der Straße das **Hill Cottage Holiday Home** (84A Baddegama Rd., Aratchikanda, Tel. 09-715072). Dieses liegt auf einer kleinen, palmenbewachsenen Anhöhe und ist gar nicht übel, hält aber keinen Vergleich mit der vorangegangen oder der folgenden Unterkunft stand. Die drei Zimmer (Bad) sind einfach aber o.k., für 15 US$ (EZ) und 17,50 US$ (DZ) aber zu teuer. Frühstück ist im Preis inbegriffen.

● In Baddegama, 8 km nordöstlich von Hikkaduwa, bietet sich eine weitere, äußerst empfehlenswerte Unterkunft an, das **Plantation Hotel** (Baddegama, kein Tel.; Buchungen oder Anfragen in Colombo unter Tel. 09-92405; Fax 94-1-587454). Dieses Hotel liegt völlig abgeschieden, umgeben von Kokos-, Zimt- und sogar Teeplantagen -die man hier im Flachland überhaupt nicht erwartet - und einem dichten, fast waldähnlichen Garten. Ein malerischeres Umfeld läßt sich wohl kaum denken. Die nur 6 Zimmer (Bad) sind geschmackvoll und bequem eingerichtet und ihren Preis wert; EZ 18 US$, DZ 20 US$, inklusive Frühstück, 10% SC.

Im zentralen Bereich

Um das protzige Coral Gardens Resort herum schlägt das touristische Herz Hikkaduwas, bisweilen mit etwas zu viel Hochdruck. Die Gegend ist eng mit zahllosen Unterkünften, Restaurants und Geschäften gefüllt, und oft findet man alles andere als die ersehnte Ruhe. Der Strand ist zum Teil steinig und schmal, wird nach Süden hin aber schöner und breiter. Wer in diesem Bereich wohnt, braucht also nur ein paar Minuten zu Fuß, um dorthin zu gelangen.

● Das **Curry Bowl Guest House & Restaurant** liegt direkt im Zentrum von Hikkaduwa (368 Galle Rd., Tel. 09-77201), hinter dem Haus aber befindet sich gleich ein (schmales) Stück Strand. Die daran gelegenen, Bungalow-ähnlichen Zimmer (Bad) kosten 450 Rs., die im Haupthaus befindlichen Zimmer, ohne direkten Strandzugang, kosten 250 Rs. Dazu je 10% SC. Das hauseigene Restaurant ist eines der ältesten und bekanntesten Hikkaduwas, beim letzten Test war das Essen aber enttäuschend fade.

● Wenige Schritte entfernt, auch gleich am Strand, steht das für seinen Preis ebenfalls sehr gute **Ozone Tourist Rest** (374 Galle Rd., kein Tel.). Es gibt insgesamt 5 Zimmer (Bad), die in einer Art Reihen-Bungalow angelegt sind. 400 Rs. plus 10% SC.

● Neben dem Cool Spot Restaurant führt eine rustikale Straße (Pannangoda Rd.) über die Bahngleise zum wunderbar gelegenen **Ranmal Holiday Inn** (87 Susilachara Mw., Tel. 77210). Die Entfernung ab der Galle Road beträgt ca. 200 m. Das Guest House liegt inmitten des Ortsteiles Wewala, rundum umgeben von dichter Vegetation. Die insgesamt 5 Zimmer (Bad) des Hauses sind sehr gemütlich eingerichtet, dazu sehr sauber. Für den Preis von 350,400 und 500 Rs. ganz hervorragend! Sehr zu empfehlen! Schlepper bekommen keine Kommission, und einige behaupten folglich, das Haus gäbe es gar nicht mehr o.ä. Fahrräder und Motorräder (250 ccm) können ausgeliehen werden; Kostenpunkt 50 bzw. 350 Rs./Tag.

● Das **Nippon Villa Beach Resort** (Galle Rd., Tel. 09-77429) hat wohnliche, wenn auch etwas kleine Zimmer (Bad). Diese weisen sogar einen Mini-Garten auf, was in Sri Lanka immer populärer zu werden scheint. Die Zimmer befinden sich in zwei Reihenbungalows, die sich um einen schmalen Rasen schmiegen. Sie kosten inklusive Frühstück 27 US$ (EZ) und 33 US$ (DZ). Dazu gibt es geräumigere Suiten zu 55 US$ und noch größere Familienräume zu 88 US$; auch diese jeweils inklusive Frühstück.

●Das nobelste Hotel von Hikkaduwa und eines der teuersten ganz Sri Lankas ist das **Coral Gardens Resort** (Galle Rd., Tel. 09-77422, Tel./Fax 94-1-439036; Hauptbüro: Keels Management Services, Tel. 01-421101, 0862, Fax 94-1-447087,Tlx. 21389 KEELLS CE). Vorhanden sind Swimmingpool, Tennis- und Squash-Plätze, Sauna, Health Club, Disco, Bars und Restaurants; hinter dem Hotel erstreckt sich ein schmaler Privatstrand. Die Zimmer haben jeglichen Komfort; Standard-EZ 75 US$, Standard-DZ 80 US$, bzw. in der Luxusklasse 80/90 US$. Suiten von 110-125 US$. Dazu jeweils 10% SC und 12,5% St. In der Off-Season ergeben sich zum Teil erhebliche Reduktionen.

●Weitere Hotels der Oberklasse: **Hotel Reefcomber** (Galle Rd., Tel. 09-57374, Fax 94-1-438933), EZ 33 US$, DZ 44 US$, Dreier 66 US$; nach Renovierung mit sehr ordentlichen Zimmern; **Hotel Supercorals** (Galle Rd., Tel. 09-22879, 23387) ab 43 US$. Reduktionen in der Off-Season.

Im Süden

Im Süden geht Hikkaduwa unmerklich in Narigama und dieses dann in Thiranagama über; beide waren einst eigenständige Dörfer, die heute aber unter dem touristischen Oberbegriff Hikkaduwa zusammengefaßt werden. Wegen der zahlreichen Deutschen, die sich in Thiranagama niedergelassen haben und dort zum Teil Guest Houses betreiben, wird es bisweilen auch „Little Germany" genannt. Diese südlichen Strandbereiche sind die schönsten Hikkaduwas; der Strand ist sehr breit und gut zum Schwimmen und Surfen geeignet. Die Idylle zieht leider auch viele Drogenkonsumenten an.

●Auf der dem Strand abgewandten Straßenseite der Galle Road befindet sich das sehr gute **Tandem Guest House** (465 Galle Rd., Tel. 09-77103), mit großen, ordentlichen Zimmern (Bad) zu 650 Rs.; ein ausgezeichnetes Frühstück inklusive. Keine SC.

●Einen guten Service bietet auch das am Strand befindliche **Casalanka** (Galle Rd., kein Tel.); die in einer Art Reihen-Bungalow untergebrachten Zimmer (Bad) kosten 300 Rs., keine SC.

●Das **Catamaran Beach Hotel** (406 Galle Rd., 63 Rd. Mile, Thiranagama, Tel. 072-31079, Fax 94-9-77103) hat zur Seeseite einen Garten und gleich dahinter befindet sich ein besonders breiter Strandabschnitt. Die Zimmer kosten ab 750 Rs. Der Besitzer, Mr. Wahab, hat einige Zeit in Düsseldorf gelebt und spricht perfekt Deutsch.

●Kleine, aber gemütliche Zimmer (Bad) hat das **Sunbeach Hotel** (Galle Rd., Tel. 09-57356), Kostenpunkt 450 Rs. plus 10% SC.

●Ähnlich sind die nebeneinander an der Galle Road gelegenen **Rita's Guest House** und **Seethani Guest House** (Tel. 09-77426). Die Zimmer (Bad) sind einfach aber ausreichend; je 500 Rs. In Rita's G.H. gibt es zudem einige Zimmer ohne Bad zu 300 Rs.

●Gut und bequem ist das **Hotel Harmony** (Galle Rd., kein Tel.); Zimmer (Bad) mit Strandblick zu 700 Rs. inkl. Frühstück, solche ohne zu 400 Rs.; dazu je 10% SC.

●Einfach, für seinen Preis aber akzeptabel ist das etwas von der Galle Road in Richtung Strand zurückversetzte **Ranmal Rest**; Zimmer (Bad) zu 400 Rs. unten, 700 Rs. im Obergeschoß. Keine SC.

●An der Thiranagama Junction in der Galle Road weist ein Schild den Weg zum 50 m entfernten sehr ruhigen **Shanthy Guest House**. Das Haus liegt, von Kokospalmen umgeben in dörflicher Atmosphäre; EZ (Bad) 450 Rs., DZ (Bad) 700 Rs.; keine SC.

●Links vom *Shanthy G.H.* führt ein schmaler Weg zum Wohnhaus von **Mr. S.H. Gunawardhene**; dahinter vermietet er ein schön gelegenes Haus mit 2 Zimmern (Bad) und Küche. Monatsmiete je nach Saison ca. 10.000 Rs., Tagesraten auf Verhandlungsbasis.

●**Sunil's Beach Hotel** (Tel./Fax 09-77187) hat komfortable Zimmer (Bad; h/k Wasser) zu 31 US$ (EZ), 37 US$ (DZ) und 44 US$ (Dreier); zuzüglich 10% SC und 5% St. Swimmingpool und Garten vorhanden, dazu Tischtennis-Möglichkeiten u.ä.

●Ausgesprochen komfortabel und bequem sind die Zimmer (Bad; h/k Wasser) des unter deutscher Leitung stehenden **Suite Lanka** (Galle Rd., Tel. 09-77136). Den Zimmern ist eine großzügige Veranda vorgelagert, von der man das Strandleben beobachten kann. Die Zimmer kosten ab 60 US$. Swimming-Pool vorhanden.

Essen

Essen gibt es alle paar Meter in Hikkaduwa, westliches, mehr oder weniger einheimisches und die sogenannte „Traveller Food" aus Pancakes, Muesli, Milks etc. Seafood steht auch ganz oben auf den Speisekarten, von Lobster bis Hai, und wer will, kann sogar morgens den Fischern ein gewünschtes Exemplar abkaufen, um es dann in einem der Restaurants für sich frisch zubereiten zu lassen.

Etwas bizarr wirkt allerdings, wenn an einem der kleinen Roti-Stände, gerade 50 m vom Meer entfernt, Fisch-Rotis kredenzt werden, und der Fisch dazu kommt schnurstracks aus der Dose!

- Ein langjähriger Favorit ist das winzige **Cool Spot** gegenüber dem Coral Gardens Hotel, dessen wenige Plätze oft voll belegt sind. Die Liste der zu empfehlenden Gerichte ist schier endlos, alles ist vom besten Standard. Ausgezeichnet sind die verschiedenen Hopper-Arten, die hier grundsätzlich aus braunem Reis hergestellt werden, so die Avocado-Hopper, Banana-Curd-and-Honey-Hopper, Egg-Hopper etc. Daneben gibt es hervorragende Curry-Mahlzeiten (mit braunem Reis), Seafood, Spaghetti etc. Sehr gut sind auch die Milkshakes sowie die Smoothies (Joghurt, Fruchtsaft und Honig).
- Ein paar Meter weiter südlich an der Straße befindet sich das **Farm House Restaurant,** das preiswerter ist, als das gepflegte Ambiente vermuten läßt. Es gibt sehr gute srilankische Curries ab 50 Rs., dazu ausgezeichnete Prawn- oder andere Seafood-Gerichte. Weiterhin sind gute und reichhaltige Suppen, Fruchtsäfte etc. erhältlich.
- Das **Francis Restaurant,** etwas weiter südlich an der Galle Road, ist eine Speisestätte aus Hikkaduwas frühen Zeiten und immer noch empfehlenswert. Das Restaurant ist open-air und wird von einem Palmdach bedeckt. Serviert werden sowohl westliche als auch einheimische Gerichte. Sehr gut sind der Fried Rice, der in Riesenportionen daherkommt, als auch die Frucht-Mixgetränke.
- Das **Blue Fox** liegt noch etwas weiter südlich und ist eine etwas erhöhte Holzkonstruktion mit einer Treppe als Aufgang. Hier läßt es sich sehr angenehm sitzen und einen der guten Milk-Shakes genießen.
- **Abba's Restaurant** an der Wawlagoda Rd. bietet westliche Gerichte, darunter viele deutsche Gerichte, sowie lokale Küche, moderate Preise. Angeschlossen ist ein Pub.
- Besonders gute Seafood-Gerichte zu etwas gehobeneren Preisen bietet das **New Moonbeam Restaurant** gegenüber dem Hotel Supercorals, wie auch **Bandula's Beach Hotel** gegenüber dem Tandem Guest House.

Warnung!

Viele **Drogenhändler** in Hikkaduwa arbeiten anscheinend mit der Polizei zusammen und verpfeifen ihre Kunden nach dem Deal. Das gilt auch bei „leichten" Drogen wie Marihuana oder Haschisch. Der Käufer wird verhaftet und dann dem Gericht in Galle vorgeführt, wo er für 2.000 Rs. einen „Anwalt" gestellt bekommt. Im Schnellverfahren wird er zu einer Geldstrafe von einigen Tausend Rupien verurteilt. Nebenbei werden Fingerabdrücke genommen und Fotos gemacht, der Paß wird zur Drogenpolizei nach Colombo geschickt, wo man ihn sich abholen muß. Angeblich erfolgt auch eine Meldung nach Interpol. Am Ende der Farce wird man möglicherweise ausgewiesen.

In diesem Zusammenhang ist besonders auf eine Person hinzuweisen, die schon mindestens seit Anfang der achtziger Jahre ihr Unwesen in Hikkaduwa treibt: „Sami", auch genannt „Old Baba". Sami, vielleicht Ende 40 oder 50, mit langen Haaren und Bart, gibt sich als „Yogi" und kann als solcher auch einen gewissen „Erfolg" verbuchen. Einige Reisende baten uns, besonders Frauen zu warnen, Samis Massage-Angebote anzunehmen. Samis Interessen scheinen hauptsächlich sexueller Natur zu sein.

• Sehr gutes Essen zu vernünftigen Preisen hat **Budde's Beach Restaurant,** das zudem idyllisch am Strand gelegen ist.

Sonstiges

Stadtverkehr

• **Taxis** gibt es an jeder Ecke in Hikkaduwa, und wer die Wahl hat, hat die Qual. Zwei absolut hilfreiche, nette und zuverlässige Taxifahrer sind *Sirimal Manawadu* und *Lalith Dhanayake;* zu buchen über Santhagiri Cream House (gegenüber Hotel Reefcomber), Tel. 09-57183.

• Als Transportmittel innerhalb des Ortes stehen **Three-Wheeler** zur Verfügung; Fahrten von 2-3 km sollten 30-40 Rs. kosten.

Post

• **Faxe, Ferngespräche** und andere postalische Angelegenheiten können im privaten Dimasha Post Office (zwischen Bahnhof und Busstation) erledigt werden. Geöffnet täglich 8-24 Uhr.

Bootsfahrten

• Fahrten mit **Glasbodenbooten** beginnen an der Nordseite des Coral Gardens Resort; die gläseren Böden ermöglichen einen guten Blick auf die vor Hikkaduwa gelegenen Korallenriffe, die aber teilweise schon arg dezimiert sind. Das Abbrechen von Korallen ist offiziell zwar streng verboten, auf wundersame Weise stehen sie aber in vielen Geschäften zum Verkauf. Nach Ansicht von Experten sind 75% der Korallen in den Gewässern bei Hikkaduwa mittlerweile zerstört.

Die Fahrten mit den Booten (ca. 1/2 Std.) kosten ca. 150 Rs. pro Person. Der Preis ist unbedingt im voraus abzuklären, da es mit den Bootslenkern immer wieder zu Streitereien kommt. Gelegentlich verlangen sie nachträglich noch mehr als die ausgemachte Summe, was aber ignoriert werden sollte.

Tauchexkursionen und -lehrgänge

Es bieten sich mehrere Tauchschulen an, deren Lehrgänge alle etwa dieselben Preise kosten (z.B. 320 US$ für Padi-Kurse). Die gebotenen Tauchexkursionen führen zu Korallenriffs und Schiffswracks, dazu gibt es nächtliche Tauchgänge etc.

• **Aqua Tours** (Tel. 09-77197, Fax 94-9-77453, E-Mail: aquatour@sri.lanka.net).

• **Blue Deep** (Tel. 074383190), mit angeschlossenem, sehr gutem Seafood-Restaurant.

• **Poseidon Diving Station** (neben Hikkadiuwa Beach Hotel, Tel. 09-77179, Fax 94-1-77453, E-Mail: poseidon@visual.lk); eines der erfahrendste Unternehmen, mit Geschäft für Tauch- und Schnorchelausrüstung und Unterkunft (300-550 Rs.)

• **The International Diving School** (Tel./Fax 09-57436).

• **Underwater Safaris** (im Coral Gardens Hotel).

Batiken

• Batiken werden in zahllosen Geschäften entlang der Galle Road angeboten; eine besonders große und qualitativ gute Auswahl bietet das Sakura Batik Studio & Work Shop, die größte Batik-Fabrik Hikkaduwas. Fabrik und Verkaufsraum befinden sich in der Wawlagoda Road, etwa 1 km östlich der Abzweigung von der Galle Road.

An- und Weiterreise

• Den ganzen Tag über fahren **Busse** und **Minibusse** von Colombo in Richtung Galle oder Matara (und umgekehrt), die in Hikkaduwa halten. Fahrzeit ca. 2,5 Std. Zusteigemöglichkeiten ergeben sich an vielen Stellen entlang der Route, z.B. in Kalutara, Beruwela. Bentota, Ambalangoda, um nur die wichtigsten zu nennen. Ab der Busstation in Galle gibt es alle paar Minuten Busse/Minibusse nach Hikkaduwa. Viele Fahrer, vor allem die der Minibusse, brettern auf der Küstenstrecke wie die Berserker, so daß die Anreise per Zug durchaus lebensverlängernd sein könnte.

• Täglich fahren ein Dutzend **Züge von Colombos Fort Station** nach Hikkaduwa bzw. über Hikkaduwa nach Galle/Matara. Einige der Züge fahren schon ab Kandy und Anu-

radhapura, diese legen aber auch in Colombo Fort einen Halt ein. Die Fahrzeit von Colombo nach Hikkaduwa beträgt 2,5 - 3 Std., wobei die Züge ab Anuradhapura und Kandy die schnellsten sind.

Die Abfahrtszeiten ab Colombo: 6.30, 8.30 Uhr (dieser Zug beginnt um 5.00 Uhr in Kandy), 10.15, 13.30, 14.05 Uhr (beginnt um 5.05 Uhr in Anuradhapura), 14.50, 15.40, 15.45, 16.45, 17.20 und 17.22 Uhr.

So war es einmal: Solche Riksha-Zieher sind in Sri Lanka nicht mehr zu finden.

Zwei weitere Züge fahren täglich **von Colombo-Maradana** (über Colombo Fort) nach Hikkaduwa und dann weiter nach Matara. Abfahrt 7.05 Uhr und 15.20 Uhr. Nur freitags fährt ein spezieller Pendlerzug um 14.45 Uhr von Colombo Maradana (ebenfalls über Colombo Fort) nach Alutgama, Hikkaduwa und Galle. Bezüglich weiterer Pendlerzüge, die nur an Wochenenden verkehren, siehe unter „Anreise" im Kapitel Kalutara.

Die gleiche Anzahl Züge fährt **aus Richtung Matara/Galle** zurück über Hikkaduwa nach Colombo (bzw. nach Anuradhapura und Kandy). Fahrzeit von Galle nach Hikkaduwa (17 km) 20 Min.

Da sich die Fahrpläne regelmäßig ändern, sollte man sich vor Fahrtantritt noch einmal nach den aktuellen Abfahrtzeiten informieren. Dabei ist das *Ceylon Tourist Board* oft hilfreicher als der Schalter Nr. 4 in der Fort Station, bei dem eigentlich Fahrpläne erhältlich sein müßten. Meist erntet man dort nur verständnislose Blicke, wenn man nach einem Fahrplan fragt. Bei der Telefonauskunft der Fort Station (Tel. 01-435838, 435215) scheint zudem das Telefon permanent besetzt, bzw. ausgehängt.

- **Taxis** von und nach Colombo sind in der Regel ab ca. 2.200 Rs. zu haben, mit etwas Glück geht es manchmal sogar noch billiger. Bis zum Flughafen zahlt man ab 2.500 Rs.
- **Three-Wheeler** ab Galle sollten ca. 300 Rs. kosten.

Dodanduwa

⇗ VIII/A3

Dodanduwa ist ein ca. 4 km entlang der Galle Road ausgestrecktes Dorf, das sich im Süden an Hikkaduwa-Thiranagama anschließt. Wem Hikkaduwa zu überlaufen ist, der findet hier die perfekte Alternative: Dieser Ort ist unvergleichlich ruhiger, sein Strand breiter und besser, und das sich anschließende Binnenland ist dicht bewachsen und bestens für Fahrrad- oder Wanderausflüge geeignet. Dodanduwa ist das, was man sich von Hikkaduwa verspricht und dort oft vergeblich sucht.

Sehenswertes

Ratgama Kalakuwa (Dodanduwa Lake)

Etwa einen halben Kilometer östlich der Galle Road erstreckt sich der Ratgama Kalakuwa oder Dodanduwa Lake, ein pittoresker, von viel Vegetation umgebener **Binnensee.** Jede Seitenstraße, die im Bereich von Dodanduwa von der Galle Road in Richtung Osten abzweigt, führt dorthin. Folgt man der Straße, die von der Moderepatuwata Junction (64 Milepost Junction) an der Galle Road abzweigt, gelangt man zu einem winzigen Bootspier. Hier werden **Rundfahrten** auf dem See angeboten (ca. 1 Std.). Die Touren sollten etwa 150 Rs. pro Person kosten. Handeln! Oft werden absolute Wucherpreise verlangt.

Im See befindet sich eine Insel, die **Hermitage Island** oder Polgasduwa. Darauf ist ein Meditationskloster angelegt, in dem Männer und Frauen streng getrennt untergebracht sind. Die Einsiedelei wurde Anfang des Jahrhunderts von einem Deutschen gegründet; die heutigen Bewohner sind ebenfalls Westler, die sich hier in Meditation üben.

Kumara Kande Raja Maha Vihara (Kumara Maha Vihara)

Ein buddhistischer Tempel im Ortszentrum von Dodanduwa, gleich neben den Bahngleisen. Eine lange Treppe führt zu dem weiß getünchten, eher wie eine Kirche wirkenden Gebäude, das von Kokospalmen umgeben ist. Ein sehr gutes Fotomotiv! Sehenswert sind besonders die zahlreichen Wandgemälde.

Gangaramaya Vihara

Dieser interessante, über 200 Jahre alte Tempel steht nahe dem See. In seinem Allerheiligsten, genau in der Mitte, befindet sich ein Raum, in dem eine riesige Buddhafigur in Meditationshaltung sitzt. Die Wände des Raumes sind mit bunten Gemälden bedeckt. Um diesen Mittelpunkt herum ist ein Wandelgang angelegt, in dem mit zahlreichen Figuren Szenen aus dem Leben des Buddha oder religiöse Themen dargestellt werden. Das Ganze ist enorm farbenfroh, und fast fühlt man sich in ein spirituelles Disneyland versetzt. Die Figuren sind meist jüngeren Datums, viele wurden von Privatleuten gestiftet.

Der Tempel ist oft verschlossen, und man bitte einen der Mönche, ihn zu öffnen. Gleich hinter der Eingangstür findet man zur Entlohnung Spendenregister und Sammelbox.

Unterkunft/Essen

- Ganz im Süden von Dodanduwa liegt das **Ravana Beach Cabana** (Galle Rd., kein Tel.), das von einer Art wildwucherndem Garten umwachsen ist. Es gibt 8 Bungalows (Bad) zu 500 Rs. plus 10% SC, hinter diesen erstreckt sich ein schönes Stück Strand. Restaurant vorhanden.
- Wenige Meter weiter nördlich schließt sich das **Dream Village Beach Cabana** an (414 Galle Rd., kein Tel.), das ebenfalls in eine malerische Gartenanlage eingebettet ist. Die 5 Bungalows (Bad) kosten je 650 Rs. plus 10% SC. Vom Dach des Restaurants ergibt sich ein guter Ausblick auf das Meer.
- Das **Lake Rest** (Dodanduwa Rd., kein Tel.) steht direkt am Binnensee, ca. 1 km von der Galle Road entfernt, in einem absolut ruhigen Teil des Ortes. Die 8 Zimmer (Bad) sind frisch renoviert, Kostenpunkt 600 Rs. (EZ) bzw. 500 Rs. (DZ/Dreier), dazu 10% SC. Ein Gartencafé ist vorhanden, ebenso ein Ruderboot zum Ausleihen. Die Umgebung des Hauses ist sehr idyllisch.
- Ähnlich von Ausstattung und Preis sind die nahe beieinander gelegenen **Seashine Inn** (350 Rs. plus SC), **Upul's Beach Hotel** (350-750 Rs. plus SC), **Seashine** (350 Rs. plus SC), **Kusum Tourist Inn** (350 Rs. plus SC) und **Seaside Inn** (Tel. 09-57413; 300/400 Rs. plus SC), alle an der Strandseite der Galle Rd.
- Überteuert scheint das **Wiska Cabana Gardens** im Norden von Dodanduwa (Tel. 09-57088); die Bungalows (Bad) kosten inkl. Frühstück 900 (EZ) und 1.200 Rs. (DZ).
- Besser ist der **Ocean Beach Club** (Galle Rd., Tel. 09-57366); zur Verfügung stehen große und bequeme Zimmer (Bad) zu 900 (EZ/DZ) und 1.200 Rs. (DZ), sowie Bungalows in Strandlage zu 1.200 und 1.500 Rs. Zuzüglich je 10% SC.
- Zwei Reise-Know-How-Leser empfahlen die Privatunterkunft von **Mr. de Silva** in Dodanduwa-Ratgama, die 200 m von einem einsamen Strandabschnitt entfernt liegt. Allem Anschein nach ist die Familie äußerst nett, das Essen großartig und die Lage hervorragend. Adresse: Mr. de Silva, Pandula Tours, Ratgama, Dodanduwa.

Anreise

- Alle **Busse/Minibusse** auf der Strecke Colombo-Galle, Colombo-Matara etc. passieren Dodanduwa. Da der Ort sehr langgestreckt ist, möglichst an der dem Strand zugewandten Fensterseite sitzen, um auf die Schilder der Guest Houses achten zu können; oder/und dem Schaffner kurz vor Dodanduwa (in Hikkaduwa z.B.) mitteilen, an welcher Unterkunft man aussteigen möchte. Ab Galle fahren alle paar Minuten Busse oder Minibusse in Richtung Hikkaduwa, die auch Dodanduwa durchfahren.
- Nur ein paar **Züge** ab Colombo halten in Dodanduwa, zur Not kann man aber bis Hikkaduwa fahren und von dort die restlichen paar Kilometer per Bus oder Three-Wheeler absolvieren. Zahlreiche Zugverbindungen bestehen aber ab Galle.
- **Taxis** ab Colombo kosten denselben Preis wie nach Hikkaduwa: ab ca. 2.200 Rs.
- **Three-Wheeler** ab Galle sollten 250-350 Rs. kosten, je nachdem, wo man aussteigt.

Galle

↗ VIII/A3

Galle, 116 km südlich von Colombo, war aufgrund seiner geographisch so dominierenden Lage am Südwestzipfel der Insel schon vor über zwei Jahrtausenden ein **bedeutender Handelsposten.** Der Brite *Sir J.E. Tennent* identifizierte es in seinem Standardwerk „Ceylon" (1859) mit dem alttestamentarischen Tarshish, mit dem schon die alten Perser, Griechen, Römer, Ägypter und Phoenizier Handel trieben. Später drückten dann Portugiesen, Holländer und Briten dem Ort ihren Stempel auf.

Mit seinem unübersehbaren kolonialen Flair ist Galle (120.000 Einw.) sicherlich die **interessanteste Stadt des Südens,** dazu dessen wichtigstes Handels- und Verkehrszentrum. Die lebhaften Marktstraßen in der Innenstadt sind mit Waren wohlgefüllt und einen Besuch wert. Trotzdem bleiben nur wenige Touristen über Nacht, die meisten kommen nur für einem Tagesausflug von einem der nahe gelegenen Strandorte.

Der **Name Galle** stammt eigentlich von dem singhalesischen *gala* („Felsen"), das die Portugiesen natürlich an ihr *gallo* („Hahn") erinnerte. Der Hahn wurde also sowohl unter den Portugiesen als auch unter den Holländern zum Wappentier der Stadt erkoren. Der Name wird genauso ausgesprochen wie auch geschrieben („Gal-le"), viele Einwohner aber sprechen ihn heute so aus wie einst die Engländer: „Goll".

Geschichte

Galles günstige Lage machte es von frühster Zeit zu einem **Ort des Handels**. Im 8. Jh. steuerten es die Schiffe des arabischen Despoten *Harun Ar-Rashid* an, die dort auf chinesische Dschunken trafen und mit ihnen einen regen Gütertausch trieben. Im 14. Jh. war Galles Hafen der umschlagskräftigste der Insel, auch wenn er seefahrttechnisch aufgrund zahlreicher unter der Wasseroberfläche lauernder Felsen und Korallenriffe als „einer der schlechtesten Indiens" galt – so der französische Edelsteinhändler *Jean-Baptiste Tavernier* im Jahre 1676. Dennoch wurden hier die meisten Waren von oder nach Colombo umgeschlagen; Colombos Hafen war nur für kleinere Schiffe navigierbar, was erst mit dessen Ausbau im 19. Jh. behoben wurde.

1505 landete eine kleine portugiesische Armada unter dem Befehl von *Don Lorenzo*

•	1	Bahnhof
🍴	2	Chinese Restaurant
🏨	3	National Hotel
🍴	4	Hotel 26
🍴	5	South Ceylon Restaurant
Ⓑ	6	Busstation
$	7	Bank of Ceylon
🏨	8	Rampart House (Hotel)
$	9	People's Bank
🏨	10	New Oriental Hotel
✝	11	Dutch Reformed Church
✉	12	Post
★	13	Historical Mansion
•	14	Polizei
•	15	District Office
🏨	16	Old Dutch House
🏨	17	Mr. Kodikara's G.H.
🏨	18	Hotel Weltevreden
🏨	19	Mrs. Khalid's Guest House
🏨	20	Rampart Hotel
🏨	21	Light House Lodge
🏨	22	Mrs. Wijenayake's G.H.
☪	23	Moschee
★	24	Leuchtturm

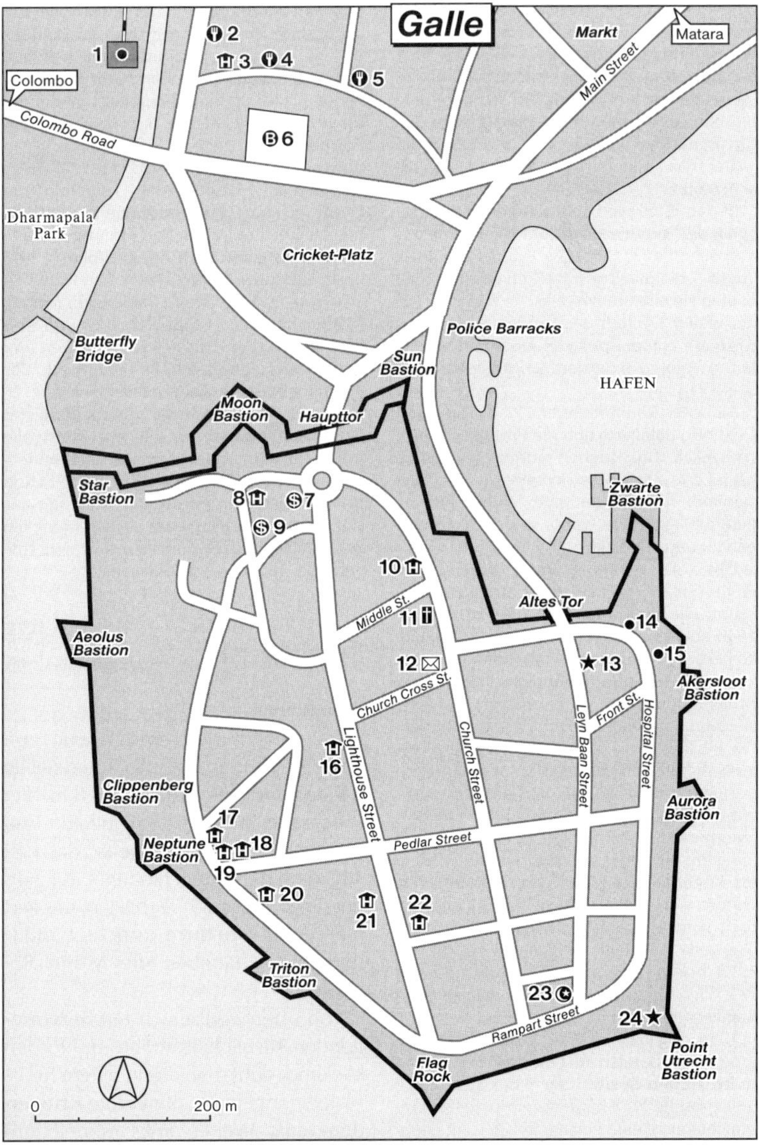
Galle
Markt
Matara
Main Street
Colombo
Colombo Road
1
2
3
4
5
6
Dharmapala Park
Cricket-Platz
Butterfly Bridge
Police Barracks
Sun Bastion
HAFEN
Moon Bastion
Haupttor
Star Bastion
8
7
9
Zwarte Bastion
10
Middle St.
11
Altes Tor
14
15
Aeolus Bastion
12
13
Akersloot Bastion
Church Cross St.
Front St.
Lighthouse Street
Church Street
Leyn Baan Street
Hospital Street
16
Clippenberg Bastion
Aurora Bastion
17
Neptune Bastion
18
Pedlar Street
19
20
21
22
Triton Bastion
23
Rampart Street
24
Point Utrecht Bastion
Flag Rock
0
200 m

d'Almeida in Galle. Eigentlich hatte die Flotte bei den Malediven Jagd auf maurische Gewürzschiffe machen wollen, schlechtes Wetter trieb sie jedoch unverrichteter Dinge in den Hafen. In Anspielung auf seine geographische Lage nannten die **Portugiesen** den Ort Punta de Galle, woraus die Engländer später (das anglo-französische) Point de Galle machten.

In den folgenden acht Jahrzehnten behelligten die Portugiesen die Stadt kaum, einmal abgesehen davon, daß sie -kreuzfromm wie immer - ein religiöses Zeichen setzten: 1543 bauten sie eine franziskanische Kapelle, eine der ersten Kirchen des Landes, dazu einen winzigen Handelsposten; außerdem schickten sie einige mundfertige Missionare zur Seelenjagd aus.

Als 1588 König *Rajasinha I.* von Sitawaka Colombo belagerte und die Portugiesen sich schließlich zurückziehen mußten, wichen sie nach Galle aus. Dort errichteten sie aus Palmstämmen und Lehm eine leichte Befestigungsanlage; diese wurde später weiter ausgebaut und verstärkt.

Über die nachfolgende portugiesische Herrschaft über Galle ist relativ wenig bekannt: Die **Holländer,** die die Portugiesen 1640 ablösten, vernichteten die meisten Dokumente. Unter dem Kommandanten *Jacob Koster* hatten die Holländer Galle mit 12 Schiffen und 2.000 Mann belagert und nach viertägigem Dauergefecht eingenommen. Die Holländer machten Galle zur ihrem ceylonesischen Verwaltungssitz. Auf den alten portugiesischen Befestigungsanlagen errichteten sie ein neues Fort, bauten eine wohnliche, ja bürgerlich-gemütliche Siedlung und entwarfen ein ebenso einfaches wie effizientes Kanalisationssystem: Die Abflußkanäle wurden so angelegt, daß sie bei Flut automatisch vom Meerwasser ausgespült wurden. Das volle Ausmaß der Anlagen wurde erst 1922 bekannt, als man sich aufgrund von Pestfällen gezwungen sah, die in den Kanälen lebenden Ratten zu töten.

1796 ging Galle, wie der gesamte holländische Einflußbereich auf der Insel, per Vertrag **in britischen Besitz** über - das so trotzige holländische Fort hatte somit in seiner Geschichte nicht eine einzige Belagerung erlebt und war, wie die Briten zufrieden notierten, „in bestem Zustand". Mit dem Ausbau des Hafens von Colombo und durch dessen Nähe zu den Zimt- und anderen Plantagen verlor Galle als Umschlagplatz an Bedeutung. Im 19. Jh. legten hier die britischen Postdampfer an, um neue Kohlevorräte an Bord zu nehmen.

Statt vom Handel lebte Galle nun von **Landwirtschaft, Fischfang** und der Produktion zahlreicher Waren und **Handwerksartikel.** Hergestellt wurden Arrack, Kokosöl, Melasse, Lackfarbe, Töpferwaren, Schnitzereien aus Holz und Elfenbein, Eßbesteck, Möbel, Matten, Jutesäcke, Klöppelarbeiten und Stoffe. Dazu wurden Edelsteine geschliffen und zu Schmuck verarbeitet, ein Handwerk, das traditionell von Moslems ausgeübt wurde. Eine alte Spezialität war die Verarbeitung von **Schildkrötenpanzern,** die auf kunstvolle Weise in Armreifen, Kämme, Haarnadeln und Schachteln verwandelt wurden. Schon die Römer hatten einst diese Kleinode aus Galle importiert. (Heute sollte man die Schildkrötenpanzer dort lassen, wo sie hingehören - auf den Schildkröten!)

Sehenswertes

Dutch Fort

Das Fort nimmt eine Fläche von über 35 Hektar ein, die Schutzwälle haben eine Länge von 2,5 km. Ein Rundgang beginnt am besten am **Haupttor** an der Nordseite, das erst 1873 von den Briten hinzugebaut wurde. Biegt man dann rechts ein, passiert man einen **Uhrturm** (errichtet 1883) und findet daneben die **Moon Bastion.**

Von oben ergibt sich ein hervorragender Ausblick: In Richtung Norden blickend, sieht man das in einem Kreisverkehr angelegte, pfeilartige **Kriegerdenkmal.** Weiter links überspannt

062sl Foto: Ingo Homann

Palmenstrand bei Galle

dann die hölzerne **Butterfly Bridge** einen schmalen Meeresarm. Der Name spiegelt ihre geschwungene Form wieder, die tatsächlich an Schmetterlingsflügel erinnert. Weiter im Hintergrund erhebt sich auf einem Hügel das portugiesisch geprägte **St. Xavier's College**, benannt nach dem Heiligen des 16. Jh., der auf seinen Missionsreisen durch Asien auch Galle besucht hat.

Folgt man den grasüberwucherten Schutzwällen nun weiter in westliche und dann südliche Richtung, gelangt man hintereinander zur **Star Bastion, Aeolus Bastion, Clippenberg Bastion, Neptune Bastion** und **Triton Bastion.** An letzterer hat sich früher eine Windmühle gedreht, die Meerwasser in Tanks schaufelte. Das Wasser wurde dann abgeschöpft und von Ochsenkarren aus auf die Straßen gespritzt. Das band den Staub und verschaffte Mensch und Tier kurzzeitig Kühlung.

Anschließend erreicht man den südlichsten Punkt des Forts, einem ins Meer ragenden Vorsprung, um den sich meist einige fliegende Händler tummeln. Von dem Vorsprung, genannt **Flag Rock,** oder unter den Holländern „Vlagge-Klip", wurden die einlaufenden Schiffe in den Hafen gelotst. Aufgrund der zahlreichen im Wasser verborgenen Felsen verlangte die Einfahrt den Steuermännern erhebliches Können ab. Auf einer vorgelagerten Insel, Pidgeon Island, befand sich ein Sicherheitsposten, der einlaufende Schiffe durch einen Musketenschuß vor der Gefahr warnte und so lange anhalten ließ, bis der Lotse auf den Flag Rock seine Einweisung beginnen konnte.

Vom Flag Rock aus sieht man den 18 m hohen **Leuchtturm** und links gegenüber davon eine schneeweiße **Moschee.**

Biegt man links vor der Moschee in die **Church Street** ein, passiert man verschlafen wirkende alte Burgher-Häuser, wie wohl auch damals nicht anders ausgesehen haben mögen. Das 20. Jh. scheint hier noch fern.

Weiter im Norden der Straße erreicht man die **Dutch Reformed Church** oder **Groote Kerk** (errichtet 1755), die, glaubt man der Überlieferung, von der Frau des holländischen Kommandanten *Gasparus de Jong* in Auftrag gegeben worden war, um sich für die Geburt einer Tochter zu bedanken. Das Paar war zuvor lange kinderlos geblieben. An der Stelle der Kirche hatte sich zuvor ein unter den Portugiesen errichtetes Kapuzinerkloster befunden. Die erste holländische Kirche von Galle, gleichzeitig die erste protestantische Kirche des Landes, wurde schon 1640 gebaut; heute existiert sie aber nicht mehr.

Ein paar Schritte weiter nördlich sieht man das **New Oriental Hotel** (siehe „Unterkunft").

Östlich davon steht das ockergelbe **Alte Tor,** aus dem Jahre 1699, das mit dem Wappen der „Vereenidge Oost-Indische Compagnie" (V.O.C.) versehen ist, der „Holländisch-Ostindischen Handelsgesellschaft". Nahebei steht noch das alte **Government House,** der ehemalige Sitz des holländischen Kommandanten; zur britischen Epoche nannte es sich **Queen's House** und heute beherbergt es die Geschäftsräume des Unternehmens Walker, Sons & Co. Im vorigen Jahrhundert soll es in dem Gemäuer ordentlich gespukt haben, es erschien der Geist einer jungen Frau, die ihren Geliebten suchte, sowie der eines holländischen Offiziers – glücklicherweise aber immer nur einzeln.

Die äußerste Nordostflanke des Forts wurde von der **Zwarte Bastion** („Schwarze Bastion") gesichert. Diese ist die älteste der Bastionen, erbaut auf den Resten einer portugiesischen Zitadelle aus dem Jahre 1580. Der Name rührte von der Schwarzfärbung, die portugiesische Schmiede hier durch

Holzkohle und Rauch verursacht hatten. Weiter südlich schließt sich die **Akersloot Bastion** aus dem Jahre 1759 an, die früher unterirdisch mit der Zwarte Bastion verbunden gewesen sein soll. Der Name stammt vom Geburtsort des Mannes, der Galle für die Holländer erobert hatte, *Jacob Koster* (siehe „Geschichte").

Historical Mansion

Eine ganz besondere Sehenswürdigkeit im Fort ist das 1992 ins Leben gerufene Historical Mansion in 31-39 Leyn Baan Street (Tel. 09-34114). Dies ist in erster Linie ein **Museum** mit Ausstellungsobjekten zur Geschichte Sri Lankas, die in 35jähriger Sammelleidenschaft von *M.H.A.Gaffar*, einem Edelsteinhändler aus Galle, zusammengetragen wurden. Weitere Stücke kommen ständig dazu.

Das Museum ist in einem alten holländischen Wohnhaus untergebracht, das mit hohem finanziellen Aufwand aus halb verfallenem Zustand restauriert wurde. Dabei wurde eine besonders haltbare Mörtelmischung verwendet, die auch die Bauherren von damals benutzten. Einer der Bestandteile war das Pulver zermahlener Muscheln. Heute ist das Haus wohl der prächtigste Bau des ganzen Forts und zudem mit solch einer Unmenge von sehenswerten Exponaten gefüllt, daß man nicht mehr aus dem Staunen kommt. Man merkt dem Museum an, mit welcher Sammelleidenschaft Mr. Gaffar ans Werk gegangen ist.

Zu sehen sind alter Schmuck, Gefäße, aus Schiffswracks geborgene Krüge, antike Uhren, Brillen, Laternen, Lampen, Münzen, alte Möbel, Holzschnitzereien, Küchenutensilien, Waffen, ja selbst ein Grammophon aus den 20er Jahren, das noch perfekt aufspielt, altes chinesisches und holländisches Porzellan u.v.m. Eine phantastische Sammlung!

Unterhalten wird das Museum durch die angeschlossenen **Verkaufsräume,** in denen Edelsteine, Schmuck (z.T. nach traditionellen srilankischen Entwürfen hergestellt), alte Uhren, Batiken und Handwerksartikel angeboten werden. Niemand wird zum Kauf gezwungen, das Personal ist sehr zurückhaltend, und das macht den Ort umso sympathischer. Im Gegensatz zu anderen Geschäften werden hier keine Kommissionen an Schlepper gezahlt, man läßt die Qualität der Waren und die guten Preise für sich selber sprechen.

Das Haus ist täglich von 9-18 Uhr geöffnet, Eintritt frei.

Aussicht auf das Fort

Die beste Gesamtaussicht auf das Fort (Ostseite) ergibt sich vom ca. 3 km östlich der Stadt gelegenen Hügel **Rhumassala Kande** oder Rhumassala Hill, zu erreichen über die Rhumassala Road. Die Straße steigt nach ihrem Beginn in der Galle-Matara-Road leicht an und erlaubt nach einigen hundert Metern einen guten Ausblick auf die Landzunge mit dem Fort darauf. Fotografen erzielen hier den besten Effekt mit superlangen Brennweiten von 500 oder 600 mm.

Um den Rhumassala Kande rankt sich eine Legende: Als Lakshman, der Bruder des Affengottes Hanuman, verwundet war, schickte Rama Hanuman ins Himalaya aus, ein bestimmtes Heilkraut zu holen. Unterwegs vergaß Hanuman aber den Namen der Pflanze. Um einen Ausweg nicht verlegen, trug er einen ganzen Berg herbei, eingerollt in seinen Affenschwanz. Aus diesem ließ er Rama sich das gewünschte Kraut selber heraussuchen. Aufgrund dieser Legende sind die auf dem Rhumassala Hill gedeihenden Heilpflanzen besonders begehrt. In der Bucht nahe dem Hügel findet sich die kleine Insel **Gibbet Island,** auf der Geister ihr Unwesen treiben sollen. Verwunderlich wäre es nicht: Die Insel wurde von Portugiesen und Holländern als Exekutionsplatz genutzt.

Blickt man von der Rhumassala Road in Richtung Norden, sieht man an klaren Tagen den Adam's Peak und andere Berge der Zentralregion.

Unterkunft

•Im Fort befindet sich das **New Oriental Hotel** (10 Church St., Fort, Tel./Fax 09-34591; Tlx. 22545 NPG CE). Das Haus stammt aus dem Jahre 1684 und diente zunächst als holländisches Verwaltungsgebäude. Fast zwei Jahrhunderte später, 1863, wurde es dann in veränderter Form als Hotel eröffnet. Genauso lang wie seine Geschichte ist die V.I.P.-Gästeliste des Hotels; eine der illustren Persönlichkeiten, die hier abstiegen, war Prinz *Claus von Holland.* Außerdem wurden hier – wie das PR-Material des Hauses stolz vermerkt – einige Szenen eines Videos von Duran Duran gedreht („Save a Prayer"). Entsprechend seinem Alter hat das Haus eine charmant koloniale Aura, mit großen, gemütlichen Zimmern (Bad) und ebensolchem Restaurant. EZ 35 US$, DZ 40 US$, Suiten 44 und 66 US$; dazu 10% SC und 12,5% St.

•Ähnlich vom Charakter ist das ca. 2 km in Richtung Unawatuna gelegene **Closenberg Hotel** (11 Closenberg Rd., Magalle, Tel. 09-32241; Fax 09-32045; Tlx. 21537 METALIX CE), das 1858 von einem Captain Bailey an der Stelle eines kleineren holländischen Forts errichtet wurde, das den Hafen überblickte. Das Fort hieß „Klossenburg". Die Zimmer (Bad; h/k Wasser) des Hotels sind seines Alters zum Trotz sehr sauber und gemütlich, mit viel blankpoliertem Ebenholz. Dazu gibt es einen kleinen Balkon (im Obergeschoß) bzw. eine Terrasse (im Untergeschoß) mit Ausblick aufs Meer. In manchen Nächten kann man von der anderen Seite der Bucht die Fischer hören, die mit Getrommel und Musik übermütig feiern.

Angeschlossen ist ein sehr gutes, wenn auch etwas teures Restaurant (Spezialität Seafood), das auch von Tagestour-Gruppen angesteuert wird. Die Gerichte kosten ab ca. 200 Rs. Zimmerpreise: EZ 35 US$, DZ 50 US$, dazu 10% SC und 5% St.

•**Mrs. Wijenanayake's Guest House** (65 Lighthouse St., Tel. 09-34665), auch Beach Haven genannt, hat gemütliche Zimmer mit Bad zu 300-600 Rs. Da das Haus Schleppern keine Kommission zahlt, wird oft erzählt, es sei geschlossen o.ä. Im Haus ist sehr gutes Essen erhältlich.

•Die **Light House Lodge** (62B Lighthouse St., Tel. 09-34663) hat einfache aber ordentliche Zimmer mit Bad; EZ 300-350 Rs., DZ 375-425 Rs. Essen ist erhältlich.

•**Mr. Kodikara's Guest House** (29 Rampart St., Tel. 09-22351) hat einen netten Garten und saubere, gemütliche Zimmer mit Bad zu 350-450 Rs. Essen ist erhältlich.

•**Rampart House** (3 Rampart St., Tel. 09-34448) hat nur zwei Zimmer (Bad), jeweils mit separaten Eingang zu 300 Rs. (Untergeschoß) und 550 Rs. (Obergeschoß).

- Das kolonial anmutende **Rampart Hotel** (31 Rampart St., Tel. 09-231140, Fax 94-9-34508) hat Zimmer mit Bad zu 1.000 Rs.
- Einen ähnlich guten Standard bietet die unausgeschilderte Privatunterkunft von **Mrs. Shakira Khalid** (106 Pedlar St., Tel. 09-349 07). Es gibt vier sehr gemütlich eingerichtete Zimmer (Bad) zu 400-700 Rs., dazu ein Zimmer mit Bad außerhalb zu 350 Rs. Das Haus liegt um einen luftigen kleinen Garten herum. Zudem sind die Besitzer sehr nett und hilfsbereit. Da die Schlepperzunft sich auch hier nichts verdienen kann, wird der übliche Unfug erzählt.
- Gleich nebenan findet sich das ruhige **Hotel Weltevreden** (104 Pedlar St.), Tel. 09-22650, dessen Zimmer sich auch um einen kleinen Garten gruppieren. Die Zimmer (Bad) sind schlicht aber in Ordnung und kosten EZ 400 Rs. (es gibt nur ein Einzelzimmer) und DZ 500 Rs.
- Das **Old Dutch House** (46 Lighthouse St., Tel. 09-34370) hat einfache Zimmer (Bad) zu 350 (EZ) und 450 Rs. (DZ).
- 2 km in Richtung Unawatuna, direkt am Meer, steht das luxuriöse **Light House Hotel,** dessen 60 Zimmer in srilankischem, chinesischem und marokkanischem Stil eingerichtet sind. Vorhanden sind Swimmingpool, Tischtennis-, Tennis-, Squash- und Billiard-Möglichkeiten, sowie ein Fitneß-Raum. EZ/DZ zu 120 US$, Dreierzimmer 128 US$, dazu 10% SC und 10% Steuer. Vorhanden ist ein Frischwasser-Swimmingpool. Adresse: Dadella, Galle, Tel. 09-23744, Fax 94-9-24021.
- Für Zugreisende besteht im Bahnhof die Übernachtungsmöglichkeit im preiswerten **Railway Retiring Room** (ca. 100 Rs.).
- Wunderbar auf einem Hügel gelegen, mit großartigem Ausblick, ist das **Sun House,** die renovierte Villa eines schottischen Zimtpflanzers aus dem 19. Jh. (18 Upper Dickson Rd., Tel. 074-30275, Tel./Fax 09-22624, E-Mail: sunhouse@sri.lanka.net). Ein großer, gepflegter Garten und ein Swimming-Pool runden das Bild ab. Zimmer zu 75 US$, Suiten zu 130 und 175 US$. Die Besitzer managen auch das Taprobane Hotel in Weligama (siehe dort), und hier können Buchungen dazu vorgenommen werden.
- Für Durchreisende empfehlen sich sie **Railway Retiring Rooms** im Bahnhof; Kostenpunkt für 24 Std. 200 (EZ) und 400 Rs. (DZ).

Achtung, Schlepper und Ganoven!

Seit Anbeginn des Sri-Lanka-Tourismus darf sich Galle brüsten, wohl die aggressivsten Schlepper des Landes zu besitzen. Diese spezialisieren sich hier auf den Edelsteinverkauf, da es nicht sehr viele Unterkünfte gibt, bei denen man sich etwas verdienen könnte, dafür aber reichlich Edelsteinläden. Touristen werden unter den dubiosesten Vorwänden angesprochen (mit der Bitte, einen Brief zu übersetzen, etwas über ihr Land zu erzählen, da der Ansprecher zufällig gerade dorthin fährt o.ä.). Letztendlich läuft alles auf einen Edelsteinkauf hinaus. Allgemeine Vorsicht ist auch im Bereich um den Busbahnhof angebracht, wo sich allerlei zweifelhaftes Volk herumtreibt. Gut aufs Gepäck und andere Wertsachen aufpassen!

Essen

An der Nordseite der Busstation befinden sich einige preiswerte Restaurants :

- Das beste und sauberste davon ist das Ende 1998 eröffnete **Hotel 26,** das sehr gute Rice &Curry-Gedecke (vegetarisch oder mit Fleisch) bietet, dazu *Biriyani* (würziger Reis mit untergemischtem Gemüse oder Fleisch), Backwaren u.a. Hoffentlich kann es seinen guten Standard halten.
- Einige Schritte weiter westlich findet sich das **National Hotel,** das zwar nicht ganz so sauber aussieht, aber ebenfalls gutes Reis&Curry bietet. Der Manager, *Mr. Kumararatne,* kümmert sich sehr nett um seine ausländischen Gäste.
- Lohnend ist auch ein Besuch im chinesischen **South Ceylon Restaurant** etwas weiter an der Nordostseite des Busbahnhofs. Das Restaurant ist im Obergeschoß, darunter liegt eine gleichnamige Bäckerei und Eisdiele. Geboten wird gute chin. Küche zu etwas höheren Preisen.

- Ein weiteres chinesisches Restaurant, **Chinese Restaurant** geheißen, befindet sich in 38 Havelock Place, gleich ums Eck vom o.g. National Hotel.

Sonstiges

Einkaufen

Einkaufen lassen sich diverse Galle-Spezialitäten: Im Fort finden sich einige **Edelstein- und Schmuckgeschäfte,** aber Vorsicht, ohne Sachkenntnis kann der Kauf zum Verlustgeschäft werden! Einen zuverlässigen Eindruck macht das o.g. Historical Mansion. Die Läden im Fort führen weiterhin **Schnitzereien aus Ebenholz,** ebenfalls ein traditionelles Handwerksprodukt des Ortes.

Meist von fliegenden Händlern/Händlerinnen werden die bekannten **Klöppel- oder Spitzenwaren** *(lace)* Galles verkauft, ein Erzeugnis, das auf die alten Portugiesen und Holländer der Stadt zurückgeht. In jedem Fall: handeln!

Wer am indisch/srilankischen Brettspiel **Carrom** interessiert ist, kann sich in der Dilinga Carrom Factory ein handgearbeitetes Carrom-Brett zulegen (26 Kachchiwatta Rd., Magalle, Galle). Preise um 600 Rs. Auch handgeschnitzte Schachbretter und -figuren werden angeboten.

Bücher und ausländische Magazine (Time, Newsweek etc.) gibt's im Vijitha Yapa Book Shop und Lahiru Book Shop, beide im Selaka Shopping Complex .

Telefonieren

Für **Faxe** oder **Ferngespräche** bietet sich das Selaka Communications im Selaka Shopping Complex an der Nordseite der Busstation an. Geöffnet täglich von 8-20 Uhr. Ein weiteres ähnliches Unternehmen befindet sich einige Schritte nördlich des oben beschriebenen Lion House Hotel, in 16 Havelock Place.

Stadtverkehr

Als Transportmittel stehen am Busbahnhof zahlreiche **Three-Wheeler** zur Verfügung; Fahrten innerhalb der Stadt kosten je nach Entfernung ca. 30-50 Rs. Handeln!

Anreise

- **Busse** und **Minibusse** ab Colombo (116 km) fahren mindestens alle halbe Stunde, Fahrzeit ca. 2,5 Std. Zugestiegen werden kann an vielen Orten entlang der Strecke, z.B. in Beruwela, Alutgama, Bentota, Ambalangoda und Hikkaduwa. Schneller sind die Intercity-Busse, die für den mehr als doppelten Preis fahren, aber ohne Zwischenstopp.

Direkte Busse fahren u.a. ab Hikkaduwa, Wellawaya, Hambantota, Tangalle und Matara. Fahrzeit ab Matara (45 km) knapp 1 Std, ab Hikkaduwa (17 km) ca. 20 Min.

- Was die **Züge** betrifft, so gilt genau dasselbe wie bei der Anreise nach Kalutara, Hikkaduwa oder den anderen Orten an der Strecke Colombo – Galle (bzw. Colombo – Matara). Siehe also dort.

Von Matara verkehren zudem noch einige langsame Lokalzüge.

- **Taxis** ab Colombo kosten ca. 2.500-2.800 Rs., ab Hikkaduwa ca. 350-400 Rs.

Unawatuna

↗ VIII/A3

Vier Kilometer östlich von Galle erstreckt sich der Strand von Unawatuna. Der Strand, gelegen in einer 2 km langen, seichten Bucht, ist malerisch und war bis vor kurzen sicherlich einer der schönsten Sri Lankas. Mittlerweile aber wird das Bild durch sich auftürmende Müllhaufen – ungewollte Denkmäler des boomenden Tourismus – getrübt. So mancher, der den Ort vor Jahren besuchte, ist heute enttäuscht. Möglicherweise besinnt sich die örtliche Verwaltung und greift ein, bevor es zu spät ist.

Mit der touristischen „Entwicklung" haben sich auch die Preise in den letz-

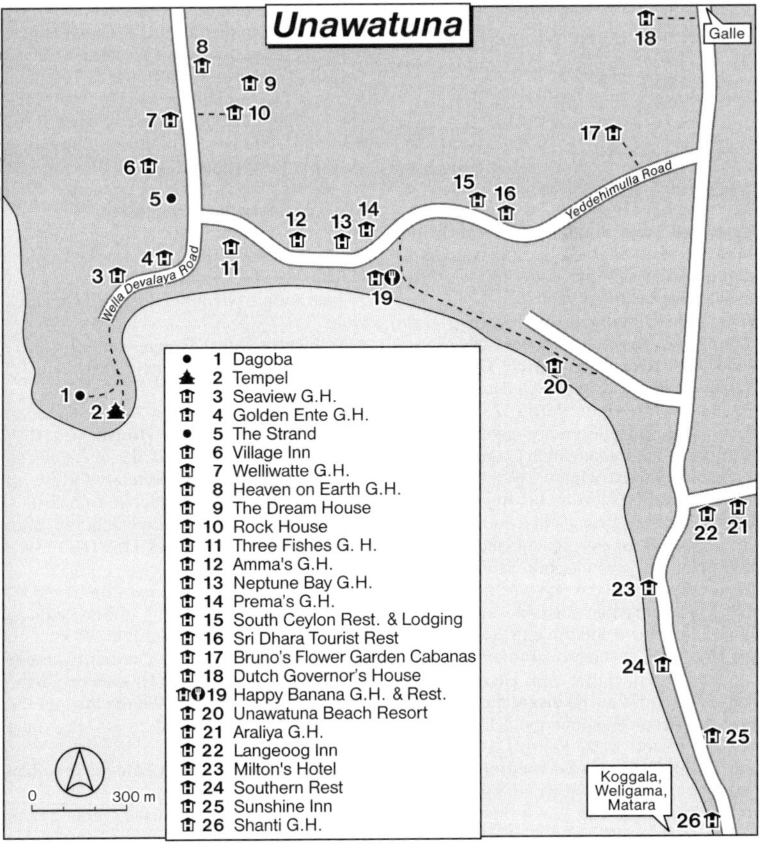

ten Jahren stark erhöht, und Unawatuna ist auch in finanzieller Hinsicht nicht mehr das Traveller-Paradies, das es einmal war.

Auf der positiven Seite eignet sich die Bucht dank der vorgelagerten Riffe hervorragend zum Schwimmen, der flach abfallende Strand tut das seinige dazu. Der ist – wo er denn nicht verschmutzt ist – doch immer noch recht schön, das Hinterland bietet sattgrüne Vegetation.

Auf einem Felsen am Westende der Bucht befindet sich der **Wella Devale,** ein legendenumwobener alter Tempel, und die **Cave of the Imprisoned Sea-Serpent** („Höhle der gefangenen Seeschlange"). Abends läßt sich mit etwas Glück am Ostende der Bucht ein besonders herrlicher Sonnenuntergang erleben, wenn nämlich die glühendrote Sonne für einige Momente genau über dem Tempel zu schweben scheint.

Unterkunft/Essen

Die Auswahl ist riesig, im Zentrum des Ortes findet man aber möglicherweise nicht die Ruhe, die man sucht. Die ruhigsten Unterkünfte finden sich am Südende des Ortes (südlich des Milton's Hotel).

●Die erste Unterkunft aus Richtung Galle kommend ist das etwas von der Galle-Matara Road zurückversetzte **Dutch Governor's Hause** (ehem. Hotel Nooit Gedacht; Tel./Fax 09-23449). Das Haus wurde 1735 als Residenz eines holländischen Gouverneurs gebaut, der es aus irgendeinem Grunde auf diesen merkwürdigen Namen („Nicht gedacht") taufte. Das Gebäude ist bis heute weitgehend in seiner ursprünglichen Form erhalten, der Boden z.B. ist zum Teil mit alten Kacheln ausgelegt, die holländischen Schiffe als Ballast aus der Heimat mit sich brachten. Wegen seines altertümlichen Charakters ist das Hotel vielleicht nicht jedermanns Sache, Leute mit Sinn für Geschichte könnten sich aber darin verlieben. Hinter dem Haus erstreckt sich ein malerischer Kokosgarten, dazu gibt es einen kleinen Swimmingpool. Die Zimmer mit Bad kosten 1.200 Rs. (bis 2 Personen) und 2.000 Rs. für ein Zimmer mit 4 Betten. Dazu gibt es Zimmer in einem neuen Flügel zu 900 Rs.

●**Bruno's Flower Garden Cabanas** (Tel. 09-25286) bietet gemütliche Cabanas (Bad) zu 700 Rs., dazu Camping-Möglichkeit zu 150 Rs.; Camping-Ausrüstung kann ausgeliehen werden. Gäste können kostenlos Fahrräder benutzen.

●Das **South Ceylon Restaurant & Lodging** (kein Tel.) ist in erster Linie ein ausgezeichnetes vegetarisches Restaurant mit umfangreicher und origineller Speisekarte. Von mexikanischen Burritos über südindische Uttapamas und griechischem Zaziki kann man sich hier um den Erdball essen. Einfache Zimmer zu 250 Rs.

●Ebenfalls zunächst ein Restaurant ist das **Happy Banana Restaurant & Guest House** (kein Tel.), das besonders für seine Seafood beliebt ist. Relativ teure Zimmer zu 750 Baht.

●**Prema's Guest House** (kein Tel.) hat einfache Zimmer (Gemeinschaftsbad) zu 250 Rs.

●Komfortabler ist das **Neptune Bay Guest House & Restaurant** (Tel. 09-34014), mit EZ zu 400 Rs., DZ zu 500 Rs.; einige der Zimmer haben Balkon mit Meerblick.

●Einfache Zimmer aber adäquate Zimmer mit Bad zu 400-700 Rs. in **Amma's Guest House** (kein Tel.). Einigen Gästen war es hier zu laut, andere wiederum fühlten sich pudelwohl.

●**Welliwatte Guest House** (Tel. 09-42891) hat sehr ordentliche Zimmer mit Bad zu 600 Rs., Früstück inklusive.

●Romantische koloniales Ambiente bietet das gemütliche **Dream House** (Tel. 074-380018, Fax 94-9-380029), das aber auch eine der teuersten Unterkünfte am Ort ist. 33 US$ für Zimmer (Bad), inklusive Frühstück.

●Koloniales Flair auch in einfacheren, aber gemütlichen **Three Fishes** (Tel. 09-32241); EZ 600 Rs., DZ 1.250 Rs.

●**Rock House** (kein Tel.) hat Zimmer (Bad) zu 400 Rs., dazu einen sehr großen Raum zu 700 Rs. und einen Bungalow zu 750 Rs.

●Einfache aber adäquate Zimmer (Gemeinschaftsbad) zu 350 Rs. im **Heaven on Earth.**

●Ordentliche Zimmer in **Village Inn** (Tel. 09-25375), mit eigenem Bad zu 700 Rs., ohne eig. Bad 350 Rs.

●Das freundliche **Golden Ente** hat drei Zimmer (Bad) zu 700 Rs.

●Das **Seaviev Guest House** (Tel. 09-24376, Fax 94-9-23649) hat besonders komfortable Zimmer (Bad) zu 500 Rs. (EZ), 700-1.500 Rs. (DZ), dazu ein Dreierzimmer zu 1.500 Rs.

●Gut und sauber ist das an der Ostseite der Straße gelegene **Araliya Guest House** (Tel. 078-68504), mit Zimmern (Bad) zu 1.000 Rs. Sehr empfehlenswert ist das Restaurant, das europäische Küche und Seafood serviert.

●Auf dem Hügel an der Ostseite der Straße befindet sich das empfehlenswerte **Ocean Hill Guest House** (Tel. 09-24827), das teilweise ausgezeichnete Ausblicke erlaubt. Zimmer (Bad) mit Meerblick zu 900 Rs., ohne Meerblick zu 300-700 Rs.

- Nahebei, direkt am Strand, befindet sich das **Milton's Hotel** (Ganahena; Tel./Fax 09-53312; Tlx. 22545 NPG CE), mit Zimmern ab 30 US$ (plus insg. 15% Zuschläge).
- Das **Sri Gemunu Guest House** (Tel. 09-83202) liegt günstig an einem Strandabschnitt, wo die Stelzenfischer ihrem Handwerk nachgehen. Hier kann man sie ungestört beobachten. Lage und Zimmer sind gut, es gab jedoch einige Beschwerden ob unangenehmen Verhaltens der Besitzer. Das Haus besteht aus einem alten und einem teureren neuen Flügel; 1.000-1.800 Rs. für Zimmer mit Bad.
- Freundlich ist das **Shanthi Guest House.** Auch das Essen ist recht gut. Zimmer (Bad) zu 500 Rs., dazu schöne und gemütliche Cabanas zu 600/700 Rs.
- Ca. 500 m weiter östlich befindet sich das sehr empfehlenswerte **Point de Galle** (Galle-Matara Rd., Tel. 09-83206), das hinter dem Haus einen großen Garten und einen sehr schönen, ruhigen Strandabschnitt aufweist. Hier ist man schon weit genug vom Trubel in

Am Strand von Unawatuna

084sr Foto: Ingo Hothan

Fischer an der Südküste

Zentral-Unawatuna weg. Das Guest House ist besonders für Familien geeignet. Große, ordentliche Zimmer (Bad) zu 20 US$, inklusive Frühstück.

- Mehrere Leser zeigten sich sehr zufrieden mit dem südlich von Unawatuna, im Ort Talpe gelegenen **Happy Tuna Guest House,** das aus fünf sehr sauberen Zimmern besteht (mit Bad; 400-600 Rs.). Mit dem Three-Wheeler dauert die Fahrt dorthin ca. 15-20 Min. Besonders gut ist das hier gebotene Essen (vor allem Seafood). Der Besitzer ist nett und hilfsbereit und bemüht sich auch, eventuelle lukullische Sonderwünsche zu erfüllen. Fahrräder werden für 50 Rs./Tag verliehen, und es können Touren in die Umgebung organisiert werden (z.B. Singharaja Rain Forest Reserve).

Anreise

Unawatuna ist nicht vom **Schlepper-Problem** verschont geblieben, und oft lauert diese Spezies parasiticus den Ankömmlingen gleich am Bahnhof oder der Busstation auf. Unter dem Vorwand, doch „bitte einen Brief ins Deutsche zu übersetzen" o.ä. werden Reisende in irgendwelche Geschäfte gelockt, wo dann ein recht unsubtiler Kaufdruck ausgeübt wird. Alle Schlepper abschütteln und schnurstracks zu einer Unterkunft gehen! Siehe dazu die obige Auswahl. Leute, die gerade in einem fremden Ort ankommen, haben erfahrungsgemäß eine sehr niedrige Resistenz gegen Annäherungsversuche jeder Art, also am besten erst auf gar nichts einlassen.

- Am günstigsten ist die Anreise per **Bus oder Minibus**. Alle Busse auf der Strecke Galle-Matara oder umgekehrt passieren Unawatuna. Das gleiche gilt für Busse auf den Strecken Colombo-Matara, Colombo-Hambantota, Galle-Hambantota o.ä. Wie immer macht die lange Küstenstraße, an der die Strandorte fein säuberlich aufgereiht sind, die Anfahrt leicht. Ab Galle fährt alle paar Minuten ein Bus in Richtung Unawatuna.
- **Züge** sind nicht sehr zu empfehlen, da nur wenige in Unawatuna halten und es vom Bahnhof zudem noch gut 2 km zum Strand sind. Sinn macht allerdings die Anfahrt von Colombo (oder einem der weiter südlich an der Strecke gelegenen Orte) bis Galle, von wo man die restlichen 4 km gut per Bus oder Three-Wheeler zurücklegen kann.
- **Taxis** ab Hikkaduwa (21 km) ab ca. 500 Rs., ab Colombo (125 km) ab ca. 2.800 Rs. Taxis zurück von Unawatuna nach Colombo gibt's schon ab 2.500 Rs.
- **Three-Wheeler** ab Galle sollten eigentlich nur ca. 80 Rs. kosten, es bedarf aber viel Glück, um mit weniger als 150 Rs. davonzukommen. Die Three-Wheeler-Mafia läßt da nicht mit sich reden. Meist werden gleich 200-300 Rs. verlangt.

Koggala

↗ VIII/B3

Koggala ist ein kleiner Ort, der sein Einkommen bis in die jüngste Vergangenheit hauptsächlich aus dem Fischfang bezog; heute wird das Hinterland von etwa 50 Textilfabriken beherrscht. Doch sieht man noch die **Stelzenfischer** *(stilt fishers)*, auch „Brandungsangler" genannt, die von ihren in den Meeresboden gerammten Pfahlsitzen aus angeln. Nach dieser Methode wird im gesamten Küstenstreifen vom Ostende Unawatunas bis nach Weligama verfahren.

Die Stelzenfischer geben wunderbare Fotomotive ab; leider gibt es aber ein paar Haudegen unter ihnen, die beim Fotografieren rüde Geldforderungen stellen und bei Nichterfüllung ihre mieseste Seite zeigen. Außerdem läßt die Tatsache, daß sich die Fischer meist an solchen Stellen aufhalten, an denen die Touristen guten Einblick von der Uferstraße aus haben, den Verdacht aufkommen, daß viele nur „Show-Angeln" betreiben. Der Obulus der Touristen ist ihnen wichtiger als der Fang!

Der Strand von Koggalla ist ganz annehmbar. Im Binnenland erstreckt sich der **Koggala Lake,** von dem aus im Zweiten Weltkrieg britische Wasserflugzeuge zum Einsatz gegen die Japaner starteten.

Unterkunft/Essen

- **Hotel Horizon** (Tel. 09-53297; ab 101 US$) und **Koggala Beach Hotel** (Tel. 09-83243; ab 37 US$).

Anreise

- Mit jedem beliebigen **Bus/Minibus** auf der Strecke Galle-Matara oder umgekehrt.

Ahangama

↗ VIII/B3

Zwischen Koggala und Weligama findet sich dieser ruhige Strandort. Allerdings verläuft die Uferstraße ziemlich nahe der Küste, so daß die Strandidylle doch etwas beeinträchtigt wird.

Etwa 4 km in Richtung Binnenland steht der für seine Wandgemälde bekannte **Kataluwa Temple,** auch *Purvaramaya Vihara* genannt. Die vier Wände wurden von vier verschiedenen Künstlern in vier verschiedenen Stilrichtungen bemalt. Die Gemälde stellen Legenden und Tänzer und Musikanten dar.

Unterkunft/Essen

- Der örtliche Spartip ist der **Sales Reps' Resting Place** an der Galle-Matara Road (Kontakt über das Telefon eines nahegelegenen Tempels, Tel. 09-53242). Das Haus ist, wie der Name andeutet, in erster Linie eine Herberge für rastende Handelsreisende (*sales reps* oder *sales representatives*), aber auch Touristen sind willkommen. Da das Unternehmen Teil eines staatlichen Arbeitsbeschaffungs-Programmes und somit kein kommerzielles Unternehmen im herkömmlichen Sinne ist, werden die Preise niedrig gehalten: 200 Rs. für Zimmer (Bad) mit Platz für bis zu 3 Personen. Das Essen ist ebenfalls sehr preiswert.
- Das **Hotel Club Lanka** (Galle-Matara Rd., Tel. 09-53296, 53361) ist das mit Abstand beste Haus am Ort, dazu als einziges an der Strandseite der Straße gelegen. Swimmingpool vorhanden. EZ kosten 20 US$, DZ 25 US$ und Dreier 30 US$, dazu je 10% SC und 5% St.

Anreise

- Mit jedem beliebigen **Bus/Minibus** auf der Strecke Galle-Matara oder umgekehrt.
- In Ahangama halten auch einige **Züge** aus Richtung Colombo oder Matara.

Midigama

↗ VIII/B3

Das winzige Midigama, zwischen Ahangama und Weligama gelegen, bietet einen kleinen Strand, der beliebt ist bei Leuten, die gar nichts mit touristischem Trubel zu tun haben möchten. Es finden sich auch einige Surfer ein.

Unterkunft/Essen

- **Sugath's House,** einfach und nur mit Gemeinschaftsbad und Wasser aus dem Brunnen; 100 Rs.
- **Jai & Sumana's House,** einfach, Gemeinschaftsbad; 200-450 Rs.
- **Hot Tuna,** einfache Zimmer (Gemeinschaftsbad) zu 220 und 250 Rs.
- **Hilten's Beach Resort** (Tel. 09-50156), gute Lage, Zimmer (Gemeinschaftsbad) zu 150-350 Rs.

Anreise

- Mit jedem beliebigen **Bus** auf der Strecke Galle–Matara oder umgekehrt.
- An der kleinen Bahnstation von Midigama halten nur einige wenige lokale **Züge.**

Weligama

↗ VIII/B3

Zeitgenössischen Beschreibungen nach war Weligama („Sanddorf") im letzten Jahrhundert einer der malerischsten Küstenorte Sri Lankas; nicht wenige Autoren überboten sich förmlich in elysischen Lobgesängen auf den Ort. Spätestens der Bau der **By-Pass Road** („Umgehungsstraße") durch Weligama in den 60er Jahren, der neuen Galle-Matara Road, die die Küstenroute verkürzen sollte, hat Weligamas Charme erheblich geschmälert. Zuvor machte die Route bei Weligama eine Schlaufe ins Binnenland und führte am Kushta Raja (s.u.) und dem Ort Denipitiya vorbei, um dann etwas westlich von Mirissa wieder auf die Küste zu stoßen.

Hat der allgemeine Charakter Weligamas durch den Straßenbau zwar gelitten, so sind die Strände jedoch immer noch sehr schön; vor allem an den westlichen und östlichen Ausläufern des Ortes.

Folgt man der alten Route in Richtung Binnenland, erreicht man nach genau 1,8 km ab der Abzweigung von der neuen Galle-Matara Road die in einen Felsen gehauene Figur des **Kushta Raja** („Lepra-König"). Diese stammt aus dem 8. Jh. und stellt nach offizieller Version einen Bodhisattva dar. Der Volksmund verlieh ihr jedoch den Namen Kushta Raja, nach einem König, der von der Lepra heimgesucht worden sein soll. Wer dieser König war, ist umstritten, möglicherweise ein Provinzherrscher namens *Agbo* oder *Aggabodhi* aus dem 3. Jh. v. Chr. Er kurierte die Lepra schließlich durch eine dreimonatige Kokosnuß-Diät! (Siehe auch unter Dowa-Höhlentempel.)

Unterkunft/Essen

- Die originellste und teuerste Wohnmöglichkeit ist die alte Residenz des franz. *Grafen de Mauny*, die er sich 1926 auf eine Insel, **Tapro-**

Foto: Ingo Hofman

bane Island, hat setzen lassen. Bis vor kurzem gehörte sie *Frederick de Silva,* dem ehemaligen Botschafter Sri Lankas in Frankreich; das Gebäude war völlig heruntergekommen und nicht die 5.000 Rs. wert, die als Tagesmiete verlangt wurden.

Mittlerweile ist die Residenz gründlich renoviert und kann für stolze 150 US$ pro Tag angemietet werden. Zwecks Buchung wende man sich an das *Sun House* in Galle (siehe Galle, „Unterkunft“). Möglicherweise ist das Haus reizvoll für Paare auf Hochzeitsreise. An der Südseite der Insel stehen zwei alte Steinbänke, die sogenannten „Lovers' Benches“, von denen sich eine gute Aussicht aufs Meer bietet – empfehlenswert, wie der Name schon andeutet, für romantische Momente.

Fischer in Weligama

- **Sam's Holiday Cabana** (484 New By-Pass Rd., Tel. 041-50803) besteht aus fünf Zimmern an einem schönen, ruhigen Strandabschnitt und einem kleinen Garten. Ein weiteres Plus ist das sehr gute Essen. Zimmer (1-2 Pers.) mit Bad zu 500 Rs.
- **Crystal Villa** (Tel. 041-50635) bietet saubere Bungalows und einen Swimming-Pool; EZ 40 US$, DZ 40 US$, inklusive Frühstück.
- Einfache Zimmer mit Bad im **Dilkini Tourist Inn** (041-50281); 350 Rs.

- Etwas komfortabler ist das **Greenpeace Inn** Tel. 041-50430), Zimmer (Bad) zu 500 Rs.
- Sehr empfehlenswert ist das **Jaga Bay Resort & Restaurant** (Pelena, Weligama, kein Tel.), das sich ganz am Ostrand von Weligama befindet. Der Manager ist außerordentlich freundlich, hat einige Jahre in Deutschland gelebt und beherrscht die teutonische Mundart dementsprechend perfekt. Die in einer Art Reihen-Bungalow untergebrachten Zimmer (Bad) sind nicht berauschend aber gut genug. Gleich nebenan findet sich ein sehr schönes, absolut ruhiges Stück Strand. Abgesehen von *Taprobane Island* – so denn die Arbeiten daran beendet sind – ist dies vielleicht die angenehmste Unterkunft am Ort. Kostenpunkt 450-750 Rs., plus 10% SC.
- Gehobene Unterkunft bietet das am Strand gelegene **Bay Beach Hotel** (Kapparatota, Weligama, Tel./Fax 041-50201, 50406, Fax 94-9-34695; E-Mail: baybeach@penpal.lk. EZ 33 US$, DZ 38 US$, dazu 10% SC u. 10% St.
- **Raja's Guest House** (248/4 First Lane, Paramakade, Weligama) wird wegen seiner sauberen Zimmer (Bad), seinem sehr guten Essen (besonders Seafood), als auch seinem freudlichen und hilfsbereiten Besitzer gelobt. Schlichte Zimmer zu 200 Rs.
- Das von einem deutsch-singhalesischen Ehepaar betriebene **Chez Frank Restaurant & Guest House** (158 Kapparatota Rd., Tel. 041-50585) ist für sein gutes Essen beliebt. Saubere Zimmer (Bad) zu 450 und 650 Rs.
- Ausgezeichnete, frische Seafood zu vernünftigen Preisen kredenzt das nahe dem Bay Beach Hotel gelegene **Keerthi's.** Sehr empfehlenswert! Eine Leserin beschwerte sich allerdings darüber, daß dort einige dubiose Typen herumlungerten, die es offensichtlich auf Touristinnen abgesehen hatten.

Anreise

- Alle **Züge** auf der Strecke Galle-Matara halten in Weligama, Fahrzeit ab Galle ca. 1 Std., ab Matara ca. ½ Std.
- Mit jedem beliebigen **Bus/Minibus** auf der Strecke Galle-Matara oder umgekehrt. Entfernung ab Galle 30 km, ab Matara 15 km.
- **Taxis** ab Hikkaduwa dürften ab ca. 1.000 Rs. kosten, ab Colombo ca. 3.500 Rs.

Mirissa

↗ VIII/B3

Dieser winzige Ort, genau 50 Strassenkilometer östlich von Hikkaduwa und 10 km westlich von Matara gelegen, ist bisher von den Touristen relativ unentdeckt geblieben, doch das wird sich in den nächsten Jahren ändern. Mirissa hat einen der schönsten Strände der Insel und wird wohl bald den Platz einnehmen, den Unawatuna bis vor einiger Zeit innehatte. Schon mehren sich die Unterkünfte. In Mirissa herrscht ein höherer Wellengang als in Unawatuna, und das Meer ist somit gut zum **Surfen** geeignet, aber weniger zum Schwimmen. Während des Monsuns ist das Schwimmen sogar absolut lebensgefährlich. Abgesehen davon ist Mirissa (noch) einer der empfehlenswertesten Strandorte Sri Lankas.

Unterkunft/Essen

- Das **Mirissa Beach Inn** (New Matara Rd., Tel. 041-50410, 071-29250, Fax 94-41-50115) hat mehrere, über ein gartenähnliches Gelände verstreute Bungalows (Bad) zu 660 Rs. Einige Leser beschwerten sich allerdings über unfreundlichen Behandlung seitens der Besitzerin. EZ 200-300 Rs., DZ 300-450 Rs. Essen ist erhältlich.
- Weiter westlich befindet sich an einem schönen Strandabschnitt der **Paradise Beach Club** (New Matara Rd., Tel./Fax 041-50380). Die kleinen Bungalows (Bad) kosten 600 Rs.; besser sind die in einem Reihen-Bungalow angelegten Zimmer (Bad) zu 700 Rs.
- Das **Central Beach Inn** (Tel. 041-51699) hat in einem Reihenbungalow untergebrachte Zimmer mit Bad zu 400 Rs., sowie Cabanas zu 600 Rs. Ein Restaurant ist vorhanden.
- Cabanas zu 600 Rs. im **Ocean Moon** (Tel. 041-50959), Essen ist ebenfalls erhältlich.

0865r Foto: rk

● Das **Guest House Amarasinghe** (Tel. 041-51204) befindet sich an der Landseite von Mirissa, wunderbar umgeben von satter Vegetation. Hier ist die absolute Ruhe zuhause, und die Unterkunft (ein Privathaus) dürfte vor allem auch für Langzeitweilende von Interesse sein. Die Lage ist ausgezeichnet, gemäß einer Leserzuschrift könnte der Service freundlicher sein. Um zum Guest House zu gelangen, orientiere man sich an der kleinen Tankstelle in der Hauptstraße. Von dort gehe man zur ersten Straße westlich der Tankstelle, die in Richtung Binnenland von der Hauptstraße abzweigt. Jetzt wird der Weg etwas kompliziert, man frage sich durch – jeder kennt das Guest House. Laufzeit ca. 8-10 Min. Wenn man sich hier auskennt, kann man eine Abkürzung zwischen dem Guest House und dem Strand nehmen; diese dauert nur 3 Min.

Anreise

● Mit jedem beliebigen **Bus/Minibus** auf der Strecke Galle–Matara oder umgekehrt.
● **Taxis** ab Matara sollten einfach ca. 300 Rs. kosten, ab Unawatuna ca. 600 Rs.

Traditionelles Auslegerboot am Strand von Mirissa

Matara

↗ VIII/B3

Matara (50.000 Einw.), an der Mündung des Nilawela Ganga ins Meer gelegen, ist eine lebendige Stadt, die als das **intellektuelle Zentrum Sri Lankas** gilt. Passenderweise findet sich vor ihren Toren die angesehene **Ruhuna University** (3 km in Richtung Tangalle). Ende der 80er Jahre war Matara aber auch eine Hochburg der mordlüsternen JVP, und ganz allgemein mag mancher Besucher etwas bedrückendes im Fluidum der Stadt verspüren. Das südliche Temperament schlägt hier gelegentlich hohe Wellen, und es empfiehlt sich, jedem Streit tunlichst aus dem Wege zu gehen.

Der **Name Matara** rührt vom Singhalesischen *Maha-Tota* her, „Große Fähre".

Auf der positiven Seite ist Matara für den **„Matara-Diamanten"** bekannt; dieser ist allerdings lediglich ein Zirkon, ein Halbedelstein. Die hochtrabende Bezeichnung rührt daher, daß er früher nicht selten als minderwertiger Diamant untergejubelt wurde. Zirkon wird in der Umgebung von Matara und Weligama gefunden und in hiesigen Geschäften zum Kauf angeboten. Die Stadt wimmelt von sehr aggressiven Schleppern, die potentielle Käufer in die Edelstein-Geschäfte locken wollen.

Weit gerühmt ist der in Matara produzierte Joghurt, der einer der besten

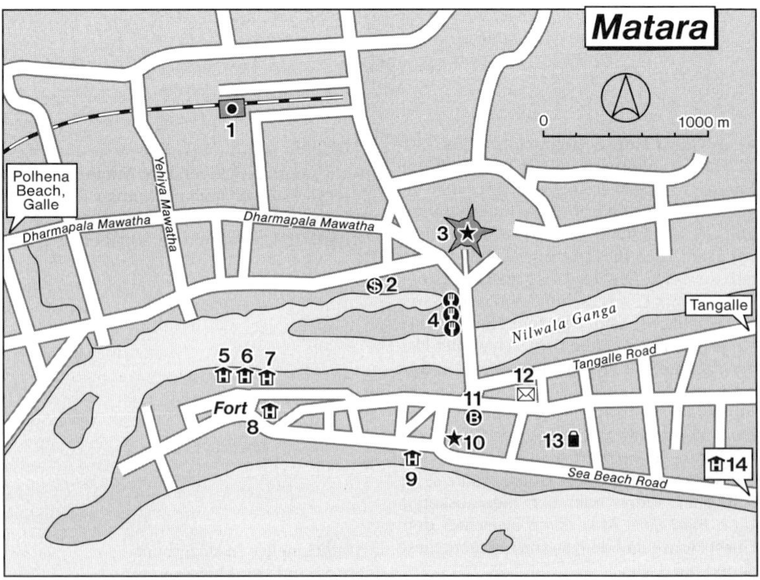

des Landes sein soll. Eine weitere Besonderheit sind die **„Hackeries"**, zweirädrige Ochsenkarren, die nur in der Region von Matara zu finden sind. Diese nehmen auch an den traditionellen Ochsenkarren-Rennen teil, die überall im Lande zum Singhalesischen Neujahr stattfinden. Das Wort „Hackery" ist indo-englischen Ursprungs, abgeleitet wahrscheinlich vom Hindi-Begriff *chhakra* für einen zweirädrigen Wagen.

Mataras Sehenswürdigkeiten sind nicht überwältigend, die Stadt eignet sich aber gut für Spaziergänge, so z.B. entlang der **Sea Beach Road** oder Esplanade, der Küstenpromenade. An deren Ostende erreicht man das Bessere-Leute-Viertel **Brown's Hill.** Hier steht auch das Haus des hochverehrten *Gamini Fonseka*, des Heinz Rühmann des srilankischen Films, der nun als Gouverneur der Nordost Provinz fungiert. Metamorphosen, in denen sich Schauspieler zu Politikern mausern, sind auf dem indischen Subkontinent keine Seltenheit.

Recht gut ist der 4 km westlich der Stadt gelegene **Polhena Beach,** an dem es auch Unterkünfte gibt. Hier existieren zum Teil gute Schwimm- und Schnorchel-Möglichkeiten, besonders in den Monaten November bis Februar.

- ● 1 Bahnhof
- Ⓢ 2 Bank of Ceylon
- ★ 3 Star Fort
- 4 Restaurants
- 5 River Inn Guest House
- 6 Jayan's Rest
- 7 Blue Ripples
- 8 Traveller's Rest
- 9 Rest House
- ★ 10 Uhrturm
- Ⓑ 11 Busstation
- ✉ 12 Post
- 13 Markt
- 14 Brown´s Beach Resort

Geschichte

Über die vorkoloniale Geschichte Mataras ist nur wenig bekannt; als sicher gilt aber, daß es ein Teil des über 2.000 Jahre zurückreichenden **Königreichs von Ruhuna** war. Mataras Mönche galten als Gelehrte, viele von ihnen brachten es zu herausragenden Pali- und Sanskrit-Kenntnissen.

Schon kurz nach der Eroberung Galles durch die Holländer (1640) nahmen sie auch Matara ein. Als letzten Akt massakrierten die Portugiesen alle moslemischen Händler. Sie verdächtigten diese, mit den Holländern zusammenzuarbeiten. Ganz nebenbei rissen sie noch die Habseligkeiten der Moslems an sich.

Die **Holländer** verstärkten nun das nur schlecht befestigte portugiesische Fort. Später wurden ihm sogar Elefantenställe beigefügt (im Bereich des heutigen Rest Houses), denn Elefanten zählten zu den Reichtümern, die die Region zu bieten hatte. Wilde Elefanten, von denen es in den Wäldern um Matara riesige Populationen gab, wurden in Kraals getrieben, große Gattergehege, dann gezähmt und als Arbeitstiere eingesetzt. Der Handel mit Elefanten war nach dem Zimtexport die einträglichste Einnahmequelle, und so sicherten sich die Holländer das Monopol darauf (wie auf den Zimt auch). Auch zu britischer Zeit waren die Tiere noch so zahlreich, daß nach offiziellen Angaben bei einer Jagd im Jahre 1797 gleich 167 davon eingefangen wurden. Weiterhin von Bedeutung für Matara waren die Gewürze, allen voran der Zimt.

Unter den **Briten**, die die Stadt 1796 übernommen hatten, verlor sie an Bedeutung, nicht zuletzt dadurch, daß die Distriktverwaltung von Matara nach Tangalle verlegt wurde. Anfang des 19. Jh. hielt im Fort lediglich ein britischer Kommandant mit einhundert malaiischen Soldaten die Stellung, jedoch ohne eine einzige Kanone. Die Geschütze waren sämtlich abmontiert und zum Fort in Galle geschickt worden.

Sehenswertes

Star Fort

An der nördlichen Flußseite überwacht das kleine holländische Star Fort das rege Straßengeschehen. Es wurde 1763 unter Gouverneur *van Eck* in der Form eines fünfzackigen Sternes gebaut.

Beachtenswert ist vor allem das Eingangstor mit dem darüber angebrachten holländischen Wappen und dem Namen des Erbauers. Das Fort befindet sich heute in Privatbesitz.

Matara Fort

Das größere der beiden Forts in Matara wurde auf einem Landzipfel zwischen dem Nilwala Ganga und dem Meer errichtet und ist so auf drei Seiten vom Wasser umgeben. Es ist längst nicht so interessant wie das von Galle, einen Spaziergang wert ist es aber doch. Das Fort ist so etwas wie die Altstadt von Matara, mit ruhigen kleinen Straßen und einer verschlafenen Atmosphäre. Darin steht die alte **Dutch Church,** die 1769 restauriert wurde. In der Kirche befinden sich Grabsteine noch älteren Datums.

Weherahena Temple

Etwa 5 km östlich der Stadt, in Richtung Tangalle, befindet sich der relativ moderne Weherahena-Tempel, der weniger durch seine Ästhetik besticht, als durch seine Größe. Das sechsstöckige Gebäude ist mit zahllosen Wandgemälden ausgestattet, davor thront eine 40 m hohe Buddha-Statue.

- Zur **Anfahrt** bieten sich Busse ab der Busstation an; Three-Wheeler sollten hin und zurück samt einem (völlig ausreichenden) einstündigen Aufenthalt ca. 100 Rs. kosten.

Unterkunft

In der Stadt

- Das hinter dem Gefängnis und direkt am Fluß gelegene **River Inn Guest House** (96A Wilfred Gubasekera Mw., Tel. 041-22215) hat 11 recht gute Zimmer (Bad) zu 350 und 450 Rs. Die oberen Zimmer haben eine kleine Terrasse, von der man den Fluß überblickt.
- Das daneben gelegene **Jayan's Rest** (Tel. 041-25611) hat Zimmer (Bad) zu 450 und 550 Rs.
- Das freundliche **Blue Ripples** (Tel. 041-22058) besitzt einen Garten und hat Zimmer mit Bad und Flußblick zu 250 und 300 Rs., sowie ein EZ ohne Flußblick zu 175 Rs.
- Einen der besten Plätze hat sich, wie üblich, das **Rest House** ergattert (Tel. 041-22299); es bietet freien Ausblick aufs Meer. Die komfortablen Zimmer (Bad) kosten 400 Rs. (EZ) und 500 Rs. (DZ).
- Das moderne **Brown's Beach Resort** (Tel. 041-26298) liegt im östlichen Küstenabschnitt in der Stadt und hat ordentliche, bequeme Zimmer (Bad) zu 500 Rs. (EZ) und 600 RS. (DZ), 1.200 Rs. mit AC.

Am Polhena Beach

- Von der Polhena Junction an der Galle Rd. (ca. 3 km westlich von Matara) führt eine Abzweigung in Richtung Süden nach ca. 1 km zum ausgeschilderten **T.K. Guest House** (116/1 Polhena Beach Rd., Tel. 041-22603). Öffentliche Verkehrsmittel fahren nur bis zur Junction (alle Busse Richtung Westen). Im Haus stehen 11 Zimmer (Bad) zur Verfügung, 600 und 750 Rs. plus 10% SC. Der Besitzer kann Ausflüge organisieren: Tauch- oder Schnorchelexkursionen, Flußtouren sowie einen Besuch des 13 km entfernten „Snake House". Dieses ist eine kleine Schlangenfarm, auf der Anti-Serum hergestellt wird.

- Das **Polhena Reef Gardens Hotel** (57 Sangharaja Mw., Tel. 041-22478; Fax 94-1-423885) ist von der Stadt über die Nupe Junction, (ca. 1 km westlich von Matara) an der Galle Road zu erreichen, von wo ein Weg dorthin abzweigt (ca. 1 km). Öffentliche Verkehrsmittel fahren nur bis zur Junction (jeder Bus in Richtung Westen). Wer aus Richtung Galle kommt, sollte 3 km vor Matara an der Polhena Junction aussteigen, dort weisen Schilder den weiteren Weg (1 km). Zimmerpreise EZ 925 Rs., DZ 1.100 Rs., dazu 10% SC und 5% St.
- Das nahe gelegene **Sunil Rest Guest House & Restaurant** (Tel. 041-21983) bietet einfache aber ordentliche Zimmer mit Bad zu 250 (EZ) und 300 Rs. (DZ), sowie einen großen Bungalow zu 500 Rs. (bis 3 Pers.).
- An derselben Straße wie *T.K. Guest House* befindet sich das **Sunny Lanka Guest House & Restaurant** (Polhena Beach Rd., Tel. 041-23504). Es hat 6 saubere Zimmer (Bad) zu 385/440 Rs. Das Management ist freundlich, das Essen gut. Diverse Touren können organisiert werden (Flußtouren, Tauchexkurse etc.), ein Fahrradverleih ist vorhanden.

Essen

Für die Rice&Curry-Gerichte steht eine Reihe von einfachen Restaurants zur Auswahl.

- Gleich an der Westseite der Brücke über den Nilwala Ganga finden sich einige davon, z.B. das **New Crown Café** oder das **Samarshan Hotel.** Es gibt Snacks und sehr preiswerte Curry-Gerichte.
- Überall in der Stadt finden sich Geschäfte, die Tongefäße mit *Curd*, **Joghurt,** verkaufen (singhal. *kiri*). Der Curd von Matara gilt als der beste Sri Lankas. Der Joghurt schmeckt am besten mit einer guten Dosis *Feni*, dem Sirup aus den Blüten der Kittul-Palme.

Einkaufen

- **Batiken, Wandbehänge und Kleidung** bietet *Mrs. Jezima Mohamed* in ihrem **Yez-Look Batiks** in 12 Yehiya Mawatha, Tel. 041-2142. Die Geschäfte werden im Wohnzimmer bei einer Tasse Tee getätigt, und im Hinterhof kann man die Arbeiten an den Verkaufsobjekten beobachten. Empfehlenswert!

Anreise

- Von Colombos Fort Station fahren täglich 8 **Züge** nach Matara. Abfahrt um 6.45, 8.30 Uhr (dieser Zug startet um 5.30 Uhr in Kandy), 10.15, 13.30, 14.05 Uhr (Start 5.05 in Anuradhapura), 14.50, 15.40 und 17.20 Uhr nach Matara. Hier ist z.Zt. der Endpunkt der südlichen Eisenbahnlinie.

Weiterhin fahren Züge ab Colombo Maradana (über Colombo Fort) nach Matara, Abfahrt 7.05 und 15.20 Uhr. Fahrzeit ca. 3½ Std.

Spezielle Pendlerzüge, die nur in Alutgama, Hikkaduwa und Galle halten, fahren ab Fort Station freitags um 12.45 Uhr.

Ab Galle fahren noch ein paar langsame Lokalzüge nach Matara.

- Zur Anfahrt mit dem **Bus/Minibus** gibt es mehrere Möglichkeiten: Zahlreiche Verbindungen, sowohl per CTB-als auch Minibus, bestehen ab Galle (45 km) und Tangalle (40 km), Fahrzeit jeweils knapp 1 Std.; weitere Direktverbindungen ab Colombo, Ratnapura, Hambantota, Tissamaharama, Kataragama, Badulla u.a.
- **Taxis** ab Hikkaduwa dürften ca. 1.400-1.500 Rs. kosten, ab Colombo etwa 3.700-4.000 Rs.

Devi Nuwara (Dondra)

↗ VIII/B3

Ein kleiner Ort, 5 km südöstlich von Matara gelegen, dem man seine einstige Bedeutung heute nicht mehr zutrauen mag. Unter dem Namen *Dagana* („Geheiligte des Mondes“) wurde er schon Mitte des 2. Jh. von *Ptolemäus* erwähnt. Devi Nuwara („Stadt der Götter“), oder in volkstümlicher Form **Dondra** (sprich etwa *Dandera*) genannt, ist der südlichste Ort Sri Lankas.

Die Stelle, an der sich der 52 m hohe Leuchtturm erhebt, der den **südlichsten Zipfel der Insel,** den „Dondra Head“, markiert, liegt auf 5°50′ nördl. Breite und 80°40′ östl. Länge. Der Leuchtturm stammt aus dem Jahre 1899 und ist der höchste Sri Lankas.

Im 7. Jh. war am Meeresufer ein prachtvoller Tempel errichtet worden, der **Maha Vishnu Devale,** dessen Ruf von den zeitgenössischen Reisenden um die ganze damals bekannte Welt getragen wurde. Der Tempel, geweiht dem Hindu-Gott Vishnu, wirkte von See her wie eine riesige, prunkvolle Stadt. Schon von weitem konnte man sein leuchtendes, goldenes Dach erkennen. Im 14. Jh. beschrieb der arabische Reisende *Ibn Batuta* eine darin befindliche menschengroße Götterfigur aus reinem Gold, mit Augen aus funkelnden Rubinen. Zu jener Zeit lebten 1.000 Priester im Tempel, dazu 500 *Devadasis* oder „Gottesdienerinnen“, deren Aufgabe allein darin bestand, zur Unterhaltung der Götter zu singen und zu tanzen. Außer der großen Gold-Statue gab es noch über 1.000 weitere Götterfiguren. Spätere Legenden assoziierten den Tempel statt mit Vishnu mit dem gefürchteten Kataragama, dem Gott des Krieges.

1587 zog schließlich auch der Krieg selber ein. Unter dem Kommandanten *de Souza d'Arronches* rückte eine portugiesische Einheit an, in erster Linie, um König *Rajasinha II.* von seiner Belagerung Colombos abzulenken. Im Tempel angelangt, zerschmetterten die Portugiesen der Reihe nach alle Götterfiguren und wüteten sich dabei in eine solche Rage, daß sie schließlich den gesamten Tempel niedermachten. Nebenbei plünderten sie dessen unermeßliche Reichtümer: Juwelen, kostbares Zierwerk, Gold, Elfenbein. Was sich nicht wegschleppen ließ oder nichts wert war, wurde dem Feuer anheimgegeben. Um die Stätte vollends zu entweihen, schlachteten sie darin einige Kühe, in den Augen von Hindus einer der schlimmstmöglichen Frevel.

Bei dieser so überzeugenden Missionsarbeit der Portugiesen ist es nicht verwunderlich, daß vom Tempel nicht viel übrig blieb. Im 19. Jh. sollen noch über 200 Säulen gestanden haben, was eine Vorstellung davon vermittelt, wie groß die Anlagen ursprünglich gewesen sein müssen. Heute findet man nur eine restaurierte Stupa, deren Ursprung 1.500 Jahre zurückreicht, sowie einige neuere und ebenso unbedeutende religiöse Bauten. Die riesige **Buddhastatue,** die man schon bei der Anfahrt von der Straße aus erblickt, ist neueren Datums und abgesehen von ihrer Größe nicht sehr beeindruckend.

087sr Foto: Ingo Hothan

Der Heiligkeit des Ortes zu Ehren wird hier jedes Jahr zum Esala-Vollmond (Juli/August) die **Dondra Perahera** begangen. Zu diesem 10tägigen Fest finden sich Tausende von Pilgern ein, Hindus wie Buddhisten. Die Feierlichkeiten ähneln denen der Kandy Perahera, die genau zum gleichen Zeitpunkt stattfindet.

Spektakuläre Aussicht vom höchsten Leuchtturm Sri Lankas

Anreise

Alle **Busse** von Matara nach Dikwella, Tangalle, Hambantota etc. passieren Devi Nuwara. Das o.g. Guest House befindet sich etwas westlich des Ortszentrums, so daß man bei der Anfahrt aus Matara schon vor der Busstation dort aussteigen kann.

Umgebung von Devi Nuwara

Sri Mandalaramaya Temple

Etwa 5 km östlich von Devi Nuwara, in **Tallala South** bei Gandara, steht direkt an der Uferstraße der blaugetünchte Sri Mandalaramaya Temple. Dieser weist in seinem Innerem einige interessante, **kunterbunte Wandgemälde** auf. Auf einem davon, links neben dem Eingang, ist ein Dämon zu sehen, dem ein zorniger Buddhist die

Augen ausgekratzt hat. Da, wo sich zuvor die Augen befanden, klaffen nun Löcher in der Gipswand.

Der Tempel ist in der Regel verschlossen, beim Herannahen eines Touristen eilt aber sofort ein Mönch samt Schlüssel heran. Beim Betreten achte man auf den vor der Einganstreppe angelegten, besonders schönen Mondstein.

Sri Mandalaramaya Temple in Tallala

Dikwella

↗ IX/C3

Ein weiterer Küstenort mit einem sehr schönen und ruhigen Strand. Zwei Kilometer in Richtung Beliatta steht der **Wewurukannala Vihara,** ein achtstöckiger Tempel aus dem Jahre 1970, ausgestattet mit der **höchsten Buddhastatue Sri Lankas** (50 m). Die umliegenden Gebäude sind mit zahlreichen bunten Figuren und Wandgemälden verziert, die religiöser Unterweisung dienen: Man beachte die Teufel, die die Sünder kopfüber in siedendes Wasser tauchen!

- Geöffnet täglich 6.00-18.00 Uhr, Eintritt 25 Rs., Fotoerlaubnis 50 Rs.

Unterkunft

- An einem schönen und ruhigen Strandabschnitt liegt das **Dikwella Relais Club** (Bathigama, Tel. 041-55271, Fax 94-41-55410), das einen Swimmingpool, eine Pizzeria, einen Health-Club und viele andere Annehmlichkeiten aufweist. Zimmer mit Bad und AC zu 50 US$, dazu 10% SC und 5% St.
- Das **Dikwella Beach Hotel** befindet sich einige hundert Meter außerhalb der Ortsmitte von Dikwella (112 Mahawela Rd., Tel. 041-55637) und hat einfache Zimmer mit Bad zu 650 Rs. (EZ) und 750 Rs. (DZ); 10% SC und 5% St.
- Gegenüber dem Villa Resort befindet sich **Michael's Inn** (kein Tel.), mit nur drei Zimmern (1-2 Pers.) zu je 300 Rs.
- Am Ostrand des Ortes findet sich noch das neue **Priyankara Guest House,** das aber etwas unglücklich direkt an der Straße liegt.

Anreise

- Mit jedem **Bus** auf der Strecke Matara – Tangalle. Ab Matara 18 km, ab Tangalle 16 km.

089sr Foto: Ingo Hothan

Umgebung von Dikwella

Das „Blow Hole"

Das Gebiet um Mawella und Nakulugawuwa zwischen Dikwella und Tangalle war Ende der 80er Jahre eine Hochburg der JVP. Eine Zeit lang herrschten deren Mitglieder hier so uneingeschränkt, daß sie die Matara-Tangalle Road zu beiden Seiten absperrten und der restlichen Bevölkerung ihre wahnwitzige Politik aufzwangen – wenn man es überhaupt Politik nennen konnte. Die Situation normalisierte sich erst, als die Armee mit brutaler Gewalt einschritt.

Der Koloß von Wewurukannala:
50 Meter hoch

Für Touristen ist heutzutage interessanter, daß sich hier ein **seltenes Naturphänomen** bietet: ein sogenanntes Blow Hole, von denen es nur sechs auf der Welt geben soll. Rar wie das Phänomen ist, gibt es wohl auch kein dem Nicht-Geologen verständliches deutsches Wort dafür.

Das Blow Hole ist eine am Ufer gelegene Felsöffnung, die durch einen Kanal mit dem Meer verbunden ist. Durch den Wellengang wird Wasser in den Kanal gedrückt. Dieses wird dann nach oben durch die Öffnung hinausgepreßt: so entstehen **Fontänen von bis zu 25 m Höhe.**

Die Höhe hängt von den Gezeiten und dem Wasserstand ab; der beste Effekt ergibt sich im Monsun. Ansonsten kann man nicht immer mit Rekordhöhen rechnen – gelegentlich passiert minutenlang gar nichts. Die Einheimischen versuchen in solchen Fällen, das Wasser durch den Ruf „Huuuh, Huuuh!" hervorzulocken. Dieser Ruf imitiert das Geräusch, das von dem hervorspritzenden Wasser verursacht wird. Der singhalesische Name für das Blow Hole ist das lautmalerische *„Hum-Maane"*.

● **Anreise:** Jeder **Bus** auf der Strecke Tangalle – Matara oder umgekehrt passiert den Ort Mawella, ca. 6 km östlich von Dikwella; aussteigen am Meilenstein 117. Von der Hauptstraße dort sind es noch 2 km zu Fuß in südliche Richtung nach Kudawella, wobei man auf der zu begehenden Nebenstraße (auch mit dem Auto befahrbar) einige Abzweigungen beachten muß. Um sich nicht zu verlaufen, frage man nach „Hum-Maane". Vom Ende des Weges in Kudawella geht es ca. 200 m querfeldein über ein paar Felsen zum Blow Hole. Meist finden sich in Kudawella ein paar Kinder, die sich als Guides dorthin anbieten; dafür werden aber oft dreiste Geldforderungen gestellt. Auch der Besitzer des Grundstücks, das man passieren muß, hält die Hand auf.

Tangalle

↗ IX/C3

Die kleine Stadt Tangalle („Hervorstehender Felsen") lebt traditionell von der Fischerei, und vom Rest House ergibt sich ein guter Ausblick auf den Hafen und die darin dümpelnden Boote. Die Küstenabschnitte beiderseits der Stadt werden von zahlreichen, zum Teil wunderschönen Buchten unterbrochen, an denen der Tourismus bisher nur zaghaft Fuß gefaßt hat. Am erschlossensten ist der östlich der Stadt gelegene, recht schöne **Medaketiya Beach,** an dem sich einige kleinere Unterkünfte befinden. Wer es einsamer möchte, ist am besten ganz im Westen Tangalles aufgehoben.

Turtle Conservation Project

Am Strand von Rekawa am Ostende der Bucht von Tangalle (7 km v. Tangalle), befindet sich das Turtle Conservation Project oder TCP, das sich einer naturgemäßen Methode des Artenschutzes und der **Meeresschildkröten-Forschung** verschrieben hat. Anders als bei den meisten der sogenannten „Meeresschildkröten-Brutstätten" an der Westküste werden hier die Schlüpflinge nicht erst in Gefangenschaft gehalten und dann in einer „touristenfreundlichen" Aktion ins Meer entlassen, sondern nach dem Schlüpfen läßt man die Jungen ihrem Instinkt folgend gleich ins Meer wandern. Die Eier, die von den Muttertieren im Schutze der Dunkelheit im Sand abgelegt wurden, werden an Ort und Stelle belassen und dort von örtlichen Helfern bewacht.

Interessierte Naturfreunde können die Ablage der Eier beobachten, dann ebenfalls darüber wachen und schließlich das Ausschlüpfen der Jungtiere mit ansehen. Zuvor wird ein kurzer Vortrag über Meeresschildkröten gegeben. Erwachsene zahlen einen Beitrag von 300 Rs., Kinder und Studenten 200 Rs. Anfragen beim Turtle Conservation Project in 73 Hambantota Road, Tangalle, Tel./Fax 047-40581, E-Mail: tcp@sri.lanka.net.

Unterkunft

Westlich der Stadt

Die ersten beiden Unterkünfte liegen im besonders ruhigen Westabschnitt.

- Etwa 6 km westlich von Tangalle, direkt am Strand, befindet sich das **Manohara Beach Cottage & Cabana** (Moraketiyara, Nakulugawuwa, Tel. 071-724690). Hier hat man die Wahl zwischen Zimmern (Bad) zu 1.200 Rs. und auf Pfählen stehenden Bungalows (Bad) zu 1.575 Rs., jeweils inklusive Frühstück. Es gibt Beschwerden über eklatant überhöhte Essenspreise. Alle Rechungen sofort begleichen, nicht erst bei der Abreise!
- Die schönste Anlage ist wohl das ca. 2 km westlich der Stadt gelegene, **Palm Paradise Cabana** (Mahawela Rd., Tel. 047-40338; Fax 047-40401. Über ein mit Kokospalmen übersätes Gelände verteilen sich 20 komfortable Bungalows (Bad). Die Preise beinhalten Frühstück und Abendessen: EZ 20 US$ und DZ 28 US$, plus 10% SC u. 10% St. Hinter der Anlage erstreckt sich ein herrlicher, von kleinen Felsen eingefaßter, ruhiger Strand.

Die näher an der Stadt gelegenen Unterkünfte liegen alle recht aufeinander, und hier ist es nicht mehr ganz so einsam.

- Hier steht Tangalles auffällige Up-Market-Herberge, das **Tangalla Bay Hotel,** ca. 1 km westlich der Innenstadt (Matara Rd., Tel./Fax 047-40346). Dieses 1972 auf einen Felsvorsprung gesetzte Hotel überblickt eine schöne, wenn auch etwas felsige Bucht. Die Architektur ist, nun ja, originell: Das Haus ist außen wie innen in der Form eines Schiffes angelegt, selbst die Zimmer verteilen sich auf verschiedene „Decks". Die Idee klingt an sich zwar recht interessant, die Ausführung ist jedoch fehlgeschlagen – man beachte nur die ungemütliche Lobby sowie die Zimmer, die unter anderem merkwürdige, schmale Luken als Fenster vorweisen. Dieses als nautisches Gesamtkunstwerk konzipierte Hotel läßt keine Seemannsromantik aufkommen, eher fühlt man sich in die sinkende Titanic versetzt. EZ 23 US$, DZ 27 US$ und Dreier 32 US$. Swimmingpool ist vorhanden.
- Das **Touristen Gasthaus** (13 Pallikudawa Rd., Tel. 047-40370) ist recht freundlich und hat saubere Zimmer mit Bad zu 400 und 650 Rs. und gutes Essen. Dazu 10% SC.
- Das ähnlich klingende **Tourist Guest House** (Tel. 047-40389) befindet sich gegenüber dem Tangalla Bay Hotel und hat saubere und ordentliche Zimmer (Bad) zu 400-1.000 Rs. Im Haus gibt es einen Fahrradverleih, und es können Ferngespräche geführt werden.
- Das **Sea View Guest House** (310 Matara Rd., kein Tel.) wird von einer netten Familie geleitet und bietet EZ ohne eig. Bad zu 200 Rs., DZ mit Bad zu 250 Rs. Für den Preis ist dies eine der besten Unterkünfte.
- Weiterhin: **Butterflies Cabana** (500-600 Rs.), **Goyambokka Guest House** (Tel. 047-40838; 700-1.00 Rs.) und **Calm Garden Cabanas** (Tel. 047-40532; 900 Rs.).

Im Ortszentrum

- Das **Rest House** von Tangalle (Tel./Fax 047-40449) überblickt den Hafen und bietet wohnliche Zimmer (Bad) zu 550 (EZ), 850 (DZ) und 1.200 Rs. (Dreier), Frühstück inklusive. Dazu kommen 10% SC und 5% St.
- Im Privathaus von **Sunil & Rohini Wickramasuriya** (28, Kaduru Pokuna Rd., Tel. 047-40382) stehen zwei recht gute Zimmer mit Bad zur Verfügung. EZ 10 US$, DZ 15 US$.
- Das **Santana Guest House** an der Lagune in Ortsmitte (55 Parakrama Rd., Tel. 047-40419) ist nach dem bekannten Gitarristen benannt, der der Lieblingsmusiker des Besitzers ist. Es bieten sich einfache Zimmer zu 200-400 Rs. Ein zum Haus gehöriges Restaurant ist auf Stelzen über die Lagune gebaut.
- Gut und sauber ist die **Villa Ocean Waves** (67 Beach Rd., Tel. 047-40354, 40491), die auch wegen ihrem Essen beliebt ist. Die Zimmer (Bad) sind sehr ordentlich und kosten 400 Rs.; bei AC-Benutzung kommen überhöhte 500 Rs. dazu. Trotzdem ist dies eine der besten Unterkünfte abseits des Strandes.

Östlich der Stadt

Die folgenden Unterkünfte befinden sich am Medaketiya Beach, der sich gleich im Osten an die Innenstadt anschließt. Der Strand zeigt sich sehr idyllisch, das Wasser ist aber bisweilen etwas verschmutzt.

●Das **Gayana Guest House** (Deepankara Rd., Medaketiya, Tel. c/o 047-40413) hat 6 einfache Bungalows (Bad) direkt am Strand und 4 weitere Zimmer in einem etwas zurückversetzten Haus. Kostenpunkt 400 Rs., SC wird gelegentlich erhoben, manchmal aber auch weggelassen.

●Insgesamt 7 sehr saubere Zimmer (Bad) hat das **Anila Beach Inn** (23 Wijaya Rd., Medaketiya, Tel. 047-40446); EZ kosten 350 Rs., DZ 250 und 300 Rs., dazu je 10% SC.

●Der gleichen Familie wie die obige Unterkunft gehört das ältere **Catamaran Beach Home** (8 Medaketiya Beach, Tel. wie oben); das Haus liegt direkt am Strand, und es gibt 4 einfache, aber sehr preiswerte Zimmer (Bad) zu 150 Rs. (EZ) und 250 Rs. (DZ).

●Gleich gegenüber steht das sehr gute **Namal's Beach Hotel** (Tel. 047-40352). Vor den Zimmern (Bad) im Obergeschoß befindet sich eine Terrasse, von der man einen ausgezeichneten Ausblick auf den Strand hat. Kostenpunkt 600 Rs. Die Zimmer (Bad) im Untergeschoß kosten 500 Rs.

●Der Besitzer des **Sarath Guest House & Restaurant** (Modara Beach Rd., Tel. 047-40456) hat zwei Jahre in einem italienischen Restaurant in der Schweiz gearbeitet und bietet nun zahlreiche italienische Speisen an. Die Zimmer (Bad) sind sehr sauber und wohnlich, Kostenpunkt 500 Rs. Um zum Strand zu gelangen, braucht man nur die kleine Straße vor dem Haus zu überqueren.

●Die Zimmer (Bad) des **Gayana Guest House** (Tel. 047-40477) verteilen sich beiderseits der Straße, auf die dem Strand abgewandte als auch auf die Strandseite. Preise 300 bzw. 400 Rs.

●Nur zwei Zimmer (Bad), aber sehr ordentlich gibt's im **Dilena Beach Home,** Kostenpunkt 350 Rs.

●**Shanika Beach Inn & Restaurant** (kein Tel.) hat Zimmer mit Bad zu 300 und 400 Rs.

●Weit im Osten des Strandes findet sich das von einem deutsch-srilankischen Ehepaar geleitete **Let's Dive,** das auch eine Tauchschule betreibt (siehe auch unten „Tauchen"). Tel. 077-902073, Fax 94-47-40401 oder in der Off-Season in Deutschland bei Neetha & Walter Michel, Hauptstr. 4, 8636 Anhausen /Dornstadt, Tel./Fax 0908-1628.

090sr Foto: Ingo Hothan

Essen

●In der Innenstadt gibt es eine Reihe einfacher Restaurants, das beste davon ist das **Sujatha Hotel & Bakery** in der Beliatta Road, gleich gegenüber der Busstation. Mittags gibt es für 30 Rs. leckere Rice-&-Curry-Mahlzeiten (vegetarisch oder mit Fisch oder Fleisch, mit Huhn ein paar Rupien mehr – Huhn ist das mit Abstand teuerste Fleischprodukt in Sri Lanka). Ansonsten werden gute Snacks geboten oder, wie man in Sri Lanka meistens sagt, *Short Eats,* sowie Backwaren.

Tauchen

Auf einer Landzunge am **Strand von Medilla** bei Tangalle betreiben *Neetha* und *Walter Michel* die PADI-Tauchschule Let's Dive (siehe auch „Unterkunft"). Von einem Speed-Boot aus werden Tauchtrips für Anfänger und Fortgeschrittene veranstaltet, die zu den Korallenriffs der Umgebung führen. PADI-Kurse für Anfänger kosten 305 US$, weniger für Fortgeschrittene. Bei Gruppen gibt es Reduktionen.

Am Strand von Tangalle

Anreise

- Regelmäßige **Busse** der CTB fahren u.a. ab Colombo (204 km), Galle, Matara, Hambantota und Kataragama; dazu **Minibusse** ab Galle, Hambantota und Kataragama.
- **Taxis** ab Colombo kosten mindestens 4.000 Rs., ab Hikkaduwa ca. 2.500 Rs.

Mulgirigala

⇗ IX/C3

Etwa 21 km nördlich von Tangalle ragt abrupt der Mulgirigala aus der fruchtbaren Landschaft heraus, ein **211 m hoher Felsen,** der bis zu seinem „Dach" bestiegen werden kann. Der Weg hinauf führt über zum Teil sehr enge und anstrengende Treppen, die vor über 1.500 Jahren angelegt worden sein sollen. Von oben ergibt sich ein hervorragender Ausblick, oft bis Matara, Weligama und Tangalle. Die Höhlen und Nischen, die auf verschiedenen Ebenen am Fels zu finden sind, weisen **Buddhafiguren** und **Wandgemälde** auf, letztere sind aber relativ jungen Datums (19. Jh.) und auch nicht sehr aufregend. Der Eintritt kostet 100 Rs., geöffnet ca. 7-17 Uhr.

Geschichte

In den Felshöhlen wurden schon im **2. Jh. v. Chr**. Tempel angelegt, nach verschiedenen Überlieferungen entweder unter König *Kavan Tissa* oder dessen Sohn, *Duttha Gamini*.

In der **portugiesischen Periode** blieben die Anlagen merkwürdigerweise von den üblichen Zerstörungs- und Raubzügen verschont, trotz der Reichtümer, die dort zweifellos aufbewahrt wurden.

Die nachfolgenden **Holländer** zollten der Stätte gar ungewohnten Respekt: Witzigerweise hatten sie den Fels mit dem Adam's Peak verwechselt und glaubten, daß sich das Grab Adams darin befand. Die Figur eines liegenden Buddhas wurde gar als das Ebenbild Adams angesehen! War vielleicht die verbriefte Zechfreudigkeit der holländischen Kolonialisten der Grund? Die Mönche beließen sie stillschweigend (und sicher klammheimlich grinsend!) in dem Irrglauben, da ihr Heiligtum so vor Übergriffen sicher war. Der Irrtum klärte sich erst auf, als 1766 der holländische Gouverneur *Falck* persönlich vor Ort recherchierte.

1826 entdeckte der Kolonial-Offizier **George Turnour** in der Bücherei des Felsklosters den auf Palmblatt geschriebenen *Tika,* einen Kommentar zur alten Geschichtschronik *Mahavansa,* der diese zu entschlüsseln half. Die Chronik konnte nun vom Pali ins Englische übersetzt werden, und vier Jahre später wurde eine singhalesische Version erstellt.

Anreise

- Mit einem **Bus** der Linie Tangalle - Beliatta - Meddeniya bis zur Mulgirigala Junction, von wo die restliche Strecke zu Fuß zu gehen ist. (ca. 15 Min.). Oder per Bus von Tangalle oder Dikwella nach Beliatta und dort in einen Minibus nach Mulgirigala umsteigen.

Uda Walawe National Park

⇗ IX/C1-2

1972 wurde ein 310 km² großes Areal um den **Uda-Walawe-Stausee** (34 km²) zum Naturschutzgebiet erklärt. Der so entstandene Uda-Walawe-Nationalpark wird kaum besucht, was einerseits an der übermächtigen Anziehungskraft des Yala-Parks liegt, andererseits aber auch daran, daß hier nur wenige Tiere zu sehen sind. Meistens beschränken sich die Beobachtungen auf Vögel, Schmetterlinge u.ä. Im Park leben aber auch noch etwa 600 wilde **Elefanten.** 1999 wurde eine Deutsche, die unklugerweise ihren Jeep verlassen hatte, von einem Elefanten zu Tode getrampelt.

Der Park kann mit dem Wagen durchfahren werden, dafür ist aber die Genehmigung der Parkverwaltung in Timbulketiya notwendig. Eintritt frei.

Unterkunft

- Das *Department of Wildlife Conservation* (8 Gregory's Rd., Colombo 7, Tel. 01-694241) unterhält drei **Bungalows** und zwei **Camping-Plätze** im Park. Man wende sich an obige Adresse.
- Das **Walawa Safari Village,** gut 10 km nordöstlich des Parks (R.B. Canal Rd., Tel. 047-33201, Fax 94-1-591223), wäre eine weitere Möglichkeit. Von hier aus werden Touren durch den Park organisiert.

Anreise

- Per Mietfahrzeug oder Taxi: **Ab Colombo** ist die Anfahrt ca. 170 km lang, wobei man die folgenden Stationen passiert: Ratnapura (über A 8 oder A 4), Pelmadulla (A 4), Madampe (A 18) und Timbulketiya (A 18). Bei Timbulketiya dann links von der A 18 in die Straße zum Park einbiegen. Taxipreis ab Colombo und zurück ca. 4.500-5.000 Rs.
- **Aus Hambantota** kommend, ist ebenfalls die Anfahrt über die A 18 in Richtung Timbulketiya möglich, dort dann nach rechts abzweigen. Eine Alternative ist die östliche Route über die A 2 bis Tanamalwila; dort dann links einbiegen.

Hambantota

↗ IX/D3

Bei der Fahrt von Tangalle in östliche Richtung verändert sich schlagartig die Szenerie: Gleich hinter Tangalle endet die sogenannte Feuchtzone, die vom Südwest-Monsun fruchtbar gehalten wird, und es beginnt die **Trokkenzone.** Man passiert einige Brackwasser-Lagunen und eine auffallend kargere Landschaft.

Um Hambantota herum findet man dann zahlreiche Lewayas oder **Salzfelder** – Meerwasser fließt über Bäche in natürliche Lagunenbecken, in denen es gestaut wird und dann an der Sonne verdampft. Übrig bleibt das Salz.

Hambantota bietet aber auch Delikateres. Westlich der Stadt, an der Straße nach Tangalle, verkaufen zahlreiche Geschäfte **Maskat,** eine Süßspeise aus Kokos, Reis, Palmzucker und anderen Zutaten.

Nördlich der Stadt, an der Straße nach Tissamaharama, reihen sich Dutzende von **Kiri-Feni-Läden** aneinander. *Kiri,* Joghurt, und *Feni,* der Sirup der Kittul-Palme, sind ebenfalls gefragte Spezialitäten der Stadt. Viele Pilger, die auf dem Weg nach Kataragama sind, decken sich hier mit *Kiri-Feni* oder *Maskat* ein.

Was das Thema Strand anbelangt, so hat Hambantota jedoch nur Mäßiges zu bieten. Das Hinterland ist auch nicht unbedingt ein Tropentraum, sondern wird von **Wanderdünen** und **Palmyra-Palmen** dominiert. Die Palmyras wurden gepflanzt, um die Landeinwärts-Bewegung der sich ausbreitenden Dünen zu stoppen. Wie lange diese Methode erfolgreich ist, muß sich aber erst noch erweisen: Einer alten Weissagung gemäß werden die Dünen unaufhörlich weiterwandern, bis sie den fast 50 km entfernten Kataragama-Tempel erreicht haben!

Die Bevölkerung von Hambantota (10.000 Einw.) besteht zum großen Teil aus **Malaien**, deren Vorfahren in den malaiischen Regimentern gedient hatten, die sowohl die Holländer als auch die Engländer unterhielten. Nach ihrer Pensionierung vom Militärdienst waren sie hier angesiedelt worden. Hambantota war aber auch eine Zwischenstation für die malaiischen Schiffe auf dem Weg nach Madagaskar, an der sie Wasservorräte an Bord nahmen. Die lange Reise wurde in den traditionellen malaiischen Booten zurückgelegt, den *Sampans,* und diese gaben der Stadt auch ihren Namen: Hambantota bedeutet „Hafen der Sampans".

Palmyrapalmen gedeihen besonders gut auf trockenem Boden

Unterkunft

- Einen guten Standard bietet wieder das **Rest House** (Tel. 047-20299), von wo man einen hervorragenden Ausblick auf die der Stadt vorgelagerten Bucht genießen kann. Das Haus besteht aus einem alten und einem neuen Flügel; im alten ist die Aussicht besser. Die Zimmer (Bad) kosten inklusive Frühstück 22 US$ (EZ), 23 US$ (DZ) und 25 US$ (Dreier), jeweils inklusive Frühstück. Dazu kommen 10% SC.
- Das **Lake View Guest House** (12 Well Rd., Tel. 047-20264) steht in einer Seitenstraße der Tangalle Road. An der Abzweigung weist ein Schild den Weg. Die 5 Zimmer (Bad) kosten 250 Rs. (EZ) und 500 Rs. (DZ). Angeboten werden auch Jeep-Touren in den Yala National Park für 2.000 Rs. und zum Bundala-Naturschutzgebiet für 1.500 Rs.
- Einfache Zimmer (Bad) im **Sunshine Tourist Rest** (47 Main St., Tel. 047-20129). Kostenpunkt 200 ohne eigenes Bad, mit eigenem Bad 350 Rs. Es werden Touren in den Yala- und den Bundela-Park organisiert.
- Einfache aber adäquate Zimmer (Bad) in **Mr. Hassim's Guest House** (33 Terrace St., Tel. 047-20569) zu 200-350 Rs.
- Das neue Gebäude des **Sea Spray** (Galwala Rd., Tel. 047-20160) hat saubere, aber kleine, überteuerte Zimmer (Bad) zu 900 Rs., bzw. 1.200 Rs. mit AC. Hier zeigt sich einmal, daß ein Neubau schlechter sein kann als das ursprüngliche (in diesem Fall nicht mehr benutzte) Gebäude.
- Im einf. **Apsara Inn** (23/A Galwala Rd., kein Tel.) stehen 5 Zimmer mit Bad zur Verfügung, Kostenpunkt 250, 300 und 350 Rs.
- Das Top-Hotel des Ortes ist das vor einiger Zeit gründlich renovierte **Peacock Beach Hotel** (Galwala, Tel. 047-20377, 20365; Fax 94-1-449325). Das Hotel, das beste im Umkreis von 100 km, ist von dichter tropischer Vegetation umgeben, und von den Zimmern hat man Ausblick auf das Meer. Ein Nachteil sind die zahllosen Insekten.

Der Standard der Zimmer ist recht gut, es gibt AC, einen kleinen Kühlschrank, und auch ansonsten machen sie einen gepflegten Eindruck. Wie meist in Sri Lanka (außer eventuell in Colombo), so gibt es aber trotz der hohen Preise weder Telefon noch TV. EZ und DZ kosten 40 US$, Dreier 45 US$ und Suiten 70 US$; dazu kommen 10% SC und 5% St. Vorhanden sind Swimmingpool, Tennis- und Badminton-Platz, Billard-Raum, ein paar kleine Geschäfte, ein Coffee Shop und zwei Restaurants. Ein Restaurant macht nur Buffets (480 Rs.), das andere ist ein sündhaft teures Seafood-Restaurant: Manche Hauptgerichte kosten 1.000 Rs.!

Fahrrad-Verleih gibt's auch, kostet aber unverschämte 100 Rs./Std.

Essen

- Falls es das allgegenwärtige Rice&Curry sein soll, so bietet sich das einfache, aber gute **Universal Hotel** an der Rest House Road an. Das kleine Lokal ist in Singhalesisch ausgeschildert; als Orientierungshilfe gelte die über dem Restaurant angebrachte 7-Up-Reklame. Rice&Curry kostet 25 Rs.
- Ungewöhnlich gut für indische *Dosas* (Teigfladen), *Potato Curry, Dal, Hoppers, String Hoppers, Fried Rice* und ebenfalls Rice& Curry (30 Rs.) ist das **Chef Lanka Malay Restaurant** (63/5 Main St.). Das absolut schlichte und winzige Restaurant wird von einem sehr freundlichen Malaien geleitet, der seine Gäste nach allen Kräften umsorgt.
- Hambantotas Nobel-Restaurant heißt **Jade Food Court** gegenüber dem Hotel *Peacock*. Hier werden westliche, srilankische, chinesische und auch ein paar indonesische Gerichte geboten, doch zu Höchstpreisen: Ein Frühstück (continental) kostet 150 Rs., ein Rice&Curry stolze 250 Rs., dazu noch SC.

Anreise

- Zahlreiche **Busse** der staatlichen CTB fahren ab Tangalle, Tissamaharama und Kataragama. Die Busse ab Colombo nehmen entweder die (etwas kürzere) Route über Ratnapura oder die Küstenroute über Kalutara – Hikkaduwa – Galle – Matara etc., so daß man auch in diesen und anderen Orten entlang der Strecke zusteigen kann. Anfahrtmöglichkeit auch mit den Bussen Colombo – Kataragama, von denen täglich 9 fahren (davon einer über Ratnapura).
- **Taxis** ab Colombo ca. 5.000 Rs.; die Küstenroute ist 238 km lang, die über Ratnapu-

ra 225 km. Ab Hikkaduwa (141 km) ca. 3.000 Rs. Wer per Taxi anreist, kann sich entlang der Strecke Tangalle-Hambantota an zahlreichen kleinen Ständen mit Früchten eindekken. Die in der Gegend angebauten Papayas sind ausgesprochen süß und sollen die besten Sri Lankas sein. Eine mittelgroße Papaya kostet 20-30 Rs.

Bundala Bird Sanctuary ↗ IX/D3

Folgt man der A 2 von Hambantota in Richtung Tissamaharama, so passiert man bald Dutzende von Läden, die mit dem oben erwähnten *Kiri-Feni* aufwarten. Die zahllosen Tongefäße, die augenfällig vor den Geschäften hängen, sind übrigens nur leere Attrappen – beim Kauf wird ein volles Joghurt-Gefäß innen aus dem Laden geholt.

Etwa 1,5 km nordöstlich des Dorfes Pallemala zweigt rechts eine Straße von der A 2 ab, die nach 8 km zum **Vogelschutzgebiet** von Bundala führt. Hier, am **Bundala Lewaya,** einem riesigen Salzfeld, sind zahlreiche Wasservögel zu sehen: Flamingos, Pelikane, Störche, Enten, dazu auch Krokodile. Eintritt 5 US$ pro Person, dazu eine „SC" von 100 Rs., eine Jeep-Gebühr von 50 Rs. und 15 Rs. Eintritt für den Fahrer.

Wirawila Bird Sanctuary ↗ V/A3

Etwa 15 km nördlich von Bundala, außerhalb von Tissamahara gelegen, erstreckt sich ein weiteres Naturschutzgebiet, das Wirawila Bird Sanctuary, welches zwei alte Wassertanks einschließt, den Wirawila Wewa und den Tissa Wewa. Auch hier siedeln zahlreiche Wasservögel.

Tissamaharama ↗ V/A3

Tissamaharama, oft kurz *Tissa* genannt, ist neben Polonnaruwa und Anuradhapura eine der alten **Königsstädte** der Insel, gelegen in der Provinz Ruhuna. *Ptolemäus* war sie bedeutend genug, daß er sie Mitte des 2. Jh. in seine Landkarte einzeichnete. Königssitz war Tissamaharama im 3. Jh. v. Chr. geworden, als ein Prinz wegen der tamilischen Überfälle von Anuradhapura hierher geflohen war. Wassertanks *(wewa)* wurden angelegt, die das umliegende Land über ein ausgeklügeltes **Kanalsystem** mit Wasser versorgten und die Grundlage dafür bildeten, daß hier eine große Bevölkerung leben konnte. Im Jahre 161 v. Chr. eroberte König *Duttha Gamini* von Ruhuna Anuradhapura zurück und vereinte zugleich zum ersten Male die gesamte Insel. Auch in den folgenden Jahrhunderten nahmen in Bedrängnis geratene Könige immer wieder Zuflucht in Tissamaharama.

Von der alten Stadt ist heute nicht mehr allzuviel übrig; unter der Erdoberfläche liegen aber wahrscheinlich noch viele Ruinen, die ihrer Ausgrabung harren. Zu sehen sind noch einige alte Dagobas, die **Maharama Dagoba, Sandhagiri Dagoba, Menik Dagoba** und **Yatala Dagoba.**

Auf einem Gelände zwischen den beiden letztgenannten hatte sich früher wahrscheinlich der **Königspalast** befunden, übrig davon sind jedoch nur noch einige Reihen von Granitpfeilern. Nahebei findet sich ein achteckiger Grantitblock, an dem früher angeblich der königliche Elefant angekettet war. Abschabungen daran sollen von den Ketten hervorgerufen worden sein. Ausgrabungen an der Yatala Dagoba brachten Reste einer „Elefanten-Wand" und einen „Mondstein" zutage.

Geprägt wird das Bild Tissamaharamas vor allem von seinen **Wassertanks.** Diese stellten wohl bis zum Ende des 12. Jh. die Wasserversorgung sicher, wurden dann vernachlässigt, und die Dämme brachen. Das ausfließende Wasser sammelte sich in Sümpfen, die dann zu Brutstätten von Pest und Malaria wurden.

Am **Tissa Wewa,** dem ältesten der Tanks (3. Jh. v. Chr.) brachten Ausgrabungen eine alte Klosteranlage zum Vorschein. Der Tissa Wewa, heute eher ein idyllischer See als ein künstlicher Tank, eignet sich gut für Bootsfahrten; Boote können am Pier nahe dem Rest House gechartert werden.

Tissa ist heute in erster Linie der Ausgangspunkt für **Fahrten in den Yala-Nationalpark.** Vor dem Rest House können Jeeps angemietet werden.

Unterkunft

Nahe dem Uhrturm

- Ausgesprochen gutes Essen gibt es im **Sakura Guest House & Restaurant** (Debarawewa, Tel. 047-37198), das sich ca. 100 m östlich des Uhrturms befindet. Das Besitzerehepaar ist enorm nett und hilfsbereit, und die Lage des Hauses (ca. 30 m von der Straße zurückversetzt) garantiert Ruhe. Die ordentlichen Zimmer kosten mit Bad 400 Rs., bzw. 450 Rs. ohne eigenes Bad. Weiterhin steht ein Bungalow für 750 Rs. zur Verfügung. Plus jeweils 10% SC.

  Das *Sakura* hat Probleme mit Schleppern, die das Haus schlecht machen, da sie hier kein Geld bekommen. Gelegentlich werden Traveller in eine neben dem *Sakura*, aber direkt an der Straße gelegene Unterkunft verfrachtet, mit der Behauptung, diese sei das *Sakura*.
- Ebenfalls ruhig gelegen ist das **Riverside Inn,** das sich ca. 500 m westlich des Uhrturms befindet (Debarawewa, Tel. 047-37101). Allerdings gibt es Klagen, daß sich dort Einheimische zum zechen einfinden, was laut werden kann. Die Zimmer (Bad) kosten EZ/DZ 400 Rs., Dreier 500/600 Rs. Dazu 10% SC.
- Schlichte Zimmer (Bad) auch im **Tishana Guest House,** direkt südöstlich des Uhrturms (Debarawewa, Tel. 047-37006). EZ 150, DZ 200 Rs., dazu je 10% SC.
- Sehr gut sind die Zimmer (Bad) im **Tissa Inn** (Wellawaya Rd., Tel. 047-37233; Fax 94-47-37080), das sich allerdings 1,5 km westlich des Uhrturms befindet (in Richtung Wellawaya). Die im Obergeschoß gelegenen Zimmer haben auch einen kleinen Balkon. Kostenpunkt EZ 700, DZ 800, Dreier 900 Rs.; Zimmer ohne eigenes Bad für 450/500 Rs. Dazu jeweils 10% SC. Touren in den Yala- oder Bundala-Park können für je 1.200 Rs. arrangiert werden.
- Mäßige Zimmer (Bad) im **Regina Holiday Home**, nahe dem *Sakura Guest House*

(Debarawewa, Tel. 047-37322); 300-750 Rs. plus 10% SC.

- Ganz in der Nähe, ca. 200 m vom Uhrturm entfernt, findet sich das freundliche **Safari Inn Guest House,** mit sechs sauberen Zimmern (Bad) zu 350 Rs. Keine SC. Yala-Touren können organisiert werden.

Nahe dem Tissa Lake (Tissa Wewa)

- Die beste Lage hat sich das **Tissamaharama Rest House** reserviert (Kataragama Rd., Tel. 047-37288; Fax 94-1-422732, Tlx. 21196 HOTELCO CE). Es liegt direkt am Ufer des Tissa Wewa oder Tissa Lake, mit direktem Ausblick auf die davor gelegene Tissa Island. Die Zimmer (Bad) in dem sehr schönen Haus kosten EZ/DZ überteuerte 30 US$ 10% SC. Angeschlossen ist auch ein gutes Restaurant.
- Das **Lake Side Tourist Inn** (Kataragama Rd., Tel. 047-37216) überblickt ebenfalls den See, allerdings über die davorliegende Straße hinweg und aus nicht so malerischem Blickwinkel. Die Zimmer (Bad) kosten EZ/DZ 750 Rs.; mit AC je 250 Rs. mehr. Zu allem 10% SC. Das Essen im Haus ist schamlos überteuert.
- Hinter dem Rest House, in einer kleinen Straße, die von der Hauptstraße abzweigt, befindet sich das **Singha Tourist Inn** (Tissawewa Mw., Tel. 047-37090). Die Aussicht vom angeschlossenen Garten auf den Tissa Lake ist sehr gut, die Zimmer (Bad) sind aber für den Standard zu teuer. EZ/DZ 500 Rs., mit AC 850 Rs.; dazu 10% SC.
- Besser ist die an dergleichen Straße gelegene **Lake Lodge** (Tissawewa Mw., Tel. 047-37287), ebenfalls mit Ausblick auf den See; die Zimmer (Bad) haben eine kleine Veranda und sind für den Preis von 350 Rs. (EZ) und 400 Rs. (DZ) in Ordnung. 10% SC.

Etwas weiter außerhalb

- Saubere und angenehme Zimmer (Bad) hat das **Priyankara Tourist Inn,** ca. 1,5 km in Richtung Kataragama gelegen (Kataragama Rd., Tel. 047-37206; Fax 94-47-37326). EZ kosten 19 US$, DZ 20 US$ und Dreierzimmer 22 US$; 10% SC und 5% St.
- Das **Chandrika Hotel** (Tel. 047-37143, Fax 94-47-37080), ca. 5 km nördlich des Uhrturms in Richtung Kataragama gelegen, hat 20 sehr gepflegte, in Reihen-Bungalows angelegte Zimmer mit Bad, die sich um einen kleinen Garten reihen. Dies ist vielleicht die netteste Unterkunft am Ort, wenn vielleicht auch nicht ganz so günstig für Leute, die kein eigenes Fahrzeug haben. Ansonsten sind die meisten Reisenden hier hochzufrieden. Die Zimmer kosten 980 Rs., mit AC 1.350 Rs. Ein Restaurant ist angeschlossen.

Essen

Die meisten Unterkünfte am Ort bieten Mahlzeiten zu stark überhöhten Preisen an, so daß das Essen außerhalb eine Menge Geld sparen kann.

- Das smarteste Restaurant in Tissa ist das **Food Centre** in der Kataragama Rd., vom Uhrturm ca. 100 m in Richtung Tissa Lake. Die Rice&Curry-Platten kosten vernünftige 40 Rs., und auch alles andere liegt preismäßig im Bereich des Realistischen. Der Besitzer versicherte, daß Ausländer dieselben Preise zahlen wie Einheimische – was in derartigen Restaurants eine angenehme Überraschung wäre. Falls für Rice&Curry weit mehr verlangt werden sollte als 40 Rs., handelt es sich um einen „Ausländer-Preis". Es gibt gutes chinesisches Essen, Seafood, Suppen, Salate u.a.
- Gleich am Uhrturm findet sich das einfache **Hotel Dasa,** das das srlilankische Standard-Menu bietet, aber recht gut und sehr preiswert dazu.

Anreise

- Alle **Busse von Colombo** nach Kataragama passieren zuvor Tissamaharama (264 km); 9 Abfahrten täglich, davon eine über die Inlandstrecke über Ratnapura. Regelmäßige Busse ab Colombo auch mit Endstation Tissa, entweder über die Küstenroute oder über Ratnapura (251 km). Zusteigemöglichkeiten auf der Küstenroute in Kalutara, Alutgama, Hikkaduwa, Galle, Tangalle u.a.
- Zahlreiche Busverbindungen bestehen **ab Hambantota** (29 km), einige weitere ab Wellawaya (65 km).

- **Taxis** von Colombo kosten ca. ab 6.500 Rs., von Hikkaduwa (170 km) ca. 4.500 Rs.
- Die Inlandsfluglinie Lionair hatte vor einiger Zeit **Flüge** von Colombos Ratmalana Airport nach Wirawila veranstaltet, das sich in unmittelnbarer Nähe von Tissamaharama und dem Yala-Park befindet. Wie alle zivilen Inlandsflüge sind auch diese aus Sicherheitsgründen z.Zt. eingestellt.

Yala National Park ⇗V

Dieser Nationalpark, 290 km von Colombo entfernt, bedeckt eine Fläche von 1.250 km² und befindet sich im äußersten Südosten der Insel. Das schon 1899 unter Naturschutz gestellte Gebiet heißt offiziell zwar *Ruhuna National Park,* bekannter ist er jedoch unter dem Namen Yala (West) National Park.

Sein Terrain erinnert verblüffend an eine **afrikanische Savanne:** Sträucher und Büsche dominieren das Bild, das nur gelegentlich von Flüssen, Felsen und Lagunen unterbrochen wird. Nach der Regenzeit setzen einige farbige Wildblumen und Kletterpflanzen bunte Tupfer dazu. Größere **Baumarten** finden sich vor allen entlang der Flüsse, beispielsweise der Kumbuk-Baum, dessen Wurzeln angeblich das Wasser reinigen, und der Halmilla-Baum, der seines Holzes wegen sehr geschätzt ist. Dazu kommen fruchttragende Bäume wie Palu und Vira, an denen sich Bären und Vögel laben. Dichter bewachsen als das übrige Gebiet ist der 35 km lange Küstenstreifen, hauptsächlich um die Flußmündungen herum.

Die relative Kargheit der Flora macht das Sichten der Fauna umso leichter; außerdem sind die Tiere in gewissem Maße an den Anblick des Menschen gewöhnt und somit nicht zu scheu.

Zu sehen sind **Elefanten, Leoparden, Bären, Büffel, Krokodile, Affen, Wildschweine, Hirsche** und **Schakale;** dazu gesellen sich zahlreiche **Vogelarten,** unter ihnen auch Zugvögel aus Europa, Westasien und Nordindien, die von November bis April hier überwintern. Ein besonderes sehenswertes Schauspiel ist der **Balztanz der Pfauen,** den die Tiere von Dezember bis Mai aufführen.

092sr Foto: pr

093sr Foto: pr

Die durch den Park führenden Wege (per Jeep befahrbar) sind so angelegt, daß sie an zahlreichen Futter- und Wasserstellen vorbeiführen, wo die Tiere am leichtesten zu beobachten sind. Leider werden die Beobachtungen aber oft dadurch gestört, daß drei oder vier Jeeps im Konvoi einfahren. Da entfleucht dann alles, was Beine und/oder Flügel hat. Zudem stellen die Fahrer bei Stopps den Motor nicht ab, und man kann nicht einmal der Natur lauschen. Einige Traveller sind folglich sehr enttäuscht, besonders in Anbetracht der langen Anreise zum Park.

Büffel

Innerhalb des Parks finden sich einige Tempelruinen, so die von Situlpahuwa, Magulmahavihara, Akashachetiya, Thalaguluhela und Mayagala. An den **Situlpahuwa-Ruinen** wurden über 60 Inschriften entziffert, die darauf hinweisen, daß es im 2. Jh. v. Chr. ein bedeutendes Kloster und zugleich buddhistische Lehrstätte war. In Felshöhlen der Umgebung lebten damals über tausend Einsiedlermönche. Kriege, Dürre, Hungersnot und Krankheit setzten der blühenden Epoche schließlich ein Ende, und die Bauten wurden vom Dschungel überwuchert.

Die **beste Besuchszeit** im Yala-Park sind die Monate Dezember bis Mai; von Mitte August bis Mitte Oktober ist der Park geschlossen.

Eintritt

Die **Eintrittsgebühr** in den Yala-Park beträgt pro Person 12 US$, für Kinder unter 12 Jahren die Hälfte. Die Gebühr für den Jeep beträgt 120 Rs., für ein Auto 90 Rs. Dazu müssen noch einmal 6 US$ für einen Führer bezahlt werden. Der Führer ist obligatorisch.

Unterkunft/Essen

- Im Park stehen sieben **Bungalows** des *Department of Wildlife Conservation* zur Verfügung. Buchungen bei der Behörde in 8 Gregorys Rs., Colombo 8, Tel. 01-694241.
- Gehobenere Unterkunft im **Yala Safari Beach Hotel** (Amaduwa, Tel. 047-20471, Fax 94-1-345729, E-Mail: jethot@sri.lanka.net); EZ/DZ zu 68 US$.
- Ansonsten stehen die **Unterkünfte in Tissamaharama** zur Verfügung, das der übliche Ausgangspunkt einer Yala-Tour ist.

Anreise

- Für die Anfahrt zum Park wie auch die Durchfahrt kommt fast nur ein **Jeep** oder anderes geländegängiges Fahrzeug in Frage. Gelegentlich holpern zwar auch größere Tourbusse durch das Gelände, doch da könnten sich Manövrierprobleme auftun. Jeeps samt Fahrer können am Rest House in Tissamaharama angeheuert werden, dort parkt meist gut ein halbes Dutzend der Wagen. Touren von 4-5 Stunden - die übliche Dauer - kosten ab 1.200 Rs. Handeln! Man vergewissere sich auch, welche Stellen im Park angefahren werden, welche Tiere dort zu sehen sind etc.
- Die günstigsten Uhrzeiten zum **Tour-Beginn** sind morgens gegen 5.30 Uhr (Morgen-Safari) und nachmittags gegen 15 Uhr (Abend-Safari). Der frühe Morgen und frühe Abend sind die besten Zeiten zur Tierbeobachtung. Wessen Zeit knapp bemessen ist, der sollte am besten schon am Abend vor der geplanten Tour einen Jeep buchen, um so nicht eventuell leer auszugehen und einen Tag zu verlieren.
- Die **Anfahrt** von Tissa bis zum Parkeingang (19 km) führt über eine holprige Landstraße, Fahrzeit eine knappe Stunde.
- **Parktouren** werden auch von vielen Guest Houses in Tissa organisiert, außerdem vom Lake View Guest House in Hambantota und dem Surenie Hotel in Kataragama.
- Zwecks eventuell möglicher **Anreise per Flugzeug** siehe unter Tissamaharama. Der Flughafen von Wirawila ist 35 km vom Yala-Park entfernt.

Kirinda

↗ V/A3

Um die Bedeutung von Kirinda ermessen zu können, soll noch einmal auf die **Legende um König Kelani Tissa** zurückgegriffen werden: Dieser hatte den Abt des Kelani-Tempels bei Colombo in siedendem Öl schmoren lassen (siehe dort), was letzterer verständlicherweise nicht überlebte. Nachdem als Strafe für den Frevel eine Sintflut über das Land gekommen war, versuchte der König das Meer dadurch zu beschwichtigen, daß er seine älteste Tochter *Viharamahadevi* auf einem goldenen Boot aussetzte – andere Zeiten, andere Sitten! An Bord befanden sich Nahrungs- und Wasservorräte für einen Monat, und außen am Boot war eine Plakette angebracht, die königliche Herkunft der Unseligen zu bezeugen. Nach vielen Tagen auf See erspähte ein Fischer das Boot vor der Küste von Kirinda und berichtete seinem König davon, König *Kavan Tissa*. Das Happy-End der Odyssee folgte, als der König die Prinzessin in seinem Palast in Gotimbaragodella, nahe Kirinda, heiratete. Königin *Viharamahadevi* gebar zwei Söhne, *Duttha Gamini* und *Tissa*, die beide nacheinander König von Sri Lanka wurden.

Als Danksagung an Viharamahadevis glückliche Ankunft in Kirinda wurde dort auf einem Felsen, der den Strand überblickt, eine **Dagoba** errichtet. Die heutige Dagoba ist ein Überbau über der ursprünglichen, verfallenen. Gleich daneben findet sich eine **Statue von Königin Viharamahadevi**.

Seiner geschichtlichen (oder legendären) Bedeutung zum Trotz ist Kirinda nicht so interessant, daß man es unbedingt gesehen haben müßte. Die meisten Besucher sind Einheimische, die hier eine Mischung aus Picknick, Puja und Strandfest zelebrieren. Der **Strand** ist in der Tat recht schön, wegen gefährlicher Strömungen aber nicht gut zum Schwimmen geeignet.

Der Küste vorgelagert gibt es eine Gruppe kleiner Felsinseln, die **Great Basses** und – weiter nordöstlich – die **Little Basses.** Beide Inselgruppen gelten als hervorragende **Tauchreviere,** mit zahlreichen Sandsteinriffs, unzähligen kleinen und großen Fischen und sogar einigen alten Schiffswracks.

Unterkunft

- **Kirinda Beach Resort** (Tel. 047-23405), nur mäßige Zimmer (Bad) zu 400-600 Rs.), aber direkt in Greifweite der Sehenswürdigkeiten gelegen.

Anreise

- Ab Tissa fahren regelmäßige **Busse** nach Kirinda (10 km).
- Einen Abstecher hierher könnte man auch an eine Yala-Tour anhängen, wobei sich deren Preis nur unwesentlich erhöht. 300-350 Rs. zusätzlich sind angemessen.

Kataragama

↗ V/A3

Der kleine Ort Kataragama (16 km nördlich von Tissa) macht einen auffallend geordneten Eindruck, das Stadtzentrum ist relativ neu, wohlgeplant und sauber. Der Grund der Ordnungsliebe, die die Stadtverwaltung hier an den Tag legt, ist im Kataragama-Tempel zu suchen, der dem Kriegsgott Kataragama geweiht ist, und der tagtäglich Tausende von Pilgern anzieht. Kataragama ist der **wichtigste Pilgerort Sri Lankas.** Viele der Pilger sind Hindus, aber auch die Buddhisten achten und fürchten den als ungestüm und rachsüchtig geltenden Gott. Die meisten Touristen besuchen den Ort nur in einem Tagesausflug, er ist aber auch gut eine oder mehrere Übernachtungen wert.

Sehenswertes

Nur wenige Meter von der Busstation entfernt überquert man auf einer Brücke den **Menik Ganga** („Edelstein-Fluß"), auch Kataragama River genannt, dessen Wasser als heilig gilt. Oft sieht man Pilger, die hier vor dem Tempelbesuch rituelle Bäder nehmen.

Kataragama Temple

Auf der anderen Seite der Brücke erstreckt sich das weitläufige, parkähnliche Gelände, auf dem sich der landesweit verehrte Kataragama-Tempel befindet. Dieses Areal jenseits des Flusses wurde zum „Heiligen Bereich" *(Sacred Area)* erklärt, und Essensstände und ähnliche kommerzielle Unternehmen, die zuvor dort agiert hatten, wurden nach außerhalb verbannt. Erlaubt sind nur Stände, die Opfergaben verkaufen.

Der Kataragama-Tempel an sich ist klein und unscheinbar und kaum eine bedeutende Sehenswürdigkeit. Sein genaues Entstehungsdatum ist unbekannt, er ist aber weit jünger als ein anderer, auf einem nahegelegenen Hügel befindlicher Kataragama-Tempel (s.u.). Der Ort Kataragama wurde schon im 3. Jh.v. Chr. als *Kajaragama* erwähnt. Damals war er das Hauptquartier der Soldaten aus der Kshatriya-Kaste, die nach Anuradhapura geladen worden waren, um dort dem Pflanzen des heiligen Bodhi-Baumes beizuwohnen (s. auch unter Anuradhapura).

Neben dem Kataragama-Tempel sind **weitere kleine Tempel** angelegt, die dem Gott Ganesh, Kataragamas Bruder, und den Göttinnen Thevani Amma und Valli Amma geweiht sind.

Pujas

Das Hauptgeschehen aber kreist um das Heiligtum des Kataragama. Dreimal täglich versammeln sich hier die Pilger: zu den Morgen-Pujas um 4.30 und 10.30 Uhr sowie zur **Abend-Puja,** die um 18.30 Uhr beginnt und bis ca. 22 Uhr dauert. (Aus Sicherheitsgründen wird der Tempel heutzutage gegen 22 Uhr geschlossen; früher zogen sich die Pujas bis tief in die Nacht hinein.) Die beste Besuchszeit ist zu Beginn der Pujas, wenn sich eine magische Stimmung auf dem Gelände ausbreitet, hervorgerufen durch die inbrünstigen Pilger, die oft lange Reisen auf sich genommen haben. Die meisten kommen, um den Zorn Kataragamas zu besänftigen oder um die Erfüllung eines Wunsches zu bitten. Manch frischgebackener Autobesitzer unternimmt seine Jungfernfahrt hierher, um als allererstes das Verkehrsglück herbeizuflehen!

Etwa gegen 18.30 oder 19 Uhr wird ein mächtiger **Elefant** herangeführt, der – offentsichtlich gut dressiert – draußen vor dem Tempel eine Verbeugung in Richtung des Kataragama-Schreines im Inneren macht.

Kataragama-Esala-Fest

Am sehenswertesten ist Kataragama jedoch zur Kataragama Esala im Juli oder August. Zu dieser Gelegenheit wird der Ort von so vielen Pilgern überrannt, daß die Zimmersuche oft

völlig aussichtslos ist, nicht wenige campieren unter freiem Himmel. Während der Esala regiert die totale Ekstase: Einige Pilger **durchstechen sich Zunge oder Wangen** mit Pfeilen oder anderen spitzen Gegenständen, andere schlagen sich Haken in den Rükken, an denen sie kleine Prozessionswagen hinter sich her ziehen; einige Festteilnehmer tragen auf ihren Schultern *Kavadis*, aus Stangen und Pfauenfedern konstruierte Gerüste, die mit Dutzenden von Nägeln auf den Körper drücken.

Den Höhepunkt der Selbstkasteiungen bildet das **Feuerlaufen:** Dazu baden sich die Teilnehmer zunächst im Kataragama River, meditieren und versetzen sich in Trance, ohne die sie das bevorstehende Ritual nicht heil überstehen könnten. Wenn der Gott endlich von ihrem Körper und Geist Besitz ergriffen hat, laufen sie barfuß über einen Parcours aus rotglühenden Kohlen – ohne sich dabei Verbrennungen zuzuziehen. Das bizarre Geschehen wird vom hypnotischen Ruf „Haro, Hara!" begleitet, eine Anrufform des Gottes Vishnu. In der Hindu-Mythologie gilt Kataragama als eine der Manifestationen des Gottes Vishnu.

Abend-Puja im Kataragama Temple

Kataragama taucht verwirrenderweise auch unter den Namen *Skanda, Murugan, Subramaniam, Karttikeya* und *Kathiresan* auf. Wie um alle hinduistischen Gottheiten, so ranken sich auch um Kataragama **zahlreiche Legenden.** Eine davon sagt einiges über die Rivalität von Tamilen und Singhalesen aus:

Der Überlieferung nach war Kataragama einst zur Erde gekommen und hatte bei Tamilen um Obdach gebeten. Die Tamilen jagten ihn aber unter Schimpf und Schande davon. Also versuchte Kataragama sein Glück bei den Singhalesen. Diese zeigten sich gastfreundlicher und bauten ihm eine Hütte aus Laub. Als Strafe für die hartherzigen Tamilen verfügte Kataragama, daß sie von nun an einmal im Jahr ihren Leib schinden sollten – die Kataragama Esala war erfunden. In der oben beschriebenen Form findet sie nun wohl schon seit über 2.000 Jahren statt.

Eine andere Legende berichtet von einem Hindu-Prinzen namens *Skanda* (alias Kataragama), der auf einem Floß an der Küste Sri Lankas landete. Dort verliebte er sich in die Tochter eines Vedda-Häuptlings, *Valli Amma.* Er machte ihr den Hof, doch Valli Amma lehnte aller Heiratsangebote ab, mit der Begründung, daß der Prinz schon verheiratet sei. Seine Frau war die indische Prinzessin *Thevani Amma.* Um dennoch Valli Amma für sich zu gewinnen ersann Kataragama eine List. So sollte sich sein Bruder *Ganesh* in einen Elefanten verwandeln, um Valli Amma, die bekanntermaßen unter Elefanten-Phoebie litt, zu erschrecken und sie dann heldenhaft zu erretten. Mit Hilfe eines Zaubertranks wollte der Prinz Ganesh später zurück in einen Menschen verwandeln. Alles ging gut – fast: Kataragama rettete die Prinzessin vor dem Elefanten und gewann ihr Herz. Nur den Zaubertrank hatte er zuvor tölpelhaft verschüttet. Folglich konnte er Ganesh nicht mehr in einen Menschen zurückverwandeln, er verblieb halb Mensch, halb Elefant. Die Kataragama-Legende ist somit auch eine von mehreren Entstehungsgeschichten, die sich um den Elefantengott Ganesh ranken.

Kiri-Vihara-Tempel

Einige hundert Meter weiter nördlich auf dem Tempelgelände steht ein buddhistisches Heiligtum, der milchweiße Kiri Vihara („Milch-Tempel"). An dieser Stelle soll Buddha bei seinem dritten Aufenthalt auf Sri Lanka in tiefer Meditation gesessen haben. Die buddhistischen Pilger opfern hier zunächst Blumen und Kokosnüsse, bevor sie dann den Kataragama-Tempel aufsuchen. Ab 18 Uhr ist der Zugangsweg zum Kiri Vihara beiderseits mit Blumen- und Kokosnußständen gesäumt.

Masjid-ul-Khizr

Nahebei steht die Masjid-ul-Khizr, eine Moschee, die einen Schrein umfaßt, den Khizr Thakya. Dieser ist der Moslem-Heiligen *Kumari Nabi* gewidmet, die hier eine Quelle entdeckt haben soll, die sowohl als eine Art Jungbrunnen wirkte, als auch alle Sünden

095sr Foto: Ingo Homan

hinwegwaschen konnte. In der *„Sacred Area"* finden sich somit friedlich nebeneinander hinduistische, buddhistische und moslemische Heiligtümer.

Kataragama Hills

Außerhalb der Stadt erheben sich sieben als heilig verehrte Gipfel, alle Teil einer Hügelkette, der Kataragama Hills.

Auf einem davon, dem Weddi Hiti Kande (etwa 450 m), findet sich der zuvor erwähnte **ältere Kataragama-Tempel.** Dieser war bereits im 2. Jh. v. Chr. so baufällig, daß er von König *Duttha Gamini* erneuert wurde – der König hatte dem Gott die Restaurierung des Tempels versprochen, falls er im Krieg gegen die Tamilen als Sieger hervorginge. Der Tempel wird heute hauptsächlich zur Kataragama Esala besucht.

Gedenktafel für Premawathi Manampheri

Wer von Kataragama in Richtung Tissamahara fährt, entdeckt ca. 100 m hinter dem Chamilla Rest an der linken Straßenseite eine mit zahlreichen Reliefs überdeckte Gedenktafel. Die Abbildungen zeichnen das Leben eines jungen Mädchens namens *Premawathi Manampheri* nach, das 1971 auf tragische Weise den Tod fand.

Premawathi hatte bis zu ihrem 18. Lebensjahr ein normales Leben geführt, mit Schule, Studium etc. Sie war auffallend hübsch, und in einer Feier zum singhalesischen Neujahr wurde sie sogar zur Schönheitskönigin von Kataragama gekürt. Ihre attraktive Persönlichkeit war es auch, die ihr zum Verhängnis wurde: Einige Soldaten hatten ein Auge auf sie geworfen und verhafteten sie unter dem Vorwand, sie gehöre der JVP an, die zu der Zeit gerade eine Terrorwelle in Gang gesetzt hatte. Kataragama war eine der Hochburgen dieser Gruppierung. Polizei und Armee gingen mit äußerster Brutalität gegen vermeintliche JVP-Mitglieder vor, etwa 10.000 wurden gefoltert und getötet. Einige weitere tausend überlebten die Torturen. In Wirklichkeit hatten die JVP-Kader insgesamt nie mehr als 2.000 Leute umfaßt. Die Anti-JVP-Aktionen waren aber der ideale Vorwand für manch persönliche Vendetta.

Auch Premawathis Haft wurde zum Martyrium. Zwischen den „ganz normalen" Folterungen wurde sie vergewaltigt, dann wieder gefoltert, vergewaltigt und so fort. Als die Soldaten sie schließlich umbrachten, war es fast eine Gnade. Der Fall löste landesweite Bestürzung aus und wurde zum Thema eines Buches und eines Theaterstücks: „Das schöne Mädchen und das Gesetz".

Die Soldaten wurden zur Rechenschaft gezogen, und mit vielen Jahren Verspätung ließ Präsident *Premadasa* diese Gedenktafel errichten, genau vor dem Haus des jungen Opfers. Heute wohnt dort noch Premawathis Bruder. Auf der Tafel sind von links nach rechts Szenen aus ihrem Leben dargestellt – links Kindheit und Jugend, in der Mitte ihre Wahl zur strahlenden Schönheitskönigin und rechts ihr Leiden und der erlösende Tod. Eine Gedenktafel, die tatsächlich zu denken gibt.

Unterkunft

Zu beachten ist, daß die Zimmerpreise zum Teil variabel sind; an Tagen, an denen viele Pilger erwartet werden, schnellen sie in die Höhe; so z.B. an Wochenenden oder Feiertagen. Ganz besonders gilt dies zum großen Kataragama-Fest im Juli/August, wenn man schon mehr als Glück haben muß, um überhaupt ein Dach über dem Kopf zu finden.

- Das beste Preis-Leistungsverhältnis bietet das **Ceylon Bank Guest House** (Tel. 047-35229), ca. 100 m vom Busbahnhof, gegenüber der Polizei. Die ordentlichen Zimmer (1-2 Pers.) haben Bad und kosten 430 Rs. Das Guest House gehört der *Ceylon Bank* und steht eigentlich nur Angestellten der Bank und ihren Angehörigen zur Verfügung. Falls Zimmer frei sind, werden aber auch Ausnahmen gemacht (Sa, So meist keine Chance, da voll ausgebucht). Man frage im Guest House nach oder melde sich beim *Welfare Department*, Bank of Ceylon Tower Building, Colombo 1, Tel. 01-544315. Check-Out-Time ist nicht wie üblich 12.00, sondern 11.00 Uhr.
- Sehr empfehlenswert ist das **Ceylon Tourist Board Rest House** (Depot Rd., Tel. 047-35227), das günstig nur ca. 1/4 km von der Busstation entfernt liegt und auch sonst gut gelegen ist – hinter dem Gelände fließt der beschauliche Kataragama-Fluß. Die sehr guten Zimmer (Bad) kosten 440/660/1.320 Rs. plus 10% SC, zum Kataragama-Festival 100 Rs. mehr. Dem Haus ist ein gutes und preiswertes Restaurant angeschlossen, das passend zu diesem heiligen Ort nur rein vegetarisches Essen ausschenkt.
- Nur wenige Meter weiter außerhalb der Stadt befindet sich das ebenfalls recht gute **New Rest House** (Depot Rd., Tel. 047-35299, 35300). Die Zimmer (Bad) kosten inklusive Frühstück 650 (EZ), 850 (DZ) und 1.000 Rs. (Dreier), zuzüglich 10% SC.
- Noch ein paar Schritte weiter liegt das große (76 Zimmer) und gepflegte **Peninsula Hotel**, vormals *Delmon Rest* (Depot Rd., Tel. 047-35213; Tel./Fax 047-35214). Die sauberen Zimmer (Bad) kosten 580 (EZ) und 696 Rs. (DZ), bzw. 1.392/1.740 mit AC. Das Hotel besitzt einen netten Garten. Ein Restaurant mit einheimischer und westlicher Küche ist angeschlossen.
- Sauber und freundlich sind die Zimmer des **Chamilla Rest,** ca. 1 km in Richtung Tissa gelegen (85 Tissa Rd., Tel. 047-35217). Das Haus ist nicht mit dem gleichnamigen kleinen Chamilla Rest zu verwechseln, das sich gegenüber dem Busbahnhof befindet. Die Zimmer (Bad) befinden sich zum Teil im Wohnhaus des Besitzers, bzw. in einem doppelstöckigen Reihen-Bungalow. Kostenpunkt 550 und 650 Rs., bzw. 850 Rs. für Familien-Räume plus 10% SC. Derzeit werden einige weitere Bungalows dazugebaut. Angeschlossen ist ein Restaurant, das neben einheimischen Speisen auch westliche kredenzt.
- Etwa 100 m weiter in Richtung Tissa, gleich links neben der Gedenktafel für *Premawathi*

Manampheri, steht noch das neue, komfortable **Robinson Rest** (Tel. 047-35175, Fax 94-4735099); ordentliche Zimmer mit Bad zu 650 und 850 Rs.

- Nette Zimmer (Bad) im **Jayasinghe Holiday Resort** (32A Detagamuwa, Tel. 047-35146) zu 750 Rs., mit AC 1.500 Rs., die Suite kostet 2.000 Rs.
- Gute Zimmer (Bad) auch im **Sunil's Rest** (Tel. 047-35300), EZ/DZ 600 Rs.
- Außerdem finden sich im Straßenblock gegenüber der Busstation noch etliche weitere, zumeist sehr anspruchslose Unterkünfte. Diese dienen in allererster Linie den einheimischen Pilgern. Siehe **Nadeena Rest, M.C.W. Rest, Ratnadeepa Holiday Inn, People's Rest,** u.v.m. Einzelzimmer kosten um 250 Rs., Doppelzimmer um 300 Rs. Selbstverständlich können sich auch hier die Preise kurzfristig erhöhen.

Essen

- Im oben genannten Straßenblock brutzeln viele kleine, aber ganz annehmbare Restaurants, die ebenfalls in erster Linie von Pilgern aufgesucht werden. Einen Versuch wert sind u.a. **The Bite Restaurant** und das **Darshana Cool Spot.**
- Ausgesprochen gute und reichhaltige Rice& Curry-Gerichte zu 35 Rs. bietet das winzige **Hotel Priyanka.**
- In der rückwärtigen Straße des Blocks gegenüber der Busstation beginnen gegen 18 Uhr einige **Open-air-Hopper-Stände** ihr kulinarisches Werk. Es gibt preiswerte und leckere Hopper mit Curries und Sambol.
- Außergewöhnlich gutes vegetarisches Essen kredenzt das blitzsaubere **Restaurant** im Erdgeschoß des **Ceylon Bank Guest House.** Es gibt hier exzellente Curries, stilvoll serviert auf blinkendem Porzellan. Die Vorräte sind begrenzt, und folglich sind rechtzeitige Voranmeldungen nötig: Für das Mittagessen bis spätestens 10.00 Uhr desselben Tages, für das Abendessen bis spätestens 17.00 Uhr. Die Mühe lohnt.

Anreise

- Von Colombo (283 km) fahren täglich 9 **CTB-Busse** (davon einer über Ratnapura) mit Endpunkt Kataragama, an Wochenenden und Feiertagen werden dazu oft Sonderbusse eingesetzt; aber auch diese Busse sind zumeist hoffnungslos überfüllt. Zusteigemöglichkeiten bestehen entlang der Strecke, so (bei Fahrt über die Küstenstrecke) in Kalutara, Alutgama, Hikkaduwa, Galle, Matara, Tangalle, Hambantota, Tissamaharama u.a. Weitere Busverbindungen direkt ab Galle, Matara, Hambantota, Badulla, Wellawaya u.a.; Zusteigemöglichkeiten jeweils auch hier entlang der Strecke.
- **Taxis** ab Colombo kosten ca. 7.000 Rs., ab Hikkaduwa ca. 5.500 Rs.
- Bezüglich **Flüge** ins nahe Wirawila siehe Kapitel Anreise bei Tissamaharama.

096sr Foto: rk

Zentrales Bergland

097sr Foto: rk

098sr Foto: rk

Innenstadt von Kandy

Dämonisches Detail am Malvatte Vihara

Mönch mit Schlüssel zum Asgiriya Vihara

Überblick

Ein besseres Kontrastprogramm zu den Stränden könnte man sich gar nicht wünschen - dicht bewachsene Hügel und kühle Berge, endlose Teeplantagen, dazu einladende Wälder und Wasserfälle. Entsprechend seiner Lage bietet das Bergland durchweg niedrigere Temperaturen als die Küstenregionen, mancherorts fühlt man sich gar in einen mitteleuropäischen Sommer hineinversetzt. Nach dem Besuch des tropisch-heißen Tieflandes erscheinen die Bergregionen fast wie eine andere Welt. Für viele Besucher ist das Bergland die schönste Region Sri Lankas.

Die ausgezeichneten Verkehrsverbindungen des Landes erlauben heute die **Anreise** von zahlreichen Orten des Küstenstreifens aus. So kann man von Colombo auf direktestem Weg über Avissawella nach Hatton-Dikoya oder Nurelia ins Herz des Berglandes vorstoßen; viele Reisende wählen jedoch den Weg über Kandy, wo sie einige Tage Station machen, andere fahren an der Küste entlang gen Osten, um bei Hambantota und Tissamaharama ins Inland vorzudringen.

In früheren Zeiten war das Hochland weitgehend vom Küstenstreifen isoliert, und so zogen sich die ceylonesischen Könige vor den europäischen Kolonialmächten hierher zurück. Einer alten Weissagung gemäß galt Kandy so lange als uneinnehmbar, wie die Berge um Kandy unangetastet blieben. Die Freiheit würde in dem Moment enden, in dem Fremde die Berge zu durchdringen vermochten. Als die Briten von 1820-1831 die Colombo-Kandy-Straße bauten und dabei das Gebirge durchschnitten, betrachteten die Bewohner von Kandy die Weissagung als eingetreten.

Kandy

↗ VI/B1

Mit ca. 150.000 Einwohnern ist Kandy die viertgrößte Stadt des Landes und der kommerzielle und **touristische Drehpunkt** der Zentralregion. Kaum ein Sri-Lanka-Besucher wird den Ort auslassen. Zwar ist Kandy längst nicht so großartig wie immer dargestellt, dennoch ist es ein guter Ausgangspunkt für zahlreiche lohnenswerte Ausflüge in die Umgebung.

Kandy ist ein sehr lebendiger und reger Ort, so rege, daß seine engen Bürgersteige oft vor Menschen überquellen. Die Straßen in der Innenstadt, um den Central Market herum, sind alles andere als romantisch ruhig, eher laut, hektisch und abgasvernebelt. Wer ein Stückchen Idylle sucht, ist besser in Nähe des **Kandy Lake** aufgehoben, dem Binnensee am Südostrand der Stadt. Hier findet sich die pittoreske Seite von Kandy, mit viel Grün und Kurortatmosphäre. Aufgrund seiner zahlreichen touristischen Einrichtungen - es gibt gute Unterkünfte und Restaurants in Hülle und Fülle - ist Kandy ein idealer Ausgangspunkt zur Erkundung der Zentralregion.

Eine Warnung jedoch gleich dazu: In der Stadt wimmelt es von **Schlep-**

pern, die von Guest-House-Zimmern bis zu Drogen alles anbieten, was Reibach verspricht. Man sollte sie völlig ignorieren! Wer sich mit ihnen einläßt, hat das Nachsehen.

Geschichte

Kandy wurde von **König Vikrama Bahu 3**. gegründet (reg. 1267-1301), dem der Ort von dem Weisen Senkada, der dort in einer Höhle lebte, als sicherer Platz für eine Hauptstadt empfohlen worden war.

Die Stelle wurde damals Senkadagala genannt, „Felsen des Senkada". Der heutige **Name Kandy** beruht auf der späteren Bezeichnung Kande-Uda-Rata („Königreich auf den Hügeln"), die die Portugiesen zu Kanda und die Engländer zu Kandy verballhornten. In ihrer so wechselhaften Geschichte war die Stadt je nach Epoche noch unter diversen anderen Namen bekannt; die Singhalesen nennen sie heute schlicht „Nure" oder „Stadt" (geschrieben *Nuwara).*

Im 16. Jh. kam es zu kontinuierlichen kriegerischen Auseinandersetzungen mit den Portugiesen, die die Stadt 1590 kurz einnahmen, schließlich aber wieder daraus vertrieben wurden. Unter König *Vimala Dharma Suriya I.* (reg. 1592-1627) wurde Kandy **Hauptstadt** und sollte es auch bis zum Ende der Monarchie im Jahre 1815 bleiben. Das von Bergen umgebene Kandy schien der beste Zufluchtsort vor den Portugiesen, die ihren Einfluß im Küstenstreifen beständig ausweiteten. Vimala Dharma ließ sich einen Palast in der Stadt bauen – zu jener Zeit Maha Nuwara („Große Stadt") geheißen –, wobei er auch auf die Arbeitskraft von portugiesischen Kriegsgefangenen zurückgriff.

1602 reiste eine holländische Delegation unter Admiral *Spillbergen* nach Kandy. Es wurde ein Vertrag unterzeichnet, der den **Holländern** den Bau eines Forts an der Küste gestattete und ihnen den freien Handel mit

Blick vom Bahirawa Kande über Kandy

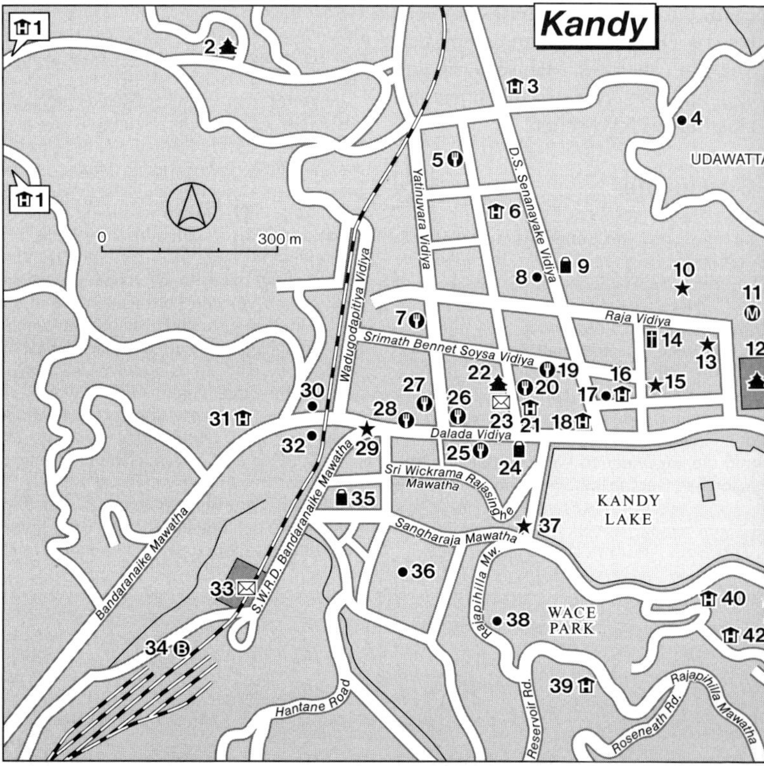

- 1 Hotel Topaz, Hotel Tourmaline
- 2 Asgiriya Vihara
- 3 Burmese Rest Guest House
- 4 Eingang zum Park
- 5 Flower Song Chinese Restaurant
- 6 YMCA
- 7 Foodlands Restaurant
- 8 Kandy City Mission
- 9 KVG de Silva Bookshop
- 10 Vishnu Devale
- 11 Archaeological Museum
- 12 Dalada Maligawa (Zahn-Tempel)
- 13 Natha Devale
- 14 St. Paul's Church
- 15 Pattini Devale
- 16 Olde Empire Hotel
- 17 Air Lanka
- 18 Queen's Hotel
- 19 Ram's Restaurant
- 20 Hotel Kalpana
- 21 Casamara Hotel
- 22 Kataragama-Tempel
- 23 Seetha Agency Post Office
- 24 Cargill's (Dep. Store
- 25 Devon Restaurant
- 26 Impala Restaurant
- 27 Paivas Restaurant
- 28 Sinhale Jatike Rest.
- 29 Uhrturm
- 30 Tourist Police
- 31 Sevana Gest House

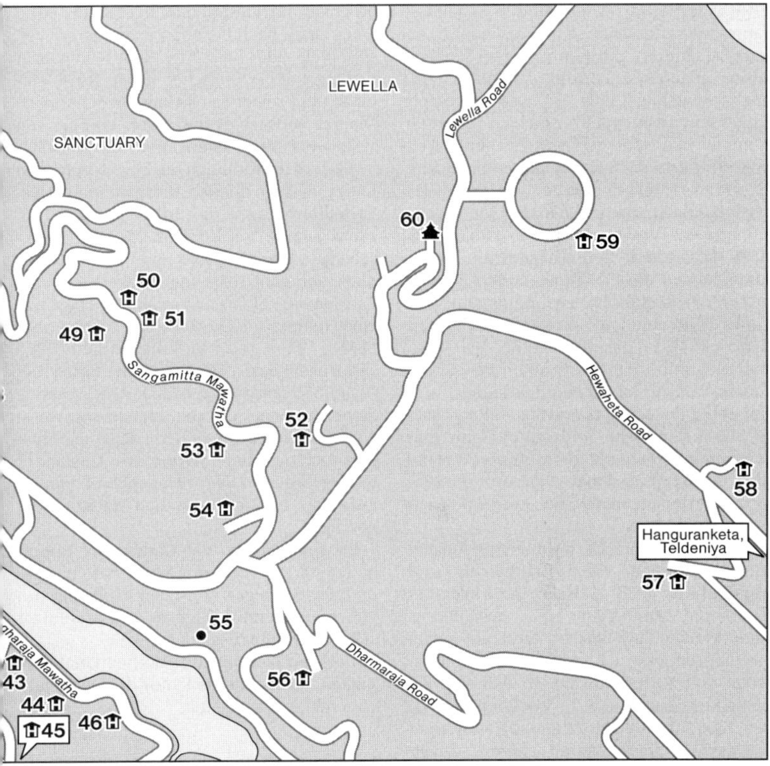

- 32 Polizei
- 33 Hauptpost
- 34 Private Busse
- 35 Central Market
- 36 Gefängnis
- 37 Laksala
- 38 YMBA
- 39 Castle Hill Guest House
- 40 Devon Rest
- 41 Malwatte Vihara
- 42 Lake Round Tourist
- 43 Pink House
- 44 Lake Bungalow
- 45 Lake Inn
- 46 Suisse Hotel
- 47 Arts Association
- 48 National Museum
- 49 Mrs. Jayasundra's Guest House
- 50 Green Woods Guest House
- 51 Little Nest
- 52 Traveller's Nest
- 53 The Lake Club
- 54 Hotel Thailanka
- 55 Buddhist Publication Society
- 56 Mrs. Dissananayake's
- 57 Gem Inn 2
- 58 Prasanna Tourist Inn
- 59 Charm Inn
- 60 Gangarama Vihara
- 51 Jingle Bells
- 52 Travellers' Nest

Zimt und Pfeffer zusagte. In den folgenden Jahren vertiefte Kandy seine Beziehungen zu den Holländern, um sich so einen Verbündeten gegen die Portugiesen zu sichern. Trotzdem wurde Kandy 1623 unter dem portugiesischen General *Constatin de Sa* eingenommen und niedergebrannt. Auf ihrem Weg von der Küste nach Kandy hatten die Portugiesen zuvor auf brutalste Art und Weise alles niedergemacht, was ihnen in die Quere kam.

Auch das Verhältnis zu den Holländern blieb nicht gerade freundschaftlich – letzten Endes waren die Holländer ebenfalls nicht aus rein philanthropischen Gründen nach Sri Lanka gekommen. Zu einem **Zwischenfall** kam es **1646,** als die holländischen Behörden von Negombo einige Elefanten von König *Rajasinha II.* aus Kandy entführt hatten: Darüber geriet der König dermaßen in Rage, daß er 688 holländische Soldaten in Haft nahm und ihrem Kommandanten, *Adrian van der Stell,* den Kopf abschnitt. Den Kopf schickte er dann in einem Seidenbeutel verpackt nach Negombo.

Die Folgezeit brachte permanente **Auseinandersetzungen mit Portugiesen und Holländern.** 1763 nahmen die Holländer Kandy mit 8.000 Mann ein und hielten es neun Monate lang besetzt. Am Ende schnitten die Truppen von Kandy Kommunikationswege und Nachschub ab, so daß sich die Holländer ausgehungert zurückziehen mußten. 1766 schlossen Holland und Kandy unter Gouverneur *Falck* Frieden – dem Gouverneur war aufgegangen, daß man die Gewürze und die anderen Produkte des Landes mit wenig finanziellem Einsatz auch kaufen konnte, anstatt dafür verlustreiche und teure Kriege zu führen.

Nachdem 1796 die **Engländer** die holländischen Besitzungen übernommen hatten, führten sie mehrere aufreibende **Feldzüge gegen Kandy,** das 1815 schließlich eingenommen wurde. König *Vikrama Rajasinha* wurde per „Vertrag" dazu verpflichtet, für sich und seine Nachkommen bis in alle Zukunft auf den Thron zu verzichten, und König *George III.* von England wurde das offizielle Staatsoberhaupt. Unter der Bevölkerung regte sich kein Widerstand gegen den Machtwechsel, denn *Vikrama Sinha* hatte sich zuvor als grausamer Despot hervorgetan, der seine Untertanen nach Belieben malträtieren, verstümmeln oder hinrichten ließ. Nun war er Gefangener der Britischen Krone. 1816 wurde er samt seiner Familie auf ein Schiff nach Madras verfrachtet und dann im Fort von Vellore in Haft gehalten. Dort starb er 1832.

1817-1818 erhob sich die Bevölkerung von Kandy im Zuge der sich ausbreitenden **„Uva-Rebellion"** gegen die Briten, die den Aufstand jedoch mit äußerster Härte niederschlugen: Dörfer, Städte und Felder wurden niedergebrannt, selbst fruchttragende Bäume hackten die Kolonialherren ab. Die Folge war eine Hungersnot. Die Rebellion brachte aber beiden Seiten große Verluste: Im Jahre 1818 verlor allein das 73. Regiment der Briten 353 seiner 856 Soldaten, d.h. über 41%. Von den Einheimischen starben schätzungsweise 10.000, viele davon an den Folgen der Hungersnot. Nach Beendigung des Aufstandes wurden deren Anführer hingerichtet oder ins Exil nach anderen britischen Besitztümern geschickt.

Im 2. Weltkrieg war Kandy das Kriegshauptquartier von *Lord Mountbatten,* dem deutschstämmigen britischen Vizekönig von Indien – eigentlich hieß er, etwas weniger klangvoll, *Battenberg.*

1948, im Jahr der srilankischen **Unabhängigkeit,** wurde auch in Kandy der Union Jack vom Fahnenmast geholt.

Information

Ein Informationsbüro des **Ceylon Tourist Board** befindet sich in 3 Deva Vidiya (oder Temple Street), neben dem Olde Empire Hotel und nahe dem Zahn-Tempel. Tel. 08-222661, geöffnet Mo-Fr 8.30-16 Uhr. Neben persönlicher Information gibt es einige Broschüren.

Stadtverkehr

Kandy ist klein genug, daß die meisten Wege innerhalb der Innenstadt bequem **zu Fuß** zurückgelegt werden können. Vom Bahnhof beispielsweise sind es ca. 10-20 Minuten

In der Innenstadt

Fußweg zu den Unterkünften am Kandy Lake, je nachdem, wo sie liegen.

- Ansonsten bieten sich die **Three-Wheeler** an, die überall anzutreffen sind. Viele der Vehikel stehen vor dem Central Market. Fahrten innerhalb der Innenstadt kosten in der Regel 30 Rs., doch Vorsicht, bei Touristen neigen die Fahrer zu Wucherpreisen.
- **Taxis** (unausgeschildert) parken ebenfalls vor dem Markt, ebenso auf dem Platz zwischen Olde Empire Hotel und Queen's Hotel. Auch hier muß oft hart gehandelt werden. 12-15 Rs. pro Kilometer sind angemessen; bevor man zur Fahrt antritt, sollte man die zurückzulegende Entfernung wissen, um so eine bessere Verhandlungsbasis zu haben. Die Wagen, die am Markt parken, sind zumeist am preiswertesten, denn deren Fahrer haben weniger mit Touristen zu tun und bedienen eher die lokale Kundschaft. Ein sehr netter und zuverlässiger Fahrer, der hier parkt, ist *G.S. Abiratne Banda*, zu erreichen unter Tel. 074-471839 oder 077-322939.
- **Wagen mit Fahrer** können auch von vielen besseren Hotels gestellt werden, mit entsprechend höheren Preisen ist aber zu rechnen.
- Die **Busse,** die von der Stadtbusstation nahe dem Uhrturm abfahren, sind zwar enorm billig, lohnen aber kaum für Fahrten innerhalb der Stadt; zu Ausflügen in die nähere Umgebung sind sie jedoch eine preiswerte, wenn auch nicht immer bequeme Alternative.

Sehenswertes

Kandy Lake

Am Südwestrand der Stadt breitet sich der idyllische, **künstlich angelegte See** aus, der auf den Uferstraßen bequem umwandert werden kann. Der Wanderlust verdankt der See übrigens sein Entstehen: **König Vikrama Rajasinha** (reg. 1798-1815), dem letzten Herrscher von Kandy, war 1801 plötzlich die Idee gekommen, in Zukunft zu Fuß von seinem Palast – nördlich des Sees gelegen – zum Malwatte-Tempel zu gehen. Zu diesem Zweck ließ er einen Damm aufschütten, der die zwischen Palast und Tempel gelegenen königlichen Reisfelder überbrückte und über den er trockenen Fußes zum Tempel gelangen konnte. Bald staute sich soviel Wasser vor dem Damm, daß sich ein See bildete. Von diesem war der König so angetan, daß er ihn *Kiri Muhunda* („Milchsee") taufte. Im Jahre 1810 beschloß er, ihn erweitern zu lassen. Dazu wurden die alten Uferbefestigungen niedergerissen, bis auf ein kleines Stück, das heute als Insel – mit einigen

Kokospalmen darauf – in der Mitte des Sees zu sehen ist. Hier hatte sich zuvor ein königlicher Harem befunden. Die Briten machten daraus später ein Pulverlager, das nach ein paar Jahren jedoch wieder abgerissen wurde. Die gesamten Arbeiten dauerten bis 1812.

Für die Erweiterungsarbeiten zog der König seinen *Mularcharya* oder **Hofarchitekten** heran, der sich dafür den Neid einiger Adliger zuzog. Eines Morgens fand man die Leiche des Architekten im Wasser treibend – er war von seinen Neidern im See, seiner eigenen Schöpfung, ertränkt worden. Obwohl der König über den Mord zutiefst erzürnt war und er alles für die Ergreifung der Täter tat, konnten diese nie gefaßt werden. Aus Trauer um seinen Architekten beriet sich der König mit einem verehrten Mönch. Dieser erklärte ihm den Grund dessen Todes vom spirituellen Blickpunkt her: Dadurch, daß der Architekt mit der Erschaffung des Sees zahllose Tiere hatte ertrinken lassen, so der weise Mönch, hat auch der Architekt selber sterben müssen. Das Gesetz des Karma hat seine unwiderrufliche Wirkung getan. Auch in Zukunft, so prophezeite der Mönch, würde der See seinen Tribut fordern; jedes Jahr müsse jemand darin umkommen – eine Prophezeiung, die sich weitgehend bewahrheitet hat, denn Ertrinkungsfälle im See werden auch heute noch regelmäßig registriert. Die entsprechenden Zeitungsberichte rekapitulieren dabei oft noch einmal die alte Prophezeihung, die bei der Bevölkerung immer noch sehr ernst genommen wird.

Trotz allem stehen am Westufer des Sees an einem Pier mietbare **Boote** zur Verfügung – Fälle, in denen auch Touristen dem See zum Opfer fielen, sind allem Anschein nach nicht bekannt. Ansonsten stellen die den See umschlängelnden Straßen einen guten Spazierweg oder eine ausgezeichnete Jogging-Strecke dar.

Die Straßen um den See sind insgesamt ca. 3,5 km lang; der See selber hat eine Länge von 1,2 km und eine maximale Breite von 150 m.

Malwatte Vihara

Am Südufer des Kandy Lake überblickt der Malwatte Vihara („Tempel des Blumengartens“) das Wasser, einer der beiden **Haupttempel des Siyam-Nikaya-Ordens** und somit auch der Sitz eines der beiden leitenden Äbte des Ordens. Seine historische Bedeutung liegt darin, daß dort im Jahre 1753 zum ersten Male in Sri Lanka die höhere Mönchsweihe durchgeführt wurde (ebenso wie im Adahane-Maluwa-Tempel). Zu diesem Zweck war der Mönch *Phra Ubali* mit zwanzig weiteren Mönchen aus Siam angereist und führte die Tradition der höheren Ordination in Sri Lanka ein. Aus dieser Ordination entstand der Siyam-Nikaya-Orden, dem heute die meisten srilankischen Mönche angehören. Dazu erfuhr der Buddhismus durch den Besuch des siamesischen Klerus ganz allgemein eine Erneuerung, so wie es sich der fromme König *Kirti Sri Rajasinha* auch erhofft hatte. Phra Ubali ist seither in Sri Lanka weitgehend ein Begriff – hier nennt man

ihn *Ubali Thero* –, in seiner thailändischen Heimat ist er jedoch gänzlich unbekannt.

Als die Briten Kandy 1803 belagerten, wurde der Tempel kurzzeitig in ein **Feldhospital** verwandelt, da ein Großteil der Truppen von Krankheiten befallen war.

Die meisten Teile des Tempels, so wie er sich heute präsentiert, stammen aus der Zeit von König Kirti Sri Rajasinha (reg. 1747-1780). Unter anderem beherbergt er eine Buddhastatue, die der Überlieferung nach von Phra Ubali überbracht worden war.

Typischer Sema- oder „Grenz"-Stein am Malvatte Vihara

Zahn-Tempel (Dalada Maligawa)

Der Dalada Maligawa oder „Tempel der Zahn-Reliquie", an der Nordostseite des Kandy Lake gelegen, ist eines der herausragenden Heiligtümer des Landes, vergleichbar mit dem Mekka der Buddhisten. Im ersten Stock, dem Udamale, wird in einem Schrein ein (angeblicher) **rechter Backenzahn Buddhas** aufbewahrt, das sogenannte *Tooth Relic* oder „Zahn-Relikt".

Im Januar 1998 verübten die „Tamil Tigers" auf dem Vorplatz vor dem Tempel ein **Bombenattentat,** das einige Menschen das Leben kostete und die Vorderfront des Gebäudes fast völlig zerstörte. Neben der Vernichtung des Heiligtums hatten sich die Rebellen auch einen großen propagandistischen Sieg erhofft, denn das Attentat erfolgte kurz vor dem geplanten Besuch des britischen Thronfolgers *Charles*. Die srilankischen Sicherheitsbehörden verloren so in den Augen der Weltöffentlichkeit ihr „Gesicht". Seit dem Anschlag ist das Gelände vor dem Tempel weiträumig abgesperrt, und der Besucher hat einige Sicherheitsposten zu passieren. Gleich nach dem Anschlag wurde mit den Restaurierungsarbeiten begonnen; die sich aber sehr lange hinzogen. Selbst einige im Innern befindliche Gemälde mußten restauriert werden.

Der heilige Zahn blieb bei dem Attentat glücklicherweise unversehrt. Wäre er beschädigt worden, wären die Folgen für Sri Lanka möglicherweise verheerend gewesen – Ausschreitungen gegen Tamilen hätten wohl kaum verhindert werden können. Seit dem Attentat werden auch die wichtigsten Tempelanlagen in Anuradhapura, Polonnaruwa und anderen Orten schwer bewacht.

Seiner Heiligkeit entsprechend wird der Buddha-Zahn besonders gut aufbewahrt: Eingefaßt ist er von einem länglichen, reich mit Edelsteinen besetzten Behältnis, genannt *Karanduwa*, das wiederum in einem größeren Behältnis steckt; dieses wird wiederum von einem noch größeren umfaßt usw. Insgesamt sind es sieben solcher Umhüllungen; drei davon sind mit einem Schloß versehen, deren Schlüssel sich im Gewahrsam eines Laien-Verwalters sowie der Äbte des Malwatte- und des Asgiriya-Tempels befinden. Jeder von ihnen besitzt je einen Schlüssel.

Jedes Jahr im Juli/August findet die elftägige **Kandy Perahera** statt, Sri Lankas farbenprächtigstes und größtes Fest. Dabei wird eine Nachbildung der Zahn-Reliquie auf einem ausgewählten Elefanten durch die Stadt getragen (siehe „Feste und Feiertage").

Die **Architektur des Dalada Maligawa** selbst ist nicht besonders augenfällig und verrät kaum den spirituellen Wert der darin verborgenen Reliquie. König *Vimala Dharma Suriya II.* (reg. 1684-1706) hatte an dieser Stelle ursprünglich einen dreistöckigen Tempel errichtet, der jedoch von den Portu-

Blick vom Wace Park über den Kandy Lake zum Zahn-Tempel

102sr Foto: Chaweewan Chuchuay

giesen zerstört wurde. Sein Sohn und Nachfolger *Sri Vira Parakrama* (reg. 1706-1739) ersetzte ihn durch einen zweistöckigen Bau, und *Kirti Sri Rajasinha* (reg. 1747-1780) ließ einige Ausbesserungen durchführen. Der Torbogen über dem Eingang und der Graben um den Tempel mit vielen Fischen und Schildkröten darin gehen auf Kandys letzten König, *Sri Vikrama Rajasinha* (reg. 1798-1815), zurück.

Der auffälligste Teil des Tempels ist jedoch der achteckige, turmähnliche Anbau, der **Pattirippuwa,** der heute eine Bibliothek mit wertvollen alten Palmblatt-Manuskripten beherbergt (Er wurde bei dem Bombenanschlag stark beschädigt). Den Pattirippuwa kann man heute in der Hosentasche mit sich herumtragen, da er auf der Vorderseite einiger Ausgaben des Zehn-Rupien- bzw. auf der Rückseite des Tausend-Rupien-Scheines abgebildet ist. Auch dieser Zubau wurde unter *Vikrama Rajasinha* errichtet, etwa um 1810. An seiner Stelle hatte sich zuvor eine Tempelküche befunden. Der König ließ dort den Pattirippuwa anlegen, um von dessen Balustrade seinem versammelten Volk den heiligen Zahn präsentieren zu können. Angeblich beobachtete er von dort auch gerne das Bändigen frisch gefangener Elefanten.

● Vor dem Schrein des Zahnes finden täglich von 6.30 bis 7.30 Uhr, 9.30 bis 10.30 Uhr und 18.30 bis 19.30 Uhr **Pujas** statt. Der **Eintritt** zum Tempel beträgt 50 Rs., Fotogebühr ebenfalls 50 Rs., Videogebühr 250 Rs. Derzeit gilt auch das Sammel-Ticket des „Kulturellen Dreiecks", dieses beinhaltet jedoch nicht die Fotogebühr.

Museen

Wenige Meter östlich des Zahn-Tempels, in einem alten Palast, der einst einen königlichen Harem beherbergte, ist das **Kandy National Museum** eingerichtet. Hier gibt es eine große Sammlung historischer Dinge: Ritualobjekte, Waffen, medizinische Instrumente, Schmuck, u.v.a. Das Museum ist Mi-Mo 9-17 Uhr geöffnet, Eintritt 50 Rs.

Das **Archaeological Museum** befindet sich im ehemaligen Königspalast

Vorsicht, Geldschneiderei!

Vor dem Tempel bieten sich oft „hilfreiche" Mitbürger oder sogar die wachhabenden Polizisten an, Touristen zu einem an der Nordseite des Zahn-Tempels gelegenen kleinen **Hindu-Tempel** zu führen. Die Bedeutung dieses Tempels liegt darin, daß die dort postierte Figur der Göttin Mariammam (Pattini) in der Perahera-Prozession mitgeführt wird. Im Tempel werden die Besucher dann unter Vorlage eines angeblichen Spendenbuches zu einem **Obulus** genötigt (mit Spenden kaum unter 1.000 Rs.!). Niemand sollte sich zu einer Zahlung zwingen lassen, am besten unterbindet man die Gaunerei, indem man die Geldforderungen völlig ignoriert. Nicht einschüchtern lassen!

Ähnliches gilt bei den **„Schuh-Aufpassern"**, die den ausländischen Besuchern des Zahn-Tempels weismachen wollen, daß sie die Schuhe an „ihrem" Platz vor dem Tempel abzulegen haben (gegen Entgelt, versteht sich). Die Schuhe können kostenlos direkt an der in den Tempel führenden Treppe zurückgelassen werden.

Die vor dem Tempel postierten **Blumenverkäufer** versuchen ihrerseits, die Besucher zu überteuerten Blumenkäufen zu nötigen. Blumen als Opfergabe sind im Tempel keineswegs obligatorisch, schon gar nicht für Nicht-Buddhisten.

Die Odyssee eines Zahns

Ob es sich beim Tooth Relic tatsächlich um einen Zahn des Erleuchteten handelt, darüber werden sich Skeptiker, Gläubige und Historiker wohl niemals einig werden – der Armeearzt *John Davy* bezeichnete es 1821 als angegilbtes Stück Elfenbein, und der „Ceylon Gazetteer" des Jahres 1834 höhnte es gar einen „Affenzahn". Wichtig aber ist wohl nur die intensive Verehrung, die der Reliquie entgegengebracht wird und die alleine schon diesem Ort seine Spiritualität verleiht. Zu jeder Tageszeit versammeln sich zahlreiche Gläubige vor dem Schrein, in dem der Zahn aufbewahrt wird und beten in tiefer Inbrunst – dies ist als eine Respektsbezeugung vor dem einstigen Besitzer des Zahnes zu verstehen, nicht als Hokus-Pokus um ein zweifelhaftes Objekt.

Das Zahn-Relikt soll von dem **Weisen Khema** aus Buddhas Scheiterhaufen gerettet worden sein. Im Jahre 311 wurde es von der Tochter des Königs von Kalinga (Südindien) in ihrem Haar nach Sri Lanka gebracht. Ihr Vater lag zu jener Zeit mit einem Nachbarkönig im Krieg, und er befürchtete eine Niederlage und den Verlust der unschätzbar wertvollen Reliquie. Der Zahn wurde daraufhin in Anuradhapura aufbewahrt.

In den folgenden Epochen befand er sich zumeist in der jeweiligen Hauptstadt des Landes, als eine Art **spiritueller Talisman des Reiches.** Ganz sicher vor fremdem Zugriff war er jedoch trotz allem Schutz nicht, und gelegentlich bemächtigte sich sogar der Klerus des Zahnes, dann nämlich, wenn der augenblickliche Herrscher entweder nicht ganz bei Sinnen oder anderweitig nicht vertrauenswürdig schien. Unter König *Parakrama Bahu I.* (reg. 1153-1186) bemächtigte sich sogar dessen Tante des Zahnes, die sich damit nach Indien abzusetzen gedachte. Anfang des 13. Jh. wurde er tatsächlich nach Indien entführt und gelangte erst wieder nach Sri Lanka, als *Parakrama Bahu III.* 1288 persönlich nach Indien reiste und die Rückgabe erwirkte.

103sr Foto: Chaweewan Chuchuay

Die Tür zum Zahn des Buddha

Die Odyssee des Zahnes war damit aber noch lange nicht zu Ende, und die zahlreichen Geschichten darum vermischen sich streckenweise zu einem undurchdringlichen, widersprüchlichen Gespinnst. Im Jahre 1560 bemächtigten sich die **Portugiesen** der Reliquie, die sie anschließend triumphierend in ihre Kolonie Goa brachten. Der König von Pegu (Burma) bot eine hohe Summe für deren Rückgabe, doch vergebens. Der Erzbischof von Goa ließ sie stattdessen in einer Zeremonie öffentlich verbrennen – das besagt zumindest eine der Überlieferungen –, um so den Sieg über das „Heidentum" zu demonstrieren. Die Asche des Zahnes wurde ins Meer gestreut. Das Ereignis wurde von den portugiesischen Chronisten jener Zeit mit solcher Akribie geschildert, daß diese Version durchaus glaubhaft scheint. Einer anderen zufolge war der verbrannte Zahn jedoch nur eine Kopie, die kluge Mönche zuvor angefertigt hatten. Einige Wundergläubige waren gar davon überzeugt, der Zahn habe sich vor den Portugiesen in Sicherheit gebracht, indem er durch die Lüfte auf- und davonflog!

Sicher ist, daß **Nachbildungen des Zahnes** an vielen Königshöfen zu den Hofreliquien gehörten; selten waren Kopien mitnichten. *Marco Polo* berichtete davon, daß im Jahre 1281 *Kublai Khan* den ceylonesischen König um einen Buddha-Zahn bat, worauf der Monarch ihm postwendend gleich zwei Zähne zukommen ließ – es waren etwas groß geratene Backenzähne. Als Zugabe lieferte er gar ein vermeintliches Haarbüschel des Buddha.

Nach einigen Überlieferungen ist auch der heute im Dalada Maligawa ausgestellte Zahn eine Nachbildung, der echte befindet sich demnach in einer geheimen Dagoba im Inneren des Tempels.

Nach vielen Standortwechseln verlor sich im 18. Jh. die Spur des Reliktes. Mönche hielten es vor den europäischen Mächten versteckt.

1818 wurde ein britischer Kolonialbeamter in Nalanda auf einen Mönch aufmerksam, der ganz unmönchsmäßig viel Gepäck mit sich herumtrug. Dessen Durchsuchung förderte die lange aus den Augen verlorene Reliquie ans Tageslicht, eingewickelt in endlose Schichten von Stoff.

Die Inbesitznahme des Zahnes durch die **britische Kolonialmacht** brach weitgehend die Rebellion, der sich die Briten zu jener Zeit ausgesetzt sahen, denn der Besitz des Zahnes bedeutete traditionell auch den Besitz der Macht. Die Briten hielten das geheiligte Objekt bis 1846 unter ihrer Kontrolle, streng bewacht, aber mit genügend religiösem Respekt, um nicht den Zorn der Buddhisten und damit eventuell neuerliche Aufstände heraufzubeschwören. Der verhältnismäßig behutsame Umgang mit dem buddhistischen Glauben brachte dafür den christlichen Klerus in Rage, der in der toleranten Haltung der Kolonialmacht eine „direkte Förderung heidnischer Bräuche" sah. Zwischenzeitlich bot das buddhistische Siam 50.000 Pfund zum Kauf der Reliquie, ohne Erfolg. Die Briten gaben den Zahn schließlich wieder dem Tempel zurück. Heute stellt er die **wichtigste aller Buddha-Reliquien** in Sri Lanka dar.

Im Obergeschoß des Zahn-Tempels wird die Geschichte Buddhas und des Zahnes in 21 bunten **Wandgemälden** nacherzählt. Das erste Gemälde zeigt die Geburt Buddhas, bei der er sogleich neun Schritte in alle Himmelsrichtungen tut, das letzte die Rückgabe des Zahnes durch die Briten.

und stellt sehenswerte Holz- und Steinskulpturen sowie Säulen und Stelen aus der Kandy-Epoche aus. Das Museum ist Sa-Do 9-17 Uhr geöffnet, Eintritt wie oben.

Asgiriya Vihara

Dieser an den Fuß eines Hügels gebaute „Tempel des Pferdeberges" ist der **Sitz** eines der beiden leitenden Äbte **des Siyam-Nikaya-Ordens** und daher einer der wichtigsten Tempel des Landes.

Vom Tempelgelände führt eine Treppe auf den benachbarten Hügel mit einem darauf befindlichen heiligen Bodhi-Baum. In einem der Tempelgebäude ist eine **liegende Figur des Buddhas** untergebracht (einen der Mönche bitten, das Gebäude aufzuschließen!), und in einem Raum rechts davon befindet sich eine hölzerne, knapp 2 m hohe **Nachbildung des Zahn-Tempels.** Diese ist neueren Datums. Im Inneren dieser Nachbildung ist jedoch eine alte, ca. 40 cm hohe Elfenbeinfigur eines stehenden Buddhas zu sehen; diese hatte zu Zeiten des letzten Königs von Kandy, *Sri Vikrama Rajasinha* (bis 1815), in dessen Palast gestanden und wurde von ihm täglich in einer Puja verehrt. Hinter der Zahntempel-Nachbildung sind einige Schränke voller alter Palmblatt-Manuskripte zu sehen. Einige davon stammen aus Thailand und sind in einer für Laien heute kaum noch zu entziffernden alten Thai-Schrift geschrieben.

Alle Gebäude des Tempels sind normalerweise verschlossen, wie überall in Sri Lanka sind die dort lebenden

Der letzte König von Kandy – Wandgemälde im Asgiriya Vihara

Mönche aber sehr gastfreundlich und gewähren auf Wunsch Einblick.

Adahane Maluwa Vihara

Nur ca. 3 Minuten Fußweg vom Asgiriya-Tempel befindet sich der unscheinbare Adahane-Maluwa-Tempel, umgeben von viel Grün. Sein interessantestes Merkmal ist die **Statue** des thailändischen Mönches **Phra Ubali**, der hier - genau wie im Malwatte-Tempel - 1753 die höhere Mönchsweihe in Sri Lanka eingeführt hatte, die bis dahin dort noch nicht vollzogen worden war. Die Figur des Mönches stammt aus dem Jahre 1986 und wurde in Thailand hergestellt. Links neben dem kleinen Schrein, in dem sie untergebracht ist, wird auf einer zweisprachigen Plakette (Singhalesisch und Thai) von der Mönchsweihe berichtet.

Uduwattakele Sanctuary

Dieser kleine **Naturschutzpark** im Nordosten der Stadt ist mit dichter Vegetation bewachsen und beherbergt eine große Menge von Affen und zahlreiche Vogelarten. Die Straße zum Park kann bis zum Kassenhäuschen (Eintritt 250 Rs.) mit dem Auto befahren werden, ab dort ist dieses jedoch stehenzulassen, es bietet sich dann eine lohnenswerte Wandermöglichkeit. Geöffnet 8.00-17.30 Uhr.

Aussichtspunkte

Der Ausblick auf das von Bergen umringte Kandy kann von mehreren guten Aussichtspunkten aus genossen werden:

Die bekannteste Stelle ist wohl der kleine **Wace Park** an der Südwestseite des Kandy Lake, zu dem eine leicht befahrbare Straße hinaufführt. Vom Park aus hat man einen Ausblick auf den direkt darunter gelegenen See und Kandy. Fahrten mit dem Three-Wheeler ab der Innenstadt dürften retour ab ca. 120 Rs. kosten.

Einen anderen Blickwinkel bietet der **Bahirawa Kande** an der Nordwestseite der Stadt. Auf diesem Hügel thront eine **28 m hohe, weiße Buddhastatue,** die in Richtung Zahn-Tempel blickt. Die Figur, genannt Samadhi Buddha, die fast von jedem Punkt in der Stadt aus zu sehen ist, wurde am 1. Januar 1993 eingeweiht, nachdem der Bau schon 1978 begonnen worden, aufgrund von Finanzierungsproblemen jedoch zwischendurch eingestellt worden war. Die Figur wurde vom bekannten srilankischen Künstler *Albert Wijesekera* entworfen. Vom Hügel am Buddha ergibt sich eine freie Aussicht auf die Stadt und direkt auf die Vorderseite des Zahn-Tempels.

Fahrten mit dem Three-Wheeler sollten hin und zurück ab ca. 100 Rs. kosten. Der Eintritt zu dem Gelände unmittelbar um den Buddha kostet für Ausländer 100 Rs. (Einheimische kostenlos). Der Aussichtspunkt davor befindet sich außerhalb dieses Bereiches, und der Zugang dazu kostet nichts.

Ein weit unbekannterer Aussichtspunkt ergibt sich beim Dorf **Pheri Satte,** das sich auf einem Hügel an der Ostseite des Sees befindet. An seiner obersten Stelle ist dieser zu einem kleinen Plateau abgeflacht, das als eine Art rustikaler Bolzplatz dient. Von hier bieten sich ausgezeichnete Ausblicke in Richtung Osten über den sich dahinwindenden Mahaweli und viel Grün; bei der Anfahrt auf die Anhöhe blickt man von der anderen Hügelseite auf den Kandy Lake. Die Anfahrt per Three-Wheeler (schlechte Straße) sollte hin und zurück ca. 100 Rs. kosten.

Kandy Dance

Aufführungen der traditionellen Kandy-Tänze finden täglich an verschiedenen Orten statt (meist um 20 Uhr); viele der **gehobenen Hotels** bieten solche Shows (Thilanka Hotel, Queen's Hotel u.a.). Gute Aufführungen finden auch in der Y.M.B.A. Hall statt (5 Sangharaja Mw.; nahe dem Devon Rest, tägl. 17.45 Uhr, Eintritt 250 Rs). Die Beleuchtung in der Halle ist sehr düster, und wer Fotos machen will, sollte einen sehr „schnellen" Film (mindestens 400 ASA) und ein starkes Blitzgerät bereit haben. Nach Voranmeldung (und Zahlung einer angemessenen „Aufwandsentschädigung") lassen sich die Tänzer eventuell auch bei ihren Vorbereitungen beobachten.

Informationen zu aktuellen Aufführungsorten und -zeiten erhält man auch beim Tourist Information Office.

In Amunugama, 10 km von Kandy, befindet sich die **Kandyan Dance Academy,** in der Kandy-Tanz gelehrt wird.

Unterkunft

Kandy bietet ein reichhaltiges Angebot an unterschiedlichsten Unterkünften; für jeden Geldbeutel ist etwas dabei. Hier muß aber noch einmal dringlichst vor den **Schleppern** gewarnt werden, die den ankommenden Bussen und Zügen auflauern. Einige steigen sogar schon kurz vor Kandy in den Zug ein!

Zum Auffinden eines guten Guest Houses oder Hotels braucht man keinen Schlepper; man suche sich stattdessen eine Unterkunft aus der unten folgenden Liste aus und fahre schnurstracks mit dem Three-Wheeler dort hin. Die Fahrpreise ab Bahnhof oder Busstation zu den meisten Unterkünften sollten ca. 50-60 Rs. betragen. Behauptungen der Schlepper, daß bestimmte Unterkünfte „absolut voll" oder „nicht gut" seien, beruhen auf Eigeninteresse, außer acht lassen!

Falls sich die aus der folgenden Liste ausgesuchte Unterkunft tatsächlich als belegt erweisen sollte, finden sich in deren Nähe noch genügend andere.

Was die **gehobeneren Hotels** angeht, so sind diese **meist stark überteuert** und bieten kein gutes Preis-Leistungsverhältnis. Mit einem Guest House der Mittelklasse ist man oft weit besser bedient.

Zu beachten ist noch, daß die Zimmerpreise zwischen **Saison** (November-April) und Off-Season oft erheblich schwanken. Meistens werden die Preise Anfang November, zu Saison-Beginn, kräftig angehoben. Die im folgenden angegebenen Preise sind die derzeit aktuellen Saison-Preise; in der Off-Season müßten die Preise eigentlich darunter liegen. Je größer und teurer das Hotel, desto größer sind die Preisunterschiede .

Fast gänzlich unmöglich, ein Zimmer zu finden, ist es zur **Zeit der Kandy Perahera** (siehe „Feste und Feiertage"), zu der sich die Zimmerpreise gleich vervielfachen. Lange Vorbuchungen sind anzuraten.

In der Saison sind viele der größeren Hotels mit Tourgruppen belegt, so daß die „Laufkundschaft" das Nachsehen hat. Auch hier sind **Vorbuchungen** zu empfehlen; meistens reicht es, ein paar Tage vorher im Hotel seiner Wahl anzurufen.

Um den Kandy Lake

In unmittelbarer Nachbarschaft des Sees finden sich einige Dutzend Unterkünfte, die auch zu den ruhigsten gehören. Ein dabei in Kauf zu nehmender Nachteil ist – falls man irgendwelche Besorgungen zu erledigen hat – die Entfernung zur Innenstadt (1-2,5 km, je nach Wohnort). Alle Unterkünfte bieten auch Mahlzeiten an, so daß man auf die Restaurants der Innenstadt nicht angewiesen ist.

- Die preisgünstigste Wohnmöglichkeit hier ist das rosafarbene **Pink House** (15 Saranankara Para, kein Tel.), am Anfang einer kleinen Gasse gelegen, die von der Südseite des Sees abzweigt. Es gibt 6 einfache, aber ordentliche Zimmer (Gemeinschaftsbad) zu 125 Rs. (EZ) und 250 Rs. (DZ). Das Besitzer-Ehepaar ist sehr freundlich und hilfreich, es herrscht eine nette Atmosphäre.
- Einige Schritte weiter die Straße aufwärts liegt das kleine **Star Light Guest House** (15/A Saranakara Para, Tel. 08-233573). Der Besitzer, *Mr. Wijekoon*, ist ausgesprochen nett und spricht ein wenig Deutsch – das hat er als Barmann im *Suisse Hotel* gelernt. Die Zimmer (Bad) sind einfach aber bewohnbar; EZ 300, DZ 500 Rs.
- Die noch etwas weiter die Straße aufwärts gelegene **Freedom Lodge** (Tel. 08-223506) hat sehr saubere Zimmer mit Bad zu 500 und 600 Rs., z.T. mit Balkon.
- Am oberen Ende der Straße befindet sich das ruhig gelegene **Lake Inn** (43 Saranankara Para, Tel. 08-222208). Recht gute Zimmer (Bad, h/k Wasser) zu 400 Rs. (EZ), 500 Rs. (DZ) und 650 Rs. (Dreier); die meisten Zimmer mit Balkon. Außerdem steht ein geräumiges Apartment, bestehend aus 2 Zimmern, Küche und Bad, zur Verfügung; Kostenpunkt 1.000 Rs./Tag. Plus 10% SC und 5% St.
- Etwas rechts vom *Lake Inn* liegt das von einer Deutschen und ihrem srilankischen Mann geleitete **Sharon Inn** (59 Saranakara Para, Tel. 08-25665; Fax 94-8-232343) mit Zimmern (Bad) zu 300-1.000 Rs. Sehr gelobt wird das Essen des Hauses.
- Ebenfalls in einer Straße abseits des Sees liegt das **Lake Round Tourist Guest House** (8/5 Sangharaja Mw., Tel. 08-22689). Alle 9 Zimmer haben Bad, 5 davon auch warmes Wasser; Kostenpunkt EZ 350 und 400 Rs., DZ 450, 500 und 600 Rs. Dazu kommen 10% SC. Es gibt einen Fahrrad- und Motorradverleih (letztere 450 Rs./Tag), direkt neben dem Haus befindet sich das der gleichen Familie gehörende Prabashee Gems, ein Edelsteingeschäft, in dem kostenlose Video-Shows über Edelsteinschürfen und -schleifen gezeigt werden. Das Ganze hat natürlich einen kommerziellen Hintergrund, doch wer nichts kaufen will, der kauft einfach nichts.
- Sehr saubere und ordentliche Zimmer hat das freundliche **Ivy Banks Guest House** an der Südseite des Sees (52 Sangharaja Mw., opposite Kandy Garden Club, Tel. 08-234667). Alle Räume haben Bad mit h/k Wasser; Kostenpunkt EZ 400, DZ 750, Dreier 900 Rs., dazu 10% SC und 5% St.
- Dieselben Besitzer betreiben auch das **Ivy Banks Resort** (68 Rajapihilla Mw., Tel. 08-234667), eine Bungalow-Anlage im Kolonialstil. Diese befindet sich noch etwas oberhalb von The Chalet (s.u.), und vom Garten des Hauses ergeben sich großartige Ausblicke. Zimmer-Preise wie im *Guest House* (s.o.).

●Empfehlenswert ist das **Hillway Tour Inn** (90 A, 1/1 Rajapihilla Mw., off Ampitiya Rd., Tel. 08-225430). Das Haus gehört einer netten Familie, die Zimmer sind wohnlich und die seenahe idyllische Lage hat auch etwas für sich. Die Zimmerpreise richten sich nach Größe und Ausstattung, einige Zimmer haben warmes Wasser, andere nicht. Es gibt ein EZ ohne eigenes Bad zu 300 Rs., EZ/DZ mit Bad zu 400 und 500 Rs. sowie einen großen Family Room mit Bad zu 600 Rs. Zu allen Preisen 10% SC. Essen ist zu relativ vernünftigen Preisen (gemessen an anderen Unterkünften) im Haus erhältlich, auch Sonderwünsche wie vegetarische Speisen o.ä. Auf der negativen Seite berichtete ein Leser, daß ihm im Schlaf aus dem verschlossenen Raum die Kamera abhanden kam und sich der Besitzer nach vorgebrachter Beschwerde völlig unkooperativ verhielt.

●Günstig direkt am See liegt das **Lake Bungalow** (22/2 Sangharaja Mw., Tel. 08-22075). Es bietet einfache Zimmer mit Bad zu 400 Rs., dazu müßte mittlerweile ein Neubau mit zwei Apartments fertig gestellt sein.

●Eine gute Aussicht auf die Stadt bietet sich vom **McLeod Inn** (65A Rajapihilla Mw., Tel. 08-222832). Die sechs Zimmer sind sauber und haben ein eigenes Bad, zwei davon auch mit warmem Wasser. EZ/DZ kosten 650 bzw. 750 Rs., dazu 10% SC.

●An derselben Straße finden sich einige weitere gute Unterkünfte, alle mit gutem Ausblick: das **Lake View Rest** (71 Rajapihilla Mw., Tel. 08-232034; Fax 08-232043), Zimmer mit Bad zu 500/600 Rs.; das **Blinkbonnie Tourist Inn** (69 Rajapihilla Mw., Tel. 08-222007), mit Zimmer (Bad; h/k Wasser) zu 650/750 Rs. plus 10% SC; das **Republic Holiday Inn** (66 Rajapihilla Mw., Tel. 08-224231), mit Zimmern (Bad) zu 450 Rs. plus 10% SC; und die besonders empfehlenswerte, ruhig gelegene **Royal Tourist Lodge** (93 Rajaphilla Mw., Tel. 08-222534; Fax 94-8-232554). Dies ist eine der angenehmsten Unterkünfte am See, was auch auf den freundlichen Besitzer zurückzuführen ist. Die Zimmer (Bad; h/k Wasser) sind groß, hell und sauber und haben Balkon. EZ zu 800 Rs., DZ 1.000 Rs. und Dreier zu 1.200 Rs., dazu 10% SC.

●Eine Klasse darüber ist das nur wenig von den o.g. Unterkünften entfernte **Hotel Chalet** (32 Gregory's Rd., Tel./Fax 08-234571) angesiedelt. Die ausgezeichnete, ruhige und von viel Grün umgebene Lage hat ihren Preis: Die komfortablen Zimmer (Bad; h/k Wasser) kosten, je nach der gebotenen Aussicht, EZ 22 US$, DZ 30 US$, Dreierzimmer 43 US$ und eine Suite 45 US$, dazu je 10% SC und 10% St. Der Besitzer des Hotels ist *Frederick de Silva*, einst srilankischer Botschafter in Paris, und in der Lobby sind zahlreiche Fotos ausgehängt, die ihn beim trauten Stelldichein mit den politischen Größen der Welt zeigen. Auf einem davon begrüßt er gerade *Willy Brandt*.

●Das **Hotel Thilanka** (3 Sangamitta Mw., Tel. 08-232429, 23429; Fax 94-8-225497, E-Mail: thihtl@sri.lanka.net/thilanka), einst eines der ersten Plätze der Stadt, läßt heute zu wünschen übrig. Von außen ist das Hotel bombastisch, die Zimmer (Bad) sind jedoch ihr Geld nicht wert. Wie in vielen Hotels wird jede Saison der Preis erhöht, nicht aber der Standard. Sehr gut ist nur der erhöht gelegene Swimmingpool, mit wunderbarem Ausblick auf den See. EZ 40 US$, DZ 48 US$.

●Ebenfalls nicht so gut, wie man von außen annehmen möchte, ist das **Suisse Hotel,** an der Südseite des Sees nahe dem Malwatte-Tempel gelegen (30 Sangharaja Mw., Tel. 08-222637, 223024 bis 5). Die Zimmer sind ihr teures Geld nicht wert, dafür aber sehr laut – man hört jeden Lärm, den die dort absteigenden Pauschaltouristen feucht-fröhlich verursachen. Zimmerpreise EZ 42, DZ 46 und Dreier 55 US$; dazu die üblichen Stn. Wer mehr Geld investieren möchte, kann die Mountbatten Suite versuchen. Diese ist nach Lord Mountbatten benannt, der im 2. Weltkrieg eine Zeitlang darin wohnte. Einige der Möbel aus jenen Tagen sind noch erhalten.

●Das **Devon Rest** (4E Sangaraja Mw., Tel. 08-232392) überblickt den See und liegt dennoch sehr zentral. Die Zimmer (Bad) sind recht ordentlich. EZ an der den See überblickenden Seite 700, DZ 850 Rs.; die Zimmer an der unattraktiveren Rückseite kosten 620/870 Rs., 10% SC.

●Einige der günstigsten Unterkünfte finden sich nördlich oder nordöstlich des Sees. Das

Green Woods (34A Anagarika Dharmapala Mw., Tel. 070-800674) grenzt direkt an das Udawattakelle Sanctuary an und hat nette Zimmer mit Bad zu 400 und 500 Rs., letzteres auch mit heißem Wasser.

●Das daneben gelegene **Little Nest** hat Zimmer mit Gemeinschaftsbad zu 200 Rs./Pers.

●Zimmer in **Mrs. Yamuna Jayasudera's** netten Privathaus (Tel. 08-227158) kosten 400 Rs.; Gemeinschaftsbad.

●Sehr beliebt ist das **Travellers' Nest** (117/4 Anagarika Dharmapala Mw., Tel. 08-222633, 232174), das von der freundlichen *Mrs. Herath* geleitet wird. Zimmer mit Bad zu 500 und 600 Rs., dazu gibt es Schlafsaalbetten zu je 150 Rs.

●Ebenfalls beliebt ist **Mrs. Clement Dissananayake's** (18 First Lane, Dharamraja Rd., Tel. 08-225468), dessen Zimmer mit Bad 450 Rs. kosten, Zimmer ohne eig. Bad 300 Rs. Auf Anruf hin wird man vom Bahnhof oder der Busstation abgeholt. Im Haus gibt es ein Motorrad zu mieten.

●Das **Gem Inn 2** (Hewaheta Rd., Talwatte, Tel. 08-224239)liegt weit im Osten der Stadt, von dessen erhöhter Lage sich ein wunderbarer Ausblick ergibt. Zimmer zu 300 und 450 Rs., einige haben Balkon. Das Haus ist gut 2,5 km von der Innenstadt entfernt; Three-Wheeler von dort dürften ca. 60 Rs. kosten.

●Das nebenan gelegene **Hotel Sunray** (117/8 Anagarika Dharmapala Mw., Tel./Fax 08-222207, Fax 94-8-232517) hat einen kleinen Garten und gemütliche Zimmer (Bad) zu 15 US$ (EZ) und 19 US$ (DZ); dazu 10% SC und 6% St. Ein Billard-Raum ist vorhanden.

●Sauber, aber etwas zu teuer, ist nebenan das **Bonavista** (117/4 Anagarika Dharmapala Mw., Tel. 08-223190). Zimmer (Bad) 750 und 800 Rs., dazu 10% SC und 10% St.

●Etwas weiter nordwärts liegt das von einem netten Ehepaar geleitete **Prasanna Tourist Inn** (53/29 Talwatte, Tel. 08-224 365); zu diesem führt ein sehr steiler Weg, der vom Anagarika Dharmapala Mw. abzweigt. Die Zimmer (Bad) sind ausreichend und mit 200 Rs. (Bad) und 250 Rs. (DZ) sehr preiswert. Auch das Essen ist nicht zu teuer: Ein Frühstück z.B. kostet 60 Rs.

●Weitere Guest Houses mit Zimmern zu ca. 250-400 Rs.: **River Breeze Inn** (101/4 Lady McCallum's Drive, Tel. 08-23724); **Suisse View Holiday Home** (32/40 Sangharaja Mw., Tel. 08-223246); **Friendly Family Guest House** (291A Senanayake Vidiya, Tel. 08-223246); **Charm Inn** (30/34 Bangalawatte, Tel. 08-225659); **A.H.A. Malik** (18 Bogodawatte Rd., Suduhumpola, kein Tel.); **Madugalle's** (291A D.S. Senanayake Vidiya, Tel. 08-223246).

In der Innenstadt

Die Innenstadt bietet wenige Unterkünfte:

●Das freundliche **Sevana Guest House** (84 Peradeniya Rd., Tel. 08-222861), etwa gegenüber der Post und nahe der Tourist Police, hat saubere Zimmer (Bad) zu 350 Rs. Die Besitzer mühen sich redlich um ihre Gäste und verfügen über eine große Musiksammlung, die den Bewohnern des Hauses zur Verfügung steht.

●Das **Burmese Rest** (270 D.S. Senanayake Vidya) ist Teil eines Tempelkomplexes und hat vier Zimmer (Gemeinschaftsbad) zu 100 Rs./Pers. Essen ist nicht erhältlich, es besteht jedoch eine Kochgelegenheit; allerdings darf nur vegetarisches Essen zubereitet werden.

●Die **Kandy City Mission** (125 Senanayake Vidiya, Tel. 08-223464) ist Teil eines größeren Projektes, das auch eine Orchideenfarm, eine Töpferei, Möbelschreinerei, Batik- und Kerzenherstellung umfaßt und deren Produkte in einem Ausstellungsraum neben der Mission auch verkauft werden. Das Unternehmen geht auf den deutschen Pfarrer *Karl Sundermeier* zurück, der 15 Jahre in Kandy lebte. Das gesamte Unterfangen nennt sich Augustawatte Project, nach dem Ort nahe Kandy, wo sich dessen Zentrum befindet. Die Zimmer in der Mission (alle mit Bad) kosten EZ 250, DZ 450 und Dreier 600 Rs. plus 10% SC. Zimmer mit AC kosten 100 Rs. Zuschlag. Angeschlossen ist auch ein sehr gutes Restaurant, und direkt im Eingang werden Backwaren verkauft.

●Ausgezeichnet für seinen Preis ist das noch aus Kolonialzeiten stammende **Olde Empire Hotel** (21 Temple St., Tel. 08-224284), 100 m westlich des Zahn-Tempels gelegen, das über die Jahre seinen exzellenten Standard als auch seine niedrigen Preise beibehalten hat.

Die Zimmer (Gemeinschaftsbad) sind einfach, aber blitzsauber und gemütlich, EZ kosten 300, DZ 350 Rs. Auf einer Veranda im 1. Stock läßt es sich gut entspannen, im Erdgeschoß befindet sich ein ausgezeichnetes Restaurant, das auch von Einheimischen aufgesucht wird – ein Zeichen für Qualität.

- Einen Steinwurf entfernt steht das 1884 errichtete **Queen's Hotel** (Dalada Vidiya, Tel. 08-222813, 233290), das ebenfalls einen kolonialen Charme ausstrahlt. Wie bei allen Häusern dieser Art geizten die Innenarchitekten nicht mit Holz, die Gänge sind sehr großzügig angelegt, ganz anders als bei den meisten modernen Hotels. Die Zimmer (Bad; h/k Wasser) sind gemütlich und sauber, einige, die nach vorne heraus liegen, könnten gelegentlich aber etwas laut sein. EZ zu 42 US$, DZ 46 US$ und Dreier 55 US$, dazu jeweils 10% SC. Swimmingpool, Restaurant und Bar sind vorhanden.

Im Zentrum

- Das **Casamara Hotel** (12 Kotugodella Vidiya, Tel. 08-223206, 232050, 234327; Fax 08-232050) wurde kürzlich renoviert und hat nun sehr ordentliche Zimmer mit modernem Bad. Die sehr zentrale Lage ist ein weiteres Plus. Zimmer zu 18 (EZ), 20 (DZ) und 22 US$ (Dreier); mit Klimaanlage kosten die Zimmer 8 US$ mehr. Zu allem 10% SC.

In anderen Stadtbereichen

Weitere Unterkünfte finden sich an der West- oder Südwestseite Kandys, alle in gehobener Preislage. Die Umgebung ist sehr idyllisch, mit viel Natur und viel Ruhe.

- Relativ preiswert ist noch das angenehme **Riverdale Hotel** (32 Anniwatte, Tel. 08-223020) mit komfortablen Zimmern (Bad; h/k Wasser) zu 20 US$ (EZ/DZ) und 25 US$ (Dreier); dazu jeweils 10% SC und 5% St.
- Eine Klasse darüber liegen **Hotel Hilltop** (200/21 Bahirawakanda, Tel. 08-224162; Fax 94-1-433755), EZ 31 US$, DZ 41 US$, Dreier 45 US$, plus insgesamt 15% Zuschläge; **Hotel Topaz** (Anniwatte, Tel. 08-224150, 223062; Fax 08-232073), 60 US$ (mit AC), dazu 10% SC; ähnliche Preise nebenan im **Hotel Tourmaline** (Anniwatte, Tel. 08-224172; Fax 08-232073).
- **The Swiss Residence** befindet sich auf dem Hügel, auf dem der große Buddha thront (23 Bahirawa Kande, Tel. 074-479055 bis 6, Fax 94-74-479057) und hat komfortable Zimmer (Bad, AC) zu 50 US$ (EZ), 55 US$ (DZ) und 60 US$ (Dreier); dazu je 10% SC.
- Eines der teuersten Hotels am Ort ist das **Hotel Citadel** (124 Srimath Kuda, Ratwatte Mw., Tel. 082-34365 bis 6, Fax 94-1-447087); die Preise variieren aber jahreszeitlich stark, die unten angegebenen sind in etwa die Höchstmarke. Das Haus liegt 4,5 km von der Stadt entfernt, dafür ist es in eine ländliche Idylle eingebettet, rundherum sieht man Reisfelder und Kokoshaine. Hinter dem Hotel befindet sich ein Swimmingpool, gleich dahinter schließt sich ein Kokospalmenwald an. EZ kosten 80 US$, DZ 90 US$, Dreier 100 US$, plus 10% SC und 5% St.
- In einer anderen, ebenfalls angenehmen Ecke von Kandy findet sich das **Mahaweli Reach Hotel**, ca. 2 km nördlich der Innen-

stadt, direkt am Ufer des Mahaweli (35 Siyam Balagastene Rd., Tel. 074-472727, Fax 94-8-232068). Die sehr komfortablen Zimmer haben zum Teil Flußblick, und mit etwas Glück kann man Elefanten bei ihrer täglichen Körperpflege beobachten. Dazu bieten sich Angelmöglichkeiten und Bootsausflüge. Das Hotel verfügt über Swimmingpool, Tennisplatz und – wie die Hausbroschüre stolz vermerkt – einen Hubschrauberlandeplatz! Die Zimmer kosten EZ/DZ 80 US$, Dreier 95 US$, dazu 10% SC.

● Die **Stone House Lodge** (42 Nitawella Rd., Tel. 08-232769, Fax 94-8-232517) ist ein hübsch angelegtes kleines Resort, samt Garten und entspannter Atmosphäre. Zimmer (Bad) ab 42 US$. Das Haus befindet sich ca. 4 km nördlich der Innenstadt und Three-Wheeler dorthin sollten ca. 120 Rs. kosten.

● Etwa 12 km nördlich von Kandy wartet **Hotel Tree of Life** auf (Yahalatenna, Barigama, Tel. 08-499777, Fax 94-8-499711, E-Mail: treelife@lanka.net). Dieses umfaßt eine ayurvedische Klinik und ebenfalls einen gepflegten Garten samt Swimming-Pool. Zimmer mit Bad und AC zu 60 (EZ) und 70 US$ (DZ). Fahrt per Taxi ab Kandy zu ca. 250-300 Rs.

● Leser empfehlen: **Haniffa's Holiday Bungalow,** in der Nähe des Botanischen Gartens (150 Uda Eriyagama, Perideniya, Tel. 08-88469), der Manager spricht Deutsch; und **Sakura Hill** in der Nähe des Samadhi-Buddhas (71 Bahirawakanda Path, Tel. 08-234551), DZ 450 Rs., gutes Essen.

Essen

In der Innenstadt gibt es reichlich Restaurants, und die sind meist weitaus preiswerter als die der Hotels oder die Eßgelegenheiten in den Guest Houses.

● Das **Paivas Restaurant** an der Yatinuwara Vidiya besteht aus zwei Abteilungen: Im Obergeschoß gibt es ausgezeichnete, sehr reichhaltige Reis-&-Curry-Gedecke (vegetarisch 40 Rs., mit Fleisch 47,50 Rs.), und rechts im Untergeschoß werden teure chinesische und (abends) auch nordindische Gerichte serviert. Die letztgenannte Abteilung ist aber nicht immer ihr Geld wert. Links daneben im selben Gebäude befindet sich die sehr gute **Bäckerei Damian's** mit einer Riesenauswahl an Backwaren. Dem Restaurant ist auch ein Guest House angeschlossen.

● Ganz hervorragend ist das blitzsaubere **Ram's Restaurant** in 87 Colombo Street, etwas nördlich des Casamara Hotel. Es werden südindische Gerichte zu etwas gehobenen Preisen geboten (vegetarisch wie auch Fleischgerichte), und alles ist von höchster Qualität. Man versuche z.B. das köstliche *Brinjal-* (Auberginen-) *Curry*. Passend zu seinem hohen Standard ist das Lokal außerordentlich geschmackvoll eingerichtet. Die Wände sind mit bunten Gemälden bedeckt, die den Buddha oder religiöse Szenen aus Buddhismus und Hinduismus darstellen. Abgerundet wird das Bild durch etliche Handwerksartikel, den einen oder anderen alten Großmutterschrank u.ä. Allein schon die Inneneinrichtung lohnt den Besuch.

● Das chinesische **Flower Song Restaurant** im Nordbereich von Kotugodella Vidiya hat in früheren Jahren ausgezeichnete Gerichte geboten, in letzter Zeit gab es allerdings Klagen über den sinkenden Standard. Vielleicht ist aber schon wieder alles beim alten. Das Essen ist nicht ganz billig, ab ca. 150 Rs. pro Gericht.

● Dazu gibt es einige gute und saubere Restaurants, die sowohl chinesische, als auch westliche und einheimische Gerichte bieten. Z.B. das **Foodlands Restaurant** am Yatunuwara Vidiya und das immer gut besuchte **Devon** am Dalada Vidiya. Der hygienische Standard der beiden hebt sich wohltuend von dem ab, was viele andere Restaurants ihren Gästen zumuten. Das *Foodlands* ist ein islamisches Restaurant und offeriert als solches u.a. sehr gute *Biriyanis* (Reis mit untergemischtem Gemüse und Fleisch).

● Soll es die singhalesische Standardkost sein, so bietet sich z.B. das preiswerte **Sinhale Jatike** am Dalada Vidiya an. Dieses ist jedoch nur in Singhalesisch ausgeschildert: Siehe Hausnummer 60. Im Erdgeschoß werden Snacks und Frühstück serviert, im Obergeschoß gibt es leckeres Reise&Curry (vegetarisch 30 Rs., mit Fleisch 35 Rs.).

● In unmittelbarer Nähe des Sinhale Jatike findet sich eine Reihe ähnlicher einfacher Re-

106sr Foto: rk

Auf dem Markt von Kandy

staurants, so die moslemischen **Thaj Hotel** und **Impala Hotel** (beide an der Dalada Vidiya). Auch hier gibt es die typischen Sri-Lanka-Gerichte, mittags Rice&Curry-Platten.

- Ebenfalls sehr preiswert ist das tamilische **Hotel Kalpana** an der Katugodella Vidiya, ca. 30 m nördlich des Casamara Hotel. Hier kosten vegetarische Rice&Curry-Teller und solche mit Fleisch preiswerte 30 Rs. Morgens gibt es zu den üblichen *String Hoppers* eine sehr gutes *Potato Curry.*

Sonstiges

Postalische Dienste/E-Mail

Für **Ferngespräche und Faxe** bieten sich zahlreiche Büros in der Innenstadt an. Das bestorganisierte scheint das Unternehmen Digital Tele Prints zu sein, gelegen wenige Meter nördlich des Casamara Hotel (24 Kotugodella Vidiya). Von hier läßt sich auch **E-Mail** verschicken. Die Tarife werden nach Kilobytes berechnet; tausend Kilobytes kosten ca. 25 Rs. E-Mail-Möglichkeit weiterhin im Webster Internet Centre in 11 Kande Vidiya (Hill St.).

Der örtliche Touristen-Nepp

Aufgepaßt bei Besuchen des **Central Market!** Die Preiskalkulation vieler Händler gerät in einen schwindelerregenden Aufwärtszyklus, wenn sie ein weißes Gesicht erspähen. Touristen wird oft das Dreifache des Normalpreises abverlangt. Bei allen Käufen hartnäckig handeln!

Ähnlich devisenlüstern zeigen sich oft die Elefantenhüter, die mit ihren Tieren für Fotos posieren. Beim **Fotografieren der Elefanten** am besten gleich eine kleine Summe bieten (ca.10-20 Rs.), das nimmt den zum Teil irrationalen Forderungen (100 Rs. oder mehr) von vorneherein den Wind aus den Segeln (bzw. den Elefantenohren).

Tourist Police

Eine Abteilung der Tourist Police steht in der Polizeiwache an der Peradeniya Road, ca. 200 m westlich des Uhrturms, für die Klagen von Touristen zur Verfügung.

Krankenhäuser

- **Suwasevana Hospital,** 532 Peradeniya Rd., Tel. 08-3234016, 222404, 23357
- **General Hospital**, Tel. 08-22261, 22170.

Zahnarzt

- **Dr. K.A. Wettasinghe,** University of Peradeniya, Tel. 08-388045, 072-271652 (praktiziert abends im Suwasevana Hospital).

Kunsthandwerk

Bei der **Kandyan Arts Association** (im selben Gebäude wie die Touristen-Information) und im nebenan gelegenen **Government**

Handicraft Shop *(Laksala)* kann man Kunsthandwerkern bei der Arbeit zusehen und die Produkte auch gleich kaufen.

Büchereien

Im British Council gegenüber dem Uhrturm, im ISIS am Kotugodalle Vidiya sowie die United Service Library am See gegenüber dem Zahn-Tempel.

Meditation

- **Nilambe Meditation Centre,** Nilambe Bungalow Junction; Bus in Richtung Galaha bis Office Junction, von dort 1,5 zu Fuß durch Teeplantagen; Tel. 08-225471; einfache Unterbringung, nur für ernsthaft Interessierte.
- **Sri Jamieson Hermitage,** Samadhi Maw., Ampitiya. Per Bus ab der Goods Shed Station an der Railway Approach Rd. (gegenüber dem Bahnhof) in Richtung Talatu Oya (3 km).
- **Rockhill Hermitage,** Wegirikande, Hondiyadeniya, Tel. 08-352593; zu erreichen mit Bus Nr. 763 ab der Goods Shed Station.
- **Theruwan International Buddhist Meditation Centre,** Uduwela. Zu erreichen mit Bus Nr. 655 vom Uhrturm oder zu etwa 120 Rs. per Three-Wheeler (8 km).
- Informationen zu Meditationskursen bei der *Buddhist Publication Society* an der Nordseite des Sees in Kandy; Tel. 08-223679.

Anreise

Kandy ist mit öffentlichen Verkehrsmitteln aus jeder Richtung gut erreichbar, es gibt zahllose Bus- und Zugverbindungen.

Mit dem Bus

- **Busse der CTB** ab Colombos Pettah Station (116 km) fahren tagsüber alle halbe Stunde, Fahrzeit ca. 3-3,5 Std. Dazu gibt es privat betriebene **Intercity-Busse** (AC), die ohne Halt, aber zum mehr als doppelten Preis fahren.

Die Strecke scheint in den meisten Fahrern den Beelzebub zu wecken, und sie rasen wie die Berserker. Nichts für Leute mit schwachen Nerven! Bei Fahrten in Normalbussen (nicht AC) atmet man zudem Tonnen von Abgasen ein.

- **Weitere direkte Busverbindungen** bestehen unter anderem auch ab Anuradhapura, Avissawella, Badulla, Dambulla, Haputale, Kataragama, Hatton, Matale, Nawalapitiya, Nuwara Eliya, Polonnaruwa, Sigiriya und Tissamaharama. Ähnliche Verbindungen bestehen auch mit den privaten Minibussen.

Abstecher zum Mahinda Social Service Buddhist Centre

Bei der Anreise von Colombo per Taxi ließe sich ein lohnender Abstecher unternehmen. Das Mahinda Social Service Buddhist Centre befindet sich in **Rammutugala,** 20 km nordöstlich von Colombo an der Colombo-Kandy Road. 4 km hinter Kadawata biegt links (von Colombo aus kommend) eine schmale Straße dorthin ab. Von der Abzweigung, an der auch ein Schild auf das Centre hinweist, ist es noch ca. 1 km.

Das 1981 von einem srilankischen Mönch gegründete und von japanischen und srilankischen Spendern finanzierte Centre engagiert sich in diversen **Wohltätigkeitsprojekten.** Zum Beispiel betreibt es auf seinem Gelände ein Heim für obdachlose Kinder und eine Schule. Zu dem Komplex gehört auch eine große weiße Dagoba, unter der ein Gebetsraum angelegt ist.

In einem anderen Raum, dem etwas mißverständlich (oder gar makaber) betitelten „Parents' Complex", wird in Urnen die Asche von einigen tausend Verstorbenen aufbewahrt – eine einzigartige Einrichtung auf Sri Lanka. Bisher besteht Platz für 5.000 Urnen, weiterer wird bei Bedarf geschaffen werden. Normalerweise bringen die Buddhisten die Asche ihrer verstorbenen Familienangehörigen in ihrem eigenen Stück Land unter; da mit zunehmender Bevölkerung Land immer knapper und wertvoller wird, bietet sich hier eine zeitgemäße Alternative.

Das Centre allein ist die Anfahrt aus Colombo wohl nicht unbedingt wert, auf der Fahrt nach Kandy kann man aber ruhig einen Blick darauf werfen.

Mit dem Taxi

- Normale Taxis ohne AC kosten **ab Colombo** für die einfache Fahrt mindestens 2.400 Rs., 2.800 Rs. ist auch noch ein guter Preis. Am günstigsten kommt man zumeist mit den Wagen in der Sea Street in Pettah davon.
- Bequeme, mit Funk ausgestattete **AC-Taxis** können bestellt werden bei Quick Radio Cab, Tel. 01-502888, oder Ace Radio Cab, Tel. 01-501502 bis 4 (siehe „Stadtverkehr", Colombo); Fahrzeit ca. 2½ Std.

Mit dem Zug

Die schönste Anreisemöglichkeit nach Kandy ist die per **Zug,** es bieten sich oft großartige Ausblicke.

- **Ab der Fort Station in Colombo** fahren täglich 8 Züge nach Kandy, Abfahrt 5.55 (fährt weiter nach Badulla), 7.00 (Intercity), 9.45, 10.15, 12.45, 15.35 (Intercity), 16.50 und 17.15 Uhr. Am schnellsten sind die Intercity-Züge, Fahrzeit 2,5 Std. Bei den Intercity-Zügen (1. und 2. Kl.) müssen die Sitze reserviert werden. Die anderen Züge haben nur 2. und 3. Klasse , Fahrzeit ca. 3 Std.
- Ein weiterer Zug fährt täglich **ab Matara über Colombo Fort** nach Kandy; Abfahrt in Matara um 9.30 Uhr, Abfahrt Colombo 13.30 Uhr, Ankunft in Kandy um 17.30 Uhr. Ein weiterer Zug fährt nur samstags ab Matara (über Colombo Fort), Abfahrt 7.00 Uhr, Abfahrt Colombo 13.20 Uhr; Ankunft in Kandy 14.00 Uhr. Zusteigemöglichkeiten jeweils auch in Galle, Hikkaduwa und Alutgama.
- Ein tägl. Zug fährt ab **Colombo Fort über die Peradeniya Junction** bei Kandy nach Badulla. Von der Junction gelangt man mit den Bussen Nr. 1, 2, 652 und 654 weiter nach Kandy. Der Zug (Night Mail) fährt um 20.15 Uhr in Colombo ab; Sleeping Berths.
- **Von Badulla** gelangt man mit dem Night Mail zur Peradeniya Junction bei Kandy; Abfahrt 17.45 Uhr, Sleeping Berths. Zusteigemöglichkeit auch in Nanu Oya, der Bahnstation bei Nuwara Eliya (9 km). Fahrzeit ab Nanu Oya ca. 4 Std. 15 Min., ab Badulla ca. 8 Std. Weitere Zusteigemöglichkeiten in Ella, Bandarawela, Haputale, Hatton und Nawalapitiya.

Obiges sind die derzeitigen Fahrpläne, möglicherweise haben sie sich aber schon wieder geändert. Die aktuellen Abfahrtzeiten sind an der Fort Station in Colombo (Tel. 01-435838, 435215), den anderen Bahnhöfen an der Strecke, oder am besten beim Ceylon Tourist Board in Colombo zu erfragen.

Umgebung von Kandy

Hunas Falls ⇗ VI/B1

Einer der allerschönsten Ausflüge, die man sich in Sri Lanka gönnen kann, führt nördlich von Kandy in die Nähe des Ortes **Wattegama** und zum Hunas-Wasserfall. Das Gebiet ist Teil des Hunasgiriya-Gebirges, das sich östlich und nordöstlich von Kandy erstreckt.

Die Fahrt verläuft über die Ortschaft Wattegama (15 km von Kandy), von wo links eine Straße in Richtung Hunasgiriya abzweigt. Die Landschaft wird hier zunehmend idyllischer, mit satter Natur beiderseits der Straße. Etwa 5 km weiter zweigt noch einmal eine Straße rechts ab, an der Kreuzung besagt ein Schild „Hunas Falls Hotel, 3,2 km". Ab hier durchfährt man eine atemberaubende Landschaft aus dichtem Wald, Teeplantagen und Hügeln. Einen Kilometer nach der letzten Abzweigung erreicht man den Hunas Falls, einen schönen, jedoch nicht allzu hohen Wasserfall.

Die weitere Strecke bergauf ist fantastisch, es ergeben sich hervorragende Blicke auf die einsame Naturlandschaft, die bei Regen oder Nebel gar einen unwirklichen Charakter annimmt.

Unterkunft

- An der höchsten Stelle der Straße (ca. 1.000 m) befindet sich das **Hunas Falls Hotel,** einige 100 Meter hinter einer Teefabrik, für Naturfreunde wohl eine der besten Unterkünfte der Insel. Vom Hotel lassen sich reichlich interessante Wanderungen durchführen, und auch die Aussicht vom Haus selber ist großartig. Das Hunas Falls Hotel (Elkaduwa, Tel. 08-76402 bis 3, Fax 94-71-35134) wurde vor einigen Jahren grundlegend renoviert, wobei auch nahgelegene See gesäubert wurde. Heute wird es oft von einheimischen Hochzeitspaaren angesteuert, die dort ihren Honeymoon verbringen. Die Zimmer sind sehr komfortabel, EZ/DZ kosten 80 US$, Dreier 88 US$ und die Suiten 120 US$; dazu jeweils 10% SC und 5% St. Vorhanden sind Tennisplatz, Swimmingpool, Badminton-/Tischtennis-Möglichkeiten. Das Hotel organisiert auch Wanderungen in der Umgebung oder Angeltouren.

  Anfragen/Buchungen auch in Colombo bei Jetwing House, 46/26 Navam Mawatha, Colombo 2, Tel. 01-345729, E-Mail: jethot@sri.lanka.net.

Anfahrt

- Am bequemsten ist die Anreise ab Kandy per **Taxi**; die Fahrt bis zum Hunas Falls Hotel (23 km) sollte ca. 600 Rs. kosten. Wer ein paar Stunden in dem Gebiet wandern möchte, kann den Fahrer warten lassen; Hin- und Rückfahrt kosten dann ca. 800 Rs.
- Die Anfahrt per **Bus** ist ebenfalls möglich, erfordert aber Umsteigen und einen Fußmarsch: Man nehme einen Bus von Kandy nach Wattegama (15 km), wo man in den Bus in Richtung Elkaduwa umsteigen muß; an der Strecke steige man an der ausgeschilderten Kreuzung zum *Hunas Falls Hotel* aus (Schild rechts an der Straße). Von dort sind es ca. 1 km zum Wasserfall, 3,2 km bis zum Hotel.
- Die dritte Möglichkeit ist die Fahrt **per Zug oder Bus** bis Wattegama, von wo man ein **Taxi** für die Weiterfahrt nehmen könnte (8 km bis zum Hotel). Die Taxikosten liegen bei ca. 150-200 Rs. für die einfache Fahrt .

Elefantenbad

↗ VI/B1

Vier Kilometer nördlich von Kandy, bei **Katugastota** am Mahaweli, bietet sich nachmittags ein besonderes Schauspiel: Hier werden die Elefanten von ihren Mahouts gebürstet, eingeseift und gewaschen, ein Ritual, das den Elefanten, die sich wohlig dabei aalen, Spaß zu machen scheint. Es ist aber auch für ihre Gesundheit notwendig: Das Bad regt den Kreislauf der von der Arbeit ermüdeten Tiere an, und Insekten, die sich in der Haut niedergelassen haben und Infektionen verursachen können, werden ausgewaschen.

So weit, so gut. Trotz allem ist das Baderitual in den letzten Jahren zum Touristen-Nepp verkommen. Mittlerweile wird eine Eintrittsgebühr erhoben (70 Rs.), auch wenn gelegentlich nur zwei oder drei Elefanten im Wasser herumplantschen. Dazu darf man die Elefanten gegen weiteres Entgeld füttern oder auf ihnen reiten. Auch für das Fotografieren wird zusätzlich Geld verlangt, oft viel zu viel. 20-30 Rs. sollten genug sein.

Anfahrt

- Mit **Bus** Nr. 625 ab Uhrturm in Kandy.
- **Taxis** ab Kandy sollten retour ca. 250 Rs. kosten, inklusive einem einstündigen Aufenthalt.

Degaldoruwa Vihara

↗ VI/B1

Dieser Tempel steht mitten in einer malerischen Landschaft bestehend aus Kokoshainen und Reisfeldern, nahe dem Mahaweli Ganga, den es bei der Anfahrt aus Kandy zu überqueren gilt.

107sr Foto: Ingo Hothan

Die Entfernung von Kandy beträgt etwa 10 km.

Der Degaldoruwa Vihara wurde schon von König *Kirti Sri Rajasinha* (reg. 1747-1780) erneuert, der es sich zur Aufgabe gemacht hatte, verfallene oder von den Portugiesen zerstörte Tempel wieder herrichten zu lassen. Von außen ist der Bau nicht sehr beeindruckend, im Inneren sind jedoch einige gut ausgeführte **Wandgemälde** zu sehen, die Ende des 18. Jh. angebracht wurden. Die Bilder stellen Szenen aus den Jataka-Erzählungen dar. Dazu finden sich einige **Buddhastatuen** im Tempel, darunter auch die eines liegenden Buddha. Links hinter dessen Kopf befindet sich eine Tür, hinter der sich ein dunkler Gang öffnet. Der Überlieferung nach führt dieser auf unterirdischem Wege direkt in den Zahn-Tempel! Falls dies wahr ist, so stellt dieser Gang – möglicherweise angelegt, um bei Gefahr die Zahn-Reliquie in Sicherheit bringen zu können – zweifellos eine technische Meisterleistung dar.

Allnachmittäglicher Badespaß

Anfahrt

- **Busse** ab der Lokalbus-Station am Uhrturm in Kandy fahren scheinbar nur sehr unregelmäßig hierher, mit längeren Wartezeiten ist zu rechnen.
- Günstiger sind **Taxis:** Die Hin- und Rückfahrt ab Kandy samt kurzem Aufenthalt dürfte ca. 350 Rs. kosten.

Tempitiya Vihara ↗ II/B3

Kaum ein Tourist verirrt sich zu diesem Tempel, der 22 km nördlich von Kandy im Dorf **Medawela** liegt, und selbst viele Taxifahrer kennen ihn nicht. Dabei weist er einige der schönsten Wandgemälde in der Region auf. Der Tempitiya Vihara (Raja Mahavihara) stammt aus dem 13. Jh. (zumindest nach Angaben des einzigen im Tempel lebenden Mönches) und bestand ursprünglich nur aus einem ganz aus Holz gebauten, auf Stelzen stehenden kleinen Schrein. Um diesen haben sich mittlerweile auch einige neue Betongebäude geschart.

Die Innenwände des Schreines sind mit zahlreichen filigranen **Wandgemälden** bedeckt. Eines davon zeigt eine Buddhafigur, die wohlbehütet unter einem Moskitonetz schläft; einige Bilder porträtieren Könige, andere zeigen Bauern beim Pflügen des Feldes. Die Gemälde dürften jüngeren Datums sein (ca. 17. oder 18. Jh.).

Die Hauptattraktion des Tempels ist ein wunderschön geschnitzter **hölzerner Alter,** in dessen Zentrum sich ein gütig lächelnder, kleiner Elfenbein-Buddha befindet. Beim Eintreten in den Raum scheint der kleine Buddha den Besucher direkt anzugrinsen. Die weitere Umgebung des Tempels ist mit wunderbarer tropischer Vegetation gesegnet, und so bietet sich hier ein sehr lohnender Ausflug.

Anfahrt

- Praktisch nur mit dem **Taxi.** Preis für Hin- und Rückfahrt ab Kandy ca. 600 Rs.

Galmaduwa Vihara

Rätselhaft ist die Entstehung des Galmaduwa-Tempels, 6 km südöstlich von Kandy an der Straße nach Kundasala gelegen. Wie der Degaldoruwa-Tempel wurde er wahrscheinlich von König *Kirti Sri* (18. Jh.) in Auftrag gegeben, an der Stelle einer wahrscheinlich viel älteren Dagoba – hier wurden Ziegel mit Inschriften in der alten Brahmi-Schrift gefunden.

Die Bauarbeiten wurden jedoch vorzeitig abgebrochen, und so präsentiert er sich bis heute im **unvollendeten Zustand.** Warum der Tempel nie vollendet wurde, ist unbekannt, möglicherweise widmete sich der König verstärkt dem Bau des Degaldoruwa-Tempels und vernachlässigte dafür diesen. Interessanterweise kombiniert er singhalesische, indische, islamische und europäische Elemente.

Anfahrt

- Mit **Bus** Nr. 655 ab dem Uhrturm in Kandy; dieser hält an einer Brücke, die es dann zu Fuß zu überqueren gilt. Auf der anderen Flußseite befindet sich der Tempel.
- **Taxis** ab Kandy sollten für die Hin- und Rückfahrt einschließlich eines kurzen Aufenthaltes ca. 250 Rs. kosten.

Victoria-Staudamm ↗ VI/B1

Etwa 50 km südöstlich von Kandy, etwas abseits des Straße, die nach Mahiyangana und weiter an die Ostküste führt, ist einer der **größten Staudämme der Welt** zu bewundern: Der Victoria Damm ist 122 m hoch und 520 m lang und staut das Wasser des **Vic-**

toria Falls Reservoir. 1½ km weiter flußabwärts wird mit dem durch die Schleusen gelassenen Wasser ein Kraftwerk betrieben, das ein Viertel der srilankischen Elektroenergie erzeugt. Kraftwerk und Staudamm sind Teil des gewaltigen **Mahaweli-Projektes,** dem größten jemals von Sri Lanka durchgeführten Entwicklungsprojekt. Dazu gehören drei weitere Wasserkraftwerke bei Kotmale, Randenigala und Rantembe. Zusammen erzeugen die Kraftwerke etwa 55% des srilankischen Stroms.

Das gesamte Mahaweli-Projekt war Anfang der 70er Jahre konzipiert worden (Baubeginn 1972), um einerseits die Energieversorgung des Landes sicherzustellen, andererseits aber auch durch ein ausgeklügeltes Kanalsystem die Landwirtschaft in den trockeneren Regionen mit Wasser zu versorgen. Weite Teile Zentral-Sri-Lankas hatten bis dahin unter chronischer Wasserknappheit gelitten. Bis heute konnten über 100.000 Bauernfamilien in die neu bewässerten Gebiete umgesiedelt werden, und der Anteil des Mahaweli-Projektes an der Reisproduktion des Landes beträgt heute 17%. Das Durchschnittseinkommen in den neu bewässerten Gebieten liegt doppelt so hoch wie in anderen ländlichen Regionen.

Am Hauptquartier des Mahaweli-Projektes befindet sich eine **Aussichts-Terrasse** mit einem guten Ausblick auf Staudamm und See (geöffnet täglich von 8 bis 18 Uhr). Angeschlossen ist ein **Restaurant** und ein Bücherstand mit Lektüre zum Thema Wasser- und Stromversorgung (das meiste aber auf Singhalesisch).

Anfahrt

- **Taxis** ab Kandy zur Aussichts-Terrasse dürften hin und zurück ca. 1.200 Rs. kosten; die einfache Strecke beträgt 50 km. Am besten aber, man kombiniert den Besuch des Dammes mit anderen Besichtigungen, da dieser alleine wohl nur bei Hydrotechnikern Begeisterung auslösen wird. Wegen seiner Lage etwas abseits der Route nach Mahiyangana könnte man folglich auf der Fahrt dorthin einen Abstecher zum Staudamm einplanen.

Peradeniya Botanical Gardens

↗ VI/B1

Der Botanische Garten von Peradeniya („Ebene der Guaven"), 7 km südwestlich von Kandy an der Straße nach Colombo gelegen, zeigt fast jede tropische Pflanze, von der man mal gehört oder gelesen hat – seltene Palm- oder Baumarten, die exotischsten Blumenarten, Kakteen und Gewürze ebenso wie Heilkräuter und Wasserpflanzen. Der Garten ist 60 Hektar groß, angesiedelt in einer weit ausholenden Schlaufe des Mahaweli und wird von Wegen mit einer Gesamtlänge von über 10 km durchkreuzt.

An dieser Stelle hatte Mitte des 14. Jh. ein Palast der Könige von Gampola gestanden, umgeben von einem königlichen Lustgarten. 1371 folgte mit *Vikrama Bahu III.* der erste König der Kandy-Dynastie, der sich hier wie seine Nachfolger von den Amtsgeschäften erholte. Als Botanischer Garten fungiert das Gelände seit 1816 und diente zunächst als Versuchsfeld für den Kaffee. Danach wurden zu Versuchszwecken die ersten Teestauden angepflanzt, ein Experiment, das später in eine Zweigstelle, den Botanischen Garten von Hakgala (siehe Nurelia), verlegt wurde. Heute gibt es in Peradeniya so viel zu sehen, daß ein Besuch unbedingt lohnt.

Der Botanische Garten ist täglich von 7.30 bis 17 Uhr geöffnet, Eintritt 150 Rs., Kinder unter 12 Jahren und Studenten die Hälfte.

Anfahrt

- Ab der lokalen Busstation am Uhrturm in Kandy fahren die **Busse** Nr. 1, 2, 652 und 654; die Fernbusse nach Colombo passieren den Botanischen Garten ebenfalls.
- **Taxis** ab Kandy sollten für die einfache Fahrt ca. 100-120 Rs. kosten; eventuelle Beteuerungen der Fahrer, sie bekämen vom Botanischen Garten keine Rückpassagiere, um so die Preise hochzuschrauben, gehören zum Geschäft und sollten nicht zu ernst genommen werden.

Gadaladeniya-Tempel, Lankatilaka-Tempel, Embekke-Tempel ↗ VI/B1

Diese drei Tempel im Südwesten von Kandy sind gut nacheinander im Rahmen einer Halbtages- oder Tagestour zu besichtigen.

Gadaladeniya-Tempel

Der Gadaladeniya-Tempel befindet sich ca. 6 km südwestlich des Botanischen Gartens auf einem niedrigen Felshügel inmitten ländlicher Umgebung. Der Bau muß irgendwann zur Regierungszeit des ersten der Gampola-Könige, *Bhuvaneka Bahu IV.* (reg. 1341-1351), errichtet worden sein. Laut einer von mehreren Entstehungsgeschichten wurde der Bau von einer hohen Persönlichkeit, einem General oder einem Dorfvorsteher, finanziert; eine andere Version sieht den Sangharaja (das buddhistische Oberhaupt) *Silavansa Dharmakirti* als Bauherren.

Gemäß einer nahe dem Tempel angebrachten Felsinschrift zeichnete sich als Architekt ein Mönch verantwortlich, der sein Handwerk in Amravati (Zentral-Indien) erlernt hatte. Folglich schlichen sich einige indische Elemente in die Konstruktion ein, und nach Expertenmeinung beweisen die am Tempel angebrachten **Fresken** von Elefanten und Ganas (Zwerge; die Untergebenen des Elefantengottes Ganesh) den Einfluß des südindischen Vijayanagar-Stils.

Der Tempel selber ist gänzlich aus Fels gebaut, im Unterschied zu den beiden anderen Tempeln. Im Inneren der Anlage ist eine schlichte Buddhafigur zu sehen.

Warnung! An dem Tempel treibt sich ein „Kassierer" herum, der mit gezinkten Eintrittskarten zu 50 Rs. Touristen zu beuteln trachtet. Der Zutritt zum Tempel ist kostenlos (zumindest derzeit noch) und jenes Unterfangen gehört in die ständig wachsende Rubrik Touristen-Betrug.

Lankatilaka-Tempel

Etwa 3 km weiter südlich steht der aus derselben Epoche stammende Lankatilaka-Tempel (fertiggestellt 1344), der wahrscheinlich auf denselben o.g. Bauherrn zurückgeht. Vom leicht erhöhten Tempel ergibt sich ein herrlicher **Ausblick** auf die umliegende sattgrüne, hügelige Landschaft. Der Felsen, auf dem er steht, birgt Inschriften von König *Bhuvaneka Bahu IV.* (reg. 1341-1351) und König *Vikrama Bahu III.* (reg. 1357-1374).

Der Bau selber ist relativ klobig, wirkt aber durch die außen angebrachten Elefanten-Fresken gleich ein wenig aufgelockert. Die Gestaltung gibt einige Rätsel auf: Im innersten Zentrum befindet sich ein buddhistisches Heiligtum, an dessen Außenwänden einige **nischenähnliche Schreine** mit den Figuren hinduistischer Götter angebracht sind. So gibt es hier eine Figur des Maitreya oder zukünftigen Buddha, eine Vishnu-, eine Skanda- und eine Ganesh- Figur und eine, die Vibhishana darstellt, Ravanas jüngeren Bruder, der laut Ramayana auf Ramas Seite gegen den Bruder kämpfte. Das ganze wird umgeben von einer Wand aus Ziegeln, die mit Lehm zusammengehalten wird. Der Überlieferung nach beruht die Verbindung von hinduistischen und buddhistischen Elementen darauf, daß der zur Bauzeit herrschende König Buddhist war, seine Frau aber Hindu. Möglicherweise bestand zu Anfang nur der buddhistische Kern des Tempels, dem an seinen Außenwänden die besagten Götterfiguren hinzugefügt wurden; als die Verehrung dieser Götter im Laufe der Zeit populärer wurde, baute man ihnen Nischen und umrahmte das Ganze schließlich mit einer Mauer aus Ziegeln und Ton. Der Tempel verfügt weiterhin über einige interessante Wandgemälde, die aber erst im 17. Jh. entstanden. Das ungewöhnliche Ziegeldach, das dem Bau aufgesetzt wurde, stammt aus dem 19. Jh.

Wandertip

Leuten, die gut zu Fuß sind, kann das Erwandern der drei Tempel empfohlen werden. Die Gegend belohnt den Wanderer mit herrlichen Ausblicken, es gibt **ländliche Idylle** im Übermaß, malerische kleine Ortschaften, Reisfelder und Kokoshaine. Der Fußweg sollte aber nicht von Kandy angetreten werden, das wäre zu weit, und das Marschieren entlang der Colombo-Kandy-Straße ist zudem alles andere als romantisch. Besser ist die Anfahrt per Bus bis zum Gadaladeniya-Tempel oder zumindest bis zu der Stelle an der Colombo-Kandy-Straße, wo der Weg nach Gadaladeniya links abzweigt. Von dort dürften es bis Embekke, der südlichsten Station auf der Tour, ca. 6 km sein, macht hin und zurück also 12 km. An der Colombo-Kandy-Straße findet man leicht einen Bus zurück nach Kandy.

Embekke-Tempel

Weitere 2 km südlich stößt man auf den Embekke-Tempel (auch 14. Jh.), dessen Baumaterial in erster Linie **Holz** ist. Dem Tempelschrein ist eine offene Halle vorgelagert, deren Dach von vielen Holzpfeilern getragen wird. Diese Pfeiler, hergestellt aus dem seltenen Gammalu-Holz, sollen einst in der Audienzhalle der Könige von Gampola gestanden haben. Das ist sehr wohl möglich, denn Gampola ist einer der Orte, wo diese Holzart anzutreffen ist. Als 1410 Gampola als Königssitz aufgegeben wurde – zu Gunsten von Kotte –, fanden die Pfeiler hier im Tempel Verwendung. An den

Geliebt und gejagt: die Elefanten

Auf Ceylon wurden schon vor über 2.000 Jahren Elefanten gefangen und zu Arbeitstieren oder Kriegswerkszeugen abgerichtet. Die „Mahavansa“ widmet eine längere Passage dem Elefanten Kandula, dem Lieblingselefanten von König *Duttha Gamini*, der mit seinen Stoßzähnen die Festung des Tamilen *Elara* niederriß.

Die Ceylonesen, die ihre Insel mit Hunderttausenden von Dickhäutern teilten, entwickelten sich im Laufe der Jahrhunderte zu hochkarätigen Elefantenkennern, und ihr Wissen wurde in zahlreichen **Abhandlungen** niedergelegt; so in der „Hasti-Silpa“ („Elefanten-Wissenschaft“) und im „Hasti-Shastraya“ („Elefanten-Lehrbuch“). Die Hasti-Silpa stellte eine Art **Kasten-System** auf, in dem Elefanten je nach ihrem Erscheinungsbild eingeordnet wurden: „Augen ruhelos wie eine Krähe, Kopfhaare von gemischter Farbe, ein Gesicht klein und faltig, eine Zunge krumm und schwarz“ wiesen auf ein Tier niederer Stellung hin. Die höchste Gattung Elefant dagegen – die Brahmanen-Kaste sozusagen – hatte „weiche Haut, einen roten Mund und eine rote Zunge, eine hohe, gewölbte Stirn, große, rechteckige Ohren, einen Rüssel, der am Rumpf breit ist und an seinem Ende rosa Flecken aufweist, klare und freundliche Augen“ und diverse weitere Eigenschaften.

In der buddhistischen Mythologie gilt der Elefant als ein **Symbol des Buddha,** was die große Zuneigung, die man den Dickhäutern schenkte, teilweise erklärt. Andererseits erkannte man die hohe Intelligenz der Tiere und machte sie sich zunutze.

Unterteilt wurden die Elefanten auch in solche mit **Stoßzähnen,** solche, die nur rudimentäre Stoßzähne von 25-30 cm aufwiesen, und Elefanten ohne jegliche Stoßzähne. Von den srilankischen Elefanten haben nur etwa 7,5% Stoßzähne, und diese sogenannten „Tusker“ – allesamt männlich – werden gerne an Tempeln gehalten oder bei religiösen Prozessionen eingesetzt.

Die Ceylonesen bildeten sich nicht nur zu Elefantenkennern sondern auch zu geschickten Fängern heran. Der Verkauf von Arbeitselefanten – zum Teil nach Indien – war ein einträgliches Geschäft. Einen Boom erlebte das **Fangen von Elefanten** in der Kolonialzeit, hervorgerufen durch die zahlreichen Bauvorhaben der Kolonialherren, bei denen die Elefanten wertvolle Transportdienste leisteten.

Einzelne Elefanten wurden häufig von kleinen Gruppen von Fängern, den **Pannikeas,** eingefangen, die sich zu Fuß den Tieren näherten. Ein todesmutiges Unterfangen! Oft arbeiteten die Pannikeas nur zu zweit. Dabei lockten sie einen wilden männlichen Elefanten mit Hilfe eines „Lockvogels“, eines weiblichen zahmen Tieres, zu einer vorbereiteten Schlinge am Boden, die sie zuzogen und den Elefanten dann allmählich weiter fesselten. Dabei lenkte einer der Fänger das vor Wut rasende Tier von vorne ab; dazu stieß er den Ruf *„Dah, dah!“* aus, dessen Klang den Elefanten angeblich besonders verhaßt ist und sie auf höchste reizt. Unterdessen schlich sich der zweite Fänger von hinten an und legte weitere Schlingen um die Füße des Opfers. Die Schlingen wurden fest zusammengezogen und ihre Enden an Bäumen befestigt. So hielt man die Elefanten tagelang an einem Fleck gefangen, bis sie ihren Widerstand allmählich aufgaben und sich an den Menschen gewöhnten. Oft waren sie schon nach einer Woche zahm; im Extremfall, bei besonders widerborstigen (oder freiheitsliebenden) Gesellen dauerte es zwei Monate.

Größere Elefantenherden wurden in oft riesigen **Kesseltreiben** eingefangen. Dazu wurde das Gebiet, in der sich die Herde befand, im Radius von bis zu 50 km von Tausenden von Dorfbewohnern abgeriegelt. Diese trugen Fackeln und Feuerbehälter und engten den Kreis unter lautem Singen, Schreien und Trommeln immer mehr ein, bis die verängstigten Elefanten schließlich umzingelt waren. Die Jagd lief nun auf ein vorbereitetes Gattergehege zu, in das die Herde getrieben und das von allen Seiten abgeriegelt wurde. Dagegen tobten die Elefanten zunächst mit aller Kraft an. Die Treiber führten darauf zahme Elefanten heran, deren Anwesenheit die wilden Artgenossen beruhigte. Am Ende wurden die wilden Elefanten durch einen schmalen Gattergang getrieben und voneinander getrennt. Dann wurde jedes einzelne Tier zwischen zwei zahme Elefanten gebunden, die den „Gefangenen" wie bei einer Verhaftung abführten. Dabei tasteten sie instinktiv dessen Rüssel und – falls vorhanden – die Stoßzähne ab, um so seine Stärke und Widerstandskraft abschätzen zu können. Nach zwei Monaten der Zähmung konnte der Mahut meist schon auf dem Elefanten reiten, ein oder zwei Monate später hatte man ihm die ersten leichten Arbeiten beigebracht.

Während mancher Ceylonese durch das Elefantenfangen einen bescheidenen Lebensunterhalt bestritt, machten die **Kolonialherren** ganze Elefantenherden nieder – aus mörderischer Selbstbefriedigung, denn es gab nichts am Elefanten, was man unbedingt benötigte: Aus den Stoßzähnen wurde lediglich etwas Elfenbeinschmuck gefertigt, und aus den Schwanzhaaren drehte man Armreifen. Die Haut konnte damals nicht einmal zu brauchbarem Leder gegerbt werden. Mancher Kolonialist versuchte aus Neugier mal ein Elefanten-Steak, kehrte aber gleich reumütig zum althergebrachten Beefsteak zurück.

Es fand sich aber immerhin ein Verwendungszweck für die Berge von **Elefantenknochen,** die zwangsläufig anfielen: Man düngte damit die Kaffee-Plantagen. Ob sich das Aroma daraufhin einschneidend verbesserte, ist nicht bekannt.

Pfeilern und Dachstreben sind Schnitzereien zu sehen, die Muster und Figuren darstellen.

Anfahrt

- Gadadaleniya, Lankatilaka und Embekke sind zwar per **Bus** ab der Lokalstation am Uhrturm in Kandy zu erreichen, ein kombinierter Besuch der drei Tempel wird bei dieser Anreisemethode jedoch zu einem zeitraubenden und unsicheren Unterfangen.
- Weitaus günstiger sind **Taxis:** Der kombinierte Besuch der Tempel samt Aufenthalten dort sollte ab Kandy ca. 700-800 Rs. kosten. Per Taxi kann das gesamte Programm bequem in 3-4 Std. absolviert werden.

Pinnawela Elephant Orphanage ↗ VI/A1

Einer der interessantesten Ausflüge von Kandy führt zum **„Elefanten-Waisenhaus"** in der Ortschaft Pinnawela, ca. 35 km westlich von Kandy. In dem weitläufigen Freigehege werden junge Elefanten versorgt, die ihre Mutter verloren haben, sowie alte, kranke oder verletzte Tiere. Die Elephant Orphanage ist ein Projekt des Department of Zoological Gardens. Auf dem Gelände kann man hautnah Kontakt zu den Dickhäutern aufnehmen, wenn auch unter dem wachsamen Auge eines Elefantenhüters. Dieser greift notfalls ein, falls eines der (älteren) Tiere aggressiv werden sollte.

Eine besondere Attraktion sind die **Fütterungen der Baby-Elefanten,** die täglich um 6.00, 9.15, 13.15, 17 und 20 Uhr stattfinden. Von 10-12 Uhr und 14-16 Uhr ist Badezeit.

Der Eintritt zur Elephant Orphanage beträgt 100 Rs., für Kinder 50 Rs.; die

Benutzung einer Video-Kamera kostet 125 Rs., die einer professionellen Film-Kamera 500 Rs.

Unterkunft

In den letzten Jahren sind hier einige Unterkünfte aus dem Boden geschossen, und manche Traveller ziehen es vor, hier zu wohnen, anstatt im großstädtischen und teilweise lauten Kandy. Von hier aus läßt sich Kandy dann in einer Tagestour besuchen.

- Die erste Unterkunft an der Straße von der Karandupola Junction zur Elephant Orphanage ist das nette **Weeravilla Guest House** (Rambukkana Rd., Randeniya, kein Tel). Hier stehen fünf einfache, aber akzeptable Zimmer (Bad) zur Verfügung. Kostenpunkt 350 Rs. Im Haus gibt es außergewöhnlich gutes Essen.
- Weiter nördlich an der Straße zweigt links eine weitere Straße ab, die nach ca. 1 km zum **Sisila Holiday Inn** (Andera Mande, Hiriwaduna, Tel. 035-5264) führt. Das Haus liegt wunderbar von Palmenhainen umgeben, absolut ruhig und idyllisch. Die vier Zimmer (Bad) sind mit 600 Rs. plus 10% SC aber überteuert. Wahrscheinlich zahlt man für die Umgebung mit.
- Das **Ralidiya Hotel** (Pinnawela, Tel. 035-5321) befindet sich ca. 1 km südlich der Elephant Orphanage, am Ufer des Mahawa-Flusses. Von den anspruchslosen Zimmern (Bad) hat man eine sehr gute Aussicht darauf. Das ändert aber nichts an der Tatsache, daß die Zimmerpreise überhöht sind: Kostenpunkt ohne AC 800, mit AC 1.000 Rs.
- Gleich gegenüber dem Eingang zur Elephant Orphanage liegt das sehr gute **Hotel Elephant View** (Pinnawela, Tel. 035-5292 bis 3; Fax 94-35-5283), das dem Besitzer der bekannten Champika-Bidi-Fabrik gehört. (*Bidis* sind dünne Zigaretten; siehe Glossar.) Das Hotel ist geschmackvoll und originell gestaltet und hat sehr saubere und gemütliche Zimmer (Bad; AC) zu 1.100 Rs. Im Gegensatz zum Ralidiya sind diese Rupien gut angelegt. Etwas makaber erscheint allerdings das mitten im Hotel aufgebaute, von einem Vorhang verdeckte Elefanten-Skelett: Gegen eine Gebühr von 100 Rs. wird der Vorhang gelüftet, und man darf das Skelett fotografieren oder sich selbst davor ablichten lassen. Sehr geschmackvoll ist das wohl nicht.
- Etwas nördlich der Elephant Orphanage findet sich das Villa-ähnliche **Lakniwasa Hotel** (Pinnawela, Tel. 035-5113). Hier gibt es fünf akzeptable Zimmer (Bad) zu 500 Rs., plus 10% SC und 5% St.

Anfahrt

- Eine Möglichkeit ist die Fahrt mit dem **Zug** bis Rambukkana, das an der Bahnlinie Kandy – Colombo liegt; von dort fahren lokale **Busse** (Richtung Kegalle) die restlichen 3 km bis Pinnawela.
- Auch die Anreise nur mit dem **Bus** ist möglich: Dazu nehme man jeden beliebigen Bus, der die Strecke Kandy – Colombo (oder umgekehrt) fährt; an der Karandupona Junction, ca. 7 km östlich von Kegalle, aussteigen und dort in einen Bus nach Pinnawela umsteigen. Mit längeren Wartezeiten ist aber zu rechnen.
- Am einfachsten ist aber auch hier wieder das **Taxi.** Die Hin- und Rückfahrt ab Kandy, samt einem angemessenen Aufenthalt von 1-2 Std., sollte ca. 1.000-1.250 Rs. kosten.

Besonders schön ist allerdings die Anfahrt ab Kurunegala, das von Pinnawela etwa gleich weit entfernt ist wie Kandy und die Fahrt somit etwa gleich teuer. Nachdem man zunächst über die A 6 einige Kilometer in südliche Richtung fährt, biegt man in eine Landstraße in Richtung Katupitiya und Rambukkana ein. Nach der Abzweigung passiert man malerische Dörfer, die von überschwenglicher, satter Natur umgeben sind.

Mahiyangana ↗VII/C1

Eigentlich ist er für einen Ausflug von Kandy schon recht weit entfernt, dieser am Mahaweli und am Ostrand der zentralen Gebirgsregion gelegene Ort. Für einen längeren Aufenthalt ist er aber nicht interessant genug, besser also, man besucht ihn in einem Tagesausflug (eventuell zusammen mit dem Victoria Dam, s.o.). Falls die Ostküste in Zukunft wieder sicherer wird, wäre Mahiyangana dann aber eine mögliche Zwischenstation auf dem Weg von Kandy nach Batticaloa. Doch soweit ist es derzeit noch nicht.

Mahiyangana macht einen recht öden und unattraktiven Eindruck, so daß man der Stadt kaum eine größere Bedeutung zutrauen möchte – entlang der Hauptstraße sammeln sich ein paar unansehnliche Bauten, ein paar Kramläden und einige Dorf-Restaurants, alles nichts für's Auge (und nichts für den Gaumen, wie ein Test in den Restaurants ergab).

Die Region um Mahiyangana ist ein altangestammtes **Siedlungsgebiet der Veddas,** von denen immer noch relativ viele hier leben; die meisten von ihnen in und um Dambana, 19 km östlich von Mahiyangana.

Geschichte

Mahiyangana war einst ein Sitz von König *Senarat* von Kandy (reg. 1627-1634), in dem er Zuflucht vor den Portugiesen fand. Von Mahiyangana aus führte er die Staatsgeschäfte weiter und empfing sogar eine dänische Delegation, mit der er einen Vertrag unterzeichnete, der Ceylon zu einer dänischen Kolonie hätte degradieren können, wäre er bis zum letzten ausgeschöpft worden. Im Jahre 1726 beschrieb der Holländer *Valentjin* Mahiyangana als „eine ansehnliche Stadt, in der es zahlreiche breite Straßen und schöne Häuser gibt ... dazu einen Palast des Königs ... Dieses ist eine der prächtigsten Städte der Insel, in der alles erhältlich ist, was man sich vorstellen kann."

Wenn es um den Ort heute nicht mehr so gut bestellt ist, so ist dies nicht zuletzt den **Briten** zuzuschreiben: Während der Niederschlagung der „Uva-Rebellion" von 1817-18 zerstörte die Kolonialmacht alle Ansiedlungen, die nicht eine Loyalitätserklärung abgaben. Eines der Opfer dieser Erpressungspolitik war Mahiyangana.

Daß zuvor aber gerade Mahiyangana mit solchem Glanz gestrahlt hatte, kam natürlich nicht von ungefähr. Der Überlieferung nach besuchte einst Buddha in einer seiner astralen Reisen den Ort, der damals von zahlreichen „Dämonen", den *Yakkhas*, bevölkert gewesen war. Buddha erschien in einer Sturmwolke schwebend, die den Himmel verdüsterte. Darüber waren die *Yakkhas* dermaßen in Angst und Schrecken versetzt, daß Buddha ihnen das Versprechen entlocken konnte, den Ort zu verlassen. An ihrer Stelle rückten gute Geister nach, und der Spuk war alsbald vergessen.

Dieser Besuch Buddhas auf Sri Lanka soll der erste von insgesamt drei gewesen sein. Der letzte führte ihn auf den Adam's Peak, wo er den bekannten Fußabdruck hinterließ (siehe unter „Adam's Peak"), auf der zweiten besuchte er insgesamt 16 verschiedene Orte, die so zu heiligen Stätten wurden.

Sehenswertes

An der Stelle, über der Buddha erschienen war, steht heute ein wichtiger Tempel, der **Mahiyangana Raja Vihara.** Er besteht in erster Linie aus einer **leuchtend weißen Dagoba** von ca. 120 m Sockelumfang und 30 m Höhe. Diese Dagoba ist der letzte Überbau über eine Reihe von kleineren Dagobas: Zu Buddhas Lebzeiten

Überlebende einer fernen Epoche: die Veddas

In vielen alten Beschreibungen von Sri Lanka sind die unfreundlichsten Attribute für die Veddas reserviert. Sie wurden als „Dämonen" (in der „Mahavansa"), „wilde Jinns" (*Alberuni*, 7. Jh.), „in jeder Beziehung primitiv" (*Tennent*, 1859) oder als „schwächliches Volk, das niemals lächelt" bezeichnet („Aberdeen Papers", 1922). Ein gewisser *Raynal* (18. Jh.) verglich sie gar mit den Highlanders von Schottland – für einen Franzosen seiner Zeit der Inbegriff von Roheit! Glimpflicher schnitten sie bei *Robert Knox* ab, der in seinem „Historical Relation of the Kingdom of Ceylon" (1681) ihre Fertigkeit mit Pfeil und Bogen pries. Keine scheinbar noch so perfekte, von europäischen Schmieden hergestellte Pfeilspitze konnte vor ihrem fachmännischen Auge bestehen.

Unterschiedlichen Theorien zufolge leben die Veddas seit 40.000 oder 12.000 Jahren auf Sri Lanka. Viele Anthropologen bezeichnen sie als die **direkten Nachfahren der steinzeitlichen Höhlenmenschen.** Die Veddas selber führen ihre Herkunft auf *Vijaya,* den Stammvater der Singhalesen, und die Dämonin *Kuveni* zurück. Der Legende nach hatten Vijaya und Kuveni einen Sohn und eine Tochter. Eines Nachts versuchte die Dämonin, den schlafenden Vijaya zu verschlingen; dieser erwachte jedoch und erschlug Kuveni mit seinem Schwert. Darauf flohen die beiden Kinder in den Wald, wo sie sich von nun an von Früchten ernährten. Als sie älter waren, heirateten sie, und aus dieser Verbindung gingen die Veddas hervor. Damit gehören die Veddas zu den wohl nur sehr wenigen Völkern, die ihre Herkunft auf Inzucht zurückführen. Ihrer Erklärung nach sind sie so aber auch mit den Singhalesen verwandt, eine These, die von der Wissenschaft gestützt wird: Es gilt als sicher, daß sich die Singhalesen (wie auch die tamilischen Eroberer) schon vor 2.000 Jahren mit den Veddas vermischten.

Diese **Vermischung mit den Singhalesen** setzte sich auch in der Folgezeit fort. Zahlreiche Ehen zwischen Veddas und Singhalesen sind aus der Endphase des Königreiches von Kandy verbrieft (Anfang 19. Jh.). Glaubt man einigen historischen Quellen, waren viele Veddas zu jener Zeit sogar hoch angesehen und standen auf einer ähnlichen sozialen Stufe wie die hochkastigen Singhalesen. Folglich hatten singhalesische Eltern wenig Bedenken, ihre Söhne oder Töchter mit Veddas zu vermählen. Eine genaue Erklärung für den hohen Stand der Veddas bleiben die Quellen allerdings schuldig. Die Veddas übrigens, stolze Herren des Waldes, sahen auf die Kinder aus solchen Verbindungen herab.

Auf eine enge Beziehung zwischen beiden Gruppen weisen auch deren Sprachen hin: Sprachforscher bezeichnen die **Vedda-Sprache** als einen Dialekt des Singhalesischen oder als eine Art „Creole".

Als separate ethnische Gruppe anerkannt wurden die Veddas erst etwa vor 100 Jahren, als sie zum ersten Mal in einer Bevölkerungszählung auftauchten. 1921 gab es noch 4.500 Veddas, 1953 waren es 800 und 1963 nur noch 400. Und heute? Niemand weiß es genau. Möglicherweise ist die Zahl doch höher als man annimmt, denn einige Veddas wohnen heute in den Städten und unterscheiden sich durch nichts mehr von den Singhalesen.

In der Umgebung von Dambana leben heute **die letzten Veddas,** einige Dutzend vielleicht. Angeführt werden sie von Häuptling *Wanniya,* dessen mittlerweile verstorbener Vater *Tissahamy* 1982 Präsident *Jayawardhene* eine Petition überreichte, in der er für sein Volk um Dauerwohnrecht in den Wäldern bat. Am permanenten Schrumpfen der Waldflächen hat sich jedoch nichts geändert.

Heute sind die Veddas von Dambana nicht mehr Jäger und Sammler, sondern **Viehzüchter und Kleinbauern.** Im Zuge es Mahaweli-Projektes (siehe Viktoria-Stauamm) bot die Regierung den Veddaamilien je ein kleines Reisfeld, ein Haus und aatgut an - kostenlos. Die weitaus meisten kzeptierten. Das letzte versprengte Häuflein og sich in den Maduru Oya National Park estlich von Batticaloa zurück, mit der strikten uflage, das traditionelle Jagen und Brandroen zu unterlassen.

Wer heute die Veddas bei Dambana aufsuhen will, hat es nicht ganz leicht: Viele Singalesen meiden das Thema, da man nicht an as „primitive" Volk in ihrer Mitte erinnert erden möchte. Die Veddas selber sind cheu und zurückhaltend, so wie sie es früher uch waren, man kann es in den alten Berichen nachlesen. Die Tatsache, daß sie heute so twas sind wie die Sozialfälle der Nation, hat ır Selbstbewußtsein nicht gerade gestärkt.

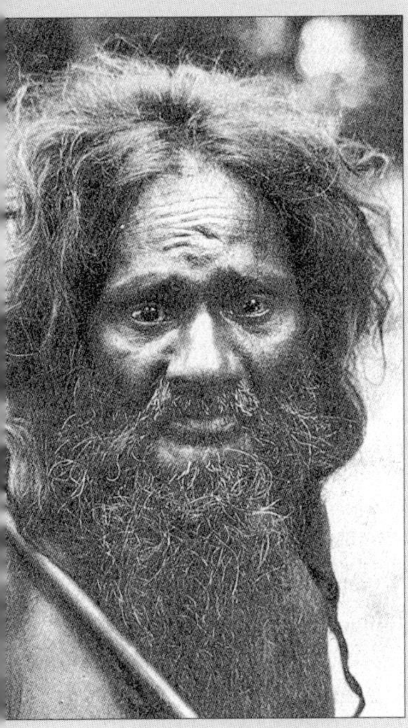

soll an dieser Stelle eine Dagoba aus Smaragd gestanden haben, in der sich eine Handvoll Haare des Meisters befanden; Buddha hatte die Haare dem Gott Saman auf dem Adam's Peak übergeben (siehe auch „Adam's Peak"), und Saman brachte sie nach Mahiyangana. Nach dem Tod Buddhas baute ein gewisser Sarabhu, einer von Buddhas Schülern, eine gößere Dagoba darüber, in der das rechte Schlüsselbein des Erleuchteten eingemauert wurde. Diese Dagoba wiederum wurde von *Uddhachulabhaya* überbaut, einem jüngeren Bruder von König *Devanampiya Tissa*. König *Duttha Gamini* schließlich ließ eine weitere Vergrößerung anlegen (2. Jh.v.Chr.), die die Grundlage der heutigen Dagoba bildete. Einige nachfolgende Herrscher ließen Ausbesserungen an ihr vornehmen, da sie mehrere Male in einen ruinösen Zustand verfiel.

Der Mahiyangana Raja Vihara befindet sich ca. 2 km vom Ortszentrum entfernt, umgeben von parkähnlicher Landschaft. Was Mahiyangana selber an Atmosphäre vermissen läßt, findet sich hier umso mehr.

Unterkunft

- Für eine Übernachtung stehen ein **Rest House** sowie ein **U.D.A. Rest House** zur Verfügung. Zimmer ab ca. 500 Rs.

Essen

- Am besten in den jeweiligen Unterkünften; wer unbedingt außerhalb essen will, kann es in den nebeneinander gelegenen **Ajmeer Hotel** und **Impala Hotel** versuchen, die aber sicher nicht jedermanns Hygiene-Standard gerecht werden dürften. Es gibt einfache Curries und Snacks zu Niedrigpreisen.

Anfahrt

Die drohende Nähe der Ostküste wird unmißverständlich durch die zahlreichen zu passierenden **Armeesperren** angedeutet.

Auch wenn es sich nur um einen Tagesausflug handelt, bei dem man andernorts den **Paß** im Hotelsafe lassen könnte, sollte man ihn hier mit sich führen: Häufig verlangen die Soldaten die Vorlage von Ausweispapieren.

- Es fahren regelmäßige **Busse** ab Kandy, entweder solche, die Mahiyangana als Endstation haben, oder solche, die bis Batticaloa oder Amparai weiterfahren.
- **Taxis** ab Kandy sollten einfach je nach Strecke ca. 1.400-1.600 Rs. kosten; Hin- und Rückfahrt inklusive ein-bis zweistündigem Aufenthalt für ca. 1.800-2.000 Rs.

Zu beachten ist, daß es **zwei Routen von Kandy** nach Mahiyangana gibt: Die ältere, die A 26, führt nördlich am Victoria-Stausee vorbei und ist 75 km lang; die neuere Strecke verläuft weiter südlich und passiert den Randenigala-Stausee, Gesamtlänge 96 km. Diese südliche Route ist landschaftlich schöner, man passiert verschlafene Dörfer und sattgrüne Felder.

Nawalapitiya

↗ VI/B2

Ein, touristisch gesehen, nicht sehr aufregender Ort, in dem man zum Ausgleich aber unverfälschtes srilankisches Kleinstadtleben studieren kann. In seiner Nähe bieten sich zudem ansehnliche Naturszenerien. Nawalapitiya könnte als Zwischenstopp auf dem Weg von Kandy nach Hatton, bzw. umgekehrt, dienen, wobei man halbwegs sicher sein kann, dort keinen anderen Touristen zu treffen. Der Ort ist per Bus mit allen wichtigen Städten der Umgebung verbunden und liegt an der Bahnlinie Colombo - Badulla bzw. Kandy - Badulla.

Unterkunft/Essen

- Preiswerte Unterkunft gibt es in dem winzigen (und sehr mäßigen) **Rest House,** ca. 500 m von der Innenstadt entfernt.
- Zum Essen steht eine Reihe von einfachen Restaurants zur Auswahl. Ziemlich gut und preiswert ist das tamilische **Mohana Vilas.**
- Einige weitere, zumeist moslemische Restaurants finden sich in unmittelbarer Nähe: **Royal Café, Hotel Nepon u.a**.

Avissawella

↗ VI/A2

Avissawella ist ein malerisch von Wald und Hügeln umgebener Ort und ein Zentrum des **Kautschuk-Anbaus.** Man muß hier aber nicht unbedingt übernachten. Es gibt nur eine einzige Sehenswürdigkeit, und von der sind nur noch Ruinen übrig (s.u.). Bei der Fahrt mit Leihfahrzeug oder Taxi auf der Strecke Colombo - Nuwara Eliya oder Colombo - Ratnapura könnte man hier aber einen Halt einlegen.

Avissawella ist eine der ältesten Städte Sri Lankas und hieß früher *Sitavaka* - angeblich war es einer der vielen Orte, an dem Ravana die entführte Sita gefangen hielt. Im 16. Jh. war Sitavaka die Hauptstadt eines selbständigen Königreiches, das in einer verwirrenden Folge von Kriegen abwechselnd - oder sogar gleichzeitig - gegen Kotte, Kandy und die Portugiesen kämpfte. 1592 schließlich wurde die Stadt von den Portugiesen zerstört.

Sehenswertes

Vom alten Sitavaka sind heute nur noch Teile des **Berendi Kovil** übrig, eines Tempels, der Shiva geweiht war.

Berendi ist ein andere Name für Bhairava, was wiederum eine andere Bezeichnung für Shiva ist. Der Tempel entstand unter König *Rajasinha I.* (reg. 1587-1597), der sich dadurch mit den Göttern gut zu stellen trachtete. Seine Furcht vor göttlichem Zorn war durchaus angebracht, denn zuvor hatte er seinen eigenen Vater als auch zahlreiche Mönche umbringen lassen. Besonders in letztem Fall zeigte der König ein hohes Maß an Originalität: Die Mönche wurden in einer Reihe bis zum Hals in einem Feld eingebuddelt, und dann pflügte man ihnen die Köpfe ab – als sei es reifer Blumenkohl.

Die **Ruinen** des Berendi Kovil befinden sich ca. 1 km östlich der Ortsmitte, am Ende eines holperigen Weges, der von der Straße nach Kegalle abzweigt. Hier liegt er einsam und verlassen, umgeben von Kokospalmen und dem unverkennbaren Hauch von Mysterium, den Ruinen ja des öfteren an sich haben. Es ist kaum viel mehr übrig als der Grundsockel und einige Mauerreste. An einer der Mauern sind Reliefs zu sehen, die Krüge darstellen. Diese könnten von portugiesischen Kriegsgefangenen geschaffen worden sein, von denen es im Sitavaka des späten 16. Jh. keinen Mangel gab, und die, wie auch von anderen Orten bekannt, häufig zu Bauarbeiten herangezogen wurden. Am Ende waren es ebenfalls Portugiesen, die den Tempel samt der ganzen Stadt niedermachten.

Ruinen des Tempels Berendi Kovil

Unterkunft/Essen

- Falls in Avissawella übernachtet werden muß, steht in der Ortsmitte ein **Rest House** zur Verfügung, mit Restaurant.
- Gute Reis&Curry-Gedecke, z.T. mit sehr schmackhaften Fisch- oder Prawn-Currys, bietet das direkt in der Innenstadt gelegene **Co-Op Restaurant.**

Kitulgala

↗ VI/A2

Das winzige Kitulgala, etwa auf halber Strecke zwischen Colombo und Nuwara Eliya gelegen, ist einer der malerischsten Orte der Zentralregion. Touristen gibt es dennoch kaum, einmal abgesehen von denjenigen, die auf Hinweis ihres Fahrers auf der Fahrt von oder nach Nurelia einen Halt in den zwei Restaurants des Ortes einlegen. Dabei ist die Natur um Kitulgala herum bezaubernd schön, und sie bietet sich zu vielen **Wanderungen oder Wald-Treks** an – ein echter Geheimtip für Leute, die sich an satter Natur ergötzen möchten.

Kitulgala („Der Felsen der Kittulpalmen") liegt am **Kelani Ganga,** der von hier weiter in Richtung Westen fließt und dann – während seines Verlaufs durch den Zustrom einiger Nebenflüsse bereichert – bei Colombo ins Meer einfließt. Der Fluß wird zu beiden Seiten von dichter Vegetation gesäumt. Nahe dem Rest House (s.u.) pendeln regelmäßig kleine Boote über den Fluß. Auf der gegenüberliegenden, südlichen Seite des Flusses befindet sich ein malerisches kleines Dorf. Die umliegenden Wälder sind ein beliebter Ausflugsort für Amateur-Ornithologen.

Belilena-Höhle

Im Bereich nördlich des Flusses erstrecken sich von Kautschuk-Plantagen bedeckte Hügel. Hier befindet sich die von urwüchsiger Landschaft umgebene Höhle Belilena, über deren Eingang ein **Wasserfall** herunterbraust (ca. 7 km von Kitulgala). Die Höhle wurde vor einigen Jahren von einem Mönch bewohnt, der den Ort jedoch aufgab, da es dort keine Infrastruktur gab.

Um zur Höhle zu gelangen, nehme man einen Mietwagen (falls man nicht den ganzen Weg laufen möchte) und biege von der Hauptstraße in Kitulgala in die in nördlicher Richtung verlaufende unasphaltierte Seitenstraße ein, die durch die Kautschuk-Plantagen führt. Der Wagen muß am Ende der Straße vor einer kleinen, einstöckigen Schule halten; von dort ist es noch ein Fußweg von gut 20 Min. durch dichten Wald bis zur Höhle. Am Ende sind einige Steigungen zu passieren. Der Weg ist nicht ausgeschildert, es finden sich aber oft Schulkinder in der Nähe, die sich gerne als Führer anbieten.

„The Bridge on the River Kwai"

Kitulagala erlangte ein kleines Maß an Berühmtheit im Jahre 1956, als hier der Film „Die Brücke über den Kwai" gedreht wurde. Der Film – nach dem bekannten Roman von *Pierre Boulle* – spielt im 2. Weltkrieg und handelt von der Besatzung Thailands durch die Japaner und den Bau einer Brücke über den Fluß *Mae Kwae* bei Kanachanaburi im Westen Thailands. Über die Brücke sollte eine Eisenbahnlinie nach

Burma angelegt werden, das von den verfeindeten Engländern beherrscht wurde. Die Japaner kommandierten ein ausgemergeltes Arbeitsheer von Kriegsgefangenen, von denen zigtausende an Krankheit oder Unterernährung starben. Darunter waren vor allem Briten, Australier und Inder.

Thailand hatte aus diplomatischen Erwägungen die Drehgenehmigung für den Originalschauplatz verweigert; somit wurde ein „Brücken-Double" in Kitulgala errichtet, dessen tropische Umgebung der von Kanchanaburi durchaus ähnelt. Vor einigen Jahren wurde die Brücke demontiert und so bleibt hier nur noch die Erinnerung an die Dreharbeiten.

Entlang des Uferweges zum Drehort finden sich zahlreiche „Führer" ein, die zum Teil behaupten, als Komparsen im Film mitgewirkt zu haben – was bei den jüngeren Semestern natürlich absolut unglaubwürdig ist.

Sri Lanka muß übrigens des öfteren als Drehort für Filme herhalten, die eigentlich andernorts spielen. Ein weiteres Beispiel ist „Indiana Jones and the Temple of Doom", dessen in angeblich in Nordindien spielende Szenen in Sri Lanka gefilmt wurden. Sprachkundigen Zuschauern wird auffallen, daß die „nordindischen" Komparsen Singhalesisch sprechen!

An der Höhle Belilena

Unterkunft/Essen

●Das **Plantation Hotel & Restaurant** (Tel. 036-87575, Fax 94-36-87574) ist eine fantastische Unterkunft, gelegen direkt am Ufer des Flusses, mit einer sehr guten Aussicht darauf. Die insgesamt acht Zimmer sind urgemütlich, blitzsauber und komfortabel, haben Bad und AC und – ganz außergewöhnlich für ein Hotel außerhalb von Colombo – Satelliten-TV mit zwanzig Kanälen. Dazu kommt ein architektonisch exzellent gestaltetes und sehr gutes Restaurant, und alles in allem ist dies wohl eine der idyllischsten Wohnmöglichkeiten im Bergland. Nicht umsonst wurde das Hotel auch mit einem Architekturpreis ausgezeichnet, wie die Plakette rechts neben dem Eingang zeigt. EZ kosten 30 US$, DZ 42 US$, jeweils inklusive Frühstück.

●Etwas weiter westlich an der Hauptstraße befindet sich das **Rest House,** das von seiner Terrasse einen noch grandioseren Ausblick über den Fluß bietet. Dafür sind die Zimmer (insgesamt 20) nicht so gut wie die im Plantation. EZ und DZ kosten 24 US$, Dreierzimmer 30 US$; dazu kommen jeweils 10% SC und 12,50% St. Da die Mahlzeiten relativ teuer sind (Dinner z.B. 8 US$ plus Zuschläge) lohnt sich möglicherweise die Vollpension: EZ 47 US$, DZ 68 US$, Dreier 95 US$, plus obige Zuschläge. Reservierung unter Tel. 036-87528 oder beim Travel Bureau in Colombo, Fax 94-1-503504.

Anreise

●Alle **Busse** von Colombo oder Avissawella nach Hatton/Dikoya bzw. Nuwara Eliya passieren Kitulgala. Östlich von Avissawella folgt die Straße zumeist dem Verlauf des Flusses, und oft ergeben sich großartige Ausblicke darauf.

●**Taxis** ab Colombo (95 km) kosten ca. 2.200 Rs., ebenso ab Nuwara Eliya, ab Hatton/Dikoya ca. 1.800 Rs. Per Taxi ist Kitulgala von den o.g. Orten aus auch gut in einer Tagestour zu besuchen.

Ausblick vom Rest House

110sr Foto: rk

Hatton und Dikoya ↗ VI/B3

Hatton ist ein wichtiges Zentrum der **Teeindustrie** und ein sehr quirliger Marktort. Die Straßen in der Innenstadt scheinen vom Marktgewühl fast überzuquellen.

Ein anderes Bild zeigt sich im 3 km südöstlich gelegenen Dikoya, das mit Hatton zusammen eine Art Zwillingsstadt bildet. Hier sind Ruhe und Idylle zu Hause, was sich am besten am **Castlereigh Reservoir** beweist, einem wundervoll von Teeplantagen und Hügeln umgebenen Stausee. Beide Orte könnten also gegensätzlicher nicht sein.

Die Gegend bietet eine Vielzahl von **Wandermöglichkeiten,** und die beiden Städte sind auch der wichtigste Ausgangspunkt für Besteigungen des Adam's Peak.

Wenige Kilometer in Richtung Nuwara Eliya, nahe der Ortschaft Kotagala, sind zwei recht imposante Wasserfälle zu sehen. Der erste, wenn man aus Richtung Hatton kommt, ist der hohe, aber relativ schmale **Devon's Falls** (92 m); wenige hundert Meter weiter passiert man den weniger hohen, aber dafür sehr breiten und wasserreichen **St. Claire's Falls.** Dieser Wasserfall wird auch „Bridal Falls" genannt, da er wie ein Brautschleier herabzufallen scheint.

Unterkunft

- Wie fast überall gibt es auch hier ein **Rest House** (Colombo Rd., Hatton, Tel. 051-2751). Es hat 7 recht ordentliche Zimmer (Bad) zu 600 Rs., plus 10% SC.
- Das **Ajantha Guest House** (83 Nursing Home Rd., Hatton, Tel. 051-2337) hat 11 Zimmer (Bad; h/k Wasser), Kostenpunkt EZ 500, DZ 600 Rs., plus 10% SC.
- Im **Hatton Inn** (30 Dunbar Rd., Hatton, Tel. 051-2593) stehen 16 sehr einfache Zimmer (kein eig. Bad) zur Verfügung; EZ 150 Rs., DZ 300 Rs.
- Recht ruhig gelegen ist das **Lanka Inn Tourist Rest** (Dunbar Rd., Hatton, Tel. 051-22647). Die insgesamt 10 Zimmer sind für den Preis okay. Kostenpunkt ohne eigenes Bad 300 und 450 Rs., mit angeschlossenem Bad 350/500 Rs.
- Die mit Abstand beste Wohnmöglichkeit sind die zusammengehörenden **Upper Glencairn Bungalow** und **Lower Glencairn Bungalow** (Dikoya, Tel. 051-2348, Upper; 051-2342, Lower). Wie der Name andeutet, befindet sich das Upper Glencairn höher auf einem Hügel gelegen, das Lower etwas tiefer. Die Landschaft um die Bungalows ist schlichtweg fantastisch, man befindet sich inmitten von Teeplantagen und hat einen hervorragenden Ausblick auf den Castlereigh-Stausee und sogar den Adam's Peak. Die einzigartige, konische Form des heiligen Berges zeichnet sich deutlich am jenseitigen Ufer des Stausees ab. Die Bungalows sind ältere, gemütliche Gebäude im typischen britischen Stil; die Zimmer darin (Bad; h/k Wasser) kosten EZ/DZ 800 Rs., Dreier 900 Rs., plus 10% SC.

Essen

- Alle Unterkünfte servieren auch Mahlzeiten, am besten in den **Glencairn Bungalows,** die aber auch überteuert sind: Ein srilankisches Abendessen kostet inklusive Zuschläge 203 Rs., ein westliches 261 Rs.
- In der Side Street am Markt in Hatton findet sich das etwas gehobene **Priyangani Restaurant** mit westlichen als auch srilankischen und chinesischen Gerichten.
- Gleich rechts daneben bietet sich das schlichte und preiswerte **New Grand Hotel & Bakery** an. Es gibt einfache Snacks und die allbekannten Rice&Curry-Teller.

Anreise

- Die **Züge** auf der Strecke Kandy - Badulla und Colombo - Badulla halten auch in Hatton.
- Direkte **Busse** fahren u.a. ab Colombo, Kandy, Nuwara Eliya und Nawalapitiya.
- **Taxis** ab Nuwara Eliya (42 km) sollten einfach ca. 1.000-1.200 Rs. kosten; bei dieser Fahrt bietet sich ein Stopp bei den St.-Claire's-und Devon's-Wasserfällen an (s.o.). Einfache Fahrten von Colombo ab ca. 3.000 Rs., von Kandy zu ca. 2.400 Rs.

Adam's Peak (Sri Pada)

↗ VI/B3

Für die frühen arabischen Seefahrer war er der „höchste der Berge der Welt", der Franzose *Sonnerat* beschrieb ihn 1782 als den „höchsten Berg Asiens", und 1807 noch hielt der Brite *Cordiner* ihn für den „höchsten Berg der Insel". Gemeint war jeweils der Adam's Peak, von dem man heute weiß, daß er mit 2.243 m lediglich der vierthöchste Berg Sri Lankas ist. Im Laufe der Zeit ist er - mit zunehmender geographischer Kenntnis - erheblich geschrumpft.

Nicht abgenommen hat jedoch seine spirituelle Größe. Wegen eines **überdimensionalen Fußabdruckes,** den Buddha bei seinem letzten Besuch auf Sri Lanka auf dem Gipfel hinterlassen haben soll, wird er von den Buddhisten verehrt. Von dem Berg aus soll Buddha dann ins Nirvana übergegangen sein.

Aber auch die anderen Religionsgemeinschaften vereinnahmen den Fußabdruck für sich: Für die Shiva-Anhänger unter den Hindus stammt er von Shiva, für die anderen Hindus vom Gott Saman, dem Schutzpatron des Berges. Die Christen wiederum sehen darin abwechselnd den Fußabdruck des Heiligen Thomas oder den von Adam, an den auch die Moslems glauben. Nach einer moslemischen Überlieferung ließ Gott Adam und Eva nach der Vertreibung aus dem Paradies aus Mitleid auf dem Adam's Peak leben, da Sri Lanka der Platz auf Erden war, der dem Paradies am nächsten kam! Der Fußabdruck entstand demnach dadurch, daß Adam zur Strafe auf einem einzigen Bein stehen mußte, was einen tiefen Abdruck hinterließ.

Der besagte Fußabdruck ist gigantisch groß, ca. 160 x 75 cm. Einer volkstümlichen Überlieferung nach ist dieser jedoch nur eine vergrößerte Kopie über dem eigentlichen, echten Fußabdruck; dieser soll sich darunter befinden, eingeprägt in einem überdimensionalen Saphir.

Der Abdruck - *Sri Pada* genannt, „Der edle Fuß" - soll im 1. Jh.v.Chr. von König *Valagama Bahu* entdeckt worden sein, der von einem Hirsch dorthin geführt worden war. Wahrscheinlich fanden sich bald darauf die ersten Pilger dort ein, nach gesicherter Erkenntnis jedoch mindestens seit dem Ende des 10. Jh. König *Vijaya Bahu I.* (reg. 1071-1126) ließ an der Strecke Pilgerunterstände bauen, und *Marco Polo* berichtete im 13. Jh. von Eisenketten, die an der Strecke angebracht waren, um den Pilgern den Weg zu erleichtern. Im Jahre 1950 wurde der Weg elektrisch beleuchtet

– nachdem ein Minister den Gott Saman um Unterstützung in einem staatlichen Projekt gebeten hatte, mit dem Versprechen, bei dessen Gelingen sich durch die Beleuchtung der Pilger-Route zu revanchieren! Und so zieht der Berg bis heute jährlich Abertausende von Pilgern in seinen Bann, die nun wohlbeleuchtet zum Fußabdruck gelangen.

Die **Pilgersaison** ist die trockene Jahreszeit von Dezember bis April, wobei sich an Wochenenden und Poya-Tagen besonders viele Gläubige einfinden. Der Aufstieg findet mitten in der Nacht statt, so daß die Pilger morgens den Sonnenaufgang miterleben können – für viele der Höhepunkt der gesamten Pilgerreise. Der Sonnenaufgang wird von den Pilgern mit dem frommen Ausruf *„Sadhu, Sadhu"* begrüßt. Danach kann man oft den pyramidenähnlichen Schatten des Berggipfels auf den im Westen befindlichen Nebelbänken sehen. Mit steigender Sonne löst sich der Nebel auf, und der Schatten wandert über die sich unten ausbreitende Landschaft.

Anfahrt und Aufstieg

Es gibt **zwei Wege** mit unterschiedlichem Schwierigkeitsgrad zum Gipfel. Die meist begangene Anmarsch-Route ist heute die von Norden aus Richtung Hatton, die auch die leichtere ist. In früheren Jahrhunderten zählte nur der schwierige Weg von Süden her als „richtige" Pilgerreise, die leichte galt als spirituell weniger verdienstvoll.

Zur **Ausrüstung** sollte in jedem Fall warme Kleidung gehören, da es nachts auf dem Berg zu jeder Jahreszeit sehr kühl ist.

Nordroute

- Per **Bus** fahre man von Kandy, Nuwara Eliya oder Hatton/Dikoya nach Dalhousie, wo der Aufstieg beginnt. Die Busse fahren über Maskeliya. Bekommt man keinen direkten Bus von Hatton nach Dalhousie, so muß man in Maskeliya umsteigen.

  Zur Pilger-Saison fahren einige **direkte Busse** ab Colombo.
- Hatton kann von Colombo oder Kandy auch per **Zug** erreicht werden.
- Dalhousie kann auch per **Zug** erreicht werden, es liegt an der Linie Kandy – Badulla.
- **In Dalhousie** kann man sich noch mit Proviant eindecken; dann beginnt dort der 7 km lange Fußweg zum Gipfel, der etwa 1.000 Höhenmeter überbrückt und kontinuierlich bergauf führt. Besonders die zweite Hälfte des Weges verläuft sehr steil und ist daher recht kräftezehrend.
- Da der letzte Bus von Hatton schon etwa gegen 18 Uhr losfährt, ist man reichlich früh dran, wenn man den Sonnenaufgang auf dem Berg erleben will. Günstiger ist daher die direkte Anfahrt nach Dalhousie per **Taxi** (etwas über 1 Std.); es reicht, gegen Mitternacht loszufahren. So kann man gegen 1.00 oder 1.30 Uhr den Fußmarsch ab Dalhousie beginnen. Je nach Kondition ist der Weg in 2-4 Stunden zu schaffen, 3 Stunden sind guter Durchschnitt. Somit erreicht man etwa gegen 4 oder 5 Uhr den Gipfel, rechtzeitig zum Sonnenaufgang (ca. 6-6.30 Uhr). Während der Pilgersaison gibt es entlang der Route Snacks und Getränke.

Südroute

- Die zweite, etwas in Vergessenheit geratene Route geht mehr an die Kondition, sie bringt dafür aber ungeahnten „Gewinn": Nach Überzeugung der Bewohner der Gegend werden Frauen, die diese Strecke absolvieren, zur „Belohnung" im nächsten Leben als Mann geboren!

- Diese vielversprechende Route beginnt in Carney, das per Bus von Ratnapura aus erreicht werden kann (25 km). Ab Carney sind 11 km zurückzulegen, oft über steiles, sehr anstrengendes Terrain. Marschzeit ca. 6-7 Std. Die Strecke ist zum Teil beleuchtet.

Unterkunft/Essen

Unterkünfte finden sich in Dalhousie und Maskeliya.

In Dalhousie:

- Das grün gestrichene **Green House** wird von einer sehr freundlichen Familie betrieben und umfaßt drei Zimmer, ein kleineres zu 200 Rs. und zwei größere zu 300 Rs. Für 450 Rs./Pers. gibt es Zimmer plus Frühstück und Abendessen. Der Besitzer des Hauses hat jede Menge Informationen bezüglich dem Aufstieg zum Adam's Peak parat.
- Das **Yellow House** (Tel. 072-617676) ist verständlicherweise gelb gestrichen und hat große Zimmer zu 250 Rs.(EZ), 300 und 400 Rs. (DZ) sowie 600 Rs. (Dreier). Gemeinschaftsbad.
- Weiterhin: **Pilgrims' Rest** (200-750 Rs.), **Sri Pale** (200-400 Rs.), **Wathasala Inn** (200-400 Rs.), **Wijitha Hotel** (200-250 Rs.)

In Maskeliya:

- Zimmer zu 250 Rs. im **Old Post Office.**
- Ansonsten verbleiben noch die Unterkünfte in Hatton & Dikoya, siehe dort.

Nuwara Eliya (Nurelia)

↗ VI/B2

Nuwara Eliya, meist kurz *Nurelia* genannt, wurde erst 1826 von einigen britischen Offizieren „entdeckt", die sich während einer Elefantenjagd dorthin verirrt hatten. Damals war es ein winziges, verschlafenes Dorf, doch schon bald begann eine rapide Entwicklung. Die Offiziere informierten den britischen Gouverneur von Ceylon, *Sir Edward Barnes,* über ihren Fund, und 1828 baute sich dieser dort eine Residenz, das heutige Wattles Inn (siehe „Unterkunft"). Der Gouverneur erkannte Nurelias Potential als **Luftkurort,** und 1829 wurde dort auf sein Bestreben hin eine Genesungsstation eröffnet. „In den Augen von Europäern und Siechenden ist es der Himmel von Ceylon", schrieb im Jahre 1859 *J.E. Tennent* über Nurelia.

Barnes ließ eine Straßenverbindung von Kandy aus anlegen und trieb diese dann weiter in Richtung Badulla voran. In der Folgezeit strömten zahlreiche seiner Landsleute nach Nurelia, angezogen von dem so gesunden Klima. In der zweiten Hälfte des 19. Jh. war das vormals unbedeutende Nest zu einer britisch geprägten, vornehmen Ortschaft herangewachsen. Die Kolonialbeamten ließen sich englische Landhäuser bauen, die ebenso in Cornwall oder Yorkshire hätten stehen können; 1875 kam eine Pferderennbahn dazu, 1889 ein Golf-Club. Aus Nuwara Eliya („Königliche Stadt des Lichts") wurde **„Little England"**.

Nurelia befindet sich auf einer **Höhe von 1890 m** und ist damit die höchstgelegene Stadt Sri Lankas. Das daraus resultierende **kühle Klima** sowie der häufige Regen muß die Briten an verregnete, laue Sommertage daheim in „God's Own Country" erinnert haben. Um neben englischem Wetter auch englische Speisen genießen zu können, wurden heimische Gemüse angebaut – Kartoffeln, Kohl, Bohnen, Karotten u.v.a. Dazu kamen Beete voll prächtiger Rosen.

Der Boden, bestehend aus einer tiefen Schicht schwarzen Mutterbodens über Schichten aus gelbem Lehm und Kies, versetzte jeden Gärtner in Euphorie. Die in der Umgebung sprudelnden Quellen brachten ein glasklares, reines Wasser zutage, das man auch gleich bestens zu nutzen wußte: 1911 wurde hier Sri Lankas erste Brauerei gegründet, die **Lion Brewery,** die bis heute unter Verwendung des Quellwassers ihren Gerstensaft braut und ihn in alle Landesteile verschickt.

In erster Linie steht Nurelia jedoch im Zeichen eines anderen Getränks: des Tees. Ringsherum finden sich schier endlose **Teeplantagen,** die *tea estates,* die ihren grünen und strauchigen Teppich über die hügelige Landschaft ausbreiten. Am fotogensten sind sie, wenn die Pflückerinnen mit ihren bunten Saris darin arbeiten. Was aber nicht über die harten Arbeitsbedingungen hinwegtäuschen soll: Die Pflückerinnen bekommen einen Lohn von 80-90 Rs. pro Arbeitstag, aber nicht jeden Tag gibt es etwas zu tun. In der trockenen Jahreszeit sind es manchmal nur 2 oder 3 Tage pro Monat. Die offizielle Arbeitszeit beträgt zwar 8 Stunden, manche Frauen haben aber täglich Fußwege von bis zu 3 Stunden zwischen Plantage und Wohnort zurückzulegen. Da die meisten Frauen zu Hause noch eine Familie zu versorgen haben, sind Arbeitstage von 18 Stunden keine Seltenheit.

Nurelia ist heute eine nette Kleinstadt, die noch vom alten britischen Flair zehrt und dieses auch touristisch zu vermarkten weiß. Die meisten Besucher sind Pauschaltouristen, die in einem Eintagesprogramm an den Sehenswürdigkeiten vorbeigeschleust werden. In den großen Hotels herrscht somit ein ständiges Kommen und Gehen. Wem mehr Zeit zur Verfügung steht, der wird keine Probleme haben, einige Tage oder gar noch länger zu bleiben. Der Charme des Ortes kann einen in seinen Bann schlagen, und seine Bewohner sind – was ja auch nicht so unwichtig ist – auffallend freundlich und relaxt.

Nurelia liegt in einer Ebene von etwa 6,5 km Länge und 2,5 km Breite und ist rundum von Bergen umgeben. An

111sr Foto: Ingo Hothan

Tee-Pflückerinnen

Zentrales Bergland

seiner Nordseite erhebt sich der **Pidurutalagala** (Mt. Pedro), der mit 2.524 m höchste Berg Sri Lankas. Dieser konnte in der jüngeren Vergangenheit noch bestiegen werden, was auch durch großartige Ausblicke belohnt wurde; heute stehen auf dem Gipfel ein Fernsehsender und ein Armeelager, die Besteigung ist verboten. Die Bezeichnung *Mt. Pedro* stammt von den sprachunkundigen Briten, die Piduru als „Pedro" verhohnepiepelten. *Piduru* ist Singhalesisch für „Matte", und der Berg bekam seinen Namen („Matten-Blätter-Felsen") aufgrund von dort wachsenden Pflanzen, die beim Mattenflechten verwendet wurden.

Etwa 4 km westlich von Nurelia befindet sich auf 2.050 m Höhe das Dorf **Shantipura** („Stadt des Friedens"), das höchstgelegenste Dorf Sri Lankas. Ab Nurelia fährt ca. jede Stunde ein Minibus dorthin (ab der Minibus-Station). An der Nordseite des Dorfes erhebt sich der 2.238 m hohe **Kikilimana**, der bestiegen werden kann.

Gegen Nässe und Kälte: warm anziehen!

Bei Besuchen von Nurelia sollte jedoch unbedingt den Klimaverhältnissen Rechnung getragen werden: Wenn nach 17 Uhr die Sonne hinter den Bergen versinkt, wird es ausgesprochen kühl, und Pullover und/oder Jacke sind dringend anzuraten. Gelegentlich fällt das Thermometer nachts auf Temperaturen knapp über den Gefrierpunkt, und dann findet man morgens alles von einer Schicht Rauhreif bedeckt. Selbst tagsüber kann ein Pullover vonnöten sein, vor allem bei bedecktem Himmel oder Regen. Letzterer ist ohnehin häufig, und auch Regenjacke oder Schirm sollten somit zur Standard-Ausrüstung gehören. Unabhängig von den Monsunzeiten regnet es in jeder Jahreszeit: Die nassesten Monate sind Mai, Juni, Juli, Oktober, November und Dezember; die trockensten Januar, Februar und März.

Sehenswertes

Teeplantagen

Das gesamte Gebiet um Nurelia wird vom Teeanbau geprägt, und bei Fahrten in die Umgebung ist es absolut unmöglich, nicht auf die kurzgeschorenen grünen Sträucher zu stoßen. Teeplantagen sind wunderbare Fotomotive, sie werden aber noch viel attraktiver, wenn darauf auch gerade gepflückt wird. Da nicht überall und immer geerntet wird, empfiehlt es sich, seinen Taxifahrer nach den augenblicklichen Pflückorten zu fragen. Die Taxifahrer, die jeden Tag die Gegend durchkreuzen, wissen da sehr gut Bescheid. Wer lieber Bus fahren möchte, sollte irgendeinen der Busse in Richtung Kandy nehmen, um dann an einer entsprechenden Stelle auszusteigen. Die Wahrscheinlichkeit, daß in nächster Umgebung von Nurelia gepflückt wird, ist recht hoch. Allerdings ist dem Schaffner irgendwie klarzumachen, daß man noch nicht genau weiß, wo man aussteigt!

Die Pflückerinnen haben gegen das **Fotografieren** meist zwar nichts einzuwenden, dennoch werden gelegentlich nach ein paar Rupien dafür verlangt – verständlich, bedenkt man den kläglichen Lohn, den sie erhalten. Anstelle von Geld sollte man jedoch eher Süßigkeiten verteilen, die sich die Pflückerinnen selber nicht leisten können und die sie genauso gerne annehmen.

Besucht werden können auch einige **Teefabriken,** so z.B. die der Firma Labookellie, ca. 10 km nordwestlich von Nurelia an der Straße nach Kandy, auf 1.600 m Höhe gelegen. Hier kann Tee eingekauft werden (60 Rs./220 g), und auf Anfrage ist Unterbringung in einem firmeneigenen Bungalow möglich (ca. 2.000 Rs.); ein Koch wird dabei zur Vefügung gestellt. An den Anblick von Teefabriken wird man sich in diesem Gebiet schnell gewöhnen: Es sind große, mehrstöckige Gebäude, die in etwa an sinistere Landschulheime erinnern, in denen gerade Ausgangssperre herrscht. Der frische Teeduft, der von ihnen ausgeht, wirkt allerdings sehr verlockend.

Touristisch kaum besucht sind die Teeplantagen bei **Ragala,** 20 km nordöstlich von Nurelia. Die Fahrt dorthin, über den Marktflecken Kandapola (10 km) und dann Brookside, belohnt mit schönen Ausblicken auf die Plantagen. Ragala selbst ist eine winzige Ortschaft mit einem lebendigen Markt. Am Südrand des Ortes steht eine weithin sichtbare katholische Kirche samt Marienschrein davor. Ab der Busstation in Nurelia fahren regelmäßig Busse nach Ragala.

Bis 1948 existierte eine **Schmalspur-Bahnlinie** Nanu Oya – Nuwara Eliya – Ragala; für die Gesamtstrecke von 31 km benötigte man damals mehr als 3 Stunden. Heutzutage sind von dieser Linie nur noch Reste zu sehen: so z.B. das winzige Bahnhofsgebäude von Brookside, das heute als Bar dient.

Hakgala Botanical Gardens

Der Botanische Garten von Hakgala liegt etwa 10 km südöstlich von Nurelia, an der Straße, die Richtung Badulla führt. Auf dem Weg dorthin passiert man nach ca. 6 km den hinduistischen **Sita-Eliya-Tempel** (Sita Ammam Kovil), der angeblich einen der Orte markiert, an dem Sita, die Heldin der Ramayana, von Ravana gefangengehalten wurde. Der Tempel soll in den nächsten Jahren zu einer der wichtigsten Touristenattraktion des Landes ausgebaut werden und dann vor allem indische Touristen anlocken.

In der Umgebung finden sich noch weitere Orte, deren Namen an den Aufenthalt Sitas erinnern, so Sita Ela („Sitas Fluß"), Sita Kund („Sitas Teich") und Sita Talawa („Sita-Ebene"). Auf die Spuren von Sita und ihrem dämonischen Entführer Ravana stößt man in der Umgebung noch des öfteren.

Zurück zum Botanischen Garten. Er entstand als eine im Hochland gelegene Zweigstelle des Botanischen Gartens von Peradeniya, in dem mit potentiellen Ersatzprodukten für den Kaffee experimentiert werden sollte. Kardamom und Muskat waren einige davon, am wichtigsten war aber wohl Chinchona, das die Grundlage der Chinin-Herstellung bildete. Später wurden all diese Produkte zugunsten des Tees verworfen. Genau an der Stelle des Botanischen Gartens soll sich der Legende nach früher übrigens Ravanas Lustgarten befunden haben.

Heute bietet der Botanische Garten ein sehenswertes Sammelsurium verschiedener Baum-, Blumen- oder anderer Pflanzenarten; ganz besonders bekannt ist er für seine Rosen. Wer botanisch weniger interessiert ist, kann den Garten für einen angenehmen Spaziergang in frischer Natur nutzen.

Der Name des Geländes stammt vom nahe gelegenen **Berg Hakgala** (2.172 m), wörtlich „Maul-Felsen". Laut der Ramayana hatte Rama einst Hanuman den Auftrag erteilt, eine Reihe von Heilkräutern von einem Berg im Himalaya herbeizuschaffen. Hanuman machte sich auf, und als es darum ging, die richtigen Pflanzen ausfindig zu machen, ließ ihn sein Gedächtnis im Stich – er hatte schlichtweg vergessen, welche Pflanzen Rama benötigte. Nach einigem Grübeln aber fand Hanuman eine geniale, wenn auch etwas unorthodoxe Lösung: Er lupfte gleich den ganzen Berg empor, mit allem, was darauf war, und schleppte ihn hierher – in seinem Maul!

- Der **Eintritt** zum Botanischen Garten kostet 150 Rs. (Studenten die Hälfte), geöffnet täglich von 7.30 bis 17 Uhr. Eine besondere Erwähnung verdient noch das in der Anlage befindliche **Restaurant** namens *Humbugs*, das seiner Bezeichnung zum Trotz hervorragende Mahlzeiten serviert. Die Spezialität ist Erdbeeren mit Sahne (nur in der Erdbeer-Saison). Dem Restaurant ist ein sehr gutes **Guest House** angeschlossen, von dem aus sich schöne Ausblicke auf die Umgebung bieten (600 Rs.).
- Die **Anfahrt** nach Hakgala kann mit jedem **Bus** erfolgen, der von Nurelia in Richtung Badulla, Bandarawela, Ella, Haputale oder Welimada fährt. Welimada ist übrigens – um

Blumenverkäufer bei Nurelia

112sr Foto: Chaweewan Chuchuay

noch einmal auf die Ramayana zurückzukommen – der Ort, an dem Ravana von den Truppen Hanumans besiegt und Sita aus dessen Klauen befreit wurde. Welimada befindet sich ca. 17 km südöstlich von Hakgala.

- Die **Anfahrt per Taxi** von Nurelia nach Hakgala sollte hin und zurück ca. 350-450 Rs. kosten, inklusive eines ein- bis zweistündigen Aufenthaltes.

Unterkunft

Nurelia verfügt über ein sehr gutes Angebot an Unterkünften, besonders in der mittleren und oberen Preisklasse, weniger in der Low-Budget-Kategorie. Die vier Top-Hotels des Ortes sind grandios, und wer den tieferen Griff in die Tasche wagt, wird seinem Geld nicht nachtrauern. Aufgrund des relativ kühlen Klimas verfügen alle Unterkünfte über heißes (Bade-)Wasser, so daß sich diese Angabe in den Unterkunfts-Beschreibungen erübrigt.

Wie in allen vom Tourismus geprägten Orten ergeben sich kräftige Unterschiede zwischen **Saison- und Nebensaison-Preisen.** Die Saison ist von November bis März/April und dann noch einmal im Mai, wenn Schulferien sind und die einheimischen Touristen anreisen. Die im folgenden genannten Preise sind die derzeitigen Saison-Preise.

In dieser Zeit macht sich eine Art Feststimmung im Ort breit, und aus öffentlichen und sonstigen Lautsprechern plärrt allerlei Lärm auf die Besucher ein. Erholsam ist das nicht.

Probleme bei der Zimmersuche könnte es generell zu jeder Jahreszeit am Spätnachmittag oder Abend geben, da die Unterkünfte dann oft schon belegt sind.

Auch Nurelia wird vom **Schlepper-Problem** geplagt; den vorangegangenen Warnungen zu diesem Thema brauchen hier keine weitere hinzugefügt zu werden.

Von der Busstation bis zu den meisten Unterkünften ist es ein Fußweg von 5-10 Minuten.

Am Südrand von Nurelia

Hier, an der Badulla Road oder in deren Nähe, finden sich die meisten der preiswerteren bzw. mittelteuren Unterkünfte.

- Das derzeit etwas heruntergekommene **Grosvenor Hotel** (6 Haddon Hill Rd., Tel. 052-22307) hat Zimmer (Bad) zu 880 und 1.100 Rs. plus 10% SC.
- Weiter bergauf an derselben Straße liegt das sehr ruhige und saubere **Haddon Hill Hotel** (24/3 Haddon Hill Rd., Tel. 052-23500), mit Zimmern (Bad) zu 550 und 650 Rs. (EZ/DZ). Dazu 10% SC. Ein TV-Raum ist angeschlossen.
- Die **Travelodge** (130 Badulla Rd., Tel. 052-22233) ist für ihren Preis sehr gut, es gibt ordentliche Zimmer (Bad) zu 350 (EZ), 500 (DZ) und 700 Rs. (Dreier). Dazu 10% SC.
- Ausgezeichnet ist das **Collingwood Inn** (112 Badulla Rd., Tel. 052-23550), das große, gemütliche Zimmer (Bad) bietet. EZ 500, DZ/Dreier 750 und Familienräume (4 Pers.) zu 900 Rs. Dazu je 10% SC. Im Haus befindet sich ein Restaurant, das nicht überteuert ist. Vor dem Gebäude liegt ein Garten.
- Das **Alpen Tour Inn** (Haddon Hill Rd., Tel. 052-23500, Fax 94-52-23202) hat Zimmer unterschiedlicher Größe und Qualität. Zimmer mit Bad ab 400 Rs., solche mit Kamin ab 650 Rs. Reduktionen bei Langzeitaufent.
- **Kamal's New Country House** (Badulla Rd., Tel. 052-22368) hat recht komfortable EZ/DZ ohne eig. Bad zu 550-800 Rs., DZ mit Bad zu 800 Rs.
- Recht ordentliche Zimmer (Bad) im **Ascot Guest House** (Badulla Rd., Tel. 052-22708) zu 350 Rs. (nur kaltes Wasser) und 450 Rs. (heißes Wasser).
- Am oberen Ende der Unique View Road, die von der Badulla Road abzweigt, steht das

Vom Strauch in die Tasse: der Tee

In China wurde Tee wahrscheinlich schon vor 3.000 Jahren getrunken, die ersten historisch verbürgten Plantagen gab es aber erst im 8. Jh. 1517 tauchte Tee zum ersten Mal in Europa auf, nachdem die Portugiesen den Handelsverkehr mit China aufgenommen hatten. 1667 orderte die britische East India Company erstmalig eine Sendung Tee, die zwei Jahre später in England eintraf. Bald darauf begann dort der Siegeszug des braunen Getränks, dem die Chinesen von jeher erquickende Eigenschaften zugeschrieben hatten. Nun verfielen ihm auch die Briten mit Leib und Seele. Das Teetrinken wurde zur Passion der Nation. Später nahmen die Briten sogar die indische Vokabel für Tee, *chaa* (sprich tschaa), in ihren Wortschatz auf. Das klang halt gebildeter als das schnöde *tea*. „What about a cuppa chaa, my dear?"

Mit dem steigenden Teekonsum meldeten sich aber auch die Mahner, die ein Gesundheitsrisiko darin witterten: „Durch den Gebrauch von Tee", schrieb ein Gesundheitsapostel im Jahre 1756, „scheinen Männer ihre Statur und Ansehnlichkeit, Frauen ihre Schönheit verloren zu haben". Auch war der Geschmack nicht jedermanns Sache: So blieb dem Holländer *Valentjin* bei seinem ersten Tee-Erlebnis Anfang des 17. Jh. schleierhaft, wie „vernunftbegabte Menschen ein Getränk als Genuß empfinden können, das nicht besser als Heuwasser schmeckt."

In den 30er Jahren des 19. Jh. begann die **East India Company** mit dem experimentellen Teeanbau in Assam (Indien), und 1840 erreichten die ersten 100 Kisten mit Assam-Tee England. Im selben Jahr wurden versuchsweise 200 Pflanzen aus Assam in Sri Lanka gepflanzt. 1849 legte der Schotte *James Taylor* die erste Teeplantage in Sri Lanka an, und zahllose weitere folgten. Heute ist Sri Lanka der größte Tee-Exporteur der Welt.

Tee kann in jeder beliebigen Höhe zwischen Meeresspiegel und 2.300 m angebaut werden. Die Höhe des Anbaugebietes hat allerdings erheblichen Einfluß auf den Geschmack. Der sogenannte **Tiefland-Tee** (Meeresspiegel bis 600 m) hat nur ein sehr schwaches Aroma, er wird hauptsächlich als Beigabe in Mischungen verwendet. Der **Tee der Mittellagen** (600-1.400 m) hat schon ein kräftigeres Aroma, dient aber ebenfalls oft zum Abrunden der besseren Sorten. Der **beste Tee** entstammt den **Hochlagen** (1.400-2.300 m), die mit ihren sonnenreichen Tagen, kühlen Nächten und häufigem Nebel ideale Voraussetzungen bieten. Außer von der Höhenlage hängt das Aroma von der Beschaffenheit der Pflanzen sowie von der Luftfeuchtigkeit ab. Auch die Jahreszeiten haben ihren Einfluß: In den Monaten mit starkem Wachstum – das sind März bis Mai und in etwas geringerem Maße Oktober und November – nimmt das Aroma selbst in den besten Anbaugebieten ab.

Die Teeblätter stammen von einem **Baum** namens *Camellia,* der zwischen seinem 3. und 7. Jahr die ersten brauchbaren Blätter produziert. Da er über 10 m hoch werden kann, was das Ernten der Blätter erschweren würde, wird er auf eine Höhe von 0,8-1,5 m, auf Strauchgröße, getrimmt. Alle 3-4 Jahre werden die Pflanzen sogar noch niedriger gestutzt, was ihre Lebensdauer erhöht. Angeblich stammen viele der Pflanzen, die heute beerntet werden, noch aus den Gründerzeiten der Teeplantagen – macht stolze 140 Jahre!

Komplizierter, als man annehmen möchte, ist das **Pflücken der Blätter.** Die goldene Pflückregel lautet „Zwei Blätter und eine Knospe" – derart „fein" gepflückter Tee ist der qualitativ beste. Bei der gröberen Pflückmethode werden gleich ganze Zweige abgepflückt, woraus minderwertigerer Tee resultiert. Gepflückt wird je nach Höhenlage alle 1-4 Wochen; je höher die Lage, umso seltener die Ernte. Die Pflückerinnen werfen die Blätter in einen Korb, den sie auf dem Rücken tragen und bringen sie dann zur Teefabrik.

In den Fabriken werden die Blätter auf speziellen Trokkenregalen je nach Klima 16-24 Stunden an der Luft **getrocknet.** Danach werden sie in einem speziellen Verfahren **zerwalzt,** was die Blätter bricht und auch die Voraussetzung für die anschließende Fermentation des in den Blättern vorhandenen Tannin bildet. Zur **Fermentation** werden die Blätter in einem gut durchlüfteten, feuchten und kühlen Raum ausgestreut. Je nach Zustand der Blätter ist der Vorgang nach 1,5-2 Stunden beendet. Danach wird der Tee noch einmal in einem speziellen Trockenofen getrocknet, dann gesiebt, verpackt und zur Teeauktion nach Colombo verschickt.

Je nach Art und Beschaffenheit der Blätter werden verschiedene **Qualitätsstufen** unterschieden:

- **Broken Orange Pekoe*:**
kleine Blätter mit Knospen
- **Broken Pekoe:**
etwas größere Blätter ohne Knospen
- **Orange Pekoe:**
lange, dünne, verdrehte Blätter
- **Pekoe:**
große, schwarze und verdrehte Blätter
- **Pekoe Souchong****:
kräftige, schwarze Blätter
- **Fannings:**
kleine, körnige Blätter
- **Dust:**
feiner Teestaub

Zu diesen Klassifizierungen setzen die Marketing-Manager oft noch Beinamen wie „Tippy", „Flowery" o.ä., die jedoch nur Werbe-Gag sind und keine offizielle Qualitäts-Bezeichnung.

* Pekoe: von Kantonesisch *pak-ho,* „weiß-unten"
** Souchong: von Kantonesisch *siuchung,* „kleine Sorte"

Zeitgenössische Abbildung um 1900

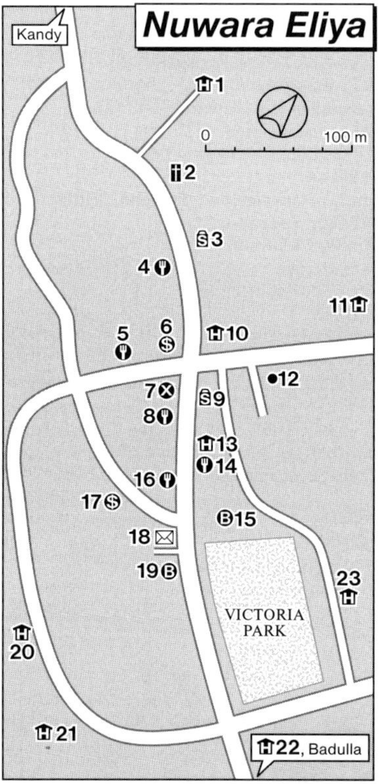

- 1 St. Andrew's Hotel
- 2 Nurelia Church
- 3 Cargill's (Dep. Store)
- 4 Food Lanka Restaurant
- 5 Brinda Restaurant
- 6 Bank of Ceylon
- 7 Taxis
- 8 Milano Restaurant
- 9 Markt
- 10 Windsor Hotel
- 11 Wattles Inn
- 12 Polizei
- 13 New Star Hotel
- 14 Royal Café
- 15 Busstation
- 16 Swiss Hotel
- 17 Hatton National Bank
- 18 Post
- 19 Minibus-Station
- 20 Hill Club
- 21 Grand Hotel
- 22 Guest Houses
- 23 Victoria Inn

The Rock (60 Unique View Rd., Tel. 052-23196). Dessen Zimmer (Bad) sind sauber und nett eingerichtet und bieten besten Gegenwert. Alle Zimmer haben TV. EZ kosten 1.250, DZ 1.500, Dreier 2.000 und der Familienraum 3.200 Rs.; dazu je 10% SC und 6% St. Im Erdgeschoß befindet sich ein gemütliches Restaurant mittlerer Preislage.

●Etwas tiefer an der Unique View Road liegen die weniger empfehlenswerten **Mount View Hotel** und **Sunhill Tour Inn** (beide um 800 Rs.) Diese sollten nur in Betracht gezogen werden, wenn alles andere voll ist.

●Sehr komfortabel sind die Zimmer des **Country House** (126 Badulla Rd., Tel. 052-2368). Die Zimmer ohne Bad scheinen jedoch etwas überteuert: 800 Rs. (EZ/DZ). In diesem Falle teilen sich zwei Zimmer ein Bad. Zimmer mit eigenem Bad kosten (EZ/DZ) 1.000 Rs. Außerdem steht ein Apartment zur Verfügung, bestehend aus 3 Zimmern und Bad, dessen Preise sich weitgehend nach Saison, Wohndauer und Verhandlungsgeschick richten. In der Off-Season ist mit ca. 1.500 Rs./Tag zu rechnen, in der Saison mit mindestens 1.800 Rs. Zu allen Preisen kommen 10% SC und 5% St.

●Exakt am anderen Ende der Komfort-Skala ist das wunderbare **Grand Hotel** angesiedelt. (Nuwara Eliya, Tel. 052-22881 bis 7, 22264 bis 5; Fax 94-52-22265, E-Mail: tangerine tours@eureka.lk). Das Hotel ist im Stile eines alten englischen Tudor-Landhauses angelegt und bietet von seiner Vorderseite ein ungewöhnliches, attraktives Fotomotiv – wie vom letzten Urlaub in der Grafschaft Kent! 1991 beging das Grand in einer großangelegten Feier sein 100jähriges Jubiläum. Im Inneren der so anheimelnden Herberge findet sich jeder Komfort, wenn auch subtil kaschiert durch seinen rustikalen Stil. Es gibt eine Sauna, Shopping-Arkaden, einen Billard- und Tischtennis-Raum, gleich nebenan befinden sich Golf- und Tennisplatz. Die sehr komfortablen Zimmer (mit Kamin und Heizung) kosten EZ 45, DZ 50 und Dreier 55 US$, plus jeweils 10% SC und 5% St. Kinder unter 5 Jahren erhalten kostenlose Mahlzeiten!

In anderen Ortsbereichen

• Eine der preiswertesten Unterkünfte und dennoch sehr zentral gelegen ist das **Victoria Inn** an der Ostseite des Victoria Parks (15/4 Park St., Tel. 052-22321). Die Zimmer sind einfach und nicht sehr groß, aber für den Preis nicht schlecht. EZ ohne eigenes Bad kosten 300, DZ 350 Rs.; EZ mit Bad 400/450, DZ 450/550 Rs. Dazu 10% SC.

• Ausgesprochen große Zimmer (Bad) hat das freundliche **Princess Guest House** an der Wedderburn Road am Ostrand des Ortes (12 Wedderburn Rd., Tel. 052-436527, Fax 94-52-430197, E-Mail: frutvege@sri.lanka.net). Die Gegend gehört zu den ruhigsten Nurelias; zur Innenstadt ist es ein Fußweg von ca. 10 Minuten. Zimmer zu 12 US$, dazu je 10% SC und 5% St.

• An der Wedderburn Road finden sich noch weitere Unterkünfte ähnlichen Stiles, z.B. **Fern Inn, The Villa;** ab ca. 600 Rs.

• Für seinen Preis vertretbar ist das **Wattles Inn** (Srimath Jayatillake Mw., Tel. 052-22804), vor allem, wenn die Off-Season-Ermäßigungen zum Tragen kommen. Das Gebäude war einst der Wohnsitz des eingangs erwähnten Gouverneur *Barnes*. Die sauberen, ruhigen Zimmer (Bad) kosten EZ 550, DZ 700, Dreier 950 und der „family room" (4-5 Pers.) 1000 Rs. In der Off-Season fallen diese Preise auf 300/400/ 500/700 Rs. Zu allem jeweils 10% SC.

• Nur 50 m weiter, ziemlich genau in der Mitte des Ortes, steht das ausgezeichnete **Windsor Hotel** (2 Kandy Rd., Tel. 052-22554; Fax 94-52-22889). Die Zimmer (Bad) sind hell, sehr sauber und geschmackvoll eingerichtet und bieten für den Preis besten Gegenwert. Die Standard-Räume kosten EZ 30 US$., DZ 40 US$ und Dreier 70 US$; dazu jeweils 10% SC. Mitten im Hotel ist ein netter kleiner Garten angelegt, auf den man von allen Stockwerken Ausblick hat. In den Gängen wienern und polieren die Angestellten selbst noch am Nachmittag, um das Hotel auf Hochglanz zu halten. Dieses dürfte eines der am besten instandgehaltenen Hotels in Sri Lanka sein.

• Am Nordende der Stadt steht das im Stile eines englischen Landhauses angelegte **St. Andrew's Hotel** (10 St. Andrew's Drive, Tel. 052-22445; Fax 94-52-231353; Tlx. 21815 JETRA CE). Davor befindet sich ein gepflegter englischer Rasen, und man kann im Freien seinen Nachmittags-Tee schlürfen. Die Zimmer (Bad) sind gemütlich-komfortabel, es lohnt aber auch, etwas mehr für die großartigen Suiten auszugeben. EZ/DZ kosten 58 US$, Dreier 63 US$ und die Suiten 75 US$. Plus 10% SC und 10% St.

• Das **Oatlands,** hinter dem St. Andrew's Hotel gelegen, ist ein attraktiver, alter Kolonial-Bungalow, mit Garten und guten Ausblicken (124 St. Andrew's Drive, Tel. 052-22572). Zimmer mit Bad zu 1.500 Rs.

• Die versnobteste aller Nobelherbergen in Nurelia ist aber zweifellos der **Hill Club** (Nuwara Eliya, Tel. 052-22653 bis 4; Fax 052-22654). Wie der Name treffend andeutet, war das Haus ursprünglich ein Club, gegründet 1858 in einer Art typisch englischen Herrensitzes, gebaut aus klotzigem grauem Stein. Im Hill Club trafen sich Nurelias Kolonialisten und Kaffeepflanzer zum gemeinsamen Umtrunk – wie alle derartigen britischen Einrichtungen war der Club eine reine Männersache. Frauen hatten bis 1965 nur durch den Seiteneingang Zutritt! Nachdem das Haus, um es vor der Pleite zu bewahren, in ein Hotel verwandelt wurde, blieb das hochnäsige Flair erhalten und macht bis heute das Image des Hill Club aus. Ein Auszug aus der Hausbroschüre:

„Von allen Bewohnern des Clubs wird zu jeder Tageszeit eine dezente Kleidung erwartet. Nach 19.00 Uhr ist in allen öffentlichen

Bereichen formelle Kleidung erforderlich, d.h. die Herren haben Jacke und Krawatte zu tragen, die Damen entsprechende Abendgarderobe".

Für diejenigen Gentlemen, die gar keine Krawatte besitzen, stehen im Haus Leih-Krawatten zur Verfügung!

Neben reichlich Snob-Appeal bietet der Hill Club einen Billard- sowie einen Darts-Raum, Angel- und Tischtennis-Möglichkeiten, einen Tennis- und einen 18-Loch-Golfplatz, direkt vor dem Haus gelegen. Zum Ausgleich für all den ungesunden Sport gibt es zwei Bars, die eine davon „mixed", d.h. für beiderlei Geschlecht zugänglich, die andere ist eine reine „Men's Bar" - Frauen und Mäntel sind an der Tür abzugeben!

Die Zimmer kosten je nach Standard 35-95 US$, dazu 10% SC.

Essen

Zwar bietet jede der Unterkünfte auch Speisen an, in der Stadt gibt es jedoch zahlreiche kleine Reis-und-Curry-Restaurants, die viel mehr unverfälschte Atmosphäre bieten und auch viel niedrigere Preise.

- Extrem preiswert, aber sehr gut ist das kleine **Brinda Restaurant** gegenüber dem Taxistand. Gute tamilische Hausmannskost, rein vegetarisch. Ein Rice&Curry kostet 25 Rs.
- Direkt neben dem Taxistand findet sich das etwas gehobene **Milano Restaurant,** mit guten srilankischen und einigen chinesischen Gerichten. Ein Essen für zwei Personen dürfte ab ca. 400 Rs. kosten.
- Eine große Anzahl einfacher, aber brauchbarer Restaurants steht in der Main Street zur Verfügung. Die meisten davon sind moslemisch. Dazu gehören die sehr preiswerten **Swiss Hotel** und **Café Royal,** die Rice& Curry-Platten (vegetarisch oder mit Fleisch) als auch diverse Snacks servieren.
- Ebenfalls ganz gut ist das tamilische **New Star Hotel** mit ähnlicher Kost.
- Gute und reichhaltige Buffets bietet das **Grand Hotel,** jedoch zu dem seinem Stande angemessenen hohen Preisen: Frühstück 400 Rs., Mittagessen 500 Rs. und Abendessen 600 Rs.

000sr Foto: rk

Sonstiges

Taxis

Auf dem Platz an der Kreuzung Main Street/Lawson Street stehen zahlreiche Taxis (genauer gesagt, sind es Lieferwagen) für Fahrten in die nahe oder weitere Umgebung zur Verfügung. Unbedingt handeln, sonst wird man zur Ader gelassen! Der Kilometerpreis sollte bei 10 Rs. liegen, bei mehrtägigen Fahrten noch darunter. Ein sehr freundlicher und zuverlässiger Fahrer ist *Sarath Almeda* – seine Autonummer 53-2950. Seitdem er in vorangegangenen Auflagen dieses Buches empfohlen worden ist, behauptet nun jeder Fahrer in Nurelia, Sarath Almeda zu heißen! Zur korrekten Identifizierung diene die Autonummer. Falls *Sarath* nicht zur Verfügung steht, wende man sich an seine ebenfalls Taxi-fahrenden Brüder: Nummern 51-9676, 38-5339, 20-105 und 38-149.

Verkleidet als Polizist, mit Hakenkreuz-Mütze

Golf

Der **Golfplatz** des Hill Club (18 Löcher) steht für jedermann offen, vorausgesetzt, man läßt sich eine befristete Club-Mitgliedschaft erteilen (250 Rs.). Die „green fees", Platzbenutzungsgebühren: ab 1.100 Rs./Tag.

Anreise

- Ab Colombo fahren täglich 2 **CTB-Busse** und weitere Minibusse, Fahrzeit ca. 6 Std. Zahlreiche weitere Verbindungen ab Kandy (ca. 2,5 Std.) sowie Badulla, Ella, Haputale u.a.; ein Bus täglich ab Matara.
- **Taxis** ab Kandy kosten einfach ab ca. 1.500 Rs., Fahrzeit 1½ Std. Taxis ab Colombo (180 km) ca. 4.000 Rs., Fahrzeit ca. 4½ Std.
- Weiterhin besteht die Anreisemöglichkeit per **Zug** bis zur kleinen Bahnstation Nanu Oya. Von dort gibt es eine regelmäßige **Busverbindung** weiter nach Nurelia (9 km). Nach Nanu Oya fahren 3 **Züge ab Colombo Fort** (und weiter nach Badulla); Abfahrt Colombo 5.55, 9.45 und 20.15 Uhr *(Night Mail)*. Fahrzeit 6 Std., bzw. 7 Std. im Falle des *Night Mail*, der über die Peradeniya Junction bei Kandy fährt, die anderen Züge über Kandy selbst. Zusteigemöglichkeiten ebenso in Nawalapitiya und Hatton.

Züge ab Badulla fahren um 5.55, 8.50, 17.45 Uhr (Night Mail); letzterer hat Sleeping Berths. Zusteigemöglichkeiten auch in Ella, Bandarawela und Haputale.

Horton Plains

↗ VII/C3

Ein kompletter landschaftlicher Kulissenwechsel offenbart sich in den ca. 2.150 hoch gelegenen Horton Plains. Diese **Hochebene** ist mit steppenähnlicher, gräserreicher Vegetation bedeckt, meist umweht von einem scharfen, frischen Wind. Fast könnte man sich nach Schottland oder Norwegen versetzt fühlen! Das Gelände ist sehr gut für einsame Wanderungen oder Tierbeobachtungen geeignet – es gibt zahlreiche Vogelarten zu sehen, und abends zeigen sich womöglich die scheuen **Sambar-Hirsche,** von denen es hier noch eine große Population gibt. Die Einheimischen nennen sie stets „elks", „Elche".

Eine ca. 4 km lange Wanderung führt zum spektakulären **World's End,** einem urplötzlichen, steilen Abhang von 1.650 m, unter dem sich das Tiefland erstreckt. Hier bietet sich einer der faszinierendsten Ausblicke in Sri Lanka, an klaren Morgenden sieht man bis zur Küste. Am Anfang des Weges zum „Weltende" ist jedoch ein Kassenhäuschen zu passieren; Ausländer zahlen 12 US$ (Kinder 6 US$).

Unterkunft/Essen

- Die **Anderson Lodge** ist eine Unterkunft des *Wildlife Conservation Department* und befindet sich an der Strecke Pattipola – Ohiya. Hier bietet sich Platz für bis zu 8 Personen. Das gesamte Bungalow kostet 4.000 Rs., reichlich viel für den bescheidenen Wohnkomfort. Vorbuchungen sind obligatorisch. Man wende sich an das *Department of Wildlife Conservation,* 8 Gregory's Rd., Colombo 8, Tel. 01-694241.

Zu den hohen Kosten kommen die 12 US$ Eintritt (da man sich ja innerhalb des Parks befindet), sowie eine Tagesgebühr von 5 US$.

Anreise

- **Busse** ab Nuwara Eliya fahren zweimal tägl. bis Pattipola (22 km), von wo es noch 13 km bis zur Anderson Lodge sind. Ab Pattipola besteht jedoch keine Verbindung dorthin – laufen ist angesagt (über 3 Std.).
- Per **Zug** ist die Anfahrt bis Pattipola als auch Ohiya möglich, die beide an der

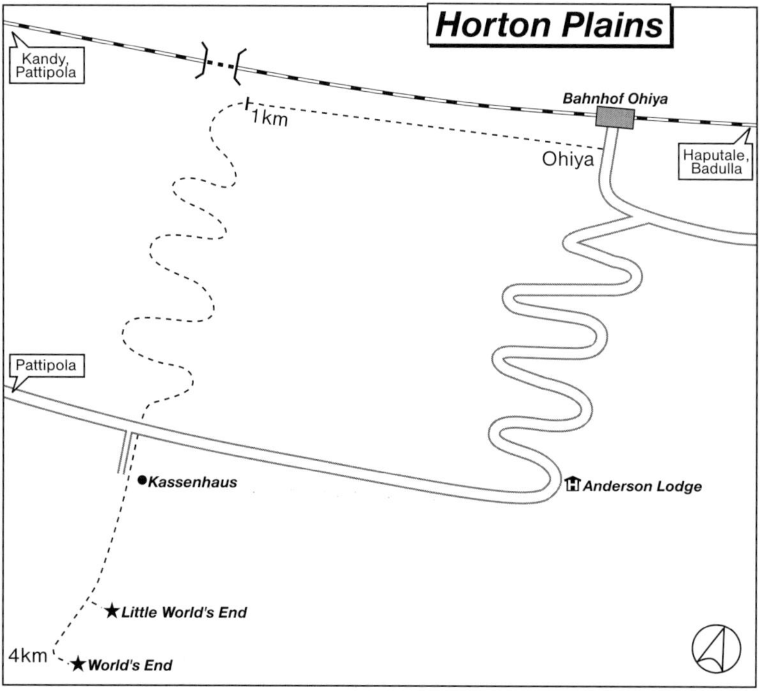

Strecke Kandy – Badulla liegen, oder konkreter gesagt, zwischen Nanu Oya und Haputale. Pattipola ist die höchste Bahnstation Sri Lankas; zwischen Pattipola und Ohiya erreicht die Bahnlinie mit 2.040 m ihren höchsten Punkt.

Von Ohiya sind es noch 11 km Fußweg über eine Straße bis zum Kassenhaus; Marschzeit ca. 4 Std. Als Alternative bietet sich ein kürzerer, aber komplizierterer Weg an: Von der Bahnstation in Ohiya gehe man 1 km entlang der Gleise in Richtung Kandy, bis man zu einem Tunnel gelangt. Dort zweigt ein Weg nach Süden ab, der nach ca. 2-2,5 Std. zum Farr Inn führt. Ohne Führer kann man sich auf dieser Strecke allerdings verlaufen; gelegentlich bieten sich Guides an besagtem Tunnel an.

● **Taxis** ab Nuwara Eliya kosten hin und zurück ca. 1.500 Rs., samt einem längeren Aufenthalt. Fahrzeit jeweils 1-1,5 Std. Die einfache Fahrt sollte ca. 1.000-1.100 Rs. kosten.

● Seitdem die Strecke in den letzten Jahren erheblich verbessert wurde, sind **Jeeps** eigentlich nicht mehr notwendig, dennoch werden sie gerne eingesetzt. Die Unterkünfte in Nuwara Eliya können Jeeps vermitteln, gelegentlich stehen auch welche am dortigen Taxi-Stand. Kostenpunkt ca. 1.500 Rs. hin und zurück bzw. ca. 1.200 Rs. einfach.

Haldumulla ↗ VII/C3

Haldumulla, auf 1.020 m Höhe an der Strecke zwischen Ratnapura und Haputale gelegen, ist ein von viel satter Vegetation umgebener, winziger Ort (ca. 10 km westlich von Haputale). Es wäre nicht abwegig, dort einen Zwischenstopp von ein oder zwei Tagen einzulegen. Die Gegend eignet sich gut für Wanderungen, Naturbeobachtungen oder Trekking.

Unterkunft

- **Blackwood West** und **Blackwood East** (Colombo Rd., Tel. 057-8067) und **World's End Lodge** (Tel. 071-30015, 01-647595). Um zu letzterer zu gelangen, nehme man die Abzweigung vom Kilometerstein 177 an der Straße nach Colombo (A4).

114sr Foto: Ingo Hothan

Reisterrassen in der Gegend von Haputale

Haputale ↗ VII/C3

Dieser kleine Ort liegt auf einem Paß in ca. 1.400 m Höhe, am Übergang des südöstlichen Berglandes zum Flachland. Die Lage sorgt häufig für nebeliges und windiges Wetter, an klaren Tagen aber hat man freie Sicht bis zur Südküste. Mit scharfem Auge oder einem guten Feldstecher sieht man dann sogar den Leuchtturm von Hambantota. Die **großartigen Ausblicke** von Haputale auf das Tiefland sind wohl auch die Hauptattraktion des Ortes.

Haputale selber besteht nur aus ein paar Häuserblocks, einem Markt und einem Bahnhof, und hier läßt sich vom Tourismus unberührtes srilankisches Alltagsleben studieren.

Totulagala View Point

Einer der beeindruckendsten Aussichtspunkte befindet sich bei Totulagala, ca. 3 km von Haputale entfernt. Mit etwas Glück kann man weit über die Tiefebene blicken, oft aber verhängen sich Nebelwolken in den umliegenden Hügeln, und aus der Fernsicht wird nichts.

Nahe dem View Point steht die Totulagala Tea Factory, die allerdings nicht besucht werden kann. Besichtigungen sind möglich in der 5 km weiter gelegenen **Dambetana Tea Factory.**

Adisham Benedictine Monastery

Entlang der Welimada Road, die in Haputale von der Colombo Road abzweigt, führt eine wunderbare Strekke zum 3 km entfernten Adisham Monastery, einem Benediktinerkloster (von Haputale mit Bus Nr. 327). Die Straße passiert zunächst einen Polizeiposten (rechts), dann eine Stupa (links) und windet sich zu dem auf einem Hügel gelegenen Kloster hinauf, flankiert von dichtem Wald. Vom Kloster, das in einem ehemaligen Landhaus englischen Stils untergebracht ist, ergeben sich gute Ausblicke auf die Umgebung. Häufig besteht die Möglichkeit, im Kloster zu übernachten (gegen Entgelt). Voranmeldungen sind jedoch ratsam, Tel. 057-68030.

Unterkunft

- Das **Amarasinghe Guest House** liegt einsam und sehr ruhig, knapp 2 km von Haputale entfernt (Thambapillai Avenue, Tel. 057-68175). Es gibt 6 Zimmer, EZ zu 250 Rs., DZ (Bad) zu 350 Rs. Wer hier zu wohnen gedenkt, kann vom kostenlosen Pick-Up-Service des Hauses Gebrauch machen: Anrufen!
- **Hyacinth Cottage** (Tel. 057-68283) wird von der netten *Mrs. Daniel* geleitet. Oft behaupten die Schlepper, den Reisenden hierhin führen zu wollen, in Wahrheit bringen sie die Touristen jedoch zu anderen Unterkünften, deren Besitzerinnen sich dann kurzfristig in Mrs. Daniel umbenennen. Dieses Haus arbeitet nicht mit Schleppern zusammen. Zimmer ohne eig. Bad zu 150 (EZ) und 200 Rs. (DZ), dazu gibt's Betten in einem Schlafsaal zu 100 Rs.
- Ein weiteres Privathaus ist das etwas abseits der Colombo Road stehende **Rose Mount Guest House** (Tel. 057-68001). An der Strasse, etwas außerhalb von Haputale in Richtung Haldumulla, weist ein Schild den Weg. Es stehen 3 Zimmer zur Verfügung (Bad), Kostenpunkt jeweils 300 Rs.
- Am anderen Ende der Stadt, ca. 1 km in Richtung Bandarawela, findet sich das saubere und wohnliche **New Rest House** (100 Bandarawela Rd., Tel. 057-68099). Es gibt 6 Zimmer (Bad) sowie ein großes Restaurant. Die Zimmer kosten 500 Rs. (nur kaltes Wasser) bzw. 600 Rs. (h/k Wasser); dazu 10% SC.
- Das altbekannte **Highcliffe** – englischer Country-Stil – im Ortszentrum (15 Station Rd., Tel. 057-68096) ist renoviert worden. Es bietet ordentliche Zimmer mit Bad, teilweise mit h/k Wasser. 400/450/550 Rs., plus 10% SC.
- Bungalows lassen sich im **Kelburne Tea Estate** anmieten, da sich ca. 2 km außerhalb der Stadt befindet. Sie kosten je nach Größe 3.500-4.000 Rs.; die Miete schließt den Service von diversen Bediensteten ein, inkl. Koch. Vorbuchungen sind obigatorisch; Colombo, Tel. 01-573382 oder Fax 94-1-573253.

Essen

- Das preiswerte **Pilawoos Hotel** in der Station Road führt ein gutes Sortiment an Snacks wie Vadai, Fish Cutlets oder Vegetable Cutlets, sowie recht gute Rice&Curry-Platten.
- Sehr preiswert ist das um die Ecke in der Main Street gelegene **Luxmi Bavan** (korrekt geschrieben müßte es eigentlich Lakshmi Bhavan heißen). Serviert werden ebenfalls kleine Snacks, und zwischen 12-14 Uhr gibt es Rice&Curry zu ca. 30 Rs.
- Es wird in allen Unterkünften Essen angeboten, wobei besonders das Restaurant des **New Rest House** einen Versuch wert scheint.

Anreise

- Die **Züge** auf der Strecke Colombo – Badulla (dreimal tägl.) stoppen in Haputale. Zusteigemöglichkeiten auch in Nawalapitiya, Hatton, Nanu Oya, Bandarawela oder Ella.
- Direkte **Busse** fahren u.a. ab Colombo (ca. 6x tägl.), dazu einige Luxus-Busse (ca. 2x tägl., Abfahrt meist abends). Weitere regelmäßige Direktverbindungen ab Badulla, Bandarawela, Wellawaya, Ratnapura, Hambantota, Tangalle, Matara und Galle.
- Für die Anfahrt per **Taxi** ist mit folgenden Preisen zu rechnen: ab Bandarawela 350 Rs., ab Ella 600 Rs., ab Badulla 800 Rs., ab Nuwara Eliya 1.500 Rs., ab Wellawaya 800 Rs.

Bei der Anfahrt von Wellawaya bietet sich ein Stop am **Diyaluma-Wasserfall** an (ca. 10 km hinter Wellawaya, siehe dort). Die Strecke allein ist schon sehenswert, die Straße führt durch dichte, dschungelartige Vegetation.

Ebenfalls sehr sehenswert ist die Strecke **aus Richtung Haldumulla.** Der Streckenabschnitt ab Haldumulla führt durch eine faszinierende, mit hohen Gräsern bewachsene savannenartige Landschaft, die in Richtung Haputale schnell in Hügellandschaft übergeht. Es ergeben sich herrliche Ausblicke, bei klarem Wetter sogar bis zum Meer.

Wellawaya ↗ VII/C3-D3

Ein relativ unbedeutender und nicht sonderlich attraktiver Ort am Fuße des Berglandes, der höchstens als Verkehrsknotenpunkt eine gewisse Beachtung verbuchen kann. Hier kreuzt sich die von West nach Ost verlaufende Straße A 4 mit der von Süd nach Nord verlaufenden A 2, die nördlich von Wellawaya als A 23 weiterläuft. Zu sehen gibt es im Ort selber nichts, einiges aber dafür in der Umgebung. Wellawaya verfügt über einige Unterkünfte, von denen aus man das Umfeld erkunden kann.

Unterkunft/Essen

- Das **New Rest House** (Ella Rd., Tel. 055-74899) befindet sich etwa 0,5 Kilometer nördlich von Wellawaya an der Straße in Richtung Ella. Die 6 Zimmer (Bad) sind einigermaßen in Ordnung, Kostenpunkt 250 Rs. (EZ/DZ) bzw. 450 Rs. (Vierer), plus 10% SC. Mahlzeiten sind im Haus erhältlich.
- Das kleine, ruhig gelegene **Rest Inn** (Old Ella Rd., kein Tel.) hat 5 einfache Zimmer, 2 davon mit eigenem Bad. Die Lage ist recht ruhig. Preise 200 Rs. mit Gemeinschaftsbad, 250 Rs. mit eigenem Bad.
- Ein paar Meter weiter nebenan findet sich das recht komfortable **Saranga Holiday Inn** (37 Old Ella Rd., Tel. 055-74830, 74891)). Es hat 14 Zimmer zu jeweils 550 Rs. (EZ/DZ) bzw. 750 Rs. (EZ/DZ; AC). Angeschlossen ist ein Restaurant mit westlichen und einheimischen Speisen.

Anreise

- Die verkehrstechnisch günstige Lage garantiert gute **Busverbindungen.** Regelmäßig fahren Busse z.B. ab Badulla, Ella, Haputale, Ratnapura, Hambantota und Colombo.
- Sehr empfehlenswert ist die Anreise per **Taxi ab Ella:** Die Straße führt entlang der Schlucht und erlaubt oft fantastische Ausblicke – mit dem Taxi kann man anhalten und die Szenerie besser genießen. Die einfache Fahrt ab Ella sollte ca. 400 Rs. kosten.
- Ähnlich schöne Ansichten ergeben sich bei der Anfahrt **aus Richtung Bandarawela bzw. Haputale,** wo besonders der Streckenabschnitt ab Haputale hervorzuheben ist. Hier liegt auch der Diyaluma-Wasserfall (s.u.). Fahrtkosten ab Haputale ca. 800 Rs., ab Bandarawela ca. 1.200 Rs. Einfach ab Hambantota ca. 1.400 Rs., ab Ratnapura ca. 2.200 Rs.

Diyaluma Falls ↗ VII/C3

Bei der Fahrt von Wellawaya in Richtung Haputale gelangt man nach ca. 10 km zum Diyaluma-Wasserfall, mit einer Höhe von 212 m der sechsthöchste der Welt. Er befindet sich gleich an der Straße (rechts, von Wellawaya aus kommend). In den meisten Jahreszeiten ist dieser „Fall des rauchenden Wassers" – so lautet die Übersetzung – ein relativ dünnes Rinnsal, außer mit seiner Höhe kann er nicht mit viel aufwarten. Über die reichsten Wassermengen verfügt er zur Regenzeit, aber auch dafür besteht keine Gewähr. Die Natur macht die Fahrt hierher jedoch auf jeden Fall zum Ereignis.

Anfahrt

- Jeder **Bus** auf der Strecke Wellawaya-Haputale passiert den Wasserfall; theoretisch könnte man den Bus anhalten lassen, aussteigen und mit dem nächsten weiterfahren.
- **Taxis** ab Wellawaya sollten hin und zurück ca. 250 Rs. kosten, ab Haputale ca. 600 Rs.

Buduruvagala

↗ VII/C3-D3

Folgt man der Straße von Wellawaya nach Hambantota etwa 5 km, zweigt rechts eine ländliche Nebenstraße nach Westen ab. Auf dieser passiert man bald eine **faszinierende Landschaft,** die Visionen einer afrikanischen Savanne aufkommen läßt – Sträucher, Gräser, Buschwerk und eine sparsame Dosis Bäume. Es gehört nicht viel Glück dazu, hier alle erdenklichen Vertreter der Tierwelt beobachten zu können: Es wimmelt von Schlangen aller Gattungen, Pfauen stolzieren durch das Unterholz wie Primadonnen, und was in einigen Tümpeln auf den ersten Blick nach alten Baumstämmen aussieht, sind in Wirklichkeit ausgewachsene Krokodile. Eine großartige Szenerie, in der man die Augen gut offenhalten sollte!

Etwa 4 km nach der Abzweigung erreicht die Straße einen improvisierten Parkplatz. Direkt gegenüber steht ein buddhistischer Tempel, der Buduruvagala Vihara. Folgt man der Straße ca. 300 m weiter, stößt man nach 2 Min. unvermittelt auf die riesigen, übermächtigen **Felsfresken von Buduruvagala.** Diese geben bis heute einige Rätsel auf.

Junge Mönche an den Fresken von Buduruvagala

115sr Foto: rk

Buduruvagala ist eine sich vertikal aufrichtende Felswand, in die unbekannte Künstler zu ebenso unbekannter Zeit die wichtigsten Figuren ihres Glaubens meißelten. Die größte Figur in der Felswand (17 m) stellt den Buddha dar; rechts wird er von einem etwas kleineren Avalokiteshvara flankiert, links wahrscheinlich vom Maitreya, ganz sicher ist sich die Fachwelt dabei allerdings nicht. Die barbusige Dame an der rechten Seite der Wand stellt wahrscheinlich die der Mahayana-Tradition zugehörige Göttin Tara dar. Bei allen weiteren Figuren herrscht weitgehend Ungewißheit.

Auch das Entstehungsdatum des Komplexes ist unbekannt. Möglicherweise wurde er schon um 320 v.Chr. begonnen, zu einer Zeit, als der Buddhismus den Hinduismus allmählich verdrängte und als in diesem Teil der Insel zahlreiche Eremiten Höhlen-Klöster begründeten. Die große Buddhafigur weist angeblich Elemente auf, die auf eine Entstehung in vorchristlicher Zeit hindeuten. Vielleicht war der Buddha lange die einzige Figur, die hier in den Fels gehauen war, die anderen kamen in den folgenden Jahrhunderten dazu. Der für Fachleute erkennbare Einfluß des Mahayana-Buddhismus läßt vermuten, daß die Figurengruppen zur Linken und Rechten der zentralen Gruppe erst zw. dem 4. und 9. Jh. angebracht wurden. Wahr oder nicht – fast ist zu wünschen, daß das Rätsel um die Figuren nie aufgeklärt wird, denn Mysterien haben etwas für sich. Ganz besonders, wenn sie in solch urwüchsiger Natur angesiedelt sind.

Eintritt

Am Parkplatz haben die Mönche des Buduruvagala Vihara einen Eintritts-Kiosk errichtet und verlangen nun von Ausländern 50 Rs. Eintrittsgeld zu den Felsfresken. Der Abt des Tempels rechtfertigt die Gebühr damit, daß er Geld „zur Unterhaltung des Tempels" benötigt. Ob dieses Eintrittsgeld damit legitimisiert ist, sei dahingestellt.

Anfahrt

- Zur Anfahrt ab Wellawaya ist ein **Taxi** vonnöten, es sei denn, man tritt den sicherlich lohnenden Fußmarsch an. Busse fahren nur bis zur Abzweigung an der Straße nach Hambantota, von wo noch weitere 4 km zurückzulegen sind. Die Hin- und Rückfahrt ab Wellawaya, samt einem einstündigen Aufenthalt, sollte ca. 200 Rs. kosten. oft bekommt man jedoch kein Taxi unter 250 Rs.

Maligawila

Leute mit eigenem Fahrzeug könnten einen Abstecher von Wellawaya nach Maligawila erwägen, einem erst 1990 von Präsident *Premadasa* eingeweihten Tempelkomplex, der aber zwei sehr alte Figuren enthält.

Die Anlage von Maligawila ist ein parkähnliches Gelände, auf dem sich eine große **Statue eines Bodhisattva** aus dem 7. Jh. und die eines Buddha befinden. Allzu interessant sind die Figuren nicht, das Umfeld eignet sich aber gut für Spaziergänge. In erster Linie finden sich hier einheimische Wochenendtouristen und Pilger ein. Stände am Zugang verkaufen die üblichen Opfergaben und Souvenirs. Man beachte die zahlreichen schwerbewaffneten Soldaten, die die Anlage bewachen – eine Erinnerung daran, daß die umkämpfte Ostküste nicht fern ist.

Anfahrt

- Die **Anfahrt über Buttala** und Okkampitiya – letzteres ein Umschlagplatz für in der Umgebung gefundene Edelsteine – führt durch eine sehr reizvolle, hügelige und fruchtbare Landschaft; die Tempelanlage ist jedoch nicht so aufregend, daß man eine anstrengende Busfahrt dahin in Kauf nehmen sollte (Bus von Wellawaya in Richtung Monaragala bis Buttala, 15 km; dort muß in einen Bus ins 19 km entfernte Maligawila umgestiegen werden, der aber möglicherweise sehr lange auf sich warten läßt.). In Monaragala findet sich eine Unterkunft, das *Victory Inn.*
- Interessant kann die **Anfahrt aus Richtung Tissamaharama** oder Hambantota werden, da man dabei über eine lange Strecke am Westrand des Yala-Parks vorbeifährt: Dabei sieht man oft den einen oder anderen Bewohner des Parks, vor allem Pfauen und – mit viel Glück – sogar einen einsamen Elefanten, der gemächlich die Straße kreuzt.

Bandarawela

↗ VII/C3

Bandarawela ist eine nette Kleinstadt, an der Straße von Badulla nach Haputale, und ein beliebtes Urlaubsziel einheimischer Touristen. Letzteres kommt nicht von ungefähr: Bandarawela (1.230 M.ü.M.) ist mit einem mild-warmen, trockenen und sehr gesunden Klima gesegnet und gilt als ausgezeichneter **Luftkurort.** Die Temperaturen sind zwar erheblich niedriger als im Tiefland, dennoch wird es nie so knochenschüttelnd kalt wie in Nurelia. Da der Ort durch die weiter westlich gelegenen Höhenzüge teilweise im Windschatten des Südwest-Monsuns liegt, fällt auch dieser etwas gemäßigter aus. Die feuchtesten Monate sind Oktober, November und Dezember, die trockensten Juni, Juli und August.

Die lauen Temperaturen und ausgewogenen Regenmengen sind ideale Voraussetzungen für einen guten **Tee,** und der hier geerntete soll gar der beste von ganz Sri Lanka sein.

Bandarawela weist zwar nicht viele Sehenswürdigkeiten auf, es ist aber ein guter Ausgangspunkt für Wanderungen durch die umliegende, mit viel Grün bedeckte Landschaft.

Sehenswertes

Tempel

Im Ort befinden sich zwei Tempel, die einen Blick wert sind, zwei weitere liegen einige Kilometer außerhalb.

Der eine in Bandarawela gelegene ist der buddhistische **Pusparami-Tempel** am Dharmawijaya Mw., mit einer weißen Dagoba und einigen an den umstehenden Bäumen angebrachten bunten Gebetsfahnen.

Etwas weiter westlich und gleich neben den Bahngleisen steht der hinduistische Tempel **Sri Siva Subramania Swami,** der dem Gott Kataragama geweiht ist. An einem Gopuram finden sich zahlreiche bunte Götterfiguren.

Etwa 7 km von Bandarawela entfernt, an der Straße nach Badulla, findet sich der interessantere **Dowa-Höhlentempel.** Details dazu siehe unter „Ausflüge von Ella".

Ein sehr ungewöhnlicher Tempel ist die ca. 5 km entfernte **Peace Pagoda,** gelegen in herrlicher hügeliger Landschaft und in unmittelbarer Nachbarschaft von Teeplantagen.

Die Peace Pagoda wurde 1982 weithin sichtbar auf einem Hügel errichtet,

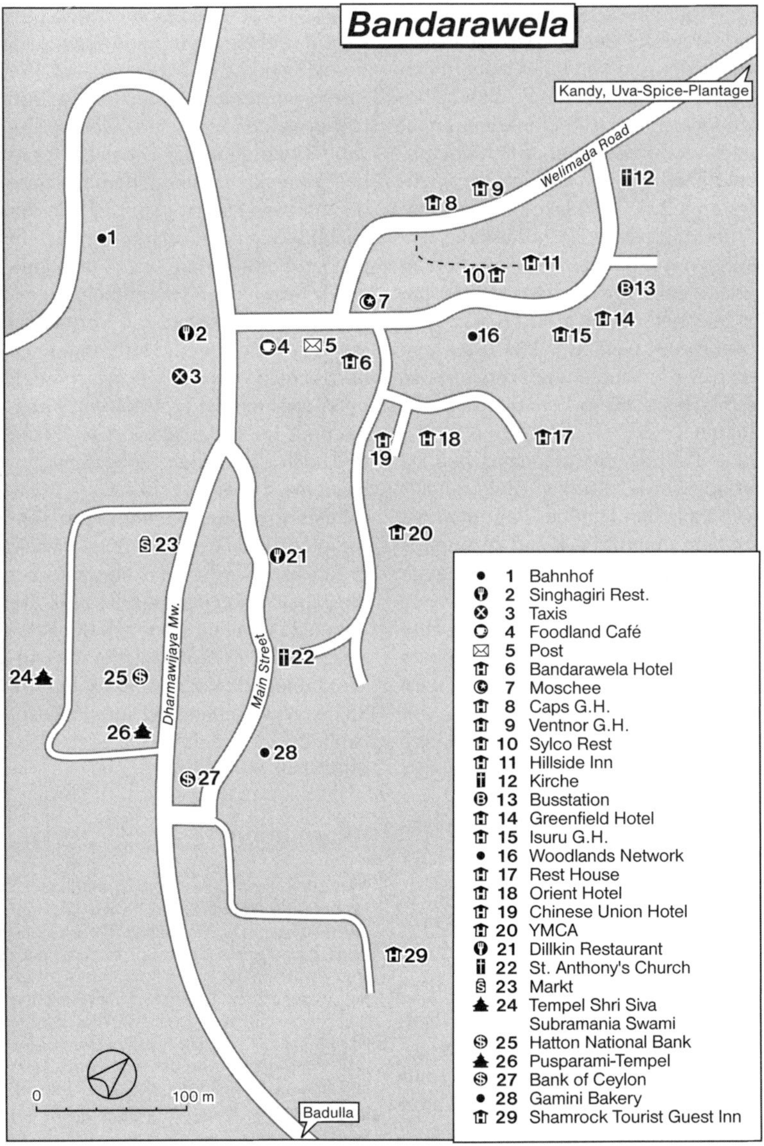
Bandarawela
Kandy, Uva-Spice-Plantage
Welimada Road
Dharmawijaya Mw.
Main Street
Badulla
0
100 m
1 Bahnhof
2 Singhagiri Rest.
3 Taxis
4 Foodland Café
5 Post
6 Bandarawela Hotel
7 Moschee
8 Caps G.H.
9 Ventnor G.H.
10 Sylco Rest
11 Hillside Inn
12 Kirche
13 Busstation
14 Greenfield Hotel
15 Isuru G.H.
16 Woodlands Network
17 Rest House
18 Orient Hotel
19 Chinese Union Hotel
20 YMCA
21 Dillkin Restaurant
22 St. Anthony's Church
23 Markt
24 Tempel Shri Siva Subramania Swami
25 Hatton National Bank
26 Pusparami-Tempel
27 Bank of Ceylon
28 Gamini Bakery
29 Shamrock Tourist Guest Inn

als Mahnmal – wie der Name treffend andeutet – für den Frieden. Finanziert wurde der Bau von einer japanischen buddhistischen Sekte, die sich insbesondere für den Weltfrieden engagiert, sowie von japanischen und srilankischen Bürgern. Eine an der Pagode angebrachte Plakette aus dem Gründungsjahr erklärt, daß „die Einwohner von Bandarawela von nun an jeder Gewalt abschwören." Leider unterzeichneten nicht alle Bewohner der Insel dieses Gelübde, und 1983 kam es zu den bekannten Ausschreitungen, den bisher schlimmsten, die Sri Lanka erlebte.

Die Pagode, die im japanischen Stil erbaut wurde, ist eine „Zweigstelle" von ähnlichen Friedens-Pagoden, die auf dem Adam's Peak und in Amparai stehen. An diesen Orten leben auch japanische Mönche, ebenso wie an der Pagode von Bandarawela, wo aber meist nur ein einziger Mönch seinen Dienst tut. Diese schließt auch gern das neben der Pagode gelegene, von außen sehr unscheinbare Gebäude auf (bzw. die srilankische Verwalterin, falls der Mönch nicht da ist). Im Inneren birgt der Bau einen prunkvollen japanischen Gebetsschrein.

• Zur **Anfahrt zur Pagode** nehme man in Bandarawela ein Taxi. Kosten hin und zurück, samt 1 Std. Wartezeit, ab ca. 200 Rs.

Uva-Spice-Plantage

In Ambegoda, an der Straße in Richtung Kandy (7 km), ist Uva Spice angesiedelt, eine **Gewürz-, Tee- und Kräuterplantage.** Gegründet wurde sie vom holländischen Pfarrer *Harry Haas*, der seit vielen Jahren auf Sri Lanka lebt und ein guter Kenner des Landes wie auch Gewürz-Experte ist. Die Farm wurde zur Finanzierung von Hilfsprojekten konzipiert, alle ihre Gewinne werden in die Entwicklungsarbeit gesteckt. In der auf dem Gelände befindlichen Fabrik – speziell von der Technischen Universität in Delft (Holland) entworfen – kann man Dutzende von jungen Frauen beim Reinigen, Mahlen, Rösten und Verpacken der Gewürze sehen. Harry Haas selber ist nicht minder viel beschäftigt, unter anderem ist er Autor von Kochbüchern über die srilankische Küche und auch von zahlreichen anderen Publikationen über Sri Lanka.

Besichtigungen können vom Tourist Information Centre in Bandarawela organisiert werden, das ebenfalls auf die Initiative von Haas zurückgeht. Anfragen zu Uva Spice oder zu deren Erzeugnissen (alle erdenklichen Gewürze, Kräuter und Kräutertees) unter Uva Spice, Wye Hamlet, Welimada Road, Ambegoda, Bandarawela, Tel. 057-2000; Fax 057-2491.

Information

• In 30/6 Esplanade Road befindet sich **Woodlands Network,** ein Projekt, das auf die Initiative des holländischen Pfarrers *Harry Haas* zurückgeht (s. Uva Spice). Das Haus liegt etwas von der Straße zurückversetzt, genau zwischen der National Savings Bank und der People's Bank (Tel. 057-22735, 22426; Fax 94-57-22712; E-Mail: haas@personal.is.lk). Der Name stammt von der Woodlands Farm in Bandarawela, auf der Woodlands Network gegebenenfalls Unterbringung arrangieren kann.

Woodlands Network hat sich eine ganze Reihe von Zielen gesetzt: Es will zu einem ökologisch vertretbaren Tourismus animieren, über die Sehenswürdigkeiten der Provinz Uva informieren, und es werden Tees und Gewürze verkauft, deren Erlöse zur Finanzierung von Selbsthilfeprojekten dienen. Auf Wunsch kann eventuell Unterkunft auf einer Teeplantage arrangiert werden, oder es werden „alternative" Möglichkeiten geboten, einen interessanten Aufenthalt in der Region zu verbringen. Bei organisatorischen Fragen an die Leiterin *Sarojinie Ellawla* wenden. Die Angestellten haben weiterhin Listen von Privat- oder sonstigen Unterkünften in der Umgebung parat. Bei der ITB in Berlin 1995 wurde das Woodlands Network mit einem Preis für sanften Tourismus ausgezeichnet. Geöffnet Mo-Fr 8-16.30 Uhr.

Unterkunft

Bandarawela hat ein größeres Spektrum an Unterkünften als die Orte in der Umgebung (z.B. Ella oder Haputale.) Im Gegensatz zu jenen bieten die in Bandarawela neben preiswerten Zimmern auch solche der etwas gehobeneren Klasse. Die meisten Unterkünfte finden sich direkt in der Stadt.

In der Stadt

- Zu empfehlen ist das ruhig gelegene **Orient Hotel** (10 Dharmapala Mw., Tel, 057-22377; Tel./Fax 94-57-22407). Der Service ist sehr zuvorkommend, und von den Zimmern in den oberen Stockwerken hat man einen guten Ausblick auf die umliegenden Hügel. Die Zimmer (Bad; h/k Wasser) haben TV und Kühlschrank – eine Seltenheit außerhalb von Colombo. Kostenpunkt 23 US$ (EZ), 25 US$ (DZ) und 28 US$ (Dreier). Zu allem 10% SC und 5% St.
- Halbwegs ordentliche Zimmer (Bad) bietet das **Caps Tourist Guest House** (21 Welimada Rd., Tel. 057-22193), das vom Ehepaar *Charmaine* und *Patrick Woods* geleitet wird und sich hinter deren (stilvoll eingerichtetem) Wohnhaus befindet. EZ 550 Rs., DZ 650 Rs., dazu 10% SC. Außerdem ist das Essen im Haus ausgezeichnet. Ein Gast bezeichnete es als das beste, das er in Sri Lanka bekommen hat!
- Gleich rechts daneben liegt das in einer Art Villa untergebrachte, **Ventnor Guest House** (23 Welimada Rd., Tel. 057-22511). Dessen vier Zimmer (Bad) sind sehr gut und sauber, die zu 1.000 Rs. aber nicht ganz billig sind.
- Die gegenüber gelegenen **Hillside Inn** und **Sylco Rest** haben eine ruhige, doch zentrale Lage, die Zimmer (Bad) sind aber mäßig.
- Gleich neben der Busstation befinden sich das **Hotel Greenfield** und das **Isuru Guest House.** Die Zimmer (Bad) in beiden ähneln sich, Preise ab ca. 400 Rs. Beide Häuser werden auch als Stundenhotels genutzt.
- Das **Chinese Union Hotel** (8 Mt. Pleasant Rd., Tel. 057-22502) liegt sehr zentral und hat Zimmer (Bad) zu 200 Rs. (EZ) und 450 Rs. (DZ), sowie DZ ohne eigenes Bad zu 250 Rs. Dazu jeweils 10% Service.
- Sehr gut ist das immer noch relativ zentral, dennoch ruhig gelegene **Rest House** (Dharmapala Mw., Tel. 057-2299). Die Zimmer (Bad; h/k Wasser) kosten EZ 575 Rs., DZ 650 Rs. und Dreier 1.125 Rs.; Frühstück ist im Preis inbegriffen. 10% Service.

Außerhalb der Stadt

- Wunderbar ruhig und von viel Natur umgeben ist das **National Holiday Resort,** ca. 3 km nördlich der Stadt (Golflink Rd., Tel. 057-22209). Dies ist ein Unternehmen des *Ceylon Tourist Board,* das sich wohl die besten Plätze reservieren lassen kann. Auf dem parkähnlichen Gelände stehen geräumige, doppelstöckige Bungalows (Bad; Wasser jedoch nur zu bestimmten Tageszeiten), mit Platz für 6 Personen. Die Bungalows kosten wochentags 400 Rs., von Fr bis So 600 Rs., plus jeweils 10% SC und 5% St. Außerdem gibt es einen großen Schlafsaal *(dorm)* mit 88 Betten; Kostenpunkt 145 Rs./Pers. plus die obigen Zuschläge. Frühstück und Abendessen sind in diesem Fall im Preis inbegriffen. Von den Bungalows hat man einen guten Ausblick auf die Peace Pagoda.
- Etwa 1 km außerhalb, an der Straße nach Welimada und Kandy, befindet sich das **Ideal Resort** (Welimada Rd., Tel. 057-22476), in dem gerne Handelsvertreter absteigen. Das

Haus liegt günstig – ruhig und von viel Grün umgeben –, und vom Garten aus bietet sich eine gute Aussicht. Die Zimmer (Bad; h/k Wasser) könnten aber eine Renovierung gebrauchen. EZ kosten 350, DZ 450 und Familienräume 750 Rs. Dazu 10% SC und 5% St.

- Nicht schlecht sind die Zimmer (Bad) des **Queen's Hotels** (Badulla Rd., Bidunuwewa, Tel. 057-22806), 3 km außerhalb an der Straße in Richtung Ella und Badulla. EZ kosten 20 US$, DZ 23 US$, Dreier 25 US$. Dazu je 10% SC und 5% St. Auf der anderen Straßenseite befindet sich das Herbal Health & Beauty Care Institute. Dieses offeriert Dampfbäder, Pflanzenöl-Massagen, Meditationskurse, Akupunktur- und Akupressur-Behandlung u.a. Die Preise sind allerdings nicht niedrig, und nicht jedermann ist von den Behandlungen beeindruckt.
- Nahe dem Queen's Hotel findet sich das nette **Himalie Guest House** (Bidunuwewa, Badulla Rd., Tel. 057-22362). Die Zimmer im Privathaus (Bad; h/k Wasser) sind ordentlich. EZ kosten 10 US$, DZ 11-16 US$, Dreier 18 US$; dazu jeweils 10% SC +5% St.
- Das **Shamrock Tourist Guest Inn** ist auf einem waldreichen Hügel am Ostrand, ca. 2 km von der Stadt entfernt gelegen (Anfragen in Bandarawela im Silva Photo Studio, 71 Senanayake Mw., Tel. 057-22360). Die abgeschiedene Lage des Hauses dürfte absolute Ruhe garantieren. Zimmer (Bad) zu 250 Rs. (EZ) und 300 Rs. (DZ), plus 10%.
- Das **Grand Hotel** liegt ca. 3 km entfernt am Westrand von Bandarawela, ebenfalls auf einem dicht bewachsenen Hügel (Poonagala Rd., Tel. 057-22564). Die Straße am Bahnhof führt dorthin. Von oben bietet sich eine sehr gute Aussicht, die Zimmer (Bad) sind jedoch nicht im besten Zustand. EZ 250, DZ 350 Rs., dazu 10% SC.
- Ein Leser empfahl die 2 km außerhalb der Stadt gelegene **Rose Villa** (off Poonegalla Rd., Tel. 057-22329, Fax 94-57-22712), die von einem gepflegten Garten mit Rosen, Orchideen sowie Zedern und anderen Bäumen umgeben ist. Die Zimmer kosten Halbpension 50 US (EZ) und 70 US$ (DZ); dazu 10% SC und 5% St.
- Sehr gute Unterkünfte sind das **Hotel Weekenders** (461/D-1 Badulla Rd., Tel. 057-2468), **Sam's Holiday Resort** (12 Perera Rd., Tel. 057-22104) und das **New Riverside Inn** (Haputale Rd., Tel. 057-22448). Hotel Weekender liegt auf einer Anhöhe an der Badulla Road (steiler Zugang!) und hat große und stilvoll eingerichtete Zimmer sowie ein Bungalow (Bad; h/k Wasser); Preise ab 750 Rs. Sam's Holiday Resort, ebenfalls mittlere Preislage, ist ruhig gelegen und bietet gute Ausblicke. Zimmer mit Bad. Das New Riverside Inn befindet sich an der Straße nach Haputale und bietet guten Ausblick auf die umliegende Hügellandschaft.
- Etwa 1 km von der Stadtmitte entfernt befindet sich die **Woodlands Farm & Leisure Resort** (Marlodge Lane, abseits der Poonagala Rd., Tel. 057-22426). Die Zimmer (Bad) sind in einem Haus aus der Kolonialzeit untergebracht, und bei Preisen von 300 (EZ) und 450 Rs. (DZ) empfehlenswert. Essen ist erhältlich, es ist aber auch eine Kochgelegenheit vorhanden. Auf der Farm wird organische Milchwirtschaft betrieben.

Essen

Neben den Unterkünften, in denen Speisen angeboten werden, sind die folgenden Restaurants einen Versuch wert:

- Ausgesprochen gut ist das etwas gehobene **Dillkin Restaurant** in der Main Street, mit srilankischen und auch chinesischen Gerichten. Mittags gibt es unter anderem ausgezeichnete Rice&Curry-Platten zu 35 Rs., morgens String Hoppers, serviert mit einem ungewöhnlich guten Dal.
- Ebenfalls recht gut ist das **Singhagiri Restaurant** an der Kreuzung Dharmawijaya Mawatha mit der Esplanade Road. Es gibt reichhaltige Rice&Curry-Platten zu 25 Rs., weiterhin Fisch-Rotis, Backwaren u.a.
- Um obige Kreuzung herum versammeln sich abends mehrere kleine **Straßenstände,** die Snacks anbieten. Darunter sind *Rotis* (mit Ei oder Gemüse- oder Fischfüllung), *Dal Vadai* (würzige Linsenfrikadellen), *Potato Curry* u.ä. Lecker und preiswert.
- Einheimische und chinesische Gerichte im **Flower Corner Chinese Restaurant** im New Shopping Centre.

Sonstiges

Communication Centre

- **Ferngespräche, Faxe** oder andere postalische Angelegenheiten können im privat betriebenen Communication Centre am Dharmawijaya Mawatha, Hausnummer 44, erledigt werden. Tel. 057-2710, 2712.

Taxis

- Taxis für Ausflüge oder zur Weiterfahrt finden sich am Taxi-Stand nahe dem Uhrturm; in den meisten Fällen handelt es sich um geräumige Lieferwagen. Handeln!

Anreise

- Alle **Züge,** die zwischen Kandy und Badulla, bzw. Colombo und Badulla verkehren, halten in Bandarawela. Ab Colombo fahren täglich drei Züge, Abfahrt 6.00 Uhr (über Kandy) und 9.45 Uhr; Fahrzeit ca. 8,5 Std. Um 20.15 Uhr fährt der langsame *Night Mail* (über die Peradeniya Junction bei Kandy) nach Bandarawela; Fahrzeit ca. 10 Std.

  Züge ab Badulla fahren über Ella nach Bandarawela; Abfahrt Badulla um 5.55, 8.50 und 17.45 Uhr.
- Ab der Pettah-Busstation in Colombo fahren täglich ca. drei direkte **Busse** (CTB) nach Bandarawela; Fahrzeit ca. 6 Std. Ab Ella und Badulla gibt es ungefähr stündlich, Busse ab Kandy und Nuwara Eliya zweimal täglich, ab Galle über Haputale einmal täglich. Weitere Direktverbindungen ab Haputale, Wellawaya und Tissamaharama.
- **Taxis** zur Anreise sollten etwa die folgenden Preise kosten: ab Ella 300, ab Badulla 600, ab Haputale 350, ab Nuwara Eliya 1.200 Rs.

Ella

↗ VII/C3

Ein wunderbarer kleiner Ort. Er ist malerisch von Hügeln und dichter Vegetation umgeben und liegt auf 1.100 m Höhe an der Südostseite des Berglandes, bzw. am Nordende der sogenannten Ella-Schlucht, dem **Ella Gap.** Dies ist ein schmaler, etwa 15 km langer und etwa 1.000 m tiefer Einschnitt in die Berge, der sich weiter bis hin zum Übergang in das Tiefland bei Wellawaya erstreckt.

Entlang der Schlucht, eingebettet in nicht enden wollendes Grün, bieten sich großartige Ausblicke, und die Gegend ist somit bestens für längere **Wanderungen** geeignet. Oder einfach für ein paar ruhige Tage in herrlicher Natur.

Unterkunft/Essen

- Eine gute Aussicht auf die Schlucht von Ella ergibt sich vom überteuerten **Ella Rest House** (Tel. 057-22636), mit nur 6 Zimmern (Bad). EZ/DZ zu 24, Dreier 30 US$; dazu 10% SC und 5% St. Essen im Haus erhältlich.
- Das nebenan gelegene **Rock View Guest House** (Tel. 057-2661) hat 6 sehr große Zimmer (Bad) zu 300 Rs. und 400 Rs.(plus 10% SC), ebenfalls mit einem guten Ausblick. Auch hier kann im Haus gegessen werden.
- Ein paar Schritte weiter hügelaufwärts betreibt der Sohn des Besitzers des Rock View, *Sarath*, das **Tea Garden Holiday Inn** (Tel. 057-22915). Dieses hat nur 4 Zimmer, die allerdings einen noch viel besseren Panorama-Blick gewähren. Allerdings findet sich direkt vor den Zimmern eine Restaurant-Terrasse, was für ziemliche Unruhe sorgen kann. Außerdem gibt es Beschwerden über den Besitzer, der mit überhöhten Zimmer- und Essenspreisen aufwarten soll, wie auch über verschmutzte Zimmer. Es ist also fraglich, ob dieses Haus den Besuch noch lohnt. Die Zimmer (Bad) kosten je nach Größe oder Aussicht 650-750 Rs.
- Das dahinter gelegene **Rawana Holiday Resort** (Tel. 057-22915) hat recht ordentliche Zimmer mit Bad zu 350 (EZ)und 500 Rs. (DZ).
- Die freundliche **Lizzie Villa** (Tel. 057-23243) liegt idyllisch in einer Obstplantage, ca. 200 m von der Ella-Wellawaya Road zu-

116sr Foto: rk

rückversetzt. Ein Schild an der Abzweigung weist den Weg. 2 Zimmer sind auf Gemeinschaftsbad angewiesen, Kostenpunkt 300 und 350 Rs. Die anderen haben ein eigenes Bad. Zimmer mit kaltem Wasser kosten 300/350 Rs., mit warmem Wasser 450/500 Rs.

- Weiterhin **Beauty Mount Tourist Inn** (Rest House Rd., nahe Ella Junction); 5 Zimmer, davon 2 mit Bad und h/k Wasser (450 Rs.) und 3 mit Gemeinschaftsbad (250 Rs.).
- Nahe dem Bahnhof liegt das **Country Comfort Inn** (Police Station Rd., Tel. 057-23132), das von einem wunderschönen Garten umgeben ist; sehr gutes Essen. EZ zu 600 Rs., DZ 750 Rs., dazu 10% SC und 5% St.
- **Ravana Heights** (Tel. 057-31182, Tel./Fax 057-309542) liegt hinter dem Rest House in Richtung Wellawaya. Die Zimmer (Bad) sind ausgesprochen sauber und komfortabel, Kostenpunkt 20 US$. Dazu ist sehr gutes Essen erhältlich.
- Abseits des bescheidenen Touristenrummels in Ella liegt das **Punsanda Guest Inn** (Tel. 057-31228); es befindet sich an der Straße nach Passara, am 5. Meilenstein. Taxis ab Ella hierhin dürften bis zu 100 Rs. kosten. Das Haus bietet schlichte Zimmer (Bad) zu 300 (EZ) und 500 RS. (DZ).

Anreise

- Direkte **Busverbindungen** bestehen u.a. ab Badulla, Bandarawela, Matara, Nuwara Eliya und Wellawaya.
- Alle **Züge,** die zwischen Kandy und Badulla verkehren (dreimal tägl.), halten auch in Ella; Fahrzeit ca. 6 Std. Ab Colombo bestehen täglich ebenfalls 2 Direktverbindungen; Fahrzeit ca. 7-8 Std. Zusteigemöglichkeiten auch in Nawalapitiya, Hatton, Nanu Oya, Haputale und Bandarawela.
- Die Anfahrt per **Taxi** sollte die folgenden Preise kosten (einfach): ab Kandy 2.800 Rs., Nuwara Eliya 1.500 Rs., Badulla 600 Rs., Bandarawela 400 Rs., Haputale 700 Rs. Bei der Anfahrt aus Bandarawela oder Haputale kann direkt der Dowa-Höhlentempel besucht werden (s.u.), der an der Strecke liegt.

Umgebung von Ella

Einige der Ausflugsmöglichkeiten führen zu Orten, die Schauplatz des Hindu-Epos Ramayana sein sollen.

Ravana Ella Falls

Knapp 6 km südöstlich von Ella, direkt an der Straße nach Wellawaya, ergießt sich der 120 m hohe, eindrucksvolle Ravana-Ella-Wasserfall (auch: Ravanella Falls). Gemäß der Überlieferung soll der Dämon Ravana die gefangene Sita hierher gebracht haben, als er von Rama und dem Affengott Hanuman verfolgt wurde. In dem Becken am Fuß des Wasserfalls soll Sita gebadet haben.

Gegenüber dem Wasserfall steht ein Restaurant zur Verfügung; darum herum halten sich meist einige Händler auf, die kleine Packungen mit Gewürzen an die Touristen verkaufen.

Ravana Ella Cave

Eine ca. 2 km lange Wanderung führt von Ella zur Ravana Ella Cave, einer **Höhle,** in der Ravana die entführte Sita gefangengehalten haben soll. In grauer Vorzeit sollen die Höhlen dieser Gegend den *Homo sapiens balangodensis* beherbergt haben, Sri Lankas frühzeitlichen Menschen.

Ravana Ella Rock

Vier Kilometer von der Höhle entfernt erhebt sich der 1.350 m Ravana Ella Rock. Der Legende nach kletterte Hanuman hier hinauf, um nach Sita zu suchen. Er fand sie schließlich, in tiefer Trauer ob ihrer Trennung von Rama.

Dowa Rock Temple

Hier verlassen wir nun wieder das Reich der Ramayana. Mit dem Bus in Richtung Bandarawela kann man den Dowa-Höhlentempel erreichen (6 km). Dessen interessantestes Merkmal ist eine in den Fels gehauene, **unvollendete Statue** (9 m hoch), die einige Rätsel aufgibt. Wann sie begonnen und warum sie nie fertiggestellt wurde, ist völlig unbekannt, ebenso, wen sie darstellen soll. Sie wird allgemein als „Buddha" bezeichnet, ähnelt aber auch der Figur des *Kushta Raja* („Lepra-König") von Weligama.

Wie in Weligama ist auch hier bestreitbar, wen die Figur tatsächlich darstellen soll. Einen Bodhisattva oder den „Lepra-König"? Auch die Identität des *Kushta Raja*, den es wahrscheinlich wirklich gegeben hat, ist fraglich. Möglicherweise war er ein Neffe von König *Sura Tissa* (reg. 246-236 v. Chr.), mit Namen *Agbo* oder *Aggabodhi*, der in der Region als eine Art Unter-König herrschte. Der „Mahavansa" gemäß, der alten srilankischen Geschichts-Chronik, legte der Lepra-König den ersten Kokospalmen-Garten auf der Insel an. Nach einer anderen, einer volkstümlichen Überlieferung, war ihm während einer göttlich inspirierten Trance geheißen worden, sich einer dreimonatigen reinen Kokosnuß-Diät zu unterziehen. Als die drei Monate vorüber waren, war seine Lepra kuriert!

Dowa kann auch von Bandarawela aus besucht werden (7 km); dazu nehme man jeden beliebigen Bus in Richtung Ella oder Badulla.

Badulla

↗ VII/C2

Badulla ist die Hauptstadt der Provinz Uva, die zu weiten Teilen mit Teeplantagen bedeckt ist. Der **Uva-Tee** zählt zu den besten Sorten Sri Lankas, und hier in Badulla wird er umgeschlagen.

Im 17. Jh. war die Stadt der Sitz des Königs von Uva und nach Kandy der zweitwichtigste Ort der Insel. Sein Einkommen bestritt er größtenteils durch Viehwirtschaft, da durch Mangel an Wald ausgedehnte Weideflächen zur Verfügung standen.

Badulla liegt auf 700 m Höhe, in einem weiten, fruchtbaren Tal, das von außen sehr leicht zugänglich ist. Diese **natürliche Schutzlosigkeit** wurde der Stadt oft zum Verhängnis: 1615 wurde sie von den Portugiesen geplündert und 1630 samt dem Königspalast nie-

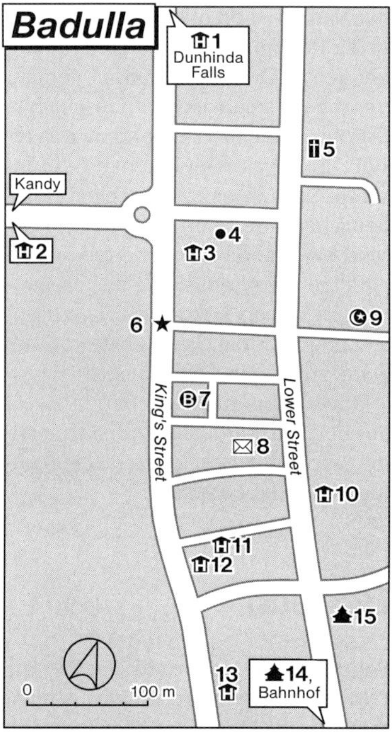

- 1 Dunhinda Falls Inn
- 2 Peace Haven Inn
- 3 Rest House
- 4 Bücherei
- 5 St. Anne's Church
- 6 Uhrturm
- 7 Busstation
- 8 Post
- 9 Moschee
- 10 Eagle Nest Holiday Hotel
- 11 Tour Inn Highland Guest Home
- 12 Mr. Mohandas Gandhi G.H.
- 13 Riverside Holiday Inn
- 14 Kataragama-Tempel
- 15 Mutiyangana-Tempel

dergebrannt. Im Verlauf der lang anhaltenden Kriege mit den Portugiesen wurde die Bevölkerung stark dezimiert.

Im 19. Jh. war Badulla ein Zentrum der **britischen Teepflanzer,** die dort in den Pioniertagen des Teeanbaus eine Pferderennbahn, Golf-, Tennis- und Cricket-Clubs entstehen ließen. Heute ist davon nicht mehr viel übrig.

Badulla ist eine angenehme, mittelgroße Stadt, die touristisch gesehen etwas in Vergessenheit geraten ist. Als die Ostküste noch gefahrlos besucht werden konnte, war sie eine wichtige Zwischenstation auf dem Weg nach Arugam Bay. Das ist nun vorläufig vorbei.

Tempel

Als die Portugiesen Badulla einäscherten, blieben die Tempel seltsamerweise verschont. „Nur noch die Tempel sind in gutem Zustand", berichtete 1681 *Robert Knox* in seinem Klassiker „An Historical Relation of the Island of Ceylon", ein halbes Jahrhundert nach dem Überfall. Tempel, als Sinnbilder des „Heidentums", waren ansonsten immer bevorzugte Zielscheiben der Portugiesen gewesen.

Der an einer verkehrsreichen Kreuzung gelegene **Mutiyangana-Tempel** markiert den Ort, an dem Buddha bei einer Rast Perlen von seiner Stirn gefallen sein sollen (*muti* = „Perlen"). Der Kern der Dagoba soll über 2.000 Jahre alt sein.

Gleich daneben steht der hinduistische **Kataragama-Tempel,** der einige interessante Holzschnitzereien und Fresken aufweist.

Teeplantagen

In der Umgebung von Badulla können einige Teeplantagen und -fabriken besichtigt werden. Eine davon ist die 11 km östlich von Badulla gelegene **Wewesse Tea Estate.**

Die Anfahrt per Taxi plus Wartezeit von 1-2 Std. sollte ca. 300-350 Rs. kosten.

Unterkunft

● Das **Badulla Rest House** (King's St., Tel. 055-22299) ist anders als die meisten anderen Rest Houses sehr zentral in der Stadt gelegen. Die Zimmer (Bad) bieten den üblichen recht guten Standard, den man von diesen Unterkünften gewohnt ist. EZ kostet 350 Rs., DZ 500 Rs. und der „Familien-Raum" (4 Pers.) 600 Rs.; dazu 10% SC und 10% St.

● Das **Peace Haven Inn** befindet sich gut einen halben Kilometer westlich des Rest House (18 Old St. Bedes Rd., Tel. 055-22523) und hat sehr akzeptable Zimmer (Bad) zu 350 Rs. (EZ) und 600 Rs. (DZ).

● Das **Eagle Nest Holiday Inn** (159 Lower St., Tel. 055-22841) hat recht gute und saubere Zimmer (Bad) zu 200 Rs. (EZ), 350 Rs. (DZ) und 600 Rs. (Vierer); dazu 10% SC.

● Sehr beliebt bei Travellern ist das **Tour Inn Highland Guest Home** (2B Ward St., Tel. nur im Geschäft nebenan, 055-23164), wie ein Blick in das Gästebuch beweist: Viele Gäste äußern sich sehr positiv über den freundlichen Service und die recht ordentlichen, aber preiswerten Zimmer. EZ kosten 200, DZ 250 und Dreier 300 Rs. Die Zimmer sind so angelegt, daß für jeweils zwei ein Badezimmer zur Verfügung steht.

● Wenige Schritte ums Eck, in der Lower King's Street, vermietet ein Mr. Mohandas Gandhi ein geräumiges Zimmer („cottage") in seinem Privathaus. Der Raum (Bad) hat vier Betten und kostet bei Belegung mit 3-4 Personen 350 Rs., mit 1-2 Personen 250 Rs. Das Haus nennt sich **Parameswara** (7 Lower King St., Tel. 055-22912), wie ein kleines Schild über dem Eingang zu erkennen gibt.

Schräg gegenüber auf der anderen Strassenseite befindet sich ein empfohlenes kleines **Tee-Geschäft,** das Hillside Tea Centre.

● Wenig weiter südlich befindet sich das durch ein an der Straße aufgestelltes, sehr großes Schild ausgewiesene **Riverside Holiday Inn** (Lower King's St., Tel. 055-22090). 5ie ganz ordentlichen Zimmer (Bad) kosten EZ 200-600, DZ 400-750 und der „Familienraum" (für vier Pers.) 800 Rs.; 10% SC.

● Badullas bescheidenes Top-Hotel ist das **Dunhinda Falls Inn** (35/11 Bandaranayake Mw., Tel. 055-23028). Die Zimmer (Bad) sind halbwegs in Ordnung aber überteuert. EZ 400, DZ 900 Rs., Dreier 1.250 Rs., dazu 10% SC und 5% St. Angeschlossen ist das *Sugimal Restaurant* mit westlichen und einheimischen Speisen und einer Bar.

Essen

Rings um den Uhrturm wimmelt es von kleinen Rice&Curry-Restaurants, wer die Wahl hat, hat die Qual.

● In der Straße direkt an der Nordseite der Busstation drängen sich gleich mehrere dicht an dicht, die alle ganz akzeptabel sind: **Hotel Puspa, William Hotel & Bakery, Hidhaya Hotel** und **Majestic Hotel.**

● An der Westseite der King's Street, direkt gegenüber dem Uhrturm finden sich die einfacheren **Hotel de Plaza, Hotel Madeena** und **Misiriya Hotel.**

● Ein Ableger des Sugimal Restaurant im Dunhinda Falls Inn ist das **Sugimal Fast Food** (214 Lower St.) gegenüber dem Mutiyangana-Tempel. Es gibt ausgesprochen leckere Snacks, z.B. Rotis mit diversen Füllungen, Backwaren u.a.

Anreise

● **Busse** hierhin fahren ab allen wichtigeren Orten, z.B. Colombo, Kandy, Nuwara Eliya, Bandarawela, Ella, Haputale u.v.m.

● Badulla ist die Endstation der Colombo-Badulla-Bahnlinie, die auch die Orte Nawalapitiya, Hatton, Nanu Oya, Haputale, Bandarawela und Ella passiert. Zusteigemöglichkeiten bestehen also auch dort. Die **Züge** auf dieser Strecke fahren zweimal täglich, Abfahrt in Colombo um 5.55, 9.45 und 20.15

117sr Foto: rk

Uhr (*Night Mail*); Fahrzeit ca. 10 bzw. 12 Std. Ab Kandy zweimal täglich, Fahrzeit ca. 8 Std.

Kurz vor dem Einlaufen in Badulla übrigens scheint die Bahn-Trasse verrückt zu spielen: Zunächst windet sie sich kreisrund um einen Hügel herum, so daß der Zug seinem eigenen Schlußlicht nachzufahren scheint; dann verläßt er die Schlaufe über eine Brücke hinweg und hat dabei die gerade zuvor befahrenen Gleise genau unter sich. Der ungewöhnliche Streckenabschnitt nennt sich *Demodera Loop*, „Demodera-Schlaufe".

- **Taxis** sollten etwa die folgenden Preise kosten (einfach): ab Nuwara Eliya 1.400, Kandy 2.800-3.000, Haputale 1.000-1.100, Bandarawela 700, Ella 600 Rs.
- Bei der Anfahrt aus Richtung Kandy/Nuwara Eliya ließe sich ein Abstecher zur 1805 erbauten **Bogoda Bridge** mit einplanen. Diese überspannt den Galanda Oya, besteht ausschließlich aus Holz und wurde ohne jegliche Verwendung von Nägeln errichtet. Zur Fahrt dorthin biege man bei Hali Ela (ca. 9 km westlich von Badulla) links ab und fahre bis Ketawela. Dort biege man nach links in die Straße nach Jangulla ein. Die Entfernung von Hali Ela zur Brücke beträgt ca. 13 km. Von Badulla aus kommend sind es ca. 22 km.

Dunhinda Falls

Etwa 4 km nördlich von Badulla ergießt sich der 58 m hohe Dunhinda-Wasserfall, der erst nach einem knapp 1,5 km langen Fußmarsch durch eine mit viel Grün bewachsene Felslandschaft zu erreichen ist. Unten angekommen, sammelt sich das Wasser in einem größeren Becken, vor dem eine Art Aussichtsplattform samt Erfrischungsstand eingerichtet ist. Der **Legende** nach befindet sich am Grunde des Beckens der Schatz des Uva-Prinzen *Kumarasinha*, der von Geistern bewacht wird. Diese Geister fordern gelegentlich ihren Tribut, und manch Badender soll in dem Wasser umgekommen sein. Einer anderen Legende nach ertränkte sich hier eine Prinzessin, die mit ihrem Geliebten, einem einfachen Mann aus dem Volke, davongelaufen war. Als der König dem Paar wutentbrannt folgte, entschlossen sie sich hier zum Freitod.

Anfahrt

- Für die Anfahrt zum Wasserfall nehme man jeden beliebigen **Bus,** der von Badulla in Richtung Norden fährt (z.B. nach Mahinyagana, Taldena, Meditale o.a.), oder Lokalbus Nr. 314. Nach ca. 4 km erreicht man die Stelle, wo ein Fußweg von der Hauptstraße abzweigt und weiter zum Wasserfall führt. An der Stelle befinden sich einige Erfrischungsstände und Souvenir-Läden; man bitte den Schaffner, dort anzuhalten, falls der Bus das nicht ohnehin schon tut.
- **Taxis** ab Badulla sollten hin und zurück ca. 250 Rs. kosten, inklusive Wartezeit.
- An der Abzweigung schlage man den ausgeschilderten Weg ein, wo nach ca. 200 m an einem Kassenhäuschen 10 Rs. zu entrichten sind. Von dort sind es noch ca. 1 km zum Wasserfall; der Weg ist einigermaßen an-

strengend, es geht einige Male bergauf und bergab, durch nicht immer leicht begehbares Gelände. Laufzeit gut 20 Min.

Ratnapura

↗ VI/A3

„Stadt der Edelsteine" – so lautet die Übersetzung des Sanskrit-Namens dieses Ortes, gelegen am Kalu Ganga und direkt am südwestlichen Rand des Berglandes.

Vermutlich schon seit Jahrtausenden werden hier in Flüssen und Gruben **Edelsteine** von hoher Qualität geschürft, darunter Rubine, Saphire, Topase, Amethyste, Zirkone, Aquamarine, Turmaline, Katzenaugen, Chrysoberylle, Alexandrite und Granate. Der chinesische Reisende *Hiuen Tsang* berichtete im 7. Jh. von einem Rubin auf der Spitze eines Tempels in Anuradhapura, der den Himmel hell erleuchtete und der aller Wahrscheinlichkeit nach aus Ratnapura stammte.

Der Edelstein-Boom hält bis heute unvermindert an, und so durchzieht ein Hauch von **Goldgräberstimmung** die Stadt. Geschäftsleute aus Hongkong, Singapur, Thailand oder anderswo sind regelmäßige Gäste, einige mieten sich gleich dauerhaft Häuser an. Im Windschatten der einfließenden Edelstein-Dollars hatte es vor einigen Jahren sogar ein Spielcasino im Ort gegeben (im Pattaya Re-

Eimer mit Schlamm aus 20 m Tiefe

118sr Foto: Ingo Hothan

staurant); wie alle anderen Casinos auf Sri Lanka mußte es 1991 schließen.

Mit den geldschweren Geschäftsleuten ziehen aber auch dubiosere Elemente in Ratnapura ein: Gelegentlich greift die Polizei thailändische **Prostituierte** auf, die in von Thais und Srilankern betriebenen Bordellen anschaffen. Genausooft aber drückt die Polizei ein Auge zu – lokalen Gerüchten zufolge fließen regelmäßig Schmiergelder, die die Ordungshüter gefügig machen. Auf einem ähnlich schiefen Gleis fahren die überall anzutreffenden **mobilen Edelsteinverkäufer,** die dem Touristen, quasi im Vorübergehen, Edelsteine aufschwatzen wollen. Niemals auf der Straße kaufen! Selbst in den Geschäften lohnt sich der Kauf meist nur, wenn vorher schon ein gewisses Fachwissen vorhanden ist.

Zu Tage gefördert werden die Edelsteine in erster Linie durch das **„pit mining,"** d.h. in Schächten, die an verschiedenen Stellen auf Feld und Flur zu finden sind. Die Schächte messen im allgemeinen ca. 4 mal 2 Meter, sind ca. 5-20 m tief und mit Holzgerüsten versehen, die die Grubenwände abstützen. Am Schachtboden schuften mehrere Arbeiter, die Eimer mit Schlamm füllen. Die Eimer werden dann nach oben gezogen, und der Inhalt wird in Wasser durchgespült und gesiebt. Mit etwas Glück bleibt ein von Schlick umhüllter Rohstein in den Maschen zurück, der später – raffiniert geschliffen – einen mehr oder weniger guten Gewinn einbringt. Vor dem Ausheben eines neuen Schachtes findet übrigens die *Bhairavaya Puja* statt, eine Zeremonie, die die Erdgeister beschwichtigen soll.

Andere Arten des Edelsteinabbaus sind das **„surface mining,"** bei dem Schlamm von der Erdoberfläche auf seinen Inhalt durchforstet wird, und das **„river dredging,"** bei dem Schlamm aus Flüssen herausgepumpt und gesiebt wird.

Ratnapuras Flachland-Lage mit den sich östlich auftürmenden Bergen sorgt für ein sehr heißes und regenreiches, aber angeblich auch relativ **gesundes Klima.** Die regenärmsten Monate sind Januar und Februar, dafür sind sie aber auch die heißesten. Das hiesige Klima ist die ideale Voraussetzung für die überschwengliche Vegetation, die sich um Ratnapura herum findet, wie auch für die zahlreichen Gummiplantagen. Ein guter Ausblick auf die Umgebung ergibt sich von dem alten Fort am Ufer des Kalu Ganga.

Sehenswertes

Gem Bank und Gemmological Museum

Die Gem Bank ist ein 1980 gegründetes, in Privatbesitz befindliches **Edelsteingeschäft,** dem ein kleines Gemmologisches Museum angeschlossen ist. Ausgestellt sind zahlreiche Arten von Edelsteinen, sowie **Fischfossilien und Muscheln.** Dazu gibt es Schaubilder zu den verschiedenen Schliffarten und ein interessantes Modell einer Schürfgrube, bei dem man deutlich die unterschiedlichen Erdschichten sehen kann, die beim Schachtbau durchstoßen werden.

Das Museum befindet sich einige Kilometer außerhalb der Stadt, in 6 Ehelepola Mw., Batugedara. Tel. 045-22398. Geöffnet täglich 8.30-17.30 Uhr, Eintritt frei. Anfahrt mit Bussen in Richtung Batugedara.

Gem Museum

Ein weiteres privates Edelsteinmuseum befindet sich in der Pothgul Vihara Road, Getangama. Neben den verschiedenen Edelstein-Exponaten widmet sich eine Ausstellung der traditionellen Kunst des **Edelsteinschleifens.**

- Geöffnet tägl. 9.00-17.00 Uhr, Eintritt frei.

Maha Saman Devale

Passend zum stein-reichen Ratnapura steht ca. 3 km westlich der Stadt, am Kalu Ganga, der **reichste buddhistische Tempel** des Landes. Der Maha Saman Devale ist Saman gewidmet, der als Schutzpatron der Region und der Edelsteinhändler gilt. Woher genau die Figur des Saman stammt, ist nicht klar. Gelegentlich wird er mit Lakshman gleichgesetzt, Ramas Bruder aus der Ramayana; einer glaubwürdigen Interpretation zufolge war er ursprünglich der Bodhisattva Samanata-Bhadra, eine Figur des Mahayana-Buddhismus.

Der Bau des Maha Saman Devale geht auf *Parakrama Bahu II.* (reg. 1267-1301) zurück. Anfang des 17. Jh. wurde der Tempel jedoch von den Portugiesen zerstört, die an seiner Stelle ein Fort und eine Kirche errichteten. Unter den Holländern wurde der Tempel Ende des 17. Jh. wieder restauriert, und die Engländer nutzten ihn später bei ihren Feldzügen als Unterschlupf. Dabei stießen die Soldaten in einem Fall auf so viele Kisten voll Silber- und Kupfermünzen, daß sie sich außerstande sahen, alle davonzutragen.

Im Juli/August findet am Tempel eine **Perahera** statt, die fast so aufwendig ist wie die von Kandy. In einer prunkvollen Prozession wird ein Relikt des Buddha auf einem Elefantenrücken getragen, begleitet von überschwenglichen Festlichkeiten.

Unterkunft

- Sehr angenehm ist das ruhig auf einem Hügel gelegene **Darshana Inn** (68/5 Inner Circular Rd., Tel. 045-22674. Es stehen 4 Zimmer (Bad) zur Verfügung, Kostenpunkt 440 Rs. (EZ/DZ), plus 10% SC.
- Ein paar Meter weiter hügelaufwärts befindet sich das recht gute **Rest House** (Inner Circular Rd., Tel. 045-22299). Es gibt insgesamt 11 Zimmer (Bad); EZ kosten 10 US$, DZ 16 US$, Dreier 22 US$. Das Essen ist zum Teil sehr überteuert, ein Abendessen z.B. kostet 8 US$. Dazu kommen die üblichen 10% SC und 10% St.
- Etwas weiter nordwärts die Straße entlang liegt das angenehme **Travellers Halt** (30 Outer Circular Rd., Polhengoda, Tel. 045-23092). Die Zimmer (Bad) kosten EZ 400 und DZ 500 Rs.
- Noch weiter die Straße entlang findet sich das außergewöhnliche **Hotel Kalawathie** (Polhengoda, Tel. 045-22465; Fax 94-45-23464); die Entfernung vom Busbahnhof beträgt ca. 2 km. Das Haus ist von einem wunderbaren Garten umgeben, in dem zum Teil auch Heilkräuter wachsen. Die Kräuter werden für Kräuterbäder, Massagen oder Inhalierungen verwendet, die man sich dort verabreichen lassen kann. Außerdem werden Meditationskurse und diverse Naturheiltherapien angeboten. Die Zimmer (Bad) sind nicht spektakulär, aber wohnlich. Ohnehin ist die großartige Umgebung das Geld schon wert.

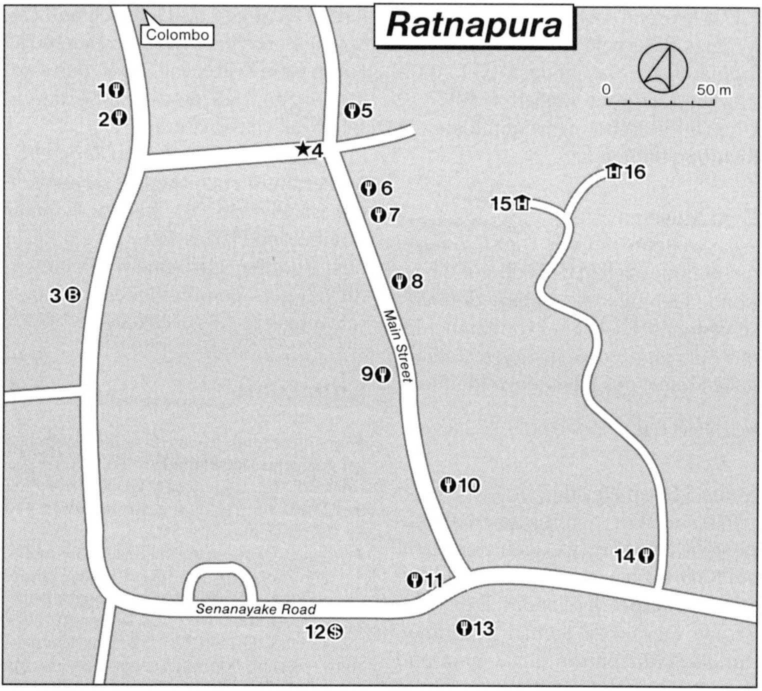

	1	Ratnaloka Hotel
	2	Hotel de Fareez
	3	Busstation
★	4	Uhrturm
	5	Hot Hot Fast Food
	6	Janaranjana Hotel
	7	Jayasiri Restaurant
	8	Impala Hotel
	9	Sapphire Muslim Restaurant
	10	Bismillah Hotel
	11	Rainbow Restaurant
	12	Hatton National Bank
	13	Pattaya Restaurant
	14	Garden Palace Restaurant
	15	Darshana Inn
	16	Rest House

EZ kosten 750 Rs., DZ 850 Rs. und Dreier 1.000 Rs. Dazu jeweils 10% SC.

- Die **Nilani Lodge** (21 Dharmapala Mw., Tel. 045-22170) liegt auf einer Anhöhe am Nordrand der Stadt und sieht von außen etwas heruntergekommen aus. Die Zimmer (Bad) sind jedoch in Ordnung; zudem haben sie einen Balkon, von dem sich ein überraschend guter Ausblick auf die umliegenden Berge ergibt. Kostenpunkt 464 Rs. (EZ) und 754 Rs. (DZ).
- Geschäftsleute und Edelsteinhändler steigen im **Ratnaloka Tour Inn** ab, dem ersten Platz am Ort. Das Hotel befindet sich 6 km außerhalb bei Kosgala-Kahangama (Tel./Fax 045-22455, E-Mail: ratnaloka@eureka.lk). Vorhanden sind ein Swimmingpool, Konferenzräume und ein Edelsteinmuseum. Die komfortablen Zimmer (Bad, AC, TV) kosten

EZ/DZ 30 US$, Dreier 40 US$; Deluxe-Räume 45 US$ plus 10% SC und 10% St.

- Falls alle obigen Unterkünfte belegt sein sollten, kann man die Straße von Ratnapura in Richtung Avissawella nach anderen absuchen. Zwischen Ratnapura und Kuruwita liegen zahlreiche Unterkünfte am Weg, die zum Teil jedoch den Eindruck von Stundenhotels machen.

Essen

- Überaschend gute Rice&Curry-Platten, sofern man sie noch nicht leid ist, kann man im **Jayasiri Restaurant** bestellen. Es befindet sich am nördlichen Ende der Main Street und ist wohl das beste Restaurant am Ort für srilankische Hausmannskost. Rice&Curry mit Gemüse kostet 25 Rs., mit Gemüse und Fleisch 30 Rs.
- Ein anderes Speiseprogramm bietet das **Pattaya Restaurant** an der Senanayake Road, nahe Einmündung Main Street. Hier finden sich die Edelsteineinkäufer aus Südostasien ein, und dementsprechend gibt es gehobene chinesische und thailändische Küche. Ein Essen für zwei Personen ab ca. 400 Rs.

Anreise

- **Busse** der CTB ab der Pettah-Station in Colombo und **Minibusse** ab Fort fahren tagsüber halbstündlich, Fahrzeit ca. 3 Std.

Zu beachten ist, daß es zwei **Routen** nach Ratnapura gibt: Die kürzere führt über Avissawella (90 km), die andere und neuere verläuft über Panadura (96 km). Weitere direkte Busse u.a. ab Avissawella, Hambantota, Hatton, Haputale, Matara und Tangalle.

- **Taxis** ab Colombo sollten einfach ab ca. 2.200 Rs. kosten; Fahrzeit ca. 2 Std. Die Hin- und Rückfahrt ist als Tagesausflug ab Colombo zeitlich gut zu schaffen; Kostenpunkt samt einem mehrstündigen Aufenthalt ab ca. 2.400 Rs., bei zusätzlichen Besichtigungen entsprechend mehr.

Singharaja Forest

VIII/B2

Etwa auf halbem Wege zwischen Ratnapura und Galle erstreckt sich Sri Lankas letzter **natürlicher Regenwald,** der unter Naturschutz stehende Singharaja Forest. Der dichte Dschungel, mit allem dazugehörigen Klein- und Großgetier, ist etwa 130 km² groß und wird von einem einzigen halbwegs erkennbaren Pfad durchkreuzt.

Unterkunft/Führungen

- Eine Unterkunftmöglichkeit besteht in Deniyaya im **Singharaja Rest** (Temple Rd., Tel. 041-73368) zu 400 Rs. Der Besitzer, *Mr. Palitha Ratnayake,* bietet auch sachkundige Führungen durch das Schutzgebiet an. Diese dauern mindestens vier Stunden, auf Wunsch aber auch bis zu zwei Tagen. Man sollte unbedingt festes Schuhwerk mitbringen, dazu Anti-Insektenspray (z.B. Autan). Gegen die oft anzutreffenden Blutegel hilft Einreiben der exponierten Körperteile mit Tabak.
- Einfache Zimmer ohne eig. Bad bei **Mr. Martin Wijesinghe** direkt am Rande des Parks, ca. 4 km vom Kassenhaus entfernt. Die Preise sind variabel, ca. 300-400 Rs. inklusive Frühstück. Handeln.
- Schlichte Unterbringung in einer Art Schlafsaal (4 Betten) beim **Forest Department** in Kaduwa. Der Preis beträgt 220 Rs./Pers., scheinbar wird man genötigt auch für die unbelegten Betten zu zahlen. Plus Gebühr für Bettwäsche und Stromverbrauch.

Anreise

- Der Zugang zum Regenwald liegt bei Deniyaya an der A 17 zwischen Ratnapura und Galle. **Busse** auf der Strecke Ratnapura – Galle und Ratnapura – Matara passieren Deniyaya.
- **Taxis** nach Deniyaya sollten ab Ratnapura (70 km) einfach ca. 1.800 Rs. kosten, ab Galle (80 km) ca. 2.000 Rs., ab Matara (65 km) ca. 1.600 Rs.

Hochglanz aus der Tiefe: Edelsteine und Mineralien

Edelsteine sind Sri Lankas drittwichtigstes Exportgut (zusammen mit Schmuck) und beliebte Urlaubsmitbringsel dazu. Wer das nötige Fachwissen besitzt, kann großartige Einkäufe tätigen, der Laie dagegen muß sich auf die Ehrlichkeit des Verkäufers verlassen, und das geht sicher oft daneben.

Der **Wert eines Edelsteines** wird bestimmt durch die Häufigkeit seiner Funde (je seltener, desto teurer), seine Größe (bzw. Gewicht) sowie Reinheit, Farbe, Schliff und Glanz. Innerhalb einer Gattung können sich enorme Wertunterschiede ergeben, und ein protzig großes, aber unreines und schlecht geschliffenes Exemplar ist somit weit weniger wert als ein kleiner, qualitativ guter Stein. Den genauen Wert kann nur der Fachmann erkennen.

Das **Gewicht** von Edelsteinen wird in Karat *(carat)* gemessen; ein Karat entspricht 0,2 Gramm. Ein Karat wiederum ist in 100 Points unterteilt.

Die **Härte** von Edelsteinen und anderen Mineralien wird nach einer von dem deutschen Mineralogen *Mohs* entwickelten Skala klassifiziert. Diese reicht von 1-10; je höher die Zahl, desto härter der Stein. Diamanten weisen den Härtegrad 10 auf. Es folgen die Vertreter der Korund-Gruppe, der z.B. die Saphire und Rubine angehören (9), dann folgen die Topase (8), Quarze (7) und Feldspate (6).

Kleine Steinkunde

- **Alexandrit:** Eine Chrysoberyll-Variante, die unter natürlichem Licht grün aussieht, unter Kunstlicht rot. Nach Facettenschliff erscheint er aus verschiedenen Winkeln betrachtet rot, gelb-orange oder grün.
- **Amethyst:** Ein violetter, transparenter und relativ brüchiger Stein aus der Familie der Quarze. Die Quarze sind die häufigsten Minerale in der Erdkruste und machen insgesamt etwa 12% davon aus. Reiner Quarz ist farblos, darin eventuell vorhandene Unreinheiten verleihen ihm jedoch Farbe. Die Farbgebung des Amethyst beruht auf Unreinheiten aus Eisenoxyden. Durch Hitzebehandlung wird daraus der gelbe Zitrin.
- **Aquamarin:** Gehört der Beryll-Gruppe an, deren Vertreter in zahlreichen verschiedenen Farben auftauchen können. Der Aquamarin ist hell- bis dunkelblau, die Farbe wird durch Eisen hervorgerufen. Je dunkler der Stein ist, desto höher sein Wert; aus diesem Grund wird der Stein oft einer Hitzebehandlung unterzogen, die seinen Farbton künstlich vertieft.
- **Chrysoberyll:** In verschiedenen Varianten erscheinender Stein von kräftigem Glanz und einer Farbe, die je nach Art zwischen farblos, grau, goldgelb, grün und braun liegen kann. Unter Kunstlicht erscheinen grüne Exemplare oft rot, besonders der Alexandrit, aus der Chrysoberyll-Familie.
- **Granat:** Die Granat-Gruppe besteht aus verschiedenen Aluminium-Silikaten, die in verschiedenen Farben auftreten können. Die in Sri Lanka angebotenen Granate sind meist leuchtend rot.
- **Katzenauge:** Eine Quarz-Variante von goldgelber, sattbrauner oder schwarzer Farbe, deren Maserung die Steine wie Katzenaugen erscheinen läßt.
- **Mondstein:** Der milchig-weiße, leicht transparente Mondstein gehört der Feldspat-Gruppe an, einer Reihe von hochkomplizierten Aluminium-Silikat-Verbindungen. Gelegentlich zeigt sich an ihm eine Art Katzenaugen-Effekt (s.o.), hervorgerufen durch Silikat-Schichten.
- **Rubin:** Der kostbare, hell- bis tiefrote Rubin ist eine Variante des Korund, einer Mineralgattung, der auch der blaue Saphir angehört. Die wertvollsten Rubine sind rot mit einer Spur blau darin – eine Farbe, die mit Taubenblut verglichen wird.

119sr Foto: rk

- **Saphir:** Ein Stein aus der Korund-Familie, der meistens blau ausfällt, gelegentlich aber auch rosa, orange, grün, lila oder schwarz. Der Farbton wird durch die vorhandenen Anteile von Eisen, Titan und Chrom bestimmt.

Fette Beute: Edelsteinsucher mit seinen Funden

- **Smaragd:** Die grüne Farbe dieser Beryll-Variante beruht auf winzigen Spuren von Chrom und gelegentlich Vanadium. Kleine Einschlüsse von Fremdmineralen unterscheiden echte Smaragde von synthetischen, lassen sie aber häufig auch etwas „milchig" erscheinen.
- **Spinell:** Eine Magnesium-Verbindung, die in den unterschiedlichsten Farben zutage tritt: rosa, violett, orange, rot, dunkelgrün und schwarz. Rote Spinelle sind oft nur schwer von Rubinen zu unterscheiden und werden folglich häufig als solche verkauft. Spinelle sind meist stark leuchtend und transparent.
- **Topas:** Ein Aluminium-Silikat, das gelegentlich mit Quarz verwechselt wird und das farblos, weiß, gelb, goldgelb, rosa, hellblau oder hellgrün auftreten kann. Die natürliche Farbe kann durch Hitzebehandlung verändert werden.
- **Turmalin:** Turmaline unterscheiden sich in diverse Gruppen, und ebenso variabel sind ihre Farben: farblos, weiß, rosa, grün, rot oder braun. Außerdem ergeben sich Unterschiede bei Betrachtung unter natürlichem Licht oder Kunstlicht. Am wertvollsten sind rosane und grünen Turmaline.
- **Türkis:** Eine Kupfer-Aluminium-Verbindung von grüner, blau-grüner oder himmelblauer Farbe. Letztere Variante ist die kostbarste; die Farbe wird durch den Kupfer in der Verbindung hervorgerufen. Türkise sind untransparent und weisen einen matten Glanz auf.
- **Zirkon:** Farblos, gelb, orange, rot, oder grün, die häufigste Variante aber ist braun. Bei Hitzebehandlung wird diese blau. Zirkone erhalten durch Fazettenschliff einen diamant-ähnlichen Glanz, und die farblosen Exemplare wurden früher gerne als „Diamanten" gehandelt – siehe die „Matara-Diamanten".
- **Zitrin:** Ein gelber bis orange-brauner Quarz, der jedoch in natürlicher Form sehr selten ist. Durch Hitzebehandlung von Amethyst oder Rauchquarz (ein gräulicher/brauner Quarz) kann er künstlich erzeugt werden.

120sr Foto: Ingo Hothan

Das Kulturelle Dreieck

121sr Foto: Chaweewan Chuchuay

122sr Foto: rk

Sigiriya: eine der weltberühmten Fresken

Das Löwentor in Sigiriya

Vatadage in Polonnaruwa

Überblick

Zentral-Sri-Lanka, das bedeutet nicht nur Berge und Teeplantagen: Nördlich von Kandy flacht die Landschaft urplötzlich ab und macht der **Tiefebene** Platz. Dieser nördliche Teil der Zentralregion ist das **kulturelle Herzland** Sri Lankas, in der sich die meisten der früheren Hauptstädte der Insel befinden, dazu unzählige Tempel, Dagobas und sonstige Heiligtümer. Viele der Stätten wurden unter Schirmherrschaft der UNESCO restauriert. Aufgrund seiner kulturellen Dichte prägten die Tourismusbehörden den Begriff vom **„Cultural Triangle“**, dem „Kulturellen Dreieck“. Die Ecken dieses Dreiecks werden von Anuradhapura, Polonnaruwa und Kandy gebildet, und auch dazwischen (und etwas abseits) finden sich zahlreiche kulturhistorisch wichtige und besuchenswerte Orte. Nach dem Besuch der erholsamen Strände und Berge bildet das „Kulturelle Dreieck“ einen passenden intellektuellen Gegenpol.

Besuch der Stätten

Allerdings ist bei der Besichtigung der Sehenswürdigkeiten viel Kleingeld bereitzuhalten: Die **Eintrittsgebühren** sind zumeist sehr hoch. Der Eintritt zu den bedeutendsten Stätten kostet 15 US$ (zu zahlen im aktuellen Gegenwert in Rupien), was ziemlich genau einem durchschnittlichen srilankischen Wochengehalt entspricht. Vergleichsweise müßte der Eintritt zu Schloß Neuschwanstein ca. 700 DM kosten! Kinder unter 12 Jahren und Besucher mit Schüler- oder Studentenausweis zahlen die Hälfte. Bei diesen Preisen wirkt es dann schon etwas befremdlich, wenn man zusätzliche Spendenkästen antrifft, die freundlichst um eine milde Gabe „zum Erhalt der historischen Bauwerke“ bitten.

Sammelkarten

In Anbetracht dessen bietet sich der Kauf einer Sammeleintrittskarte für 32,50 US$ an (zu zahlen im aktuellen Rupien-Gegenwert; mit internationalem Studentenausweis die Hälfte), mit der die wichtigsten Stätten besichtigt werden können. Die Karten sind erhältlich in Reisebüros, bei der Touristeninformation in Colombo, im Central Cultural Fund Office (s.u.) oder in den Ticket-Büros der Sehenswürdigkeiten.

Die in der Sammelkarte inbegriffenen Sehenswürdigkeiten sind derzeit: der Zahn-Tempel in Kandy, Sigiriya, Nalanda, Anuradhapura, Polonnaruwa, Ririgala und Medirigiriya. Vorsicht aber, denn diese Zusammenstellung ändert sich bisweilen, gelegentlich wird die eine oder andere Sehenswürdigkeit aus dem Paket herausgenommen, oder eine andere kommt hinzu. Bei den o.g. Stellen erfährt man den Stand der Dinge. Dennoch dürfte sich die Sammelkarte in jedem Fall lohnen, denn selbst wenn man z.B. nur die drei wichtigsten Sehenswürdigkeiten besucht (Sigiriya, Anuradhapura, Polonnaruwa), würde das bei Einzelkarten schon 45 US$ kosten. Außerdem zeigt sich die Tendenz, daß die Einzelpreise fast alle ein oder zwei Jahre merklich erhöht werden; bei den Sammelkarten sind die Preiserhöhungen etwas mäßiger. Diese beinhalten zumeist auch automatisch die **Fotoerlaubnis;** eine Ausnahme besteht nur im Zahn-Tempel in Kandy.

Die Sammelkarten sind bis 14 Tage nach Besuch der ersten Sehenswürdigkeit gültig (Stempelaufdruck). Bei den hohen Preisen ist es bedauerlich, daß der verantwortliche Cultural Fund den Eintrittskarten nicht einmal eine Informationsbroschüre zu den Sehenswürdigkeiten beilegt.

• **Central Cultural Fund Office,**
212/2 Bauddhaloka Mawatha, Colombo 7,
Tel. 01-500733, Fax 01-500731,
E-Mail: gen_ccf@sri.lanka.net

Matale

↗ VI/B1

Verläßt man Kandy in Richtung Norden, so ist Matale die erste größere Stadt auf der Route. Matale ist ein sehr angenehmer Ort, umgeben von Hügeln und viel üppiger Vegetation.

Fährt man weiter nach Norden, passiert man gleich hinter Matale zahlreiche **Gewürzgärten,** die kostenlos besucht werden können. Dabei erläutern die Angestellten die diversen Gewürze, was zum Teil sehr interessant sein kann, letztendlich aber geht es um Verkauf. Wer sich in einer längeren Aktion herumführen läßt und dann keine Gewürze kauft, macht sich wahrscheinlich unbeliebt.

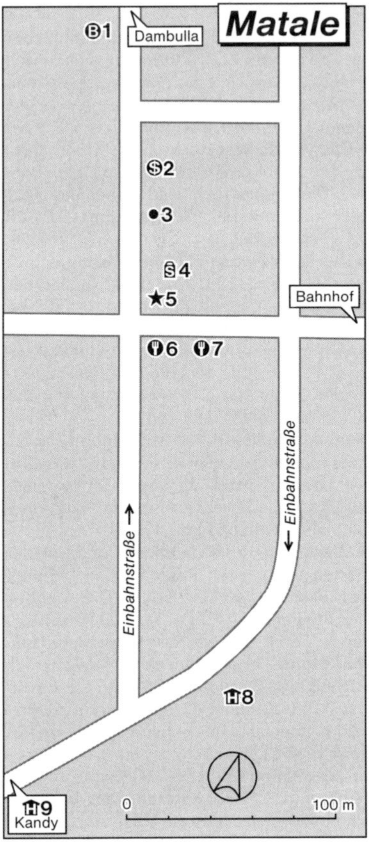

- 1 Busstation
- 2 Commercial Bank
- 3 Three-Wheeler
- 4 Markt
- 5 Uhrturm
- 6 Persian Hotel & Bakery
- 7 Arunaloka Hotel & Bakery
- 8 Matale Rest House
- 9 Matale Tourist Guest House

Unterkunft

Nur wenige Leute übernachten hier, aber gerade das macht den Ort für manchen vielleicht attraktiv. Ein oder zwei Tage kann man es hier auf jeden Fall gut aushalten, wer viel Zeit hat, eventuell noch länger.

- Das **Matale Rest House** (Park Rd., Tel. 066-22299) bietet gute Qualität zu mäßigen Preisen. Die Zimmer (Bad) sind sauber, das Haus sehr ruhig gelegen. EZ kosten 550, DZ 660 Rs., plus 10% SC.
- **The Rock House** (17/16A Hulangamuwa Rd., Tel. 066-23239) liegt direkt südlich des Rest Houses. Ordentl. Zi. mit Bad zu 1.200 Rs.
- Das knapp 1 km weiter südlich in Richtung Kandy gelegene **Matale Tourist Guest House** (145 M.C. Rd., Nagolle, Tel. 066-22259) liegt in angenehm ländlicher Umgebung und hat Zimmer mit Bad zu 400 Rs.
- Etwas nördlich der Busstation, am Nordrand des Ortes, befindet sich noch das **Clover Grange Hotel** (95 King's St., Tel. 066-23124), mit kolonialem Ambiente. Komfortable Zimmer mit Bad zu 1.300 Rs.
- Matales allerbeste Unterkunft, und eine der besten der ganzen Region dazu, befindet sich 10 km südlich der Stadt, an einer der beiden Straßen nach Kandy. Taxis ab Kandy sollten ca. 500 Rs. kosten. Das **Grassmere Holiday Home** (Alupothuwela, Ukuwela, Tel. 078-68329, Fax 94-66-3097) ist ein Privathaus, das auf einer 17 ha großen Gewürz- und Kaffeeplantage steht. Die Umgebung ist schlichtweg fantastisch, das Haus ist von satter Vegetation umgeben. Für Naturfreunde ein Ereignis! Nach Aussagen des Besitzers sind mindestens 40 Arten Vögel anzutreffen. Das Haus hat zwei sehr große, stilvoll eingerichtete Zimmer, sowie ein etwas kleineres, alle mit Bad. Die Badezimmer sind riesengroß und auch blitzesauber. EZ/DZ kosten 20 US$, bei Dreierbelegung 22 US$, dazu 10% SC und 6% St.

Was die Freude jedoch erheblich dämpft, sind die hohen Essenspreise: Frühstück kostet 4,50 US$, Mittagessen 6,50 US$ und Abendessen 8,50 US$.

Wer im Grassmere zu wohnen gedenkt, kann sich nach rechtzeitiger Benachrichtigung der Besitzer vom Bahnhof in Kandy oder in Matale abholen lassen.

Essen

In einem kleinen Ort wie Matale erwartet man keine Gault-Millaut-würdigen Restaurants, es gibt jedoch eine Reihe von einfachen, aber guten Eßmöglichkeiten.

- In diese Kategorie fällt das direkt gegenüber dem Uhrturm gelegene moslemische **Persian Hotel & Bakery**. Die hier gebotenen Curries wie *mellun* (ein grünes Gemüse), *gowa* (Kohl) oder *beetroot* (rote Beete) sind allerbeste Hausmannskost, enorm preiswert dazu. Daneben gibt es Chicken- (Huhn-) oder Mutton-(Ziegen-)Curries.
- Immer gut besucht ist auch das ein paar Meter entfernt liegende **Arunaloka Hotel & Bakery.** Auch hier werden sehr gute Gemüse- und Fleisch-Curries serviert, außerdem gibt es eine reiche Auswahl an Backwaren.
- Nahe dem Arunaloka köcheln noch einige andere „Hotels" leckere Einfachkost, meist sind es moslemische Restaurants. Eines davon – ohne ersichtlichen Namen – liegt einige Schritte östlich des Arunaloka und bietet Roti (Teigfladen) mit diversen Curries.

Anreise

- Matale ist die nördliche Endstation der Bahnlinie Peradeniya – Kandy – Matale, die von mehreren **Zügen** täglich befahren wird.
- Empfehlenswerter, da einfacher und schneller, ist jedoch die Anfahrt per **Bus.** Alle paar Minuten fahren CTB- oder Minibusse von Kandy hierhin, jeder Bus in Richtung Dambulla, Sigiriya und Polonnaruwa hält in Matale. Fahrzeit ca. 1/2 Std. (25 km).
- **Taxis** ab Kandy sollten einfach ab ca. 600 Rs. kosten; hin und zurück samt einem ein- bis zweistündigen Aufenthalt ca. 800 Rs.

Alu Vihare ↗ VI/B1

Das 3 km nördlich von Matale gelegene Felsenkloster Alu Vihare gehört zwar nicht zu den atemberaubenden Sehenswürdigkeiten des Landes, für den srilankischen Buddhismus war es jedoch von bahnbrechender Bedeutung.

Geschichte

An diesem Ort wurden im 1. Jh. v. Chr. die bis dahin nur mündlich überlieferten **religiösen Texte** zum ersten Mal **niedergeschrieben.** Aufgrund der südindischen Invasionen zu jener Zeit wähnte der buddhistische Klerus seinen Glauben in Gefahr und beschloß, die Lehre für die nachfolgenden Generationen im geschriebenen Wort festzuhalten. Der Schirmherr des Unterfangens war König *Valagama Bahu* von Anuradhapura, der erst kurz zuvor seine Hauptstadt von den Indern zurückerobert hatte.

Die Idee war ausgezeichnet, die Durchführung jedoch alles andere als leicht. Der Überlieferung nach versammelten sich 500 Mönche am Alu Vihare, um sich dort auf eine von allen akzeptierte Version der **Tripitaka** („Drei Körbe"), der buddhistischen Unterweisungstexte, zu einigen. Zu diesen wurden auch gleich erläuternde Kommentare geschrieben, die **Attakatha** (etwa: „Erläuterungen"). Waren die Lehrtexte in ihrem ursprünglichen Pali gehalten, so wurden die Kommentare in Singhalesisch verfaßt. Erst viel später, Anfang des 5. Jh.n.Chr., wurden

Faszinierender Detailreichtum: Figuren an einem Hindu-Tempel bei Matale

die Erläuterungen von dem indischen Mönch *Buddhaghosa* ins Pali übersetzt.

Die gesammelten Texte wurden von den Mönchen auf den präparierten Blättern der Talipot-Palme eingraviert und dann zu Olas, **Palmblatt-Manuskripten,** zusammengebunden - eine zeitaufwendige Arbeit, die der Legende nach 3 Jahre, 3 Monate und 3 Tage in Anspruch genommen haben soll. Zusammengenommen sind die Texte etwa elf mal so lang wie die Bibel. Als die Arbeit vollendet war, wurden die Manuskripte an geheime Orte gebracht - so geheim, daß sie bis heute nicht wieder aufgetaucht sind.

Sehenswertes

Abgesehen von seiner kulturhistorischen Bedeutung ist Alu Vihare ein landschaftlich reizvoll gelegenes Kloster, im Schatten hoch sich auftürmender Felsen. In den Innenräumen ist nicht allzu Beeindruckendes zu sehen, ein paar Wandgemälde und ein liegender Buddha.

Recht interessant ist jedoch das angeschlossene, aus einem einzigen Raum bestehende **Museum.** Hier sind u.a. die Hilfsmittel zur Palmblatt-Herstellung ausgestellt, und der dort tätige Tempelangestellte demonstriert deren Einsatz nur allzu gerne (gegen eine kleine Spende in den Sammelkasten!). Weiterhin sind Objekte zu sehen, die von den zahlreichen Besuchern des Klosters als Geschenke mitgebracht wurden. Darunter ist eine goldene Buddha-Figur aus Thailand, die ein thailändischer Admiral stiftete, sowie eine Kopie des „Jade-Buddha" von Bangkok, die der thailändische König *Bhumipol* überbringen ließ. Der König kam zwar nicht selber nach Alu Vihare, dafür ließ sich zu anderer Gelegenheit *Queen Elizabeth* dort sehen, der ein langer roter Teppich ausgerollt wurde - quer über das Vorfeld des Klosters, auf dem vor 2.000 Jahren 500 fleißige Mönche über ihren Texten brüteten.

Anreise

- Alle **Busse** Richtung Dambulla, Sigiriya und Polonnaruwa passieren auch Alu Vihare, das ca. 3 km nördlich von Matale an der linken (westlichen) Straßenseite liegt.

Kurunegala

↗ II/A3

Eine ziemlich unansehnliche Stadt, 42 km nordwestlich von Kandy am Schnittpunkt der A 6 und A 10 gelegen. Der dadurch bedingte starke Durchgangsverkehr macht den Ort nicht gerade sympathischer. Von seiner besten Seite zeigt er sich noch am malerischen Kurunegala Tank am nordöstlichen Stadtrand. Tourgruppen auf dem Weg von Colombo nach Anuradhapura legen hier oft einen Halt ein. Um den Ort herum findet sich viel dichte Vegetation, die zu Wanderungen einlädt , so z.B. in der Nähe des Hotel Surasa (siehe „Unterkunft").

Kurunegala kann als Ausgangspunkt für Besuche historischer Stätten in der weiteren Umgebung dienen.

Geschichte

Kurunegala war einst eine **Königsstadt,** auch wenn sie heute nicht mehr danach aussieht. Nachdem Ende des 13. Jh. die Südinder zurückgedrängt worden waren, war die Insel in Instabilität verfallen, und mehrere Könige beanspruchten gleichzeitig die Herrschaft. Unter diesen Verhältnissen schwang sich

Karte Seite 386

Bhuvaneka Bahu II. im Jahre 1319 zum König von Kurunegala auf. Danach regierten einige weitere Kurunegala-Könige, ob der genauen Daten herrscht jedoch Ungewißheit.

Um 1340, nach dem Tod des Kurunegala-Königs *Vijaya Bahu V.*, begab sich ein Ereignis, das der Stadt den Namen *Hasthihailyapura* („Stadt des Elefanten-Felsens") eintragen sollte: Als der König gestorben war, hatte er einen noch minderjährigen Sohn, seinen rechtmäßigen Thronfolger, als auch einen älteren Sohn, *Vasthimi Kumareya*, dessen Mutter eine moslemische Konkubine war. Vasthimi ergriff die günstige Gelegenheit und beanspruchte die Krone. Der rechtmäßige Erbe zog sich daraufhin still und heimlich aus der Stadt zurück, um von nun an unerkannt auf dem Lande zu leben. Nachdem Vasthimi eine Zeit lang regiert und dabei seine moslemischen Untertanen über Gebühr begünstigt hatte, zog er den Zorn seiner buddhistischen Minister auf sich. Diese planten, ihn zu ermorden. Unter dem Vorwand, ihn zu einer Priester-Versammlung zu laden, lockten sie ihn auf einen Felsen. Dort lauerten ihm gedungene Mörder auf, die ihn in den Abgrund stießen. Nach seinem Tod, so die Überlieferung, soll sich seine Seele in einen Geist verwandelt haben. An der Stelle, wo er starb, wurde ihm ein Schrein errichtet, und der Legende nach wurde jeder von dem Geist geplagt, der dort einen falschen Eid ablegte. Auch sonst erschien er des öfteren, und noch Ende des 19. Jh. soll er an der Stelle gesehen worden sein – auf einem weißen Pferd reitend.

Nachdem der unrechtmäßige König beseitigt worden war, hieß es, den wahren Thronfolger ausfindig zu machen. Dazu bediente man sich einer altbewährten Methode: Man holte den Staats-Elefanten herbei und verband ihm die Augen. Dann ließ man ihn frei laufen, in der Gewißheit, daß ihn sein untrügerischer Instinkt zum rechtmäßigen König führen würde. Nachdem der Elefant von Dorf zu Dorf getrottet war, kam er dem Thronfolger endlich auf die Spur. Als dieser den Troß anrücken sah, pflügte er gerade ein Feld; seit seinem Verzicht auf das Königsamt verdingte er sich als Bauer. Jetzt schwante ihm, welche Pflichten auf ihn warteten, und unwillig versteckte er sich unter einem Felsen. Dort fand ihn der Elefant, ergriff ihn mit seinem Rüssel und hob ihn auf seinen Rücken – hoch lebe der König!

Der Felsen, unter dem sich der widerwillige Thronanwärter versteckt hielt, hieß von nun an „Felsen des Elefanten", und nach diesem wurde auch die Stadt benannt.

Es folgte eine prunkvolle Krönung. Bald jedoch zog der König mit seinem Hofstaat nach Dambadeniya, mit der Begründung, daß aufgrund der vorangegangenen Machtergreifung durch einen Halb-Moslem Kurunegala einweiht worden sei. Seinen Untertanen leuchtete die Begründung ein, und die Stadt wurde nach und nach verlassen. Um 1347 war die Epoche Kurunegala zu Ende.

Unterkunft

- Die einzige Unterkunft in der Innenstadt ist das noch aus dem letzten Jahrhundert stammende, koloniale **Rajaphihilla Rest House** (Rajaphihilla Rd., Tel. 037-22299), das von viel Grün umgeben liegt. Die Zimmer (Bad) sind sehr ordentlich, Kostenpunkt EZ 400, DZ 500 Rs., dazu 10% SC und 5% St. Ein Restaurant ist angeschlossen.
- Nordöstlich der Stadtmitte befindet sich das neue **Buwaneka Hotel** (1 Dambulla Rd., Tel. 037-24071). Das Restaurant macht einen guten Eindruck, die Zimmer (Bad) sind jedoch mäßig. Kostenpunkt ohne AC 700, mit AC 1.000 Rs., dazu je 10% SC.
- Direkt am Kurunegala Tank liegt das **Ranthaliya Rest House** (Lake Round, Tel. 037-22298). Die Lage ist gut, die Zimmer (Bad) sind aber nichts besonderes und etwas überteuert. EZ 600 Rs., DZ 750 Rs.
- Ebenfalls am Ufer des Tanks steht das **Hotel Wehilihini** (150 South Lake Rd., Tel. 037-22055; Fax 94-37-22612), mit fünf recht guten Zimmern (Bad) zu 500 Rs. (1-2 Pers.) und 700 Rs. (3 Pers.); dazu 10% SC.
- Wer Ruhe sucht, ist am besten im **Hotel Surasa** aufgehoben (Negombo Rd., Alakolabeniya, Tel. 037-22743, 072-24087). Es liegt 5,5 km von Kurunegala-Mitte entfernt, inmitten von Palmenhainen und Reisfeldern, und man fühlt sich hier fernab der Welt. Weit und breit ist kein anderes Haus zu finden. Die Ruhe wird schlimmstenfalls durch Vogelgezwit-

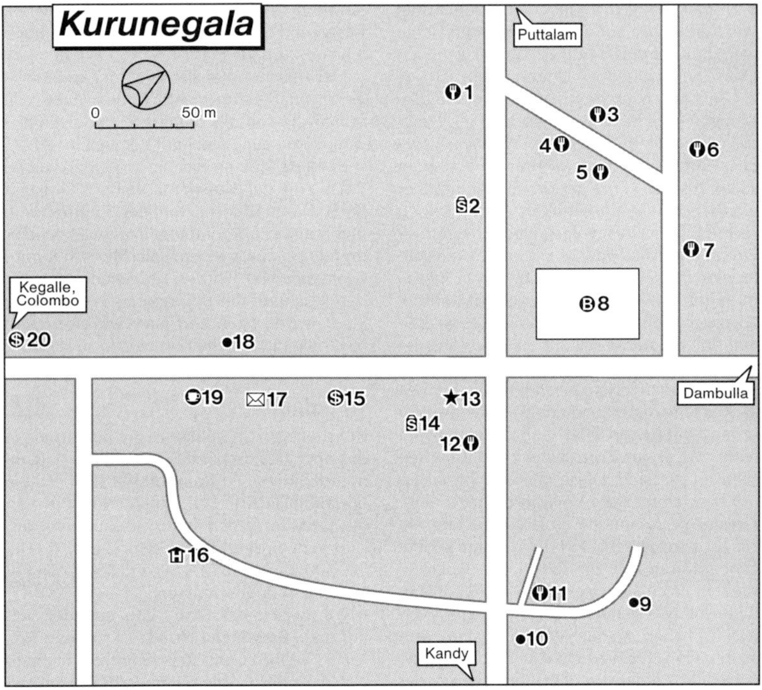

scher gestört. Die Zimmer (Bad) sind ordentlich und kosten ca. 400 bzw. 800 Rs. (AC, TV, Mini-Bar).

Um zum Hotel zu gelangen, fahre man von Kurunegala die Negombo Road entlang, bis rechts an einer Abzweigung ein Hinweisschild auftaucht. Von dort sind es noch 3 km über eine Landstraße bis zum Hotel. Die Fahrt per Three-Wheeler ab Kurunegala sollte 100-120 Rs. kosten. Wer im Hotel anruft, wird aber kostenlos in Kurunegala abgeholt – nach Angaben des Besitzers notfalls auch vom Flughafen.

Essen

Um den Uhrturm und die Busstation gibt es auffallend viele kleine Restaurants; niemand muß verhungern.

- Das wahrscheinlich beste Mittelklasse-Restaurant am Ort ist das **Seiko Inn** an der Straße nach Colombo (ca. 200 m außerhalb des Kartenbereiches). Es gibt Rice&Curry-Platten mit Fisch zu 44 Rs. (vegetarisch 35 Rs.), sowie einen guten *Biriyani* (Reis mit Fleisch und Gemüsen). Westliche Gerichte sind aber überteuert.
- Am Westrand der Innenstadt findet sich, etwas versteckt, das neue **Situ Medura Restaurant.** Es ist, untergebracht in einer Villa, das Top-Restaurant des Ortes. Gute srilankische Kost, allerdings zu etwas gehobenen Preisen.
- Einen Versuch wert sind auch die einfacheren **Thaj Hotel, Rio Hotel** oder das **Vikrama Hotel** gegenüber dem Seiko Inn.

- 1 New Shanthi Hotel
- 2 Weaver's Shopping Complex
- 3 C & A Bakery
- 4 Ransara Hotel
- 5 Rio Restaurant
- 6 Lion Café
- 7 Thaj Hotel
- 8 Busstation
- 9 Chief Minister's Office
- 10 Kino
- 11 Chinese Tourist Restaurant
- 12 Majudiya Café & Bakery
- 13 Uhrturm
- 14 Markt
- 15 Bank of Ceylon
- 16 Rajaphihilla Rest House
- 17 Post
- 18 Polizei
- 19 Nanayakkare Tea Room
- 20 Seylan Bank

Anreise

- Regelmäßige **Busverbindungen** ab allen wichtigen Orten, so z.B. ab Colombo, Kandy, Anuradhapura, Puttalam und Ratnapura.
- **Taxis** ab Kandy sollten einfach ca. 800-900 Rs. kosten (Fahrzeit 1 Std.), ab Colombo ca. 1.800 Rs. (Fahrzeit 2 Std.).

Dambadeniya

↗ X/B1

Im Zuge der Tamilen-Invasionen des 13. Jh. war Dambadeniya **kurzzeitig** die **Hauptstadt:** Ein Sohn von König *Sangbo I., Vijaya Bahu III.*, hatte sich als Mönch verkleidet und vor dem Eindringling *Magha* hierher in Sicherheit gebracht. Ein weiterer König herrschte von Dambadeniya aus, bis er seine Position um die Jahrhundertwende 12./13. Jh. an Polonnaruwa verlor.

Von den alten Anlagen sind noch einige **Ruinen des Königspalastes** zu sehen, die einer Dagoba sowie des zweistöckigen Dalada Maligawa, des **Zahn-Tempels,** wo die Zahn-Reliquie aufbewahrt wurde.

Anreise

- Dambadeniya befindet sich an der B 27, ca. 30 km südwestlich von Kurunegala. Alle **Busse** von Kurunegala in Richtung Negombo oder Kochchikade passieren Dambadeniya.

Panduwas Nuwara

↗ XI/B3

Auf halber Strecke zwischen Kurunegala und Chilaw liegt abseits der B 33 die **alte Königsstadt** Panduwas Nuwara, gegründet von König *Panduwasa* (ca. 4./5. Jh.v.Chr.). Bevor er Polonnaruwa zur Hauptstadt machte, ließ König *Parakrama Bahu I.* (12. Jh.) hier zahlreiche Bauten errichten.

Zu sehen sind heute noch die in Form eines Rhombus angelegten, 12 m dicken Mauern einer alten **Zitadelle,** deren Seiten je über 300 m Länge messen. Noch relativ gut erhalten ist der alte **Königspalast** mit der Audienzhalle; letztere weist eine erhöhte Plattform auf, wo bei Empfängen wahrscheinlich einst das Königspaar saß. Weitere Ruinen von Tempeln und Palästen runden das Bild ab.

Anreise

- Mit jedem beliebigen **Bus** auf der Strecke Kurunegala - Chilaw oder umgekehrt; Entfernung von Kurunegala ca. 32 km.

Yapahuwa

↗ II/A2

Yapahuwa war von 1272-1283 unter *Bhuvaneka Bahu I.* die Hauptstadt, die aufgrund ihrer **schwer zugänglichen** und befestigten **Lage** zuvor schon eine militärisch wichtig war. Yapahuwa lag gut gesichert auf einem 100 m hohen Felsen, der von unten mit Festungsanlagen und Gräben umgeben war. Der Name *Yupahuwa* bedeutet „der ausgezeichnete Berg".

Von Anfang an hatte sich die Hauptstadt gegen die **Überfälle der indischen Arya-Chakravarti-Dynastie** zu verteidigen, deren Herrscher vom Norden der Insel aus einzufallen pflegten. Mit dem Tod von Bhuvaneka Bahu schien sich das Schicksal der Stadt zum Schlechten zu wenden, es gab eine verheerende Hungersnot, und bald intensivierten sich die Angriffe der Inder, denen Yapahuwa immer weniger entgegenzusetzen hatte. Schließlich wurde die Festungs-Stadt gestürmt und das Zahn-Relikt, dem zu Ehren dort ein Tempel gebaut worden war, wurde nach Indien entführt.

Yapahuwa konnte sich von diesem Rückschlag nie wieder erholen und verlor schnell an Bedeutung. In der Folgezeit lebten Einsiedler und Mönche in der **verlassenen Stadt,** gelegentlich auch feindliche Eindringlinge oder abtrünnige Mitglieder der diversen Königshäuser. Was immer von Yapahuwa noch übrig gewesen sein mag, es wurde im 16. Jh. von den Portugiesen zerstört. Nach ersten Restaurierungsarbeiten im Jahre 1886, die an Geldmangel scheiterten, wurden 1910-11 weitere Ausbesserungen durchgeführt.

Sehenswertes

Von einigen Resten der Befestigungsanlagen abgesehen, ist heute nur noch eine grandiose, steile **Steintreppe** mit Plattformen erhalten. Niemand weiß mit Gewißheit, wohin diese Treppe einst führte - vielleicht zum Königspalast oder aber zu dem Tempel, in dem das Zahn-Relikt untergebracht war; möglich ist auch, daß die Stadt überfallen wurde, und was immer dort geplant war, kam nicht mehr zur Ausführung. Oben auf der höchsten Plattform angekommen, steht man jedenfalls plötzlich - eine seltsame Überraschung - direkt vor dem Fels.

Der Treppenaufgang wird von einem Sammelsurium von Dämonen-, Löwen- und Elefantenköpfen flankiert, denen ein südostasiatischer Einfluß nachgesagt wird. Oben führt die Treppe durch einen Torbogen zu einem Gebäude, das mit zahllosen Reliefs verziert ist. Diese stellen in lebhaften Bildern fröhliche Musiker mit ihren Instrumenten dar, dazu überschwengliche, vor Lebensfreude berstende Tänzer und Tänzerinnen: „Kintopp in Granit", wie ein englischer Besucher 1864 befand. Bei so viel Frohsinn ist kaum vorstellbar, daß die Reliefs in einer Zeit entstanden, die von Krieg und Hungersnot gezeichnet war.

Unterkunft/Essen

- Eine Unterkunft findet sich in der 4 km westlich gelegenen Ortschaft Maho: Hier gibt es das **Maho Rest House** (Tel. 037-513) mit Zimmern (Bad) zu 400 Rs., plus 10% SC. Essen ist im Haus erhältlich.

Anreise

- Bis Maho ist die Anreise per Bus und **Zug** möglich: Maho ist ein Bahnknotenpunkt, an dem sich die Linien Colombo – Trincomalee und Colombo – Jaffna gabeln (letztere endet z.Zt. schon in Anuradhapura).
- Ab Maho bietet sich die Weiterfahrt per **Taxi** an; Kostenpunkt ab Maho und zurück ca. 300 Rs., inklusive eines einstündigen Aufenthalts. **Taxis** ab Kurunegala sollten retour ca. 1.200 Rs. kosten.
- Alle **Busse** auf der Strecke Kurunegala-Anuradhapura fahren ca. 2 km westlich an Maho vorbei; hier ergibt sich an der Abzweigung nach Maho eine Aussteigemöglichkeit. Von dort fahren Busse weiter bis Maho.

Aukana

↗ II/A2

Buddha von Aukana

Für viele gehört er zu den beeindruckendsten Skulpturen Sri Lankas: der etwa 12,5 m hohe Buddha von Aukana, ein Koloß von 75-80 Tonnen, der in meisterlicher Arbeit aus einem Felsen gehauen wurde. Trotz ihres gigantischen Ausmaßes ist die Figur erstaunlich **filigran gearbeitet:** Die Robe zum Beispiel, die der Buddha übergeworfen hat, kräuselt sich in eine solche Vielzahl von feinen Falten, daß man glauben könnte, sie würde tatsächlich vom Wind aufgewühlt. Das Gesicht zeigt einen perfekten Ausdruck von meditativer, überirdischer Ruhe. Die rechte Hand ist in der „Geste der Segnung", *Ashiva Mudra* oder *Ashirvada Mudra,* erhoben.

Über die Entstehung der Figur ist so gut wie nichts bekannt. Möglicherweise wurde sie im 5. Jh. unter König *Dhatusena* (reg. 459-477) errichtet, als er in der Nähe den **Kalawewa-Wassertank** anlegen ließ. Zu diesem Tank wurde über ein Kanalsystem Wasser aus der Bergregion hergeleitet und über einen weiteren Kanal, den *Yoda Ela* („Großer Kanal"), nach Anuradhapura abgeführt.

Der Legende nach soll sich der König während des Tank-Baus versündigt haben, indem er einen Mönch, der sich in tiefer Meditation befunden hatte, versehentlich in den Wassermassen des Tanks ertränkte – ein Unfall, der sich in den Augen vieler frommer Buddhisten bald durch die Macht des Karma rächen sollte (siehe unter „Sigiriya").

Der Buddha von Aukana war einst wohl der Mittelpunkt einer größeren Tempelanlage, von der allerdings nichts verblieben ist. Zum Schutz vor Witterungsschäden hatte man ihm vor einige Jahren Ziegelmauern an die Seiten gebaut, und dazu ein Dach über den Kopf. Dem ästhetischen Anblick war das alles andere als förderlich und inzwischen sind diese Zubauten wieder beseitigt. Der Buddha blickt nach Osten, der aufgehenden Sonne entgegen, nicht zufällig, denn Aukana heißt „der Sonnen Essende".

- Der **Eintritt** kostet 50 Rs., worin die Fotogebühr mit eingeschlossen ist.

Anreise

- **Züge** halten in Kalawewa, das ca. 5 km östlich von Aukana liegt. Von dort ist die Weiterfahrt per **Taxi** möglich; Hin- und Rückfahrt samt einstündigem Aufenthalt sollten maximal 400 Rs. kosten.
- Der Ausgangspunkt für Fahrten nach Aukana ist **Kekirawa.** Der Ort befindet sich an der Strecke Kandy - Matale - Dambulla - Anuradhapura; die Entfernung ab Dambulla beträgt ca. 20 km. Jeder Bus auf dieser Route passiert Kekirawa. Von dort fahren **Busse** weiter nach Aukana. Einige Busse ab Kekirawa fahren u.U. nur bis Kalawewa statt bis Aukana; von Kalawewa nehme man dann ein Taxi für die Weiterfahrt (s.o.).

Achtung, von Kandy gibt es eine andere Route, über Kurunegala, die nicht nach Kekirawa führt!

Buddha von Sasseruwa

Als wäre ein rätselhafter Buddha nicht genug, so findet sich 11 km weiter westlich, zwischen den Ortschaften Giratalana und Negampaha eine ähnliche Figur, die jedoch nie ganz vollendet wurde. Diese Statue, der Buddha von Sasseruwa, scheint wie eine etwas grob geratene, ansonsten ziemlich originalgetreue **Kopie des Aukana-Buddha.** Der Sasseruwa-Buddha ist allerdings minimal größer, in der Höhe z.B. um ganze 12,5 cm.

Die **Entstehungsgeschichte** des Sasseruwa-Buddha ist bis heute unbekannt. Zwar lebten in den Höhlen der Umgebung schon im 2. Jh.v.Chr. buddhistische Einsiedler, die dort über 100 Felsinschriften hinterließen; Hinweise, daß die Eremiten auch die Figur errichteten, gibt es jedoch nicht. In Ermangelung von Fakten springen aber einige Legenden in die Bresche: Gemäß einer solchen führte im 2. Jh. v. Chr. König *Duttha Gamini* seine Truppen zum Angriff auf den tamilischen Eindringling *Elara*, der sich in der Festung Vijitapura eingenistet hatte. Als *Duttha Gamini* Sasseruwa erreichte, schwoll der Kalu Oya aufgrund starker Regengüsse dermaßen an, daß er nicht weiter vorrücken konnte. Der König beschloß, die Wartezeit zum Verrichten frommer Werke zu nutzen: Er befahl den Bau einer Buddha-Statue. Bevor jedoch die Arbeit daran beendet war, ging das Wasser des Flusses zurück, und *Duttha Gamini* richtete sein Augenmerk wieder auf die ursprünglichen, martialischen Ziele.

Wie aber so oft gibt es noch eine konkurrierende Legende: Demnach war die Erstellung der beiden Figuren ein Wettstreit zwischen einem Steinmetz-Meister und seinem Schüler. Wer zuerst seine Arbeit vollendet hatte, sollte eine Glocke läuten. Die beiden Künstler machten sich ans Werk, und nach Jahren anstrengenden Meißelns erklang die Glocke, geläutet vom Meister. Dieser hatte als erster seinen Buddha - den von Aukana - fertiggestellt. Darauf legte der Schüler sein Werkzeug beiseite, und der Sasseruwa-Buddha blieb, wie er war.

Dambulla

↗ II/B2

Als im Jahre 104 v. Chr. die zweite große Tamilen-Invasion stattfand, sah sich König *Valagama Bahu* gezwungen, seine Hauptstadt Anuradhapura zu verlassen. Der König floh in die Felshöhlen von Dambulla, knapp 70 km südlich von Anuradhapura. Als er nach 14 Jahren Exil wieder in die Hauptstadt zurückkehrte, hinterließ er einen grandiosen Höhlentempel-Komplex in Dambulla, der bis heute zu den wichtigsten Sehenswürdigkeiten der Zentral-Region gehört. Selbst die britische Kolonialmacht wußte das Werk zu würdigen: Als sich während des Aufstandes von 1817 britische Soldaten in den Höhlentempeln einquartierten, erging die strikte Order, dort unter keinen Umständen Schaden anzurichten. Ende des 17. Jh., unter König *Nissanka*, wurde der gesamte Komplex renoviert, zu Kosten von angeblich 600.000 Goldstücken.

1999 machte der Tempel noch einmal Geschichte, als hier **22 Frauen zu Nonnen** geweiht wurden – das erste Mal nach fünfzehn Jahrhunderten, daß in Sri Lanka Frauen ordiniert wurden. Der srilankische Buddhismus (wie der thailändische) sieht keine Ordination von Frauen vor, ein Thema, das zuweilen zu Kontroversen führt. Die Ordination von Dambulla ging auf die Initiative eines progressiven Mönches zurück, *Inamaluwe Sumangala,* der zuvor zwanzig Frauen nach Bodh Gaya in Indien geschickt hatte, um sie dort Nonnen werden zu lassen. Diese ihrerseits veranlaßten die zweiundzwanzig Frauen, sich weihen zu lassen. Nach den Ordinationsriten, die einen ganzen Abend andauerten, wurden den Frauen die Haare geschoren, und von nun an kleideten sie sich in orangefarbene Roben, genau wie die Mönche.

124sr Foto: Ingo Hothan

Höhlentempel

Der Granitfels von Dambulla ist ca. 170 m hoch; die insgesamt fünf Höhlentempel befinden sich etwa in 110 m Höhe. Entsprechend anstrengend ist der Aufstieg, erst über blanken Fels, dann über eine Reihe von Treppen.

Beim Eintritt in die Höhlen sind alle Kopfbedeckungen abzulegen, nackte Beine müssen mit einem Sarong (am Eingang zu leihen) bedeckt werden.

1. Höhle: Devaraja Vihara

Die erste der Höhlen, die Devaraja Vihara („Tempel des Gott-Königs"), beherbergt eine 15 m lange Figur des

Im Höhlentempel von Dambulla

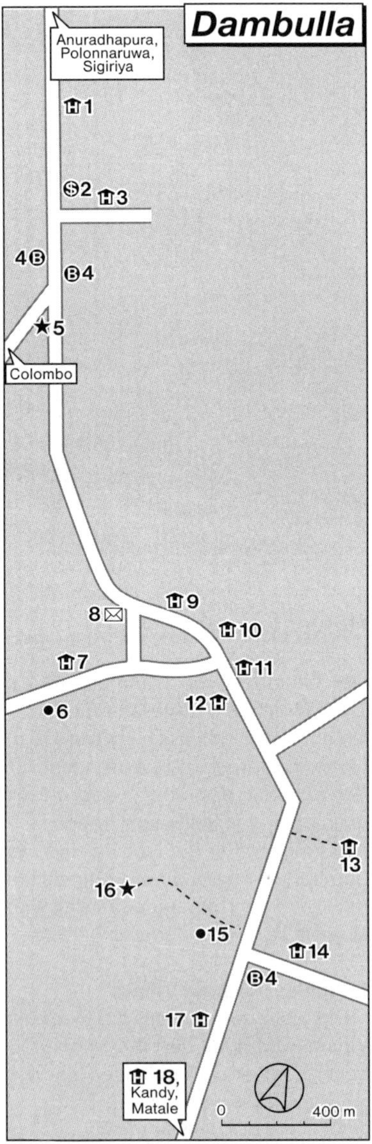

H	1	Gamanhala Hotel
$	2	Bank of Ceylon
H	3	Sujatha Lodge
B	4	Busse
★	5	Uhrturm
●	6	Polizei
H	7	Freddie's Holiday Inn
✉	8	Post
H	9	Healey Tourist Inn
H	10	Sunray Inn
H	11	Rest House
H	12	Chamara Tourist Inn
H	13	Oasis Tourist Welfare Centre
H	14	Sunflower Inn
●	15	Kassenhaus
★	16	Höhlentempel
H	17	Saman´s G.H.
H	18	Sena Tourist Inn

liegenden Buddha, die den Erleuchteten in dem Moment zeigt, in dem er stirbt und ins Nirvana einzieht. Zu seinen Füßen sieht man eine Figur von Ananda, Buddhas Lieblingsschüler.

Neben anderen Buddhafiguren steht am Kopfende des liegenden Buddha eine **Statue des Hindu-Gottes Vishnu,** vor der bis in dieses Jahrhundert hinein Eide sowie eine Art von „Feuerprobe" abgelegt wurden. Zu letzterer wickelten sich die Streitenden ein Ola-Blatt um ihren rechten Arm, auf dem sie jeweils ihre Version der Auseinandersetzung niedergeschrieben hatten. Dann mußten sie mit der rechten Hand heißes Öl aus einem Gefäß schöpfen und es zum Nachweis der Hitze des Öls auf ein Bananenblatt spritzen, das bei genügend hoher Temperatur aufplatzte. Anschließend wurden die Hände der Kontrahenten gewaschen, und wer keine Blessuren darauf aufwies, obsiegte – Gott Vishnu hatte sein Urteil gesprochen.

Die Gemälde an den Wänden und an der Decke wurden zwischen dem 15. und 18. Jh. angebracht und ersetzten die älteren Gemälde, die sich dort befunden hatten.

2. Höhle: Maha Raja Vihara

Die zweite Höhle, Maha Raja Vihara („Tempel des großen Königs"), ist die beeindruckendste und auch größte (ca. 60 m lang, 30 m breit und bis zu 15 m hoch). Sie enthält **53 etwa mannsgroße Statuen** und rund hundert kleinere Figuren. Die Wand- und Deckengemälde zeigen Szenen aus dem Leben Buddhas und der srilankischen Geschichte, darunter die Ankunft von Vijaya, des Urahns der Singhalesen, auf Sri Lanka. Einige Bilder stellen Szenen aus Anuradhapura dar, so das Pflanzen des heiligen Bodhi-Baumes. Diese Bilder stammen angeblich von Mönchen aus Anuradhapura.

3. Höhle: Maha Alut Vihara

Die dritte Höhle, Maha Alut Vihara („großer neuer Tempel"), enthält ebenfalls etwa 50 Figuren, darunter eine Statue von König *Sri Kirti Rajasinha* (reg. 1747-1780), der die Höhlentempel renovieren ließ. Die Statue stammt aus dem 18. Jahrhundert.

4. und 5. Höhle

In der vierten Höhle soll die Königin *Somavathi* beigesetzt worden sein; Höhle Nr. 5 enthält einige Buddha- wie auch hinduistische Statuen.

Eintritt

Die Höhlentempel sind täglich 6-19 Uhr geöffnet; Eintritt 4 US$, zu zahlen im Rupien-Gegenwert. In den Höhlen besteht absolutes **Fotografierverbot,** was gemäß verschiedener Meinungen entweder daran liegen soll, daß sich eine Touristin auf einer Buddhastatue sitzend hat ablichten lassen, oder einfach weil die Blitzlichter die Gemälde beschädigen könnten. In einer Art Abschreckungs-Ausstellung werden die Filmrollen gezeigt, die man fotografierenden Touristen abgenommen hat. Anzuraten ist das Mitbringen einer **Taschenlampe.**

Unterkunft

- Das beste Preis-Leistungsverhältnis bietet wohl das **Gimanhala Transit Hotel,** gelegen etwas nördlich des Uhrturms in Dambulla (754 Anuradhapura Rd., Tel. 066-84864; Fax 94-66-84817). Die zehn Zimmer (Bad; AC) des Hauses sind sauber und nett eingerichtet. EZ kosten 16 US$, DZ 20 US$ und Dreier 24 US$; dazu je 10% SC und 5% St.
- Das 4 km nördlich der Stadt gelegene, aus 6 Zimmern bestehende **Palvehera Village** (Tel. 066-84281) ist außerordentlich wohnlich und gemütlich; Zimmer (Bad) zu 1.200 Rs. (EZ) und 1.500 Rs. (DZ).
- Das nahe dem Felsen gelegene **Rest House** (Tel. 066-84799) bietet einen guten Standard, hat allerdings nur vier Zimmer (Bad). EZ 7 US$, DZ 11 US$ und Dreier zu 16,50 US$; dazu 10% SC und 10% St.
- Luxuriöse Zimmer (Bad, AC) im **Kandalama Hotel** (Tel. 066-23475, Fax 94-66-56118); EZ ab 55 US$, DZ ab 75 US$.
- Elf Kilometer nördlich von Dambulla, an der Straße nach Habarana, breitet sich der riesige Komplex des **Culture Club** aus (P.O. Box 12, Dambulla, Tel. 066-23500, Fax 94-1-6833781 bis 2; Tlx. 22511 CDCCMB CE). Dieser so anspruchsvoll betitelte „Kultur-Klub" umfaßt 72 luxuriöse Chalets (Bad; AC), die sich in einer parkähnlichen Anlage verteilen. Es werden kulturelle Darbietungen geboten, und manche Abende sind „Themen-Abende", d.h. sie werden unter ein bestimmtes kulturelles Thema gestellt. Das Gelände besitzt Swimmingpool, Jogging-Pfad, eine Barbecue-Terrasse, ein ayurvedisches Gesundheitszentrum und Shopping-Arkaden. Organisiert werden Fahr-

ten auf Ochsenkarren, Boots-, Angel-, und sonstige Ausflüge. EZ/DZ kosten 70, Dreierzimmer 80 US$; inklusive Frühstück werden pro Person 4 US$ mehr berechnet, bei voller Verpflegung kommen pro Person 20 US$ dazu. Zu allem noch 10% SC und 5% St.

- Am Low-Budget-Ende hält Dambulla einige Möglichkeiten bereit. Die meisten sind auf Gemeinschaftsbad angewiesen. Zu den besseren Guest Houses gehören **Saman's G.H.** (Tel. 066-84412; 300 Rs.), **Sena Tourist Inn** (kein Tel.; 250-300 Rs.), **Sunflower Inn** (Tel. 066-84887; 450 Rs.), **Sunray Inn** (Tel. 066-84769; Zimmer mit Bad, 800 Rs., **Chamara Tourist Inn** (Tel. 066-84488; Zimmer mit Bad 350 Rs.) und **Healey Tourist Inn** (Tel. 066-84940; 350 Rs.
- Die preiswerteste Unterkunft am Ort ist das **Oasis Tourist Welfare Centre** (Tel. 066-84388). Schlichte EZ ohne eig. Bad 150 Rs., DZ 200 Rs., dazu gibt's Betten im Schlafsaal zu je 100 Rs.

Anreise

- **Busse** ab Colombo (Pettah), Anuradhapura, Polonnaruwa, Sigiriya, Kandy und Kurunegala fahren etwa jede Stunde. Fahrzeit ab Colombo (148 km) ca. 5 Std., ab Kandy (72 km) ca. 2 Std., ab Anuradhapura (66 km) ca. 2 Std.
- **Taxis:** einfach ab Colombo ca. 3.000 Rs., ab Anuradhapura ca. 1.800 Rs., ab Kandy ca. 1.500 Rs.

Nalanda

↗ II/B3

Bei der Fahrt von Kandy oder Matale nach Dambulla läßt sich ein Stop in Nalanda einlegen. Hier kann man die **Ruinen eines Tempels** besichtigen, dessen Entstehungsgeschichte und -datum allerdings unbekannt sind (ca. 8./9. Jh.). Der Tempel von Nalanda weist einen starken Einfluß des indischen Pallava-Stils auf und verbindet diesen mit singhalesischen Elementen. Im 12. Jh. ließ *Parakrama Bahu I.* ein Fort am Tempel anlegen; die Briten errichteten 1818 einen Militärposten, den sie 1850 als „zu ungesund" aufgaben.

Der Eintritt kostet 5 US$; er ist in der Sammelkarte des Kulturellen Dreiecks enthalten.

Anfahrt

- Die Anlage befindet sich an einer schmalen Landstraße, die östlich von der Straße Kandy – Dambulla abzweigt. Von der Abzweigung sind es noch ca. 1,5 km. Bei Fahrten per **Bus** auf der Strecke kann man den Fahrer bitten, an der Abweigung anzuhalten und dann den restlichen Weg zu Fuß zurücklegen.
- **Taxis** ab Kandy sollten hin und zurück ca. 1.200 Rs. kosten.

Sigiriya

↗ II/B2

Sigiriya ist eine der herausragenden Sehenswürdigkeiten des Landes und wurde 1982 von der UNESCO zum **Weltkulturerbe** erklärt.

Sigiriya ist von weitem zu sehen – ein 185 m hoher, oben abgeflachter großer Felsen, der aus seiner Umgebung herausragt wie ein Pilz auf der grünen Wiese. Seine außergewöhnliche Form und Lage prädestinierte ihn wohl dazu, früher oder später zu einer Festung ausgebaut zu werden. Die Umstände, unter denen es dazu kommen sollte, waren jedoch tragisch.

Geschichte

König *Dhatusena* von Anuradhapura (reg. 459-477) hatte zwei Söhne: *Kashyapa*, dessen Mutter eine Konkubine war, und *Moggallana*, der von der Königin geboren worden

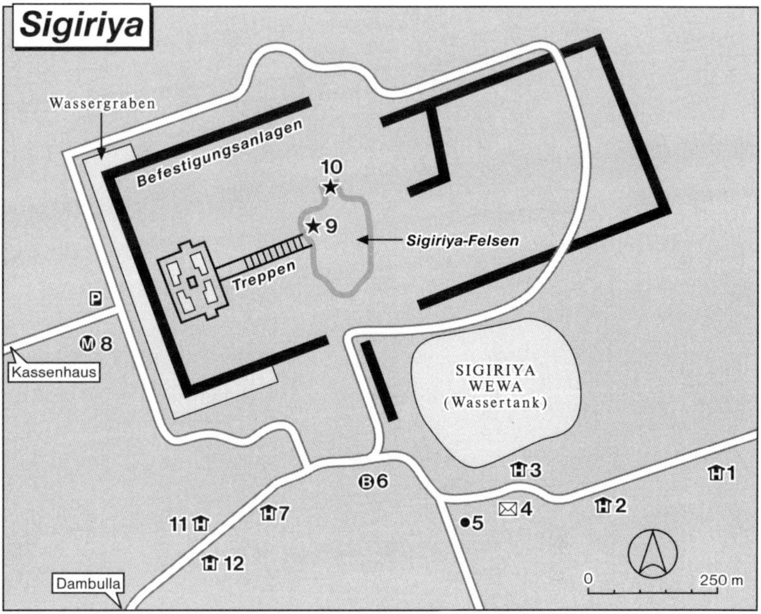

1	Sigiriya Hotel	7	Rest House
2	Sigiriya Village Hotel	8	Museum
3	Ajantha G.H.	9	Fresken
4	Post	10	Löwenplattform
5	Tourist Police	11	Nilmini Home Stay
6	Busse	12	Flower Inn

war. Außerdem besaß er eine Tochter, die er mit *Migara*, dem Heerführer und Sohn seiner Schwester, verheiratet hatte.

Eines Tages bemerkte der König, daß die Kleidung seiner Tochter voller Blut war: Migara hatte sie zur Bestrafung für irgendein imaginäres Vergehen ausgepeitscht. Außer sich vor Zorn, ließ der König dafür Migaras Mutter, seine eigene Schwester, ins Verließ werfen und schließlich bei lebendigem Leibe verbrennen – ein etwas befremdlicher Sinn für Gerechtigkeit, aber so waren die Zeiten!

Migara sann nun auf Rache, und mit Kashyapa, den er gegen seinen Vater aufgehetzt hatte, plante er den Sturz des Königs. Der Staatsstreich gelang, der König wurde gefangengenommen, und Moggallana flüchtete nach Indien.

Migara genügte dies jedoch noch nicht. Nachdem er Kashyapa davon überzeugt hatte, daß der König seine Schätze vor ihm verborgen hielt, um sie für Moggallana aufzubewahren, verhörte Kashyapa seinen Vater. Dhatusena, ein leidenschaftlicher Erbauer

125sr Foto: Ingo Hothan

Das Löwentor

von Wassertanks, erwiderte, daß sein einziger Reichtum das Wasser sei. Diese Antwort erzürnte Kashyapa so sehr, daß er beschloß, seinen Vater zu töten. Dazu ersann er eine barbarische Methode: Der König wurde nackt an eine Wand gekettet und dann bei lebendigem Leibe eingemauert.

Kashyapa lebte von nun an in Furcht vor der Rückkehr Moggallanas. Er verschanzte sich im uneinnehmbar scheinenden Felsen von Sigiriya, in dessen Höhlen einst Löwen gesichtet worden waren – die Bezeichnung Sigiriya stammt von *Sinhagiri*, „Löwenberg". Alte Felsinschriften deuten darauf hin, daß die Höhlen früher aber auch von Menschen bewohnt worden waren. Kashyapa ließ im Einklang mit dem Namen später Löwentatzen an den Eingang seines Palastes bauen.

Kashyapa häufte nun ungeahnte Reichtümer in seiner Trutzburg an, er ließ einen prunkvollen Palast erbauen und, so berichtete die „Mahavansa", „lebte darin wie Kubera", der Gott des Reichtums. Fast schien es, als fühlte sich Kashyapa selbst als Verkörperung des Gottes: Er strebte danach, seinen Palast so prächtig zu gestalten, als sei es Alokamanda, der sagenumwobene himmlische Wohnsitz Kuberas. Als ihn sein Gewissen zu quälen begann, gründete er ein Kloster in Anuradhapura und zeigte sich auch ansonsten als Förderer des Buddhismus und Mäzen der Künste.

Das achtzehnte Jahr seiner Herrschaft, das Jahr 495, sollte jedoch sein letztes sein. Sein Halbbruder Moggallana rückte mit seinen Truppen aus Indien an und rüstete sich zur Schlacht gegen Sigiriya. Kashyapa seinerseits, siegesgewiß auf einem Elefanten reitend, zog dem Herausforderer entgegen. In der darauffolgenden Schlacht bei Ritigala wandte sich das Schicksal gegen den Vatermörder. Als er mit seinem Elefanten vom Wege abbog, um einem Sumpf auszuweichen, mißverstanden seine Soldaten das Manöver als Zeichen des Rückzugs und flohen in heillosem Durcheinander. Kashyapa begriff, daß er plötzlich allein gelassen war und nun in die Hände Moggallanas fallen würde. Die Lage forderte eine schnelle Entscheidung: Er zog sein Messer, und schnitt sich die Kehle durch.

Moggallana wurde König von Anuradhapura und überließ Sigiriya den Mönchen. In der Folgezeit geriet die Felsenfestung weitgehend in Vergessenheit und wurde von Dschungel überwuchert. **1828** erst wurde sie von Archäologen **wiederentdeckt** und ab 1895 in teilweise halsbrecherischer Arbeit restauriert.

Sigiriya-Felsen

Der Aufstieg zum Felsen erfolgt üblicherweise von der Westseite, wo sich auch das Kassenhäuschen und der Parkplatz befinden. Hier überschreitet man einen Wassergraben und passiert Teiche und die Ruinen von Pavillons. Dann beginnt der eigentliche Aufstieg, der den Besuchern einige Kondition abverlangt. Der Weg steigt über Treppen allmählich an und führt zu einer engen Wendeltreppe. Nahe dem Fuß dieser Treppe findet man die 3 m hohe **Mirror Wall** („Spiegelwand") aus dem 5. Jh., die aus einer Unterschicht aus Putz besteht, auf dem Eiweiß und Wildhonig aufgetragen wurden. Das Ganze wurde kräftig poliert und hat bis heute seinen Glanz nicht verloren. Kaum geplant von den Erschaffern dieser Wand war wohl die Graffiti (in Singhalesisch), die Besucher nachfolgender Generationen darauf hinterlassen haben. Einige davon (nachzulesen im offiziellen Begleitheft zu Sigiriya) haben durchaus poetische Qualitäten.

Folgt man der Wendeltreppe weiter nach oben, gelangt man in teilweise schwindelerregenden Windungen hoch an den Felsen, auf eine ca. 4 m lange, **überhängende Plattform.** Diese ist zwar durch ein Metallgitter abgesichert, und Stürze sind unmöglich, dennoch ist dies nicht der Ort für Leute mit Höhenangst!

Eine der 21 erhaltenen Fresken

126sr Foto: Ingo Hothan

Die Plattform belohnt aber durch den Anblick von wunderbaren farbenprächtigen **Fresken.** Sie stammen aus dem 5. Jh. und stellen wahrscheinlich himmlische Nymphen (einige Deutungen sprechen von Hofdamen) mit ihren Dienerinnen dar. Die wunderbaren Gemälde wurden zuerst auf feuchten Putz aufgetragen und dann mit den Farben Rot, Gelb, Grün und Schwarz ausgemalt. Ursprünglich hat es einmal 500 solcher Fresken in Sigiriya gegeben, viele davon wurden jedoch 1976 von Vandalen zerstört. Heute sind noch 21 Fresken erhalten. Diese wurden schon einmal restauriert, wobei – glaubt man den Tourist Guides von Sigiriya – die Künstler einige kleine Änderungen vornahmen: Angeblich wurden die Brustwarzen der Nymphen etwas höher gesetzt, um die Brüste nicht „hängen" zu lassen! Tatsächlich sind auf einigen Brüsten *zwei* Brustwarzen zu sehen – eine schwach sichtbare, „tiefliegende" und eine deutliche, höher gelegene.

Im Jahre 2000 wurde festgestellt, daß die Gemälde unter Pilzbefall litten und somit Gefahr liefen, langsam zerstört zu werden; angeblich fehlten die finanziellen Mittel um Gegenmaßnahmen zu ergreifen.

Ein anderer Weg führt von den Treppen zur **Lion Terrace** („Löwen-Terrasse"), dem Eingang des alten Königspalastes. Das Eingangstor wird von zwei Löwenpranken flankiert. Dahinter führen Treppen und Planken in einem mühseligen und zum Teil schwindelerregenden Aufstieg hoch auf das „Dach" des Felsens. Auf diesem Plateau befinden sich die Reste des alten Königspalastes: die Audienzhalle, der Granit-Thron, Wachttürme, Nischen für die Öllampen, Wasserbecken und Zisternen. Und war der Aufstieg zwar eine Qual, so ergibt sich von oben zur Belohnung ein ausgezeichneter Ausblick auf das umliegende Land. Man kann sich gut vorstellen, wie Kashyapa – von seinem schlechten Gewissen geplagt (s.o., „Geschichte") – hier oben Ausschau hielt und auf den Tag wartete, an dem sein Halbbruder anrücken und das Königreich zurückfordern würde.

Eintritt

Die Anlage ist täglich von 6.30 bis 18 Uhr geöffnet. Der Eintritt kostet 15 US$, es gelten aber auch die Sammelkarten des „Kulturellen Dreiecks". Wer keine Sammelkarte besitzt, sollte sich die Einzelkarte für Sigiriya, wenn möglich, schon am Vortag des Besuchs zulegen, da die Büros in Sigiriya i.d.R. erst um 7.30 Uhr öffnen, was an manchen Tagen fast schon zu spät sein könnte. Ab etwa 7.30 oder 8 Uhr windet sich ein Endlos-Bandwurm von Besuchern die Treppen hinauf, und es wird sehr eng, vor allem an srilankischen Feiertagen oder Wochenenden.

Leider befindet sich kein Kassenhaus direkt am Zugang zu der Anlage, so wie man es eigentlich erwarten sollte. Ein Ticket-Office findet sich nahe dem Rest House, ein anderes gut 1 km westlich des Zugangs an einer größeren Straßenkreuzung. Wer am Zugang ohne Eintrittskarte erscheint, kann sich dort zumeist ein Fahrrad für die Fahrt zu dem Kassenhäuschen ausleihen. Früher hatte sich das Ticket-Office direkt am Zugang zu dem Felsen befunden, angeblich wurde es aber mehrmals ausgeraubt und dann aus Sicherheitsgründen an seine jetzige Stelle verlegt. Warum man stattdessen nicht einfach ein paar bewaffnete Polizisten an das alte Kassenhaus abkommandiert hat, ist rätselhaft.

127sr Foto: rk

Pidurugala

Von der Nordseite des Sigiriya-Felsens führt ein Weg nach knapp 2 km zum Fels von Pidurugala. An dessen Fuß findet sich eine alte **Dagoba,** die den Ort einer Kremation markiert. Wer genau hier eingeäschert wurde, ist nicht verbrieft; das durch die Karbon-Methode festgestellte Baudatum der Dagoba deckt sich aber mit dem Todesjahr von Kashyapa.

In den über der Dagoba gelegenen **Höhlen** sind Inschriften (7. Jh.), Wandgemälde und ein liegender Buddha (ca. 10. Jh.) zu sehen.

Felsen von Sigiriya

Unterkunft/Essen

Die Unterkünfte befinden sich, je nach Lage, ca. 1,5-2 km vom Felsen entfernt, in dem winzigen Dorf Sigiriya. Dieses besteht praktisch nur aus einer einzigen Straße, und beim Auffinden der Unterkünfte sind keinerlei Probleme zu erwarten.

- Das **Rest House** (Sigiriya Rd., Tel. 066-23484, Fax 94-1-503504) hat siebzehn sehr saubere und adrette Zimmer (Bad, AC). EZ/DZ 24 US$ und Dreierzimmer 30 US$, dazu 10% SC und 5% Steuer. Ein Restaurant ist angeschlossen, leider versucht der Manager des Hauses etwas aufdringlich, seine Gäste zum Speisen dort zu bewegen. Wie bei den meisten Rest Houses sind die Mahlzeiten (für Ausländer) relativ teuer.
- Absolut anspruchslos ist das kleine **Ajantha Guest House** (Sigiriya Rd., kein Tel.); es gibt 5 Zimmer (Bad) zu je 300-400 Rs.
- Das **Sigiriya Hotel** (Sigiriya Rd., Tel./Fax 066-84811) ist eine größere, sehr ruhige An-

lage mit bequemen Zimmern (Bad; h/k Wasser) und einem Swimmingpool. Vom Pool hat man freien Ausblick auf den Felsen. Die Zimmer kosten EZ 50 US$, DZ 60 US$ und Dreier 70 US$, plus 10% SC. Im Haus gibt es ein recht gutes, mittelteures Restaurant.

- Das **Sigiriya Village Hotel** (P.O.B. 1, Sigiriya, Tel. 066-84716; Fax 94-1-683260) verteilt seine Zimmer (Bad; h/k Wasser) über ein großes, mit viel Grün bepflanztes Areal. Swimmingpool und ein gutes, etwas teureres Restaurant sind vorhanden. EZ und DZ zu 69 US$, Dreier 74 US$, dazu 10% SC.
- Am Ort finden sich noch einige sehr einfache Privatunterkünfte, so das **Nilmini Home Stay & Restaurant** (ca. 75 m vom Rest House entfernt), mit Zimmern (Bad) zu ca. 400 Rs.
- Das **Flower Inn** ist ein nettes Privathaus, etwas zurückversetzt von der Straße, dessen 3 Zimmer (Bad) zu 500-600 Rs. zu haben sind.
- Etwa 6 km westlich von Sigiriya, an der Strecke Sigiriya - Dambulla, liegt in ruhiger Umgebung die **Ancient Villa** (Tel. 072-627854). Es stehen drei saubere Cabanas mit Bad zur Verfügung. EZ/DZ 670 Rs. Essen ist erhältlich.
- Etwa 8 km westlich von Sigiriya, in Inamaluwa an der Strecke Dambulla - Sigiriya, befindet sich eine weitere Unterkunft: Das **Inamaluwa Inn** (Sigiriya Rd., Inamaluwa, Tel. 066-84635) hat 9 ordentliche Zimmer (Bad) zu 600-700 Rs. (inkl. Frühstück), 10% SC. Um von dort zum Felsen von Sigiriya zu gelangen, kann man direkt vor dem Guest House Busse anhalten (ca. jede halbe Std.).
- Gleich an der Kreuzung, wo es links herunter nach Dambulla geht, befindet sich das **Eden Garden** (Tel. 066-84635), das sich dem Namen angemessen mit einem hübschen Garten schmückt. Sehr wohnliche Zimmer (Bad) zu 1.500-1.600 Rs.

Anreise

- Ab Kandy, Matale und Dambulla fahren stündlich **Busse,** einige wenige fahren direkt ab Colombo (Pettah). Bei Anfahrt aus Anuradhapura muß in Dambulla umgestiegen werden. Bei Anfahrt ab Polonnaruwa ist ein Bus in Richtung Dambulla zu nehmen und dann in Inamaluwa (ca. 11 km nördlich von Dambulla) auszusteigen; von dort fahren etwa alle halbe Stunde Busse nach Sigiriya.
- Bei Anfahrt per **Taxi** ist mit den folgenden Preisen zu rechnen (einfach): ab Kandy ca. 2.200 Rs., ab Dambulla ca. 600 Rs., ab Polonnaruwa ca. 1.400 Rs., ab Anuradhapura ca. 2.200 Rs.
- Vor dem Rest House parken etliche **Taxis** (zumeist Lieferwagen), die angemietet werden können. Wie immer muß ordentlich um den Preis gefeilscht werden. Ein sehr umgänglicher Fahrer ist *Assanka Prematilake,* zu erreichen unter Tel. 072-610819 oder über das Rest House.

Habarana

↗ II/B2

Ein ödes Nest am Schnittpunkt der A 6 und der A 11, dessen einziges Ruhmesblatt die Nähe zu Sigiriya ist (20 km). Im Gefolge der vielen Touristen, die den Fels besuchen, haben sich hier einige Unterkünfte angesiedelt.

Unterkunft

- Eine sehr luxuriöse Anlage ist **The Lodge Habarana** (Habarana, Tel. 072-340201, 01-47087; Fax 94-1-447087). Auf einem weiten, parkähnlichen Gelände stehen sehr komfortable Bungalows verstreut, Kostenpunkt 70 US$ (EZ), 80 US$ (DZ) und 90 US$ (Dreier), plus jeweils 10% SC. Angeschlossen sind Swimmingpool, Tennisplatz und ein sehr gutes Restaurant. Zum Teil erhebliche Preisnachlässe in der Off-Season.
- Zu obigem Unternehmen gehört auch das nahegelegene **The Village Habarana** (Habarana, Tel. 072-340225; Fax 94-1-447087). Die Preise ändern sich mit der Jahreszeit, in der Off-Season je nach Monat ab 30 oder 40 US$, in der Saison ab 50 US$.
- Als preiswertere Unterkunft steht wieder ein recht angenehmes **Rest House** zur Verfügung (Habarana, Tel. 066-75003). Dieses hat nur 4 Zimmer (Bad), Kostenpunkt 6,60/7,20/13,20 US$, dazu 10% SC und 10% St.

Essen

Hier kann außer den Restaurants der genannten Unterkünfte leider gar nichts empfohlen werden – vielmehr muß man warnen: Die einfachen kleinen Restaurants in Habarana sind ausgesprochen schlecht und schmutzig.

• Am besten ist noch das Restaurant des **Habarana Inn & Guest House,** an dem auch zahlreiche Langstreckenbusse zu einem Imbiß halt machen. Ausländern wird aber oft das Dreifache des regulären Preises abgeknöpft, so daß einem das Essen nachträglich übel aufstößt. Vorher unbedingt nach dem Preis fragen!

Anreise

• Die verkehrstechnisch günstige Lage garantiert zahlreiche **Busverbindungen** von und nach Anuradhapura, Polonnaruwa, Dambulla, Kandy u.a.

• Habarana liegt an der **Bahnlinie** Colombo – Polonnaruwa – Valachenai; Abfahrt in Colombo um 7.00 und 22.30 Uhr.

Giritale-Minneriya Sanctuary

↗ II/B2

Das Naturschutzgebiet von Giritale und Minneriya befindet sich eine halbe Fahrstunde nordwestlich von Polonnaruwa, an der A11 zwischen Habarana und Polonnaruwa.

Das Gebiet erstreckt sich um zwei alte, künstlich angelegte Wasser-Reservoirs, das kleine **Giritale Wewa** (errichtet im 7. Jh.) und das 3.000 Hektar große **Minneriya Wewa** (4. Jh.). An ihren Ufern leben zahllose Vogelarten, die am besten auf einer Bootstour zu beobachten sind; außerdem bieten sich ruhige Spaziergänge an.

Bei Fahrten zwischen Dambulla, Sigiriya und Polonnaruwa oder zwischen Anuradhapura und Polonnaruwa läßt sich hier gut ein Stopp einlegen. Seine ruhig gelegenen Unterkünfte machen **Giritale** auch zum guten Ausgangspunkt für Besuche von Polonnaruwa.

Unterkunft/Essen

• Sehr schön gelegen ist das **Giritale Hotel,** auch National Holiday Resort geheißen (Giritale, Tel. 027-46311; Fax 94-1-449790; Tlx. 21585 CARONS CE). Es ist in Stufen an einen Hügel gebaut und überblickt den Giritale Wewa, wodurch sich besonders zu Sonnenuntergang beschauliche Szenerien ergeben. In der Nähe wohnen viele Affen, die des öfteren den Hotel-Swimmingpool aufsuchen! Tischtennis-Möglichkeiten vorhanden. Die Zimmer (Bad; h.& k. Wasser) haben Balkon und kosten EZ 36 US$, DZ 38 US$ und Dreier 45 US$. 10% SC und 5% St dazu. Restaurant vorhanden.

• Noch etwas luxuriöser ist das **Royal Lotus Hotel** (Polonnaruwa Rd., Giritale, Tel. 027-46316, Fax 94-1-448849), ebenfalls mit Seeblick. Alle Zimmer mit Bad, AC und Balkon; EZ/DZ 50 US$, Dreier 70 US$ und die Luxus-Suite 90 US$; dazu 10% SC und 10% St. Ein Restaurant ist angeschlossen.

• Das **Hotel Himalee** (Polonnaruwa Rd., Giritale, Tel. 027-46257) hat saubere, ordentliche Zimmer (Bad) zu 500 Rs. (EZ) und 700 Rs. (DZ); 10% SC. Frühstück inbegriffen.

• Sauber und angenehm ist das **Woodside Tour Inn** (Polonnaruwa Rd., Giritale, Tel. 027-46307), mit nur 6 Zimmern (Bad) zu je 500 Rs. (EZ/DZ). Essen ist erhältlich.

Anreise

• Mit jedem beliebigen **Bus** auf den Strecken Habarana – Polonnaruwa, Dambulla – Polonnaruwa, Kandy – Polonnaruwa, Anuradhapura – Polonnaruwa etc. Da die Unterkünfte etwas auseinander liegen, dem Schaffner am besten das gewünschte Hotel angeben und um einen Halt dort bitten.

• Die **Entfernung** von Polonnaruwa nach Giritale beträgt 13 km, von Polonnaruwa nach Minneriya 26 km.

Polonnaruwa

↗ III/C2

Das provinziell-verschlafene Polonnaruwa läßt heute kaum noch erahnen, daß es neben Anuradhapura einmal die bedeutendste Königsstadt des Landes war. Das neue Polonnaruwa ist alles andere als aufregend. Dafür spiegelt sich die wechselhafte Geschichte der Stadt in ihren **imposanten Ruinen** wider, die zu den größten Touristenattraktionen des Landes zählen.

★	1	Tivanka Pilimage (Jetavanarama)
★	2	Lotusteich
★	3	Demala Mahaseya
★	4	Gal Vihara
▲	5	Vishnu Devale Nr. 4
▲	6	Shiva Devale Nr. 5
★	7	Kiri Vihara
★	8	Lankatilaka
★	9	Buddha Sima Prasada
★	10	Ruanveli Dagoba (Rankot Vihara)
▲	11	Shiva Devale
★	12	Menik Vihara
★	13	Nissanka Pavillion
★	14	Archaeological Office
▲	15	Shiva Devale Nr. 7
▲	16	Vishnu Devale Nr. 2
▲	17	Shiva Devale Nr. 2
★	18	Pabula Vihara
▲	19	Shiva Devale Nr. 1
★	20	Nissanka, Mallas, Palast
🏨	21	Rest House
•	22	Eingangstor
★	23	Königspalast
★	24	Audienzhalle
★	25	Kumara Pokuna
🏨	26	Gajaba Hotel
🏨	27	Orchid G.H.
🏨	28	Samudra Guest House
•	29	Ticket Office
✉	30	Post
🏨	31	Ranketa Rest
🏨	32	Darshini G.H.
🏨	33	Chinese Rest House
★	34	Statue von König Parakrama,
★		Potgul Vihara,
🏨		Hotel Seruwa,
🏨		The Village
🏨	35	Neela G.H.
🏨	36	Devi Tourist Home
	37	Lotus Mandapa
	38	Atadage
	39	Hatadage
	40	Satmahal Prasada
	41	Gal Pota
	42	Vatadage
	43	Thuparama

Geschichte

Wann genau Polonnaruwa begründet wurde, ist nicht bekannt. Schon im Jahre 369 residierte König *Panduk-Abhaya* von Anuradhapura bisweilen hier; Anuradhapura verblieb jedoch zunächst noch Hauptstadt. Auch in der Folgezeit zogen immer wieder Könige von Anuradhapura hierhin, wahrscheinlich, um sich vor einfallenden Tamilen in Sicherheit zu bringen.

Hauptstadt wurde es zum ersten Mal im 8. Jh. unter König *Srisangbo III.* und *Aggabodhi IV.* Diese versuchten, den Königssitz dauerhaft nach Polonnaruwa zu verlegen, ihre Nachfolger aber gaben wieder Anuradhapura den Vorzug. Bis zum 10. Jh. verblieb Polonnaruwa eine Art **Ersatz-Hauptstadt**, in der man in unruhigen Zeiten Zuflucht finden konnte. Der frühe Name der Stadt war Pulatthinagara, der bis Mitte des 13. Jh. benutzt wurde und aus dem später Polonnaruwa wurde.

Im Jahre 1070 zerstörten die südindischen Cholas Anuradhapura und machten Polonnaruwa zu ihrem Königssitz. Nachfolgend wechselten sich Herrscher der verwandten indischen Kalinga-Dynastie mit singhalesischen Königen ab. Unter den singhalesischen Königen *Vijaya Bahu I.* (reg. 1055-1110), *Parakrama Bahu I.* (reg. 1153-1186) und *Nissanka Malla* (reg.1187-1196) wurden zahlreiche Bauten errichtet, deren Ruinen heute eine Touristenattraktion sind. Als fleißigster Bau-

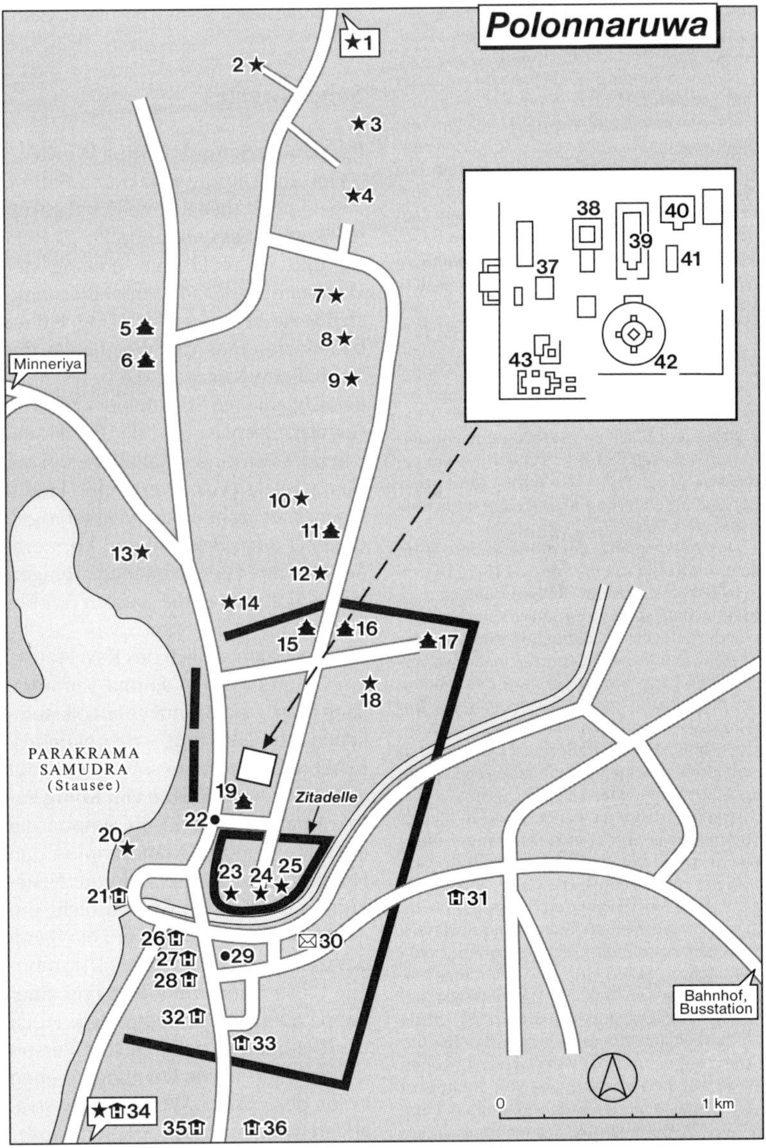
Polonnaruwa
★1
2★
★3
★4
7★
8★
9★
5
6
Minneriya
10★
11
12★
13★
★14
15
16
17
18
37
38
39
40
41
42
43
PARAKRAMA
SAMUDRA
(Stausee)
19
Zitadelle
22
20
23
24
25
21
31
26
27
28
29
30
32
33
★34
35
36
Bahnhof,
Busstation
0
1 km

herr tat sich **Parakrama Bahu I.** hervor, dessen Herrschaft als eine Periode des Wohlstands und Fortschritts in die Geschichtschroniken einging. Er ließ Krankenhäuser und Schulen errichten, Tempel, Gärten und einen prachtvollen Königspalast anlegen und erneuerte und erweiterte die Bewässerungsanlagen. Die Stadt war von drei Reihen von Stadtmauern umgeben, zwischen denen zum Teil Parks und Gärten angelegt wurden. Laut der „Mahavansa" war die Stadt damals 9 *Gos* lang und 4 *Gos* breit (die Längeneinheit *Go* entsprach wahrscheinlich etwa 2,25 Meilen). Ursprünglich bezeichnete ein *Go* die Distanz, über die man das Blöken einer Kuh (Sanskrit *go*) vernehmen kann – weshalb 2,25 Meilen etwas hochgegriffen scheinen! Gelegentlich werden *Gos* als noch länger angegeben. Bei Forschungen im Jahre 1906 wurden jedenfalls nur Befestigungsanlagen mit einer Gesamtlänge von knapp 6,5 km gemessen. Möglicherweise waren diese aber nur das innerste und kleinste der drei Bollwerke.

Der **Niedergang** der florierenden Stadt kam mit König *Magha* (reg. 1215-1236), einem Eroberer aus den Reihen der Kalingas. Magha und seine Truppen zerstörten und plünderten zahllose Bauten, vertrieben oder töteten viele Mönche, und Polonnaruwa versank im Chaos. Nach über zwei Jahrzehnten des Niedergangs gelang es endlich, die Eindringlinge zu verjagen; alle folgenden Versuche, Polonnaruwa wieder als Hauptstadt zu etablieren, schlugen jedoch fehl. 1288 wurde die Stadt aufgegeben.

Nun übernahm die Natur das Kommando. Polonnaruwa wurde **vom Dschungel überwuchert** und blieb sechs Jahrhunderte lang von der Welt vergessen. Oder auch nicht ganz: Möglicherweise durchforsteten im 16. Jh. die Portugiesen die Ruinen, um dort nach Schätzen zu suchen – einiges spricht dafür. Die nachfolgenden Holländer allerdings hatten keinerlei Kenntnis von Polonnaruwa, genau wie zunächst auch die Briten. 1817 hörte ein in der Nähe durchreisender britischer Offizier zum ersten Mal von der versunkenen Stadt; 1820 dann wurde sie von Lieutenant *M.H. Fagan* gefunden und beschrieben. Heute besteht Polonnaruwa aus einem recht gesichtslosen neuen Stadtteil und der alten Ruinenstadt.

Sehenswertes

Parakrama Samudra (Topa Wewa)

Der unter König *Parakrama Bahu I.* angelegte **Stausee** („See des Parakrama") umfaßt ein Areal von 2.500 Hektar und erstreckt sich entlang der Westseite der Stadt. An seiner längsten Stelle ist er über 5 km lang. Früher bildete der Tank die Westflanke der Verteidigungsanlagen, die so als einzige nicht auf eine Stadtmauer angewiesen war. Gespeist wird der Parakrama Samudra von einem Kanal, der ihn mit dem Giritale Wewa verbindet. Heute leben hier zahlreiche Wasservögel, darunter auch Pelikane und Kormorane. Die am See gelegenen, ruhigen Unterkünfte sind die besten Wohnmöglichkeiten der Stadt.

Knapp 2 km südlich des Rest House, am Ostufer des Parakrama Samudra, kann man – glaubt man der volkstümlichen Überlieferung – den Namensgeber des Sees selber sehen: Hier ragt eine 3,5 m hohe **Statue von König Parakrama** aus dem 12. Jh. empor, die ihn mit einem Ola-Manuskript in den Händen zeigt. Einer anderen Auslegung nach handelt es sich nicht um ein Manuskript, sondern um ein Band, das das „Joch des Königseins" symbolisiert. Die Figur ist mit Bart und einer Kappe auf dem Kopf dargestellt. Auch die Identität der dargestellten Person ist umstritten, einige Deutungen sehen in ihr den *Rishi* („Weisen") *Agastya*, andere wiederum den Asketen *Kapila*.

Etwa 200 m weiter südlich schließt sich das restaurierte **Potgul Vihara** („Bücherei-Kloster") an, das erst 1904 vom überwuchernden Dschungel befreit wurde. Der Gebäude-Komplex war von König Parakrama gebaut und sowohl mit einer Bücherei als auch mit einem rätselhaften runden Gebäude versehen worden, dessen Mauern 3 m stark waren. Wahrscheinlich war dies der Ort, „wo er den Jataka-Geschichten des Großen Weisen (Buddha) lauschte, vorgetragen von den gelehrten Priestern, die dort lebten" - so die „Mahavansa".

In den 80er Jahren des letzten Jahrhunderts wurde das Gebäude jedoch von Plünderern zerstört, die dort wertvolle Manuskripte zu finden hofften.

Die alten Stadtanlagen

Gleich hinter dem Eingang zu den alten Anlagen befindet sich das Areal der alten **Zitadelle,** die die königlichen Anlangen einst umschloß. Rechts hinter dem Eingang steht unübersehbar der alte **Königspalast** Parakrama Bahus, der verschiedenen Spekulationen zufolge zwischen drei und sieben Stockwerke und bis zu 1.000 Zimmer besessen haben soll. Die Zahl 1.000 ist aber sicherlich eine Übertreibung der alten Geschichtsschreiber.

Heute sind noch die Löcher in den Wänden zu sehen, die die hölzernen Streben hielten, auf denen die oberen Stockwerke aufgebaut waren. Einige dienten zur Befestigung einer Balustrade, die möglicherweise den gesamten ersten Stock umringte. Das Dach wurde von 36 Säulen getragen, und aus seiner Mitte ragte aller Wahrscheinlichkeit nach ein Turm hervor.

An der Nordostseite des Palastes findet sich die **Audienzhalle** (Audience Hall) und die **Ratskammer** (Council Chamber). Letztere wurde einer Inschrift gemäß 1198 von König *Nissanka Malla* errichtet und wird an ihrem unteren Teil ringsum von Reliefs mit Elefanten, Löwen und Zwergen umrahmt. Inschriften an den Säulen geben die Sitzfolge der Ratsmitglieder an, vom König am Kopfende bis zu den Protokollschreibern und den Vertretern der Handelsleute am entgegengesetzten Ende.

Wenige Meter weiter südwestlich befindet sich der **Kumara Pokuna,** („Prinzenteich"), das königliche Bad. Dieses Becken war einst von zwei Löwenfiguren flankiert. Das Wasser wurde vom Parakrama Bahu hierhin geleitet und floß aus Hähnen, die man Krokodilsköpfen nachempfunden hatte.

Nördlich außerhalb der königlichen Zitadelle erstreckt sich die alte Stadt. Östlich des Eingangs läuft man geradewegs auf den **Shiva Devale** (Nr. 1) zu, einen Hindu-Tempel aus der Zeit um 1200. Da es mehrere Shiva-Tempel gibt, wurden sie durchnumeriert. Der Tempel ist im indischen Stil erbaut und weist einige sehenswerte Steinreliefs auf. Im Inneren steht ein Shiva-Lingam, das phallische Symbol der Gottheit; Bronze-Statuen, die sich früher dort befanden, sind heute im Nationalmuseum von Colombo.

Die nahegelegene kleine Dagoba, **Lotus Mandapa,** stammt aus der Zeit

128sr Foto: rk

Buddha im Vatadage

Nissanka Mallas. Die sie umgebenden Steinsäulen sind Lotosblüten nachempfunden.

Ein wenig weiter nordwestlich stößt man auf den **Thuparama,** einen *Gedige* oder Tempel mit massiven Seitenwänden, die oben zu einem gewölbten Dach zusammenlaufen. Gebaut wurde er unter Parakrama Bahu I. Innen finden sich einige Buddha-Statuen, in deren Augenhöhlen früher, wie des öfteren üblich, funkelnde Edelsteine steckten.

Das anbei befindliche **Vatadage** oder „Runde Reliquienhaus" aus dem 12. Jh. gilt als eines der Meisterstücke von Pollonnaruwa. Es basiert auf zwei übereinanderliegenden Plattformen, die obere kleiner als die untere, mit einer fast mannshohen Mauer außen herum. Zu den vier Kardinalspunkten der oberen Plattform sind Eingänge mit Treppenaufgängen angelegt, die auf eindrucksvolle Art bis ins Detail ausgeschmückt sind: mit Mondsteinen, Makara-Torbögen, Blumenmustern, Wächterfiguren, Löwen, Zwergen und anderem, sehr filigranem Zierwerk. Die Dagoba in der Mitte der Anlage ist von vier sitzenden Buddha-Figuren umgeben, die nach den vier Himmelsrichtungen ausgerichtet sind.

An der Nordseite des Vatadage sieht man das **Hatadage,** das „Haus der sechzig Reliquien", Errichtet wurde es unter *Nissanka Malla,* der darin das Zahn-Relikt aufbewahren ließ, sich durch den Bau aber auch selber zu verewigen hoffte. In dem Gebäude haben sich einst 60 Reliquien befunden. Das **Atadage** oder „Haus der acht Reliquien" daneben war *Parakrama Bahus* Zahn-Tempel. Das Obergeschoß des Baus (heute nicht mehr vorhanden) hat aus Holz bestanden.

Vom **Satmahal Prasada** („Turm der sieben Paläste"), dessen Stil an kambodschanische Bauwerke erinnert, sind heute nur noch sechs, nach oben kleiner werdende Etagen erhalten. Welche Funktion er einst innehatte, ist unbekannt.

Vor dem Gebäude ist ein ebenso interessantes wie massives Objekt plaziert: Das **Gal Pota** oder „Steinbuch", ein Monolith, der so bearbeitet wurde, daß er wie ein gigantisches Ola-Ma-

129sr Foto: rk

nuskript aussieht. Seine Größe beträgt 8 mal 1,2 mal 0,6 Meter. Eingraviert ist eine Inschrift aus dem Jahre 1196, die unter anderem besagt, daß der Stein „von den starken Männern König Nissanka Mallas aus den Bergen von Mihintale hierhin gebracht wurde." Gemäß der Inschrift wiegt der Stein 25 Tonnen. An seinen Rändern sind Verzierungen angebracht, die Elefanten und Wildgänse *(hansa)* darstellen.

Die **Ruanveli Dagoba** („Dagoba des goldenen Staubs"), auch Rankot Dagoba genannt, ist mit einer Höhe von 55 m die höchste Dagoba Polonnaruwas und die vierthöchste Sri Lankas. Früher war sie noch etwas höher, denn der Spitze war ursprünglich noch ein goldener Schirm aufgesetzt gewesen. Der Sockel der Dagoba ist von Schreinen mit Figuren umgeben, sein Umfang beträgt 165 m. Der Bau wurde von der zweiten Frau König Parakramas gestiftet.

Eingang zum Hatadage

Die folgende Gruppe von Bauwerken befindet sich auf dem königlichen Kremationsgelände *(alahana parivena)*, das unter König *Parakrama* angelegt wurde.

Das massive Statuenhaus **Lankatilaka** oder **Jetavanarama** beherbergt eine 13 m hohe Buddhastatue, die am Ende einer Halle steht, die sehr einem Kirchenschiff ähnelt. Kopf und Arme des Buddhas fehlen – wobei sie erst in

130sr Foto: rk

den letzten hundert Jahren abhanden gekommen sein können, denn Zeichnungen aus der Mitte des 19. Jh. zeigen die Figur noch samt ihrem Haupte. Die Seitenwände des Baus sind heute noch 17 m hoch, bei einer Stärke von 4 m. Die Länge beträgt 49 m.

An der Nordseite des Lankatilaka steht die 24 m hohe **Kiri Vihara** („Milchweiße Vihara"), 1187 auf Anordnung von Königin *Subhadra Mahadevi* erbaut und eine Art Schwestern-Dagoba zur Ruanveli Dagoba. Sie wurde mit einer Schicht aus *Chunam* bedeckt, einem Putz aus gemahlenem Kalkstein oder Muscheln. Das Material war so robust, daß es, nachdem es 700 Jahre lang von Dschungel und Vegetation überwuchert worden war, bei der Freilegung Polonnaruwas noch völlig intakt war. Bis heute ist die Dagoba von allen unrestaurierten Bauwerken Sri Lankas das besterhaltene. Der Name der Dagoba stammt von der hellen Farbe der Verputzung.

Ruanveli Dagoba

Nördlich der Dagoba führt der Weg zu dem wohl beeindruckendsten Teil der alten Anlagen, dem **Gal Vihara** („Fels-Tempel"). Dieser Komplex – einst Teil einer unter Parakrama Bahu angelegten Klosteranlage – umfaßt vier aus einem Granitfelsen gehauene Buddha-Figuren, die sich zusammen zu einem mystisch-magischen Heiligtum verschmelzen. Man kann sich gut das Erstaunen von Lieutenant *Fagan*

vorstellen, als er sich 1820 hier durch den Dschungel kämpfte und plötzlich die Figuren vor ihm auftauchten.

Die größte der Figuren, ganz rechts, ist 14 m lang und repräsentiert den auf seiner rechten Seite **liegenden Buddha,** just in dem Moment, in dem er ins Nirvana übergeht. Am Kopfende des Buddha steht eine 7 m hohe Figur, von der lange Zeit angenommen wurde, daß sie den trauernden Ananda darstellt, Buddhas Lieblingsschüler. Die Tatsache, daß diese Figur jedoch ihre Arme vor dem Körper verschränkt, wie auch Erkenntnisse, daß sich um sie herum einst ein eigener Schrein befunden haben muß, sprechen gegen diese Deutung. Nach neueren Deutungen stellt sie eher den Buddha selbst dar: Bildnisse des Buddha mit verschränkten Armen kommen gelegentlich vor, und auch die Hinweise auf einen Schrein sprechen für den Buddha – dem Schüler Ananda wurden traditionell keine Schreine gewidmet.

Weiter links thront eine anderthalb Meter hohe Buddhafigur in einer in den Fels gehauenen Nische. Hier finden sich heute viele Einheimische zum Gebet oder Ablegen von Opfergaben ein. Ganz links außen dann schließt eine 5 m hohe Buddha-Figur im Meditationssitz den Komplex ab.

Geht man nun weiter in Richtung Norden, passiert man das **Lotusbad,**

Blick auf das Lankatilaka

132sr Foto: Ingo Hothan

einen Badeteich in der Form einer achtblättrigen Lotusblüte. Die „Mahavansa" erwähnt, daß König *Parakrama* zahlreiche Teiche für die Mönche angelegt hatte, in denen sie sich auch in Zeiten der Dürre baden konnten. Dieses wunderschöne Exemplar ist einer davon.

Der in nördliche Richtung führende Weg erreicht schließlich den Schrein **Jetavanarama.** Um ihn nicht mit dem o.g. gleichnamigen Gebäude zu verwechseln, wird es auch **Tivanka Pilimage** oder „Tivanka Image House" genannt. Zu sehen ist eine „dreifach-gebeugte" *(tivanka)* Statue des Buddha: Diese Bezeichnung bezieht sich auf eine Pose, die sonst nur weiblichen Figuren zugedacht wird, in diesem Falle aber wahrscheinlich den weichen, weiblichen Aspekt des Buddha hervorkehren soll. Die Innenwände des Gebäudes sind mit eindrucksvollen Jataka-Fresken verziert, die aus der Zeit von König *Parakrama III.* (13. Jh.) stammen. Der König hatte versucht, Polonnaruwa wieder als Hauptstadt aufleben zu lassen und Restaurierungen angeordnet. Unter den Fresken liegen noch die ursprünglichen Gemälde verborgen.

Der liegende Buddha –
die größte Figur der Gruppe

- Der **Eintritt** zu den alten Stadtanlagen kostet 15 US$ und ist in der Sammelkarte des Kulturellen Dreiecks inbegriffen. Das Ticket-

Office befindet sich ca. 3 Min. Fußweg südöstlich des Gajaba Hotel; von dort ist es allerdings ein Fußweg von gut 1 km in nördlicher Richtung zum Eingang der Anlagen (am Kassenhaus bieten oft Three-Wheeler-Fahrer ihre Dienste an). Am Eingang selbst können keine Karten gekauft werden.

Elefanten-Safaris

Das von zwei jungen Singhalesen geleitete Unternehmen Samagi Villa Safari veranstaltet hochinteressante Dschungel-Touren in die Umgebung, bei denen Elefanten-Herden von bis zu 200 oder 250 Tieren beobachtet werden können. Die Touren führen in die **Waldgebiete** um Polonnaruwa, Habarana, Minneriya und Wasgamuna, in denen sich Elefanten leichter auffinden lassen als in den anderen Dschungelgebieten des Landes. Bei frühabendlichen Fahrten in der Gegend kann man oft sogar Elefanten direkt an der Straße beobachten.

Die Elefanten-Safaris dauern ca. 6 Std. (14-20 Uhr), Kostenpunkt pro Fahrt (egal, wieviele Personen im Jeep sitzen) ca. 30 US$. Snacks und Getränke sind im Preis inbegriffen. Bei rechtzeitiger Voranmeldung und einer Mindestzahl von zwanzig Teilnehmern können auch mehrtägige Dschungel-Treks veranstaltet werden.

Anfragen bei Samagi Villa Safari, 1st Canal Road, Polonnaruwa, Tel. 027-23098, 24520, 072-244237; Buchungen sind auch über das Gajaba Hotel oder eventuell andere Unterkünfte in Polonnaruwa möglich. Es können auch Jeeps für die Weiterfahrt von Polonnaruwa angemietet werden.

Unterkunft

- Saubere, einfache Zimmer (Bad) im **Darshini Guest House** (Tel. 027-23041), das bei seinen geringen Preisen keine schlechte Wahl ist: 300-350 Rs.
- **Devi Tourist Home** (Lake View Watte, Tel. 027-23181) bietet sehr ordentliche Zimmer mit Bad zu 350-500 Rs.
- Eine Stufe weiger wohnlich ist das **Samudra Guest House** (Tel. 027-22817); Zimmer mit Bad zu 250 Rs.
- Nur in Notfällen ist das **Orchid Guest House** angesagt (Tel. 027-23721). Anspruchslose und finstere Zimmer (Bad) zu 250 Rs.
- Nur sehr mäßig ist auch das **Chinese Rest House** (kein Tel.), mit EZ zu 200 Rs., DZ zu 350 Rs. Jeweils mit eig. Bad.
- Das **Polonnaruwa Rest House** (Tel. 027-22299) liegt idyllisch am Ufer des Parakrama Samudra, auf einem Gelände, wo sich einst ein Garten von König Parakrama Bahu I. befand. Die Lage ist hervorragend, die Zimmer (Bad) sind sauber und gut. Mit AC 27 US$, dazu 10% SC und 5% St. Gutes Essen.
- Das nahe **Gajaba Hotel** (14 Kurupu Garden, Tel. 027-22394) hat etwas abgewohnte, aber noch akzeptable Zimmer mit Bad zu 11, 12 und 15 US$, plus 10% SC.
- Das im Stadtteil Kaduruwela gelegene **Hotel Ramadha** (Batticaloa Rd., Tel. 027-22022) hat ganz akzeptable Zimmer (Bad) zu 200 (EZ), 300 (DZ) und 400 Rs. (Dreier); 10% SC.; Fahrrad-Verleih.
- Das **Hotel Seruwa** südlich des Rest House am Parakrama Samudra (New Town, Tel. 027-22411 bis 2) bietet für seinen Preis einen guten Standard; ordentliche Zimmer (Bad; h.& k. Wasser) zu 19 US$, plus 10% SC, dazu eine ruhige Lage. Auch das angeschlossene Restaurant ist sehr gut.
- Gleich daneben steht das komfortable und empfehlenswerte **The Village,** vormals *Amalian Nivas* (New Town, Tel. 027-22405; Fax 94-1-541199). Zimmer (Bad; h/k Wasser; AC) zu 16 US$ (EZ) und 21 US$ (DZ); 10% SC.

133sr Foto: Ingo Hothan

Die Überreste der Ratskammer

Essen

Außer den Restaurants in den Unterkünften hat die Stadt in dieser Beziehung nicht viel zu offerieren. Eine Ausnahme:

- **The Devon** an der Batticaloa Road im östlichen Stadtteil Kaduruwela ist zwar schlicht und macht nicht immer den gepflegtesten Eindruck, sein Rice & Curry ist jedoch gut und reichhaltig. Kostenpunkt ca. 40 Rs. vegetarisch, mit Fisch oder Fleisch etwas mehr.

Anreise

- Es fahren direkte **Busse** ab Anuradhapura, Colombo, Dambulla, Habarana u.a. Ankunft an der Busstation im Stadtteil Kaduruwela. Von dort gibt es alle paar Minuten Busse in Richtung Altstadt, in deren Nähe sich auch die Unterkünfte befinden.
- **Züge** ab Colombo fahren um 7.00 und 22.30 Uhr, Fahrzeit ca. 6 Std. Der Bahnhof befindet sich ebenfalls in Kaduruwela, gleich gegenüber der Busstation.
- **Taxis** ab Colombo (216 km) sollten einfach ca. 5.000 Rs. kosten, ab Kandy (140 km) ca. 3.000 Rs.

Medirigiriya

↗ III/C1

Nahe dem Ort Medirigiriya, 39 km nördlich von Polonnaruwa, befinden sich die Ruinen eines **Vatage** oder **„Rundtempels"**, der wahrscheinlich im 7. Jh. unter König *Aggabodhi IV.* begründet wurde. Zuvor hatte hier schon König *Kanittha Tissa* (reg. ca. 161-179) eine Klosteranlage errichten lassen.

Das Vatage von Medirigiriya gilt als eines der besten Beispiele für diese Architekturform. Drei konzentrische Kreise von achteckigen Steinsäulen umgeben vier sitzende Buddhas, die nach den vier Himmelsrichtungen ausgerichtet sind.

Der Eintritt kostet 8 US$, ist aber auch in der Sammelkarte des Kulturellen Dreiecks enthalten.

Vorsicht: Wegen der **Aktivitäten der „Tamil Tigers"** in der Umgebung könnte der Aufenthalt hier unangenehm werden. Vor dem Besuch sollte man sich in Polonnaruwa erkundigen, wie sicher das Gebiet ist!

Anreise

- Die Anfahrt per **Bus** ist langwierig und nicht sonderlich zu empfehlen. Man nehme zuerst einen Bus von Polonnaruwa nach Hingurakgoda, wo in einen weiteren Bus nach Medirigiriya umgestiegen werden muß. Von dort sind es noch ca. 3 km bis zu den Ruinen. Einige wenige Busse fahren auch diese letzte Strecke, möglicherweise muß aber auch der Fußmarsch angetreten werden.
- **Taxis** ab Polonnaruwa sollten ca. 1.000 Rs. für die Hin- und Rückfahrt kosten, inklusive einem einstündigen Aufenthalt.

Dimbulagala (Gunner's Quoin)

↗ III/C2

Die malerische Hügelkette von Dimbulagala, ca. 25 km südöstlich von Polonnaruwa, war seit dem 3. Jh. v. Chr. der Aufenthaltsort zahlloser Einsiedler-Mönche, die dort in etwa 500 Felshöhlen lebten. Über das Gebiet verstreut finden sich Ruinen aus der Zeit vom 3. Jh.v.Chr. bis zum 13. Jh.

Der **Gipfel** (543 m) der Hügelkette kann in einem schweißtreibenden Aufstieg von ca. 1½ Stunden erreicht werden. Belohnt wird die Anstrengung durch einen hervorragenden Ausblick. Nahe dem Gipfel sind **Höhlen** mit einigen Wandgemälden zu sehen, die vom Zahn der Zeit verschont geblieben sind. Ursprünglich war der gesamte Innenraum mit Gemälden bedeckt gewesen.

Anreise

- Von Polonnaruwa fährt ein einziger direkter **Bus**, Abfahrt gegen 7 oder 8 Uhr morgens (am besten einen Tag vorher die aktuelle Abfahrtszeit erfragen!). Rückfahrt am frühen Nachmittag.
- **Taxis** ab Polonnaruwa, samt einem Aufenthalt von 4 Std., der genug Zeit zum Auf- und Abstieg läßt, sollten ca. 700-800 Rs. kosten.

Ritigala

↗ II/B1

Mit eigenem Fahrzeug ließe sich auf der Strecke Polonnaruwa – Anuradhapura oder Habarana – Anuradhapura ein Abstecher ins Dschungelgebiet um das **Ritigala-Bergmassiv** einlegen. Es besitzt vier Gipfel von bis zu

765 m Höhe und ist somit die höchste Erhebung zwischen dem Dekkan, der südindischen Hochebene, und den Bergen Zentral-Sri-Lankas; aus diesem Grunde wohl besagt die Legende, daß Hanuman, nachdem er Sita entdeckt hatte, von Ritigala aus nach Indien sprang, um dort Rama die frohe Botschaft zu überbringen. Außerdem soll Hanuman, in einer Abwandlung der Rhumassala-Legende (siehe „Galle"), einige Heilpflanzen hierhin gebracht haben, was die in Ritigala wachsenden Heilkräuter weithin begehrt machte.

Geschichte

Nachdem sich der Buddhismus auf der Insel ausgebreitet hatte, boten die abgeschiedene Lage von Ritigala inmitten des Dschungels und die zahlreichen Höhlen ideale Voraussetzungen, hier Einsiedeleien einzurichten. Zahlreiche Klöster wurden angelegt, das erste 177 v.Chr. Weitere folgten, und im Jahre 831 ließ König *Sena* ein Kloster für den **Pansukulika-Orden** errichten: Dieser hatte seit dem Ende des 7. Jh. an Einfluß gewonnen und verlangte seinen Anhängern den Schwur ab, nur Roben aus alten Lumpen zu tragen. *Pansukulika* heißt nichts anderes als „Lumpen-Roben".

Neben Mönchen zogen sich auch des öfteren in Bedrängnis geratene Könige in das Gebiet zurück, was ihm auch zu seinem Namen verhalf: *Ritigala* bedeutet **„Fels der Sicherheit"**. 1971 hatten sich hier Kader der JVP festgesetzt; nach einigen Wochen wurden sie jedoch von der Armee „neutralisiert".

Sehenswertes

Zu sehen sind heute noch zahlreiche **Ruinen der Einsiedeleien** und über **70 Höhlen.** Die Einsiedeleien des Pansukulika-Ordens waren auf erhöhten Plattformen gebaut worden, von denen je zwei durch eine Steinbrücke verbunden waren. Die dadurch entstehende Achse verlief immer in Richtung West-Ost. Das westliche Gebäude war meist quadratisch, das östliche rechteckig. Was genau mit dieser Architektur bezweckt war, ist nicht bekannt.

Eine ganz besondere Eigenart von Einsiedeleien, so auch bei den Pansukulika-Mönchen, waren die **Mutragala,** was sich ziemlich genau mit **„Pinkel-Steine"** übersetzen läßt. Diese waren mit Ornamenten versehene Steine, auf die die Mönche, na was wohl, natürlich im hohen Bogen pinkelten. Über Sinn und Zweck dieser hochinteressanten Einrichtung kann nur spekuliert werden. Möglicherweise symbolisierte der Stein die anderen, opulenter lebenden Mönchsorden, von denen sich die Einsiedler-Mönche so deutlich zu distanzieren trachteten. Einer anderen Auslegung nach verzierten die Mönche die Steine selber und betrachteten diese Arbeit als eine Art Meditation über ein niederes Objekt, das dann später als Zielscheibe herhalten mußte.

Viele der zahlreichen Höhlen des Massivs, die sich weit über das Gebiet verteilen, weisen **Inschriften** auf. Einige der Höhlen sind sehr groß, mit bis zu 5 „Zimmern". Entdeckt wurden sie 1893 von dem britischen Archäologen *H.C.P. Bell*, der hier im wahrsten Sinne des (englischen) Wortes *„no stone unturned"* ließ. Den **Gipfel** des Massivs kann man in etwa vier Stunden besteigen, falls man einigermaßen fit ist.

Der Eintritt kostet 5 US$ und ist in der Sammelkarte des Kulturellen Dreiecks enthalten.

Anreise

- Nur mit **eigenem Fahrzeug:** Fährt man die A 11 von Habarana in Richtung Anuradhapura, taucht ca. 13 km nordwestlich von Habarana das Dorf Galapitagala („Fels-auf-Fels“) auf. Hier zweigt eine holprige Straße in Richtung Norden ab (in der Regenzeit möglicherweise nur sehr schlecht befahrbar!). Dieser Straße ist zu folgen, bis sich daran nach ca. 6 km eine weitere Abzweigung auftut. Hier heißt es, links einbiegen, und nach 3 km erreicht man die Ruinen.

Anuradhapura ↗ II/A1

Anuradhapura (50.000 Einw.) war Sri Lankas erste Hauptstadt und wird aufgrund des dort verehrten heiligen Bodhi-Baumes auch als **heiliger Ort** angesehen. Die Stadt ist sehr auseinandergestreckt, und auch die zahllosen Sehenswürdigkeiten liegen oft weit auseinander. Am besten besucht man sie per Fahrrad oder motorisiertem Fahrzeug. Zwecks **Fahrrad-Verleih** frage man in den Guest Houses nach. Zu Fuß sind alle Besichtigungen kaum zu bewältigen.

Anuradhapura unterteilt sich in einen **alten** und einen **neuen Stadtteil,** die jeweils auch über einen eigenen Busbahnhof verfügen: den Old Bus Stand und den New Bus Stand; die Entfernung voneinander beträgt gut 1,5 km.

Geschichte

Nachdem im 6. Jh.v.Chr. *Vijaya* mit seinem Gefolge auf Sri Lanka an Land gegangen war, ließen sich seine Heerführer an verschiedenen Orten nieder und bauten florierende Städte wie Uruwela und Upatissa – beide heute nicht mehr auffindbar. Eine „Haupt“-Stadt gab es damals noch nicht.

Diese wurde erst 437 v. Chr. von **Panduk-Abhaya,** dem Sohn von Prinzessin *Chitta*, gegründet: Genau wie in einer alten Prophezeiung vorausgesagt, massakrierte Panduk-Abhaya acht seiner neun Onkel – einer davon war der König – und schwang sich selbst zum König auf. Zuvor hatten die Onkel, die sehr wohl von der Prophezeiung wußten, mit allen Mitteln versucht, Panduk-Abhaya aus dem Weg zu räumen – auf wundersame Weise war er jedoch allen Mordanschlägen entgangen. Der neue König legte seinen Sitz in das Dorf Anuradhagama, das nach der Sternenkonstellation *Anuradha* benannt war

134sr Foto: rk

Mönch in Anuradhapura

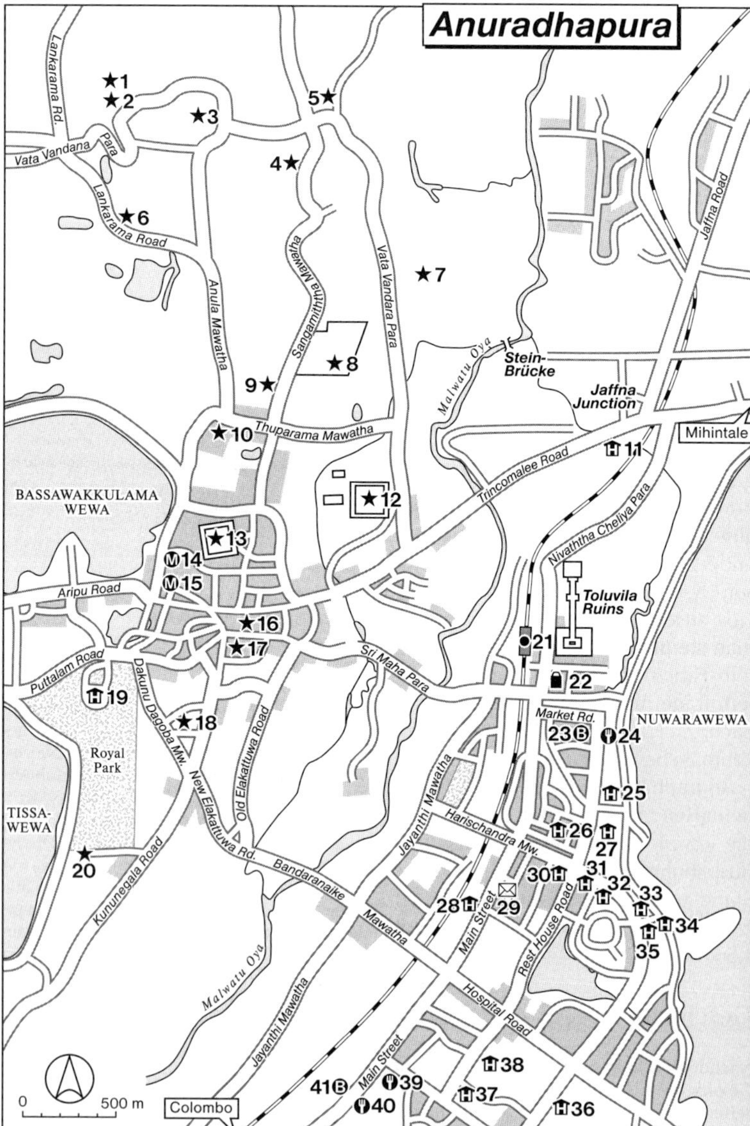
Anuradhapura
Lankarama Rd.
Vata Vandana Para
Lankarama Road
Anula Mawatha
Sangamiththa Mawatha
Vata Vandara Para
Malwatu Oya
Stein-Brücke
Jaffna Junction
Jaffna Road
Mihintale
Thuparama Mawatha
Trincomalee Road
Nivaththa Cheliya Para
Toluvila Ruins
BASSAWAKKULAMA WEWA
Aripu Road
Puttalam Road
Dakunu Dagoba Mw.
New Elakattuwa Rd.
Old Elakattuwa Road
Sri Maha Para
Market Rd.
NUWARAWEWA
Royal Park
TISSA-WEWA
Kununegala Road
Bandaranaike Mawatha
Jayanthi Mawatha
Harischandra Mw.
Main Street
Rest House Road
Hospital Road
Colombo
0
500 m
1 2 3 4 5 6 7 8 9 10 11 12 13 14 15 16 17 18 19 20 21 22 23 24 25 26 27 28 29 30 31 32 33 34 35 36 37 38 39 40 41

★	1	Mahasen Palace
★	2	Ratnaprasada
★	3	Abhayagiri Dagoba
★	4	Samadhi-Buddha-Statue
★	5	Kuttam Pukuna (Zwillingsteiche)
★	6	Lankarama Dagoba
★	7	Nakha Vihara
★	8	Dalada Maligawa, Mahapali
★	9	Vijaya Bahu Palace
★	10	Thuparama Dagoba
H	11	Sisila Guest House
★	12	Jetavanarama Dagoba
★	13	Ruvanveliseya Dagoba
M	14	Folk Museum
M	15	Archäologisches Museum, Ticket Office
★	16	Lohaprasada
★	17	Bodhi-Baum
★	18	Elaras Grab (Dakkhina Dagoba)
H	19	Tissawewa Rest House
★	20	Issaramuniya Vihara
•	21	Bahnhof
	22	Markt
B	23	Old Bus Stand
	24	Anusiri Hotel
H	25	Nuwarawewa Rest House
H	26	Holiday Tourist Home
H	27	Grand Tourist Holiday Resort
H	28	Carlton Hotel
✉	29	Post
H	30	Cottage Tourist & Rest
H	31	Shalini Tourist Rest & Guest House
H	32	Kondhamalee Guest House
H	33	Miridiya Hotel
H	34	Ashok Hotel
H	35	Rajarata Hotel
H	36	Shanthi Guest House
H	37	Monara Guest House
H	38	Indrani Tourist G.H.
	39	Maharoof Hotel
	40	Restaurants
B	41	New Bus Stand

(*gama* = „Dorf"). Die Würde einer Stadt *(pura)* wurde dem Ort erst später zuteil. Panduk-Abhaya ließ Anuradhapura ausbauen sowie zwei große Wassertanks und zahlreiche Reisfelder anlegen und herrschte schließlich 70 Jahre lang.

Unter König *Devanampiya Tissa* (reg. ca. 250-210 v. Chr.) wurde der Buddhismus sowohl in Anuradhapura als auch auf der ganzen Insel als Staatsreligion verankert. Der Mönch *Mahinda,* nach verschiedenen Überlieferungen entweder der Bruder oder Sohn des indischen Kaisers *Ashoka,* hatte Devanampiya Tissa zuvor von der buddhistischen Lehre überzeugt (siehe auch Mihintale). Nach seiner Bekehrung ließ der König einen Zweig des heiligen **Bodhi-Baumes** aus Bodh Gaya (Indien) herbeischaffen, unter dem der Buddha seine Erleuchtung erlangt hatte. Der Zweig wurde in Anuradhapura gepflanzt, und der daraus entstehende Baum entwickelte sich zu einem der verehrtesten Heiligtümer des srilankischen Buddhismus.

Mitte des 2. Jh. v. Chr. begannen die Einfälle der *damilo,* wie die „Mahavansa" sie nannte, der Tamilen. Im Jahre 205 v. Chr. gelang es dem Tamilen **Elara,** sich zum König von Sri Lanka zu erheben. *Elara* herrschte 44 Jahre lang, bis ihn *Duttha Gamini* während einer Schlacht in dramatischem Zweikampf besiegte. Die Schlacht fand nahe Anuradhapuras südlichem Stadttor statt. Duttha Gaminis Respekt vor seinem Gegner war so groß, daß er ihm ein Grab an der Stelle des Zweikampfes anlegen ließ, und er verfügte, daß ein jeder, der es passierte, innezuhalten und den Toten zu grüßen hatte. Unter der anschließenden Herrschaft von Duttha Gamini (161-137 v. Chr.) wurden zahlreiche religiöse Bauten angelegt und die Stadt prachtvoll erweitert. Doch stabile Verhältnisse waren fern: Auch in den folgenden Jahrhunderten kam es zu wiederholten Einfällen der Tamilen, und singhalesische Könige wechselten sich mit tamilischen Eindringlingen in der Herrschaft über das Land ab.

Für Bewegung sorgte auch der singhalesische **König Mahasena** (reg. 276-303), der von einem Lehrer der Mahayana-Tradition unterrichtet worden war und so diesem Zweig des Buddhismus zuneigte. Er ließ die alten religiösen Bauwerke niederreißen (angeblich insgesamt 365) und deren Mönche vertreiben; dann errichtete er seine eigenen, vom Mahayana beeinflußten Bauten und förderte nun deren Mönchsgemeinden. Als Folge seiner abspalterischen Tendenzen kam *Mahasena* in der Geschichtsschreibung nicht sehr positiv davon, er ging als „Ketzer-König" in die Chroniken ein. Selbst der Bau eines wichtigen Wassertanks, des Nacchaduwa Wewa, wurde ihm nicht sehr gedankt, denn man sah ihn mit dem Teufel in Bunde: Die Überlieferung sprach davon, daß tagsüber zwar Menschen an dem Bau arbeiteten, nachts aber „Dämonen". Gemeint waren mit letzteren wohl wieder die Veddas, deren Arbeitskraft sich viele Könige bedienten und die gemeinhin unter dem Begriff „Dämonen" *(yakkha)* verteufelt wurden.

Bis Mitte des 11. Jh. blieb Anuradhapura die Hauptstadt; aufgrund der weiter anhaltenden Tamilen-Überfälle wurde der Königssitz jedoch im Jahre 1070 nach Polonnaruwa verlegt. 1071 schon war Anuradhapura eine **verlassene Stadt**, die in den folgenden Jahrhunderten vom Dschungel überwuchert wurde. Besucher des 19. Jh. fanden nur einige armselige Hütten, die zusammengenommen kaum des Begriffs Dorf würdig waren. Die alten Bauten waren völlig von der Vegetation verschlungen. Kleine Lichtungen gab es nur dort, wo sich gelegentlich Pilger einfanden und sich einen Weg durch das Dickicht bahnten. 1828 berichtete der Engländer *Forbes*, daß die einzige dschungelfreie Stelle der Platz um den Bodhi-Baum war. Der Straßenbauer Major *Skinner* war 1832 höchst erstaunt darüber, welch ungeheure Anzahl von Ruinen unter der Vegetation zum Vorschein kam – das Ausmaß der Anlagen war bis dahin selbst den Einheimischen unbekannt gewesen.

Anfang dieses Jahrhunderts wurde Anuradhapura in mühseliger Arbeit vom Dschungel befreit und restauriert. Die alte Königsstadt wurde so nach über 800 Jahren **wieder zum Leben erweckt.** In den 50er Jahren schließlich wurde der Stadtteil New Town aus dem Boden gestampft, dessen Bau wohl so etwas wie Anuradhapuras symbolischen Anschluß an die Neuzeit darstellt.

Sehenswertes

Der heilige Bodhi-Baum (Sri Maha Bodhi)

Studiert man einen Stadtplan von Anuradhapura, so findet man fast genau in der Mitte den heiligsten Baum Sri Lankas: den Bodhi-Baum, der aus einem **Zweig des Bodhi-Baumes von Bodh Gaya** in Indien entstanden ist, unter dem *Siddharta Gautama* zum Buddha („der Erleuchtete") wurde. Der Baum ist sowohl geographischer als auch spiritueller Mittelpunkt der Stadt.

Der Zweig war im Jahre 244 v. Chr. von der Nonne Sanghamitta, einer Schwester des Mönches *Mahinda* (siehe Kap. „Mihintale"), und elf weiteren Nonnen von Indien nach Sri Lanka gebracht worden. Initiator des Unternehmens war der frisch zum Buddhismus konvertierte König *Devanampiya Tissa*.

Von Anfang an soll es von Wundern begleitet gewesen sein: So brauchte der Zweig nicht abgeschnitten zu werden, sondern er löste sich selber vom Baum und „flog" in eine vorbereitete Vase. Als die Nonnen in Anuradhapura angekommen waren, wurden die Straßen der Stadt mit weißem Sand bestreut und geschmückt, und der Zweig wurde zu einem königlichen Garten getragen, dem Mahamegha („Große Wolke"). Dort wurde er schließlich in einer hochfeierlichen Zeremonie eingepflanzt. Wundersamerweise soll es sofort nach der Pflanz-Zeremonie sieben Tage ununterbrochen geregnet haben, und der neue Baum schoß sofort in die Höhe.

Heute ist der *Sri Maha Bodhi* („verehrter Erhabener Bodhi") der verbrieft **älteste Baum der Welt** –über 2.200 Jahre hat er auf der Rinde. Möglicherweise gibt es in irgendeinem Regenwald einen älteren Baum, nur ist dessen Alter nirgendwo dokumentiert. In der „Mahavansa" tauchen zu allen Epochen Anmerkungen über den Bodhi-Baum auf, denn die jeweiligen Könige machten es sich zur Pflicht, Verbesserungen und Erneuerungen an dem Gelände um den Baum vorzunehmen. Mit ziemlicher Gewißheit handelt es sich somit um das Original – wäre dem Baum zwischendurch etwas geschehen, wäre das in der „Mahavansa" sicher ausführlich beschrieben worden. Einmal wäre es ihm tatsächlich fast ans Holz gegangen, nämlich 1939, als ein „fanatischer Christ" ihn mit einer Axt attackierte. Über das anschließende Schicksal des Angreifers ist leider nichts bekannt. Der Mutter-Baum in Indien übrigens wurde um das Jahr 600 von einem Hindu-König abgeholzt.

Das Ende des Bo-Baumes von Anuradhapura wäre heute eine nationale Katastrophe. Sein hohes Alter ist sicher mit ein Ergebnis der intensiven Pflege, die der Baum zeitlebens genossen hat; auch heutzutage wird ihm nur der beste Dünger zuteil. Alle Bodhi-Bäume auf srilankischen Tempelgeländen sollen von seinem Samen abstammen.

Der Baum befindet sich auf einer Terrasse mit Wandelgang. Umgeben ist das Ganze von einer Art Hof, auf dem sich ein weiterer Bodhi-Baum befindet. Täglich zieht es Abertausende von Pilgern zum Heiligen Baum, und manch Wunder soll sich hier zugetragen haben.

Die **beste Besuchszeit** ist abends, nach Anbruch der Dunkelheit, wenn Pujas mit Musikbegleitung und Gesang zelebriert werden. Der Eintritt beträgt 100 Rs. Wer früh morgens erscheint, wird das Kassenhaus möglicherweise unbesetzt vorfinden und kommt kostenlos davon.

Figur der Ashoka-Tochter Sanghamitta am Bodhi-Baum

135sr Foto: rk

Bo, Bodhi, Pipal:

der erlauchte Baum der Götter

Viele Namen hat er, dieser Baum, unter dem Buddha die Erleuchtung gefunden haben soll. Spricht man im religiösen Sinne von ihm, so nennt man ihn **Bodhi-Baum** („Baum der Erleuchtung") oder kurz Bo-Baum; botanisch gesehen gehört er zur Familie der Feigenbäume und heißt auch **Pipal-Baum** oder *Ficus religiosa*. Das Wort Pipal, von Sanskrit *pipala,* ist ethymologisch mit dem Deutschen „Pappel" verwandt, einem Baum, der auch äußerlich einige Ähnlichkeiten aufweist. Eine davon ist das im Wind „zitternde" Blätterwerk, das südindische Christen früher für von Geisterhand bewegt hielten. Daher nannten sie den Pipal – wenig von seinen erleuchtenden Qualitäten überzeugt – den „Baum des Teufels". Seine Blätter wirft der Pipal nicht im Herbst ab, sondern angeblich nur zur Vesak-Poya (April/Mai), dem Jahrestag von Buddhas Übergang ins Nirvana.

Schon in vorbuddhistischer Zeit wurde dem Pipal große **Verehrung von Anhängern verschiedener Religionen** zuteil. Die Hindus betrachteten ihn als Wohnsitz der hinduistischen Dreifaltigkeit, bestehend aus den Göttern Brahma, Vishnu und Shiva. Gemäß einer anderen Tradition soll die Glücksgöttin Lakshmi darin wohnen oder ihn zumindest an Sonntagen aufsuchen. In der religiösen Ikonographie wurde das Bildnis des Gottes Krishna gerne auf Pipal-Blätter gemalt. Zeitgenossen, die eher den finsteren Mächten zugetan waren, verehrten den Pipal als den Wohnsitz der *bhuta* oder Geister.

Wegen seiner Verbindung zur Welt der Götter und Geister wurden dem Baum **Opfergaben** dargebracht, oder man betete zu ihm. Noch im letzten Jahrhundert war die indische Redewendung „zum Pipal gehen" eine Umschreibung für „beten gehen". Heute beten indische Hindu-Frauen zum Pipal, um ihr Eheglück zu sichern; bei

Hochzeiten opfert man dem Baum, auf daß die Braut niemals Witwe werden möge. Bleibt die Ehe ohne männlichen Nachkommen, bittet man ihn um den lang ersehnten Sohn.

Doch der Baum verfügt auch über **destruktive Kräfte.** Seine Samen werden von Vögeln aufgepickt, die sie in ihren Schnäbeln forttragen oder mit den Exkrementen ausscheiden und so aussäen. Das sichert die Weiterverbreitung des Baumes. Gehen die Samen aber in den Ritzen von Gebäuden oder Gemäuern auf, werden diese später durch die sich stetig ausweitenden Wurzeln förmlich gesprengt. Derartige Bäume, die ihre Verbreitung den Vögeln verdanken, werden **Kaka-Bodhi** genannt, „Krähen-Bodhi".

Auch mit dem **Pflanzen des Pipal** sollte man vorsichtig sein: Dem Volksglauben nach wird derjenige, der ihn pflanzt, bald sterben und in den Himmel übergehen. Folglich überläßt man dies traditionell den ganz Alten, die in dieser Beziehung nur noch gewinnen können.

Eine amüsante kleine **Geschichte über den Pipal-Baum** erzählt der englische Indologe *Monier Williams* in seinem Buch „Religious Thought and Life in India" (1883): Demnach hatte ein indischer Magistrat den Plan gefaßt, einige Pipal-Bäume am Marktplatz seiner Stadt pflanzen zu lassen, um sich so bei der örtlichen Bevölkerung beliebt zu machen. Schließlich sorgte die Anwesenheit mehrerer der Bäume für eine spirituell reine Atmosphäre, und die Einwohner würden es ihm danken – dachte der Magistrat. Verdutzt war er allerdings, als bald eine Abordnung von Markthändlern bei ihm vorsprach und heftig gegen den Plan protestierte. Ihre Geschäfte, so argumentierten die Händler, würden natürlicherweise mit einem gewissen Maß von Betrug abgewickelt werden, und die Präsenz der Bäume würde jegliche Handelstricks und damit jegliches Geschäft verhindern – Pipal gut und heilig, aber am Marktplatz, nein danke!

Leider berichtet Williams nicht, ob der Magistrat daraufhin seinen Begrünungsplan aufgab oder nicht.

Lohaprasada

Der **„Eherne Palast"** (engl. „Brazen Palace") steht etwas nördlich des Bodhi-Baumes. Er war der zentrale Teil eines ausgedehnten religiösen Gebäudekomplexes, des Maha Vihara, der 161 v. Chr. unter König *Duttha Gamini* erbaut und in der Folgezeit mehrmals erneuert wurde. Die „Mahavansa" berichtet, daß der König seine Arbeiter für diesen Bau ausnahmsweise sogar bezahlte – für Könige damals gänzlich unüblich! Er spendierte eine große Summe Geld, dazu eintausend Sätze Arbeitskleidung und Gefäße mit Honig und Zucker, an denen sich die Arbeiter laben sollten.

Der Lohaprasada bestand ursprünglich aus neun Stockwerken, die oben von einem **Dach aus bronzenen Schindeln** abgeschlossen wurden – daher auch sein Name. Jedes Stockwerk hatte 100 prunkvoll verzierte und komfortabel eingerichtete Räume, die Pilgern und Mönchen zur Verfügung standen.

Übrig von dem Prachtbau sind heute noch die **1.600 Pfeiler,** die einst das erste Stockwerk trugen. Es gehört schon eine gute Portion Phantasie dazu, sich die einstige, so opulente Konstruktion auszumalen.

Ruvanweliseya Dagoba

Die weiter nördlich gelegene Ruvanweliseya Dagoba ist mit einer Höhe von 110 m die höchste Anuradhapuras. Begonnen wurde sie unter König *Duttha Gamini* (reg. 161-137 v. Chr.), der auch hier ausnahmsweise für die Arbeit bezahlte; vollendet wur-

136sr Foto: rk

de sie jedoch erst nach seinem Tod. Während der Bauarbeiten versuchten viele Mönche, sich durch die Gabe eines Ziegels für den Bau Verdienste zu erwerben - der König bestand auch in diesem Falle darauf, für die Ziegel zu bezahlen, da die Dagoba allein mit seinem Geld gebaut werden sollte. So nahm er den Mönchen die Gelegenheit, Verdienste zu erwerben und erheischte - der Eigennutz in Person! - den gesamten spirituellen Gewinn für sich.

In Inneren der Dagoba wurde eine **Reliquienkammer** angelegt, die nur den Priestern zugänglich war. Der einzige Laie, dem die Priesterschaft den Zugang zur Kammer gestattete, war - aufgrund seiner hohen Spiritualität - König *Bhatiya Tissa I.*, auch *Ruvanweliseya* genannt (reg. 20 v. Chr. bis 8 n. Chr.). Einer anderen, volkstümlichen Überlieferung nach betete der König so lange vor der Dagoba, daß er mit seinen Knien Löcher in den Steinboden bohrte. Daraufhin erbarmten sich die Götter und zeigten ihm einen geheimen Weg in die Kammer.

Im Jahre 1987 brauten sich schicksalschwangere Wolken über der Dagoba zusammen. Sie war teilweise eingestürzt und drohte, völlig zu zerfallen - in den Augen vieler Buddhisten ein schreckliches Omen für das Land. Zu jenem Zeitpunkt kriselte es in Sri Lanka an allen Fronten: Einerseits war eine

Ruvanweliseya Dagoba

großangelegte militärische Aktion gegen die „Tamil Tigers“ im Gange, die aber in erster Linie zahllosen tamilischen Zivilisten das Leben kostete; vor diesem Hintergrund drohte eine Invasion Indiens, dem aus Rücksicht auf seine eigene, 55 Mio. starke tamilische Bevölkerung das Schicksal der srilankischen Tamilen nicht gleichgültig sein konnte. Auf der anderen Seite wiederum machte sich ein singhalesischer Chauvinismus stark, angeführt von der faschistischen JVP, der auf der Ausmerzung von allem beharrte, das antisinghalesisch erschien. Unter diesen Umständen schien der **Verfall der Dagoba** den Zerfall Sri Lankas zu symbolisieren. Präsident *Jayawardhene*, der sich gerade zufällig in Anuradhapura aufhielt, wurde beim Anblick der Dagoba kreidebleich und untersagte der Presse, über ihren Zustand zu berichten.

Archaeological Museum

Das kleine Archäologische Museum von Anuradhapura liegt an der Ostseite des Bassawakkulama Wewa, eines Wassertanks aus der Zeit um 300 v. Chr. Das Museum bietet eine Reihe interessanter Ausstellungsstücke, so Buddha- und Götter-Statuen, Skulpturen, Dagoba-Nachbildungen etc. Geöffnet Mi-Mo 8-16 Uhr.

Mirisavetiya Dagoba

Die Mirisavetiya Dagoba wurde von König *Duttha Gamini* noch vor dem Lohaprasada und der Ruvanweliseya Dagoba erbaut. Die Dagoba verdankt ihre Entstehung einer Nachlässigkeit des Königs: Duttha Gamini pflegte von allen seinen Speisen einen Teil den Mönchen zu geben. Eines Tages genoß er ein eingemachtes Chili-Gericht namens Mirisavetiya – und vergaß prompt, den Mönchen ihren Anteil davon zukommen zu lassen. Um seinen Fehler wettzumachen, stiftete er diese Dagoba. Um sie herum wurden zahlreiche Klostergebäude angelegt.

Thuparama Dagoba

Die 19 m hohe Thuparama Dagoba wurde von König *Devanampiya Tissa* nach seiner Bekehrung zum Buddhismus erbaut und gilt als eine der frühesten Dagobas überhaupt. Wahrscheinlich ist sie die **älteste Dagoba Sri Lankas.** In späteren Jahrhunderten wurden Teile hinzugebaut. In der Dagoba wurde angeblich das rechte Schlüsselbein des Buddha eingemauert, das der indische Kaiser *Ashoka* dem König geschenkt hatte. Die Reliquie verlieh der Dagoba eine solche Heiligkeit, daß sie zu einem der wichtigsten Pilgerziele Sri Lankas wurde. Als Zeichen des Respekts ließ König *Upatissa II.* sie Ende des 4. Jh.n.Chr. mit einer Metallschicht abdecken, an der goldenes Zierwerk angebracht war. Auch heute noch zählt die Dagoba zu den bedeutendsten Heiligtümern des Landes.

Die Dagoba ist glockenförmig, umgeben von vier konzentrischen Kreisen aus Steinsäulen. Ursprünglich trugen sie möglicherweise ein Strohdach, unter dem die Pilger die Dagoba umrunden konnten.

Vijaya Bahus Palace

Vom Palast von *Vijaya Bahu I.* (reg. 1055-1110), dem letzten Herrscher Anuradhapuras, sind heute nur noch ein paar schüttere Ruinen übrig, so ein Treppenaufgang mit zwei Zwergen-Reliefs.

Dalada Maligawa

Nachdem im Jahre 311 die Zahn-Reliquie von Indien nach Sri Lanka gebracht worden war, wurde ihr in Anuradhapura ein Tempel gebaut, der Dalada Maligawa. Heute sind nur noch Ruinen davon zu sehen.

Almosen-Halle (Mahapali)

Auch von der Almosen-Halle nahe dem Zahn-Tempel sind nur noch Reste übrig. Das Gebäude wurde im 1. Jh. v. Chr. als Stätte der Mönchs- und Pilger-Speisung errichtet, und nachdem sie völlig abgebrannt war, Ende des 10. Jh. neu aufgebaut. Durch die Speisungen verschafften sich die Könige hier spirituellen Verdienst, was manche von ihnen auch bitter nötig hatten: Zum Beispiel König *Sri Meghavanna*, der im 7. Jh. seinen Vorgänger umgebracht hatte, seine Tat alsbald bereute und durch Essensgaben gutzumachen hoffte. Selbst in knappen Zeiten verwöhnte er die Mönche mit Milchreis, dem Ghi (geklärte Butter) und Honig beigemischt war. Nebenbei versorgte er Bettler, Reisende und Pilger.

Jetavanarama Dagoba

Die Jetavanarama Dagoba entstand unter König *Mahasena* (reg. 276-303) und war ursprünglich 120 m hoch. Die derzeit an der Spitze fehlenden Meter werden durch Restaurierungsarbeiten der UNESCO wieder ersetzt. Mit einem Sockeldurchmesser von 112 m ist die Dagoba die massivste Sri Lankas. Statistiker wollen errechnet haben, daß man mit ihren Steinen eine 3 m dicke Mauer von der Südspitze Sri Lankas nach Jaffna und weiter nach Trincomalee bauen könnte. *Sir J.E. Tennent* spekulierte in seinem Buch „Ceylon" (1859), daß das Baumaterial der Dagoba sogar ausreichte, um Städte wie Coventry oder Ipswich zu errichten.

Achtung, die Jetavanarama Dagoba und die Abhayagiri Dagoba wurden früher häufig namentlich verwechselt – ein Irrtum, der wohl auf einer falschen Auslegung alter Texte beruhte.

Samadhi-Buddhastatue

Die überdachte Statue des Samadhi Buddha („meditierender Buddha") stammt wahrscheinlich aus dem 4. Jh. und gilt als eines der weltweit schönsten Exemplare ihrer Art.

Kuttam Pokuna

Der nordöstlich des Samadhi Buddha gelegene Kuttam Pokuna oder **„Zwillings-Teich"** (8./9. Jh.) setzt sich aus zwei verschieden großen Wasserbecken zusammen (ca. 30 bzw. 40 m lang). Diese restaurierten Becken waren wahrscheinlich Teil einer größeren Klosteranlage und dienten den Mönchen als Badeplatz.

Abhayagiri Dagoba

Diese so bombastisch betitelte „Dagoba des Berges der Furchtlosigkeit" wurde unter König *Valagama Bahu* gebaut, nachdem er um 100 v. Chr. Anuradhapura von den indischen Eindringlingen zurückerobert hatte. Als Stelle dazu erkor er den Ort aus, an dem zur Zeit der Invasion seine Frau zurückgeblieben war, um so der restlichen Familie die Flucht zu erleichtern. Das besagt zumindest eine Legende.

Einer anderen Version zufolge hatte sich hier zuvor die Einsiedelei eines Asketen namens *Giri* („Berg") befunden. Als *Valagama* aus der Stadt flüchten mußte, soll der Asket den König deshalb lauthals verhöhnt haben – eine Schmach, die der König die 14 Jahre, die er im Exil in Dambulla zubrachte, nicht vergaß. Als er schließlich nach Anuradhapura zurückkehrte, ließ er als erstes dem alten Giri den Garaus machen; danach ordnete er den Bau der Dagoba über dessen Einsiedelei an.

Total bewachsen:
die Jetavanarama Dagoba

137sr Foto: Ingo Hothan

138sr Foto: rk

Welche der beiden Versionen auch wahr sein mag, beeindruckend ist die Dagoba allemal: Der Durchmesser maß nach Erweiterungsarbeiten unter König *Gaja Bahu I.* (reg. 112-134) fast 100 m, die Höhe betrug 110 m.

Im 3. Jh. wurde die Anlage unter König *Mahasena* zum **Zentrum der Mahayana-Sekte** mit etwa 5.000 dort lebenden Mönchen. Die Materialien aus den zahlreichen religiösen Bauten, die der König zuvor hatte niederreißen lassen (siehe „Geschichte") wurden zur Verschönerung der Dagoba und Erweiterung der daran gelegenen Anlagen verwendet.

Abhayagiri Dagoba

Mondstein

Nordwestlich der Abhayagiri Dagoba findet sich der wohl bekannteste und schönste „Mondstein" Sri Lankas – ein halbkreisförmiger, flacher Stein, wunderbar verziert mit Ornamenten von Wildgänsen, Elefanten und Lianenmustern. Den Mittelpunkt bildet eine Lotusblüte, das Symbol der Reinheit des Buddha oder des Nirvana. Der Stein lag einst vor einem Palast von König *Mahasena*.

Ratnaprasada

Der Ratnaprasada oder „Edelstein-Palast" (2. Jh.) war ein königliches Geschenk an den Abt der Abhayagiri Dagoba, dem er als Wohnsitz zugedacht war. Der Eingang wird von be-

Der schönste Mondstein Sri Lankas

sonders gut ausgeführten Wächtersteinen flankiert, die den *Nagaraja* oder „Schlangenkönig“ darstellen. *Nagaraja* ist auch ein anderer Name für Shiva, der unter anderem als Herr der Schlangen gilt.

Issaramuniya Vihara und Vessagiriya Vihara

Der im Bereich des alten königlichen Gartens gelegene Issaramuniya-Schrein (3. Jh. v. Chr.) war einst Teil einer größeren Klosteranlage. Darin lebten 500 ehemalige Edelmänner *(issara)*, die sich aufgrund der Wunder, die sich um das Pflanzen des Bodhi-Baumes ereigneten, spontan zu Mönchen hatten weihen lassen. 500 Männer aus dem Volke *(vessa)*, die sich aus dem gleichen Grund hatten ordinieren lassen, lebten im Vessagiriya Vihara, das etwas südlich des Issaramuniya Vihara angenommen wurde. Wo er wirklich lag, ist nicht bekannt.

Der Issaramuniya-Schrein beherbergt die wahrscheinlich **bekanntesten Reliefs** von Anuradhapura, betitelt „Mann mit seinem Pferd“ (Pallava-Stil) und „Die Liebenden“ (Gupta-Stil).

Elaras Grab / Dakkhina Dagoba

Etwa 1 km südlich des Bodhi-Baumes befindet sich der Ort, an dem nach volkstümlicher Überlieferung der von *Duttha Gamini* besiegte *Elara* (siehe „Geschichte“) begraben worden sein soll. Die dortige Dagoba wird auch *Dakkhina Dagoba* genannt, „Südliche Dagoba“. Historiker bezweifeln diese Version: Wahrscheinlicher ist, daß die Dagoba über der Stelle errichtet wurde, an der Duttha Gamini 137 v. Chr. kremiert worden war. Zum Bau kam es allerdings erst ein halbes Jahrhundert nach seinem Tod, als Stiftung eines Heerführers namens *Valagama Bahus*.

Da hier also möglicherweise ein singhalesischer Volksheld ruht, wird dem Monument heute besonderer Polizeischutz zuteil: Seit dem Attentat auf den Zahn-Tempel in Kandy wird befürchtet, die „Tamil Tigers“ könnten den Bau in einer Art symbolischen Akt gegen die Singhalesen in die Luft zu sprengen versuchen. An den Zugängen zu dem Monument finden sich Wachposten, und gelegentlich wird

140sr Foto: rk

Ausländern von einem grantigen Polizisten der Zutritt verweigert. Scheinbar werden sie als potientielle Handlanger der LTTE angesehen.

Eintritt

Der Eintritt zu den alten Stadtanlagen kostet 15 US$ und ist in der Sammelkarte des Kulturellen Dreiecks enthalten. Separat bezahlt werden muß der Zutritt zum Bodhi-Baum (100 Rs.) und zum Issaramuniya Vihara (50 Rs.). An letzterem wird man oft auch noch aufgefordert, einen Obulus für die abgestellten Schuhe zu zahlen – das sollte aber schon mit der Eintrittsgebühr abgegolten sein. Einheimische zahlen wie fast immer keinen Eintritt.

Relief einer Königsfamilie
im Issaramuniya Vihara

Unterkunft

Am Harischandra Mawatha

- Das **Shalini Tourist Rest & Guest House** (41/388 Harischandra Mw., Tel. 025-22425) ist ein Privathaus, das von einer netten Familie geleitet wird. Die Zimmer (Bad) sind für ein Guest House ungeheuer komfortabel und gemütlich und haben eher den Standard eines guten Hotels. Für Preise von 450, 550 und 850 Rs. (Dreier) sehr gut. Dazu 10% SC. Ein weiterer Grund hier zu wohnen, ist das besonders gute Essen. Einige Traveller berichteten jedoch, daß ihnen in den Zimmern Kleidungsstücke abhanden gekommen sind.
- Große, einigermaßen saubere Zimmer (Bad) hat das **Cottage Tourist Rest** oder **C.T.Rest** (38/388 Harischandra Mw., Tel. 025-35363). Es beschäftigt aber auch einige Schlepper. EZ zu 350, DZ zu 450 Rs., dazu 10% SC.
- Akzeptable Zimmer (Bad) im **Kondhamalee Inn** (42/388 Harischandra Mw., Tel. 025-22029) zu 400-700 Rs.

●Das **Swan Chinese Rest** (310/1 Harischandra Mw., Tel. 025-22058) hat ordentliche Zimmer (Bad) zu 350 Rs. Im Haus können Autos mit Fahrer gemietet werden, und es werden Touren organisiert.

Im Stadtteil Bank Town

Die Unterkünfte hier sind sehr anspruchslos; nur im Notfall angesteuern.

●Die beste ist noch das neue, aber dennoch nicht sehr beeindruckende **Carlton Hotel** (Maitripala, Senanayke Mw., Tel. 071-34141). Einfache Zimmer (Bad) zu 300 (EZ) und 400 Rs. (DZ); dazu 10% SC.

●Ansonsten bietet sich das in einen Privathaus befindliche **Holiday Home** an (A1 Rd., off Bank Town, Tel. 025-22347). Einfache Zimmer (Bad) zu 250 (EZ) und 350 Rs. (DZ).

Im Stadtteil Old Town

●Ausgezeichnet ist das in einem Privathaus untergebrachte **Shanthi Guest House** (891 Mailagas Junction, Tel. 025-35876) Wahrscheinlich streuen die Schlepper negative Falschinformationen über das Haus aus. Das liegt daran, daß sie hier grundsätzlich keine Kommission erhalten. Wer hier mit einem Schlepper auftaucht, wird gleich abgewiesen. Die Zimmer (Bad) im Shanti G.H. sind groß, das Haus hat eine nette, familiäre Atmosphäre und ist ruhig gelegen. EZ ohne eigenes Bad zu 150 Rs., EZ/DZ mit Bad zu 400 Rs.; 10% SC. Auf Anruf vom Bahnhof oder der Busstation wird man von dort abgeholt. Bei Anfahrt per Three-Wheeler oder Taxi innerhalb der Stadt erstattet die Besitzerin die Kosten. Trotz aller positiven Seiten berichteten einige Traveller von Diebstählen. Vorsichtshalber alles Wichtige im Gepäck wegschließen.

●Einfache Unterkunft im **Indrani Tourist Guest House** (745 Freeman Mw., Tel. 025-22478); 350 Rs.

●Mäßige Zimmer im **Monara Guest House** nahe dem Old Bus Stand (63 Freeman Rd., Tel. 025-23043); EZ 250 und DZ 400 Rs.; 10% SC. Eventuell handeln.

Am Nuwara Wewa

●Etwas östlich des Old Bus Stand befindet sich das angenehme **Nuwarawewa Rest House** (New Town, Tel. 025-22565; Fax 94-1-587613), mit gemütlichen, sauberen Zimmern (AC; Bad; h.&k. Wasser) zu 25 US$ (EZ/DZ) und 27 US$ (Dreier). Dazu 10% SC und 5% St.

●Etwas weiter südlich, mit freiem Blick auf auf den Nuwara Wewa, steht das großspurig betitelte **Grand Tourist Holiday Resort** (Lake Rd., Tel. 025-35173). Dies ist eine relativ bescheidene, aber gemütliche Bungalow-Anlage mit Zimmern (Bad) zu 450 Rs. (EZ) und 600 Rs. (DZ). Eine gute Alternative zu o.g. teurerer Unterkunft.

●Das **Sisila Guest House** (260/34 Malwatte Rd., Jaffna Junction, Tel. 025-35139) befindet sich gut einen Kilometer westlich der Nordendes des Nuwara Wewa, in ländlicher Umgebung. Die Zimmer (Bad) sind bei Preisen von 150 Rs. (EZ) und 200 (DZ) wohl das günstigste Angebot am Ort; mit Studentenausweise gibt's sogar noch zehn Prozent Reduktion. Für 75 Rs./Tag können Fahrräder ausgeliehen werden.

Am Tissa Wewa

●Das **Tissawewa Rest House** (Old Town, Tel. 025-22299; Fax 94-1-587613) ist ein wunderbares Haus im Kolonial-Stil, umgeben von parkähnlichem Gelände. Zimmer (Bad; h.&k. Wasser) zu 26 US$ (EZ) und 29 US$ (DZ), plus 10% SC und 5% St.

In der Rowing Club Road

Hier befinden sich Anuradhapuras „Top"-Hotels, denen es zum Teil etwas an Charakter mangelt.

●Eine angenehme Ausnahme ist das **Hotel Miridiya** (Rowing Club Rd., Tel. 025-2519, 22112, Fax 94-252-2519, E-Mail: miridiya@sri.lanka.net), das sich vor einiger Zeit einer Renovierung unterzogen hat. Es bietet nun verbesserte, komfortable Zimmer, einen sehr schönen Garten, und es besitzt sogar eine eigene Kläranlage, die auf ökologischer Basis arbeitet. EZ 33 US$, DZ 35 US$, Dreierzimmer 37 US$; 10% SC.

●**Hotel Ashok** (Rowing Club Rd., Tel. 025-22753); 400-800 Rs., plus 10% S.C.

Sehr empfehlenswert sind die folgenden Unterkünfte:

- Das **Lake Side Hotel** (Rowing Club Rd., Tel. 025-23111) liegt hinter dem *Hotel Ashok*, gleich am See. Die Zimmer (Bad) sind recht ordentlich und kosten 300 (EZ), 450 (DZ), 500 (Dreier) und 600 Rs. (Familienraum). Dazu je 10% SC.
- Ausgesprochen sauber und gut eingerichtet sind die Zimmer (Bad) des nahe gelegenen **Hotel Randiya** (Rowing Club Rd., Tel./Fax 025-22868). Das Haus sieht eher aus wie eine vornehme Villa als ein Hotel. EZ zu 750, DZ 975, Dreier 1.200 und Familien-Räume zu 1.450 Rs. Mit AC kostet's je 250 Rs. mehr. Dazu kommen noch 10% SC.
- Etwas weiter östlich findet sich das ruhige und saubere **Milano Tourist Rest** (596/40 J.R. Jaya Mw., Tel. 025-22364). Schilder weisen aus mehreren Richtungen den Weg. Das Haus ist etwas abgelegen, auf Anruf wird man aber vom Busbahnhof oder sonstwo in der Stadt abgeholt. Die Zimmer sind sehr wohnlich, Kostenpunkt je nach Größe 300-500 (EZ), 500-700 (DZ) und 700-900 Rs. (Dreier). Dazu 10% SC.

Essen

Eine Reihe einfacher, aber guter Restaurants befindet sich direkt gegenüber dem New Bus Stand. Wie immer empfiehlt es sich, im voraus nach den Preisen der gewünschten Speisen zu fragen, um später keine überhöhte Rechnung zu bekommen.

- Von der Busstation aus gesehen etwas weiter links liegt das moslemische **Hotel Maharoof,** mit gutem Rice&Curry und Snacks. Daneben stehen noch einige weitere zur Verfügung.
- Zahlreiche Restaurants gibt es auch in der Nähe des Old Bus Stand, z.B. das tamilische **Anusiri Hotel** gegenüber der alten Busstation. Es hat recht gutes Rice & Curry sowie die üblichen Snacks.

Anreise

- Ab Colombo (206 km) und Kandy (138 km) fahren den ganzen Tag über zahlreiche **Expreßbusse** der CTB sowie **Minibusse;** Ankunft am Old Bus Stand. Hinzu kommen einige der schnellen, privat betriebenen **Intercity-Busse** (AC), die etwa das Doppelte kosten.
- Weitere **Busse/Minibusse** ab Polonnaruwa (101 km) und Dambulla (66 km), Ankunft am New Bus Stand.
- **Züge** ab Colombo fahren um 5.45, 7.00 (Slow), 14.05 (Expreß) und 23.00 Uhr. Fahrtdauer: Expreß ca. 3 Std., Slow 6,5 Std., ansonsten ca. 4,5 Std.
- **Taxis** sollten ab Colombo ca. 5.000 Rs. kosten, ab Kandy ca. 3.000 Rs.

Mihintale

↗ II/A1

Mihintale, 13 km östlich von Anuradhapura, wäre heute ein völlig unbedeutendes Dorf, hätte dort nicht ein religionshistorisch wichtiges Ereignis stattgefunden: die Hinwendung von König *Devanampiya Tissa* zum Buddhismus, die den Beginn der Ausbreitung dieses Glaubens über Sri Lanka markierte. Minhintale gilt somit als die **Wiege des srilankischen Buddhismus** und ist deshalb einer der bedeutendsten Pilgerorte der Insel. Zur Poson-Poya im Juni wird ein riesiges Fest abgehalten, das die historische Bedeutung des Ortes würdigt.

Geschichte

Es begann alles mit einer gänzlich unbuddhistischen Aktivität, der Jagd. **König Devanampiya Tissa** hatte sich ein Jahr nach seinem Machtantritt (ca. 249 v.Chr.) östlich seiner Hauptstadt auf die Hirschjagd begeben. Als er ein Opfer erspäht hatte, warnte er den Hirsch – ganz und gar sportsman-like – durch ein Schnarren seines Bogens, worauf der Hirsch floh. Der König folgte ihm auf einen Hügel, damals Mishrakakande geheißen. Dort angekommen, rief ihn plötzlich eine Stimme: „Komm hierhin, Tissa!"

Die respektlose Anrede ließ den König einen Moment lang glauben, es handele sich

um einen *Yakkha* oder „Dämonen" – im damaligen Sprachgebrauch ein Vedda. Aber nein: Es war **Mahinda,** ein Mönch und Sohn des indischen Kaisers *Ashoka*. Er war mit einigen anderen Mönchen nach Sri Lanka gekommen, um den Buddhismus zu verkünden, und hatte sich auf diesem Hügel nahe der Hauptstadt niedergelassen. Glaubt man der Legende, so war er durch die Lüfte herbeigeflogen; in Wirklichkeit hatte er eine lange und wahrscheinlich recht anstrengende Schiffsreise auf sich genommen.

Mahinda verwickelte Devanampiya Tissa in einen intensiven Dialog und erläuterte ihm dabei die Prinzipien des Buddhismus auf eine solch brillante Weise, daß der König sich bald darauf zu dem Glauben bekehrte. Ihm folgten seine Frau und auch der Hofstaat, womit die Grundlage zur **„Buddhisierung" des gesamten Reiches** gegeben war – es ist eine historische Tatsache, daß ein Volk neue Religionen oder Lebensweisen immer dann akzeptierte, sobald seine Elite diese angenommen hatte. Wie der Herr, so's Gescherr!

Zur Erinnerung an das denkwürdige Ereignis wurde der Hügel von nun an Mihintale genannt („Plateau des Mahinda"). Zahlreiche Könige verewigten sich dort durch die Errichtung religiöser Bauten.

Sehenswertes

An der Nordwestseite des Hügels von Mihintale steht die **Idikatu Dagoba,** die unter König *Kalakanni Tissa* (reg. 40-20 v. Chr.) erbaut wurde und Teil einer größeren Klosteranlage war. Südlich davon befindet sich der idyllische **Kaludiya Pokuna** („Teich des schwarzen Wassers").

Ambasthala Dagoba

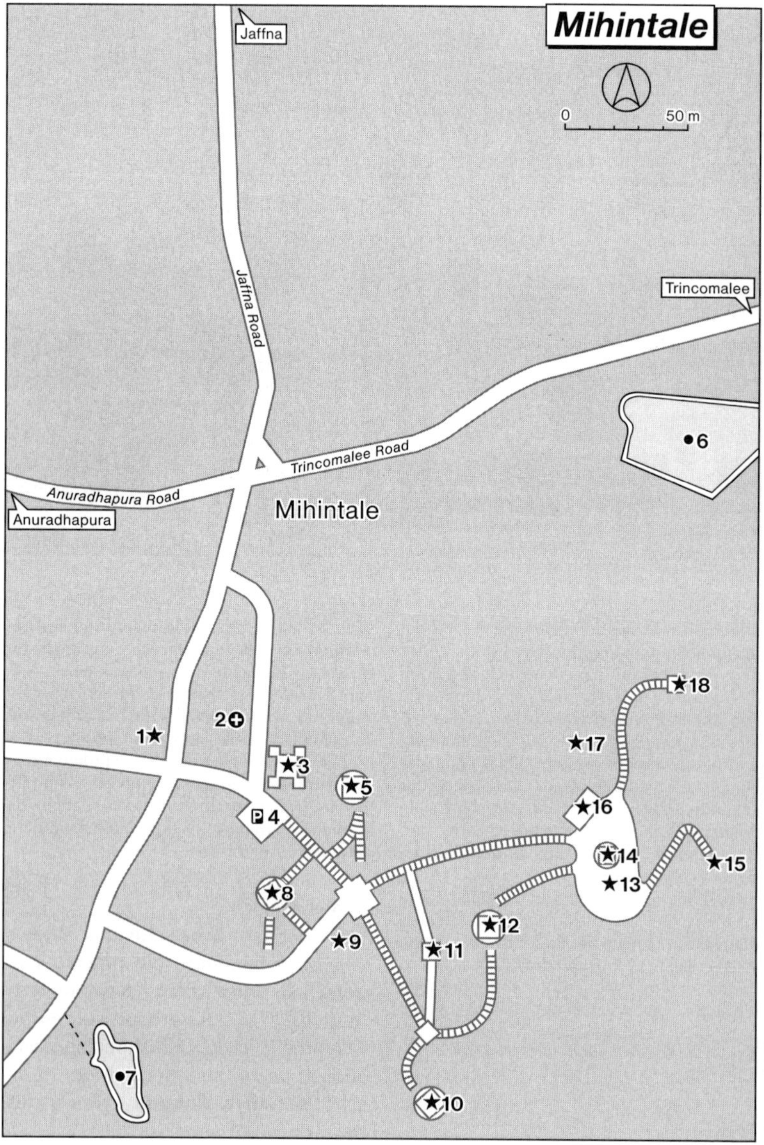
Mihintale
0
50 m
Jaffna
Jaffna Road
Trincomalee
Trincomalee Road
Anuradhapura Road
Anuradhapura
Mihintale
6
7
1
2
3
4
5
8
9
10
11
12
13
14
15
16
17
18

★	1	Idikatu Dagoba
✚	2	Krankenhaus
★	3	Quinanx
P	4	Parkplatz
★	5	Giribandhu Dagoba
•	6	Hammillewa Wewa
•	7	Kaludiya Pokuna
★	8	Kantaka Cetiya Dagoba
★	9	Sinha Pokuna
★	10	At Dagoba
★	11	Naga Pokuna
★	12	Mahaseya Dagoba
★	13	Königs-Statue
★	14	Ambasthala Dagoba
★	15	Sila-Felsen
★	16	Klosteranlagen, Kassenhaus
★	17	Großer Buddha
★	18	Mahindas Bett

142sr Foto: rk

Der Aufstieg zum Hügel beginnt auf einer langen, sachte ansteigenden **Granit-Treppe,** die aus (angeblich) 1.840 Stufen besteht und im 8. Jh. von König *Maha Dailiya Mana* in Auftrag gegeben wurde. Die Treppe wird von weiß blühenden, extrem wohlriechenden Frangipani-Bäumen flankiert, die in Sri Lanka auch „Tempelblumen-Bäume" genannt werden.

Vorbei an der **Giribandhu Dagoba,** führt der Hauptweg über die Treppe links weiter zu einem Kassenhaus (50 Rs. Eintritt) und dahinter zur **Ambasthala Dagoba,** der „Dagoba des Mango-Baumes". An dieser Stelle soll *Mahinda* gestanden haben, als der König ihn zum ersten Male erblickte. Die Statue, die in Richtung Dagoba schaut, soll den König selber darstellen und auch seine genaue Position bei dem denkwürdigen Treffen angeben. Die sechs Meter hohe Ambasthala Dagoba wurde von König *Maha-Dathika Maha-Naga* (reg. 9-21) erbaut, wobei Mahindas Asche als Reliquie mit eingemauert wurde. Nach Fertigstellung der Dagoba sollen sich um sie 24.000 Mönche zu einem riesigen Fest eingefunden haben.

An ihrer Nordseite wird die Dagoba von einer neueren, blendend-weißen **Figur eines sitzenden Buddha** überblickt. Eine Treppe führt zu dem auf einem Felsen thronenden Buddha hinauf.

Sitzender Buddha

Weiter östlich von der Ambasthala Dagoba erhebt sich der **Sila-Felsen,** der bestiegen werden kann und von dem sich eine hervorragende Fernsicht bietet.

An der Nordseite des Geländes um die Ambasthala Dagoba führt ein felsiger, unbequemer Weg (die Schuhe sind am Kassenhaus zurückzulassen!) zu einem überdachten Felsvorsprung, der als **Mahindas Bett** bezeichnet wird. (Am besten läßt man sich von einem der Mönche hinführen.) Hier soll Mahinda genächtigt haben. Am Boden sieht man eine rechteckige Markierung, die die Lagerstatt abgrenzt; diese wurde jedoch erst viel später angebracht. Irgendwann einmal wurde die Stelle auch von Dieben aufgebuddelt, die dort immense Schätze vermuteten – vergebens. Von der Schlafstelle bietet sich ein herrlicher Ausblick auf die Landschaft, und man kann sich auch gut vorstellen, wie Mahinda sich hier zur Meditation niedersetzte.

Wieder vorbei an der Ambasthala Dagoba, gelangt man über eine in den Fels gehauene Treppe zur 21 m hohen **Mahaseya Dagoba,** einem Bau von König *Devanampiya Tissa* aus dem Jahre 243 v. Chr. Einige vage Überlieferungen sprechen davon, daß darin ein einzelnes Haar des Buddha eingemauert wurde, möglicherweise handelt es sich dabei aber um eine Verwechslung mit der folgenden Dagoba. König *Lajji Tissa* (reg. 112-112 v. Chr.) soll die Mahaseya Dagoba mit einer zusätzlichen Steinschicht umgeben haben; glaubt man der „Mahavansa“, zu Kosten von „100.000 Geldstücken“.

Von hier kann man eine weitere Anhöhe erreichen, auf der die **At Dagoba** (auch: *Aet Dagoba*) errichtet wurde (*at/aet* = „Elefant mit Stoßzähnen“). Über ihre Entstehungsgeschichte ist nicht viel bekannt, wahrscheinlich stammt sie aus der Epoche König Bhatiya Tissas, zu Beginn unserer Zeitrechnung. In der Dagoba soll ein Haar des Buddha aufbewahrt sein, das auf seiner Stirn, etwas über der linken Augenbraue wuchs. Ob mit dem „Stoßzahn“ dieses Haar gemeint war?

Nordwestlich der At Dagoba gelangt man zum „Löwenteich“, **Sinha Pokuna,** dessen Wasser aus einem steinernen Löwenkopf floß. Am Teich sind auch einige Reliefs zu sehen. Das Wasser wurde aus dem höher gelegenen **Naga Pokuna** oder „Schlangenteich“ hierhin geleitet.

Die weiter westlich gelegene **Kantaka Cetiya Dagoba** stammt aus dem 1. Jh. v. Chr., war lange überwuchert gewesen und wurde erst in den Jahren 1923-35 wieder freigelegt. Die Zeit hat sie jedoch nicht unbeschädigt überstanden, und heute ist sie nur noch 12 m hoch, von ursprünglich vielleicht 30 m. An den vier Kardinalspunkten sind schöne Reliefs zu sehen, so z.B. von Wildgänsen und Zwergen.

Eintritt

Der Eintritt zum Kern der Anlage, Ambasthala Dagoba, Mahaseya Dagoba und „Mahinda's Bett“, kostet 50 Rs. Die Bereiche westlich davon können kostenlos besucht werden.

Unterkunft/Essen

- Im kleinen **Mihintale Hotel** (Tel. 025-66599; Buchungen auch bei der Ceylon Hotels Corporation, Travel Bureau, 411 Galle Rd., Colombo 4, Tel. 01-503497, 503558, Fax 94-1-503504) gibt es EZ/DZ mit Bad und AC zu 27 US$, Dreierzimmer zu 33 US$, dazu 10% SC und 10% St. Das hauseigene Restaurant wird auch von Tourgruppen angesteuert.

Die Mahaseya Dagoba

Anreise

- Vom Old Bus Stand in Anuradhapura fahren regelmäßige **Busse** nach Mihintale, das am Kreuzpunkt von A 12 (Puttalam – Trincomalee) mit der A 9 (Kandy – Jaffna) liegt. Alle Busse Richtung Trincomalee passieren Mihintale. Fahrzeit ca. 20 Min.
- **Taxis** ab Anuradhapura sollten für Hin- und Rückfahrt, inklusive Wartezeit von 1-2 Std., ca. 500 Rs. kosten.

604sr Foto: Ingo Hothan

Gesundheitstips für Fernreisen

Das folgende Kapitel des Autors Dr. med. Christian Jäck ist dem „Anhang für Fernreisende“ im Reise Know-How Sachbuch **„Wo es keinen Arzt gibt“** entnommen.

Es wird darauf hingewiesen, daß es sich um allgemeine Informationen für Fernreisen handelt und nicht alle hier behandelten Krankheiten und Vorsichtsmaßnahmen speziell nur für **Sri Lanka** gelten.

Wichtiges vor Reiseantritt

Vor jeder Reise sollten Sie sich über einige medizinische Dinge Gedanken machen. So sollten Sie klären, wie Ihr **Versicherungsschutz** im Ausland aussieht und, wenn nötig, eine **Zusatzversicherung** abschließen. Ausserdem ist ein Gang zum **Zahnarzt** empfehlenswert, damit beginnende Schäden entdeckt und behoben werden können; eine zahnärztliche Behandlung in den Tropen ist meist beschwerlicher.

Auch wenn Sie „rundum gesund" sind, sollten Sie mit Ihrem **Hausarzt** über Ihr Reisevorhaben sprechen, bei Impfungen und Zusammenstellung der Reiseapotheke kann er Sie beraten.

Unerläßlich ist ein Arztbesuch, falls Sie ungeklärte Befindlichkeitsstörungen oder Krankheitssymptome aufweisen. Insbesondere Personen mit **chronischen Krankheiten** (z.B. Asthma, Diabetes, Bluthochdruck) müssen entsprechende Vorsichtsmaßnahmen kennen, um sich nicht unnötig zu gefährden.

Impfungen und Prophylaxe

Eine sinnvolle **Impfplanung** ist ein wichtiger Bestandteil der Reisevorbereitungen. Unser Körper kann auf verschiedene Art vor (manchen) Krankheiten geschützt werden:

Aktive Impfung

Hier werden dem Körper lebendige oder abgetötete Krankheitserreger oder von den Erregern gebildete Giftstoffe (Toxoide) zugeführt. Sie sind nicht vermehrungsfähig und lösen keine Erkrankung aus. Diese Form der Impfung ermöglicht es dem Immunsystem, innerhalb einiger Tage oder Wochen Abwehrstoffe und ein **langanhaltendes „Abwehrgedächtnis"** gegen die Krankheit zu bilden.

Passive Impfung

Hier werden dem Körper Abwehrstoffe in Form einer Injektion zugeführt; bei Aufnahme über den Mund würden die Eiweißmoleküle einfach verdaut und damit unwirksam. Das körpereigene Immunsystem wird durch die Impfung nicht beeinflußt; zur Krankheitsbekämpfung stehen nur die gespritzten Immunglobuline zur Verfügung, diese werden innerhalb der nächsten Wochen abgebaut, Impfschutz besteht **kaum länger als 3 Monate.**

Chemoprophylaxe

Dies ist keine Impfung, sondern eine Behandlung mit einem **Antibiotikum in niedriger Dosis,** solange man sich in Infektionsgebieten befindet und eine Zeit als Schutzfrist darüber hinaus. Kommt nur bei Malaria in Frage.

Schwangerschaft und Impfungen

Wie bei jedem Medikament sollte in der Schwangerschaft besonders zurückhaltend vorgegangen werden, und Impfungen sollten möglichst in die Zeit davor oder danach verschoben werden.

Folgende Impfungen können als **unbedenklich** gelten: Hepatitis B, Polio, Tetanus. **Nicht zu empfehlen** sind Diphtherie, FSME, Hepatitis A, Japanische Encephalitis, Meningokokken-Meningitis, Tollwut (außer bei Kontakt mit tollwütigem / tollwutverdächtigem Tier) und Typhus Impfungen. **Nicht geimpft werden** darf eine Schwangere gegen Masern, Röteln und TB.

Impfungen für Kinder

Bei Kindern sollte auf den altersgemäßen Impfschutz für die im folgenden empfohlenen Impfungen geachtet werden. Besonders wichtig: Tetanus, Diphtherie, Polio (jeweils ab dem 3. Lebensmonat) und Masern (normalerweise ab dem 15. Lebensmonat, vor Reisen ab 7. Lebensmonat möglich.

Zusätzliche Impfungen für Kinder sind Tuberkulose (kann schon in der ersten Lebenswoche geimpft werden und empfiehlt sich bei Langzeitaufenthalten von Kindern in tropischen Ländern); Keuchhusten = Pertussis (zusammen mit Tetanus/Diphtherie); HIB = *Hämophilus Influenzae B* (dies ist ein bakterieller Erreger, der mit Kehlkopfentzündungen und Pseudokruppanfällen bei Kleinkindern in Verbindung gebracht wird, die Impfung erfolgt gleichzeitig mit Tetanus/Diphtherie) sowie Mumps und Röteln (üblich in Kombination mit der Masernimpfung).

Bei entsprechender Risikosituation gelten folgende Impfungen für Kinder als unbedenklich: FSME (nicht unter 1 Jahr), Hepatitis B, Japanische Encephalitis (ab 4. Lebensmonat), Meningokokken-Meningitis, Tollwut und Typhus (ab 4. Lebensmonat). Cholera und Gelbfieber dürfen ab dem 7. Lebensmonat geimpft werden.

Reiseunabhängige Impfungen

Nicht nur für Traveller, sondern für jeden, der verantwortungsbewußt mit sich umgeht, sind einige Impfungen unerläßlich.

Vor einer reisebezogenen Impfplanung sollte deshalb dieser **„Basisimpfschutz"** überprüft und erforderlichenfalls ergänzt werden. Alle folgenden Impfungen sind zur Krankheitsvorbeugung im Inland vom Bundesgesundheitsamt empfohlen, die Impfkosten werden von den Krankenkassen gezahlt.

• **Tetanus (Wundstarrkrampf):** Dies ist eine aktive Impfung (Toxoid); ausreichender Impfschutz besteht nach der zweiten von drei Spritzen, die innerhalb eines Jahres als Grundimmunisierung verabreicht werden. Danach muß nur noch **alle 10 Jahre** mit einer Dosis **aufgefrischt** werden, im Verletzungsfalle frischt man sicherheitshalber bereits nach 5 Jahren auf. Die Grundimmunisierung wird meist bei Kleinkindern durchgeführt, oftmals wird es jedoch versäumt, den Schutz aufzufrischen.

Die Impfung ist sehr gut verträglich, ein Zeitabstand zu anderen Impfungen ist nicht erforderlich. Eine einmalige Auffrischung genügt auch dann, wenn die letzte Impfung länger als 10 Jahre zurückliegt.

• **Polio (Poliomyelitis, Kinderlähmung):** Bekannt ist die Schluckimpfung gegen Kinderlähmung. Sie wird seit kurzem nicht mehr empfohlen, statt dessen wird ein Totimpfstoff zur Injektion verwendet, der bald auch als Kombinationspräparat mit Tetanus und Diphtherie auf den Markt kommen soll. Der zeitliche Ablauf des Impfschemas ist derselbe wie bei der Tetanusimpfung, auch hier genügen Auffrischungen alle 10 Jahre. Wegen des irreführenden Begriffes „Kinderlähmung" werden die Auffrischungen im Erwachsenenalter meist versäumt, es handelt sich jedoch um keine Kinderkrankheit! Auch in Deutschland erkranken jedes Jahr einige Dutzend Menschen an Polio. In südlichen Ländern ist das Risiko wesentlich höher, weltweit sind es etwa 300.000 Neuerkrankungen jährlich. Eine kausale Behandlung für die bereits ausgebrochene Polio gibt es nicht, es bleiben meist Schäden an Muskulatur und Nervensystem zurück. Der Impfstoff ist gut verträglich, er kann mit vielen anderen Impfungen gleichzeitig verabreicht werden.

• **Diphtherie:** Eine fast vergessene Krankheit, die durch konsequente Impfung in den 50er Jahren schon fast ausgerottet schien, inzwischen jedoch wegen zunehmender Impfmüdigkeit **wieder auf dem Vormarsch** ist. In den Ländern der ehemaligen Sowietunion erkranken jährlich Zehntausende. Aufgrund der geöffneten Grenzen könnte eine Epidemie auch auf Deutschland übergreifen.

Die Erkrankung wird durch Ausscheidungsprodukte (Toxine) des Erregers *Corynebacterium diphtheriae* hervorgerufen, sie beginnt mit einer Entzündung im Rachen und kann deshalb anfangs für eine Mandelentzündung gehalten werden. Im Verlauf kann eine Schädigung von Herz und Nervensystem auftreten, dann ist die Behandlung schwierig. Der Impfstoff ist ein Toxoid und schützt nicht vor dem Erreger, sondern nur vor dessen Toxin.

Kinder werden meist kombiniert gegen Tetanus und Diphtherie geimpft, auch für Erwachsene gibt es einen Kombinationsimpfstoff für diese beiden Krankheiten, in diesem ist eine geringere Menge Diphtherietoxoid als im Kinderimpfstoff. Am besten sollte man die Tetanusauffrischung alle 10 Jahre mit dem **Kombinationsimpfstoff Tetanus/ Diphtherie** durchführen. Auch wenn seit der letzten Diphtherieimpfung mehr als 10 Jahre vergangen sind, genügt eine Auffrischung.

●**Röteln:** Jede Frau im gebärfähigen Alter sollte über einen Schutz vor Röteln verfügen, dieser kann aus der durchgemachten Erkrankung oder von einer Impfung stammen. **Röteln in der Schwangerschaft** können zu schweren Mißbildungen des Embryos führen. Im Zweifelsfall kann durch eine Blutentnahme geprüft werden, ob eine Frau über ausreichend Antikörper verfügt und gegebenenfalls nachgeimpft werden muß.

Es handelt sich um einen Lebendimpfstoff aus abgeschwächten Rötelnviren, zu einigen anderen Impfungen muß ein Zeitabstand eingehalten werden. Eine Schwangerschaft soll 2 Monate vor bis 3 Monate nach der Impfung sicher verhütet werden. Um die Krankheit insgesamt einzudämmen, wird die Impfung auch für Jungen empfohlen.

Impfungen für Fernreisende

Für den Fernreisenden kommen eine Reihe weiterer Impfungen in Betracht, dies sind zum einen Pflichtimpfungen, die von den Einreisebehörden bestimmter Länder gefordert werden, zum anderen Schutzimpfungen, deren Durchführung ins eigene Ermessen gestellt ist. Zur Zeit werden die Kosten für reisebedingte Impfungen nicht von der gesetzlichen Krankenversicherung übernommen, d.h. der Impfstoff und evtl. die Arztkosten für die Durchführung der Injektion müssen aus eigener Tasche bezahlt werden.

Pflichtimpfungen im Reiseverkehr gab es früher für Pocken, Cholera und Gelbfieber. Die Impfpflicht für **Pocken** wurde abgeschafft, da die Krankheit als ausgerottet gilt.

Es gibt Impfungen gegen eine Reihe weiterer Infektionskrankheiten. Hierzu muß jeder sein individuelles Risiko selbst abschätzen.

●**Cholera** ist eine Darminfektion, die zu starken Durchfällen führt. Durch schlechte hygienische Bedingungen (Flüchtlingslager, Naturkatastrophen) wird die Ausbreitung begünstigt. Zu Beginn der 90er Jahre hat die Krankheitshäufigkeit stark zugenommen, damals traten die meisten Fälle in Südamerika auf. Inzwischen geht die Zahl an Erkrankten zwar zurück, der Anteil der tödlichen Verläufe ist jedoch steigend. Die Hauptverbreitungsgebiete liegen jetzt in Afrika (80% aller weltweit gemeldeten Fälle), Lateinamerika und Asien.

Der Impfstoff enthält inaktivierte Erreger der Bakterienart Vibrio cholerae, ein Zeitabstand zu anderen Impfungen ist nicht erforderlich. Während der Schwangerschaft darf keine Impfung erfolgen. Normalerweise werden 2 Injektionen im Abstand von 2 Wochen geimpft. Der Impfschutz soll 6 Monate anhalten. Leider hat sich gezeigt, daß die Impfung weder zuverlässig vor Ansteckung schützt, noch die Weitergabe der Erreger eindämmt. Daher hat die Weltgesundheitsorganisation (WHO) den nationalen Gesundheitsbehörden empfohlen, auf eine Impfpflicht für Cholera zu verzichten. Derzeit gibt es in keinem Staat eine offizielle Choleraimpfpflicht. In der Praxis sieht es jedoch manchmal anders aus: Einige afrikanische Staaten (z.B. Angola, Nigeria, Sudan) fordern die Impfung entgegen den offiziellen Bestimmungen von jedem Einreisenden, andere Länder (z.B. Kuweit) nur von Reisenden, die aus einem Infektionsgebiet kommen, in Indien wird gelegentlich auch von Inlandsreisenden mit Aufenthalt in einem lokalen Epidemiegebiet eine Impfung verlangt. Zur Eindämmung von Choleraepidemien wären allerdings hygienische Maßnahmen, insbesondere Trinkwasserhygiene, von größerem Nutzen. Wer Länder bereisen will, die möglicherweise die Impfung verlangen, sollte sich bereits hier impfen lassen. Zur Impfbescheinigung genügt eine Injektion, die vollständige Impfung besteht aus 2 Injektionen im Abstand von 1-4 Wochen, Kosten ca. 20 DM pro Ampulle.

Neue orale Impfstoffe sind in Erprobung und können bei Reisen in ein Epidemiegebiet sinnvoll sein (z.B. Orochol®, Schluckimpfung in Einmalgabe, in der Schweiz eingeführt und über internationale Apotheken zu beziehen, Kosten rund 40 DM). Keine Impfung darf jedoch dazu verführen, Hygienemaßnahmen zu vernachlässigen. (Siehe auch Kapitel Durchfall.)

●**Tollwut (Rabies):** Für diese Viruserkrankung, die durch infizierte, also erkrankte Tiere übertragen wird, gibt es keine kausale Behandlung. Beim Betroffenen kommt es zu verschiedenen Lähmungserscheinungen, wobei Schluckstörungen und die Lähmung der Atemmuskulatur normalerweise tödlich verlaufen. Die Krankheit kommt nahezu weltweit vor, prinzipiell können alle Säugetierarten befallen werden, meist geschieht die Übertragung durch Biß- oder Kratzwunden von Hunden, Katzen oder Wildtieren (z.B. Füchsen, Mardern, Fledermäusen).

Die WHO empfiehlt die Tollwut-Impfung, bestehend aus drei Injektionen, vor Fernreisen, die in besonders tollwutgefährdete Gebiete führen, insbesondere wenn keine Gesundheitsstation in der Nähe ist. Die Tollwut-Impfung kann auch nach der erfolgten Übertragung, evtl. in Kombination mit einem passiven Impfstoff, erfolgreich angewendet werden. Auch der gegen Tollwut Geimpfte muß bei Kontakt mit einem tollwütigen/tollwutverdächtigen Tier nachgeimpft werden, jedoch vereinfacht sich das Impfschema.

• **Hepatitis A:** Die sogenannte **infektiöse Gelbsucht**. Gegen diese Virusinfektion gab es lange nur die passive Impfung mit Immunglobulinen. Inzwischen sind gute Erfahrungen mit der aktiven Totimpfung (Handelsname: *Havrix®*) gemacht worden. Es wird 3 mal geimpft, Abstand zwischen 1. und 2. Impfung 2-4 Wochen, dann nach 6-12 Monaten. Ab der 2. Impfung besteht Schutz für 1 Jahr, nach der 3. für ca. 10 Jahre. Ein Zeitabstand zu anderen Impfungen ist nicht erforderlich. Bei dem neuen Präparat *Havrix®* 1440 besteht schon kurz nach der ersten Injektion Impfschutz; die Auffrischung soll nach 6-12 Monaten erfolgen, dann alle 10 Jahre. Preis: etwa DM 120 pro Spritze.

• **Hepatitis B:** Die sogenannte **Serum- oder Transfusionshepatitis.** Mehrere Totimpfstoffpräparate sind seit Jahren im Einsatz und gut verträglich. Die Grundimmunisierung besteht (je nach verwendetem Präparat) aus drei bis vier Impfungen innerhalb eines Jahres, Auffrischungen alle 5 Jahre oder nach Blutkontrolle. Es ist kein Zeitabstand zu anderen Impfungen notwendig. Eine Impfdosis kostet um 120 DM.

• **Typhus:** Für diese bakterielle Darminfektion, die durch eine Salmonellenart hervorgerufen wird, steht eine Schluckimpfung mit nicht krankmachenden lebenden Bakterien zur Verfügung. Bei Reisen in Länder mit niedrigem Hygienestandard sollte man besser diese Impfung erwägen.

Es müssen je eine Kapsel unzerkaut an den Tagen 1, 3 und 5 eingenommen werden. Zur Polio-Schluckimpfung ist ein Abstand von 2 Wochen nötig. Die Impfung sollte mindestens 1 Woche vor Reiseantritt abgeschlossen sein und schützt etwa 1 Jahr; drei Kapseln vom Präparat *Typhoral L®* kosten ca. 35 DM. Während der Impfung dürfen keine Antibiotika oder Malariamittel genommen werden, d.h. die Typhusimpfung muß vor Beginn der Malariaprophylaxe abgeschlossen sein. Mit der Malariaprophylaxe kann 3 Tage nach Einnahme der letzten Kapsel begonnen werden.

• **Japanische Encephalitis:** Diese durch Viren ausgelöste Form der Hirn- und Hirnhautentzündung wird in SO-Asien und im Westpazifik, besonders während der Sommermonsunzeit, durch nachtaktive Stechmücken übertragen. Mindestens 50.000 Neuerkrankungen treten jedes Jahr auf. Symptome sind hohes Fieber, Kopfschmerzen, Nackensteifigkeit und Lähmungserscheinungen. Ein Drittel der Erkrankten erliegt diesem Leiden.

Bei längerem Aufenthalt in ländlichen Gebieten der Endemie-Regionen ist die aktive Impfung zu empfehlen. Der Impfstoff ist in Deutschland nicht zugelassen, aber über internationale Apotheken importierbar. Erforderlich sind zwei Impfungen im Abstand von 2 Wochen, der Impfschutz beginnt allerdings erst 1 Monat nach der zweiten Impfung. Bei Bedarf nach einem Jahr auffrischen. Abstand zu anderen Impfungen ist nicht erforderlich.

Weitere Impfungen

Weitere Impfungen gibt es gegen **Masern** (wichtig für Kleinkinder), **Tuberkulose** (BCG-Impfstoff; daran erkranken Fernreisende nur selten, obwohl die Krankheit in vielen Ländern weit verbreitet ist). Die Impfung gegen **Meningokokken-Meningitis** – eine Hirnhautentzündung, die von bestimmten Bakterien (Meningokokken) verursacht wird – (Endemiegebiete: trop. Afrika, Indien, Nepal, Golfstaaten) wird von manchen Staaten bei Einreise aus einem Infektionsgebiet verlangt. Außerdem existiert eine Impfung gegen die von Zecken übertragene **FSME,** die insbesondere in Süddeutschland und Osteuropa auftritt.

Die bisher oft empfohlene passive **Immunisierung mit Gammaglobulinen** (z.B. *Beriglobin® S*), die insbesondere zum Schutz vor einer Hepatitis A durchgeführt wurde, dürfte an Bedeutung verlieren, nachdem jetzt eine aktive Impfung gegen diese Lebererkrankung möglich ist (s. oben). Natürlich enthalten die Gammaglobulin-Präparate noch eine Reihe anderer Antikörper gegen verschiedene weitere Infektionskrankheiten, so daß man in der Abwehr mancher Infekte besser gerüstet ist. Jedoch ist nur ein kurzandauernder Effekt für etwa 3 Monate zu erwarten, und die unkritische Anwendung dieser Medikamente kann auch Gefahren mit sich bringen: Eine allergische Reaktion auf das menschliche Eiweiß ist möglich, die Wahrscheinlichkeit dazu steigt mit jeder Auffrischungsimpfung.

Wer sich trotzdem dazu entschließt, muß mit Kosten um 50 DM rechnen. Die Injektion sollte man erst 2 Wochen nach Abschluß aller anderen Impfungen kurz vor Reiseantritt durchführen lassen.

Zeitplan für Impfungen

Alle Impfungen sollte man im internationalen gelben Impfausweis dokumentieren lassen! Er ist erhältlich über den Hausarzt oder bei Reisebüros. Zuerst überlegen, welche Impfungen man durchführen will, je nach Reiseland oder -kontinent kann die Entscheidung unterschiedlich ausfallen. Ein Zeitplan für Erwachsene könnte so aussehen:

- **2 Monate vor Reiseantritt:**
Auffrischimpfungen für Tetanus/Diphtherie und Polio, falls erforderlich.
- **6 Wochen vor Reiseantritt:**
Hepatitis A und B, aktiv; 1. Impfdosis.
- **1 Monat vor Reiseantritt**:
Gelbfieber, falls erforderlich oder bei geplantem Aufenthalt in Endemiegebieten Afrikas oder Südamerikas.
- **3 Wochen vorher:**
Typhusschluckimpfung, falls gewünscht, drei Kapseln.
- **2 Wochen vor Reiseantritt:**
Hepatitis A und B, aktiv; 2. Impfdosis.
- **1 Woche vor Reiseantritt:**
Malariaprophylaxe beginnen.

Wer zusätzlichen Schutz gegen FSME oder Japanische Encephalitis wünscht, sollte diese Impfungen vor dem oben genannten Programm durchführen lassen. Falls eine orale Choleraimpfung geplant ist, sollte diese 1 Woche nach der Typhusimpfung und 1 Woche vor Beginn der Malariaprophylaxe erfolgen.

Impfvorschriften

Naher und Mittlerer Osten	G, M
Indien/Nepal	G, M
Sri Lanka	G, M
Malediven	G
China	G, M
Hongkong/Taiwan	-
Thailand/Malaysia	G, M
Singapur	G
Indonesien	G, M
Philippinen	G, M

G: Gelbfieberimpfung nicht notwendig, aber vorgeschrieben bei Einreise aus einem Gelbfieberendemiegebiet
M: Malariaimpfung nicht vorgeschrieben, vor der Abreise ist jedoch die individuelle Beratung durch einen Arzt erforderlich

Malaria und ihre Verhütung

Die Beschäftigung mit dieser Krankheit sollte bereits im Stadium der Reisevorbereitung erfolgen, da je nach Reiseziel verschiedene Prophylaxemaßnahmen sinnvoll sind. Heute erscheint uns die Malaria als die **Tropenkrankheit schlechthin**, sie hatte jedoch früher ein wesentlich größeres Verbreitungsgebiet, das um 1500 noch Deutschland und

England einschloß. Mit der Erschließung der Landschaft und dem Trockenlegen von Sümpfen hat die geographische Ausbreitung abgenommen, so daß sich ihr Vorkommen heute weitgehend auf die tropischen Regionen beschränkt. Dennoch hat die Krankheit nichts an Gefährlichkeit eingebüßt, derzeit leben rund 2 Milliarden Menschen in ihrem Expositionsbereich, und bisher bewährte Malariamittel verlieren als Vorbeugung und Behandlung an Wirksamkeit. Jedes Jahr treten mehrere hundert Millionen Neuerkrankungen auf, von denen etwa 1 % tödlich verläuft.

Erreger der Krankheit sind Protozoen, einzellige tierische Kleinlebewesen der Gattung Plasmodium; für den Menschen sind vier Arten von Bedeutung: *Plasmodium vivax, Pl. ovale, Pl. malariae und Pl. falciparum.*

Die 5-8 mm großen Weibchen der Fiebermücke (engl. mosquito) Anopheles übertragen beim Stich die Plasmodien und bringen sie in den menschlichen Körper, wo sie sich in einem komplizierten Zyklus in Blut und Leber vermehren und dann, nach einer Inkubationszeit von meist 10 bis 35 Tagen die ersten Krankheitszeichen hervorrufen. Anfangs sind das **vieldeutige Symptome,** meist Schüttelfrost, unregelmäßiges Fieber, Kopf- und Gliederschmerzen; gerade in diesem Anfangsstadium ist es wichtig, eine Malariaerkrankung in Betracht zu ziehen, um die richtige Behandlung zu beginnen. Im weiteren Verlauf kommt es dann zu den für die jeweilige Art typischen **Fieberschüben.**

- *Plasmodium vivax* kommt weltweit vor und ruft die **Malaria tertiana** („Dreitagesfieber") hervor, die Bezeichnung ist mißverständlich gewählt: erster Tag Fieber, zweiter Tag fieberfrei, dritter Tag erneuter Fieberschub.

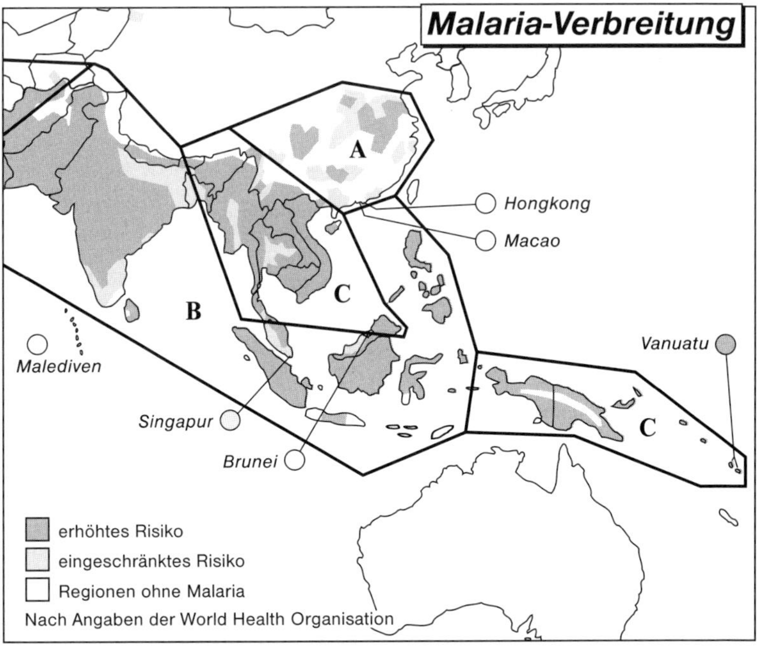

• *Plasmodium ovale* ist in tropischen Gebieten Afrikas und Asiens heimisch und ebenfalls ein Erreger der **Malaria tertiana**. Die beiden Tertianaformen verlaufen nicht lebensbedrohlich, es kann jedoch zu späteren Rückfällen, auch noch nach Jahren, kommen. Behandelt wird mit *Chloroquin*.

• *Plasmodium malariae* ist weltweit in dauerwarmen Gebieten vertreten und verursacht die **Malaria quartana** (ein Tag Fieber, zwei Tage fieberfrei, am 4. Tag wieder Fieberanstieg). Dieser Erkrankungstyp ist selten, sein Verlauf ebenfalls nicht lebensbedrohend.

• Am gefährlichsten ist *Plasmodium falciparum*, der Erreger der **Malaria tropica**, der weltweit in tropischen und subtropischen Gegenden vorkommt. Dies ist ein deutscher Ausdruck, im Ausland wird man besser verstanden, wenn man von *Falciparum-Malaria* spricht. Bei dieser Form kann es auch zu Dauerfieber oder schnellem körperlichem Verfall ohne Fieber (durch Zerfall der lebenswichtigen roten Blutkörperchen) kommen. Bei Gehirnbeteiligung kommen Schock und Koma dazu. Gerade bei dieser Malariaform, die unbehandelt bei jedem Fünften zum Tode führt, trat in den letzten Jahren eine **bedrohliche Resistenzentwicklung** ein, d.h., daß die Erreger auf bisher wirksame Medikamente nicht mehr ansprechen und neuere Präparate oder Kombinationen mehrerer Mittel eingenommen werden müssen.

Die **Fieberkurven** verlaufen nicht immer so streng nach Zeitplan, wie es die Theorie beschreibt, durch Abwehrvorgänge können die Erreger aus ihrem Zeittakt gebracht werden, bei zeitversetzter Mehrfachinfektion treten überlagerte Fieberrhythmen auf. Wegen des langen Vorstadiums (Inkubationszeit) kann eine Malaria auch noch **Wochen nach der Heimkehr** ausbrechen. Daher müssen die Prophylaxemittel bis 4 Wochen nach Verlassen des Malariagebietes eingenommen werden. Eine Malaria tropica ist danach nicht mehr zu erwarten; die anderen, nicht so bedrohlichen Formen, können in der Leber „überwintern" und auf ihre Chance warten, bei einer Schwäche des Abwehrsystems noch nach Jahren eine Malaria zu verursachen.

Im Erkrankungsfall ist eine sichere Klassifizierung des vorliegenden Erregertyps nur durch die mikroskopische Untersuchung eines Blutausstriches möglich. Die Ärzte in Malariagebieten kennen aber meist „ihre" Plasmodien. Im Zweifelsfall muß immer so behandelt werden, als sei es Tropica.

Daten zur Resistenzsituation werden von der Weltgesundheitsorganisation WHO ständig gesammelt, und aufgrund der neuesten Erkenntnisse jährlich überarbeitete Empfehlungen zur Malariaprophylaxe herausgegeben. Die Malariagebiete werden dabei in 3 Zonen eingeteilt (siehe Karte):

• **Zone A:** mit geringem Malariarisiko, *Pl. falciparum* tritt nicht auf oder spricht auf *Chloroquin* an.

• **Zone B:** mit geringem Malariarisiko, teilweise Chloroquinresistenzen.

• **Zone C:** mit hohem Malariarisiko und verbreiteten Resistenzen gegen *Chloroquin*, oft auch gegen *Fansidar®*.

• **Grenzgebiet Thailand/Kambodscha und Thailand/Myanmar:** Resistenzen gegen *Mefloquin* nehmen zu. Eine eigene Bezeichnung für dieses Gebiet existiert bisher nicht.

Auch eine den Empfehlungen entsprechende gewissenhaft durchgeführte Prophylaxe kann den Ausbruch der Krankheit nicht hundertprozentig verhindern – der Grund kann darin liegen, daß bei einer massiven Infektion die niedrigdosierte Prophylaxe in ihrer Wirkung nicht ausreicht, oder auch in der Ausbildung einer neuen Resistenz – aber zumindest wird die Schwere des Verlaufs abgemildert. Nötig ist dann die Behandlung mit einem anderen Medikament in entsprechend höherer Dosierung.

Malaria-Medikamente

• **Chinin** (engl. *Quinine*): Das älteste Malariamittel. Für die Prophylaxe nicht geeignet, wird aber wieder zunehmend **zur Therapie** eingesetzt. Darf auch in der Schwangerschaft zur Behandlung eingenommen werden und ist in dieser Situation für den Fötus weniger riskant als *Mefloquin* oder *Halofantrin*. Als häufige Nebenwirkungen sind Magen-Darm-

Störungen wie Übelkeit, Erbrechen und Durchfall zu nennen.

● **Chloroquin** (z.B. *Resochin®*): Zur Prophylaxe und Therapie in **Zone-A-Gebieten**. Auch während der Schwangerschaft und Stillzeit anwendbar. Vorsicht bei Schuppenflechte, Nieren- und Lebererkrankungen. Häufige Nebenwirkungen sind Appetitlosigkeit, Magenschmerzen, Übelkeit, Erbrechen, Durchfall, gelegentlich kommen Schlafstörungen, Schwindel, Kopfschmerzen und Sehstörungen vor. Chloroquin-Einnahme nicht auf nüchternen Magen, darf aber zum Essen genommen werden.

● **Proguanil** (*Paludrine®*): Zur Prophylaxe nur in Kombination mit *Chloroquin* in **Zone B, evtl. Zone C.** Anwendung in der Schwangerschaft und Stillzeit möglich. Nicht zur Therapie geeignet. Selten treten Verdauungsstörungen, Juckreiz und Hautausschläge auf. *Proguanil*-Einnahme nicht auf nüchternen Magen.

● **Sulfadoxin+Pyrimethamin** (*Fansidar®*): Wegen möglicher schwerer Nebenwirkungen nicht mehr zur Prophylaxe zugelassen. Kann zur Behandlung noch eingesetzt werden, jedoch wegen häufiger Resistenzen **nur in Afrika** empfehlenswert. Für Schwangere, Stillende und Kinder unter einem Jahr kommt das Mittel nicht in Frage. Unter der Einnahme kann es zu Übelkeit, Erbrechen, Kopfschmerzen und Hauterscheinungen kommen.

● **Sulfalen+Pyrimethamin** (*Metakelfin®*): Nicht zur Prophylaxe, zur Behandlung **nur in Afrika** empfehlenswert. Die möglichen Nebenwirkungen entsprechen denen von *Sulfadoxin+Pyrimethamin.* Das Mittel ist nicht für Schwangere, Stillende und Säuglinge geeignet.

● **Mefloquin** (z.B. *Lariam®*): Derzeit das Standardprophylaxemittel in **Zone-C-Gebieten,** kann auch zur Therapie eingesetzt werden. Zur Prophylaxe in der Schwangerschaft und Stillzeit nicht geeignet, da Schädigung des Fötus/Kindes nicht auszuschließen ist. Die Behandlung einer nachgewiesenen Malaria tropica ist auch während der Schwangerschaft und Stillzeit unter Abwägung des Risikos erlaubt. Nicht für Kleinkinder unter 15 kg. Vorsicht bei Herz-, Nieren- und Lebererkrankungen. Als häufige Nebenwirkungen gelten: Schwindel und Konzentrationsschwäche, hin und wieder kommen Kopf- und Gliederschmerzen, Herzklopfen, Übelkeit und Erbrechen vor. Selten kommt es zu Sehstörungen, Durchfall, Hautausschlägen.

● **Halofantrin** (*Halfan®*): Ein hochwirksames neues Mittel, das nur zur Therapie in **Hochresistenzgebieten** verwendet werden sollte, um die Resistenzsituation nicht weiter zu verschlimmern. Nicht in Schwangerschaft und Stillzeit nehmen. Gelegentliche Nebenwirkungen sind Übelkeit, Leibschmerzen, Durchfall, Schwindel und Kopfschmerzen, selten sind Hauterscheinungen. Da bei der Anwendung Herzrhythmusstörungen auftreten können, sollte das Präparat, außer im Notfall, nur unter ärztlicher Aufsicht und Kontrolle eingenommen werden. Die Einnahme soll nicht in zeitlicher Nähe zum Essen stehen: 1 Std. vor bis 3 Std. nach Medikation nicht essen.

● **Doxycyclin** (z.B. *Vibramycin®*): Ein Antibiotikum, das bisher vielfach bei Atemwegsinfekten verwendet wurde, hat sich auch als geeignet für die Malariaprohylaxe in **Zone-C-Gebieten** erwiesen. In der Schwangerschaft, Stillzeit und für Kinder unter 8 Jahren ist es jedoch nicht erlaubt. Mögliche Nebenwirkungen sind Hautreaktionen und zunehmende Lichtempfindlichkeit der Haut, die mit Rötung, Schwellung und Blasenbildung einhergeht. Daher auf verstärkten (Sonnen-) Lichtschutz achten. Am Morgen mit viel Flüssigkeit einnehmen.

● Neue Präparate auf **Artemisinin**-Basis werden derzeit in den Resistenzgebieten in Südostasien erprobt. Sie eignen sich nicht zur Prophylaxe und können zur Selbstbehandlung z. Z. nicht empfohlen werden.

Für alle Prophylaxen gilt: Eine Woche vor Abreise (bzw. vor Erreichen des Malariagebietes) mit der ersten Dosis beginnen, fortführen bis 4 Wochen nach Verlassen des Malariagebietes.

Die im folgenden angegebenen Behandlungs- und Dosisrichtlinien gelten für eine eigenverantwortliche **Notfallselbstbehandlung,** wenn ärztliche Hilfe nicht zur Verfügung steht. Es ist dringend anzuraten, danach einen Arzt aufzusuchen, auch wenn durch die Behandlung eine Besserung eintrat.

Prophylaxe und Selbstbehandlung in Zone A

Für die Prophylaxe in Zone-A-Gebieten sollte **ausschließlich Chloroquin** verwendet werden. Dosierung 2 Tbl. (bei Körpergewicht über 75kg 3 Tbl.) à 150 mg Base. Vorsicht: Im Beipackzettel ist meist zusätzlich eine höhere Zahl, 250 mg *Chloroquinphosphat* oder *Chloroquin-bis (dihydrogenphosphat)* genannt, der wirksame Anteil ist jedoch nur 150 mg Base (Gefahr der Unterdosierung!); unzerkaut nach dem Essen, einmal wöchentlich, immer am gleichen Wochentag.

Dieses Mittel ist während Schwangerschaft, Stillzeit und für Kinder unbedenklich. Zur altersabhängigen Dosierung bei Kindern gibt es Saft. Bei Aufenthalt lediglich in Städten oder großen Höhen kann auf Prophylaxe verzichtet werden. Bei verdächtigen Symptomen Sofortbehandlung mit Chloroquin: 600 mg Base sofort, nach 6 Stunden 300 mg, am 2. und 3. Tag je 300 mg.

Prophylaxe und Selbstbehandlung in Zone B

In Zone-B-Gebieten wird **zusätzlich zu Chloroquin** (Dosierung wie oben) **Proguanil** zur Prophylaxe eingenommen. Dosierung 1 x tgl. 2 Tbl. à 100 mg oder 2 x tgl. 1 Tbl. jeweils nach dem Essen. Auch für Schwangere, Stillende und Kinder geeignet. Sofortbehandlung, falls trotzdem Malariaverdacht besteht: Mefloquin (4 Tbl. à 250 mg initial, nach 6-8 Std. weitere 2 Tbl.). Geeignet wären auch *Chinin* (besonders für Schwangere, Dosierung siehe unten), *Sulfadoxin+Pyrimethamin* oder *Sulfalene+Pyrimetamin* (diese beiden in Afrika).

Prophylaxe und Selbstbehandlung in Zone C

Bei **Kurzzeitaufenthalten** (bis 3 Monate) in Zone-C-Gebieten wird **Mefloquin** zur Prophylaxe empfohlen. Studien zur Langzeitprophylaxe mit *Mefloquin* zeigen bisher gute Verträglichkeit und ausgezeichnete Wirksamkeit des Präparates, prinzipiell ist jedoch zu befürchten, daß bei flächendeckender Langzeitprophylaxe in diesen Hochrisikogebieten bald Resistenzen entstehen. Die Dosierung ist 1 Tbl. à 250 mg einmal pro Woche. Dieses Medikament ist während Schwangerschaft und Stillzeit sowie für Kinder unter 15 kg nicht zugelassen. Schwangere, Stillende und Kinder sollten die unter Zone B genannten Medikamente einnehmen. Wer Mefloquin nicht verträgt, kann ebenfalls auf die Zone-B-Präparate ausweichen, in Süd-Ost-Asiens Zone C ist diese Kombination jedoch wirkungslos.

Für **Langzeitaufenthalte** kommt außerdem als **Alternative Doxycyclin**, tgl. 1 Kps. à 100 mg, in Betracht, nicht jedoch während Schwangerschaft und Stillzeit, nicht für Kinder unter 8 Jahren. Eine trotzdem auftretende Malaria sollte mit Chinin, 3 x tgl. 500 mg für 7 Tage, behandelt werden. In den Gebieten mit Mefloquin-Resistenz wird zur Prophylaxe Doxycyclin empfohlen.

Der beste Malariaschutz ist, wenn die Mücke nicht sticht

Ein sinnvoller Malariaschutz beginnt bereits mit der gezielten Vermeidung von Mückenstichen. Die Anophelesmücken sind nachtaktive Tiere, daher gelten die Schutzmaßnahmen besonders zwischen Abend- und Morgendämmerung:

- Möglichst in mückengeschützten Räumen aufhalten.
- Langärmelige Kleidung, lange Hosen.
- Meiden dunkler Kleidung, diese zieht Stechmücken an.
- Eventuelles Auftragen von Repellents (insektenabwehrende Mittel) auf unbedeckte Hautstellen, geeignet sind *N,N-Diethyl-m-toluamid (DEET)*, Handelsname *Autan®*, und *Dimethylphthalat*, Handelsname *Garantol®*, im Ausland unter den chemischen Bezeichnungen erhältlich. Wirkdauer um 2 Stunden.
- Im Handel sind auch mit *DEET* imprägnierte Baumwollarmbänder, als Arm- und Knöchelband zu tragen, Preis um 30 DM, verschreibungspflichtig.

- Schlafen nur in mückenfreien Räumen. Engmaschige Gitter oder Vorhänge an Türen und Fenster, diese auf Löcher und undichte Stellen untersuchen. Ansonsten Türen und Fenster geschlossen halten. Vor dem Schlafen den Raum auf Mücken untersuchen – z.B. Fliegenklatsche verwenden.
- Unter Moskitonetz schlafen, falls der Schlafraum nicht mückenfrei zu bekommen ist.
- Insektizide sind in verschiedener Form im Handel wie Sprays, Elektroverdampfer, Räucherspiralen (mosquito-coils) und Lösungen zum Imprägnieren von Kleidung und Moskitonetz. Sie sollten nur eingesetzt werden, wenn mit den anderen Methoden keine ausreichende Wirkung erzielt wird, da die gesundheitliche Unbedenklichkeit dieser Substanzen nicht erwiesen ist.

Ausrüstung und Reiseapotheke

Denken Sie bei Reisen in heiße Länder an eine schattenspendende Kopfbedeckung, und bevorzugen Sie auch bei intensiver Sonneneinstrahlung langärmlige Kleidung aus Baumwolle oder Leinen. Jeder Sonnenbrand schädigt die Haut und macht anfälliger für die verschiedenen Hautkrebsformen. Sonnenschutzmittel mit hohem Lichtschutzfaktor wählen.

Feste Schuhe schützen vor allerlei Kleintieren am Boden wie etwa Sandflöhen. Leichte schnürbare Stoffturnschuhe bewähren sich beim Schwimmen in unbekannten Gewässern. Ein Moskitonetz kann manchen lausigen Schlafplatz in eine stechmückenfreie Insel verwandeln. Überlegen Sie, ob Sie einen Wasserfilter oder Tabletten zur Wasserdesinfektion mitnehmen wollen.

Eine Reiseapotheke muß selbstverständlich alle Medikamente enthalten, die ohnehin regelmäßig eingenommen werden müssen. Je nach Reiseziel und -dauer sowie verfügbarem Gepäckumfang und -gewicht muß dann eine **Notfallapotheke** zusammengestellt werden, die bei kleineren Beschwerden oder Verletzungen eine **überbrückende Behandlung** ermöglicht. Die nachfolgenden Angaben sind Vorschläge für verschiedene Situationen und beziehen sich auf eine Reisedauer von 3 Monaten pro Person, für kürzere Reisen wird man jedoch nicht viel weniger einpacken können, da oft gerade zu Beginn einer Reise vielerlei Beschwerden auftreten. Die genannten Präparate sind Beispiele, meist sind mehrere ähnliche Mittel auf dem Markt, zum Teil mit erheblichen Preisunterschieden. **In Deutschland rezeptpflichtige Medikamente tragen einen *Stern.** Die Mitnahme von Einmalspritzen und Kanülen ist an sich empfehlenswert, kann aber bei Grenzkontrollen dazu führen, daß man als Drogenkonsument verdächtigt wird.

Minimalausrüstung

Für Rucksackreisende, die um jedes Gramm feilschen müssen:

Malaria: je nach bereistem Gebiet, s.o.
Mückenschutz: z.B. *Autan®*
Schmerz/Fieber: *Aspirin®* oder ähnl. (z.B. *Godamed®*) 20 Tbl., *Paracetamol* (z.B. *Ben-U-Ron®*) 20 Tbl.
Durchfall: **Loperamid* (z.B. *Imodium®*) 20 Tbl., *Perenterol®* 20 Kps.
Übelkeit, Erbrechen: **Metoclopramid* (z.B. MCP®) Tropfen 30 ml oder 20 Tbl.
Allergie, Juckreiz: *Dimetinden* (z.B. *Fenistil®*) 20 Tbl.
Antibiotika: **Doxycyclin* (z.B. *Vibramycin®*) 8 Tbl., **Cotrimoxazol* (z.B. *Cotrim® forte*) 20 Tbl., **Penicillin* (z.B. *Isocillin®*) 1,2 Mega, 20 Tbl.
Wundsalbe: *Bepanthen®* Salbe 50 g
antibiotische Salbe: **Fucidine®* 10 g
Stiche, Juckreiz: *Fenistil®* oder *Soventol®* Gel 50 g
Augentropfen: *Berberil®* 10 ml
Desinfektionsmittel: **Mercuchrom®* Lösung 15 ml oder *Betaisodona®* Lösung 30 ml
Sonstiges: je 3 Mullbinden 6 und 8 cm, Heftpflaster 1 Rolle, Wundpflaster, 2 elastische Binden 8 cm, 5 Einmalspritzen 5 ml (steril), 5 Einmalkanülen Nr. 2 (steril) Alkoholtupfer, steril verpackt, Sicherheitsnadeln, Pinzette, möglichst steril verpackt, Fieberthermometer

Ergänzung zur Minimalausrüstu ng

Wer etwas mehr Sicherheit haben möchte und das zusätzliche Gewicht nicht scheut, z.B. Autofahrer.

Grippe/Erkältung: *Tempil® N* oder *Ilvico® N*, 20 Tbl.
Hustenlöser: *Ambroxol* (z.B. *Mucosolvan®*) 20 Tbl.
Hustenblocker: **Codipront®* 10 Kps.
Kreislaufschwäche: **Effortil® plus* Lösung 25 ml
Kreuz- und Gelenkschmerzen: **Diclofenac* 50 mg (z.B. *Voltaren®*) 20 Drag.
Verstauchung, Prellung: **Dolobene®* Gel 50 g
Koliken, Bauchkrämpfe: *Buscopan® plus* 20 Tbl.
Reisekrankheit: *Rodavan®* 20 Tbl.
Sodbrennen: *Gelusil-Lac®* 20 Tbl.
Verstopfung: *Laxoberal®* Tropfen 15 ml
Amöbeninfektion: **Metronidazol* (z.B. *Clont®*) 20 Tbl.
Zugsalbe: *Ichtholan® 20 %* Salbe 30 g
Hautpilz: *Clotrimazol* Creme 20 g (z.B. *Canestien®*)
Cortisonsalbe: **Ultralan®* Salbe 15 g
Desinfektionsmittel: *Rivanol®* 0,1 g Tbl. (20 Tbl.)
Abschwellende Nasentropfen: z.B. *Nasivin®* Spray oder Tropfen 10 ml
Sonstiges: Schere, möglichst steril verpackt, Klammerpflaster, 2 Paar Gummihandschuhe, evtl. steril

Weitere Ergänzung

Wer im Reisegepäck noch Platz hat:

Herpes, Fieberbläschen: **Zovirax®* Creme 2 g oder *Lomaherpan®* Creme 5 g
Ohrentropfen: *Otalgan®* Tropfen 6 g
Dehydrationstrunk bei Durchfall: *Elotrans®* für Erwachsene, *Oralpädon®* für Kinder
Sonstiges: Verbandfolie (*Metalline®*), Alu-Wärmefolie, Sprayverband (z.B. *Nobecutan®*), Provisorische Zahnfüllung, (z.B. *Dental-Notfall-Set*)

Tips für Unterwegs

Reisekrankheit

Rhythmische, schlingernde oder ruckartige Bewegungen können durch **Reizung des Gleichgewichtsorganes** Schwindel, Übelkeit und Erbrechen auslösen. Dafür anfällige Personen sollten sich im Flugzeug einen Platz zwischen den Tragflächen und im Reisebus einen der vorderen Sitze aussuchen. Auf dem Schiff gelten Plätze in der Mitte und auf den oberen Decks als günstig. Alkohol und fettes, üppiges Essen sollten vermieden werden, kleinere Knabbereien oder Mahlzeiten zwischendurch können jedoch Linderung bringen. Das langsame Kauen eines Apfels oder einer Ingwerwurzel können ebenfalls empfohlen werden. Oft hilft frische Luft und das Betrachten eines ruhenden Punktes in der Ferne oder am Horizont.

Die angebotenen Medikamente können unangenehme Nebenwirkungen verursachen und verfehlen dabei oft noch den erwünschten Effekt. Das „Reisepflaster" *Scopoderm® TTS* (hinter das Ohr zu kleben) kommt für Schwangere, Stillende und Kinder nicht in Frage, es kann z.B. Herzrasen auslösen. Es ist wie *Meclozin* und *Cinnarizin* verschreibungspflichtig. Als unbedenklich können die homoöpathischen Mittel *Cocculus D12* (stündlich 1 Tbl. oder 5 Tropfen, soll auch bei Zeitverschiebung, dem **Jet Lag,** helfen) und *Vertigoheel®* gelten.

Sonne und Wärme

Auch hierzulande wird die Sonneneinstrahlung wegen Klimaverschiebung und Ozonloch immer stärker, so daß Sonnenschutzmaßnahmen auch zu Hause befolgt werden sollten. Die Wirkung tropischer Sonne, deren Strahlen eher senkrecht einfallen und damit von der Atmosphäre weniger gefiltert werden, ist jedoch noch weitaus intensiver.

Der **Sonnenbrand** ist eine Form der Verbrennung, oberflächliche Hautschichten werden dabei gereizt oder zerstört. Je nach

Hauttypus ist man dafür mehr oder weniger anfällig. Sonnenbrände lassen die Haut vorzeitig altern und welken, und mit jedem durchgemachten Sonnenbrand erhöht sich das Hautkrebs-Risiko.

Daher gilt: **Vorbeugen** und vermeiden! Am besten im Schatten aufhalten, Kopfbedeckung mit Krempe tragen. Langsam an die Sonne gewöhnen, anfangs nur wenige Minuten, täglich etwas steigern. Notorischen Sonnenanbetern sei Schutzcreme mit hohem Lichtschutzfaktor empfohlen. **Besondere Vorsicht** ist am Wasser geboten, da hier stärkere Strahlung durch Reflektion herrscht, bei Wind, hier wird die Verbrennung wegen der Abkühlung nicht bemerkt, und im Gebirge, wo eine stärkere Strahlung auftritt, da hier die dünnere Atmosphäre weniger stark filtert.

Wichtigste Maßnahme zur **Behandlung** ist der Schutz vor weiterer Sonneneinstrahlung. Im leichten Stadium mit Rötung und Brennen der Haut kann *Dexpanthenol-Salbe* dünn aufgetragen werden. Blasenbildung zeigt ein schwereres Stadium an, kühlende Umschläge mit feuchten Kompressen bringen Linderung, zusätzlich kann eine cortisonhaltige Salbe verwendet werden. Wenn Fieber und Schüttelfrost hinzukommen, ist Bettruhe in einem kühlen, schattigen Raum anzuraten und auf ausreichende Flüssigkeitszufuhr zu achten. Blasen nicht aufstechen, da sich die Wunden infizieren können.

Unter **„Sonnenallergie“** (Polymorphe Lichtdermatose und Mallorca-Akne) versteht man das Auftreten von juckenden Flecken, Knötchen oder Bläschen an Hautstellen, die der Sonne ausgesetzt waren, oft schon nach wenigen Minuten. Sie tritt meist auf, wenn noch keine Gewöhnung an kräftige Sonneneinstrahlung stattgefunden hat, also in der ersten Frühlingssonne oder bei Aufenthalt in Gegenden mit hoher Strahlungsintensität. Manche Inhaltsstoffe von Cremes, Parfüms, Deodorants oder Medikamente können die Hautreaktion begünstigen. Sonnenschutz ist zur Vorbeugung sinnvoll, Calciumtabletten und eine Antihistaminsalbe können die allergische Reaktion mildern. Am nächsten Tag sollte man die Haut kurz der Sonne aussetzen und die Zeit täglich langsam steigern.

Der **Sonnenstich** entsteht durch direkte Einstrahlung auf den unbedeckten Kopf. Er äußert sich wie der **Hitzschlag.** Darunter versteht man eine Überwärmung des gesamten Organismus mit Fieber, Kopfschmerz, Übelkeit und Erbrechen, trockene Haut, kein Schweiß. Im Extremfall kann es zu Benommenheit und Bewußtlosigkeit kommen, dann sollte ärztliche Hilfe gesucht werden, denn es besteht Lebensgefahr! Wichtig ist die Lagerung an einem schattigen Ort, Anbieten von kühlen (nicht jedoch eiskalten) Getränken (natürlich nicht, wenn bereits Bewußtlosigkeit eingetreten ist), Kühlung durch feuchtkalte Umschläge.

Schweißfrieseln und **Hitzepocken** entstehen auf anfälliger Haut, an Stellen, die durch enganliegende Kleidung am Atmen gehindert werden. Hier kann dünne, lockere Baumwollkleidung und Talcum-Puder Linderung bringen.

Beim Aufenthalt in warmen Gegenden entsteht ein erhöhter **Verlust an Flüssigkeit,** der durch Trinken ausgeglichen werden muß. Je nach Temperatur können dabei Mengen bis zu 10 Litern erforderlich werden; wer es nicht auf mindestens drei Blasenentleerungen pro Tag mit hellgelbem Urin bringt, hat zu wenig getrunken. An Salz und Gewürzen sollte man nicht sparen, um die beim Schwitzen verlorenen Mineralstoffe zu ersetzen.

Höhenkrankheit

Bei Bergtouren muß der **abnehmende Luftdruck** bedacht werden, da mit diesem auch das Sauerstoffangebot sinkt. Näherungsweise verringert sich der Luftdruck pro 1000 Höhenmeter um 10 %. Gedankenlosigkeit und Selbstüberschätzung können hierbei große Gefahren heraufbeschwören, auch körperliche Fitness und Klettererfahrung schützen nicht vor der Höhenkrankheit. Daher sollte man sich langsam an die atmosphärischen Verhältnisse gewöhnen: Für den Aufstieg von Meereshöhe auf 2500 m zwei Tage einplanen, danach für je 500 m Höhenunterschied einen Tag, Höhen von 5000 m sollte der Untrainierte nicht überschreiten.

Zeichen der Höhenkrankheit können bereits ab 2000 m auftreten, ab 3000 m sind sie häufig: Kopfschmerz, Müdigkeit, Übelkeit, Atemnot, Schlafstörung, schneller Pulsschlag. Diese Warnzeichen können fälschlich auf Anstrengung beim Aufstieg zurückgeführt und deshalb nicht beachtet werden. Dann droht eine schwere Lungenstörung, die mit Husten und Atemnot bis zum Ersticken führen kann, sowie eine Hirnschwellung, die sich anfangs durch Bewegungsstörungen (z.B. unsicheres Gangbild) und Verwirrtheit äußert und bis zur Bewußtlosigkeit führt.

Vorbeugende Maßnahmen

- Behutsame Anpassung an die Höhe: keine Gewalttouren. Ausreichender Schlaf, Ruhephasen einlegen.
- Schlafplatz 200 bis 500 m unterhalb der größten erreichten Höhe wählen.
- Ausgleich des Flüssigkeitsverlustes (hervorgerufen durch trockene Luft und vermehrte Abatmung): ausreichend trinken, pro 1000 m Höhe 1,5 Liter zusätzliche Trinkmenge.
- Alkohol unbedingt meiden.
- Häufige, kleine Mahlzeiten aus leicht verwertbaren Kohlehydraten wie Obst, Marmelade, Haferflocken.
- Vor der Einnahme von Medikamenten, die der Vorbeugung dienen sollen, muß hier gewarnt werden, da sie die Anfangssymptome verdecken und damit zu weiterem Anstieg mit größeren Risiken verleiten.

Behandlung

- Bei den ersten Anzeichen: ausruhen, evtl. hinlegen, zusätzlich trinken, leichtes Schmerzmittel (z.B. *Aspirin®*).
- Wenn nach einer Stunde keine Besserung eintritt, ist der Abstieg – oder besser Abtransport – um einige hundert Meter erforderlich.

Reise- und Tropenkrankheiten

Bei mehr als der Hälfte aller Tropenreisenden treten gesundheitliche Störungen auf, dabei handelt es sich jedoch meist um harmlose Anpassungs- und Infektionskrankheiten.

Durchfallerkrankungen

Durchfall oder „Diarrhoe" ist die weitaus **häufigste Gesundheitsstörung auf Reisen**, mindestens jeder dritte Auslandsreisende leidet zumindest kurzzeitig daran. Die Ursachen sind vielfältig, allein eine Klimaumstellung kann Durchfall auslösen; in manchen Gegenden (Nordafrika, Asien) wirken mit Ricin „gestoppte" Rotweine wie Abführmittel; in heißen Gegenden muß öfter mit verdorbenen Lebensmitteln gerechnet werden.

Eine Darminfektion nimmt mit der Nahrung ihren Anfang; mit jeder Mahlzeit werden eine Vielzahl von Keimen aufgenommen, die teils durch die Magensäure abgetötet werden, teils sich im Verdauungstrakt ansiedeln. Von verschiedenen Bakterienarten, hauptsächlich aus der Gruppe *Escherichia coli* leben normalerweise Milliarden in unserem Darm. Auf diese Bakterien der gewohnten Umgebung hat sich unser Körper eingestellt, es findet ein „friedliches Zusammenleben" statt. Die Colibakterien in anderen Ländern unterscheiden sich aber leicht von unseren. Auf diese „fremden" Bakterien und Keime des Urlaubslandes reagiert unser Darm dann empfindlich, obwohl sie bei der einheimischen Bevölkerung keinerlei Beschwerden hervorrufen. Meist ist die Sache nach vier bis fünf Tagen ausgestanden, es genügt, auf ausreichende Flüssigkeits- und Mineralstoffzufuhr zu achten.

Gelegentlich rufen aber auch solche banalen Keime hartnäckige Durchfallerkrankungen hervor, die eine medikamentöse Behandlung erforderlich machen, oder es sind Krankheitserreger wie Salmonellen oder Amöben im Spiel. Die gefürchteten Krankheiten Cholera, Typhus und Ruhr sind selten.

Vorbeugung

Trinkwasser

Größte Sorgfalt muß auf das Trinkwasser verwendet werden. Empfehlenswerte Methoden der Trinkwasserdesinfektion sind:

- **Abkochen:** Mindestens fünf Minuten sprudelnd kochen lassen ist ein ziemlich sicheres Verfahren, um auch stark verschmutztes Wasser gesundheitlich unbedenklich zu machen (auch wenn trübes Wasser trüb bleibt).
- **Filtern:** Keramikfilter (z.B. *Katadyn*) halten in einem engen Porensystem Bakterien und Schwebstoffe zurück, es entsteht keimfreies und klares Wasser. Im Handel sind Aufgußfilter und Handpumpensysteme in verschiedenen Größen. Die Filterkerze muß regelmäßig gereinigt werden.
- **Chemische Entkeimung:** Nicht so sicher wie die beiden anderen Methoden, aber gerade für den Rucksackreisenden oft die einzig praktikable Lösung. In Frage kommen Chlortabletten (z.B. *Chlorina®*), die dem Wasser einen ausgeprägten Chlorgeschmack verleihen oder Silbersalze (z.B. *Micropur®*). Mit den Silbersalzpräparaten läßt sich nur klares Wasser entkeimen, da Schwebeteilchen die Ionen binden und die Keimabtötung verhindern. Beide Verfahren sind wirkungsvoll gegen Bakterien, jedoch werden Zysten (widerstandsfähige Dauerformen von Amöben und Lamblien) nicht angegriffen.

Getränke

Unbedenklich sind in der Regel die Getränke internationaler Limonadenhersteller, aber nicht mit Eiswürfeln servieren lassen! Bei der Kaffee- und Teezubereitung kocht das Wasser nicht ausreichend lang, um Keimfreiheit zu bewirken, immerhin wird aber eine gewisse Keimverminderung erreicht.

Alle Getränke (und Eiswürfel) sind nur so sicher, wie das zu ihrer Zubereitung verwendete Wasser.

Der Alkoholgehalt von Cocktails o.ä. hat keine desinfizierende Wirkung. Zum Zähneputzen nur Trinkwasser verwenden.

Lebensmittel

Auch bei der Auswahl des **Essens** sollte man Umsicht walten lassen. Rohe oder halbrohe Fleisch- und Fischgerichte sind besonders gefährlich, da sich Eiweißzersetzung und Keimwachstum in der Wärme schneller vollziehen, außerdem können diese Lebensmittel noch eine Reihe wirklich gefährlicher Parasiten wie Fischbandwurm oder Leberegel enthalten. Ciguatera, eine häufige Form der Fischvergiftung, kann auch durch gekochte und gebratene Meerestiere verursacht werden. Rohes Gemüse (Salat) ist oft mit Fäkalien gedüngt und sollte daher ebenfalls gemieden werden.

Tiefgefrorenes bietet keine Garantie auf Keimfreiheit, Eisspeisen, Milch, eier- oder mayonnaisehaltige Lebensmittel stellen gute Bakteriennährböden dar. Ebenfalls bedenklich sind vorgekochte Gerichte, wie sie z.B. an Straßenständen angeboten werden. Am sichersten sind gerade zubereitete, gut gekochte Speisen und schälbares Obst. Soweit Obst und Gemüse nicht gekocht oder geschält werden können, empfiehlt sich zumindest das kurze Einlegen in kochendes Wasser und anschließendes Abspülen mit sauberem Wasser. Tomaten lassen sich nach dieser Maßnahme außerdem leicht schälen.

Konservendosen vor und beim Öffnen genau überprüfen: Aufgetriebene Deckel oder Zischen beim Öffnen weisen auf gasbildende Bakterien hin, die eine gefährliche Nervenkrankheit, den Botulismus, verursachen können. Konserven mit eingedelltem Deckel sind unbrauchbar, weil die innere Schutzschicht zwischen Blech und Doseninhalt beschädigt ist.

In der Praxis ist es nicht immer möglich, alle Sicherheitsmaßnahmen einzuhalten. Nicht jeder Geldbeutel erlaubt eine Mahlzeit in einem besseren Lokal, wer den Kontakt mit Einheimischen sucht, wird ihn eher dort finden, wo es nach unseren Maßstäben nicht so hygienisch zugeht. Gerade bei Einladungen müssen aus Taktgefühl Kompromisse geschlossen werden. Halten Sie die Augen offen und nehmen Sie von bedenklichen Speisen und Getränken nur kleine Mengen zu sich. Bei längeren Tropenaufenthalten gewöhnt sich der Körper an die dort vorkommenden Umgebungskeime und gewinnt an Widerstandskraft. Dies sollte jedoch nicht dazu verleiten, alle Vorsichtsmaßnahmen zu ignorieren, da sich das Risiko, eine ernsthafte Infektion (z.B. Amöben oder Typhus) zu erwerben, nicht verringert.

Selbsthilfe

Wenn trotz aller Vorsicht Durchfall auftritt:
- Zunächst muß der erhöhte Flüssigkeits- und Mineralverlust ausgeglichen werden, hier helfen Rehydrationsgetränke (siehe „Reiseapotheke“). Zur Geschmacksverbesserung kann Fruchtsaft beigemischt werden.
- Nahrungspause. Für mindestens 6 Stunden nichts essen. Danach, wenn möglich, Getreideschleimsuppe, Zwieback o.ä.
- Bei gleichzeitigem Erbrechen und/oder fieberhaftem Verlauf kann es sich auch um die Erstsymptome einer Malaria handeln. (Prophylaxe konsequent durchgeführt? Resistenzgebiet?)
- Ohne schädliche Nebenwirkungen kann eine Therapie mit *Perenterol*® begonnen werden, diese medizinische Hefe hilft, wieder eine normale Darmflora aufzubauen. Kohlekompretten sind meist nicht so wirkungsvoll.
- Durchfall mit Blutbeimengung weist auf eine Infektion mit Geschwüren im Dickdarm hin: Ruhr, ausgelöst durch Shigellen oder Amöben. Arzt aufsuchen.
- Falls nach 3 Tagen keine Besserung eintritt und/oder noch Fieber besteht, ist ebenfalls ärztlicher Rat einzuholen - eine banale Reisediarrhoe sollte sich schon gebessert haben. Wenn dann kein Arzt aufgesucht werden kann, empfiehlt sich antibiotische Behandlung für 3 Tage mit *Cotrimoxazol* (z.B. *Bactrim forte*® 2 x 1 Tbl.).
- *Loperamid*, ein Medikament, das die Darmbewegung hemmt, bessert zwar den Durchfall, jedoch werden die ihn verursachenden Krankheitserreger oder Giftstoffe schlechter ausgeschieden. Es sollte daher schweren Verläufen vorbehalten bleiben. Bei fieberhaftem Verlauf oder Blutbeimengung im Stuhl darf es nicht eingenommen werden.

Erreger, die hartnäckige Durchfälle verursachen

Salmonellen

Eine Bakteriengruppe, die Durchfallerkrankungen verschiedener Schweregrade, z.T. begleitet von Erbrechen und Fieber, bewirkt. Die Diagnose läßt sich nur über eine Stuhluntersuchung sichern. Die leichteren Formen sind mit den o.g. Maßnahmen zu behandeln, schwere Fälle erfordern eine antibiotische Behandlung unter ärztlicher Kontrolle (z.B. 4 x 1 g *Ampicillin*) je nach Verlauf für 1 bis 2 Wochen.

Typhus

Auch Typhus (engl. typhoid fever) wird von Salmonellen (der Art *Salmonella typhi*) verursacht. Die Inkubationszeit (Zeitraum von der Ansteckung bis zum Auftreten von Krankheitszeichen) ist mit 8-14 Tagen relativ lang. Hier stehen anfangs hohes Fieber, Kopf- und Gelenkschmerzen und ein Hautausschlag im Vordergrund, der Durchfall kann mit Verstopfung abwechseln. Bei Typhusverdacht sollte man sich in ärztliche Hände begeben, da Komplikationen wie Gallenblasenentzündung oder Darmperforation (Durchbruch) möglich sind. In Ländern der 3. Welt wird oft mit *Chloramphenicol* (3 x 1 g für 14 Tage) behandelt, wegen gefährlicher Nebenwirkungen und hoher Resistenzrate ist jedoch *Amoxicillin* (3 x 2 g) oder *Ceftriaxon* (2 x 1 g, nur als iv. Spritze verfügbar) vorzuziehen.

Bakterielle Ruhr

Bei dieser Ruhr (engl. Bacillary dysentery), hervorgerufen durch Shigellen, steht ebenfalls die Übertragung durch mit Fäkalien verunreinigtes Wasser und Nahrungsmittel im Vordergrund. Nach 1 bis 4 Tagen plötzliches Auftreten von hohem Fieber, Bauchschmerzen, Erbrechen und Durchfall, oft mit Blutbeimengung. Die Behandlung besteht aus *Cotrimoxazol* über 5 Tage.

Amöben

Auch Amöben können eine Form der Ruhr (Amöbenruhr, engl. Amebic dysentery) auslösen. Diese Einzeller (Protozoen der Art *Entamoeba histolytica)* sind weltweit verbreitet, jedoch besonders in tropischen und subtropischen Regionen. Auch sie gelangen mit verunreinigtem Wasser oder Nahrungsmitteln in den Darm, wo sie nicht unbedingt Beschwerden hervorrufen müssen; in diesem Fall besteht eine asymptomatischer Infekt. In manchen tropischen Gegenden sind 30% der Bevölkerung Amöbenträger.

Die milde Form eines symptomatischen Infektes besteht in Leibschmerzen, Blähungen, Übelkeit und Durchfall und ist damit im Erscheinungsbild nicht von einfachen Durchfallerkrankungen zu unterscheiden, Klärung kann hier nur eine Stuhluntersuchung bringen. Aus unbekannten Gründen, möglicherweise wenn der Darm durch andere Infektionen oder Reize bereits vorgeschädigt ist, dringen die Erreger in die Darmwand ein und verursachen Entzündungserscheinungen und Geschwüre. Diese Variante nennt man invasive Verlaufsform. Dann kommt es zu den charakteristischen Symptomen mit halbflüssigem oder flüssigem Stuhlgang, der mit Schleim und Blut durchsetzt ist; beschwerdefreie Phasen zwischendurch sind möglich.

Eine schwerwiegende Komplikation ist der **Leberabszeß:** Amöben sind über den Blutweg in die Leber gelangt und verursachen dort Gewebszerstörung und Eiterbildung. Solche Abszeßhöhlen können bis zu 10 cm groß werden. Dieser Vorgang ist von Fieber und starken Schmerzen im rechten Oberbauch, die bis in die Schulter ausstrahlen können, begleitet.

Auch asymptomatische, von Beschwerden freie Amöbenträger scheiden die Protozoen (in einer widerstandsfähigen abgekapselten Form, den Zysten) aus und tragen deshalb zur Weiterverbreitung bei. Bei Abwehrschwäche, z.B. ausgelöst durch eine andere Erkrankung, kann sich aus einem asymptomatischen Infekt ein symptomatischer entwickeln. Daher sollte bei Amöbennachweis im Stuhl grundsätzlich behandelt werden.

Ein gesunder Ausscheider von Zysten kann sich überlegen, ob er die Behandlung zurückstellt, bis er wieder daheim ist, ein besonders geeignetes Mittel für diesen Fall ist *Paromomycin* (z.B. 3 x 2 *Humatin*® Kps. für 7 Tage). Dieses Medikament wirkt aber nur im Darm und wird vom Körper nicht aufgenommen. Es kann auch bei der milden Verlaufsform eingesetzt werden, jedoch ist hier wie bei der invasiven und der Abszeßform *Metronidazol* (3 x 750-800 mg für 10 Tage) vorzuziehen; da dieses Mittel über die Blutbahn aufgenommen wird, kann es auch auf Erreger in Schleimhaut und Leber wirken. Auf andere Medikamente darf nur nach eingehender Untersuchung ausgewichen werden, da sie z.T. erhebliche Nebenwirkungen haben oder nicht für alle Krankheitsvarianten geeignet sind.

Lamblien

Lamblien (*Giardia lamblia*) sind wie Amöben weitverbreitete einzellige Darmparasiten, deren Träger nicht unbedingt Beschwerden verspüren. Auch der Ansteckungsweg ist der gleiche. Falls Symptome auftreten, sind dies meist Blähungen, Übelkeit, Bauchkrämpfe und Durchfall. Die Diagnose läßt sich über eine Stuhluntersuchung stellen. Eine Behandlung ist nur bei Krankheitszeichen erforderlich und besteht aus *Metronidazol* (3 x 250 mg für 5 Tage) oder *Quinacrin* (3 x 100 mg für 5 Tage).

Würmer

Eine Reihe von Wurmarten wie Spulwürmer, Madenwürmer (Oxyuren), Peitschenwürmer, Trichinen und Bandwürmer werden ebenfalls über die Nahrung aufgenommen, Hakenwürmer leben im Boden, ihre Larven dringen über Verletzungen oder nackte Füße in den Körper ein.

Die Diagnose läßt sich über den Nachweis von Würmern oder deren Eier im Stuhl stellen, die Behandlung richtet sich nach der Art: *Mebendazol* für Spul-, Haken-, Peitschen- und Madenwürmer, *Tiabendazol* gegen Trichinen, *Praziquantel* oder *Niclosamid* gegen Bandwürmer. Einige Würmer können gefährliche Komplikationen auslösen, darum sollte man sich unbedingt ärztlich untersuchen lassen. Nach der Behandlung ist eine erneute Stuhluntersuchung sinnvoll, um festzustellen, ob Würmer überlebt haben.

Verschiedene Formen der Hepatitis

Unter dem Begriff der Hepatitis sind verschiedene durch Viren bedingte Leberentzündungen zusammengefaßt, deren Krankheitsverläufe ähnlich sind und die in der Regel mit einer Gelbsucht einhergehen. Bisher konnten **6 verschiedene Erreger** nachgewiesen werden, weitere werden vermutet.

Hepatitis A

Die Hepatitis A, früher auch infektiöse oder **epidemische Gelbsucht** genannt, wird hauptsächlich über Lebensmittel übertragen, die mit Fäkalien in Berührung kamen, etwa durch Düngung oder durch Abwassereinleitung in Flüsse, aus denen Trinkwasser gewonnen wird. Als häufigste Infektionsquelle gelten Austern, Muscheln und rohe Salate. In Shanghai trat 1988 eine Epidemie auf, bei der binnen kurzem 300.000 Personen nach Verzehr ungenügend gekochter Flußkrebse erkrankten. Die Viren waren auf dem Abwasserweg in den Fluß gelangt. Möglich ist auch die Übertragung durch andere Körpersekrete und Blut, diese spielt aber eine untergeordnete Rolle.

Die Erkrankung beginnt rund 4 Wochen nach der Ansteckung mit uncharakteristischen Zeichen wie Übelkeit, Erbrechen, Fieber, Appetitverlust, Mattigkeit und Gelenkschmerzen; nach einer weiteren Woche kann die Gelbsucht (Gelbfärbung der Bindehaut am Auge und der Haut) hinzukommen, dabei wird der Urin dunkel und der Stuhlgang hell, gelblich bis weiß. Innerhalb von zwei bis vier weiteren Wochen klingt die Erkrankung ab. Das ganze Krankheitsgeschehen kann auch mild und abgeschwächt verlaufen, so daß sich die Diagnose manchmal nur im Nachhinein über eine Blutuntersuchung stellen läßt, vereinzelt gibt es aber auch Fälle, die zum Tode führen.

Wer diese Leberentzündung durchgemacht hat, erwirbt eine wahrscheinlich lebenslange Immunität. Chronische Verläufe mit dauerhafter Leberschädigung kommen nicht vor. Eine spezifische Behandlung gibt es nicht, um so wichtiger ist daher die Vermeidung. Bereits 2 Wochen vor dem Auftreten von Krankheitszeichen scheidet der Infizierte mit Stuhl und Speichel die Erreger aus und kann damit weitere Personen anstecken. Auf Hygieneregeln, Trinkwasserqualität und Zubereitung von Speisen ist deshalb zu achten (s. auch Kapitel Durchfall). Vor längeren oder häufigen Tropenaufenthalten ist die aktive Impfung gegen Hepatitis A zu empfehlen (s.o.). Zuvor sollte man jedoch einen Test auf Hepatitis-A-Antikörper im örtlichen Hygieneinstitut machen lassen (ca. 30 DM). Gegebenenfalls erspart man sich so die teure Impfung.

Hepatitis B

Die Hepatitis B wurde früher auch **Serum- oder Transfusionshepatitis** genannt, da sie sich überwiegend durch Bluttransfusionen und infiziertes Spritzenmaterial überträgt. Der Ansteckungsweg über Stuhlgang, Sperma und Speichel ist aber ebenfalls möglich. Besondere Gefährdung, eine B-Hepatitis zu erwerben, besteht deshalb für Drogenabhängige und Personen, die mit infizierten Spritzen oder Instrumenten (Impfungen, Akupunkturnadeln, Tätowieren, Ohrlochstechen) behandelt wurden, außerdem ist die sexuelle Übertragung häufig, insbesondere im Bereich der Prostitution.

Diese Form hat eine längere Inkubationszeit (2 bis 6 Monate), die Symptome sind ähnlich wie bei der Hepatitis A, der Verlauf aber meist schwerer und langwieriger, bis zu einem halben Jahr. Nach Abklingen der akuten Krankheit ist man entweder geheilt und immun, in 10% der Fälle geht die Entzündung jedoch in ein chronisches Stadium über, das mit schweren Störungen der Leberfunktion einhergeht, manchmal entwickelt sich nach Jahren sogar ein Leberkrebs. Auch für die Hepatitis B gibt es keine wirksame Behandlung, es gilt, die Ansteckung unter Beachtung des Übertragungsweges zu vermeiden. Für gefährdete Personen kommt die aktive Impfung mit Hepatitis-B-Impfstoff in Frage.

Weitere Hepatitisformen

Die folgenden Hepatitisformen werden manchmal auch **Non-A/Non-B-Hepatitis** genannt, weil sie nicht von den am längsten bekannten Typen A und B verursacht werden.

- Dabei ist die **Hepatitis C** eine Variante, die in Übertragungsweg und Verlauf der B-Form ähnelt, Übergang in eine chronische Form ist häufig, es steht aber kein Impfstoff zur Verfügung, so daß nur die Vermeidung der Ansteckung angestrebt werden kann.
- Die **Hepatitis D** befällt nur Personen, die den Hepatitis-B-Virus (bei akuter Erkrankung oder in chronischer Verlaufsform) im Körper haben, dann entsteht ein dramatisches, nicht selten tödliches Krankheitsbild, das meist nicht ausheilt, sondern in ein chronisches Stadium mit dauerhafter Leberschädigung übergeht. Impfschutz gegen Hepatitis B bedeutet auch Schutz vor der Hepatitis-D-Infektion.
- Die **Hepatitis E** wird wie die Hepatitis A hauptsächlich durch Nahrungsmittel übertragen, sie ähnelt ihr auch im Verlauf und darin, daß sie nach der akuten Phase ausheilt. Sie kommt vor allem in Afrika, Asien und Zentralamerika vor. Ein Impfstoff ist noch nicht entwickelt worden.
- Bei der **Hepatitis G** ist bisher nur der Übertragungsweg mittels Blutkontakt nachgewiesen. Erkenntnisse über den langfristigen Verlauf und mögliche Spätfolgen liegen noch nicht vor.

Behandlung von Hepatitis

Für keine dieser Viruserkrankungen gibt es eine kausale medikamentöse Behandlung. Folgende Allgemeinmaßnahmen sind hilfreich: Ruhe, viel Liegen, bis die Gelbsucht abgeklungen ist. Keinesfalls Alkohol trinken, mindestens bis 6 Monate nach Abklingen der Krankheitszeichen. Vitaminreiche Kost ist sinnvoll, jedoch vermehrt auf Hygiene der Nahrungsmittel achten. Medikamente nur wenn unbedingt nötig und kurzfristig einnehmen, da diese die erkrankte Leber zusätzlich belasten, in Frage kommen Fiebermittel (*ASS* oder *Paracetamol*) oder Mittel gegen Erbrechen (*Metoclopramid*). Nach der Heimkehr sollte man den Arzt aufsuchen, damit durch eine Blutuntersuchung festgestellt werden kann, welche Hepatitisform vorgelegen hat und ob ein Anhaltspunkt für einen chronischen Verlauf besteht.

Bilharziose

Unter *Bilharziose* oder **Schistosomiasis** versteht man chronische Infektionskrankheiten durch den Befall mit Eingeweideparasiten der Gattung Schistosoma oder Pärchenegel. Diese Wurmart ist in Afrika und Nahost *(Schistosoma haematobium)*, Afrika, Südamerika und Karibik *(Sch. mansoni)* sowie Asien (*Sch. japonicum)* verbreitet.

Der **Entwicklungszyklus** dieser drei Arten ist gleich: In Wasserschnecken reifen die Eier, die geschlüpften Larven (Zerkarien) dringen beim Baden durch die Haut ein und wandeln sich im menschlichen Körper zum erwachsenen Wurm. In Stuhl und Urin werden wieder Eier ausgeschieden, der Kreis schließt sich, wenn die Ausscheidungen in ein Gewässer gelangen und von Wasserschnecken aufgenommen werden. Aufgrund fehlender Hygienemaßnahmen ist in manchen Gegenden die Hälfte der Bevölkerung von diesen Parasiten befallen, weltweit schätzt man ca. 300 Millionen Erkrankte!

Wenn die Larven die Haut durchbohren, kann das mit Juckreiz und Rötung einhergehen, die ersten Krankheitszeichen treten frühestens einen Monat später auf, können aber auch Jahre auf sich warten lassen. Durch Darmbefall *(Sch. mansoni* und *japonicum)* kommt es zu blutigem Stuhlgang und Durchfall, bei weiterem Fortschreiten können sich die Würmer in der Leber und anderen Organen ausbreiten. *Sch. haematobium* bevorzugt Blase und Harntrakt, so daß Zeichen einer Blasenentzündung und blutiger Urin auffallen. Langfristig kommt es bei allen Formen zu Blutarmut.

Eine direkte Übertragung von Mensch zu Mensch ist nicht möglich. Um sich vor einer Infektion zu schützen, sollte man Baden in stehenden oder langsam fließenden Gewässern der Verbreitungsgebiete unterlassen. Auch klares Wasser kann die Larven enthalten; die Übertragungsquelle mit den larvenausscheidenden Schnecken kann in einem Bach etliche Kilometer entfernt liegen. Bereits kurzer Kontakt mit dem Wasser (Waschen, Trinken) kann genügen. Besonders gefährlich ist das Waten in Reisfeldern. Für die Schwere der Erkrankung ist die Anzahl der eingedrungenen Zerkarien ausschlaggebend.

Behandlung von Bilharziose

Das beste Medikament gegen Bilharziose ist *Praziquantel*, das in hoher Dosierung genommen werden muß. Der Behandlung sollte jedoch eine Untersuchung z.B. mittels Bluttest oder Nachweis der Wurmeier vorausgehen. Bei konsequenter Behandlung – und diese ist für Reisende einfacher durchführbar, als für die einheimische Bevölkerung, die den Erregern ständig ausgesetzt ist – kann die Erkrankung geheilt werden. Nach 3 und 6 Monaten ist dann noch eine erneute Untersuchung auf Wurmeier notwendig.

Gift- und Stacheltiere

Bei sämtlichen Verletzungen ist der **Tetanusimpfschutz** unbedingt erforderlich.

Schlangen

Schlangenbisse sind erfreulicherweise seltene Ereignisse, auch Giftschlangen greifen meist nur als Abwehrreaktion an. Das Tragen von festem Schuhwerk, auch als Schutz gegen Blutegel, Insekten und Skorpione ist grundsätzlich zu empfehlen. Schuhe und Kleidung müssen vor dem Anziehen überprüft und ausgeschüttelt werden, da Schlangen und Skorpione gerne in ihnen übernachten. Gegen viele Schlangengifte gibt es ein Antiserum, im Notfall steht es aber nicht unbedingt zur Verfügung, da diese Substanzen recht teuer sind und gekühlt aufbewahrt werden müssen. Um das richtige Serum auswählen zu können, ist eine genaue Beschreibung der Schlange sehr hilfreich. Für den absoluten Notfall sollte man in Gefährdungsgebieten immer eine leicht unterzubringende Rasierklinge bei sich haben.

Hilfe im Notfall

- Das Körperteil mit der Bißstelle soll möglichst überhaupt nicht mehr bewegt werden, bei Biß am Bein keinesfalls mehr laufen.
- Falls innerhalb einer halben Stunde ein gut ausgerüstetes Krankenhaus erreicht werden kann, sollte das verletzte Körperteil in Tieflage ruhiggestellt und warmgehalten werden, anschließend rascher Transport.
- In allen anderen Fällen muß vor Ort eine Notbehandlung beginnen: innerhalb der ersten 5 Minuten je einen geraden Schnitt durch jede Bißwunde (z.B. mit einer Rasierklinge), 1 cm lang und 5 mm tief, die Wunden ausbluten lassen; besser wäre das Absaugen mit einem speziellen Absauggerät „Extraktor“, das einer Spritze ähnelt und für rund 40 DM erworben werden kann. Keinesfalls sollte mit dem Mund abgesaugt werden.
- Körperteil 15 cm **oberhalb** der Bißstelle abbinden (mit Gürtel, Binde oder Damenstrumpf, keinesfalls Schnur, Draht o.ä. verwenden), um den Rückstrom vergifteten Blutes zu verhindern. Es muß jedoch noch Blut hineinfließen können, daher Puls am Handgelenk oder Fußrücken tasten und Binde ggf. lockern.
- Der Gebissene soll viel trinken, jedoch keinen Alkohol.
- Als Schmerzmittel ist *Paracetamol* erlaubt.
- Die früher empfohlene Kühlung oder Eisbehandlung hat sich als ungünstig erwiesen und sollte nicht mehr durchgeführt werden!
- Jeder von einer Schlange Gebissene gehört so schnell wie möglich in ein Krankenhaus!

Skorpione

Skorpione kommen in allen subtropischen und tropischen Gegenden und im Mittelmeerraum vor. Sie sind nachtaktive Tiere, die sich tagsüber zwischen Steinen, Blättern oder im Sand aufhalten. Die meisten Arten verursachen ungefährliche Stiche, die ähnliche Beschwerden wie Bienen- oder Wespenstiche hervorrufen, bei den giftigeren Arten kommt es zu starkem Schmerz, Taubheit des betreffenden Körperteils, in seltenen Fällen kommen Muskelkrämpfe, Atembeschwerden und Herzrasen hinzu.

Die Unterscheidung hinsichtlich der Gefährlichkeit ist für einen Laien nicht möglich, so daß nach jedem Stich Vorsicht geboten ist. Besonders gefährlich können Skorpionstiche für Kinder unter 5 Jahren sein. Für manche giftige Arten existiert ein Antiserum (Gegengift). Die Stiche mancher Skorpionarten können noch nach Monaten Gefühlsstörungen hervorrufen.

Behandlung von Skorpionstichen

- Ruhigstellen des gebissenen Körperteils.
- Einstichstelle kühlen, evtl. mit Eis.
- Antihistamintabletten (z.B. 3 Tbl. *Tavegil®*) und evtl. Schmerzmittel geben.
- In ärztliche Behandlung begeben, dabei möglichst Beschreibung des Skorpions hinsichtlich Größe und Farbe.

Spinnen

Fast alle Spinnenarten sind giftig, jedoch besitzen die meisten zu kurze oder weiche Beißwerkzeuge, um menschliche Haut zu durchdringen. Gefährlich können besonders **Vogelspinnen-, Bananenspinnen-, Tarantel-** und **Schwarze-Witwen-Arten** werden. Für die Behandlung gelten dieselben Regeln wie beim Skorpionstich; auch wenn ein tödlicher Ausgang selten ist, sollte möglichst ein Krankenhaus aufgesucht werden. Für die hochgiftigen Spinnenarten gibt es Antiseren, die Verfügbarkeit im Bedarfsfall hängt jedoch von der medizinischen Infrastruktur ab.

Seeigel

In allen Meeren heimisch sind Seeigel, deren Bekanntschaft man bereits in Strandnähe machen kann. Ihre mit Widerhaken bewehrten Stacheln dringen tief in die Haut ein, sind schwierig herauszuziehen und brechen leicht ab. Trotzdem sollte man versuchen, sie unverzüglich zu entfernen, da die Wunden dazu neigen, sich zu entzünden. Oberflächliche Stacheln lassen sich mit Essig auflösen, da sie aus Kalk bestehen: Wunde mehrfach mit Essig benetzen oder eine essiggetränkte Kompresse auflegen. Eine andere Methode, Stacheln zu entfernen, ist das Aufkleben und vorsichtige Wiederabziehen von Pflaster. Einen gewissen Schutz bieten beim Strandlaufen, Baden oder Schnorcheln Badesandalen.

Nesseltiere

Bei Kontakt mit Nesseltieren, besonders Quallen, können Tentakeln und Nesselschleim an der Haut haften bleiben. Sie sollten abgewischt werden, dabei Handschuh, Lappen o.ä. verwenden. Dann Essig- oder Alkoholauflagen, besonders wirkungsvoll soll der Saft der Papaya sein. Abspülen mit Wasser verstärkt die Schmerzen! Großflächiges Aufbringen einer Antihistaminsalbe und Antihistamintabletten lindern Schmerz und können Blasen- und Quaddelbildung eindämmen.

Giftfische

Verletzungen durch Giftfische werden meist durch Stechrochen und Petermännchen verursacht, da beide Arten auch in Strandnähe leben. Die Tiere können tiefe Wunden hinterlassen, in denen Stachelscheiden verbleiben. Vorbeugende Maßnahmen sind das Tragen von Badeschuhen und ein schlurfender Gang, der die Fische aufscheucht und weniger Gefahr birgt, auf einen zu treten.

Behandlung bei Stichen durch Giftfische

- Desinfektionsmittel anwenden.
- Stachelreste entfernen, evtl. muß die Wunde ausgeschnitten werden.
- Fischgifte werden durch Hitze inaktiviert, deshalb heißes Wasser bis zur Erträglichkeitsgrenze in die Wunde geben, trocken-heiße Kompressen auflegen oder mit brennender Zigarette so nahe wie möglich herangehen.
- Gegen den Schmerz können Lokalanästhetika verwendet werden.
- Je nach Gift kann Schockbekämpfung erforderlich werden.
- Wegen der Infektionsneigung muß ein Antibiotikum gegeben werden.

Sexuell Übertragbares

Unter **Geschlechtskrankheiten** versteht man eine Reihe von Erkrankungen, die überwiegend oder ausschließlich durch sexuelle Kontakte übertragen werden. Dazu gehören:

- die „klassischen" Geschlechtskrankheiten Syphilis, Gonorrhoe und weicher Schanker,
- die Viruserkrankungen Genital-Herpes und Feigwarzen,
- Pilz- (Candida-), Chlamydien-, Trichomonaden- und unspezifische Infektionen der Geschlechtsorgane,
- AIDS.

Eine Reihe weiterer Infektionen wie **Hepatitis, Amöben** oder **Giardia** werden gelegentlich bei Sexualkontakten erworben. Weltweit treten jährlich 250 Mio. Neuerkrankungen dieser Art auf, und zu der Verbreitung leisten Touristen einen wesentlichen Beitrag. Auf das unbekümmerte Verhalten mancher Männer ist es auch zurückzuführen, daß Syphilis- und Gonorrhoe-Erreger resistent (widerstandsfähig) gegen die bisherigen Medikamente geworden sind, so daß z.T. erheblich höhere Dosen oder andere Mittel erforderlich sind. Bei richtiger Behandlung können diese Krankheiten aber weiterhin geheilt werden.

Die Zahl der weltweit mit **AIDS** Infizierten wird auf über 30 Millionen geschätzt. Für den Reisenden sind insbesondere folgende Übertragungswege von Bedeutung:

- Sexueller Kontakt (homo- oder heterosexuell; anal, vaginal oder oral) mit einer HIV-infizierten Person.
- Benutzen von Gegenständen, die die Haut verletzen oder durchdringen, z.B. Spritzen, Akupunkturnadeln, Piercing-Instrumente, wenn diese nicht sterilisiert wurden.
- Bluttransfusionen und Medikamente, die aus Blut gewonnen werden.

Die zuverlässigste Maßnahme, um die Infektion mit dem AIDS-Virus (wie jeder anderen sexuell übertragbaren Krankheit) zu verhindern, ist das Meiden sexueller Kontakte mit unbekannten Partnern. Auch völlig gesund wirkende Personen können infiziert sein und das Virus weitergeben. Als zweitbeste Methode ist die Benutzung von Kondomen einzustufen.

Medizinische Behandlung in einem Drittweltland erfolgt oft nicht unter den von uns gewohnten hygienischen Bedingungen. Durch unsaubere Instrumente kann daher bei Arzt oder Zahnarzt das HIV-Virus übertragen werden. Für unvermeidliche Behandlungen und Notfälle gilt:

- Spritzen und Kanülen, die in einer Einmalverpackung aufbewahrt wurden, sind sicher. Am besten hat man selbst welche im Reisegepäck. (Ist eine Spritzenbehandlung auch unbedingt notwendig? Viele Medikamente sind in Tablettenform genauso wirksam. Impfungen zu Hause durchführen lassen!)
- Glas- oder Metallinstrumente müssen vor Gebrauch sterilisiert worden sein.
- Wenn man nicht sicher sein kann, ob die Instrumente steril sind, sollte man sich wenigstens vom Vorhandensein eines Sterilisationsgerätes überzeugen. (Steht es verstaubt in der Ecke oder zeigt es Gebrauchsspuren?)
- Blutübertragungen und Behandlungen mit Medikamenten, die aus Blut hergestellt werden, nur bei Lebensgefahr zustimmen.
- Besondere Vorsicht bei Tätowierungen, Akupunktur und Piercing.

Wieder daheim

Nach der Rückkehr können sich **Akklimatisationsprobleme** ergeben, die sich in 1 bis 2 Wochen wieder verlieren. Gut beraten ist derjenige, der noch einige freie Tage zur Verfügung hat. Auch die Gewöhnung an die heimische Küche sollte allmählich erfolgen, da tierisches Fett und Eiweiß die Verdauungsorgane vor schwere Aufgaben stellen.

Zu bedenken ist ferner, daß die **Malariaprophylaxe** für 4 Wochen fortgeführt werden muß; dies wird als lästige Pflicht häufig übersehen und damit ein Ausbruch des Tropenfiebers riskiert.

Nach einem kurzen Tropenaufenthalt, der ohne gesundheitliche Probleme oder mit nur leichten Beschwerden (z.B. kurzzeitigem Durchfall) verlief, ist eine ärztliche Untersuchung nicht unbedingt notwendig. Sie ist jedoch anzuraten nach einer längeren Reise, da manche Erkrankungen erst nach einiger Zeit in Erscheinung treten.

Beim Auftreten von folgenden Anzeichen – egal ob während oder nach der Reise – ist unbedingt ein Arzt aufzusuchen und darüber zu informieren, welche Gebiet bereist wurden:

- **Fieberschübe.** Auch 6 Wochen nach Verlassen eines Malariagebietes besteht noch die Möglichkeit einer *Malaria tropica,* andere Malariaformen können noch nach Jahren ausbrechen. Eine Reihe weiterer Tropenkrankheiten kann mit Fieber einhergehen.
- **Durchfall oder Blutbeimengungen** im Stuhl oder Urin. Untersuchung auf Ruhr, Typhus, Darmparasiten (z.B. Amöben), Bilharziose.
- **Gelbsucht.** Über eine Blutuntersuchung lassen sich Typ und Aktivität klären.
- **Ausschlag oder Geschwüre** an Haut oder Genitalien. Hier kommen verschiedene Parasiten und Geschlechtskrankheiten in Betracht.
- Jegliche **unklaren Beschwerden.**

Tropeninstitute in Deutschland

- **Berlin:** Institut für Tropenmedizin, 14050 Berlin, Spandauer Damm 130, Tel. 030/30116 6, Fax 030/30116 888 Impfauskunft für Asien: Tel. 19723
- **Bonn:** Institut für medizinische Parasitologie der Universität, 53127 Bonn, Sigmund-Freud-Str. 25, Tel. 0228/287 5672, Fax 0228/287 4330
- **Dresden:** Städtisches Klinikum Dresden-Friedrichstadt, Referenzzentrum für Reisemedizin, 01067 Dresden, Friedrichstr. 39, Tel. 0351/48038 01 oder 48038 05, Fax 0351/48038 09
- **Hamburg:** Bernhard-Nocht-Institut, 20359 Hamburg 36, Bernhard-Nocht-Str. 74, Tel. 040/42818 0, Fax 040/42818 400 (bei schriftlichen Anfragen einen frankierten Rückumschlag beilegen, Reiseziele und als Betreff „Reiseprophylaxe" angeben). www.bni.uni-hamburg.de
- **Heidelberg:** Inst. für Tropenhygiene am Ostasieninstitut der Uni, 69120 Heidelberg, Im Neuenheimer Feld 324, Tel. 06221/56 2905 oder 56 2999, Fax 06221/56 5948
- **Koblenz:** Zentrales Institut des Sanitätsdienstes der Bundeswehr, Ernst-Rodenwald-Institut für Wehrmedizin und Hygiene, 56068 Koblenz, Viktoriastr. 13, Tel. 0261/9143862
- **München:** Institut für Infektions- und Tropenmedizin der Universität und Landesimpfanstalt, 80802 München, Leopoldstr. 5, Tel. 089/333322 (AB) Impfauskünfte (durchgehend),
  für Afrika: Tel. 336744,
  für Asien: Tel. 336755,
  für Mittel- und Südamerika: Tel. 333369
  „Impfsprechstunde" (persönliche Impfberatung und Impfungen), Leopoldstr. 5/Ecke Georgenstr., Mo.-Fr. 11-12 Uhr, Mi, Do 16.30-18 Uhr www.tropinst.med.uni-muenchen.de
- **Tübingen:** Institut für Tropenmedizin, 72074 Tübingen, Wilhelmstr. 27, Tel. 07071/29 2365, Fax 07071/29 6021
- **Würzburg:** Missionsärztliche Klinik, Tropenmedizinische Abt. 97074 Würzburg, Salvatorstr. 7 Tel. 0931/791 0, autom. Telefonansage 0931/791 2825

In der Medikamentenliste auf der folgenden Seite werden zur Anwendung jeweils die Wirkstoffe (Freinamen) der Medikamente genannt, da diese in verschiedenen Ländern unter verschiedenen Markennamen (Handelsnamen) angeboten werden. Die Liste ist nach Wirkstoffen sortiert, dazu werden Handelsnamen des deutschsprachigen Raumes angegeben. Die Aufzählung der Handelsnamen kann nur beispielhaft sein, da für die meisten Substanzen eine Vielzahl von Arzneimitteln auf dem Markt sind.

Medikamentenliste (Erläuterung s. Vorseite, unten)

Freiname	Handelsname (Beispiel)
Ambroxol (INN) (Schleimlöser)	MUCOSOLVAN® (A,CH,D)
Amoxicillin (INN) (Antibiotikum)	CLAMOXYL® (A,CH,D)
Ampicillin (INN) (Antibiotikum)	AMBLOSIN® (A,D), BINOTAL® (A,D), AMFIPHEN® (CH)
Benzylbenzoat (gegen Krätze)	ANTISCABIOSUM® (D)
Cephtriaxon (INN) (Antibiotikum)	ROCEPHIN® (A,CH,D)
Chinin (Malariamittel)	CHININUM SULFURIKUM®
Chloramphenicol (INN) (Antibiotikum)	PARAXIN® (A,D), LEUKOMYCIN® AMPHEMYCIN® (CH)
Chloroquin (INN) (Malariamittel)	RESOCHIN® (D,CH), ARTHROCHIN® (A)
Cinnarizin (INN) (gegen Schwindel)	STUTGERON® (A,CH,D)
Clotrimazol (INN) (Antimykotikum)	CANESTEN® (A,CH,D)
Cotrimoxazol (=Trimethoprim+Sulfamethoxazol)	BACTRIM® (A,CH,D), EUSAPRIM®
Dexpanthenol (INN) (Vitamin d. B-Gruppe, zur Wundbehandlung)	BEPANTHEN® (A,CH,D), PANTHENOL ®
Diclofenac (INN) (Rheuma-, Schmerzmittel)	VOLTAREN® (A,CH,D)
Dimetinden (INN) (Antihistaminikum)	FENISTIL® (A,CH,D)
Doxycyclin (INN) (Antibiotikum)	VIBRAMYCIN® (A,CH,D), VIBRAVENÖS® (A,CH,D)
Erythromycin (INN) (Antibiotikum)	ERYTHROCIN® (A,CH,D), ERYCINUM® (A,D), MYAMBUTOL® (A,CH,D)
Etofenamat (INN) (Rheuma-, Schmerzmittel)	RHEUMON GEL®
Halofantrin (INN) (Malariamittel)	HALFAN® (A,CH,D)
Lindan (INN) (Insektizid)	JACUTIN®
Loperamid (INN) (gegen Durchfall)	IMODIUM® (D,CH)
Mebendazol (INN) (Wurmmittel)	VERMOX® (CH,D), PANTELMIN® (A)
Meclozin (INN) (Reisekrankheit, Erbrechen)	BONAMINE®
Mefloquin (INN) (Malariamittel)	LARIAM® (A,CH,D)
Metoclopramid (INN) (gegen Erbrechen)	PASPERTIN® (A,D), PRIMPERAN®, MCP®
Metronidazol (INN) (Antibiotikum)	CLONT® (CH,D), FLAGYL® (CH,D), TRICHEX® (A)
Niclosamid (INN) (Wurmmittel)	YOMESAN® (A,CH,D)
Paracetamol (INN) (Fieber-, Schmerzmittel)	BEN-U-RON® (D), TYLENOL® (A), ACETALGIN® (CH)
Paromomycin (INN) (Antibiotikum)	HUMATIN®
Praziquantel (INN) (Wurmmittel)	BILTRICIDE®, CESOL®
Proguanil (INN) (Malariamittel)	PALUDRINE® (A,CH,D)
Tetracyclin (INN) (Antibiotikum)	HOSTACYCLIN® (A,D,CH)
Tiabendazol (INN) (Wurmmittel)	MINZOLUM® (D), MINTEZOL® (CH)

(INN) = Freiname ist international anerkannt, (A)= Handelsname in Österreich, (CH)= Handelsname in der Schweiz, (D) = Handelsname in Deutschland.

Glossar

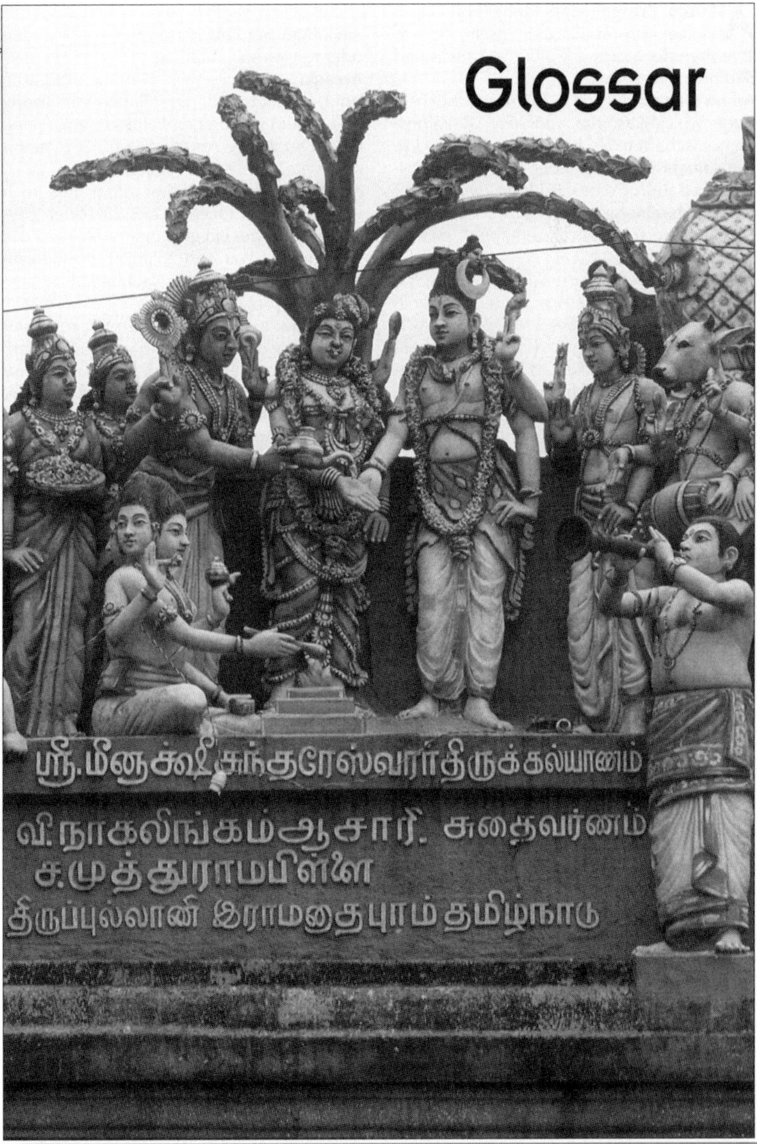
ஸ்ரீ.மீனக்ஷி சுந்தரேஸ்வரர் திருக்கல்யாணம்
வி.நாகலிங்கம் ஆசாரி. சுதைவர்ணம்
ச.முத்துராமபிள்ளை
திருப்புல்லானி இராமநாதபுரம் தமிழ்நாடு

Adam's Bridge: eine Reihe von Sandbänken, Riffs und kleinen Inseln, die sich zwischen der Nordwestspitze Sri Lankas und Südindien erstrecken

Adam's Peak: der mit 2.243 m vierthöchste Berg Sri Lankas, der von allen Religionsgemeinschaften als heilig betrachtet wird. Auf seinem Gipfel befindet sich ein angeblicher Fußabdruck des Buddha, woher der Berg auch seinen singhalesischen Namen Sri Pada erhielt: *sri* = „edel", „erhaben", *pada* = „Fuß(abdruck)".

Areka-Nuß: der etwa muskatnußgroße Samen der Areka-Palme *(Areca catechu)*, der in zerkleinerter Form in Betel-Mischungen (↗) verwendet wird. Aufgrund dessen wird die Areka-Nuß oft fälschlich als „Betel-Nuß" bezeichnet. Die Areka-Nuß erhält mehrere Alkaloide: Arekain, Arekaidin, Arekolin, Cholin, Guvacin. Von diesen ist das Arekolin hochtoxisch und beeinflußt das Nervensystem; in konzentrierter Form kann es Lähmungen oder Krämpfe herbeiführen. In der alten chinesischen Medizin fand die Areka-Nuß als Heilmittel bei Spulwurmbefall von Hunden oder Katzen Verwendung.

Arrack: alkoholisches Getränk (30-40% Vol.), das durch die Destillation von Toddy (↗), einem vergorenen Palmsaft, gewonnen wird. Der Name Arrack stammt vom arabischen *araq* für „Ausdünstung".

Ashoka Maurya: indischer Kaiser (reg. nach verschiedenen Quellen 273-237 oder 269-233 v. Chr.), der ein glühender Anhänger des Buddhismus war und zahlreiche buddhistische Missionare in die Nachbarländer aussandte

Asfoetida: auf dem indischen Subkontinent weit verbreitetes Gewürz, das aus dem Harz der Pflanze *F. alliacea Boiss.* oder aus verwandten Arten gewonnen wird; aufgrund seines unangenehmen Geruchs auch „Teufelsdreck" genannt

Avalokiteshvara: der Bodhisattva (↗) des gegenwärtigen Zeitalters und im Mahayana-Buddhismus (↗) der Gott der Barmherzigkeit

Ayurveda, ayurvedisch: von Sanskrit (↗) *ayu* = „Alter", „langes Leben" und *veda* = „Wissenschaft". (Das dazwischen eingeschobene r beruht auf einer Sanskritregel, die bei Wortkombinationen zum Tragen kommt.) Die Ayurveda oder „Wissenschaft vom langen Leben" ist eine traditionelle indische Heilkunde, deren Medikamente rein auf pflanzlicher und mineralischer Basis beruhen. Als Begründer der Lehre gilt *Charaka*, der Leibarzt von König *Kanishka* von Peshawar (ca. 1./2. Jh.) und Verfasser der *Charaka Samhita*, einer grundlegenden Abhandlung über die Ayurveda.

In Sri Lanka ist die Ayurveda hoch angesehen, und es gibt zahlreiche ayurvedische Ärzte und Kliniken. Viele der verwendeten Mittel haben ihre Heilkraft vielfach unter Beweis gestellt, so z.B. das Öl des Chalmaugra-Baumes, das als wirksamstes Mittel gegen die Lepra gilt.

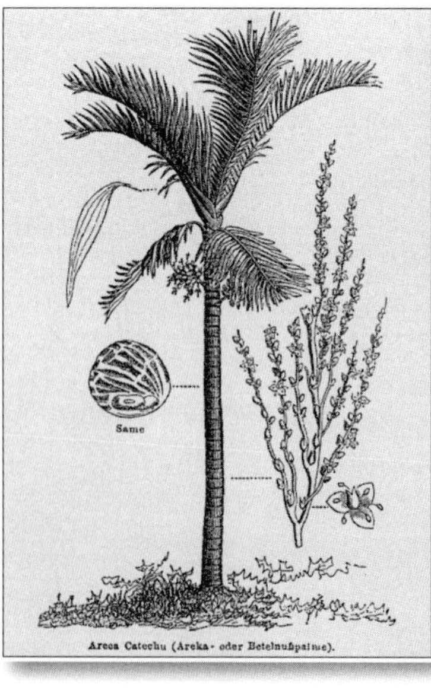

Areca Catechu (Areka- oder Betelnußpalme).

Die Nuß der Areka-Palme: Grundlage von Betel-Mixturen

Banyan-Baum: *Ficus bengalesis;* Baum aus der Familie der Feigenbäume, der ein weit verzweigtes, über der Erde befindliches Wurzelwerk aufweist, das sich oft über große Areale ausweiten kann. Der Name des Baumes, der religiöse Verehrung genießt, soll von der hinduistischen Händlerkaste der Banyas stammen, die sich in seinem Schatten versammelten.

Bazaar / Bazar: Markt; das Wort stammt aus dem Persischen und findet sich heute auch in zahlreichen anderen Sprachen wieder, so u.a. im Arabischen, Türkischen, einigen indischen Sprachen und dem Deutschen.

Beedi / Bidi: dünne Zigarette, die aus dem zusammengerollten und getrockneten Blatt eines Strauches besteht (im zentralindischen Hauptanbaugebiet *tendu* genannt), mit einer Füllung aus kleingehacktem Tabak

Betel: Kaumixtur, die aus dem Blatt des Betelbaumes *(Piper betel)*, dem kleingehackten Samen der Areka-Palme (*Areca catechu*; ⇗), Chunam (einer Kalkpaste aus Kalkstein oder Muscheln), Gewürzen und anderen Zutaten besteht. Einige Mischungen können leichte Rauschzustände hervorrufen. Beim Kauen der Betelmixtur entsteht ein typischer tiefroter Saft, der Zähne und Mund verfärbt.

Bengali: vom Sanskrit abstammende indoarische Sprache, die mit ca. 180 Mio. Sprechern in der Weltrangliste an 10. Stelle steht. Bengali wird im indischen Bundesstaat West Bengal und in Teilen von Assam und Orissa gesprochen und ist die Nationalsprache von Bangladesch.

Bhagavad Gita / Bhagavadgita: Sanskrit für „das göttliche Lied"; der zentrale Teil des Epos Mahabharata (⇗), in dem Gott Krishna (⇗) seinen Schüler Arjuna während der Schlacht um Kurukshetra in die Mysterien des Universums einweiht. Die Bhagavad Gita ist die wichtigste einzelne Schrift des Hinduismus. Sie stammt etwa aus der Zeit 500-200 v. Chr., möglicherweise auch 100 v. Chr.

Bhikku: Pali für „Bettelnder", von Sanskrit *bhikshu*; buddhistischer Mönch, der seinen Lebensunterhalt aus Almosen bestreitet

Bida: tamil für „Betelmischung" (⇗ Betel)

Bidi: (⇗) Beedi

Bo- / Bodhi-Baum / Bo-Gaha: der Pipal-Baum *(Ficus religiosa)*, unter dem Buddha (⇗) in Bodh Gaya (⇗) die Erleuchtung erlangt haben soll und der deshalb religiöse Verehrung genießt. Alle Bo-Bäume in Sri Lanka sollen von dem heiligen Baum in Anuradhapura abstammen, der seinerseits ein direkter Nachkömmling des Baumes in Indien ist. Die singhalesische Bezeichnung für den Baum ist Bo-Gaha (*gaha* = „Baum").

Bodh Gaya: der Ort im heutigen nordindischen Bundesstaat Bihar, in dem Buddha (⇗) unter einem Bo-Baum (⇗) meditierend die Erleuchtung fand; die Übersetzung des Namens aus dem Hindi (⇗) lautet „wurde erleuchtet". Im Ort finden sich zahllose religiöse Bauten, die von Buddhisten aus verschiedenen Ländern finanziert wurden. 1993

অ	a	এ	e
আ	ā	ঐ	ai
ই	i	ও	o
ঈ	ī	ঔ	au
উ	u	ক	ka
ঊ	ū	খ	kha
ঋ	ṛ	গ	ga
ঌ	ḷ	ঘ	gha

Schriftmuster:
Bengali

Glossar

weihte Präsident *Premadasa* von Sri Lanka dort das *Buddha Gama* („Buddha-Dorf") ein, eine Wohnsiedlung für Arme.

Bodhisattva: Begriff aus dem Mahayana-Buddhismus (↗); er bezeichnet ein erleuchtetes Wesen, das, statt endgültig ins Nirvana (↗) überzugehen, auf der Erde verbleibt, um anderen auf ihrem Weg zur Erlösung zu helfen.

Bohras: ursprünglich eine hinduistische Händler-Kaste (↗ Kaste) aus der Gegend von Baroda im indischen Bundesstaat Gujerat, die aber später zum Islam übertrat. Der Name stammt von Sanskrit / Hindi *vyavahari* („Händler"), aus dem im Gujerati (↗) *bohora* wurde. Die Bohras unterliegen strikten religiösen und sozialen Regeln und haben einen Teil ihres Einkommens an ihr streng autoritäres Sektenoberhaupt abzuführen. Verstöße gegen die Regeln können zu sozialer Ächtung in der Bohra-Gemeinschaft führen. Zahlreiche Bohras leben in Bombay, eine kleinere Anzahl in Colombo.

Brahma: von der Sanskrit-Wurzel *brh,* „sich ausbreiten"; der Schöpfergott der Hindus (↗), dem im Gegensatz zu allen anderen Göttern aber kaum Tempel geweiht sind. Als Grund dafür gilt die Hochzeit Brahmas mit seiner Tochter Saraswati (↗), durch die er sich der Inzucht schuldig gemacht habe .

Brahmanen: die oberste Kaste des indischen Hinduismus (↗), deren Mitglieder in der Vergangenheit zahlreiche Privilegien genossen, da sie als der „Kopf" der Gesellschaft betrachtet wurden. Die Kaste umfaßte die Priester und Gelehrten der hinduistischen Gesellschaft und bildete damit deren geistige Elite.

Brahmi-Schrift: ein ausgefeiltes Schriftsystem, das zur Zeit König *Ashokas* (↗) über fast ganz Indien verbreitet war (außer dem Nordwesten); entstand wahrscheinlich aus der Schrift der Harappa-Kultur (ca. 3000-2000 v. Chr.)

Buddha: Sanskrit (↗) für „der Erleuchte"; Ehrentitel des *Siddharta Gautama,* der im 6. Jh. v. Chr. in Lumbini (heute Süd-Nepal) als Königssohn geboren wurde und nach einem Leben der Askese und Meditation die Erleuchtung erlangte. Die exakte Lebenszeit des Buddha ist umstritten. Nach srilankischen Überlieferungen wurde er 624 v.Chr. geboren und starb 80 Jahre später; Historiker setzen die Geburt später an, ca. 563 oder 543 v. Chr.

Bulath: Singhalesisch für „Betel" (↗)

Burgher: eine in Sri Lanka beheimatete Volksgruppe von gemischt srilankisch-europäischer Herkunft, die sich früher als eine Art Elite verstand, mit der Erklärung des Singhalesischen zur alleinigen Nationalsprache im Jahre 1956 jedoch an Einfluß verlor. Der Name Burgher stammt aus dem Holländischen und bedeutet etwa dasselbe wie „Bürger".

Der Hindu-Gott Brahma
mit seiner Tochter Saraswati

Ceylon: der alte Name Sri Lankas, der offiziell bis 1972 in Gebrauch war. „Ceylon" ist eine Abwandlung von *Sinhala* („Die Löwenhaften") oder *Sinhala-Dwipa* („Insel der Löwenhaften").
Chandalas: eine der niedrigsten indischen Kasten (↗), deren Mitglieder traditionell zur Straßenreinigung, Fäkalienbeseitigung u.ä. Arbeiten herangezogen wurden. Angeblich enstand sie aus der Verbindung einer Brahmanen-Frau (↗) mit einem Shudra (↗). Die Vermischung der Kasten gilt im Hinduismus als Frevel, so daß den aus einer solchen Verbindung hervorgehenden Nachkommen automatisch eine verachtenswürdige gesellschaftliche Stellung zukommt.
Chatty: rundlicher, dickbäuchiger Tonkrug; von Tamil *shatti*
Chena: Brandrodung
Chettiars: Händlerkaste (↗ Kaste), deren Mitglieder sich häufig als Geldverleiher betätigen
Cholas: Dynastie (ca. 800-1250) im heutigen indischen Bundesstaat Tamil Nadu, die ihren Höhepunkt um 870 erreichte und sich zeitweise über weite Teile Indiens sowie das nördliche Sri Lanka ausdehnte
Chunam: hellweiße Kalkpaste, die aus Kalkstein oder Muscheln hergestellt wird und in Betelmixturen (↗ Betel) Verwendung findet
Chutney: scharfe, dickbreiige Essensbeilage aus Zutaten wie Kokosfleisch, Chili und weiteren Gewürzen; von Hindi *chatni* (↗)
Coir: die Fasern der Kokosnußschale, die zu Seilen verarbeitet werden; von Tamil *kayiru* oder Malayalam *kayaru*. Letzteres bedeutet „verdreht werden", was auch Auskunft über den Herstellungsprozeß der Seile gibt.
Crore: sprich „kror"; im Singhalesischen sowie in zahlreichen indischen Sprachen die Zähleinheit für 10 Millionen; „3 crore" bedeutet also „30 Millionen".
Culavansa: die „Kleine Chronik"; srilankische Geschichtschronik, die vom 13. Jh. bis 1815 von buddhistischen Mönchen geführt wurde; Nachfolgewerk der Mahavansa (↗)
Curd: Engl. für „Joghurt"; in Sri Lanka meist aus Büffelmilch hergestellt
Cutchery: ein Verwaltungsgebäude oder Gerichtshof; das Wort stammt von Hindi (↗) *kachahari* und wurde von den Briten in seiner anglisierten Form über Indien und Ceylon verbreitet.

Dagoba: eine glockenförmige Stupa, die einen Bestandteil von buddhistischen Tempeln darstellt. Das Wort stammt von Pali *dhatu-gabbha* und Sanskrit *dhatu-gharba,* etwa „Aufbewahrungsort für Reliquien". Im Kern der Dagobas sind heilige Reliquien eingemauert, häufig solche, die von Buddha (↗) selbst stammen sollen.
Dana: Pali/Sanskrit für „geben"; das Almosengeben an Mönche

653sr Foto: rk

Dagoba in Polonnaruwa

Glossar

Dal: ein mehr oder minder dickflüssiger Linsenbrei, der je nach Art aus verschiedenen Linsensorten zubereitet wird und in Indien das Standardgericht darstellt. Das Wort stammt von der Sanskrit-Wurzel *dal*, „teilen", und weist auf die Beschaffenheit der Linsen hin, die sich jeweils in zwei Hälften aufteilen.

Dalada: der angebliche Backenzahn des Buddha (↗), der im Zahntempel von Kandy aufbewahrt wird.

Dalada Maligawa: „Zahn-Tempel"; der berühmte Tempel in Kandy, in dem der Dalada (↗), die Zahnreliquie Buddhas (↗), aufbewahrt wird. Im Laufe der Zeit waren dem Zahn verschiedene Tempel an verschiedenen Orten geweiht.

Darga / Dargah: der Schrein eines moslemischen Heiligen; das Wort stammt aus dem Persischen *(dargah)* und bedeutet eigentlich „Königshof".

Datura: Oberbegriff verschiedener, eng verwandter Nachtschatten- oder Stechapfelgewächse wie *Datura alba, Datura stramonium* und *Datura fastuosa,* die z.T. auch in Europa zu finden sind. Bei uns sind sie als Bilsenkraut oder Belladonna bekannt. Der Name Belladonna („schöne Frau") stammt von der Pupillenerweiterung, die die Pflanze verursacht, wodurch die Augen groß erscheinen. In Deutschland waren bis in die jüngste Vergangenheit „Bilsenkraut-Zigaretten" erhältlich, die als Naturheilmittel gegen Bronchitis und Asthma geraucht wurden.

Datura enthält mehrere Alkaloide, am konzentriertesten in den Samen, die je nach Dosierung Rauschzustände, Wahnvorstellungen, Bewußtlosigkeit (bis zu 24 Std.) oder u.U. sogar den Tod herbeiführen können. Unter den Alkaloiden befindet sich das Hyoscin, das in reinen Mengen von 0,03 g tödlich ist. In der Regel müssen dazu über 120 Samenkörner (ca. 1 g) eingenommen werden.

In früheren Jahrhunderten waren überall in Süd- und Südostasien professionelle Giftmischer am Werk, die ihren Opfern Datura zukommen ließen und sie dann beraubten. Heute sind derlei Fälle sehr selten, jedoch nicht unbekannt.

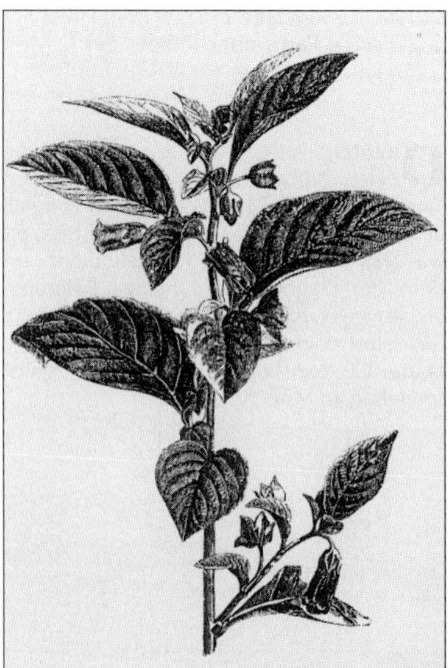

Das Nachtschattengewächs Datura – bei uns bekannt als Belladonna

Durga, die indische Göttin der Zerstörung – auch Kali oder Parvati genannt

Schriftmuster: Farsi

Devala(ya), Devale: buddhistischer oder hinduistischer Schrein oder Tempel; von Sanskrit *deva* = „Gott“ und *alaya* = „Wohnort“

Deva: „Gott“; abgeleitet von der Sanskrit-Wurzel *div*, „leuchten“

Devi: „Göttin“ (⇗ Deva)

Dharma: nicht leicht übertragbarer Begriff aus dem Sanskrit, der etwa „religiöses Gesetz“ bedeutet, im weiteren Sinne aber auch „Religion“. Die Buddhisten verwenden häufig die Pali-Version des Wortes, *Dhamma*.

Dhobis: die niedrige und dementsprechend wenig respektierte Kaste (⇗) der Wäscher; von Sanskrit *dhav*, „waschen“.

Dhoni: traditionelles Segelboot; auf tamil *toni,* das von *tonduga* stammt, „aushöhlen“. Der Rumpf der Dhonis wurde früher aus einem einzigen Baumstamm ausgehöhlt.

Dipavansa: „Insel-Chronik“; srilankische Geschichtschronik, die mit dem Tod König *Mahasenas* im Jahre 304 endet, aber erst später, im 4. Jh., möglicherweise auch erst im 5. Jh., fertiggestellt wurde.

Draviden: Mitglieder der südindischen Volksgruppen, zu denen auch die Tamilen (⇗) gehören. Die dravidischen Sprachen sind untereinander eng verwandt, haben jedoch kaum Gemeinsamkeiten mit den indo-arischen Sprachen Nordindiens.

Dschungel: von Hindi (⇗) und Marathi (⇗) *jangal*; der Begriff bezeichnete ursprünglich Brachland oder verwildertes und überwuchertes Gelände, wurde später aber auch für dichten Wald verwandt. Die Engländer machten *„jungle“* daraus, und in veränderter Form wurde es auch in andere Sprachen übernommen, z.B. ins Deutsche.

Durga: ein anderer Name für Kali (⇗), die hinduistische Göttin der Zerstörung und Gemahlin von Shiva (⇗).

Farsi: Persisch; das Farsi der Parsen (⇗) hat sich durch andere Spracheinflüsse und die lange Abwesenheit der Volksgruppe aus ihrem persischen Ursprungsland mittlerweile vom heutigen Persisch, wie es im Iran gesprochen wird, sehr entfernt.

أَ	a	اَو	au
آ	ā	ڙ	ṛ
اَی	ē	ك	k
اِ	i	كه	kh
اِی	ī	گ	g
اَو	o	گه	gh
اُ	u	ڭ	gg

Ganesh / Ganesha: der elefantenköpfige Sohn von Shiva (⇗) und Parvati (⇗), der als Gott des Erfolges und Beseitiger von Hindernissen verehrt wird

Ganga: „Fluß"; das Wort stammt von *Ganga*, dem Ganges, der oft als die Mutter aller Flüsse bezeichnet wird.

Garuda: mystisches Fabelwesen, halb Mensch, halb Adler, und das Reittier, auf dem Vishnu (⇗) durch die Lüfte fliegt

Gautama Siddharta: der Geburtsname des Buddha (⇗)

Gedige: Tempel in speziellem Architekturstil, mit massiven Mauern und geschwungenem Dach

Go / Gau: eigentlich Go-Ruta, „Kuhruf"; altes indisches und srilankisches Längenmaß, das angeblich der Hörweite des Blökens einer Kuh entspricht (Sanskrit *go* = „Kuh"). Die Schaffung dieser Längeneinheit drückt den Respekt aus, den die Kuh im allgemeinen genoß, spiegelt aber nicht unbedingt die tatsächliche Reichweite des Kuhblökens wider. Die Länge des Maßes wurde regional unterschiedlich mit 2,25, 3,33, 4, 8 oder gar 10 Meilen angegeben.

Gopal: Sanskrit (⇗) für „Kuhhirte"; ein anderer Name für den Gott Krishna (⇗)

Gopuram: Ein turmartiger Aufbau über dem Eingang von hinduistischen Tempeln in Südindien und Sri Lanka, mit zahlreichen daran angebrachten Götterfiguren. Wörtlich aus dem Sanskrit übersetzt bedeutet der Begriff „Kuhtor" .

Govigamas: die höchste Kaste (⇗) der Singhalesen (⇗), eine Art Landadel

Gurunnanse: „Lehrmeister"; ein singhalesischer Ehrentitel

Gujerati: indo-arische, vom Sanskrit abgeleitete Sprache, die im indischen Bundesstaat Gujerat gesprochen wird

Halal: Begriff aus dem Arabischen, der Speisen beschreibt, die im Einklang mit den moslemischen Regeln stehen. Fleisch ist nur dann *halal,* wenn die Tiere nach moslemischer Vorschrift geschlachtet worden sind, d.h. durch Ausbluten und unter Rezitation vorgeschriebener Gebetsformeln. Das Gegenteil von *halal* ist *haram* (⇗).

Hanuman: der hinduistische Affengott und Held des Epos Ramayana (⇗), der als Sinnbild von Kraft, Ausdauer und List gilt. Deshalb war er früher sehr beliebt bei Soldaten, und Hanuman-Schreine oder -Figuren waren fester Bestandteil von Forts und anderen militärischen Anlagen. Die Verehrung Hanumans bildet auch den Grund für die Verehrung von Affen im allgemeinen, was zu merkwürdigen Auswüchsen führen konnte: Gelegentlich wurden Affenpaare von Maharajas miteinander „verheiratet"! Das ging mit fast genausoviel Prunk und Pomp über die Bühne wie eine echte Königshochzeit.

650sr Foto: Chaweewan Chuchuay

Ganesh-Relief am Kelani-Tempel bei Colombo

Haram: „unrein" im Arabischen; der Begriff wird oft auf Nahrung angewendet, die nicht den moslemischen Vorschriften entspricht; darunter fällt das verbotene Schweinefleisch wie auch Fleisch von Tieren, die nicht den moslemischen Regeln gemäß geschlachtet wurden. Die arabisch-persische Bezeichnung *haram-khor,* „Haram-Esser", ist für einen Moslem eine schwere Beleidigung. Als unrein gelten im Islam auch Hunde, die folglich in moslemischen Ländern nur selten als Haustiere gehalten werden.

Hinayana: das sogenannte „Kleine Fahrzeug", ein Zweig des Buddhismus, dessen Endziel die persönliche Erleuchtung und die Erlösung der Leiden ist, ganz im Gegensatz zum Mahayana (↗)

Hindi: indo-arische Sprache und somit vom Sanskrit abstammend, heute die verbreitetste aller indischen Sprachen, zugleich offizielle Nationalsprache Indiens (zusammen mit dem Englischen). Etwa 350 Millionen Inder haben Hindi zur Muttersprache (hauptsächlich in Nordindien), zahlreiche weitere sprechen es als Zweit- oder Drittsprache oder können es zumindest verstehen. (↗ Urdu)

Hindus: Anhänger des Hinduismus; das Wort Hindu bedeutete ursprünglich lediglich „Bewohner des Indus-Landes": Für die Perser und Araber begann Indien früher am Fluß Sindhu, dem Indus, den sie aber nur wie „Hindu" aussprechen konnten. Ein Hindu war somit ein Bewohner der Indus-Gegend oder „Inder".

Hopper: traditionelles srilankisches Gericht; auf singhalesisch und tamil heißt es *appa,* was die Engländer zu „hopper" verballhornten. *Appa* stammt von Tamil *appu,* „mit den Händen klatschen".

Inkarnation: „Fleischwerdung" oder „Verkörperung", nach buddhistischer und hinduistischer Auffassung werden alle Wesen, die noch nicht die Vollkommenheit erlangt haben, nach ihrem Tod in einem neuen Körper wiedergeboren. Die Art und Weise dieser Geburt hängt vom individuellen Karma (↗) ab.

Jaggery: englisch für den Palmzucker, der aus der Kittul-, Palmyra- oder anderen Palmarten gewonnen werden kann. Schmeckt herb-süß, dabei bisweilen auch leicht säuerlich.

Jataka: Erzählungen zur religiösen Erbauung, die von den vorangegangenen Inkarnationen (↗) des Buddha (↗) berichten. In diesen erscheint Buddha auch in Tierform, um darzustellen, daß jedes Lebewesen den Kern der Erleuchtung in sich trägt.

Schriftmuster: Hindi

Glossar

Kachchan: heißer Wind, der im Anschluß an den Südwest-Monsun weht
Kachcheri: lokales Verwaltungsgebäude
Kaffee: möglicherweise vom arabischen *kahwa,* das ursprünglich „Wein" bedeutete, oder aber von *Kaffa,* dem südäthiopischen Hochland, das als die Heimat der Kaffee-Pflanze *(Caffea arabica)* angesehen wird. Als Getränk etwa seit der Mitte des 15. Jh. bekannt, wurde der Kaffee 1511 in Mekka als „ungesetzlich" geächtet, was seine Verbreitung aber nicht aufhalten konnte. 1554 wurde in Konstantinopel das erste Kaffeehaus eröffnet. Im 17. Jh. wurde er in Südindien eingeführt, und 1830 versuchten die Engländer ihr Glück damit in Sri Lanka. Nach der Kaffee-Pest des Jahres 1868 wurde der Kaffee dort aber durch den Tee (↗) ersetzt.
Kali: die hinduistische Göttin der Zerstörung, ein anderer Name für Durga (↗). Kali wird in Abbildungen schwarz dargestellt, mit einer Vielzahl von Armen, mit denen sie bedrohliche Waffen schwingt. In früheren Jahrhunderten wurden Kali oder einer ihrer Manifestationen (z.B. der Göttin Bhawani) Menschenopfer dargebracht, heute aber nur noch im seltenen, illegalen Ausnahmefall (in Indien).
Kalingas: Volksgruppe und Königsdynastie aus den Küstengebieten des heutigen indischen Bundesstaates Andhra Pradesh. Der Mahavansa (↗) gemäß stammte die Mutter von Vijaya, des Urvaters der Singhalesen (↗), aus diesem Volk. Von „Kalinga" leitet sich die in Malaysia gebräuchliche, abschätzige Bezeichnung *Kling* für einen Südinder her.
Kannada: die Hauptsprache im indischen Bundesstaat Karnataka; gehört der dravidischen Sprachenfamilie an
Kama Sutra / Kamasutra: das „Handbuch der Liebeskunst" des indischen Weisen *Vatsyayana* (ca. 5./6. Jh.), in dem detaillierte Anweisungen zum Geschlechtsakt gegeben werden. *Kama* ist Sanskrit (↗) für die fleischliche Liebe und auch der Name des indischen Liebesgottes, *Sutra* bedeutet Leitfaden.
Karavas: eigentlich Kharvas; die Angehörigen einer Fischerkaste in Negombo, die ursprünglich aus dem Gebiet von Kutch, Kathiawar und Cambay im heutigen indischen Bundesstaat Gujerat stammte und eine Kriegerkaste war, verwandt mit den Rajputen. Später arbeiteten sie als Salzmacher oder Seeleute. In der Seefahrt verdienten sie sich einen guten Namen, übernahmen den Warentransport entlang der indischen Küste und segelten bis Singapur, Aden und Sansibar.
Karma: Sanskrit für „das Getane"; der Begriff bezeichnet das Verdienst bzw. die Schuld, die Lebewesen durch die Taten in ihren vorangegangenen Inkarnationen (↗) angehäuft haben und die ihre zukünftigen Existenzen bestimmen. In der Philosophie des Karma werden gute Taten durch ein gutes Schicksal vergolten, schlechte durch ein schlechtes.
Kaste/Kastensystem: Das Wort Kaste stammt vom portugiesischen *casta* und bedeutet „Gruppe", „Familie" oder „Clan". Das Kastensystem ist eine streng hierarchische Gesellschaftsordung, die ein Grundelement des Hinduismus und auch einen Aspekt des srilankischen Buddhismus darstellt. In letzterem ist es jedoch von geringerer Bedeutung. Die Aufteilung der Gesellschaft in „Hochgeborene" und „Niedriggeborene" zieht ihre Berechtigung aus der Philosophie des Karma (↗), nach der jeder das erntet, was er in vorangegangenen Leben ausgesät hat. Gute Taten werden so durch eine hochrangige Geburt und alle damit verbundenen Privilegien belohnt, schlechte Taten werden durch eine Existenz am unteren Ende der Gesellschaft bestraft.
Kataragama: der hinduistische, als jähzornig und aggressiv gefürchtete Kriegsgott, der auch unter zahlreichen anderen Namen auftaucht: Murugan, Karttikeya, Kathiresan, Skanda, Subramaniam u.a. Ursprünglich war er ein Gott der Veddas (↗), der erst später in das hinduistische Pantheon aufgenommen wurde. Oft wird er bei materiellen Schwierigkeiten um Hilfe angerufen, nicht selten aber auch, um aus Rachegelüsten seinen Zorn auf einen Feind zu lenken.

Kataragama ist auch der Name eines bedeutenden Pilgerortes im Süden Sri Lankas, dessen Hauptheiligtum diesem Gott gewidmet ist.

Die blutrünstige Göttin Kali

Khojas: Bezeichnung für zwei ehemals hinduistische Händlerkasten, die sich später dem Islam zuwandten. Die eine war die Khatri-Kaste aus der Region des Panjab (heute teils in Pakistan, teils in Indien gelegen), die andere die Lohana-Kaste aus der Provinz Sind (heute Pakistan). Zahlreiche Khojas leben in Indien (z.B. in Bombay), einige wenige in Sri Lanka. Die meisten gehen ihrer traditionellen Beschäftigung, dem Handel, nach.

Kolam: Maskentanz aus dem Gebiet der West- und Südwestküste, bei dem alltägliche oder mythologische Begebenheiten dargestellt werden

Kopra: getrocknetes Kokosmark; verwandt mit Hindi *khapna*, „austrocknen", und *khopri*, „Schädel"

Kovil: tamil für „Tempel"

Kraal: Gittergehege zum Einfangen von wilden Elefanten; verwandt mit dem portugiesischen *curral*, „Viehgehege"

Krishna: die zentrale Gottheit der Bhagavad Gita (⇗) und achte Inkarnation Vishnus (⇗). In der Ikonographie wird Krishna gern als tollendes, verspieltes Kind oder als flötespielender Kuhhirte dargestellt. Ein anderer der zahlreichen Namen für Krishna lautet Gopal, „Kuhhirte".

Kshatriyas: die zweithöchste Kaste (⇗) des Hinduismus, die der Krieger

Lakh: Zähleineinheit von je 100.000; 5 Lakhs z.B. sind somit 500.000; von Sanskrit *laksha*, was ursprünglich möglicherweise „Markierung" bedeutete

Laksala: staatliches srilankisches Geschäft, das traditionelle Handwerksartikel verkauft

Lakshman: der Bruder Hanumans (⇗)

Lakshmi: die hinduistische Göttin für Glück und Wohlstand, meist in einer Lotusblume stehend dargestellt, mit zwei Elefanten an den Seiten, die sie mit Wasser besprühen.

Lingam: das phallische Symbol Shivas (⇗), das aus einer Yoni herausragend dargestellt wird, dem sinnbildlichen weiblichen Geschlechtsteil, das Symbol für weibliche Energie ist

Maha: die erste Reisernte im Jahr, in den Monaten Januar bis März. (⇗ Yala)

Mahabharata: bedeutendes Hindu-Epos (ca. 500-200 v. Chr.), dessen Episoden die Grundlage des hinduistischen Legendenfundus bilden und das auch die Bhagavad Gita (⇗) beinhaltet. Als Autor wird oft Vyasa genannt, wahrscheinlicher waren daran aber verschiedene Autoren zu verschiedenen Zeiten am Werk. Die wichtigsten Charaktere in der Mahabharata sind Heilige, Könige, Krieger, schöne Maiden und getreue Ehefrauen; aus deren Leben und vielverzweigten Erlebnissen werden moralische, soziale und philosophische Lehren gezogen. Mit 100.000 Versen gilt das Epos als die längste Literatur-Komposition der Welt, und gemäß einem indischen Sprichwort „gibt es nichts in Bharat (Indien), was es nicht schon in der Mahabharata gibt."

Mahavansa: wörtlich „Die große Chronik", srilankische Geschichtschronik, die die Zeit von der Ankunft der Singhalesen auf Sri Lanka bis zum 13. Jh. umfaßt

Mahaweli Ganga: mit 330 km der längste Fluß Sri Lankas

Mahayana: das „Große Fahrzeug"; Zweig des Buddhismus, der sein Ziel im Lindern des Leids aller Kreaturen sieht, nicht wie der Hinayana (⇗) im Erlangen der persönlichen Erlösung

Mahinda: wahrscheinlich der Sohn des indischen Kaisers *Ashoka* (⇗), der im 3. Jh. v. Chr. als Mönch nach Sri Lanka kam und dort den Grundstein des Buddhismus legte

Mahout: sprich „Mahaut", ein Elefantenführer oder -bändiger. Mahout ist die engl. Variante von Hindi *mahawat,* das seinerseits von Sanskrit *maha-matra* stammt, „Einer von großem Maß"; damit war ursprünglich ein Offizier gemeint.

Maitreya: ein Buddha, der erst in der Zukunft geboren werden wird

Malaiisch: Sprache der austronesischen Sprachgruppe mit einigen arabischen Elementen; die Nationalsprache Malaysias. Das Malaiische deckt sich größtenteils mit dem

Krishna als flötespielender Hirte

Die Glücksgöttin Lakshmi verkörpert die ideale Frauengestalt

ട	ṭa	ഒ	o
ഠ	ṭha	ഓ	ō
ഡ	ḍa	ഔ	au
ഢ	ḍha	ക	ka
ണ	ṇa	ഖ	kha
ത	ta	ഗ	ga
ഥ	tha	ഘ	gha
ദ	da	ങ	ṅa
ധ	dha	ച	tša
ന	na	ഛ	tšha
പ	pa	ജ	dža
ഫ	pha	ഝ	džha
ബ	ba	ഞ	ńa

Schriftmuster: Malayalam

Indonesischen; Malaiisch und Indonesisch sind sich etwa so ähnlich wie Deutsch und Österreichisch. Insgesamt sprechen über 160 Mio. Menschen malaiisch/indonesisch, womit es eine der verbreitetsten Sprachen der Welt ist.

Malayalam: Hauptsprache des südindischen Bundesstaates Kerala, die zur dravidischen Sprachgruppe gehört; eng verwandt mit dem Tamil (↗)

Mandap/Mandapa: Schrein, Plattform oder Pavillon

Marathi: Sprache im indischen Bundesstaat Maharashtra (Hauptstadt Bombay), die zur indo-arischen Sprachfamilie gehört

Mauren: engl. „Moors", die moslemischen Nachfahren arabischer und malaiischer Einwanderer in Sri Lanka

Moksha: das hinduistische Pendant zum buddhistischen Nirvana (↗), die Erlösung aus der Welt des Leidens

Mondstein: auch Patika; halbkreisförmiger, flacher und mit dekorativen Mustern verzierter Stein, traditionell angebracht an Treppenaufgängen oder vor Türschwellen. In anderer Bedeutung: Halbedelstein.

Moors: ↗ Mauren

Mudra: symbolische Handgeste oder Körperstellung, oft bei Abbildungen von Göttern oder des Buddha zu sehen

Muezzin: der Ausrufer an Moscheen, der zum Gebet aufruft (↗ Namaz)

Nag/Naga: Schlangengott oder -dämon, dessen Abbild oft dazu verwendet wird, böse Geister fernzuhalten

Namaz: das fünfmal täglich zu absolvierende Gebet der Moslems

Nandi: die Figur eines knieenden Bullen, das Reittier Shivas (↗)

Nibbana: die Pali-Form des Sanskrit-Begriffes Nirvana (↗)

Nirvana: Sanskrit für „Nichts weht mehr", ein Zustand „positiver Leere" und die Auflösung des Ichs; das höchste spirituelle Ziel der Buddhisten, das durch einen rechten Lebensweg und Meditation erreicht werden kann

अ	a	ञ	ña
आ	ā	ट	ṭa
इ	i	ड	ḍa
उ	u	ढ	ḍha
ऋ	ṛ	ण	ṇa
ए	e	त	ta
ऐ	ai	थ	tha
ओ	o	द	da
औ	au	ध	dha

Schriftmuster: Marathi

Mondstein mit Nagas an den Seiten

Ola: Palmblatt-Manuskript. Als „Papier“ wurden die Blätter der Palmyra-Palme verwendet.
Oruwa: traditionelles Auslegerboot

Padma: die Lotusblume, ein Symbol von Reinheit und spiritueller Errungenschaft
Pali: eng mit dem Sanskrit (⇗) verwandte Sprache, in der die heiligen Schriften der Buddhisten verfaßt sind
Pallavas: Dynastie (ca. 300-888) in der Gegend von Kanchipuram, im heutigen indischen Bundesstaat Tamil Nadu
Pandyas: Dynastie in der Region des heutigen Tamil Nadu, die im 9. Jh. Sri Lanka überfiel und Anuradhapura zerstörte
Panjabi: Hauptsprache des indischen Bundesstaates Panjab; gehört der indo-arischen Sprachfamilie an
Pariah: im Westen fälschlicherweise die Bezeichnung für einen „Kastenlosen“, d.h. einen Hindu, der außerhalb der vier Hauptkasten steht (⇗ Kaste). Das Wort stammt von Tamil *parai* (⇗, eine große Trommel) und bezeichnet eigentlich nur die niedere Kaste der Trommler. In Indien selbst ist der Begriff Pariah weitgehend unbekannt.
Parsen: die Anhänger des Propheten Zarathustra (Zoroaster), die ihre persische Heimat vor ca. 1.000 Jahren aufgrund religiöser Verfolgung verließen und sich zunächst in Gujerat in Indien ansiedelten. Später zogen viele nach Bombay, das heute die größte Konzentration von Parsen aufweist (ca. 60.000). Einige wanderten nach Sri Lanka, Singapur, Hongkong und auch in westliche Länder aus. Weltweit gibt es heute nur noch etwa 100.000 Parsen, und die Religionsgruppe droht auszusterben.
Parvati: hinduistische Göttin und Gemahlin Shivas (⇗)
Patana: Grassteppe in der Trockenzone
Patika: ⇗ Mondstein
Perahera: festliche Prozession mit Musikern, Tänzern und reich geschmückten Elefanten
Pettah: von Tamil *pettaih*, „außerhalb des Forts“; als Pettah wurden in der Kolonialzeit generell Stadtteile bezeichnet, die außerhalb

221sr Foto: Ingo Hothan

der Mauern des Forts lagen. Heute ist damit meist „die Pettah" in Colombo gemeint, der Stadtteil Colombo 11.

Pidurutalagala: der mit 2.534 m höchste Berg Sri Lankas, auch Mt. Pedro genannt

Pipal-Baum: ↗ Bo-/Bodhi-Baum/Bo-Gaha

Poya: buddhistischer Feiertag, der jeden Monat zu Vollmond begangen wird

Prasada: Gebetshalle

Puja: Gebetszeremonie; im Engl. oft „pooja" geschrieben

Raja: Sanskrit für „König"; abgeleitet von der Sanskrit-Wurzel *raj*, „glänzen"

Ram/Rama: die siebte Inkarnation (↗) des Hindu-Gottes Vishnu (↗), der in der Ikonographie dunkelhäutig und mit Pfeil und Bogen ausgerüstet dargestellt wird. Wahrscheinlich war er im 7. oder 8. Jh. v. Chr. ein Kriegerhäuptling, der erst viel später zum Gott erhoben wurde. Rama ist der Ehemann Sitas (↗), die ihm deshalb zur Frau gegeben wurde, da er es als einziger unter zahlreichen Heiratskandidaten vermochte, den Bogen Shivas (↗) zu spannen – eine Tat, die kein Sterblicher vollbringen konnte.

Ramadan: ↗ Ramazan

Ramayana: „Die Abenteuer des Rama"; das verbreitetste Hindu-Epos, das die Geschichte von Rama (↗), seiner Frau Sita (↗) und des Affengottes Hanuman (↗) erzählt. Sita wird vom Dämonen Ravana (↗) nach Sri Lanka entführt und nach vielen Abenteuern von Rama und Hanuman wieder befreit. Als Autor gilt der Weise *Valmiki* (ca. 300 v. Chr.). In abgewandelter Form kennt man die Ramayana auch in Thailand, Malaysia und Indonesien.

Ramazan/Ramadan: der neunte Monat des moslemischen Kalenders, der traditionell als Fastenzeit begangen wird. Zwischen Sonnenauf- und Sonnenuntergang darf keine Nahrung oder Flüssigkeit aufgenommen werden.

654sr Foto: Chaweewan Chuchuay

655sr Foto: Chaweewan Chuchuay

Nach Beendigung des Monats findet *Id-ul-Fitr* statt, ein ausgiebiges Schlemmerfest.

Ravana: wörtl. „der Schreiende"; der König der *Rakshasas* oder Dämonen und Ramas (↗) Gegenspieler in der Ramayana (↗). Ravana rächt sich für die vermeintliche Schmach, die seiner Schwester Shurpanakhi („Ohren-wie-wedelnde-Fächer") angetan wird, als Rama deren Avancen abwehrt. Er entführt, als Asket verkleidet, Ramas Frau Sita (↗) nach Sri Lanka. Dort wird Ravana nach vielen Abenteuern in einer Schlacht besiegt und Sita befreit. Anders als in der indischen Mythologie sind die *Rakshasas* in der srilankischen weit mächtiger als die *Yakkhas* (↗).

Reliquien: im buddhistischen Kontext a) Teile der körperlichen Überreste des Buddha (↗), z.B. der Zahn im Zahn-Tempel von Kandy; b) Gegenstände, die der Buddha benutzte; c) Teile der körperlichen Überreste oder Gegenstände von buddhistischen *Arahats* oder Heiligen. Die Reliquien werden oft in Dagobas (↗) eingemauert und verleihen ihnen so Heiligkeit. Andere Reliquien werden in speziellen Behältnissen, den *Dhatu-Karanduwa*, aufbewahrt und bei Prozessionen umhergetragen (z.B. die Zahn-Reliquie von Kandy).

Rodiyas: die „Unberührbaren" der Singhalesen; von singhalesisch *rodda*, „Schmutz", „Abschaum". (↗ Kaste)

Roti: Fladenbrot

Roza: anderes Wort für Ramazan (↗)

Ruhuna: altes singhalesisches Königreich im Süden Sri Lankas, das nie eingenommen wurde und in Notzeiten häufig Zufluchtsort der singhalesischen Könige war

Rupie: Währungseinheit in Sri Lanka und (mit jeweils unterschiedlichen Wechselkursen) auch in Pakistan, Indien, Nepal und Indonesien. Das Wort stammt von Hindi/Sanskrit *rupa* („Silber") und *rupya* („geschlagenes Silber"). „Rupien" genannte Münzen wurden zum ersten Mal 1542 unter der Herrschaft von *Sher Khan* in Nordindien geprägt.

Ola - historisches Palmblatt-Manuskript mit astrologischem Diagramm

Padma, die Lotusblume, gilt als Symbol der Reinheit - hier eine Felsfreske von Sigiriya

Saraswati, die Göttin der Gelehrsamkeit

Saman: der Schutzpatron des Berges Adam's Peak (⇗), der angrenzenden Gebiete und auch der Edelsteinhändler. In den letzten Jahrhunderten ist die Verehrung dieses friedliebenden Gottes weitgehend dem Kult des aggressiven und rachsüchtigen Kataragama (⇗) gewichen.

Sambar: *Rusa aristoteles*, eine Art Rotwild, die vielerorts in Sri Lanka zu finden ist

Sambol: scharfe, flüssige Speisebeilage; vom malaiischen/indonesischen *sambal* oder *sambil*

Sangamitta: buddhistische Nonne und Schwester *Mahindas* (⇗), die 244 v. Chr. einen Zweig des Bo-Baumes (⇗) nach Sri Lanka brachte, unter dem Buddha (⇗) in Indien die Erleuchtung erlangt hatte

Sangha: die Gemeinschaft der buddhistischen Mönche

Sanskrit: heute „tote" Sprache, die sowohl die Grundlage der nordindischen Sprachen als auch der meisten europäischen Sprachen bildet (außer Baskisch, Estnisch, Finnisch, Ungarisch, Türkisch). Das Sanskrit erlebte seine Blütezeit um 400 v. Chr. Alle wichtigen Hindu-Schriften sind darin verfaßt. Sanskrit bedeutet wörtlich soviel wie „perfektioniert", und tatsächlich ist die Sprache extrem ausgefeilt und exakt, gleichzeitig aber auch doppeldeutig, vielschichtig und interpretationsabhängig. Um zu überleben, war sie damit wohl zu kompliziert, und heute wird sie nur noch von einigen Priestern und Universitäts-Koryphäen beherrscht. Sanskrit-Elemente finden sich aber u.a. noch im Lateinischen, Altgriechischen und Deutschen sowie im Thai, Kambodschanischen und Malaiischen. Zahlreiche deutsche Wörter lassen sich auf ihre Sanskrit-Ursprünge zurückführen. Beispiel: aus der Sanskrit-Wurzel *lug*, „sehen", wurde das deutsche „lugen" (wie auch das engl. „look"). Bei einigen deutschen Wörtern, die Sanskrit-Verwandtschaft aufweisen, ist auf den ersten Blick keinerlei Ähnlichkeit mehr mit ihrem Original zu entdecken. Beispiel: Aus Sanskrit *swana* wurde über mehrere Lautverschiebungen das gleichbedeutende deutsche „Hund".

Saraswati: die hinduistische Göttin des Lernens und Schutzpatronin von Kunst, Musik und Sprache.

Sari: das traditionelle Frauengewand des indischen Subkontinents, das je nach Region auf unterschiedliche Art um den Körper gewickelt wird

Sarong: Wickelgewand der Männer, eigentlich nur ein langes Stück Stoff, das um die Hüften geschlungen wird; verbreitet in Sri Lanka, Südindien, Myanmar (Burma), Südthailand, Malaysia und Indonesien. Das Wort stammt von Sanskrit *saranga*, was in erster Linie „vielfarbig" bedeutet, aber auch „Kleidungsstück".

Shiva: der hinduistische Gott der Zerstörung und Erneuerung; wird mit einem auf-

651sr Foto: Ingo Hothan

Der Sari – traditionelles Wickelgewand

getürmten Haarknoten dargestellt, aus dem der Ganges entspringt. Um seinen Hals rankt sich eine Kobra, in der Hand hält er einen Dreizack, den *Trishul*. Wie alle Götter taucht auch Shiva (wörtl. „der Gesegnete“) unter zahllosen anderen Namen auf, so Mahadeva und Maheshvara (jeweils „großer Gott“), Pashupati („Herr der Tiere“), Nilakantha („Blaukehle“), Nataraja („König des Tanzes“) u.v.a. In der Form des Nataraja tanzt Shiva am Ende des Weltenzyklus den *Tandava,* den Tanz der Vernichtung. In der Mahabharata (⇗) werden 1.000 verschiede Namen Shivas erwähnt.

Shivalingam: ⇗ Lingam

Shivaratri: wörtlich „die Nacht des Shiva“, wichtiger Feiertag zu Ehren Shivas (⇗) ; fällt meist in den Februar

Shudras: die unterste der vier Kasten (⇗) im indischen Hinduismus

Sindhis: Volksgruppe aus der Provinz Sind im heutigen Pakistan; ihre Mitglieder sind großteils als Geschäftlsleute tätig.

Shiva – zugleich Gott der Zerstörung und Heilbringer

Singhalesen: mit 74% die Mehrheit der srilankischen Bevölkerung; sie führt ihre Herkunft auf den Prinzen *Vijaya* und sein Gefolge zurück, die im 6. Jh., von Nordindien aus kommend, in Sri Lanka gelandet waren.

Singhalesisch: Sprache der Singhalesen (⇗), die indo-arischen Ursprungs ist, aber auch dravidische Einflüsse aufweist

Sita: Hinduistische Göttin und Gemahlin von Rama (⇗), eine der Hauptfiguren der Ramayana (⇗). Sita gilt als die Tochter der Erde, die, statt geboren zu werden, einst in einer Ackerfurche erschien (Sanskrit *sita* = „Ackerfurche“). Aufgrund ihres tugendhaften Verhaltens und ihrer Treue zu Rama, die in der Ramayana manches Mal auf die Probe gestellt werden, gilt sie als das Idealbild einer Ehefrau.

Skanda: ⇗ Kataragama

Stupa: ⇗ Dagoba

Sutra: Sanskrit/Pali für „Faden“; eine Predigt Buddhas (⇗). Die verschiedenen Sutren sind in der Sutra Pitaka („Korb der Sutren“) zusammengefaßt.

Tabla: kleine Handtrommel, die in der traditionellen Musik des indischen Subkontinents benutzt wird

Tamil: Sprache der dravidischen Sprachenfamilie, die im indischen Bundesstaat Tamil Nadu wie auch von der tamilischen Bevölkerung in Sri Lanka gesprochen wird. Verbreitet ist sie auch in Malaysia, Singapur und auf Mauritius, wo jeweils tamilische Minderheiten leben.

Tamil Eelam: wörtlich „Tamil-Land“; der geplante unabhängige tamilische Staat, für dessen Erlangung tamilische Separatisten gegen die srilankische Regierung kämpfen.

Tamilen: dravidische Volksgruppe und die größte Minderheit in Sri Lanka. Die meisten Tamilen leben im indischen Bundesstaat Tamil Nadu (ca. 60 Mio.), kleinere Gruppen finden sich in Malaysia, Singapur und auf Mauritius.

Tee: wahrscheinlich vom chinesischen *te* oder *tey*. Tee soll schon vor über 3.000 Jahren in China getrunken worden sein, wo ihm viele segensbringende Eigenschaften zugeschrieben wurden. Die ersten Hinweise auf Teeplantagen in China finden sich aber erst in Aufzeichnungen aus der Tang-Dynastie Ende des 8. Jh. In Europa wurde er erst nach 1517 bekannt, nachdem die Portugiesen die Seefahrt nach China aufgenommen hatten. 1667 orderte die *East India Company* über ihren Zwischenhändler auf Batam zum ersten Mal eine Lieferung Tee nach England, wo sich das Teetrinken bald zur Mode entwickelte. In Sri Lanka wurden 1840 die ersten 200 Teepflanzen eingeführt. 1849 legte ein Schotte die erste Plantage an, worauf weitere folgen sollten – gerade rechtzeitig, um einige Jahre später die dahinsiechenden Kaffeepflanzen (⇗) abzulösen.

Telugu: Sprache innerhalb der dravidischen Sprachenfamilie, die im indischen Bundesstaat Andhra Pradesh und auch von den srilankischen „Gipsies" oder Zigeunern gesprochen wird

Thambili: die „King Coconut"

Theravada: wörtlich „der Weg der Älteren", ein anderer Name für den Hinayana-Buddhismus (⇗)

Thero: singhalesisch für „Mönch"; wird als Titel dem Namen von Mönchen nachgestellt

Thosai: gebratene Teigfladen (sprich etwa *thosé*); tamilisches Standardgericht

Toddy: leicht alkoholisches Getränk aus dem Blütensaft verschiedener Palmenarten. Wird nach Destillierung zu Arrack (⇗).

Tripitaka: die „drei Körbe", eine Sammlung von buddhistischen Schriften und Kommentaren

Tulu: dravidische Minderheitensprache, die vor allem in der Gegend um Mangalore im indischen Bundesstaat Karnataka gesprochen wird

අ	a	ඓ	ai
ආ	ā	ඔ	o
ඉ	i	ඕ	ō
ඊ	ī	ඇ	e
උ	u	ඈ	ē
ඌ	ū	ක	ka
එ	e	ඛ	kha
ඒ	ē	ග	ga
ඝ	gha	ඨ	ṭha
ඞ	ṅa	ඩ	ḍa
ච	tša	ඪ	ḍha
ඡ	tšha	ණ	ṇa
ජ	dža	ත	ta

அ	a	இ	i
க	ka	கி	ki
ச	tša	சி	tši
ட	ṭa	டி	ṭi
ற	tʳa	றி	tʳi
த	ta	தி	ti
ப	pa	பி	pi
ங	ṅa	ஙி	ṅi
ஞ	ńa	ஞி	ńi
ண	ṇa	ணி	ṇi
ன	ǹa	னி	ǹi
ந	na	நி	ni

Urdu: eine eng mit dem Hindi (↗) verwandte Sprache und die Nationalsprache Pakistans, die zwar exakt dieselbe Grammatik wie Hindi, zum Teil aber einen abweichenden Wortschatz aufweist. Wo Hindi-Sprecher Vokabeln mit Sanskrit-Herkunft benutzen, greifen Urdu-Sprecher zu solchen aus dem Arabischen oder Persischen. Dennoch können sich beide gegenseitig verstehen, zumindest in der Umgangssprache. In der Literatur-Sprache werden die Unterschiede krasser. Mit fast 500 Mio. Sprechern stehen Urdu/Hindi in der Rangfolge der meistgesprochenen Sprachen an dritter Stelle (hinter Chinesisch und Englisch). Zu Anfang war das Urdu eine Art Militärsprache, in der die Truppen verschiedener turkmenischer und indischer Völker kommunizierten und in der sich so die unterschiedlichsten Sprachen vermischten. Das Wort „Urdu" bezeichnete ursprünglich das Lager eines Tartaren-Fürsten und ist ethymologisch mit dem deutschen Wort „Horde" verwandt.

Vadai: gebratene Teigkrapfen (sprich etwa *wadé*)

Vaishyas: dritthöchste Kaste (↗) im indischen Hinduismus, die der Händler und Bauern

Valli Amma/Valliyamma: eine Göttin der Veddas (↗), die den Kriegsgott Skanda heiratete (↗ Kataragama)

Veddas/Veddhas: wörtlich „die Jäger"; die Ureinwohner Sri Lankas, die Ähnlichkeiten zu den Aborigines in Australien aufweisen und genau wie diese auch an den Rand der Gesellschaft gedrückt wurden. Heute leben unterschiedlichen Angaben nach noch einige hundert bis einige tausend Veddas in Sri Lanka, davon aber nur wenige in ihrem angestammten Lebensraum, dem Dschungel.

Veden/Vedas: von Sanskrit *veda,* „Wissenschaft"; die Veden, vier an der Zahl, sind die frühesten hinduistischen Texte, verfaßt im 2. Jahrtausend v. Chr. Die vier Veden sind die Rig Veda, Yajur Veda, Sama Veda und Atharva Veda. Das deutsche Wort „Wissen" ist ethymologisch mit *veda* verwandt.

Schriftmuster:
Singhalesisch

Schriftmuster:
Tamil

Malwatte Vihara in Kandy

656sr Foto: rk

Vellalas: die höchste Kaste (↗) im srilankischen Hinduismus

Vibhishana: der jüngere Bruder des Dämonen Ravana (↗), der in der Ramayana (↗) diesen auf der Seite Ramas (↗) bekämpfte. Im 16. Jh. galt Vibhishana als der Schutzpatron von Sri Lanka und genoß demgemäß besondere Verehrung; im heutigen Glauben spielt er keine Rolle mehr.

Vihara/Vihare: singhalesisch für einen buddhistischen Tempel; der ursprüngliche Sanskrit-Ausdruck Vihara bezeichnete eine Versammlungshalle der Mönche und wurde später auch auf die umliegenden Gebäude ausgedehnt. Aus diesem Wort ging auch der Name des indischen Bundesstaates Bihar hervor, in dem Buddha seine Erleuchtung fand und der ein frühes Zentrum des Buddhismus war. (↗ Bodh Gaya)

Vishnu: Hinduistischer Gott und der Erhalter des Universums, der sich zu verschiedenen Epochen in unterschiedlichen Gestalten inkarniert, so z.B. als Krishna (↗) oder Rama (↗)

Wewa: singhalesisch für „Wassertank" oder „Zisterne"

Yakkhas/Yakshas: wörtlich „Dämonen"; mit dieser Bezeichnung beschrieben die singhalesischen Chroniken grundsätzlich die Veddas (↗) und „dämonisierten" sie so zu furchterregenden Außenseitern.

Yala: die zweite Reisernte in den Monaten August/September (↗ Maha)

Yama: der hinduistische Totengott und Herr der Unterwelt. Der Legende nach war er der Sohn des Sonnengottes Surya und das erste sterbliche Wesen auf Erden. Da er somit auch als erster verstarb, gilt er als eine Art Wegbereiter der Sterbenden. Dargestellt wird er auf einem Büffel reitend, mit einem Stierkopf, langen Reißzähnen und hervorstehenden Augen; umgeben ist er von Flammen und Rauch.

Yantra: ein magisches Diagramm mit Zauberformeln darauf, das in der buddhistischen wie auch hinduistischen Magie verwendet wird. In Kupferplatten eingravierte Yantras werden traditionell bei Hausbauten in das Fundament einzementiert, um das Haus vor Unheil zu schützen. Andere Yantras versprechen Erfolg bei Prüfungen, Einstellungsgesprächen oder gar bei der Partnersuche.

Yatra: eine hinduistische Pilgerfahrt; von Sanskrit *yatra* („Reise"), womit in früheren Zeiten häufig eine Pilgerreise gemeint war.

Yojna/Yojana: altes indisches und srilankisches Längenmaß, dessen Ausdehnung je nach historischer Epoche und Region variierte; etwa 12-16 km

Yoni: Darstellung des weiblichen Geschlechtsteils, das die weibliche Schöpfungsenergie symbolisiert; erscheint immer zusammen mit einem *Lingam* (↗) darin

Yug/Yuga: Sanskrit für „Zeitalter". Gemäß der hinduistischen Lehre unterteilt sich der Weltenzyklus in vier unterschiedlich lange, sich stetig wiederholende Zeitalter. Diese sind *Krta Yuga* (1.728.000 Jahre), *Treta Yuga* (1.296.000 Jahre), *Dvapara Yuga* (864.000 Jahre) und *Kali Yuga* (432.000 Jahre). Das Krta Yuga ist ein goldenes Zeitalter, in dem die Menschen in Einklang mit der Religion leben. Dann beginnt der Abstieg. Das Kali Yuga, in dem sich die Welt derzeit befindet, gilt als das Zeitalter der Gottlosigkeit, Finsternis und Zerstörung. Der Beginn des Kali Yuga wird traditionell auf das Jahr 3102 v. Chr. datiert.

Zarathustra: auch Zoroaster; Prophet, der im 6. oder 7. Jh. v. Chr. im nordöstlichen Iran lebte und den Zoroastrismus begründete. Diese Lehre erachtet die Elemente (Erde, Wasser, Feuer, Luft) als heilig und verlangt seinen Anhängern (genannt Zoroastrier, Zarathustrier oder Parsen ↗) „gute Gedanken, gute Worte und gute Taten" ab. In Feuertempeln wird dem Feuer gehuldigt, das als Symbol des Göttlichen (*Ahura Mazda*) betrachtet wird. Die verstorbenen Parsen werden auf sogenannten „Türmen des Schweigens" (*Dakhma*) abgelegt, wo sie von Geiern oder anderen Vögeln verzehrt werden; eine Bestattung oder Verbrennung der Toten würde die Elemente verunreinigen. Die bekanntesten, noch im Gebrauch befindlichen „Türme des Schweigens" befinden sich in Malabar Hill, einem wohlhabenden Stadtteil von Mumbai (Bombay). Nicht-Parsen haben weder zu den Türmen noch den Feuertempeln Zutritt.

Anhang

Kleine Sprechhilfe Singhalesisch/Tamil

Aussprache

Eine genaue Wiedergabe von singhalesischen und tamilischen Vokabeln ist in unserem Schriftsystem nicht möglich, und die korrekte Aussprache der folgenden Sprachbeispiele ist somit in gewissem Maße Glückssache. Am besten, man läßt sich einmal einige der Sätze von Srilankern vorsprechen. Zum besseren Verständnis dennoch einige Aussprachehilfen:

- **Aspirierte Konsonanten:** Konsonanten mit einem nachfolgenden h kommen in allen Sprachen des indischen Subkontinents vor. Man nennt sie aspirierte oder behauchte Konsonanten. Ihnen wird praktisch ein h „nachgehaucht". Derartige Konsonanten sind bh, dh, gh, kh und ph. Bei der Aussprache ist deutlich ein h herauszustellen: also b-h, d-h, g-h usw.
- **Retroflexe Konsonanten:** Wie alle Sprachen der Region weisen Singhalesisch und Tamil neben dem uns bekannten „normalen" d, t und r auch Varianten davon auf, die „retroflex" ausgesprochen werden. Das heißt, beim Sprechen wird die Zunge zusammengerollt und oben an den Gaumen gedrückt. In den folgenden Sprachbeispielen sind diese Konsonanten nicht besonders gekennzeichnet, um die Sache nicht unnötig zu komplizieren. Retroflexe Varianten bestehen auch bei den aspirierten Konsonanten dh, th, rh u.a.
- **Doppel-Konsonanten:** Verdoppelte Konsonanten (mm, nn, tt etc.) werden lang gesprochen; z.B. das tamilische *amma* („Mutter") als am-ma.
- **Kurz und lange Vokale:** Die Vokale tauchen in kurz und lang gesprochenen Varianten auf. Letzere sind im folgenden z.B. als ii oder ee transkribiert; Aussprache wie in „bieten" bzw. wie in „beten" usw.
- **Buchstabe J:** wie dsch in „John".
- **Buchstabe V:** wie w in „Wasser".
- **Buchstabe Y:** wie j in „Jahr".

Wichtige Redewendungen

(Vor dem Querstrich Singhalesisch, dahinter Tamil)

Ayubowan / Wannakam	Seien Sie gegrüßt! Guten Morgen! Guten Tag! Auf Wiedersehen!
Kohomada / Eppady sugam?	Wie geht's?
(Bohome) Hondai / (Miitschi)Nalla!	(Sehr) Gut!
Esthuti / Nandri!	Danke!
Karunakara / Thayawu sai du	Bitte!
Koheda yanne / Enga poreenga?	Wohin gehen Sie?
Obeh nameh monawada/ Ungal peyar enna?	Wie heißen Sie?
Mage nameh ... / Ennudaya peyar ...	Ich heiße ...

Kalk										
Kalutara										
Jaffna	0									
Hikkaduwa	0	496								
Hamabantota	0	141	546							
Galle	0	124	17	512						
Dambulla	0	264	298	248	248					
Colombo	0	148	116	238	98	396				
Bentota	0	64	214	51	174	34	462			
Batticaloa	0	367	303	163	381	261	398	378		
Anuradhapura	0	196	270	206	66	322	364	304	195	
Ambalangoda	0	293	388	21	87	235	31	153	13	483

Kohe indalada enne / Engerundu vareenga?	Woher kommen Sie?
Samawenna / Manniyungal	Entschuldigen Sie bitte!
Meke gana ki yada / Ihdan villé thanay?	Wieviel kostet das?
Au / Ahm	Ja
Nä, Nätuwa / Illé	Nein

Zahlen

Eka / Ondru (Oru)	1
Deka / Irandu	2
Thuna / Mondru	3
Hathara / Naangu	4
Paha / Eyendu	5
Haya / Aaru	6
Hatha / Eilu	7
Atha / Ettu	8
Namaya / Onbadu	9
Dahaya / Patthu	10

Wilpattu																		0
Wellawaya																	0	321
Trincomalee																0	286	139
Tissamaharama															0	338	52	373
Talaimannar														0	482	201	430	171
Sigiriya													0	193	305	113	253	100
Ratnapura												0	190	365	153	283	121	234
Polonnaruwa											0	241	67	227	295	129	243	134
Panadura										0	243	69	196	367	237	285	190	189
Nuwara Eliya									0	182	217	148	166	341	139	259	87	234
Negombo								0	176	62	179	136	129	303	299	221	257	127
Mt. Lavinia							0	48	193	14	229	83	182	353	251	270	204	175
Matale						0	155	125	103	169	114	167	71	238	244	156	192	170
Matara					0	303	147	195	245	132	377	169	331	501	104	418	158	322
Mannar				0	473	211	325	276	314	340	200	338	165	27	454	174	402	144
runegala			0	219	254	68	106	57	119	121	122	119	72	246	258	164	206	115
gala		0	222	440	33	269	116	164	278	102	365	150	298	457	136	385	191	291
	0	244	42	237	277	26	129	99	77	143	140	142	96	264	216	182	164	157
	157	339	183	265	306	182	284	234	227	292	65	299	132	298	201	108	182	199
	159	86	136	355	116	185	30	78	192	16	259	77	212	383	221	301	198	205
	320	524	303	219	557	295	409	372	398	423	283	422	249	246	536	238	484	228
	216	31	191	412	63	242	85	133	249	71	317	133	269	440	166	358	220	260
	245	110	243	462	77	270	225	273	167	211	323	124	322	489	29	367	80	358
	232	12	209	428	45	257	103	151	266	89	332	150	286	455	148	373	203	278
	72	276	55	164	309	47	161	112	150	175	68	174	24	192	289	109	237	99
	116	129	93	312	160	142	13	35	180	27	216	101	169	340	264	257	222	162
	182	65	157	378	95	208	51	99	215	39	282	100	235	406	200	324	221	226
	187	369	217	295	336	212	316	264	224	328	95	296	162	322	231	138	179	229
	138	335	121	111	367	113	219	177	116	233	101	240	67	138	348	106	296	33
	203	43	180	399	76	229	74	122	236	60	303	121	256	427	179	345	231	249

Literaturtips

•*Baker, Samuel B.:* **Eight Years in Ceylon, Tisara Prakasakayo, Dehiwala, Sri Lanka.;** Der Bericht eines passionierten Naturfreundes und Jägers (wie immer beides zusammenpassen mag!), der sich acht Jahre lang in Sri Lanka, vor allen in den Bergregionen um Nuwara Eliya aufgehalten hatte. Zum ersten Mal veröffentlicht 1855.

•*Blank, Jonah:* **Arrow of the Blue-Skinned God – Retracing the Ramayana through India;** Houghton Mifflin Company, New York, USA. Der Autor bereist die Handlungsorte der Ramayana in Indien und Sri Lanka und beschreibt dabei auf lebhafte Weise seine Erlebnisse. Mit Sri Lanka befaßt sich allerdings nur ein recht kleiner Teil des Buches.

•*Boisselier, Jean:* **Ceylon;** Reihe „Die großen Kulturen der Welt", Wilhelm Heyne Verlag, München. Kleiner kunsthistorischer Führer im Taschenformat mit Informationen zu den wichtigsten architektonischen Sehenswürdigkeiten Sri Lankas.

•*Bringenberg, Jürgen* und *Görgens, Manfred*: **Sri Lanka;** Verlag M. Krumbeck, Oberhausen. Interessanter, großformatiger Bildband mit Schwerpunkt auf Geschichte, Wirtschaft und Religion des Landes.

•*Brohier, R.L.:* **Discovering Ceylon;** Lake House, Colombo, Sri Lanka. Interessante Aspekte Sri Lankas, aufgezeigt von einem bedeutenden srilankischen Geographen, der jeden Winkel seines Heimatlandes bereiste.

•*Brohier, R.L.:* **Seeing Ceylon;** Lake House, Colombo, Sri Lanka. Informationen zu Historie, Architektur, Geographie etc. von vielen Orten Sri Lankas.

•*Bulathsinhala, Nalin:* **Singhalesisch – Wort für Wort.** Kauderwelsch Band 27, REISE KNOW-HOW Verlag Peter Rump, Bielefeld. Übersichtlich gestalteter Sprechführer, der auf die Situation des Reisenden zugeschnitten ist. Begleitkassette erhältlich.

•*Cordiner, James:* **A Description of Ceylon** (Vol. 1 & 2); Tisara Prakasakayo, Dehiwala, Sri Lanka. Gut lesbare Beschreibung der Insel und ihrer Bewohner, ursprünglich veröffentlicht 1807.

•*Davy, John:* **An Account of the Interior of Ceylon;** Tisara Prakasakayo, Dehiwala, Sri Lanka. Die neu aufgelegte Reisebeschreibung eines britischen Militärarztes aus dem Jahre 1821.

•*Dharmadasa, K.N.O.* und *de A. Samarasinghe, S.R.W.* (Hrsg.): **The Vanishing Aborigines – Sri Lankas Veddas in Transition;** Vikas Publishing House, New Delhi, Indien. Eine Sammlung von Abhandlungen über die Veddas, ihre Herkunft, Sprache, Gebräuche u.a.

•*Goonetilake, H.A.I.* (Hrsg.): **Images of Sri Lanka through American Eyes;** United States Information Service, Embassy of the USA, Colombo, Sri Lanka. Leicht lesbare Zusammenstellung von Reisevignetten amerikanischer Autoren des 19. und 20. Jh., die Sri Lanka beschreiben.

•*Gunesekera, Romesh:* **Monkfish Moon;** Granta Books, London. Eine kleine Sammlung von in Sri Lanka spielenden Kurzgeschichten. Der Autor stammt aus Sri Lanka, lebt heute aber in London.

•*Kautzsch, Eberhard:* **A Guide to the Waterfalls of Sri Lanka;** Tisara Prakasakayo, Dehiwala, Sri Lanka. Ein Führer zu den wichtigsten Wasserfällen des Landes.

•*Knox, Robert:* **An Historical Relation of the Island Ceylon** (Vol. 1 & 2); Tisara Prakasakayo Ltd., Dehiwala, Sri Lanka. Die Neuauflage von zwei ursprünglich 1681 erschienenen Bänden, die bis heute als das historische Standardwerk über Sri Lanka gelten. Der Autor war als Schiffbrüchiger festgenommen werden und und 19 Jahre Gefangener des Königs von Kandy gewesen, bis er im Jahre 1677 fliehen konnte. Das Schicksal des *Robert Knox* inspirierte *Daniel Defoe* zu seinem Roman „Robinson Crusoe". Die „Historical Relation" gibt einen ausgezeichneten Einblick in Sitten und Gebräuche sowie die politischen Ereignisse im Ceylon jener Epoche.

•*McGowan, William:* **Only Man is Vile – The Tragedy of Sri Lanka;** Picador, London. Ein großartiges Buch, das zur Pflichtlektüre eines jeden Sri-Lanka-Besuchers gehören sollte. Leider wird es in Sri Lanka selber kaum erhältlich sein, aus gutem Grund: Der Autor deckt die politischen Hintergründe der JVP-UNP-Auseinandersetzungen und des Tamilenkonfliktes so schonungslos auf, daß das Buch der srilankischen Regierung nicht behagt. Nebenbei werden die Mechanismen und Schwächen der srilankischen Gesellschaft analysiert; das alles aber nicht im geringsten trocken oder akademisch, sondern mit der Lebendigkeit einer Reise-Erzählung. Sehr zu empfehlen!

● *Mitton, G.E.:* **The Lost Cities of Ceylon;** Navrang Publishers, New Delhi, Indien. Neuauflage eines 1916 erschienenen Buches, das die wichtigsten Bauten der alten Königsstädte erläutert.

● *Muller, Carl:* **The Jam Fruit Tree;** Penguin Books, London. Ein Roman, der sich mit den Burghern befaßt und den Lebensstil dieser srilankischen Minderheit beschreibt. Der Autor selber bezeichnet das Werk als „Faction", eine Mischung aus Fact und Fiction.

● *Ondaatje, Michael:* **Running in the Family;** Picador, Pan Books, London. Eine autobiographische Erzählung des bekannten, in Toronto, Kanada, ansässigen srilankischen Autors, der seine Heimat besucht und mit neuen Augen erlebt. Das Buch vermittelt einen guten Einblick in die srilankische Denk- und Lebensweise.

● *Parker, H.:* **Ancient Ceylon;** Asian Educational Services, New Delhi & Madras, Indien. Ein interessanter historischer Abriß des frühzeitlichen Sri Lanka.

● *Ravenhart, Roland:* **Ceylon – History in Stone;** Lake House, Colombo, Sri Lanka. Ursprünglich 1964 erschienen, die Exemplare einiger jüngerer Nachdrucke sind jedoch noch gelegentlich in Sri Lanka erhältlich. Das Buch befaßt sich mit den wichtigsten Baudenkmälern des Landes auf eine lockere, sehr informative, wenn auch oft sprunghafte Weise. Wegen seiner Fülle an Informationen ein gutes Nachschlagewerk.

● *Schweia, Horst; Muruganandan, K.:* **Tamil – Wort für Wort.** Kauderwelsch Band 39, REISE KNOW-HOW Verlag Peter Rump, Bielefeld. Übersichtlich gestalteter Sprechführer, der auf die Situation des Reisenden zugeschnitten ist. Begleitkassette erhältlich.

● *Seneviratne, Maureen, Eileen Candappa und Harry Haas:* **Sri Lanka and You – A Traveller's Guide;** Inter Cult Publications, Bandarawela, Sri Lanka. Informatives Buch, das sich auf leichte Art mit den vielen Facetten Sri Lankas befaßt: von Armut bis zum srilankischen Zeitverständnis, von den landesüblichen Speisen bis hin zu den ominösen „Pinkelsteinen" wird ein Sammelsurium an interessanten Themen angeschnitten.

● *Tennent, Sir James Emerson:* **Ceylon** (Vol. 1 & 2); Tisara Prakasakayo, Dehiwala, Sri Lanka. Neben dem Werk von *Robert Know* (s.o.) die wichtigste historische Darstellung Sri Lankas, zum ersten Mal veröffentlicht 1859. Es bietet einen exzellenten Einblick in das Ceylon des 19. Jh. und liest sich dabei locker und leicht wie eine Reisebeschreibung.

● *Versch. Autoren:* **Colombo Handbook;** American Women's Association, Colombo, Sri Lanka. Informativer Band zu Colombo, mit vielen Adressen und Tips.

● *Versch. Autoren:* **Handbook for the Ceylon Traveller;** Studio Times, Colombo, Sri Lanka. Sehr informativer Überblick über Sri Lanka, mit vielen Informationen zu diversen Sehenswürdigkeiten und der srilankischen Kultur im Allgemeinen. Das Buch wurde zum letzten Mal 1983 aufgelegt, in den Buchläden in Colombo sind jedoch noch gelegentlich Exemplare erhältlich.

● *Wanasundera, Nanda P.:* **Sri Lanka;** Reihe „Cultures of the World", Times Books International, Singapur & Kuala Lumpur. Großformatige, mit vielen Farbfotos angereicherte Einführung in das Land.

● *Werner, David:* **Wo es keinen Arzt gibt;** REISE KNOW-HOW Verlag Peter Rump, Bielefeld. Die aus dem Englischen übersetzte Version der bekannten Gesundheitsfibel „Where there is no doctor". Darin findet man alles über die Erkrankungen, die am Reiseweg lauern können, deren Symptome und die Möglichkeiten zur Selbstbehandlung. Auch wissenswert für denjenigen, der zu Hause bleibt.

● *Wright, Gillian:* **Shri Lanka;** The Guidebook Company Ltd., Hong Kong. Führer zu den wichtigsten Sehenswürdigkeiten der Insel, mit einigen schönen Fotos vom bekannten srilankischen Fotografen Dominic Sansoni, aber kaum praktischer Information.

HILFE!

Dieses Reisehandbuch ist gespickt mit unzähligen Adressen, Preisen, Tipps und Infos. Nur vor Ort kann überprüft werden, was noch stimmt, was sich verändert hat, ob Preise gestiegen oder gefallen sind, ob ein Hotel, ein Restaurant immer noch empfehlenswert ist oder nicht mehr, ob ein Ziel noch oder jetzt erreichbar ist, ob es eine lohnende Alternative gibt usw.

Unsere Autoren sind zwar stetig unterwegs und versuchen, alle zwei Jahre eine komplette Aktualisierung zu erstellen, aber auf die Mithilfe von Reisenden können sie nicht verzichten.

Darum: Schreiben Sie uns, was sich geändert hat, was besser sein könnte, was gestrichen bzw. ergänzt werden soll. Nur so bleibt dieses Buch immer aktuell und zuverlässig. Wenn sich die Infos direkt auf das Buch beziehen, würde die Seitenangabe uns die Arbeit sehr erleichtern. Gut verwertbare Informationen belohnt der Verlag mit einem Sprechführer Ihrer Wahl aus der über 100 Bände umfassenden Reihe „Kauderwelsch" (siehe unten).

Bitte schreiben Sie an:

REISE KNOW-HOW Verlag Peter Rump GmbH, Osnabrücker Str. 79
D-33649 Bielefeld, oder per e-mail an: info@reise-know-how.de

Danke!

Kauderwelsch-Sprechführer –
sprechen und verstehen rund um den Globus

Afrikaans • Ägyptisch-Arabisch • Albanisch • Algerisch-Arabisch • Allemand • American Slang • Amerikanisch • Amharisch • Arabisch f. d. Golfstaaten • Armenisch Australian Slang • Bairisch • Baskisch • Bengali • Berlinerisch • Brasilianisch • British Slang • Bulgarisch • Burmesisch • Canadian Slang • Cebuano • Chinesisch • Dänisch • Duits • Englisch • Esperanto • Estnisch • Finnisch • Französisch • Französisch Slang • Französisch/Senegal • Französisch/Tunesien • Französisch f. Restaurant und Supermarkt • Franko-Kanadisch • Galicisch • Georgisch • German Griechisch • Guarani • Hausa • Hebräisch • Hieroglyphisch • Hindi • Hocharabisch • Indonesisch • Irakisch-Arabisch • Irisch-Gälisch • Isländisch • Italienisch • Italienisch für Opernfans • Italo-Slang • Japanisch • Javanisch • Jemenitisch-Arabisch • Jiddisch Kantonesisch • Kasachisch • Katalanisch • Khmer • Kinyarwanda • Kisuaheli • Kiwi-Slang • Kölsch • Koreanisch • Kroatisch • Kurdisch • Laotisch • Lettisch • Lëtzebuergesch • Lingala • Litauisch • Madagassisch • Makedonisch • Malaiisch • Mallorquinisch • Maltesisch • Mandinka • Marokkanisch-Arabisch • Mongolisch • More American Slang • Nemjetzki • Nepali • Niederländisch • Norwegisch • Palästinensisch-/Syrisch-Arabisch • Paschto • Patois • Persisch • Pidgin-English • Plattdüütsch • Polnisch • Portugiesisch • Quechua • Rumänisch • Russisch • Sächsisch • Schwäbisch • Schwedisch • Schwiizertüütsch • Scots • Serbisch • Singhalesisch • Sizilianisch • Slowakisch • Slowenisch • Spanisch • Spanisch Slang • Spanisch/Lateinamerika • Spanisch/Argentinien • Spanisch/Chile • Spanisch/Costa Rica • Spanisch/Cuba • Spanisch/Dom. Republik • Spanisch/Ecuador • Spanisch/ Guatemala • Spanisch/Honduras • Spanisch/Mexiko • Spanisch/ Nicaragua • Spanisch/Panama • Spanisch/Venezuela • Sudanesisch-Arabisch • Tagalog • Tamil • Tedesco • Thai • Tibetisch • Tschechisch • Tunesisch-Arabisch • Türkisch • Ukrainisch • Ungarisch • Usbekisch • Vietnamesisch • Wienerisch • Wolof

Programm-übersicht

REISE KNOW-HOW Bücher werden von Autoren geschrieben, die Freude am Reisen haben und viel persönliche Erfahrung einbringen. Sie helfen dem Leser, die eigene Reise bewußt zu gestalten und zu genießen. Wichtig ist uns, daß der Inhalt nicht nur im reisepraktischen Teil „Hand und Fuß“ hat, sondern daß er in angemessener Weise auf Land und Leute eingeht. Die Reihe REISE KNOW-HOW soll dazu beitragen, Menschen anderer Kulturkreise näherzukommen, ihre Eigenarten und ihre Probleme besser zu verstehen. Wir achten darauf, daß jeder einzelne Band gemeinsam gesetzten Qualitätsmerkmalen entspricht. Um in einer Welt rascher Veränderungen laufend aktualisieren zu können, drucken wir bewußt kleine Auflagen.

Welt

Abent. Weltumradlung (RAD & BIKE)
ISBN 3-929920-19-0
Äqua-Tour (RAD & BIKE)
ISBN 3-929920-12-3
Erste Hilfe unterwegs
ISBN 3-89416-689-4
Der Kreuzfahrtführer
ISBN 3-89416-663-0
Outdoor-Praxis
ISBN 3-89416-629-0
Die Welt im Sucher
ISBN 3-9800975-2-8
Wo es keinen Arzt gibt
ISBN 3-89416-035-7

Europa

Amsterdam
ISBN 3-89416-677-0
Andalusien
ISBN 3-89416-679-7
Bretagne
ISBN 3-89416-175-2
Budapest
ISBN 3-89416-660-6
Bulgarien
ISBN 3-89416-220-1
Costa Brava
ISBN 3-89416-737-8
Costa del Sol
ISBN 3-89416-723-8
Dänemarks Nordseeküste
ISBN 3-89416-634-7
England, der Süden
ISBN 3-89416-676-2
Europa Bike-Buch (RAD & BIKE)
ISBN 3-89662-300-1
Gardasee
ISBN 3-89416-729-7
Gran Canaria
ISBN 3-89416-835-8
Großbritannien
ISBN 3-89416-617-7
Hollands Nordseeinseln
ISBN 3-89416-619-3
Irland-Handbuch
ISBN 3-89416-636-3
Island
ISBN 3-89662-035-5
Kärnten
ISBN 3-89662-105-x
Krakau/Warschau
ISBN 3-89416-209-0
Kreta
ISBN 3-89416-739-4
Litauen & Kaliningrad
ISBN 3-89416-169-8
Das Tal der Loire
ISBN 3-89416-681-9
London
ISBN 3-89416-673-8
Madeira
ISBN 3-89416-722-x
Madrid
ISBN 3-89416-731-9
Mallorca
ISBN 3-89662-166-1
Mallorca für Eltern und Kinder
ISBN 3-89662-158-0
Mallorca, Reif für
ISBN 3-89662-168-8
Mallorca, Wandern auf
ISBN 3-89662-162-9
Malta
ISBN 3-89416-659-2

Europa

Nördliche Sporaden
ISBN 3-86-725-4
Nordspanien und der Jakobsweg
ISBN 3-89416-678-9
Nordtirol
ISBN 3-89662-107-6
Oxford
ISBN 3-89416-211-2
Paris
ISBN 3-89416-667-3
Polens Norden
Ostseeküste/Masuren
ISBN 3-89416-613-4
Prag
ISBN 3-89416-690-8
Provence
ISBN 3-89416-609-6
Pyrenäen
ISBN 3-89416-692-4
Rhodos
ISBN 3-89416-724-6
Rom
ISBN 3-89416-670-3
Salzburger Land - Salzkammergut
ISBN 3-89662-109-2
Sardinien
ISBN 3-89416-727-0
Schottland-Handbuch
ISBN 3-89416-621-5
Sizilien - Liparische Inseln
ISBN 3-89416-627-4
Skandinavien - der Norden
ISBN 3-89416-653-3
Südnorwegen/Lofoten
ISBN 3-89416-726-2
Toscana
ISBN 3-89416-664-9
Tschechien
ISBN 3-89416-600-2
Umbrien
ISBN 3-89416-728-9
Wien
ISBN 3-89416-697-5

Edition RKH

Geschichten aus dem anderen Mallorca
ISBN 3-89662-171-8
Die goldene Insel
ISBN 3-89662-173-4
Mallorquinische Reise
ISBN 3-89662-172-6
Please wait to be seated
ISBN 3-89662-164-5

Deutschlan

Hauptstadt Berlin mit Potsdam
ISBN 3-89416-688-6
Insel Amrum
ISBN 3-89416-720-3
Insel Borkum
ISBN 3-89416-632-0
Insel Fehmarn
ISBN 3-89416-683-5
Insel Föhr
ISBN 3-89416-721-1
Harz/Ost
ISBN 3-89416-228-7
Harz/West
ISBN 3-89416-227-9
Insel Langeoog
ISBN 3-89416-684-3
Mecklenburg/Brandenburg Wasserwandern
ISBN 3-89416-221-x
Mecklenburg/Vorpommern Binnenland
ISBN 3-89416-615-0
München
ISBN 3-89416-672-x
Norderney
ISBN 3-89416-652-5
Nordfriesische Inseln
ISBN 3-89416-601-0
Nordseeinseln
ISBN 3-89416-197-3
Nordseeküste Niedersachsens
ISBN 3-89416-603-7
Ostdeutschland individuell
ISBN 3-89662-480-6
Ostfriesische Inseln
ISBN 3-89416-602-9
Ostseeküste/Mecklenburg-Vorpommern
ISBN 3-89416-184-1
Ostseeküste Schleswig-Holstein
ISBN 3-89416-631-2
Rügen und Hiddensee
ISBN 3-89416-654-1
Sächsische Schweiz
ISBN 3-89416-630-4
Schwarzwald
ISBN 3-89416-611-8
Schwarzwald/Nord
ISBN 3-89416-837-4
Schwarzwald/Süd
ISBN 3-89416-650-9
Insel Sylt
ISBN 3-89416-682-7
Thüringer Wald
ISBN 3-89416-651-7
Usedom
ISBN 3-89416-691-6

Amerika

ıien/Urug./Parag.
89662-051-7
& New Orleans
-89416-230-9
ɔs, St. Lucia ...
-89416-736-x
Ost/USA Nord-Osten
-89662-151-3
s Westen mit Alaska
-89662-157-2
Osterinseln
-89662-054-1
ica
-89416-641-x
kanische Republik
-89416-643-6
r/Galapagos
-89662-055-x
ala
-89416-695-9

-89416-696-7
as
-89416-666-5
merika BikeBuch
-89662-302-8

-89662-310-9
leans
-89416-686-x
rk City
-89416-687-8
a
-89416-671-1
olivien
-89662-331-1
nteuer Panamericana
IKE)
-929920-13-1
ancisco
-89416-735-1
ia, St. Vincent, Grenada
-89416-642-8
d und Tobago
-89416-638-x
anada
-89662-170-x
anada Bikebuch
BIKE)
-929920-17-4
it Flugzeug und Mietwagen
-89662-150-5
astschüler in den
-89662-163-7

Amerika

USA für Sportfans
ISBN 3-89416-633-9
USA - Südwest; Natur- und Wanderführer
ISBN 3-89662-169-6
USA-Westen
ISBN 3-89662-165-3
Venezuela
ISBN 3-89662-040-1

Afrika

Agadir, Marrakesch und der Süden Marokkos
ISBN 3-89662-069-x
Ägypten individuell
ISBN 3-89662-471-7
Äthiopien
ISBN 3-89662-043-6
Botswana
ISBN 3-89416-730-0
Bikeabenteuer Afrika (Rad & Bike)
ISBN 3-929920-15-8
Durch Afrika
ISBN 3-89662-011-8
Kairo, Luxor, Assuan
ISBN 3-89662-460-1
Kamerun
ISBN 3-89662-032-0
Kenia
ISBN 3-89416-732-7
Libyen
ISBN 3-89662-005-3
Madagaskar, Seychellen, Mauritius, Réunion, Komoren
ISBN 3-89662-062-2
Marokko
ISBN 3-89662-081-9
Namibia
ISBN 3-89662-321-4
Simbabwe
ISBN 3-89662-026-6
Südafrika
ISBN 3-89662-340-0
Tansania Handbuch
ISBN 3-89662-048-7
Tunesien
ISBN 3-89662-074-6
Tunesiens Küste
ISBN 3-89662-076-2
Westafrika - Küstenländer
ISBN 3-89662-002-9
Westafrika - Sahel
ISBN 3-89662-001-0

Asien

Auf nach Asien (Rad & Bike)
ISBN 3-89662-301-x
Bali & Lombok mit Java
ISBN 3-89416-645-2
Bali: Ein Paradies wird erfunden
ISBN 3-89416-618-5
Bangkok
ISBN 3-89416-655-x
China Manual
ISBN 3-89416-626-6
China, der Norden
ISBN 3-89416-229-5
Chinas Osten mit Beijing und Shanghai
ISBN 3-89416-680-0
Emirat Dubai
ISBN 3-89662-094-0
Hongkong, Macau und Kanton
ISBN 3-89416-235-x
Indien, der Norden
ISBN 3-89416-738-6
Israel, palästinensische Gebiete, Ostsinai
ISBN 3-89662-451-2
Jemen
ISBN 3-89662-009-6
Jordanien
ISBN 3-89662-452-0
Kambodscha
ISBN 3-89416-233-3
Komodo/Flores/Sumbawa
ISBN 3-89416-060-8
Ladakh und Zanskar
ISBN 3-89416-698-3
Laos
ISBN 3-89416-637-1
Libanon
ISBN 3-89662-087-8
Malaysia mit Singapur und Brunei
ISBN 3-89416-640-1
Mongolei
ISBN 3-89416-217-1
Myanmar (Burma)
ISBN 3-89662-600-0
Nepal-Handbuch
ISBN 3-89416-836-1
Oman
ISBN 3-89662-100-9
Phuket (Thailand)
ISBN 3-89416-182-5
Rajasthan
ISBN 3-89416-616-9

Asien

Singapur
ISBN 3-89416-740-8
Sri Lanka
ISBN 3-89416-170-1
Sulawesi (Celebes)
ISBN 3-89416-635-5
Taiwan
ISBN 3-89416-693-2
Thailand Handbuch
ISBN 3-89416-741-6
Thailand: Tauch- und Strandführer
ISBN 3-89416-622-3
Thailands Süden mit Bangkok
ISBN 3-89416-662-2
Tokyo
ISBN 3-89416-206-6
Vereinigte Arabische Emirate
ISBN 3-89662-022-3
Vietnam-Handbuch
ISBN 3-89416-661-4

Praxis

Dschungelwandern
ISBN 3-89416-759-9
Fliegen ohne Angst
ISBN 3-89416-754-8
Kanu-Handbuch
ISBN 3-89416-725-1
Orientierung mit Kompass und GPS
ISBN 3-89416-755-6
Richtig Kartenlesen
ISBN 3-89416-753-x
Schutz vor Gewalt und Kriminalität
ISBN 3-89416-756-4
Sicherheit im/auf dem Meer
ISBN 3-89416-758-0
Survival-Handbuch Naturkatastrophen
ISBN 3-89416-757-2
Tauchen in warmen Gewässern
ISBN 3-89416-760-2
Wildnis-Ausrüstung
ISBN 3-89416-750-5
Wildnis-Küche
ISBN 3-89416-751-3

Praxis – die neuen handlichen Ratgeber

Wer seine Freizeit aktiv verbringt, in die Ferne schweift, moderne Abenteuer sucht, braucht spezielle Informationen und Wissen, das in keiner Schule gelehrt wird. **Seit Frühjahr 1999** beantwortet Reise Know-How die vielen Fragen rund um Freizeit, Urlaub und Reisen in einer neuen, praktischen Ratgeberreihe: „Praxis".

Die Themenpalette reicht von Basiswissen wie beispielsweise „Wildnis-Ausrüstung" über Outdoor-Aktivitäten und Fun-Freizeitsportarten bis hin zum Schutz vor Naturkatastrophen.

So vielfältig die Themen auch sind, gemeinsam sind allen Büchern die anschaulichen und allgemeinverständlichen Texte. Praxiserfahrene Autoren schöpfen ihr Wissen aus eigenem Erleben und würzen ihre Bücher mit unterhaltsamen und teilweise kuriosen Anekdoten.

Rainer Höh: **Kanu-Handbuch**
ISBN 3-89416-752-1
Rainer Höh: **Wildnis-Ausrüstung**
ISBN 3-89416-750-5
Rainer Höh: **Wildnis-Küche**
ISBN 3-89416-751-3
Frank Littek: **Fliegen ohne Angst**
ISBN 3-89416-754-8
Rainer Höh: **Orientierung mit Kompaß und GPS**
ISBN 3-89416-755-6
Wolfram Schwieder: **Richtig Kartenlesen**
ISBN 3-89416-753-X
Reto Kuster: **Dschungelwandern**
ISBN 3-89416-759-9
Klaus Becker: **Tauchen in warmen Gewässern**
ISBN 3-89416-760-2
M. Faermann: **Sicherheit im und auf dem Meer**
ISBN 3-89416-758-0
M. Faermann: **Survival Naturkatastrophen**
ISBN 3-89416-753-X
M. Faermann: **Gewalt und Kriminalität unterwegs**
ISBN 3-89416-756-4

Register

Der Autor

Rainer Krack, Jahrgang '52, lebt seit 1978 hauptsächlich in Asien, seit 1987 in Bangkok. Etwa 5 Jahre verbrachte er in Indien, Pakistan, Sri Lanka und Bangladesh. Nach seinen ersten Indienreisen begann Rainer Krack, Waren von Indien nach Deutschland zu exportieren, um seine Reisen zu finanzieren. Zwischendurch studierte er Indologie und lernte indische Sprachen. Daneben fing er an, über Gesehenes und Erlebtes zu schreiben und wurde so zum Journalisten. Seitdem arbeitet er als freier Journalist. Reisen und Schreiben – seine beiden Hobbies – wurden zum Beruf. Mittlerweile sind von ihm im Reise Know-How Verlag eine Reihe Bücher über Thailand, Nepal, Indien und Sri Lanka erschienen.

599sr Foto: rk

Nordostküste
A
B
1
2
3
Jaffna
Trincomalee
Batticaloa
Negombo
Kandy
Colombo
Galle
0
10 km
Kokkuttoduvai
Tennamaravadi
Ma Oya
Kokkilai Bird Sanctuary
Kokkilai Lagoon
Pulmoddai
Amarivayal
Eramadu
Yan Oya
Tiriyai
Kuchchaveli
Adampanai
Pangurugaswewa
Pankulam Aru
Kumpurupiddi
Irrakkakandi
Tirapanai
Gomarankadawela
Nilaveli
Kambakkodai
Pankulam
Sampativu
Uppuveli
Morawewa
12
Ratmale
Mora Wewa
6
Trincomalee
China Bay
Naval Headworks Sanctuary
Kinniya
Tampalakamam
Parangiyawadiya
15
Koddiyar Bay
Ilakkantai
Tamaraivillu
Mutur
Diyatittawewa
Vendarasan Kulam
Toppur
Uppu Aru
Dematawewa
Palattadichchenai
Ullackale Lagoon
Kantale Tank
Kantale
Kankuveli
Allai Tank
Potankadu
Sunkankuli
Somapura
Somawathie Chaitiya Sanctuary
Verugal
Mimeriya Kantale Yoda Ela
Vedikachchi Intermediate Zone
Kathiraveli
Migaswewa

Nördliches Inselzentrum
(Kulturelles Dreieck)
Anuradhapura
Nuwara Wewa
Mihintale
Ratmale
Sinharagama
Galkulama
Galenbindunuwewa
Talawa
Nachchaduwa Tank
Yoda Ela
Hurulu Wewa
Alut Oya
Tambuttegama
Rajangana Tank
Maradankadawala
Ritigala Strict Natural Reserve
Ritigala 766
Habarana Oya
Galoya
Galoya Junction
Kalawewa
Kekirawa
Habarana
Weliyawa
Aukana Buddha
Sasseruwa Buddha
Galgamuwa
Kala Wewa
Siyambalewa
Inawalawa
Sigiriya
Moragollagama
Andiyagada
Kandalama Tank
Dambulla
Konwewa
Maho
Yapahuwa Rock
Balalla
Damana
Alutwegedara
Galewela
Dambagolla
Elahera
Naula
Nalanda
Hiripitiya
Melsiripura
Kaluganga
Medawela
Dombawala
Pubbarawela
Ibbagomuwa
Kurunegala
Alu Vihare
Kandy, Matale

Kartenatlas

Mittlere Ostküste
A
B
1
2
3
Chittandikudi
Eravur
Palameenmadu
Batticaloa
Illuppaiyadichchenai
Kalkudah
Mantuvu
Ayittiyamalai
Kattankudi
Rukamputur
Unnichchai
Tumpalancholai
Kokkadichcholai
Kurukkalmadam
Periyapullumalai
Unnichchai Tank
Maduru Oya National Park
Maha Oya
Divulanai
Vellaveli
Paddiruppu
Mandur
Divulane Tank
Bakiella
Kallar
Andella Oya
Sorikalmunai
Kalmunai
Chadayantalawa
Karativu
Uhana
Samanturai
Andella Oya Tank
Malwattai
Pulladiputti
Namal Oya Tank
Ampara
Namal Oya
Kondavattavan
Palamunai
Irakkamam
Akkaraipatu
Inginiyagala
Nilgala
Damana
Sinnamuhattuvaram
Senanayake Samudra
Neethai
Gal Oya National Park
Ambalam Oya
Periya Kalappuwa
Ambalam Oya Tank
Pannela Oya Tank
Tirrukkovil
Pallan Oya Tank
Wadinagala
Thottama
Sagamam
Baduluwela
Kotagoda
Pannelagama Tank
Rufus Kulam
Buddama
Kandanketiya
Magandena
Komari
Miyangolle Ela
Lavani Aru
Maha Oya
Magalavatavan Aru
658
678
614
869
721
15
5
4
27
25
0
10 km
Jaffna
Trincomalee
Batticaloa
Negombo
Kandy
Colombo
Galle

Südostküste
A
B
1
2
3
Kinwelgoda
Magandena
Hulanuge
Lahugala National Park
Rota Kulam
25
4
22
2
Kodayanna
Galabedde
Sivambalanduwa
Lahugala Tank
Lahugala
Pottuvil
Monaragalla
Hulandawa
Raddella
Etimole Wewa
Wattegama
Kumbukkana
Panama
Wedagama
Okkampitiya
Wessigewela
Yala East National Park
Okanda
Mahawelatota
Kumana
Galge
Yala National Park
Linda
Kurunde Ara
Little Basses
Kataragama
Karawila Wewa
Kataragama Peak
424
Sithulpahuwa
Katagamuwa
Yala
Patanangala
Butawa
Wirawila Bird Sanctuary
Tissa Wewa
Yoda Wewa
Yoda Kandiya
Tissamaharama
Palatupana
Great Basses
Wirawila
Kirinda
Bundala
Bundala Bird Sanctuary
0
10 km
Jaffna
Trincomalee
Batticaloa
Negombo
Kandy
Colombo
Galle

Zentrales Bergland
A
B
1
2
3
Kurunegala
Rambodagalla
Alu Vihare
Matale
Karagahaland
Narammala
Katupitiya
Weuda
Alawatugoda
Maharachchimulla
Polgahawela
Rambukkana
Hedeniya
Katugastota
Wattegam
Degaldoruw Vihara
Peradeniya Botanical Gardens
Kandy
Digana
Headquarter of Mahaweli Scheme
Victoria Falls Reservoir
Mawanella
Kegalla
Galigomuwa
Warakapola
Gadaladeniya-Tempel
Lakatilake-Tempel
Embekke-Tempel
Dedigama
Colombo
Pindeniya
Hemmatagama
Gampola
Dedugala
Pussellawa
Gonagaldeniya
Dolosbage
Punugala
Nawalapitiya
Kotmale Res
Ramboda
Karawanella
Pidurutalag
Kitulgala
Ginigathena
Dehiowita
Nuwara Eli
Avissawella
Nanu Oya
Deraniyagala
Colombo
Getahetta
Hatton
Kalatuwawa Tank
Maliboda
Dikoya
Labugama
Eheliyagoda
Adam's Peak (Sri Pada) 2243
Maskeliya
Mousakelle Tank
Carney
Peak Wilderness Sanctuary
Ingiriya
Idangoda
Dodampe
Kadurugalawatta
Ratnapura
Egaloya
Galle, Matara
Balangoda
Bulatsinhala
Ayagama
10
6
9
19
1
21
7
5
4
8

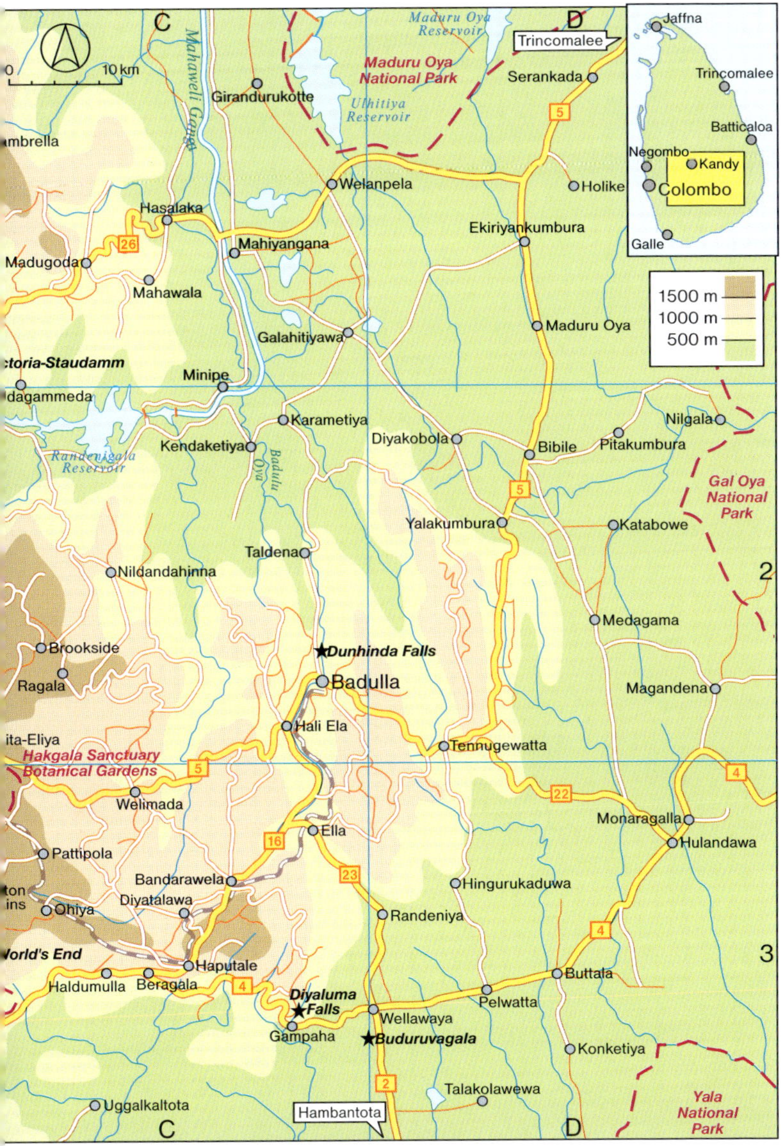

Kartenatlas

Der Süden
Ingiriya
Idangoda
Dodampe
Horana
Kadurugalawat
Ratnapura
Egaloya
Anguruwatota
Bulatsinhala
Ayagama
Pelmadula
Kalutara
Colombo
Karawita
Mipagama
Madam
Matugama
Maguru Ganga
Delgoda
Beruwela
Singharaja Forest
Delgoda Ganga
Potupitiya
Alutgama
Bentota
Gulanawatta
Induruwa
Bentota Ganga
Udugama
Kosgoda
Deniyaya
Tawalama
Ahungalle
Kotapola
Balapitiya
Elpitiya
Watugedara
Ambalangoda
Meetiyagoda
Gin Ganga
Nagoda
Pitabeddara
Kahawa
Baddegama
Hikkaduwa
Akuressa
Dodanduwa
Kottawa
Polwatta Ganga
Galle
Koggala Lake
Unawatuna
Kushta Raja
Koggala
Denipitiya
Nilwala
Ahangama
Weligama
Matara
Midigama
Taprobane Island
Mirissa
Dewi Nuwa
(Dond
0
10 km
A
B
1
2
3
2
4
8
17
24

C
D
1
2
Wilderness Sanctuary
Haldummula
Beragala
Haputale
Diyaluma Falls
Gampaha
Wellawaya
Buduruvagala
Pelwatta
Talakolawewa
Balangoda
Uggalkaltota
Weligepola
Uda Walawe National Park
Kuda Oya
Kirindi Oya
Uda Walawe Reservoir
Mau Ara
Angunako-lapelessa
Tanamalwila
Lunuganwehera Reservoir
Timbolketiya
Migahajandura
Embilipitiya
Mahagama
Suriyawewa
Malala Oya
Wirawila Bird Sanctuary
Chandrika Wewa
Walawe Oya
Badagiriya Tank
Wirawila
Katuwana
Middeniya
Gonoruwa
Keliyawalana
Ridiyagama Tank
Weligatta
Ridiyagama
Udamalala
Bundala Bird Sanctuary
Wiraketiya
Ambalantota
Hambantota
Mulgirigala
Nonagama
Mirijjawala
Beliatta
Tangalle
Nakulagamuwa
Dikwella
Jaffna
Trincomalee
Batticaloa
Negombo
Kandy
Colombo
Galle
Kartenatlas

Colombo, Umgebung
A
B
1
2
3
Puttalam, Chilaw
Nattandiya
Marawila
Kurunegala
Dambadeniya
Lunuwila
Giriulla
Maharachchimulla
Makandura
Maha Oya
Polgahawela
Kochchikade
Kandy
Kegalla
Dunagaha
Mirigama
Galigomuwa
Negombo
Warakapola
Dedigama
Katunayaka-Siduwa
Bandaranaike-Flughafen
Dewalapola
Pasyala
Cadjugama
Pindeniya
Negombo Lagoon
Nittambuwa
Henaratgoda Botanical Gardens
Gampaha
Ja-ela
Gonagaldeniya
Kirindiwela
Ragama
Weliweriya
Welisara
Karawanella
Kitulgala
Bangadeniya
Hendala
Dalugama
Dehiowita
Colombo
Peligayoda
Avissawella
Biyagama
Kelaniya
Kotikawatta
Hanwella
Getahetta
Sri Jayawardanapura (Kotte)
Battaramulla-Talangama
Kalatuwawa Tank
Maharagama
Labugama
Eheliyagoda
Dehiwala-Mount Lavinia
Homagama
Padukka
Ratnapura
Kahutuduwa
Moratuwa
Kindelpitiya
Ingiriya
Idangoda
Dodampe
Panadura
Horana
Bandaragama
Egaloya
Wadduwa
Kananwila
Galapatha
Ayagama
Bulatsinhala
Waskaduwa
Kalu Ganga
Molkawa
Kalutara North
Tebuwana
Kalutara
Galle
Paiyagala North
0
10 km
Jaffna
Trincomalee
Batticaloa
Negombo
Kandy
Colombo
Galle
1
3
4
6
19
21
7
8
2

Kartenatlas

Nordwestküste
A
B
Jaffna
Talaimannar
Pesalai
ADAM'S BRIDGE
Palk Bay
14
32
Parangi Aru
Pali Aru
Nay Aru
1
MANNAR ISLAND
Mannar
Pallamadu
Madhu Road Wildlife Sanctuary
Mantota
Jaffna
Trincomalee
Batticaloa
Negombo
Kandy
Colombo
Galle
Giant's Tank
Palampiddi
Nanaddan
Aruvi Aru
Paraiyanalan-kulam
30
Silavatturai
14
2
0
10 km
Modaragam Aru
Paymadu
Maha-wilachchiya Tank
KARAITIVU
Portugal Bay
Wilpattu National Park Wildlife Sanctuary
3
Pomparippu
Dutch Bay
Aruwakalu
Puttalam
Pan Ela
Sinharagama
12
A
B

Kartenatlas

A
B
Palk-Strait
Kankesantuari
Velvettituari
Point P
Pandattarippu
Achchuvelti
Nelliadi
Chunnakam
Chankanai
KARAITIVU
Urumpiari
Manipay
1
Kayts
Jaffna
ANALATIVU
9
Chavakachcl
KAYTS
32
NAYINATIVU
MANDAITIVU
KARATIV
Punkudutivu
PUNKUDUTIVU
Ja
Periyaturai
Maveliturail
Pooneryn
DELFT
PALATIVU
2
Palk
Bay
IRANATIVU
Kumulamunai
Vellankulam
Pali Aru
3
MANNAR ISLAND
32
Talaimannar
Parangi Aru
Pesalai
ADAM'S
BRIDGE
14
Madhu
Wildlife
Sanctu
Mannar
A
Pallamadu
B

Der Norden
C
D
Jaffna
Trincomalee
Batticaloa
Negombo
Kandy
Colombo
Galle
Golf von Bengalen
Elephant Pass
Chundikkulam Bird Sanctuary
0
10 km
9
Paranthan
2
Kilinochchi
Teravil Aru
35
Puthukkudiyiruppu
Iranamadu Kulam
Nanthi Kadal Lagoon
Mullaittivu
Kokavil
Per Aru
Mulliyavalai
Tanniyutti
Odduchudan
34
Mankulam
Nayaru Lagoon
3
Vavuni Kulam
Nedunkeni
Kokkilai Bird Sanctuary
9
C
D

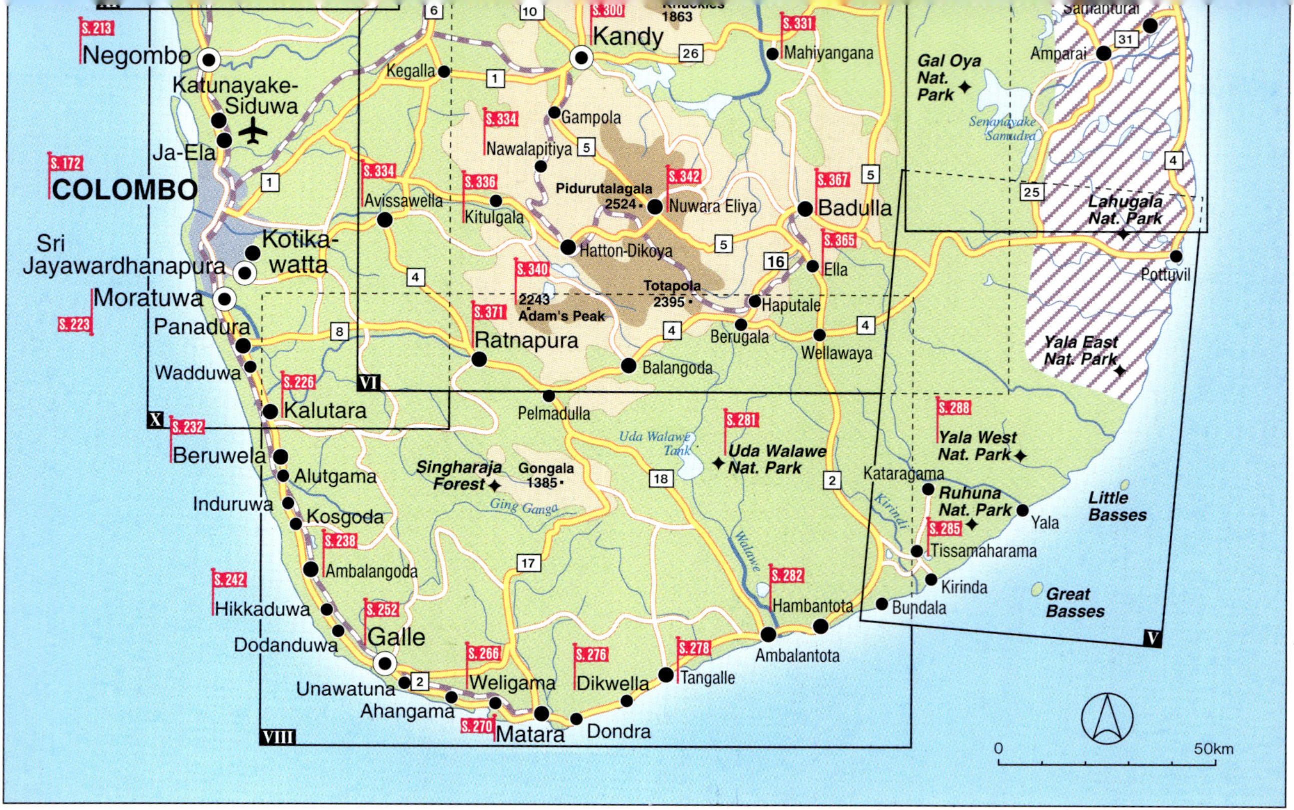

S. 213
Negombo
Katunayake-Siduwa
Ja-Ela
S. 172
COLOMBO
Sri Jayawardhanapura
Kotika-watta
Moratuwa
S. 223
Panadura
Wadduwa
S. 226
Kalutara
X
S. 232
Beruwela
Alutgama
Induruwa
Kosgoda
S. 238
Ambalangoda
S. 242
Hikkaduwa
Dodanduwa
S. 252
Galle
Unawatuna
Ahangama
S. 266
Weligama
S. 270
Matara
Dondra
S. 276
Dikwella
S. 278
Tangalle
Ambalantota
S. 282
Hambantota
Bundala
Kirinda
S. 285
Tissamaharama
Kataragama
Kirindi
Ruhuna Nat. Park
Yala
Great Basses
Little Basses
S. 288
Yala West Nat. Park
Yala East Nat. Park
Pottuvil
Lahugala Nat. Park
Gal Oya Nat. Park
Senanayake Samudra
Ampara
VIII
V
VI
Kegalla
S. 334
Avissawella
S. 336
Kitulgala
S. 334
Nawalapitiya
Gampola
S. 300
Kandy
Knuckles 1863
S. 331
Mahiyangana
Pidurutalagala 2524
S. 342
Nuwara Eliya
Hatton-Dikoya
S. 340
2243
Adam's Peak
Totapola 2395
S. 367
Badulla
S. 365
Ella
Haputale
Berugala
Wellawaya
S. 371
Ratnapura
Balangoda
Pelmadulla
Uda Walawe Tank
S. 281
Uda Walawe Nat. Park
Singharaja Forest
Gongala 1385
Ging Ganga
Walawe
1
4
5
6
8
10
16
17
18
2
25
26
31
0
50km